高等院校精品课程系列教材

 "十二五"普通高等教育本科国家级规划教材

统计学

STATISTICS

|第5版|

李金昌 苏为华 编著

图书在版编目（CIP）数据

统计学 / 李金昌，苏为华编著 . —5 版 . —北京：机械工业出版社，2019.1（2025.7 重印）
（高等院校精品课程系列教材）

ISBN 978-7-111-61723-5

I. 统… II. ①李… ②苏… III. 统计学 – 高等学校 – 教材 IV. C8

中国版本图书馆 CIP 数据核字（2018）第 290828 号

  本教材系统介绍了统计学的基本理论与方法，全书共分 11 章，包括统计的含义、统计学研究对象与学科性质、统计学的基本范畴与基本研究方法，统计数据的收集、整理与显示方法，变量分布各种特征的描述，抽样估计的基本理论与方法，假设检验的基本理论与常用的检验，方差分析方法，相关与回归分析方法，时间序列分析方法，统计指数方法，综合评价理论与方法，以及非参数统计方法等内容。通过学习，学生将能较好地掌握基本统计思想和各种定量分析方法，帮助提高分析问题的能力。此次修订的重点在于第 1 章和第 2 章内容的重新改写，加入大数据统计方面的内容。

  本书适合高等院校财经类本科各专业学生使用。

出版发行：机械工业出版社（北京市西城区百万庄大街 22 号　邮政编码：100037）
责任编辑：孟宪勐　　　　　　　　　　　　责任校对：殷　虹
印　　刷：河北虎彩印刷有限公司　　　　　版　　次：2025 年 7 月第 5 版第 13 次印刷
开　　本：185mm×260mm　1/16　　　　　印　　张：23.25
书　　号：ISBN 978-7-111-61723-5　　　　定　　价：69.00 元

客服热线：（010）88379210　68326294

版权所有·侵权必究
封底无防伪标均为盗版

本教材于 2006 年结稿，2007 年年初首次出版，2009 年夏修订出版第 2 版，2012 年 1 月出版第 3 版，2014 年夏出版第 4 版，广受市场好评。为了适应市场需求，现再次修订更新出版第 5 版。这一版的最大特色是增加了一些有关大数据的内容。

统计学因人类社会需求而产生，因人类社会发展而发展。自威廉·配第的《政治算术》问世 300 多年以来，统计学因其在定量研究方面的特殊功能和作用，已经发展成为一门被普遍接受和重视的学科。人类社会的发展，包含着统计学的重大贡献。统计学是以现象的数量，即各种统计数据为研究对象的方法论学科。通过数据来说明问题，通过定量分析来揭示事物本质，是人类社会提高自身认识能力的必然要求，无论是统计还是统计学，它们的产生与发展过程都说明了这一点。在当今世界，我们每时每刻都要接触大量、各式各样的数据，离开数据，我们将寸步难行。那么，这些数据从何而来，说明什么，隐含着什么关系和规律？我们还缺少哪些数据，该如何去获得所需的数据并据以得出所需的结论？要回答这些问题，就属于统计学的任务了。因此，学习统计学，掌握基本的统计理论与方法，具备基本的收集、整理和分析统计数据的能力，已经成为人类自我的基本要求。著名学者 H. G. 韦尔斯（H. G. Wells）曾说："就像读和写的能力一样，将来有一天统计的思维方法会成为效率公民的必备能力。"

无疑，统计素养成为人的素养的重要组成部分，这一点在今天显得更为突出。对于高等教育来说，要培养德智体美全面发展的高素质人才，统计学是不可或缺的重要教学内容，这不仅体现在让学生掌握统计学的基本知识，更体现在让学生养成统计思维的习惯和具有统计应用能力。例如，在遇到困难时，能够尝试用统计学的逻辑思维方法去寻找解决问题的思路；在处理问题时，能够从总体观、数量观和差异观出发，做到运筹帷幄、胸中有数、准确定位；在决策分析时，能够科学地收集和运用数据，从容地应对事物的不确定性，把风险控制在最低程度。然而这一切并不是人类天生就具有的，需要不断地学习和实践才能得到。对于学生来说，首先需要的就是系统的学习。正因为如此，国家教育部早已明确规定，"统计学"是高等学校财经类专业必须开设的核心课程之一。

要学习，就需要好的教材。为了满足高校"统计学"课程教学的需要，国内已有各种版本、各种名称的"统计学"教材上百种之多，我们也曾编写出版过数种。随着科技的发展和知识更新的加快，"统计学"教材也需要不断补充、更新和完善，出于此目的，我们重新组织编写了"统计学"教材，并作为浙江省高校重点建设教材予以出版。本教材系统地介绍了统计学的基本理论和方法。全书共分11章：总论，统计数据的收集、整理与显示，变量分布特征的描述，抽样估计，假设检验，方差分析，相关回归分析，时间数列分析，统计指数分析，统计综合评价和非参数统计方法。通过学习，学生将能较好地掌握基本统计思想和各种定量分析方法，提高分析问题的能力。

本书的特色是：内容全面、完整、有新意；体系自成，逻辑严密，及时更新内容；深入浅出，通俗易懂，注重思想，注重应用；每章后附有小结、练习与思考；在附录中还介绍了Excel在统计学中的应用。每章都配有著名统计学家的名言和人物介绍，增加了教材的知识性、趣味性和可读性。本教材适合高等院校财经类本科各专业学生使用。

为了配合学习，我们还于2016年11月出版了《统计学习题集》，题型包括填空题、判断题、单项选择题、多项选择题、简答题和计算题，并附有参考答案。

本教材是浙江省高校人文社科重点研究基地、浙江省重点学科、浙江省重点专业和浙江省精品课程——"统计学"课程建设的成果之一，由浙江财经大学李金昌教授和浙江工商大学苏为华教授共同编写而成，由李金昌教授总纂并负责每一版的修订。编写的具体分工为：李金昌编写第1～5章和第9章，苏为华编写第6～8章、第10～11章。附录A"Excel在统计学中的应用"由浦国华副教授编写。在教材的编写过程中，我们参考和吸收了一些同类教材的成果，在此一并表示感谢！当然，文责自负，错误之处，敬请批评指正！

李金昌
2018年夏于杭州

教学目的

1. 了解统计学的学科性质和作用。
2. 熟知统计学的一些基本概念，掌握比较完整的统计理论和方法体系。
3. 具备基本的统计思维能力和定量分析意识。
4. 具备基本的运用统计理论和方法去解决实际问题的能力。

教学内容	学习要点	课时安排		
		MBA	经济管理类专业本科生	非经济管理类专业本科生
第1章 总论	（1）统计的含义、统计学科的性质和作用 （2）统计数据的类型、特征以及计量尺度 （3）统计学的基本概念	8	8	8
第2章 统计数据的收集、整理与显示	（1）统计数据收集的方式、方法 （2）调查问卷设计技能 （3）统计分组方法 （4）变量数列的编制方法 （5）统计表与统计图	8	8	6
第3章 变量分布特征的描述	（1）集中趋势与平均指标 （2）离中趋势与离散指标 （3）分布形状与形状指标	8	8	6
第4章 抽样估计	（1）抽样分布的含义与分布定理 （2）抽样误差及其度量 （3）区间估计原理与置信区间 （4）样本容量的确定	6	6	4
第5章 假设检验	（1）假设检验的含义、原理与步骤 （2）常见的假设检验 （3）假设检验的两类错误	4	4	4
第6章 方差分析*	（1）方差分析的含义 （2）单因素方差分析 （3）多因素方差分析	4	4	4

（续）

教学内容	学习要点	课时安排		
		MBA	经济管理类专业本科生	非经济管理类专业本科生
第7章 相关回归分析	（1）相关关系的含义 （2）相关的测定（重点相关系数） （3）回归分析的原理 （4）一元线性回归模型	6	6	6
第8章 时间数列分析	（1）时间数列的含义与种类 （2）序时平均数的计算 （3）平均速度指标 （4）长期趋势的测定（最小平方法） （5）季节变动的测定	7	7	6
第9章 统计指数分析	（1）统计指数的含义与分类 （2）综合指数的编制 （3）平均指数的编制 （4）平均指标指数的编制 （5）指数体系与因素分析	7	7	6
第10章 统计综合评价	（1）统计综合评价的含义与基本过程 （2）综合评价方法体系类型 （3）综合评价指标体系的设计 （4）综合评价的"当量平均法" （5）统计综合评价权数的主要构造方法	6	6	—
第11章 非参数统计方法*	（1）非参数统计的含义与内容 （2）单样本、双样本的非参数统计检验 （3）多样本情形的非参数统计检验	4	4	—
讨论与案例：建议至少进行两次课堂讨论或案例分析		4	4	4
组织一次课外统计调研活动，以小组为单位提交研究报告		—	—	—
课时总计		72	72	54

注：1. 上表中带*的教学内容可以作为选择性内容。

2. 在课时安排上，对于MBA和经济管理类专业本科生是68或72个学时；非经济管理类专业本科生是50或54个学时，标注课时的内容必学，其他内容灵活选择。

3. 讨论与案例的时间已经包括在总教学时间中，课外统计调研活动不占用课堂教学时间。

前言
教学建议

第1章 总论 ··········· 1
1.1 什么是统计学 ············ 1
1.2 统计数据类型与研究方法 ······ 6
1.3 统计学的基本概念 ········· 12
本章小结 ················· 21
练习与思考 ··············· 22
人物介绍 ················· 23

第2章 统计数据的收集、整理与显示 ···· 24
2.1 统计数据的收集 ··········· 24
2.2 统计数据的整理 ··········· 39
2.3 统计数据的显示 ··········· 45
本章小结 ················· 51
练习与思考 ··············· 54
人物介绍 ················· 55

第3章 变量分布特征的描述 ······ 56
3.1 集中趋势的描述 ··········· 56
3.2 离中趋势的描述 ··········· 72
3.3 分布形状的描述 ··········· 77
本章小结 ················· 81

练习与思考 ··············· 82
人物介绍 ················· 85

第4章 抽样估计 ············ 86
4.1 抽样分布 ················ 86
4.2 抽样误差 ················ 93
4.3 参数估计方法 ············ 95
4.4 各种抽样组织形式的参数
    估计 ··················· 98
本章小结 ················· 109
练习与思考 ··············· 110
人物介绍 ················· 114

第5章 假设检验 ············ 115
5.1 假设检验的基本问题 ······· 115
5.2 几种常见的假设检验 ······· 119
5.3 假设检验的两类错误与功效 ··· 131
本章小结 ················· 138
练习与思考 ··············· 139
人物介绍 ················· 141

第6章 方差分析 ············ 143
6.1 方差分析的一般问题 ······· 143
6.2 单因素方差分析 ··········· 145

6.3 双因素方差分析 ················· 150
本章小结 ···························· 157
练习与思考 ·························· 158
人物介绍 ···························· 159

第 7 章 相关回归分析 ··············· 161
7.1 相关分析的基本问题 ············ 161
7.2 相关关系的测度 ················· 164
7.3 回归分析的基本问题 ············ 173
7.4 回归分析的模型 ················· 175
本章小结 ···························· 188
练习与思考 ·························· 188
人物介绍 ···························· 190

第 8 章 时间数列分析 ··············· 191
8.1 时间数列的基本问题 ············ 191
8.2 时间数列的水平分析 ············ 198
8.3 时间数列的速度分析 ············ 205
8.4 长期趋势的测定 ················· 210
8.5 季节变动的测定 ················· 220
8.6 循环变动的测定 ················· 226
本章小结 ···························· 227
练习与思考 ·························· 228
人物介绍 ···························· 231

第 9 章 统计指数分析 ··············· 232
9.1 统计指数的基本问题 ············ 232
9.2 综合指数 ·························· 236
9.3 平均指数 ·························· 241
9.4 平均指标指数 ···················· 246
9.5 统计指数体系与因素分析 ······ 249

本章小结 ···························· 256
练习与思考 ·························· 258
人物介绍 ···························· 262

第 10 章 统计综合评价 ············· 263
10.1 统计综合评价的基本问题 ······ 263
10.2 当量平均综合评价法 ··········· 269
10.3 评价权数的构造方法 ··········· 278
本章小结 ···························· 289
练习与思考 ·························· 290
人物介绍 ···························· 291

第 11 章 非参数统计方法 ··········· 293
11.1 非参数统计的一般问题 ········ 293
11.2 单样本非参数统计检验方法 ··· 295
11.3 两个相关样本的非参数统计
    方法 ···························· 302
11.4 两个独立样本的非参数统计
    方法 ···························· 306
11.5 多个相关样本的非参数检验
    方法 ···························· 316
11.6 多个独立样本的非参数检验
    方法 ···························· 319
本章小结 ···························· 324
练习与思考 ·························· 324
人物介绍 ···························· 326

附录 A　Excel 在统计学中的应用 ······· 327

附录 B　统计表 ······························ 348

参考文献 ·· 363

第 1 章

总　论

"我进行的这项工作所使用的方法……即用数字、重量和尺度的词汇来表达我自己想说明的问题。"

"劳动是财富之父，土地是财富之母。"

——威廉·配第

本章是全书的基础，对统计学的学科性质、统计数据类型及其研究方法和统计学中的有关基本概念进行了介绍。具体要求：①理解统计的含义与本质；②对统计学产生与发展的简要历史，特别是对主要学派有所了解；③比较全面地认识统计学的学科性质和作用；④熟知数据与统计数据的含义以及统计数据的各种类型、特征以及计量尺度，掌握统计数据的研究过程和基本方法；⑤对总体、个体、样本、标志、变量、指标和指标体系等统计学的基本概念有比较系统、全面的掌握。

1.1 什么是统计学

1.1.1 统计的含义与本质

要了解什么是统计学，首先要了解什么是统计。

在当今信息时代，我们经常可以从各种媒体上听到或看到各种各样的数据，例如某国家或地区某年国内生产总值（GDP）多少亿元、增长速度百分之几，某企业某年销售收入多少万元、创利多少万元，某地区某年人口出生率千分之几、人均 GDP 多少元等。这些数据意味着什么？为什么要得到这些数据？如何得到这些数据？这就是统计的问题。

那什么是统计？根据理解的角度不同，"统计"一词可以有三种含义：统计活动、统计数据和统计学。统计活动是对各种统计数据进行收集、整理并做出相应的推断、分析的活动，通常被划分为统计调查、统计整理和统计分析三个阶段；统计数据是通过统计活动获得的，用以表现研究现象特征的各种形式的数据;统计学则是指导统计活动的理论和方法,是关于如何收集、整理和分析统计数据的科学。显然,统计的三种含义以统计数据为核心而紧密联系:统计数据与统计活动是统计成果与过程的关系,统计活动与统计学则是统计实践与理论的关系。

由于任何统计活动都有一定的针对性,所以不难发现,统计就是要围绕研究目的和任务,运用科学的统计方法,去获取真实客观的有关统计数据,做出必要的统计分析,以了解和认识事物的真相。所以,统计的本质就是用数据说明问题,用数据反映真相。

1.1.2 统计学的产生和发展

统计学随统计的产生而产生,统计起源很早,随着社会生产的发展和国家管理的需要而逐步产生和发展起来。在原始社会,人类最初为了生存所进行的一般计数活动蕴藏着统计萌芽。在奴隶社会,统治阶级为了对内统治和对外战争,需要征兵征税,开始了人口、土地和财产的统计。例如,约公元前 2000 年中国的夏朝分为九州,人口 1 355 万人,土地 2 438 万顷[⊖]。差不多同一时期的古希腊、罗马等奴隶制国家,也有人口、财产和世袭领地的统计。当然,由于生产力水平所限,奴隶社会的统计只属于初级阶段。到了封建社会,统计有了一定的发展,封建君主和精明的政治家日益意识到统计对于治国强邦的重要性,统计范围有所扩大。但由于封建经济的封闭割据和保守性,统计活动的范围受到限制,统计方法也很不完善。到了西方资本主义社会,随着社会生产力的迅速发展和社会分工的日益精细,统计得到了很大的发展,除了政府管理的需要外,逐步扩展到工业、农业、贸易、银行、保险、交通、邮电和海关等经济领域,以及社会、科技和环境等领域,并且出现了专业的统计机构和研究组织,统计方法得到了迅速完善和发展,大大提高了统计的认识能力。而正是在这样的历史背景下,统计学应运而生。从 17 世纪中后期开始,经过近 400 年的发展,形成了今天的统计学。20 世纪中期开始的电子计算技术的应用,为统计活动的现代化进程提供了重要手段,并且极大地促进了统计学的发展,为大数据时代的到来奠定了技术基础。

从统计学的发展过程看,它可以分为三个阶段:古典统计学时期、近代统计学时期和现代统计学时期,贯穿整个过程的主线是统计方法的逐步充实、完善和发展。

1.1.2.1 古典统计学时期

从 17 世纪中到 18 世纪中,是统计学的萌芽时期,即古典统计学时期。统计学起源于两大学派:国势学派和政治算术学派。国势学派认为统计学是关于国家显著事项的学问,主要通过对国家组织、人口、军队、领土、居民职业和资源财产等事项的记述,对国情国力进行研究,代表人物是德国的康令(H. Coning,1606—1681)和阿亨瓦尔(G. Achenwall,1719—1772)。由于这个学派在进行国势比较分析中偏重事物性质的解释而不注重数量分析,因此尽管它首先提出了"统计学"之名,但无统计学之实。

政治算术学派主张以数字、重量和尺度来研究社会经济现象及其相互关系,代表人物是

⊖ 1 顷= 66 670 平方米。

英国的威廉·配第（W. Petty，1623—1687）和约翰·格朗特（J. Graunt，1620—1674）。威廉·配第的代表作是《政治算术》（1676年），他提出"不用比较级、最高级进行思辨或议论，而是用数字……来表达自己想说的问题……借以考察在自然中有可见的根据的原因"。该书用数量分析的方法对比了英国、法国和荷兰三国的"财富和力量"，以批驳当时英国国内的悲观论调。他还提出了用图表概括数字资料的理论和方法。马克思称威廉·配第为"政治经济学之父，在某种程度上也可以说是统计学的创始人"。约翰·格朗特（John Graunt，1620—1674）则是利用大量数据研究社会人口变动规律的创始人，其著作《关于死亡表的自然和政治观察》一书，首次通过大量观察，对新生儿性别比例和不同原因死亡人数比例等人口规律进行了分析，并且第一次编制了初具规模的"生命表"。由于政治算术学派运用大量观察法、分类分析法和对比分析法等综合研究社会经济问题，因此虽无"统计学"之名，但有统计学之实。

可以说，国势学的研究对象与政治算术学的研究方法相融合，催生了统计学这门学科。

1.1.2.2 近代统计学时期

从18世纪末到19世纪末，是近代统计学时期。这一时期的一个重大成就是大数法则和概率论被引入统计学。之后，最小平方法、误差理论和正态分布理论等相继成为统计学的重要内容。这一时期也曾有两大学派：数理统计学派和社会统计学派。数理统计学派始于19世纪中叶，代表人物是比利时的凯特勒（A. Quetelet，1796—1874），著有《概率论书简》《社会物理学》等，他主张用研究自然科学的方法来研究社会现象，正式把概率论引入统计学，并最先用大数定律论证了社会生活中随机现象的规律性，还提出了误差理论和"平均人"思想。凯特勒的贡献，使统计学的发展进入一个新的阶段。

社会统计学派始于19世纪末，首创人物为德国的克尼斯（K. G. A. Knies，1821—1898），他认为统计学是一门社会科学，是研究社会现象变动原因和规律性的实质性科学，其显著特点是强调对总体进行大量观察和分析，通过研究其内在联系来揭示社会现象的规律。各国专家学者在社会经济统计指标的设定与计算、指数的编制、统计调查的组织和实施、经济社会发展评价与预测等方面取得了一系列重要成果。德国统计学家恩格尔（C. L. E. Engel，1821—1896）提出的"恩格尔系数"，美国经济学家库兹涅茨和英国经济学家斯通等人研究的国民收入和国内生产总值的核算方法等，都是这一学派伟大的贡献。

1.1.2.3 现代统计学时期

从19世纪末到现在，是现代统计学时期。这一时期的显著特点是数理统计学由于同自然科学、工程技术科学紧密结合及被广泛应用于各个领域而获得迅速发展，各种新的统计理论与方法，尤其是推断统计理论与方法得以大量涌现，例如英国统计学家卡尔·皮尔逊（Karl Pearson，1857—1936）的卡方χ^2分布理论，统计学家戈赛特（W. S. Gosset，1876—1937）的小样本t分布理论，统计学家费希尔（R. A. Fisher，1890—1962）的F分布理论和实验设计方法，波兰统计学家尼曼（J. Neyman，1894—1981）和英国统计学家皮尔逊（E. S. Pearson，1895—1980）的置信区间估计理论和假设检验理论，以及非参数统计法、序贯抽样法、多元统计分析法、时间数列跟踪预测法等都应运而生，并逐步成为现代统计学的主要内容。现代统计学时期是统计学发展最辉煌的时期。

1.1.3 统计学的学科性质

那么统计学到底是一门什么样的学科呢？我们认为，经过300余年的演变与发展，统计学成为一门以各种现象的数量方面作为研究对象，并为这种研究提供方法论的学科。

1.1.3.1 统计学就其研究对象而言，具有数量性、总体性和差异性的特点

统计学的研究对象是各种现象的数量方面，即各种能体现数量大小、数量关系、数量变动、数量界限和数量规律等特征的统计数据，所以统计学的首要特点就是数量性，就是要通过定量研究、运用各种统计数据来体现所研究现象的数量特征，进而达到认识现象本质和规律的目的。在社会经济领域，这种数量性通过特有的统计指标及指标体系来加以体现。

那么，统计研究怎样体现现象的数量特征？这就需要强调总体性，就是要从所研究现象的总体出发，通过对现象总体中的构成元素，即个体，进行大量观察和综合分析，来达到认识现象的总体数量特征的目的，也就是说统计研究的目的不是认识个别事物的数量特征，而是认识具有综合意义的总体数量特征。例如，我们所说的居民收入水平并不是指某家某户的，而是指一个国家、地区或城市的。当然，对现象总体的认识是以对个体的观察为基础的，只是不能以个体的表现（往往具有特殊性和偶然性）来说明现象的一般性或规律性，因为个体之间存在差异。

但正是由于个体差异的存在，才引起了人们去了解个体差异背后可能隐藏的规律的兴趣，所以统计研究的第三个特点就是差异性，就是要从所研究现象总体的每个个体之间的差异中概括出共同的、普遍的数量特征，并对差异情况做出必要的反映。例如，一个国家、地区或城市的居民之间的收入差异是客观存在的，高收入者与低收入者之间的差距有时会很大，所以我们只能用某种平均收入指标来反映该国家、地区或城市居民的收入水平，并用基尼系数等指标来反映居民之间的收入差异程度。现象总体的内在差异性是统计研究总体数量特征的前提，而这种差异并不是事先已知或由某种固定的因素来确定的，它是由各种非确定性因素，即偶然因素共同作用的结果。

上述三方面的特点相互联系，共同决定了统计研究内容的广泛性。当然，社会经济现象的数量方面是统计学最主要的研究对象，同时也是最复杂、最具有挑战性的部分。

1.1.3.2 统计学就其学科范畴而言，具有方法性、层次性和通用性的特点

既然统计学的研究对象是现象的数量方面，那么很自然就出现了这样一个问题：如何来研究现象的数量？或者说，如何来收集、整理和分析统计数据？因此，作为一门用以指导统计数据的收集、整理和分析的科学，首先要为研究现象的数量提供科学的理论、原则和方法，这些理论、原则和方法的系统化，就形成了统计学。所以，方法性是统计学最为显著的学科特点，统计学的每一步发展无一不是统计方法完善、创新和突破的结果。所以，统计学提供给人类的是一种开展定量研究的思想和工具。

统计学作为一门学科，拥有自己相对完整、严密的学科体系，具有一定的层次性，其构成学科包括理论统计学、应用统计学、统计学史和统计学其他学科等。其中，理论统计学是关于统计学的一般理论、原则和方法，提供以抽象的数量为研究对象的方法论。应用统计学则是社会、经济、自然和工程等各个领域的统计学，是理论统计学与各应用领域实质性科学

理论相结合的产物，提供以具体数量为研究对象的方法论，例如社会经济统计学、医学卫生统计学和天文气象统计学等，具有学科交叉的性质。理论统计学与应用统计学相互促进，共同发展。

作为方法论科学，统计学的一般理论、原则和方法，在各种需要开展定量研究的领域都具有通用性，除了理论统计学具有普遍的通用性外，应用统计学还在各自的领域内具有特殊的通用性。正因为如此，统计学定量研究的功能才得以充分地发挥，应用领域才得以迅速地拓展。可以说，统计方法的应用如今已经无所不在了。

1.1.3.3 统计学就其研究方式而言，具有描述性和推断性的特点

统计学研究现象的数量方面，既有描述的方式，也有推断的方式，两者各有侧重并各具特色。所谓描述，就是指运用各种方法对研究现象进行观察调查，获取数据，然后进行汇总、分类和计算，并用表格、图形和综合指标的方式来加以显示。把各种真实描述所研究现象数量特征的理论和方法加以系统化，就形成了描述统计学。所谓推断，就是指在随机原理和概率论基础上，根据样本观测结果对总体数量特征做出估计或进行假设检验，以期对不确定事物（随机现象）做出定量的推断。把各种定量推断不确定事物的理论和方法加以系统化，就形成了推断统计学。以事物已发生的事实为依据对其未来发展趋势进行定量预测，也属于推断统计学的范畴。很显然，描述统计学是基础，推断统计学是其深入和发展。两者之间不是相互割裂的，而是你中有我、我中有你，或者说任何描述都是推断，任何推断也都是描述。因此，描述统计学与推断统计学相辅相成，在统计学中占有同等重要的地位。

1.1.4 统计学的作用

由统计学的简要发展史可以看出，统计学是一门应用性很强的学科。实践的需要产生并发展了统计学，统计学反过来又被不断地应用于实践。统计学在认识事物、指导生产、经济管理和科学研究等各个方面都发挥着重要作用。

1.1.4.1 统计学为我们认识自然和社会提供了必需的方法和途径

人们要认识自然、认识社会，离不开各种各样的数据资料，并需要对这些资料做出各种各样的分析研究，这就需用一整套的统计理论和方法作为指导。例如，一年四季如何变化，人口年龄分布有什么特征，经济运行有什么规律，生活习惯（例如吸烟、酗酒）与某种或某些疾病有什么关系，等等，要想知道其中的答案，统计数据以及以此为基础的分析研究是必不可少的。如果说统计是认识自然和社会的手段，那么统计学则为运用这种手段提供了理论和方法。

1.1.4.2 统计学在指导生产活动过程中发挥着重要作用

众所周知，生产的任务是以尽量少的投入生产出数量尽量多且质量尽可能高的产品。影响产品产量和质量的因素很多，但有主次之分。这就需要我们对各种因素进行试验和观察，了解各种因素的影响方式和程度，找出各因素的最佳水平和最佳组合，从而确定最佳的生产条件和生产方式并使之始终处于科学的控制之中。这就需要利用统计理论和方法，科学合理

地设计和安排实验并做出分析,同时对生产过程不断地进行监测。最佳生产方案设计和最优质量控制,是统计学的一大应用领域,生产控制图、6σ 理论与方法等的广泛应用充分说明了这一点。

1.1.4.3　统计学在社会经济管理活动中的作用更为显著

无论从客观上看还是从微观上看,统计活动都具备收集信息、提供咨询、实施监督和支持决策的重要职能。宏观上,政府的管理目标是要保持国民经济持续稳定协调发展,实现劳动力的充分就业和物价水平的稳定,做到自然资源的合理开发和生态环境的良好保护,确保社会的安定和人民生活水平的稳定提高。这就需要政府利用统计学所提供的方法,科学合理地收集数据资料,对国民经济和社会发展状况进行跟踪监测和预警,对各种社会经济问题进行定量模拟和分析,从而为制定和调整政策提供依据。微观上,企业的管理目标是使生产要素达到最佳配置,取得最佳的经济效益,在激烈的市场竞争中保持优势。这就需要企业及时收集各种市场信息,科学地反映和分析企业的生产经营状况,准确地预测和判断市场变化的趋势,这一切也必须运用各种统计理论和方法。

1.1.4.4　统计学为科学研究提供了有力手段

在科学研究中,研究的任务是揭示客观事物的规律性,研究的方法一般是先根据若干观察或实验资料提出某种假设或猜想,然后再通过各种途径进行观察或实验加以验证。显然,统计理论与方法在其中起着重要作用。一方面,它有助于集中并提取观察和实验数据中本质性的东西,从而有助于提出较正确的假说或猜想;另一方面,它又能指导研究人员如何去安排进一步的观察或试验,以判定所提出的假说或猜想是否正确。在医学界,人们利用统计方法来研究疾病的原因或影响因素,判断药物或治疗方法的有效性;在考古学界,人们凭借统计方法来推断特定发掘物的历史年代;在心理学界,人们用统计方法分析特定刺激的心理效应;在经济学界,人们用统计方法研究国民经济运行状况和各种决策方案的优劣;在生物学界,人们用统计方法来研究基因定律(如基因分离定律、基因自由组合定律和基因频率稳定性定律等都经过了严格的统计检验);几乎所有的科学研究领域都离不开统计学。历史上许多有关领域的著名专家,往往也是著名的统计学家。

统计学的最主要奠基人费希尔曾经说过:"给20世纪带来了人类进步独特方面的是统计学。"我们也相信,统计学将为人类社会的进步做出更大的贡献。

1.2　统计数据类型与研究方法

1.2.1　数据与统计数据

既然统计学是关于统计数据的科学,那么什么是数据?什么是统计数据?

关于什么是数据,有众多定义,例如它是对物理现象观测的事实或被认为是事实;是测度或观测的结果;是语言、数学和其他符号的代表;是信息形成的原材料;可由人工或自动化手段加以处理的那些事实、概念和指示的表现形式,还包括字符、符号、表格、图形等;

是描述客观事物的符号，是信息的载体，是能够被计算机识别、存储和加工处理的对象，是人们利用文字符号、数字符号以及其他规定的符号对现实世界的事物及其活动所做的描述，等等。我认为，狭义的数据就是以数字和符号表现的可进行数学运算的数值，即所谓的结构化数据；广义的数据则是指一切可以用一定形式记录和反映的客观事实，是信息的表现方式或载体，除了数值，它还可以是文字、文本、图像、声音、视频、办公文档、XML 等所谓的非结构化数据，以及其他任何有可能被纳为研究对象的可存在形式。数据的基本特征是：可记录；存在的事实；具有最适当的表现形式；具有意义。

统计数据则是能通过统计方法加以处理和分析的数据，那些暂时不能用统计方法进行处理与分析的数据则不是统计数据。统计数据的特征是：①便于用统计归纳法进行数据处理；②具有数据名称、指标定义和统计标准；③能够用已有的统计方法进行处理与分析；④能够用统计语言或方式表现分析结果。显然，统计数据既具有数据的一般属性，又有自己的独有属性。随着统计学的不断发展，会有越来越多的数据成为统计数据。

1.2.2　统计数据类型

关于统计数据的类型，大致上可以从以下几个角度进行分类。

1.2.2.1　按照所采用的计量尺度不同，可以分为定性数据与定量数据两类

定性数据是指只能用文字或数字代码来表现事物的品质特征或属性特征的数据，具体又分为定类数据与定序数据两种。定类数据是对事物进行分类的结果，表现为类别，由定类尺度计量而成。例如，人口按照性别分为男与女两种类别，人的消费按照支出去向分为衣、食、住、行、烧、用、医、文、娱、健等类别，都属于定类数据。为了便于统计处理（计算机录入等计数处理），常用数字代码来表示各个类别，例如分别用 1、0 表示男性与女性，分别用 1、2、3、4、5、6、7、8、9、10 等表示衣、食、住、行、烧、用、医、文、娱、健等。需要注意的是，这时的数字没有任何程度上的差别或大小多少之分，只是符号而已。定序数据是对事物按照一定的排序进行分类的结果，表现为有顺序的类别，由定序尺度计量而成。例如，学生的考试成绩表示为优、良、中、及格、不及格，课题成果的鉴定等级表示为 A、B、C，消费者对某产品的满意程度表示为很满意、满意、一般、不满意、很不满意，等等，都属于定序数据。同样，定序数据也可以用数字代码来表示，例如学生的考试成绩可以分别用 5、4、3、2、1 来表示优、良、中、及格、不及格。这时，数字代码能体现一种顺序或程度的不同，但还不能体现事物之间或不同结果之间（例如及格与不及格之间，很满意与满意之间）的具体数量差别。定序数据所包含的信息量大于定类数据。

定量数据是指用数值来表现事物数量特征的数据，具体又分为定距数据与定比数据两种。定距数据是一种不仅能反映事物所属的类别和顺序，还能反映事物类别或顺序之间数量差距的数据，由定距尺度计量而成。例如，两位学生的考试成绩分别为 85 分和 55 分，不仅说明前者良好，后者不及格，前者高于后者，而且还说明前者比后者高 30 分。再如，某日甲、乙、丙三地的最高气温分别为 30℃、20℃和 10℃，说明该日甲与乙之间最高温的温差等于乙与丙之间的温差，都是 10℃。但要注意的是，定距数据一般只适合于进行加减计算

而不适合于乘除运算，例如气温 30℃ 与 10℃ 相比，并不能说明前者的暖和程度是后者的 3 倍，因为气温可以是 0℃ 或 0℃ 以下，而 0℃ 或 0℃ 以下并不代表没有温度。这种情况称为不存在绝对零点的现象，类似的还有企业利润等。定比数据是一种不仅能体现事物之间数量差距，还能通过对比运算，即计算两个测度值之间的比值来体现相对程度的数据，由定比尺度计量而成。只要是反映存在绝对零点的现象（零就代表没有）的数据，都是可以进行对比运算的定比数据，例如企业销售收入 3 亿元，人的身高 176 厘米、体重 65 千克，物体的长度 30 厘米、面积 600 平方厘米、容积 9 000 立方厘米，水稻的平均亩[①]产 400 千克，某地区的人均国内生产总值 25 000 元、第三产业比重 48% 等，都是定比数据。定比数据是包含信息量最多的数据，绝大多数统计数据都属于这一类。

定性数据在一定条件下可以转化为定量数据。例如，对于定类数据，通过计数的方法可以计算出各类别的频数及在总体中的比重；对于定序数据，在一定的假设下，可对定序的数字代码进行统计计算（例如计算平均数、标准差等），计算结果在假设范围内有意义。在统计处理与统计分析中，如何使定性数据尽量客观反映实际并提供尽可能多的信息，是一个非常重要的统计问题。

1.2.2.2 按照其表现形式不同，可以分为绝对数、相对数和平均数三类

绝对数是用以反映现象或事物绝对数量特征的数据，它以最直观、最基本的形式体现现象或事物的外在数量特征，有明确的计量单位。例如，人的身高 176 厘米、体重 65 千克，地区的人口数 500 万人、属地面积 11 000 平方公里、国内生产总值 1 250 亿元，企业销售收入 15 亿元、利润 2.1 亿元等，都是有明确计量单位的绝对数。绝对数是表现直接数量标志或总量指标的形式。

相对数是用以反映现象或事物相对数量特征的数据，它通过另外两个相关统计数据的对比来体现现象（事物）内部或现象（事物）之间的联系关系，其结果主要表现为没有明确计量单位的无名数，少部分表现为有明确计量单位的有名数（限于强度相对数）。具体地，相对数又包含结构相对数（例如某地区三大产业比重分别为 12%、48% 和 40%）、比例相对数（例如新生婴儿男女性别比为 107∶100）、比较相对数（例如 A 地区的人均国内生产总值是 B 地区的 1.2 倍）、动态相对数（例如某地区国内生产总值的发展速度为 109%）、强度相对数（例如某地区的人口密度为 300 人/平方公里，人口出生率为 11‰）和计划完成程度相对数（例如企业产量计划完成程度为 120%）6 种。相对数是表现相对指标的形式。

平均数是用以反映现象或事物平均数量特征的数据，体现现象某一方面的一般数量水平。例如，某班级同学的平均年龄 19 岁，某年某企业职工的平均月收入 5 000 元，某年某地区居民的平均月消费支出 3 000 元等，都是平均数。具体地，平均数可以按计算方式不同分为算术平均数、调和平均数、几何平均数等数值平均数与众数、中位数等位置平均数，按时间状态不同分为静态平均数与动态平均数。平均数是表现平均指标的形式。

通过各种尺度计量而成的统计数据，最终都可以归结为绝对数、相对数和平均数这三大表现形式。

[①] 1 亩 = 666.7 平方米。

1.2.2.3 按照其来源不同，可以分为观测数据、实验数据与大数据三类

观测数据是通过统计调查或观测的方式而获取的反映研究现象客观存在的数量特征的数据，这类数据是在没有人为控制的条件下获得的。有关社会经济现象的统计数据几乎都是观测数据，例如前面提到的各种统计数据。

实验数据是在人为控制的条件下，通过实验的方式获得的关于实验对象的数据。自然科学研究中的数据大都属于实验数据，例如生物实验数据、产品性能实验数据、药物疗效实验数据等，都属于这类数据。随着实验方法在经济等领域的应用，逐步形成了实验经济等学科，在经济等领域出现了许多实验数据。

大数据是基于现代信息技术而产生的数字化信息，其本意是指那些体量如此之大、类型如此之多、结构如此之复杂、增速如此之快，以至于依赖现有的主流软、硬件工具无法及时加以消化处理的数据，它通常具有"体量巨大、形式多样、快速增加和蕴含信息价值"四大特点。大数据按照表现形式不同又可分为前面曾提到过的结构化数据与非结构化数据两类。所谓结构化数据是指可用二维表结构逻辑表达的数据，如数字、符号等，即通常所说的可计数、计量和计算的数据；非结构化数据则是不方便使用二维表结构逻辑表达的数据，即没有预先的结构规则、定义或形式的数据，如文本、图像、声音、视频、办公文档、XML等，即不能用数字或统一的结构来表示的数据。处于结构化数据与非结构化数据之间的数据属于半结构化数据，如 HTML 文档。随着信息技术的快速发展，非结构化数据所占的比重越来越大（已超过 95%），如何开展非结构化数据的统计分析研究成了一个新的课题。

1.2.2.4 按照其加工程度不同，可以分为原始数据与次级数据两类

原始数据是指直接向调查对象收集的、尚待加工整理、只反映个体特征的数据，或通过实验采集的原始记录数据。原始数据是统计数据收集的主体。

次级数据也称为加工数据或二手、三手甚至更多手数据，是指已经经过加工整理、能反映总体数量特征的各种非原始数据。次级数据又包括直接根据原始数据整理而来的汇总数据，以及根据各种已有数据进行推算而来的推算数据。如果次级数据已能满足有关分析和研究需要，我们就不应再去收集原始数据，以免造成浪费。次级数据的来源包括各种统计年鉴、有关期刊和有关网站（网络数据）等。

1.2.2.5 按照其时间或空间状态不同，可以分为时序数据与截面数据两类

时序数据是时间数列数据的简称，是对同一现象在不同时间上收集到的数据（空间状态相同，时间状态不同），描述的是现象某一方面（或某几方面）的数量特征随时间而变化的情况，例如把我国 1979 年以来的国内生产总值数据按时间先后顺序加以排列，就形成了我国国内生产总值的时序数据。

截面数据是对一些同类现象在相同或近似相同的时间上收集到的数据（空间状态不同，时间状态相同），描述的是在相同时间状态下同类现象的数量特征在不同空间状态的差异情况，例如我国某年各省、市、区的国内生产总值数据，就是截面数据。

有时，时序数据与截面数据可以结合起来，成为平行数据（时间、空间状态都不同），例如列出历年各省、市、区的国内生产总值数据，就成为平行数据。

1.2.3 统计数据研究过程

统计数据研究过程，也就是统计研究过程，包括以下四个基本环节：统计设计、数据收集、数据整理以及数据分析与解释。

1.2.3.1 统计设计

统计设计就是制定统计数据研究方案的环节，是关于以后各环节的总体安排。统计设计要在有关学科的理论指导下，根据研究问题的性质、目的和任务，科学地确定统计研究的总体对象，明确所要收集数据的种类，确定相应的统计指标及其体系并给出统一的定义和标准，确定统计数据收集、整理、推断和分析的基本方法，规定研究工作的进度安排和质量要求，拟定研究工作的资源配置和组织实施方式等。统计设计对于统计数据研究的质量至关重要，要求设计者不仅要掌握系统的统计学理论和方法，而且要具有所研究领域的有关知识和理论素养。

1.2.3.2 数据收集

数据收集就是按照统计设计的要求，有针对地获取所需的统计数据的环节，也称为统计调查环节。也就是说，要通过统计观测或实验的方式、方法去收集各种各类计算统计指标所需的原始数据，以及其他已经存在的各种相关数据。数据收集是否准确、及时、完整，直接影响到统计分析的质量。

1.2.3.3 数据整理

数据整理就是对通过统计观测或实验所获得的原始数据，进行必要的系统化处理，使之条理化、综合化，成为能反映总体特征的统计数据的环节，也称为统计整理环节。数据整理也包括对已有数据的再加工和深加工。数据整理的手段有统计分组、汇总和计算等，整理结果表现为统计图、统计表或统计指标。

1.2.3.4 数据分析与解释

数据分析是在数据整理的基础上，围绕统计设计所确定的研究任务，运用各种统计方法对数据进行各种统计分析，得出某些有用的定量结论的环节，也称为统计分析环节。数据分析实质上就是对数据的深加工整理，是整个统计研究的核心，也是统计研究的最终目的。在这个环节，既要用到描述统计方法，又要用到推断统计方法。数据解释则是对整理和分析的数据或有关数量结果进行说明，即说明为什么会得出这些数据，这些数据的含义分别是什么，从中能得出哪些具有规律性的结论，需要进一步探讨哪些问题，等等。数据解释是对数据分析的深化。

1.2.4 统计数据研究方法

统计数据研究的基本方法有大量观察法、统计分组法、综合指标法、统计推断法和统计模型法。

1.2.4.1 大量观察法

这是统计数据收集环节（统计调查环节）的基本方法，即要对所研究现象总体中的足够多数的个体进行观察和研究，以期得到具有规律性的总体数量特征。大量观察法的数理依据是大数定律，即虽然每个个体受偶然因素的影响作用不同而在数量上存有差异，但对总体而言可以相互抵消而显现出稳定的规律性，因此只有对足够多数的个体进行观察，观察值的平均结果才会趋于稳定，建立在大量观察法基础上的统计数据才会给出具有普遍意义的结论。统计学中的各种观测调查方法都属于大量观察法。

1.2.4.2 统计分组法

由于所研究现象本身的复杂性、差异性及多层次性，需要我们对所研究现象进行分组或分类研究，以期在同质的基础上探求不同组或不同类之间的差异性。统计分组法在整个统计研究过程中占有重要的地位，在统计调查环节可以通过统计分组法来搜集不同类的原始数据，并可使抽样调查的样本代表性得到提高（分层抽样方式）；在统计整理环节可以通过统计分组法使各种数据得到分门别类的加工处理和储存，并为编制分布数列提供基础；在统计分析环节则可以通过统计分组法来划分现象类型、研究总体内在结构、比较不同类或组之内的差异（显著性检验）和分析不同变量之间的相关关系。统计分组法有传统分组法、判别分析法和聚类分析法等。

1.2.4.3 综合指标法

统计研究现象的数量方面主要是通过统计综合指标来反映的，就是运用统计指标来综合反映现象总体的数量特征，常见的综合指标有总量指标、相对指标和平均指标。综合指标法在统计学，尤其是社会经济统计学中占有十分重要的地位，是描述统计学的核心内容。如何最真实客观地记录、描述和反映所研究现象的数量特征和数量关系，是统计指标理论研究的一大课题。

1.2.4.4 统计推断法

在统计研究过程中，我们所观察的往往只是所研究现象总体中的一部分个体，掌握的只是具有随机性的样本观测数据，而认识总体数量特征才是统计研究的目的所在，这就需要我们根据概率论和样本分布理论，由样本观测数据来推断总体数量特征——参数估计或假设检验。这种由样本来推断总体的方法叫作统计推断法。统计推断法已在统计研究的许多领域得到应用，除了最常见的总体指标的推断外，统计模型参数的估计和检验、根据时间数列所做的外推预测等，也都属于统计推断的范畴，都存在着误差和置信度的问题。

1.2.4.5 统计模型法

在以统计指标来反映现象总体数量特征的同时，我们还经常需要对相关现象之间的数量变动关系进行定量研究，以了解某一（些）现象数量变动与另一（些）现象数量变动之间的关系及变动的影响程度。在研究这种数量变动关系时，需要根据具体的研究对象和一定的假定条件，用合适的数学方程来进行模拟，这种方法叫作统计模型法。统计模型的三个基本要素是：变量、数学方程和模型参数。运用统计模型法，可以使统计分析更具广度和深度，提高统计的认识能力。统计学提供了各种线性和非线性的、简单和复杂的统计模型构建方法。

上述各种方法之间是相互联系、互相配合的，共同组成了统计学方法体系。

1.3 统计学的基本概念

1.3.1 总体与样本

1.3.1.1 总体

1. 总体的含义与特征

我们对所研究现象数量特征的认识是着眼于总体的。所谓总体，就是统计研究的客观对象的全体，是由所有具有某种共同性质的事物所组成的集合体，有时也称为母体。组成总体的每个个别事物称为个体，也称为总体单位。总体中个体数量的多少，称为总体容量或总体单位总数。

作为总体，应该具有大量性、同质性和差异性三个特征。大量性是指总体中的个体数必须是充分多的，同质性是指总体中的每个个体都必须具有某种共同属性或特征，差异性则是指个体的属性或特征在某些方面又必须存在一定的差异。统计研究总体的数量特征，大量性是条件，同质性是基础，差异性是前提。

2. 总体的分类

（1）总体按照其个体数量是否有限可以分为有限总体和无限总体两类。有限总体是指由有限多个个体所组成的总体，即总体容量是有限的，例如某市的企业总体、人口总体等。无限总体是指由无穷多个个体所组成的总体，即总体容量是无限的，例如宇宙中的星球总体、大气中的悬浮颗粒总体等。无论是有限总体还是无限总体，都需要运用统计方法去研究其数量特征。

（2）总体按照其存在形态不同可以分为具体总体和抽象总体两类。具体总体是指由现实存在的各个具体事物所组成的总体，例如客观存在的全国人口总体、某批产品总体、某市企业总体等。抽象总体也称为设想总体，是由想象中存在的各个假定事物所组成的总体，例如某条件下生产的产品总体、某型号步枪连续射击的射程总体、某特殊类型的消费者总体等。当然，抽象总体并不是无根据的假设，而是对具体总体做某种抽象的结果，是在某种假设条件下存在的各个事物的全体。对于抽象总体，原则上可以假设它包含无穷多个个体，可以把它看作无限总体。一般地，抽象总体是具体总体的延伸和抽象化，而具体总体则可看作抽象总体的组成部分。在现实中，对研究总体抽象化既有利于各种数据的处理与使用，又能在许多场合更深入地揭示出事物的本质。例如，若考查某一批产品的质量，则研究的是具体总体，结果是表明这一批产品的质量高低；而若考查某种工艺条件下的该种产品的质量，则研究的是抽象总体，结果不仅能表明产品本身的质量，而且更重要的是还可以说明这种工艺条件的性能及先进性。

（3）总体按照其个体能否计数可以分为可计数总体和不可计数总体两类。可计数总体是指能对其所包括的个体进行计数且计数结果能加总的总体，例如人口总体，每个个体是可计数的,而计数的结果即人数是可相加的;工业企业总体、某批产品总体等也都是如此。可计数总体的特征是,它所包含的个体具有相同的计量单位,可以计算总体单位总数。不可计数总体是指对其所包括的个体不可计数或计数结果不能加总的总体,例如零售商品总体,虽然每件商品都具有商品的共性,但由于各自的使用价值形态和计量单位不同,所以在商品的件数上是不能直接相加的。然而,零售商品总体的物价水平和销售数量的总变动情况却是统计研究的内容之一。不可计数总体的特征是,它所包含的个体通常不具有相同的计量单位,不能计算总体单位总数。

(4)总体按照其个体是否人为划定可以分为自然总体和人为总体两类。自然总体是由自然确定的个体所组成的,即个体是明确的、易定的,例如人口总体中的个人、企业总体中的企业、家庭总体中的家庭等都是自然个体。人为总体是由人为确定的个体所组成的,其个体往往不明显或难以确定,例如在考查某种小麦的出粉率时,总体是全部该种小麦,但个体显然不能是每一粒小麦,那么该以1千克小麦还是以100千克小麦或1吨小麦作为一个个体,并没有明确的规定。再如,要研究林区的木材储藏量,也不能以每一棵树作为个体,但应该以多大面积的区域作为一个个体也没有明确的规定。对于个体不明显的现象,要根据研究对象的具体情况和研究目的的不同恰当地加以确定。

在实践中,还经常需要对被研究的总体进行分组或分类研究,尤其是要对总体中的某特定组或特定类进行分析研究。这时,总体中的一个组或类,就被称为一个研究域或一个子总体。例如,在研究消费者的购买力时,对某特定类型的消费者群(例如老年消费者群、儿童消费者群、学生消费者群、妇女消费者群等)进行特别的研究,就是对消费者总体中的一个子总体进行研究,这在市场营销学中被称为市场细分研究。子总体具有和原总体同样的性质。

3. 总体与个体的关系

总体与个体的关系不是一成不变的,其可变性体现为三方面。一是总体容量随着个体数的增减可变大或变小。二是随着研究目的的不同,总体中的个体可发生变化。例如,要研究某市的居民身体素质,总体就是该市所有人口,要研究该市的居民家庭生活水平和消费结构,总体就是该市所有居民家庭。三是随着研究范围的变化,总体与个体的角色可以变换。例如,在研究某地区某校学生的学习状况时,总体由该校所有学生构成,即学校是总体。而要研究该地区所有学生的构成状况,总体就由该地区的所有学校构成,学校则成为个体。这说明,个体与总体要根据研究目的和对象范围而定。

1.3.1.2 样本

1. 样本的含义

样本是与总体相对应的概念,在统计学中占有重要地位,几乎所有的统计理论和办法都建立在样本之上,而统计实践研究现象的数量方面也总是由样本开始的。所谓样本,就是从总体中抽取的一部分个体所组成的集合,也称为子样。样本中所包含的个体数,称为样本容量或样本单位数。

从理论上看,样本可以大到与总体容量相同(这时,总体就是一个特殊的样本),也可以小到只包含一个个体。但在实践上,样本的大小总是处于总体容量与1之间。因此,样本是一个来自总体的有限小总体。一般地,当样本的容量大于一定值(30、50或100,没有标准)时,称为大样本,否则就称为小样本。

从一个总体中随机抽取一定容量的样本,可以有很多种样本构成的可能,也可以从同一总体中抽取很多个容量相同但个体不同(或个体抽取的顺序不同)的样本。因此,样本不具有唯一性,除非样本就是总体本身。我们把从一个总体中最多可以抽取的不同样本数,称为样本个数,具体要依总体容量、样本容量和抽样方法而定。

2. 样本与总体的关系

样本和总体的关系是多方面的。首先,总体是所要研究的对象,而样本则是所要观测的对象,样本是总体的代表和缩影。前面已经指出,统计研究现象的数量是着眼于总体的,但由于在很多情况下不能进行全面观测研究,所以只能从样本着手,期望通过对样本数量特征的认识来达到对总体特征认识的目的,也就是通过样本的观测来研究总体。因此,样本是总体的代表和缩影。但由于样本的内在结构与总体的内在结构不完全一致,因此样本不可能完全代表总体,这是由个体特征之间的差异性所决定的。为了保证样本的代表性,样本的抽取必须是随机的,即总体中的每个个体都有一定的、事先已知的非零概率被抽取到样本中。

其次,样本是用来推断总体的。对样本进行观测的目的是要对总体数量特征做出估计或判断,即通常所说的以样本推断总体。这种推断,从逻辑上看属于不完全的归纳推理,因为由个体到一般的归纳仅限于样本,而对于总体则需要推断。因此,由样本推断总体,其结果不是必然的,而是或然的,即具有一定的不确定性。在推断中,大样本和小样本所使用的方法有所不同,其理论依据也有所差别。一般地,大样本方法适用于所有总体,小样本方法适用于某些特殊总体。

再次,总体和样本的角色是可以改变的。随着考察角度的改变,一定的研究总体也可以成为另一意义上总体的一个样本,这说明总体与样本的角色是可以改变的。例如,一个国家的所有人口是一个总体,如果对所有人口进行调查就属于全面观测,即人口普查。但如果要从历史上动态考查该国人口变化规律,则一定时点上的人口总体即具体总体就成为一个样本,而动态上的人口总体才是与之相对应的总体。因此从广义上看,对总体的观测也是一种样本观测,统计观测、搜集的数据都是样本数据。有人说,大数据是全体数据,这在一定条件下是对的,但考虑到大数据的动态增长性,因此任何时点的大数据也只是样本数据。所以,一定程度上讲,统计学就是关于样本的科学。

1.3.2 标志和变量

1.3.2.1 标志

1. 标志的含义

无论是研究总体还是观测样本,都必须从认识个体特征出发。用以描述或体现个体特征的名称,在统计学上称为标志,而标志在每个个体上的具体结果则称为标志表现。例如,人口总体中的个人,性别、年龄、职业、身高、文化程度、民族、收入等都是标志;而某个人是男性、35岁、教师、170厘米、大学毕业、汉族、月收入5 000元等,分别是上述各个标志的标志表现。再如,工业企业总体中的企业,其标志有行业类别、资产总额、职工人数、年增加产值、年利润额等,某企业属于食品行业,资产总额36 000万元、职工300名、年增加产值5 000万元、年利润额1 000万元等分别是上述标志的标志表现。对于任何一个标志,总体或样本中的个体数有多少,其标志表现就有多少。

2. 标志的分类

(1)标志按其结果的表示方式不同可以分为品质标志和数量标志两种。品质标志表明个体的属性特征,其结果一般只能用文字表述而不能用数值表示,即只能表现为定性数据。例如,前述的个人性别、职业、文化程度和民族等,都属于品质标志。数量标志表明个体的数量特征,其结果以数值表示,即表现为定量数据。例如,前述的个人年龄、身高、收入等,都属于数量标志。不难发现,品质标志表现需要采用定类尺度或定序尺度来计量,数量标志表现需要采用定距尺度或定比尺度来计量。

(2)标志按其在每个个体上的表现结果是否相同可以分为不变标志和可变标志两种。不变标志是指在每个个体上的具体表现完全相同的标志,例如高校学生总体中,身份是不变标志,因为大家都是高校学生;再如某地区服装加工企业总体中,行业是不变标志,因为各企业都从事服装加工活动。很显然,不变标志是相关个体集合成总体的基础,总体的同质性也正体现在要求至少具有一个不变标志。可变标志则是指在每个个体上的具体表现不相同的标志,例如高校学生总体中,出生地、年龄、身高、专业等都是可变标志,因为它们在不同学生身上的体现是不相同的;某地区服装加工企业总体中,职工人数、年增加值等也都是可变标志。这种个体标志表现不相同的现象,在统计学上称为变异。总体的差异性也正体现在至少要有一个可变标志。

(3)标志按其表现个体特征的直接程度不同可分为直接标志和间接标志两种。直接标志也称为第一性标志,它直接表明个体的属性特征或数量特征。例如,企业的所属行业、职工人数、年产量,个人的性别、年龄、民族等标志,都是直接标志。一般地,品质标志都是直接标志。间接标志也称为第二性标志,它是通过两个或两个以上数量标志计算后(通常是对比)间接表明个体数量特征的标志。例如,企业的职工平均工资、人均产量等标志,都属于间接标志,因为它们分别是企业工资总额标志与职工人数标志之比、企业产量标志与职工人数标志之比。很显然,间接标志是以直接标志为基础的。一般地,间接标志都是数量标志。

1.3.2.2 变量

1. 变量的含义

变量是统计学中经常涉及的一个概念。从狭义上看,变量是指可变的数量标志,例如人的年龄、身高,企业的职工人数、产量等都是变量,因为这些标志在不同个体上的值是不同的,是可变的。因此,变量是可变数量标志的抽象化。变量的具体数值,就称为变量值,也称为标志值。

从广义上看,变量不仅指可变的数量标志,也包括可变的品质标志,因为可变的品质标志在每个个体上的表现结果也是不同的,在作为变量处理时所用的方法也有所不同(如前述的定类尺度和定序尺度)。因此,可变标志就是变量。

2. 变量的分类

(1)变量按其反映数据的计量尺度不同,可以分为定性变量和定量变量两种。反映定性数据的变量就是定性变量，包括反映定类数据的定类变量和反映定序数据的定序变量。反映定量数据的变量就是定量变量，包括反映定距数据的定距变量和反映定比数据的定比变量。

（2）变量按其所受影响因素不同，可以分为确定性变量和随机性变量两种。确定性变量是指受确定性因素影响的变量，即影响变量值变化的因素是明确的、可解释的或可人为控制的，因而变量的变化方向和变动程度是可确定的。例如，企业职工工资总额不外乎受职工人数和平均工资两个因素影响，这两个因素都是可人为控制的，对工资总额影响的大小和方向是确定的。随机性变量是指受随机因素影响的变量，即影响变量值变化的因素是不确定的、偶然的，变量受随机因素影响的大小和方向是不确定的。例如，农作物产量的高低，受土壤、水分、气温、光照、施肥、管理等多种因素影响，而水分、光照、气温等变化是非确定的或非人所能控制的，因而农作物产量是随机性变量，不是确定性变量。但是，随机性变量也蕴藏着一定的规律性，通过大量观测可以揭示这种规律性。例如，通过大量观测发现，随着施肥量的适当增加和管理水平的提高，农产品产量会呈上升趋势。正因为如此，通过大量观测或试验来发现随机变量的变动规律，成为统计学方法研究的主要任务之一。通常，自然现象的变量大多属于随机性变量，而社会经济现象的变量既有确定性变量，也有随机性变量。其中许多社会经济现象变量既受确定性因素影响，也受随机因素影响，因而对其加以观测研究的难度也更大。

（3）变量按其数值的变化是否连续，可以分为离散型变量和连续型变量两种。离散型变量是指只能取整数值的变量，即变量的变化是不连续的、间断的。例如，人数、企业数、机器台数、货币面值等，都是离散型变量，它们都只能取整数。离散型变量只能采用计数的方法来取得其数值。连续型变量是指可以在一定区间内取任意实数值的变量，即变量的变化是连续的、不间断的。例如，人的身高、体重，企业的总产值、利润率等，都是连续型变量，它们都能取任意实数。连续型变量要采用测量或计量的方法来取得其数值。很显然，定类尺度和定序尺度只能用来计量离散型变量，而定距尺度和定比尺度既可用来计量离散型变量又可用来计量连续型变量。

由于个体与标志紧密相依，个体是标志的承担者，因而一旦个体和所要研究的标志确定，那么也可以把该标志（变量）的所有可能取值所组成的集合称为总体，将所观察到的部分标志值（变量值）所组成的集合称为样本。可见，由个体所组成的总体（样本）可以转换为以变量值所组成的总体（样本），但前者是根本性的和决定性的。

1.3.3 统计指标与指标体系

1.3.3.1 统计指标

1. 统计指标的含义与构成要素

统计指标简称指标，是反映现象总体数量特征的概念及其数值。例如，中国2017年的国内生产总值为827 122亿元、人口总数为13.9亿人等，都属于统计指标。

统计指标由指标名称和指标数值两个基本部分组成。指标名称反映所研究现象的实际内容,是对现象本质特征的一种概括,是对总体数量特征的质的规定性。确定统计指标必须以一定的理论为依据,例如经济统计指标的理论依据是经济学。但并不是所有的理论概念或范畴都是统计指标,这要看它能否数量化。例如,商品销售额、国内生产总值等是统计指标,而商品、国民经济等则不是统计指标。因此,作为统计指标的概念与理论概念是有区别的。指标数值是所研究现象实际内容的数量表现,是对总体本质特征的量的规定性,是对个体特征进行综合和计算的结果。

由于所研究现象的范围是可变的,其发展过程是动态的,因此每个统计指标数值都必须有明确的空间界限和时间界限。同时,为了使同一指标在不同空间和时间上的数值具有可比性,必须确定统一的指标计算方法。并且,为了使指标数值意义明确,还必须有明确的计量单位。这样,统计指标就涉及指标名称、计算方法、空间限制、时间限制、具体数值和计量单位六个要素。例如,浙江省2017年国内生产总值51 768亿元,指标名称是浙江省国内生产总值,计算方法是根据不同产业部门、不同支出构成的特点和资料来源情况而采用不同的方法,空间限制是浙江省,时间限制是2017年,具体数值是51 768,计量单位是亿元。由此可以看出,统计指标具有数量性、综合性和具体性三个特点。

2. 统计指标与标志的关系

统计指标与标志既有区别又有联系。区别主要有两个方面:首先是指标和标志说明的对象不同,指标说明总体的特征,标志则说明个体的特征;其次是指标和标志的表现形式不同,指标是用数值来表现的,而标志则既有只能用文字来表现的品质标志,又有用数值来表现的数量标志。当然,这个区分是相对的。

联系也有两个方面。首先,标志是计算统计指标的依据,即统计指标数值是根据个体的标志表现综合而来的。例如,对品质标志可根据定类尺度或定序尺度计算各类个体数及其所占的比重(如一批产品中合格品数及合格率),对数量标志则可根据定距尺度或定比尺度计算各种总量指标、平均指标和相对指标等。其次,由于总体与个体的确定是相对的、可以换位的,因而指标与标志的确定也是相对的、可以换位的。这样,指标与标志在许多场合并不需要严格区分,例如企业人数、企业总产量、企业总产值等,既是指标也是标志。因此,指标与标志同属于变量的范畴。

3. 统计指标的分类

(1)统计指标按其计算的范围不同,可以分为总体指标和样本指标。总体指标根据(有限)总体中所有个体的标志表现综合计算而得,反映总体数量特征;样本指标则仅根据总体中部分个体的标志表现综合计算而得,反映样本数量特征。总体指标也称总体参数,对于某一确定的总体,任何一个总体指标的数值是唯一的,但在非全面观测的情况下是未知的。样本指标也称样本统计量,对于所抽的一个样本来说,任何一个样本指标都有一个可知的数值,但由于样本是随机抽取的、非唯一的,因此样本指标的数值随样本不同而不同,样本指标是随机变量。统计研究的一大任务,就是要用可知但非唯一的样本指标数值去推断唯一却未知的总体指标数值。

(2)统计指标按其反映现象的内容不同,可以分为数量指标和质量指标两种。数量指标也称为总量指标,它是反映现象总体某一方面绝对数量特征的指标,表明现象所达到的总规模、总水平或工作总量。例如，人口数、企业数、总产量、总产值、土地面积、投资额等，都属于数量指标。数量指标的计量单位有实物单位、价值单位和时间单位三种，其中实物单位又有自然单位、度量衡单位、双重单位和复合单位等。数量指标按照其反映现象内容的不同，可以分为总体标志总量和总体容量（第2章要介绍的总体总频数）两种：总体标志总量是总体中所有个体的某个标志的标志值之和，也就是某变量的所有变量值之和；而总体容量则是总体所包含的个体数，也就是某变量的变量值个数。显然，总体标志总量中的标志值（变量值）与总体容量中的个体是一一对应的，所以总体容量越大（小），总体标志总量一般也就越大（小）。在通常情况下，数量指标主要是指总体标志总量。数量指标按照其反映现象时间状况的不同，又可以分为时期指标与时点指标两种：时期指标是反映现象在一定时期内累计达到的总量，其数值大小与时间长短有直接关系，不同时间上的数值可以累加，数值需要通过连续登记取得，例如企业产量、地区国内生产总值等指标；时点指标是反映现象在某一时点（时刻、瞬间）所达到的总量，其数值大小与时间长短无直接关系，不同时间上的数值不可以累加，数值通常不需要通过连续登记取得，例如企业人数、地区居民存款余额等指标。数量指标的具体结果就是前述的绝对数。

质量指标是反映现象总体内在对比关系或总体间对比关系的指标，表明现象所达到的相对水平、平均水平、工作质量或相互依存关系。例如，人口性别比例、职工平均工资、产品合格率、人均土地面积、产值增长速度、资金利润率等，都属于质量指标。质量指标又可以分为相对指标和平均指标两种。相对指标是反映事物内部或相关事物之间相对数量关系的指标，是两个有联系的统计指标对比的结果，包括结构相对指标（总体中部分总量与总体总量之比）、比例相对指标（总体中某部分总量与其他部分总量之比）、比较相对指标（两个同类指标之比）、动态相对指标（同一指标在不同时间之比）、强度相对指标（两个性质不同但有联系的总量指标之比）和计划完成程度相对指标（实际指标与计划指标之比）等；平均指标是反映变量分布集中趋势或中心位置的指标，表明变量的一般数量水平，包括算术平均指标、几何平均指标、调和平均指标、众数指标和中位数指标等（将在第3章介绍）。平均指标和相对指标中的一部分强度相对指标有计量单位，其他相对指标则没有具体的计量单位。相对指标和平均指标的具体结果分别就是前述的相对数和平均数。

由于数量指标（主要是总体标志总量）的数值大小一般与总体容量大小有关，所以又称为外延指标；而质量指标的数值大小一般与总体容量大小无直接关系，所以又称为内涵指标。在三大类统计指标中，总量指标是基础，相对指标和平均指标由总量指标派生而来。

（3）统计指标按其反映现象的时间状态不同，可以分为静态指标和动态指标两种。静态指标是反映现象总体在某一时点或相对静止时间上数量特征的指标，包括一般的总量指标、静态相对指标和一般平均指标。动态指标是反映现象总体在不同时期或时点上发展变化情况的指标，包括增长量指标、动态相对指标和序时平均指标等。

4. 统计指标的设计

统计指标的设计是一个重要的问题，应着重考虑以下四个方面。

（1）科学确定指标的名称和含义。统计指标作为科学的概念绝不是单凭想象就可以产生的，必须从事物的普遍联系中，以对客观现象本质规律进行充分认识为基础，是人们对客观现实认识加以抽象概括的结果。在确定了指标名称后，还需要对指标含义做出明确解释，指出它的内涵，即质的规定性是什么，有什么作用和功能，有什么优缺点等，以便不同指标之间能从根本上相互区别。通常，统计指标的定义方法有提要法、示算法、穷举法和限定法等，可根据不同情况加以选择。

（2）科学确定指标的计算范围和计算方法。统计指标都需要量化，因此必须依据对指标本质属性的分析，明确划分指标的计算范围和界限，对于可能产生的疑问应做出必要的规定和解释。计算范围通常包括时间范围、空间范围和口径范围，其中口径范围的确定最为复杂。例如，职工的工资包括哪些项目（是否包含奖金、津贴、劳保福利）就属于口径范围。确定指标的口径范围就是明确指标的外延。与此同时，对指标的计算方法必须明确规定，尤其是对一些涉及要素较多、较复杂的指标。例如，国内生产总值指标就可以从生产、分配和使用角度分别采用生产法、收入法和支出法等方法进行核算，对每一种方法都必须做出具体的说明，以便于取得所需的资料并进行比较分析。

（3）确定指标的数据来源和量化尺度。要根据指标的内容、性质不同，确定不同的数据来源，选择不同的数据搜集方式和方法。在数据搜集过程中，要根据标志或变量的性质不同，采用不同的量化尺度。尤其是对于品质标志，对量化的标准要有明确的规定。作为一种延伸，还应对如何解释指标的结果做出说明。例如，基尼系数 0.35 说明什么，相关系数 −0.9 表明什么（取值范围如何），哪些指标的数值越大越好，哪些指标的数值越小越好等，都应有必要的规定和解释。

（4）确定合适的计量单位。统计指标的计量单位通常有实物单位、货币单位、劳动单位和相对比较单位等，要根据指标类型和数量特征的不同加以选择确定。有时还使用其他计量单位，例如考试成绩和体操比赛中的"分"等。同一指标常常有多个计量单位可以使用，如果不明确规定或说明，就不知道指标数值的实际意义。例如，国内生产总值的计量单位，可以是亿元，也可以是万元、千元等，应该选定其中合适的一个。

1.3.3.2 统计指标体系

1. 统计指标体系的含义

任何一个总体都有多方面的数量特征，而一个统计指标只能说明某一方面的数量特征。因此，要想比较全面地了解所研究现象总体的数量特征，就应该设计和使用一系列相互联系的统计指标。这种反映同一总体多个方面数量特征的、一系列相互联系的统计指标所形成的体系，就称为统计指标体系。例如，对于工业企业总体，要想比较全面地了解工业企业的生产经营情况，就必须从劳动、设备、原材料、资金等基本要素和生产、销售等环节出发，通过职工人数、固定资产总额、流动资金总额、总产值、增加值、产品销售率、销售收入、利润额、利润率、劳动生产率、资金周转速度等一系列指标来反映，这些指标就构成了反映工业企业生产经营状况的统计指标体系。

统计指标体系由一系列统计指标构成，但并不是单个指标的简单组合，而是各个指标之间相互联系、相互制约的。通过指标体系，不仅可以使我们认识现象的角度更多、视野更广、看问题更全面，而且还可以从指标的相互联系中再现客观现象之间的内在联系以获取更多的信息。

2. 统计指标体系的表现形式

统计指标体系有多种表现形式，根据统计指标之间的联系关系，大致有以下几种。一是数学等式关系，即若干统计指标之间可以构成一个等式关系，例如"国民生产总值＝国民生产净值＋固定资产折旧""非金融资产＋金融资产＝金融负债＋自有资金"等。二是相互补充关系，即各个指标相互配合、相互补充，从不同方面共同来说明现象的数量特征，例如前述的反映工业企业生产经营状况的统计指标体系。三是相关关系，即各个指标之间存在着一定的相关关系，例如人均国民生产总值、人均收入和人均消费支出三个指标之间就存在较高的相关关系，共同反映一个国家或地区的经济生活水平。四是原因、条件和结果关系，即若干指标中有的是原因，有的是条件，有的则是结果，例如工业企业总产值、工人劳动生产率和资金装备率三者之间，工业总产值的增加是工人劳动生产率提高的结果，而提高工人劳动生产率的条件是提高资金装备率。

3. 统计指标体系的设计

统计指标体系的设计，应该根据研究的目的，确定需要观测和分析的几个方面，并分清主次，然后每个方面各设置所需的统计指标，用系统论的观点把它们组织起来，共同构成统计指标体系的框架。一般地，统计指标体系的设计应遵循以下几个原则。

（1）目的性原则。统计指标体系的设计应该紧紧围绕研究目的，满足科学研究、宏观经济管理、社会组织管理等的不同需要。对于同一总体，若研究目的不同，则所设计的指标体系就不同。

（2）科学性原则。统计指标体系的设计应该符合科学的原理，能比较全面、准确、客观地描述和反映所研究现象的数量特征，从而了解和认识其本质性的东西。这就必须与所研究现象所属领域的专业理论紧密联系，科学地设置和选择各有关指标。

（3）可行性原则。统计指标体系的设计应该确保每个指标都能准确计算出其数值，也就是要使所选择的每个指标都有可靠的数据来源。同时，还要考虑指标的计量手段和计算方法是否简便可行，应使之具有可操作性。

（4）灵活性原则。统计指标体系的设计应该从客观实际需要出发，结合条件和需要，灵活地加以确定，并要注意着眼于未来。反映同一研究目的的统计指标体系，应根据环境的变化和事物发展的新特点、新趋势，不断加以调整和完善。当然，也要注意保持指标体系的历史可比性。

（5）层次性原则。统计指标体系的设计应该体现所研究现象本质内涵的层次性，区分大系统、小系统和子系统等的范围并弄清不同层次系统之间的关系，从而使不同层次系统都有相应的指标体系来反映其数量特征，以助于人们既认识所研究现象总括的数量特征，又认识更详细、更具体的分系统的数量特征。

（6）联系性原则。统计指标体系的设计应该使所包含的各个指标之间相互联系，避免信息的重复遗漏。一方面，应在若干都能反映现象某一方面数量特征的指标中，选择最有代表性的指标；另一方面，所研究现象的各个方面都应有一定的指标来描述和反映，共同构成一个完整的体系。既不能把互不相干的指标捆在一起组成指标体系，又不能全由高度相关的指标来组成指标体系。

（7）协调性原则。统计指标体系的设计应该使各指标之间相互协调一致，在计算方法、计算口径、计算内容等方面相互衔接，不可出现相互矛盾和抵触的现象。同时，要注意与其他环节或其他方面的统计指标紧密配合。

本章小结

1. 统计一词包含三个含义：统计数据、统计活动和统计学。统计的本质是关于"为何统计，统计什么和如何统计"的思想，就是围绕研究目的和任务，运用科学的统计方法，去获取真实客观的统计数据，做出必要的统计分析，以了解和认识事物的真相。而统计学则是关于如何搜集、整理和分析统计数据的科学。

2. 统计学的产生与发展大致经历了三个时期：古典统计学时期、近代统计学时期和现代统计学时期。在古典统计学时期有德国的国势学派与英国的政治算术学派之分；在近代统计学时期有德国的社会统计学派与比利时的数理统计学派之争；在现代统计学时期则以推断统计发展为主要特征。

3. 统计学的研究对象是现象的数量方面，即统计数据。统计学的学科性质从研究对象上看具有数量性、总体性和差异性的特点，从学科范畴上看具有方法性、层次性和通用性的特点，从构成内容上看具有描述性和推断性的特点。

4. 狭义的数据就是以数字和符号表现的可进行数学运算的数值；广义的数据则是指一切可以用一定形式记录和反映的客观事实，是信息的表现方式或载体，除了数值，它还可以是文字、文本、图像、声音、视频、办公文档、XML 等，以及其他任何有可能被纳为研究对象的可存在形式。统计数据则是能通过统计方法加以处理和分析的数据，那些暂时不能用统计方法进行处理与分析的数据还不是统计数据。统计数据既具有数据的一般属性，又有自己的独有属性。随着统计学的不断发展，会有越来越多的数据成为统计数据。

5. 统计数据可以从多个不同角度进行分类。根据计量尺度不同可以分为定性数据与定量数据，根据表现形式不同可以分为绝对数、相对数与平均数，根据来源不同可以分为观测数据、实验数据与大数据，根据加工程度不同可以分为原始数据和加工数据，根据时间或空间状态不同可以分为时序数据与截面数据。

6. 所谓大数据是基于现代信息技术而产生的数字化信息，具有"体量巨大、形式多样、快速增加和蕴含信息价值"四大特点。按照表现形式不同，它又可分为结构化数据与非结构化数据两类。所谓结构化数据是指可用二维表结构逻辑表达的数据，如数字、符号等，即通常所说的可计数、计量和计算的数据；非结构化数据则是不方便使用二维表结构逻辑表达的数据，即没有预先的结构规则、定义或形式的数据，如文本、图像、声音、视频、办公文档、XML 等，即不能用数字或统一的结构来表示的数据。处于结构化数据与非结构化数据之间的数据属于半结构化数据，如 HTML 文档。

7. 统计研究过程即统计数据研究过程，大致包括统计设计、数据搜集、数据整理与分析、数据解释四个环节，研究方法主要有大量观察法、统计分组法、综合指标法、统计推断法和统计模型法。

8. 总体是由客观存在的、所有具有某种共同性质的事物所组成的集合体，具有大量性、同质性和差异性的特征。构成总体的每个个别事物称为个体。总体有有限总体与无限总体、具体总体与抽象总体、可计数总体与不可计数总体、自然总体与人为总体之分。总体与个体的关系不是一成不变的。

9. 样本是由来自总体的一部分个体所组成的有限小总体。样本中所包含的个体数，称为样本容量。从总体中最多可以获得的容量为 n 的不同样本数，称为样本个数。样本是总体的代表，样本是用来推断总体的，样本与总体的角色是可以改变的。

10. 标志是说明个体特征的名称。标志有品质标志与数量标志、可变标志与不变标志、直接标志与间接标志之分。

11. 从广义上说，变量就是可变的标志。变量有定性变量与定量变量、确定性变量与随机性变量、离散型变量与连续型变量之分。

12. 统计指标是反映现象总体数量特征的概念及其数值，有指标名称、计算方法、空间限制、时间限制、具体数值和计量单位六个要素。指标与标志既有区别，又有联系。统计指标有总体指标与样本指标、数量指标与质量指标、静态指标与动态指标之分。

13. 统计指标体系是由反映同一总体多个方面数量特征的、一系列相互联系的统计指标所形成的体系。其表现形式有数学等式关系，相互补充关系，相关关系和条件、原因、结果关系等。

练习与思考

一、判断题

1. 统计学是一门关于统计数据的搜集、整理和分析的方法论科学。（　　）
2. 统计学起源于德国的国势学派。（　　）
3. 描述统计与推断统计的区别在于前者简单，后者复杂。（　　）
4. 数量指标根据数量标志计算而来，质量指标根据品质标志计算而来。（　　）
5. 任何统计数据都可以归类于绝对数、相对数或平均数中的一种。（　　）
6. 统计学可以被理解为关于样本的科学。（　　）
7. 从广义上说，可变标志、指标都是变量。（　　）
8. 无论数量指标或质量指标，其数值大小都与总体容量（或样本容量）有关。（　　）
9. 任何总体，其所包含的个体必须至少具备一个可变标志和一个不变标志。（　　）
10. 电话号码是数量标志。（　　）
11. 任何数据都是统计数据。（　　）

二、单项选择题

1. 统计学的研究对象是（　　）。
   A. 各种现象的内在规律
   B. 各种现象的数量方面
   C. 统计活动过程
   D. 总体与样本的关系

2. 某班3名男生的身高分别为172厘米、176厘米和178厘米，这三个数是（　　）。
   A. 标志　　　　　B. 变量
   C. 变量值　　　　D. 指标

3. 以一、二、三等来表示产品质量的优劣，那么产品等级是（　　）。
   A. 质量指标　　　B. 品质标志
   C. 数量标志　　　D. 数量指标

4. 下列哪个变量不能采用定比尺度计量?（　　）
   A. 企业职工人数　B. 企业产品产量
   C. 企业销售额　　D. 企业利润额

5. 下列哪个指标不属于质量指标?（　　）
   A. 企业职工平均工资
   B. 企业利润率
   C. 企业产品合格率
   D. 企业增加值

6. 要了解某市30所中学的学生视力状况，则个体是（　　）。
   A. 每所中学　　　B. 全部中学
   C. 每名学生　　　D. 每名学生的视力

三、简答题

1. 统计的含义与本质是什么？
2. 什么是统计学？有哪些性质？
3. 什么是数据？什么是统计数据？
4. 统计数据有哪些分类？不同类型的数据有什么不同特点？试举例说明。
5. 定性数据在统计处理上要注意什么问题？
6. 什么是大数据？
7. 如何正确理解描述统计与推断统计的关系？
8. 统计研究的基本过程如何？常用的统计方法有哪些？
9. 总体、样本、个体三者关系如何？试举例说明。
10. 如何理解总体的大量性、同质性和差异性？
11. 如何理解标志、指标、变量三者的含义？试举例说明。
12. 品质标志、数量标志、质量指标、数量指标四者关系如何？试举例说明。
13. 什么是统计指标体系？它有哪些表现形式？试举例说明。
14. 统计学与数学有什么不同？
15. 大数据将会给统计学带来什么样的机遇与挑战？

◎ 人物介绍

威廉·配第（William Petty，1623—1687）

英国古典政治经济学创始人，统计学家。威廉·配第出生于英国一个手工业者家庭，从事过许多职业，从商船上的服务员、水手到医生、音乐教授。他13岁进入卡昂大学学习，1648年进入牛津大学研修医学，1649年获得医学博士学位，后来担任牛津大学解剖学教授。1650年到英国驻爱尔兰军队中去当医生。1651年他成为爱尔兰总督小克伦威尔的侍从医生。后逐渐离开医学，从政从商，发展为贵族。他头脑聪明，学习勤奋，敢于冒险，善于投机，晚年成为拥有大片土地的大地主，还先后创办了渔场、冶铁和铝矿企业。威廉·配第的主要贡献是最先提出了劳动决定价值的基本原理，并在劳动价值论的基础上考察了工资、地租、利息等范畴，他把地租看作剩余价值的基本形态。马克思称他为"政治经济学之父，在某种程度上也可以说是统计学的创始人"。威廉·配第的代表作有《赋税论》《政治算术》等。

第 2 章

统计数据的收集、整理与显示

> "对统计学家来说，当今是统计学一切最重要活动的最重要的时期。"
> "在花费同样的时间和劳动的情况下，完整细致地检查数据的收集过程或者说实验过程，常常会增加 10 倍或 12 倍的收益。实验结束后向一个统计学家咨询的，常常是要他提出一个后续的检验，他或许能指出实验失败的原因。"
>
> ——罗纳尔德·艾尔默·费希尔

本章阐述统计数据收集、整理与显示的理论与方法，具体要求：①理解统计数据收集的含义与要求，掌握统计数据收集方案设计；②熟悉统计数据收集的各种方式、方法并能加以应用；③基本掌握调查问卷设计技能；④理解统计数据整理的含义、要求与步骤；⑤理解统计分组的意义，正确掌握统计分组方法；⑥掌握分布数列，尤其是变量数列的编制方法；⑦了解统计表的结构、种类和编制方法；⑧了解统计图的意义，掌握常用统计图的绘制方法；⑨掌握 Excel 在统计数据整理与显示中的应用。

2.1 统计数据的收集

2.1.1 统计数据收集的含义和要求

所谓统计数据收集，就是按照统计研究的目的和任务，运用各种科学有效的方式和方法，有针对地收集反映客观现实的统计数据的活动过程。统计数据收集是整个统计活动的基础阶段，通常也称为统计调查阶段。

准确性、及时性和完整性是统计数据收集的基本要求，其中准确性是统计数据收集的核心，及时性是统计数据信息价值的体现，完整性则是统计指标计算和统计分析的需要。

2.1.2 统计数据收集方案设计

统计数据的收集是一项系统的工作,大致包括以下四个环节:确定数据收集目的,设计数据收集方案,开展数据收集活动,评估数据收集质量。其中,设计完整的数据收集方案十分重要,是开展数据收集活动的依据,需要缜密考虑。

一般而言,统计数据收集方案应包括以下一些内容。

2.1.2.1 统计数据收集目的

统计数据收集目的是指所收集的数据用以研究和解决什么问题,对所研究现象需要达到什么样的认识。只有明确数据收集目的,才能确定需收集什么数据、向谁收集和如何收集等问题。

2.1.2.2 统计数据及其类型

在明确统计数据收集目的后,必须明确需要收集的数据及其类型,即确定需要收集哪些数据,明确哪些属于定性数据,哪些属于定量数据;哪些属于观测数据,哪些属于实验数据,哪些属于大数据;哪些需要收集原始数据,哪些需要收集次级数据以及是否需要截面数据或时序数据等,并相应地把它们归于各类、各种具体的统计指标。

2.1.2.3 统计数据收集对象和观测单位

对于原始数据的收集,必须明确数据收集对象和观测单位。数据收集的对象,就是所要研究的现象总体。只有对象明确,才能使数据的收集有明确的范围。观测单位则是指观测标志的承担者,也就是构成观测对象总体的每一个个体。例如,要研究工业企业的经济效益,就需要取得工业企业的总产值、利润额、劳动生产率、资金利税率、资金周转速度等标志的有关资料,因此一定地区范围内的所有工业企业就构成了资料收集的对象,而每一个工业企业则是上述标志的承担者,即观测单位。但是,有时观测标志的表现结果不必直接由观测单位本身提供,例如要了解某市小学教师的住房状况,则各位教师的住房类型、住房面积等标志的具体结果可由学校提供,而不必直接由教师本人来提供。因此,统计数据的观测单位与提供单位有时是不一致的,应该分别加以明确。

2.1.2.4 观测标志和调查表

观测标志就是根据统计数据收集目的所确定的调查项目,即作为原始数据来源的有关品质标志或数量标志。观测标志的选择要把需要与可能相结合,并注重有关标志之间的相互联系。把所要观测的标志按逻辑顺序列在一定形式的表格内,就称为调查表(登记表、记录表或问卷)。在具体应用中,调查表有单一表和一览表两种形式。单一表是指一张调查表只用以填写一个观测单位的标志表现;一览表则是指一张调查表用以同时填写多个观测单位的标志表现。选择单一表还是一览表,应从具体情况出发,根据研究目的、观测对象的特点和观测标志的多少而定。

这里需要指出的是,问卷作为一种特殊的调查表,在统计数据的收集中具有重要的作用,如何设计一份好的问卷,既是技术性问题也是艺术性问题。

2.1.2.5 统计数据收集方式与方法

采用什么样的数据收集方式与方法，直接关系到能否及时、准确、完整地收集到所需的统计数据，还涉及所需投入的人力、物力和财力。因此，一定要根据研究目的、总体情况、相关条件和数据收集的需要，选择最合适的收集方式与方法。例如，某企业要想了解本企业产品的市场占有率和消费者的使用意见，可以采用抽样调查方式和采访法（问卷调查方法）；若想了解不同包装对产品销售的影响，可以采用实验方式和直接观察法、采访法；若想了解电子商务交易情况、交通拥堵状况、有关民情民意、零售商品价格变化等，则可利用相关大数据。

2.1.2.6 统计数据的所属时间和收集期限

事物是发展变化的，在不同的时间有不同的数量表现，因此在统计数据的收集过程中，必须明确每一项数据所属的时间，这也是统计指标时间界限的体现。数据收集期限，则是指完成数据收集活动的起止时限，对其加以明确的规定，是保证统计数据收集及时性的需要。

2.1.2.7 统计数据收集地点

数据收集的地点，就是观测、记录统计数据的地点。在一般情况下，它与观测单位所在的地点是一致的，但有时也会不一致，例如在人口普查时，规定"常住人口"应在常住地点进行登记，但若某被调查者短期外出工作，则仍应在他的常住地登记而不是在现居地登记。

2.1.2.8 统计数据收集的组织

任何一项统计数据的收集，都需要一定的人力、物力和财力，大规模的数据收集活动还要建立专门的组织机构来统一安排各项工作，如人员培训、经费预算、活动分工、进展计算、资料传递、材料的印刷等。健全的组织是统计数据收集顺利开展的有力保证。

制定好统计数据收集方案后，就应该严格按照方案进行统计数据的收集活动。在这一阶段，每一位数据收集者都要认真仔细，严防各种可能出现的差错，确保所取得数据的质量。

2.1.3 统计数据收集方式

统计数据收集方式，是指获取统计数据的组织形式。根据统计数据的来源不同，其收集方式有三种：统计调查方式、实验方式和大数据方式。

2.1.3.1 统计调查方式

所谓统计调查方式，就是运用合适的统计调查手段去收集统计调查对象总体的全部或部分个体的原始数据，也就是通过对调查对象总体的全部或部分个体的有关标志特征，进行调查或观测的方式来获取统计数据。常用的统计调查方式有普查、抽样调查、重点调查等几种，其中抽样调查最为常用。有时，我们还需要进行间接的统计调查，这被称为统计推算。

1. 普查

普查是根据特定的统计研究目的而专门组织的一次性的全面调查，用以收集所研究现象总体的全面资料（总体中的所有个体都是观测单位）。一般而言，普查所要收集的资料大多属于处于一定时点上的社会经济现象的总量及分类数，如全国人口总数及分类数等。但有时，普查也可用来反映一定时期现象的总量，如某年的出生人口总数及性别分类数等。

普查是一个国家或地区用于定期掌握国情国力（如人口、经济发展状况等）的统计调查方式，为政府制定社会经济发展战略和方针政策提供依据。此外，普查所取得的资料，还可以为经常性的抽样调查提供抽样框和各种辅助资料，提高抽样调查的效果。我国目前主要有人口普查和经济普查两种。

普查的组织方式一般有两种：一是建立专门的普查机构，配备一定数量的普查人员，对观测单位直接进行登记，如我国历次的人口普查等；二是利用观测单位的原始记录和核算资料，发放调查表，由观测单位按要求填报，如物资库存普查等。但后一种方式也需要有专门的机构和人员来组织领导。有时，为了满足国家的迫切需要，还可以采用快速普查的形式，即改变一般普查"逐级布置、逐级汇总"的做法，直接由最高普查机构把任务布置到基层单位，基层单位直接把资料报送给最高普查机构，越过中间环节，实行越级汇总、集中汇总。

由于普查一般在全国范围内进行，涉及面广，工作量大，需要动员大量的人力、物力和财力，对数据的准确性、时效性和完整性要求高，因此必须统一领导、统一要求和统一行动，遵循以下几项原则：一是必须统一规定数据所属的标准时点，以避免因现象的变化而产生重复登记或遗漏登记；二是在普查范围内各调查点要统一行动，在方法、步调上保持一致，并力求在最短期限内完成登记工作；三是普查项目要统一规定，一经确定就不能任意增减更改，同一种普查的各次普查项目要力求保持一致和稳定，以便对比分析；四是要选择最合适的普查工作时间，尽量减少乃至避免普查对其他各项正常工作的影响；五是要实现普查的周期化，按固定的周期进行，例如我国的人口普查每10年进行一次，经济普查每5年进行一次。

2. 抽样调查

抽样调查是一种非全面调查，它从总体中抽取样本，以样本推断总体。根据抽取样本的方式不同，抽样调查可分为概率抽样和非概率抽样两类。

概率抽样是按照随机原则抽取样本，即总体中的每个个体都有已知的、非零的概率被抽取到样本中，它具有以下五个方面的特点。一是在样本的抽取上遵循随机原则，即总体中的个体是否被抽中不受主观因素的影响，而是由可知的、非零的概率来确定。二是在调查的功能上能以部分推断总体。抽样调查是非全面调查，但却能依据样本与总体之间的内在联系和抽样分布规律，以样本的观测结果去推断总体的数量特征。三是在推断的手段上运用概率估计的方法。我们必须认识到以样本估计总体不能做出完全精确可靠的推断，只能以一定的概率为保证做出具有一定精度的估计，这是由样本的非唯一性所决定的，因为样本与总体之间不存在函数关系。当然，概率保证程度的高低与推断的精确度是可以根据需要调整的。四是在推断的理论上，以大数定律和中心极限定理为依据。大数定律阐明：随着样本容量的增加，样本平均数将趋于接近总体平均数；中心极限定理表明：只要样本容量足够大，样本统计量的分布（例如样本平均数的分布）就趋于服从正态分布。因此，只要样本容量足够大，抽样推断就可以以正态分布为依据，以样本估计总体就可以有充分的把握和足够的精度，这也正是大量观察法的要求。五是在推断的效果上，抽样误差可以计算并加以控制。以随机样本去估计总体，不可能不产生偶然性误差，即抽样误差。但根据大数定律、中心极限定理和抽样分布规律，我们能用某一指标来衡量抽样误差的一般水平，这一指标就是抽样标准误差。它是可以计算的，并能通过各种有效的办法把它控制在要求的范围内。

概率抽样从抽样方法上看，可以分为重复抽样和不重复抽样两种。重复抽样是指要从容量为 N 的总体中抽取一个容量为 n 的样本，则每次从总体中抽取一个个体后又放回总体参加下一次抽样，连续抽 n 次，n 个观测值构成样本数据。其特点是：总体的每个个体都有数次被抽中的可能性，n 次抽样之间相互独立，每次抽样时总体都有 N 个个体可供抽选，样本由小于等于 n 个不同的个体所组成。不重复抽样是指若要从容量为 N 的总体中抽取一个容量为 n 的样本，则每次从总体中抽取一个个体后不再将它放回总体参加下一次抽样，连续抽 n 次，n 个观测值构成样本数据。其特点是：总体中每个个体都只有一次被抽中的可能性，n 次抽样之间不相互独立（前面的抽样结果影响后面的抽样），每抽一次总体中可供抽选的个体就减少一个，样本由 n 个不同的个体所组成。但不论是重复抽样还是不重复抽样，每个个体被抽中的概率都是可以计算的。

概率抽样从抽样组织形式上看，可分为简单随机抽样、分层抽样、等距抽样、整群抽样和多阶段抽样五种。简单随机抽样也称纯随机抽样或完全随机抽样，是指未对总体中的个体进行事先分组或组合，直接从总体中完全随机地抽取样本的一种抽样组织形式，是抽样调查最基本的组织形式，具体的样本抽取方式有抽签法和随机数表法等。分层抽样也称类型抽样，是指先将总体的 N 个个体按某一标志分为若干层，然后每层分别抽取部分个体作为层内样本，构成总容量为 n 的样本，最后以样本的观测结果去估计或推断各层及总体数量特征的一种抽样组织形式。分层抽样的特点是必须具备总体所有个体的名录以及至少一个分层标志的全面资料，各层的抽样相互独立，样本对总体的代表性取决于层内差异，与层间差异无关，要尽量把总体差异通过分层而转化为层间差异等。分层抽样适合于差异大的总体。等距抽样也称系统抽样或机械抽样，是指先将总体的 N 个个体按某种标志排队并等分成 n 段，每段 k 个个体，在第一段的 k 个个体中随机抽取一个个体后，再每隔 k 个个体抽取下一个个体，共 n 个个体构成样本的一种抽样组织形式。在将 N 个个体排队时，可以头尾相连，形成一个圆圈。用以排队的标志可以与调查标志有关，也可以与调查标志无关。等距抽样的具体方式又有一般等距抽样、中点等距抽样（每段都取中间一个个体来构成样本）和对称等距抽样（排队标志值高的和低的个体在样本中对称出现）之分。等距抽样的特点是，依固定的间隔和规定的顺序来抽取个体，属于不重复抽样，有时连对个体进行编号和排队的步骤都可以省却（例如按门牌号每隔 20 户抽取一户居民家庭进行收支调查）。整群抽样也称集团抽样，是指当总体的所有个体形成若干群后，从中随机抽取部分群并对抽中群进行全面观测的一种抽样组织形式。整群抽样的特点是群的形成可以是自然的也可以是人为的，可以大小相同也可以大小有别，要尽量把总体差异转化为群内差异等。整群抽样一般属于不重复抽样。多阶段抽样也称多级抽样，它是以整群抽样为基础，先从总体的所有大群中抽取若干大群，抽中的大群中再抽取若干小群，抽中的小群中再抽取若干更小的群，如此下去，最后才抽取所要观测个体的一种抽样组织形式。最简单的多阶段抽样是两阶段抽样，即总体抽群，群抽个体。多阶段抽样的特点是整群抽样和分层抽样两种组织形式的综合（如两阶段抽样，前一阶段为整群抽样，后一阶段则相当于分层抽样）。

非概率抽样是凭人们的主观判断或根据便利性原则来抽取样本。这时，总体中每个个体被抽取的可能性是难以用概率来表示和计算的。具体地，非随机抽样调查又有任意抽样、典型抽样、定额抽样和流动总体抽样等几种。任意抽样也称随意抽样，是指调查者利用现成的名册、号簿和地图等资料而随意地选取一些个体作为样本，或者利用偶遇的方式选取观测单位进行调查，样本通常由自愿者组成。例如，在街头随意采访一些偶遇的过往行人，了解民意或进行商品需求调查等，就属于任意抽样。这种抽样简便易行，但样本容易产生偏差。典型抽样也称判断抽样，即调查者凭自己对调查对象的了解和主观判断能力，有意识地从总体中选取若干具有代表性（具有平均水平或具有一般特征）的个体作为样本，这种抽样可以发挥调查者的主观能动性，并充分利用已掌握的有关信息，避免产生极端的偏误。当观测的个体数比较多时，可以对总体的数量特征做出估计。但主观随意性较大，对调查结果缺乏评估的客观标准，估计的误差也难以计算和控制。定额抽样也称划类选典抽样，即在对调查对象总体按一定标志分类后，每类分别按一定比例依主观判断抽取若干有代表性的个体作为样本。这种抽样由美国著名专家盖洛普首创，曾流行一时。它具有与判断抽样相同的优缺点。流动总体抽样，是采用"捕获—放回—再捕获"的方式来估计总体。例如，要估计某湖泊的鱼资源量，先从中随机捕获一部分鱼，分别称重并做记号后放回该湖，过一段时间待鱼群充分流动混合后，再捕获一定数量的鱼，观测其中曾被做记号鱼的数量与重量并计算比重，据此推断该湖泊的鱼资源量。

理论与实践都已经证明，概率抽样比非概率抽样更具科学和优越性，因此，我们通常所指的抽样一般就是概率抽样。但作为一种补充，非概率抽样也具有重要的应用价值，只要相关条件具备就值得运用。

抽样调查具有经济节省、时效性强、准确度高、灵活方便等优点，在各个领域得到广泛的应用。一是用于认识那些不能或难以进行全面调查的总体数量特征，如无限总体、范围过大的有限总体等，以及具有破坏性的产品质量检测等；二是用于认识那些发展变化比较稳定，有规律性而不必进行全面调查的现象总体的数量特征，如人的身高、男女性别比、食盐的消费量等；三是用于收集灵敏度高、时效性强或时间要求紧迫的统计数据，如市场需求信息、生产过程中的产品质量状况、易变化现象的波动情况如物价等；四是用于与其他数据收集方式相结合，相互补充和核对，如与普查相结合，既可以取得普查未能取得的数据，还可以对普查的质量进行抽查验证，又如与重点调查相结合，可以形成目录抽样，更全面认识总体数量特征；五是用于对总体特征的某种假设进行检验，判断这种假设的真伪，决定方案的取舍，为行动决策提供依据。社会经济领域中常见的抽样调查有人口抽样调查、居民家计抽样调查、市场抽样调查、社会问题抽样调查和民意抽样调查等。

3. 重点调查

重点调查也是一种非全面调查，是对数据收集对象总体中的部分重点个体进行观测的统计调查方式。所谓重点个体，是就调查标志而言，那些在总体标志总量中占有绝大比重的少数个体。这些重点个体，虽然只是总体全部个体中的一小部分，但就调查标志而言却有举足轻重的作用。通过对重点个体的调查，能够从数量上反映总体的基本情况，抓住重点。例如，我国的钢铁企业有数百家，但钢铁产量的高低差别却很大，其中首都钢铁厂、宝山钢铁厂、鞍山钢铁厂、太原钢铁厂、武汉钢铁厂、包头钢铁厂、攀枝花钢铁厂等大型钢铁企业，虽然在企业数上只是少数,但在全国钢铁总产量中所占的比重却是绝对大的,只要对这些重点企业进行观测,就可以八九不离十地了解全国钢铁生产的基本情况。又如,要了解棉花、木材等的生产情况,也只要对主产区进行观测就可以掌握大致的数量情况。

重点调查具有投入少、速度快的优点,可以调查较多的项目,但在推断总体标志总量时,要注意重点个体与非重点个体在调查标志值上的巨大差异。重点调查有两个特点:一是以客观原则来确定观测单位;二是属于范围较小的全面调查,即对所有重点个体都要进行观测。因此,若数据收集的任务只要求掌握现象的基本情况,而总体中又确实存在少数重点个体时,采用重点调查是很适合的。如果在对重点个体进行全面观测的同时,对非重点个体进行抽样调查,把两部分调查结果进行组合,就可以全面掌握总体的数量特征。这就是前述的目录抽样法。

重点调查的关键是确定重点个体。根据调查目的的不同,重点个体可以是一些企业、行业,也可以是一些地区、城市,要依具体问题和数据收集对象来加以确定。一般来讲,重点个体的确定方法有两种:一是确定一个最低标志值,凡是标志值达到或超过最低标志值的个体就是重点个体,例如,我国目前对非国有工业企业通过规定一个最低销售额来确定重点个体;二是确定一个最低的累计标志比重,譬如 75%,在各观测个体按标志值由高到低排序并依次计算累计比重后,当累计比重大于等于所要求的最低累计比重时,被累计的个体就是重点个体。

4. 统计推算

统计推算是以已掌握的各种统计数据为基础,根据事物之间的内在联系或发展规律,对被研究现象数量特征做出估算或测算的一种间接统计调查方式。统计推算具有较强的假定性,推算的过程实际上也是统计分析的过程。统计推算的方法主要有前提推算法、进度推算法、比例推算法、因素推算法、平衡推算法、插值推算法和回归推算法等。

2.1.3.2 实验方式

所谓实验方式,就是运用自然科学的试验法,通过观测人为安排条件下试验产生的各种结果并加以记录的方式来获取数据,或通过人为安排条件下的试验来探求某个或某些因素对所研究事物的数量影响程度和作用方式,凭借实验结果来揭示所考察因素与所研究事物之间的数量因果关系。例如,美国 1954 年关于脊髓灰质炎疫苗的随机对照双盲试验,就是一次非常有名的实验,它证明了这种疫苗的有效性。

1. 实验的原则

在实验中,所考察因素的各种不同表现,称为各种状态。对于非考察因素要加以控制,使之保持不变的状态,因此,实验方式是一种有控制的观测。例如,为了探明改变商品的包装会对商品销售量产生什么影响(采用新包装前后的商品销售量有什么差异),就需要保持价格、质量、功能等因素不变。

运用实验方式需要遵循下列两个原则:均衡分散性原则和整齐可比性原则。

均衡分散性原则是指所进行的试验应该能把所观测的因素及其状态均衡地分散在因素与状态的所有可能的配合之中,以保证试验结果具有较强的代表性。因为,若试验仅集中于部分状态的特定配合之上,那么试验结果就可能具有某种偏差,不能全面准确反映所考察因素与所研究事物之间的因果关系。当所考察因素较少及每个因素的状态也不多时,可对因素和状态的全部配合进行一次或若干次试验。当所考察因素很多及每个因素的状态也很多时,要对所有可能的因素与状态的配合都进行试验是不太可能的。例如,假设影响商品销售量的因素有价格、款式、包装六个因素,每个因素又有三种状态(如价格有三种,款式有三种等),则所有可能的配合有 $3^6 = 729$ 种,显然要进行 729 次试验是不太可能的。这时,就需要在各个因素和状态的全部配合中随机抽取一部分配合进行试验,为保证试验的配合具有代表性,就需要进行巧妙的设计和安排,使所抽取的配合均衡地散布在全部配合之中。

整齐可比性原则是指试验考察某个因素的各个状态对所研究事物影响的效应时,其他因素应保持不变的状态,以便保证在该因素各个状态的效应之中能最大限度地排除其他因素的干扰,从而能对所考察因素不同状态的效应进行比较。例如,前述的固定价格、质量、功能等因素,仅考察旧包装与新包装对商品销售量的影响,就是整齐可比性原则的体现。这时所考察的因素是包装,所考察的两种状态是旧包装和新包装。再如,在美国的脊髓灰质炎疫苗实验中,固定了年级、家庭收入(父母是否赞成接种疫苗)等因素,只考察愿意接种疫苗的儿童中接种疫苗与注射盐溶液之间脊髓灰质炎病例比率的差异。当所考察因素和状态较少时,容易满足整齐可比性原则,当所考察因素和状态较多时,就要通过巧妙设计和安排来达到整齐可比性要求。

2. 常用的实验设计

在科学实验中,被试验者就叫作试验观测个体,如学生心理实验中的被测学生,商品销售量实验中的被观测商店等。如何确定所考察因素与状态的配合使所实验观测的个体(构成样本)具有代表性,是实验设计的基本问题。常用的实验设计有以下几种:完全随机实验、随机区组实验、拉丁方实验和正交实验。

(1)完全随机实验,即采用纯随机抽样方式,将各试验观测个体随机地安排到所要试验的因素状态配合中。例如,在美国的脊髓灰质炎疫苗实验中,愿意接种疫苗的儿童被随机地分为两组:处理组和对照组,处理组注射疫苗而对照组注射盐溶液。又如,某饮料厂生产的某种饮料有 4 种包装方式:玻璃瓶、易拉罐、塑料瓶和方纸盒,现拟在某市的 20 个商店进行试销,以研究不同包装对销售量的影响,就可以把 20 个商店随机安排到 4 个不同的包装(4 种状态)上,即每种包装在 20 家商店中随机抽取 5 个商店进行试销观测。再如,某厂生产 A、B 两种配方的洗发精,每种配方又有香型与普通型两个款式,拟在某市 20 个商店进行试销,也可以采用纯随机抽样方式。这时所考察因素和状态都有 2 个,共有 A 配方香型、A 配方普通型、B 配方香型和 B 配方普通型 4 种配合,每种配合可以从 20 个商店中随机抽取 5 个商店进行试验。很显然,完全随机设计可满足上述的两个原则。

(2)随机区组实验,即当各试验观测个体之间存在较大差异而将影响到试验结果时,先将试验观测个体进行分类,一个类作为一个区组,使类别内个体之间的差异充分小,然后将区组中的各试验观测个体随机分配到各个所要试验的因素状态配合之中。这样做的目的是为了客观判断所研究事物的变化是由因素状态的差异所引起,还是由试验观测个体本身的差异所引起的。例如,若上述的 20 家商店在规模、格式、地理环境等方面相差甚大,那么用完全随机实验的结果就可能说明不了什么问题。这时，就应将这 20 家商店按规模大小等分成几个区组，譬如 5 个区组，每组 4 家商店，区组内的商店相似或相差不大，然后在每个区组随机确定一家商店试销某种包装的饮料或某种配合的洗发精，这样每种包装或配合的商品都有从大到小 5 家商店进行试销，从而排除了商店规模大小等因素对商品销售量的影响。特殊地，若所要考察的因素状态配合只有两种情形，则可将试验观测个体配成若干对由两个相近个体所组成的组合，每对组合随机抽取一个个体用于试验一种因素状态配合，这种试验方法称为配对试验。由于配对试验时两个观测个体分别在进行一种因素状态配合试验，两者相互对照，因而能最大限度地排除试验观测个体之间差异的影响，保证试验数据的整齐可比性，给数据的分析也带来了极大的方便。

（3）拉丁方实验。所谓拉丁方就是将一组元素编排成行与列相等且每个元素在各行各列都出现一次且只出现一次的正方形方格。由于主格中的元素常以拉丁字母表示，所以称为拉丁方。例如四个元素的标准型拉丁方（第一行与第一列都以 A、B、C、D…的顺序排列）为：

4×4 拉丁方

A B C D
B A D C
C D A B
D C B A

但在试验观测时，所能考察的因素只有三个，即一个所要研究的因素，两个不可控的因素，且要求每个因素的状态数必须相等（如都有三个状态或四个状态），各因素之间不存在相互影响。两个不可控因素的状态构成拉丁方的行与列，行与列的交叉点即为元素。实践中，拉丁方实验通常用以研究人们真正关心的因素只有一个，但存在其他两个不可控因素影响的情形。例如，国有资产管理部门拟在国有工业企业中试验三种企业管理模式，考虑到企业规模的大小和行为的不同可能会对不同管理模式的效果产生不同的影响，将工业企业划分成轻工业、重工业和化学工业三种行业，每种行业再按企业规模划分成大、中、小三种类型，形成 $3×3 = 9$ 个区组。要在每个区组中抽取一个或若干企业作为试验观测个体，就可按 $3×3$ 拉丁方来安排试验。设上述三种行业分别为 A_1、A_2、A_3，三种规模类型企业分别为 B_1、B_2、B_3，三种管理模式分别为 C_1、C_2、C_3，则各种企业管理模式在不同行业和规模企业中的配置可如表 2-1 所示。

表中每一格相当于一个试验，共有 $A_1B_1C_1$、$A_1B_2C_2$、$A_1B_3C_3$、$A_2B_1C_2$、$A_2B_2C_3$、$A_2B_3C_1$、$A_3B_1C_3$、$A_3B_2C_1$、$A_3B_3C_2$ 这 9 种试验配合。每种试验配合可在一个企业中试验，也可在多个企业中试验。这种安排，使各种企业管理模式

表 2-1 企业管理模式的拉丁方实验

C / B	A	A_1	A_2	A_3
B_1		C_1	C_2	C_3
B_2		C_2	C_3	C_1
B_3		C_3	C_1	C_2

不仅在每个行业中都有一次搭配，而且在每种规模类型中也都有一次搭配，因而符合均衡分散性和整齐可比性原则。与完全随机实验相比，拉丁方实验可以减少试验次数，在本例中，最少只需试验 9 次（每种实验配合试验一次），而完全随机实验至少要试验 $3^3 = 27$ 次。

（4）正交实验。正交实验是利用正交表来安排实验。所谓正交表就是由 1、2、3、4

等字码元素构成的，任意两列的同行元素对都形成出现次数相同的完全对的矩阵表。例如，

表 2-2 就是由 9 个横行、4 个纵列、3 个字码组成的正交表，表示为 $L_9(3^4)$。列数表示最多能安排的因素数，行数表示试验的次数或试验单位数，字码数表示每个因素的状态数。$L_9(3^4)$ 表示能考察 4 个因素，每个因素都有 3 种状态，共需试验 9 次。

表 2-2 正交表 $L_9(3^4)$

	1	2	3	4
1	1	1	3	2
2	2	1	1	1
3	3	1	2	3
4	1	2	2	1
5	2	2	3	3
6	3	2	1	2
7	1	3	1	3
8	2	3	2	2
9	3	3	3	1

正交表有两个特点。一是每一列中各种字码出现的次数相同，如 $L_9(3^4)$ 中每列都有三个 1，三个 2 和三个 3。二是任意两列同行字码所组成的字码对都成完全对且每对字码出现次数相同，如 $L_9(3^4)$ 中任意两列都有（1，1）、（2，1）、（3，1）、（1，2）、（2，2）、（3，2）、（1，3）、（2，3）、（3，3）9 对数码组合，且每对都只出现了一次。这表明正交实验符合均衡分散性和整齐可比性的原则。

正交实验的优点是可大大减少试验次数，节省试验时间和经费。例如对于要考察 4 个因素，每个因素有 3 个状态的情况，采用正交实验只需实验 9 次即可，即 $L_9(3^4)$，若采用完全随机实验，则至少要实验 $3^4 = 81$ 次。因此，正交实验在生产管理、科学实验和市场研究中都有十分广泛的应用。

2.1.3.3 大数据方式

大数据方式就是利用各种大数据资源采集、选用所需数据的一种方式，例如在网络平台中采用搜索方式选取信息、利用爬虫技术收集数据等。如果说前面两种方式是"无中生有"式的数据收集方式，那么大数据方式则是"优中选优"式的数据收集方式。

从数据产生的途径或渠道来看，大数据可以分为社交网络数据、人机交换数据和机器感应数据。社交网络数据是在社交网络平台上人与人交流所产生的数据，例如邮件、短信、微信，各种专门交友平台数据等。人机交换数据是人与电脑、手机或其他机器设备交流所产生的数据，包括各种搜索数据、推送数据、记录数据等。机器感应数据则是利用机器设备自动记录的各种数据，例如监控记录数据、车载记录数据、自动化仪器记录数据等。

从数据的功能上看，大数据可以分为交易型数据、流程型数据和交互型数据。交易型数据是在各种交易活动中产生的数据，例如网购交易数据、超市购物记录数据等。流程型数据是系统内的管理流程中产生的数据，例如一个单位内部的信息报送、文件传输等所产生的数据。交互型数据则是在人与人、人与物、物与物的交流交互过程中产生的数据。

需要特别指出的是，网络大数据在大数据中占有特殊的分量。网络数据按类型又可分为自媒体数据、日志数据和富媒体数据三类。从时间维度上，还可以把网络大数据分为以用户数据、日志数据为代表的历史数据，以及以视频监控数据和流媒体数据等为代表的流式数据，其中历史数据蕴含着大量有价值的信息。

随着信息化程度的不断提高和数据储存能力的不断提升，大数据将越来越成为统计数据的主要来源，大数据方式也将逐步成为统计数据收集的主要方式。

2.1.3.4 数据收集误差

在统计数据收集过程中，可能存在两种误差：观测性误差和代表性误差。

观测性误差也叫登记性误差或调查性误差，它是在调查观测的各个环节因工作粗心，或被观测者不愿很好配合而造成的所收集数据与实际情况不符的误差，包括计量错误、记录错误、计算错误、抄写错误、汇总错误、计算机输入误差等工作误差，以及被调查者不愿或难以提供真实情况的误差，有时还存在调查人员弄虚作假的误差和各种人为因素干扰的误差。这种误差，在全面调查和非全面调查中都会产生，并且一般地，调查范围越广越大，观测的个体越多，则产生误差的可能性越大，是一种非一致性误差，因此全面调查更要注意防止这种误差。例如，在人口普查中，往往会产生重登、漏登和错登等各种误差。

代表性误差是指在抽样调查中，由于样本不能完全代表总体而产生的估计结果与总体真实数量特征不符的误差。根据样本不能完全代表总体的原因不同，代表性误差又分为系统性代表性误差和偶然性代表性误差两种。系统性代表性误差，是由于抽样框（用以抽取样本的名录）不完善、抽样时违反随机原则、被调查者无回答等因素引起的误差。等距抽样时若抽样距离与现象的变化周期正好一致，也会产生这种误差。对于系统性代表性误差，通常是难以计算和控制的。抽样调查中的观测性误差与系统性代表性误差合在一起，统称为非抽样误差。偶然性代表性误差，也叫抽样误差或偶然性误差，是由于抽样的随机性引起的样本结构与总体结构不完全相符，从而产生的估计结果与总体真值不一致的误差，这种误差在随机抽样中不可避免，但可以计算和控制。

2.1.4 统计数据收集方法

统计数据收集方法，是指获取被调查对象数据的渠道或途径，常用的方法有直接观察法、通讯法、采访法、登记法和网络法等几种。

直接观察法是由调查人员到现场对被调查对象进行计量、点数和登记，或对实验结果进行观察和记录，直接取得第一手数据的方法。这种方法的主要优点是真实可靠，缺点是耗时费力、成本高。

通讯法是调查组织者（例如政府统计部门）把调查表（例如统计报表或调查问卷）邮寄或电子传送给被调查者，被调查者按要求填写后返回给调查组织者的一种数据收集方法。这种方法的主要优点是调查对象不受空间区域限制，统一的调查表便于统计整理，调查成本较低等，主要缺点是速度较慢，非强制性调查的调查表回收率较低，要求被调查者的文化程度较高等。

采访法是由调查人员对被调查者进行采访，根据被调查者的答复来收集数据的方法。采访法又可分为面访式、电话式和自填式等几种。面访式是由调查人员根据调查提纲（调查表），直接面对被调查者，通过当面问答的形式来获取被调查者的信息，即由调查人员提出问题并对被调查者的回答结果进行记录或填写，具体又有个人面访（独个采访并记录、填写）和集体座谈（调查人员提出问题，众人回答）两种形式。面访式采访的主要优点是回答率较高，所收集的信息比较具体生动，调查人员在采访调查过程中可根据需要灵活掌握调查过程，对被访者的文化程度要求不高等，主要缺点是耗时费力成本高，调查质量有时难以控制，敏感性问题较难获得真实回答等。电话式是由调查人员根据调查提纲（调查表），通过电话问答的形式来获取被调查者的信息,其主要优点是调查成本低,调查范围广,对访问过程的控制比较容易,借助计算机辅助系统可自动选样、自动拨号并及时得到调查结果等,主要缺点是调查对象只限定在有电话的被访者,拒访率可能比较高,因语言、语音因素可能影响交流,问卷及备选答案不能太长、太复杂等。自填式是由调查人员把调查表当面交给被调查者,被调查者填写完毕后当面交还给调查人员的一种数据收集方法,主要优点是调查表的回收率较高,统一的调查表便于统计整理等,主要缺点是调查表不宜太长、太细,结构不能复杂,要求被访者文化程度较高,耗时费力等。

登记法是指当事人根据有关法律法规规定,在开展某些活动或发生某事时,主动到有关机构进行登记,填写有关表格,提供有关统计信息。例如,工商注册登记、税务登记、经济普查登记、户籍登记、人口普查登记等。

网络法是利用现代信息技术和网络平台进行有关数据的收集与选用,主要包括网络统计调查和网络大数据采用。随着现代信息技术的不断发展,计算机、网络、光电技术、卫星遥感、地理信息系统等高新技术不断被引入到统计数据的收集中来,进一步拓展了统计数据收集的功能。特别是大数据时代的到来,网络大数据的收集已越来越成为统计数据收集的重要途径,因为基于云计算技术的各种信息网络平台正在提供越来越多的各种数据。可以说,大数据时代为我们开启了又一个重要的数据宝库。

2.1.5 问卷设计

2.1.5.1 问卷的概念与结构

1. 问卷的概念与种类

问卷是依据统计研究目的和要求,按照一定的理论假设设计出来的,由一系列问题、项目、备选答案及说明所组成的,向被调查者收集资料的一种工具。通过问卷来收集统计数据,可以使调查内容标准化和系统化,便于统计处理和分析。

问卷按是否由被调查者自己填写可分为自填式问卷和代填式问卷两种。自填式问卷由被调查者自己填答,代填式问卷是由调查人员根据被调查者的口头回答来填写。这两种问卷的适用对象通常不同,因而在问卷的具体形式、设计要求和填写说明等方面也有所不同。

2. 问卷的结构

问卷一般由引言、被调查者基本情况、问题和答案、结语四个部分组成。

引言一般在问卷的开头,或作为问卷的说明信,用以表明调查的目的与意义、调查组织者的身份和调查的主要内容等,力求引起被调查者的重视与兴趣,取得支持与合作。说明词要态度诚恳、口吻亲切,并要对被调查者表示真诚的感谢。有时还要向被调查者说明问卷填写的方法和要求以及需要注意的有关事项。

被调查者基本情况用以了解个人或企事业单位的有关基本特征,如个人的性别、年龄、婚姻、文化程度、职业、工作单位、职务或技术职称、民族等,企事业单位的行业类别、经济类型、单位规模、所在地区等。掌握这些基本情况,便于进行各种构成分析。

问题和答案是问卷的主要组成部分,包括所要了解的各个问题和相对应的备选答案。这一部分设计得如何，直接关系到本次问卷调查能否取得有价值的资料。

结语是在问卷末尾对被调查者再次表示感谢，或用以征询其对问卷设计和问卷调查的意见和感受。有的问卷也可以不要结语。

此外，问卷上还应有便于计算机处理的编码。若是访问问卷，还应有作业证明的记载，即填写访问人员姓名、访问日期和被调查者合作情况等。

2.1.5.2 问题的设计

问题即问句，是调查者与被调查者沟通信息的直接渠道，问题设计是否准确、科学、易懂，将直接影响数据收集的质量，因此问题设计是问卷设计的关键。

1. 问题的种类

根据调查内容不同，问题可分为事实性问题、意见性问题和解释性问题。事实性问题要求被调查者依据现有事实做出回答，不必提出主观看法，如"您使用什么品牌的牙膏""您的职业是什么"等。意见性问题用于了解被调查者的意见、看法、评价、态度、要求和打算等，如"您喜欢××牌的牙膏吗""您对您目前的职业是否满意"等。解释性问题用于了解被调查者行为、意见、看法等产生的原因，了解个人内心深层的动机，如"你为什么要购买××牌的牙膏""您为什么要从事××职业"等。事实性问题回答比较简单，统计处理比较容易，但收集到的资料不够深入。意见性问题和解释性问题则在回答难度和统计处理难度上逐步加重，但所收集的资料能比较深入地说明所研究的问题。

根据回答方式不同，问题可分为开放式问题和封闭式问题。开放式问题也称为自由回答式问题，是指不提供备选答案而需要被调查者自由做出回答的问题。例如，"您对我国目前高校招生政策有什么看法"等。这类问题适用于事先无法列出或不能知道所有可能答案的情况，有利于被调查者给出不受限制或富有启发性的回答，增大回答的信息量。但这类问题回答结果的统计处理比较难，并可能掺杂不太有价值的信息，若被调查者的文化程度偏低就会难以做出回答。封闭式问题，是指已列出所有可能答案以供选择的问题。例如，"您家现住房的面积是多少？①$50m^2$以下，②$50\sim80m^2$，③$80\sim100m^2$，④$100m^2$以上"等。这类问题适用于能一一罗列全部可能答案且答案个数不是很多的情况，回答简单，统计处理和分析比较容易。但这类问题使回答带有一定的强迫性，得出的信息有时比较粗糙（如某居民家庭现住房面积$68m^2$，在开放式回答中能给出准确回答，而在封闭式回答中只能选择答案②，区间幅度为$30m^2$）。有时，在问卷中还设计半封闭半开放式的问题，以取得更多的信息。例如，"您家有照相机吗？□有，□无；若有，是什么牌子？（　）"，"您的职业是＿＿。①教师，②公务员，③军人，④企业管理人员，⑤职工，⑥个体户，⑦其他（　）"等。

2. 问题设计的原则

（1）所列问题必须符合客观实际情况。这是指问题应符合当前社会经济发展状况和科学发展水平，符合大多数人的思想意识、文化素质、语言习惯、生活水平和生活方式等。例如，我国城镇居民家庭耐用消费品，20世纪70年代以手表、自行车、缝纫机为代表，20世纪80年代以电视机、冰箱、洗衣机为代表，20世纪90年代则以空调、照相机、音响设备、电脑等为代表，进入21世纪则以各种数码产品、家用轿车等为代表，并且不同的年代对耐用消费品的理解也不一样。如果不考虑经济发展的客观实际情况，现在仍以手表、自行车等为内容来设计问题，显然不切实际。

（2）问题不能太多。一份问卷包括多少问题，应根据调查目的、调查对象特点、财物力量及时间要求等来考虑。在满足需求的情况下，问题要尽量精简，最大限度地减轻被调查者的负担，避免其产生厌烦情绪，提高问卷的有效回收率。

（3）问题必须是被调查者有能力回答的。凡是不太可能或不太容易被理解和回答的问题，应该避免出现，尤其是要避免出现理论性或专业性很强的问题。例如，向普通居民提"加强国际合作有何重要意义""我国物价指数编制方法是否科学"等问题，就有可能超出被调查者回答能力的范围。此外，向未使用家用轿车者询问"每月私车汽油消费量多少"，向未婚者询问"您有几个子女"等问题，以及需要回忆很长时间才能勉强回答的问题，都会使被调查者感到手足无措。

（4）不要直接提社会上禁忌的和敏感性的问题。由于风俗或民族习惯的不同，有些问题可能会引起误会，甚至会产生民族纠纷，因此要加以避免。而涉及个人利益和声誉的一些问题，则具有很强的敏感性和隐私性，例如"您有多少储蓄存款""您是否曾在考试中作弊"等，可能会由于被调查者的自我防卫心理而拒绝回答。

如果确实需要了解一些敏感性问题，就要用一些特殊的技巧方法来处理。一是释疑法，即在问题前面写上一段消除疑虑的文字，并承诺绝对保密。二是假定法，即用一个假定性条件句作为问题的前提，例如"假定允许人员自由流动，您是否也想试一试"，比直接问"您想调离现在工作的单位吗"要好得多。三是转移法，即把本应由被调查者自己根据实际情况回答的问题转移到根据他人情况来回答的问题，例如"对于学校的早读规定，有的同学认为合理，有的同学认为不合理，您同意哪一种看法"，比直接问"您是否愿意参加早读"要好得多。四是模糊法，即用一个答案适当模糊的问题来代替追求精确答案的问题，例如，"您每个月的收入属于下列哪一档？① 800元以下，② 800~1 200元，③ 1 200~1 600元，④ 1 600~2 000元，⑤ 2 000~3 000元，⑥ 3 000~5 000元，⑦ 5 000元以上"，这比问"您每个月的收入是____元？"要好一些。

（5）问题不能带有诱导性和倾向性，要保持客观中立。这是指问题不能流露出调查者或问卷设计者自己的倾向或暗示，以免左右被调查者的回答。例如，"××牌啤酒泡沫丰富、口味清纯，您的印象如何"就带有明显的倾向性。在问题中应避免出现"多数人认为""某权威机构认为""某有名人物认为"等词语。

（6）问题的内容要单一。一个问题只能包含一个询问内容，否则就会使被调查者难以回答。例如，"您的父母是教师吗"这一问题就有缺陷，因为父和母是两个人，可能其中一位是教师而另一位不是教师，这就使被调查者不知该回答"是"还是回答"否"。因此，对于比较复杂的问题，要按询问内容进行分解。

（7）问题的语言要简单易懂、标准规范。每一个问题对每个被调查者而言都只能有一种解释，问题中用语的定义必须清楚明确。例如，"您上个星期总共看了几个小时书"这一问题中，书是否包括报纸、杂志；"您是否经常看电视"这一问题中，"经常"的标准是什么，等等，都可能引起歧义。因此，问题中要避免含义不明确、概念不清楚、容易引起不同理解、过于抽象的词语，也不能用缩略语。

（8）问题的排列要讲究逻辑性。一般地，问题的排列应该先是比较容易回答的问题，再是比较难回答的问题；先事实性问题，再意见性问题和解释性问题；先封闭式问题，再开放式问题。在调查内容的时间上，则应该先过去，再现在，后未来。问题与问题之间要注意内在联系，要有严密的逻辑性。

2.1.5.3 问题答案的设计

1. 问题答案的设计形式

问题答案的设计针对封闭式问题而言，是问卷设计的另一个主要内容。问题答案的形式有很多，常用的有以下五种。

（1）是非式。是非式也称两分式、是否式等，即问题只有两个相对立的答案可供选择，例如"是"与"否"、"有"与"无"、"赞成"与"否定"等，被调查者只需从中选择其一即可。例如，"您家有电脑吗？□有，□无"等。这种设计回答容易，统计处理方便，但不能表达出被调查者行为或意见的程度差别。例如对于回答有电脑的家庭，有的有一台，有的则可能有两台或更多台，电脑的品牌、规格、型号等也不一样，这些差异在是非式设计中难以体现。有时，由于被调查者处于"未定"状态而可能放弃回答。这种设计只适合于询问简单的事实或意见。

（2）多项式。多项式指问题有三个或三个以上的答案可供选择，由被调查者从中选择一个或几个作为回答。例如，前述关于收入问题的备选答案有七个，由被调查者从中选择一个。再如，"您夏天喜欢喝什么饮料？①开水，②矿泉水，③纯净水，④可乐，⑤雪碧，⑥芬达，⑦果汁，⑧其他____"，备选答案有八个，由被调查者从中选择一个或多个。多项式设计的回答和统计处理都比较容易，但要列出所有可能的备选答案往往有一定困难（不能太多），故常用"其他____"来处理。

（3）顺位式。顺位式要求被调查者对问题的备选答案，按照重要性程度或喜爱程度定出先后顺序，做出比较性的回答。例如，"请您对下列不正之风按您痛恨的程度以1，2，3……的顺序加以排列：□用公款大吃大喝，□用公款送礼，□拉关系走后门，□用公款旅游，□用公款购买小车和手机等，□任人唯亲，□领导干部官僚主义、脱离群众，□滥发文凭，□拉帮结派，□其他____"等。这种设计便于被调者去衡量比较，能比多项式了解更多的信息，适用于要求区分答案的缓急轻重或先后顺序的问题。但它难以体现答案之间的差异大小，并且当备选答案较多时，各答案在问卷中的位置也会对被调查者产生一定影响。

（4）程度评价式。这是一种观念计量的方法，所得结果即为定类数据。一般地，对问题列出几个不同程度的答案，并对每一个答案事先按顺序给分，相邻答案的分差相等，由被调查者从中选择一个答案来表达他对事物的感受程度。例如：

您对您目前从事的职业有多满意？

	很满意	满意	一般	不满意	很不满意
	2	1	0	-1	-2
或	5	4	3	2	1

这种设计能从计分的角度进行统计处理，有利于综合了解被调查者的总体态度和程度。但计分本身是非客观的，只是一种人为规定。有时，也可以把答案按程度分为3档、7档或

9档，档数越多，了解的信息就越细，但相邻答案之间的区别就越微小。

（5）比较式。比较式指把若干可比较的事物整理成两两对比的形式，由应答者进行比较。这种方式比将许多事物放在一起，让应答者做比较要简便容易一些，并可获得针对性明显的具体结果。例如：

请您比较下列每一对不同的广告，哪一种更吸引人？
① □甲广告和□乙广告 ② □丙广告和□丁广告
③ □甲广告和□丁广告 ④ □乙广告和□丙广告
⑤ □甲广告和□丙广告 ⑥ □乙广告和□丁广告

此外，问题答案还有过滤式、倾向偏差式、竞争选好式、回想式等形式。

2. 问题答案的设计原则

（1）所列答案应包括所有可能的回答。只有将全部可能的答案列出，才能使每个应答者都有答案可选，不至于无合适答案而放弃回答。为防止答案遗漏，可用"其他＿＿＿"来弥补。

（2）不同答案之间不能相互包含。一个问题所列出的各个答案必须互不相容，互不重叠，否则应答者可能做出有重复内容的双重选择，影响调查效果。例如，"您喜欢阅读哪类图书？①文学艺术类，②自然科学类，③社会科学类，④经济管理类，⑤会计类，⑥统计类"这一设计中，有关答案之间就相互包容了，因为会计类属于经济管理类或社会科学类，因此对应答者的回答难以做出正确的统计分析。

（3）答案的表达必须简单易懂、标准规范。一是要尽可能简单明确；二是要用标准规范的语言，不使用晦涩难懂的词语；三是分类要符合通用标准的分类，符合惯例，如职业分类、产业分类等。

（4）每一项答案都应有明显的填答标记，答案与答案之间要留下足够的空格。答案的填答标记有 A、@、①、□、（）、[ ]等，打"√"、打"×"或涂黑。

2.2 统计数据的整理

2.2.1 统计数据整理的含义与要求

所谓统计数据整理，简称统计整理，是指根据统计研究的目的，对统计收集到的数据进行科学的加工处理，使之系统化、条理化和综合化，成为能反映研究对象总体数量特征，满足统计分析需要的统计数据的过程。统计数据整理包括两个方面：一是对原始统计数据的整理，即通过分组（分类）和汇总，使大量的、零散的、反映个体特征的数据，转化为综合的、反映总体特征的数据；二是对次级数据的再整理，即通过新的分组、计算或各种必要的调整，使之满足新的需要。本节主要介绍第一种情况。

在整个统计研究过程中，统计数据整理起着承上启下的作用，既是数据收集的继续，又是数据分析的开始，因此要十分强调其科学性、条理性和充分性。所谓科学性，就是数据整理的分组和汇总必须科学合理，注意质的界限，符合客观事实；所谓条理性，就是数据整理的过程要层次分明，条理清楚，逻辑关系严密；所谓充分性，就是运用各种数据整理方法和技术，通过多角度、多方位的加工处理，使整理的结果尽量充分地体现出数据中包含的有用信息，最大限度地满足统计分析的需要。

2.2.2 统计数据整理的步骤

统计数据整理包括以下几个步骤：整理方案的设计，数据预处理，统计分组和汇总，整理数据的显示和整理数据的保存与公布。

整理方案的设计主要是以数据收集方案为基础，围绕统计分析目的，确定需要的统计分组，需要汇总计算的统计指标，数据处理的方法与工具（例如采用什么数据处理软件），以及数据显示的形式等内容。

数据预处理是统计整理的先前步骤，是在统计分组、汇总前对原始数据所做的必要工作，包括数据审核、数据筛选和数据排序等。数据审核对于原始数据来讲，主要是检查其完整性和准确性，确保数据的质量。其中完整性审核是检查应调查或观测的个体是否有遗漏，应调查或观测的项目是否有缺损；准确性审核是检查所收集的数据是否存在差错，是否符合客观实际，检查的方法有逻辑检查和计算检查等。数据审核对于次级数据来讲，除了检查其完整性和准确性外，还要检查其适用性和时效性，即弄清次级数据的来源、各种口径和有关背景，判断是否符合本次统计分析研究的需要，是否需要再加工，是否已经过时等。数据筛选是指通过数据审核后，剔除那些明显不符合要求或有明显错误而又难以弥补、纠正的数据，或者在原始数据集中把那些符合某种规定要求的数据筛选出来。数据排序是指为了发现所收集数据中的某些特征或规律，寻找某些有用的线索，或为了检查纠正原始数据中的差错，而将原始数据按一定的顺序加以排列，例如定性数据按英文字母顺序、拼音字母顺序、汉字笔画多少等排序，定量数据按数值大小顺序排列等。排序可以是升序，也可以是降序。

统计分组和汇总是统计整理的关键步骤，就是要根据统计研究的目的和研究对象的特点，通过科学选择分组标志和科学确定分组界限，将观测的个体及其原始数据进行归类，借助必要的数据处理方法和工具，汇总计算出有关统计指标。在这一步骤，进行统计分组并形成频数分布是主要内容。

整理数据的显示是表现统计整理结果的步骤，就是要将统计分组和汇总后的数据，用适当的统计表、统计图显示出来，直观、准确、清楚地表达出研究对象总体的有关数量特征，便于开展统计分析。

整理数据的保存与公布是统计整理的最后一个步骤，就是要把统计整理的结果以适当的形式加以保存，并以适当的内容、形式，在适当的范围内加以公布。

2.2.3 统计分组

2.2.3.1 统计分组的含义与性质

统计分组就是根据统计研究的目的和事物本身的特点，选择一定的标志（一个或多个），将研究现象总体划分为若干性质不同的组或类的一种统计研究方法。例如，研究人口总体，除了知道人口总数外，我们还经常按照性别、年龄、民族、文化程度、职业等标志进行分组，以便通过不同的人口结构对人口总体有更全面、深入的了解和认识。

统计分组在揭示现象所属类型（例如国民经济行业类型、企业所有制类型），解剖总体内在结构（例如人口结构、产业结构），分析现象之间关系（例如居民收入与消费的关系、施肥量与作物产量的关系）等方面，具有重要的作用。

统计分组具有以下一些重要的性质。第一，统计分组兼有分与合的双重功能，是分与合的对立统一。对总体而言是"分"，要把总体划分为若干性质不同的部分；对个体而言是"合"，要把性质相同的个体归入同一组中。第二，统计分组必须遵循"穷尽原则"和"互斥原则"，即现象总体中的任何一个个体都必须而且只能归属于某一个组，不能出现遗漏或重复出现的情况。第三，统计分组的目的是要在同质性的基础上研究总体的内在差异性，即尽量体现出分组标志的组间差异而缩小其组内差异，因此，统计分组无论体现的是空间差异、时间差异、数量差异还是属性差异，归根结底是要客观反映各组之间本质特征的差异。第四，统计分组在体现分组标志的组间差异的同时，可能掩盖了其他标志的组间差异，因此，任何统计分组的意义都有一定的限定性。如果需要多种角度的分组认识，就应该按多个不同的标志进行分组。第五，统计分组的关键是分组标志的选择和分组界限的确定，如果分组标志选择不当或分组界限不合理，就会混淆事物的性质，难以客观反映现象总体的特征。当然，分组标志的选择是核心问题，因为分组界限的确定取决于分组标志。我们应该根据研究目的，结合具体的历史条件和环境背景，选择最能体现现象本质的标志作为分组的标志。

2.2.3.2 统计分组的种类

1. 统计分组按照分组标志的多少不同，可以分为简单分组与复合分组

简单分组是指对总体只按一个标志进行分组，只反映总体某一方面的分布状况和内在结构。例如，人口总体只按性别标志，或只按年龄标志，或只按其他任何一个标志分组，就属于简单分组。若总体按若干个标志分别进行简单分组，就成为平行分组体系。

复合分组则是指对总体同时按两个或两个以上的标志进行层叠式的分组，即先按第一个标志进行分组，然后各组再按第二个标志分成小组，各小组再按第三个标志分成更小的组，如此下去，直至完成所有标志的分组。复合分组本身形成复合分组体系，状如树形。

复合分组的结果，表明所有分组标志下各界限范围内的个体数或比重。例如，某高校教师总体按性别、年龄、职称和学位四个标志的复合分组如图 2-1 所示。

层叠式复合分组有利于我们更深入、具体地分析现象总体的内在关系，但分组标志也不宜过多，因为其组数是成倍增长的，会给分组结果的表达造成困难，有时也不利于形成总体的认识。

在对总体按两个标志进行复合分组时，还可以采用交叉式，形成交叉分组表，表的横栏和纵栏分别代表两个标志的分组，交叉的格子表示按两个标志分组的结果。例如，某高校教师总体按年龄和学位进行的交叉式复合分组如表 2-3 所示。

表 2-3 高校教师总体交叉式复合分组表

年龄分组 学位分组	45岁以下	45岁以上
硕士及以上学位		
硕士以下学位		

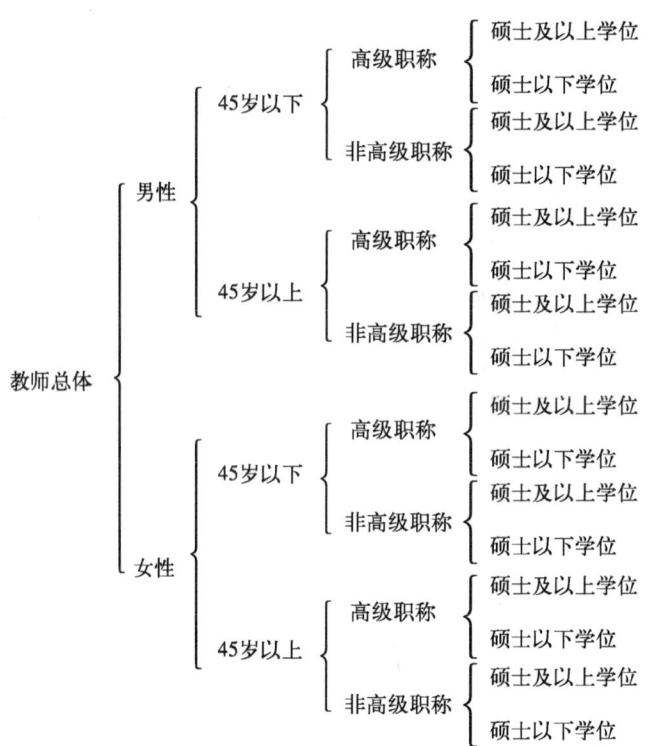

图 2-1 高校教师总体层叠式复合分组图

2. 统计分组按分组标志的性质不同，可以分为品质分组和数量分组

品质分组也叫属性分组，是指总体按某一个或某几个品质标志进行分组，并在品质标志变异的范围内，划定各组的性质界限，根据每个个体的标志表现把他们分别归入不同的组中。

品质分组有的比较简单，因为分组标志一经确定，各组的名称、界限和组数也就随之确定，例如人口总体按性别分组，高校教师按职称分组等。但有时，品质分组也很复杂，主要是组的界限难以确定，例如国民经济按部门（行业）划分，劳动力按职业划分，人口按城乡划分等，都比较复杂，具体分组要根据实际情况而定。对于这种比较复杂的品质分组，在政府统计中一般称为统计分类，并制定有统一的统计标准分类。

数量分组也叫变量分组，是指总体按某一个或某几个数量标志进行分组，并在数量标志变异的范围内，划定各组的数量界限，根据每个个体的标志表现（标志值或变量值）把它们分别归入不同的组中。数量分组是反映总体内部数量差异的重要方法之一，并能够通过组间数量差异体现出性质的不同。数量分组的难点是合理确定组间数量界限和分组数，在组距式分组中还要合理确定组距。数量标志分组的结果形成变量数列。

2.2.4 分布数列

2.2.4.1 分布数列的概念与种类

在统计分组的基础上，将总体中的所有个体按组归类排列，并计算出各组的个体数，就形成频数分布。分配在各组的个体数，称为频数或次数，各组频数或次数之和称为总频数或总次数，各组频数与总频数之比称为频率。

将各组的频数或频率按分组的一定顺序加以排列，就形成分布数列。分布数列是统计数据整理的重要工具，可以据以表现总体分布的特征。分布数列有两个构成要素：统计分组所形成的各个组和各组的频数或频率。

分布数列按分组标志的性质不同可以分为两种，即按品质标志分组的品质分布数列和按数量标志分组的变量分布数列，分别简称为品质数列和变量数列，如表2-4和表2-5所示。在统计研究中，变量数列是主要形式，根据各组变量值的确定方法不同，它又分为单项式数列和组距式数列两种。

表2-4 某年年底某高校在职教师职称分布数列

教师按职称分组	人数（人）	比重（%）
教授	151	14.38
副教授	382	36.38
讲师	297	28.29
助教	203	19.33
其他教师	17	1.62
合计	1 050	100.00

表2-5 某年年底某高校在职教师年龄分布数列

教师按年龄分组	人数（人）	比重（%）
20～30岁	201	19.14
30～40岁	317	30.19
40～50岁	366	34.86
50～60岁	151	14.38
60～70岁	15	1.43
合计	1 050	100.00

2.2.4.2 变量数列的编制

1. 单项式数列的编制

单项式数列就是以一种变量值表示一个组的变量数列，例如某城市育龄妇女总体按生育子女数分组，其变量值有0、1、2、3、4、5共6种，分别列出各生育子女数的妇女人数或比重，就形成单项式数列。单项式数列适合于表现变量值变动范围不大的离散型变量的分布特征。对于某些取整数的连续型变量（例如年龄），如果变量值的种数不多（例如高校学生年龄的变动范围一般不大），也可编制单项式数列。

2. 组距式数列的编制

组距式数列是以一个变量区间表示一个组的变量数列，变量值处于同一个区间范围的个体属于同一个组，区间的长度就是组距。例如，表2-3就是一个组距式数列。组距式数列适合于表现连续型变量和变量值变动范围较大的离散型变量的分布特征，因为当变量数值较多时，如果每一种变量值设为一组，那么组数就会很多，个体过于分散，难以体现总体分布特征，因而需要编制组距式数列。

编制组距式数列时，要将所有个体按变量值由小到大排列，根据需要划分为几个区间，确定各区间的最大值和最小值，然后列出各区间所包含的频数（个体数）或频率。编制组距式数列需要处理好以下几个问题。

（1）组距与组数。在组距式数列中，各组变量区间的最大值称为上限，最小值称为下限，上限与下限之差就是组距。所划分的区间数，则称为组数。

组距的大小与组数的多少成反比。组距过大过小，或组数过多过少都不能真实反映总体分布特征，因此组距大小与组数多少要以体现组间差异与反映总体分布特征为原则。美国学

者斯特杰斯（H. A. Sturges）曾提出一个确定组距与组数的经验公式，即如果总体大致呈正态分布，那么就有

$$n = 1 + 3.322 \lg N \tag{2-1}$$

$$d = \frac{R}{n} \tag{2-2}$$

式中，d 为组距；n 为组数；N 为总体容量（总频数）；R 为总体全距，即总体中最大变量值与最小变量值之差。

在组距式数列中，如果各组的组距相等，则称为等距数列；如果各组的组距不相等，则称为异距数列。一般地，当变量分布比较均匀时，可采用等距数列，因为等距数列简单明了，便于计算分析，也便于绘制统计图。当变量分布很不均匀，或者变量分布具有某种自身特殊规律时，应该采用异距数列，以便客观反映总体分布特征。例如，生命的一定时段（例如5年）对于成年人与未成年人、中青年人与老年人是很不一样的，其生理特征有很大差别，因此人口疾病或死亡率的年龄分组就必须采用异距分组，例如1岁以下可按月分组，1～10岁按年分组，11～20岁按5年分组，21～60岁按10年分组，60岁以上按5年分组。

在异距数列中，各组频数或频率不能直接比较。为消除各组组距不同所造成的影响，需要计算频数密度或频率密度。频数密度是频数与组距之比，频率密度是频率与组距之比。各组的频数密度或频率密度可以进行比较。

（2）组限与组中值。在组距式数列中，必须划定各组的数量界限，即组限。组限的确定除了要区分事物的性质和体现总体分布特征外，还需要注意以下几点。一是最小组的下限应略低于总体的最小变量值，最大组的上限应略高于总体的最大变量值。二是连续型变量的各组组限必须重叠，以防分组时出现遗漏某些个体的现象。但为了明确变量值正好等于组限个体的归属问题，我们采用"上限不在内"原则，即各组包含下限变量值的个体而不包含上限变量值的个体。对于离散型变量，习惯上也采用组限重叠的分组方法。三是有时最小组只有上限而没有下限，最大组只有下限而没有上限，这样的组称为开口组。开口组的组距一般按相邻组的组距加以确定，并进而确定相应的下限或上限。当然，如果中间的非开口组的组距呈现某种规律（例如各组组距相等，呈等差变化，呈等比变化），则应该按规律来确定开口组的组距与组限。

组中值是代表各组变量值一般水平的数值，是各组上限与下限的简单算术平均数。组距数列在体现各组组间差异，反映总体分布特征和结构的同时，也掩盖了各组内部的差异，所以组中值是在假定各组内均匀分布时的一个近似值。开口组的组中值在按上述原则确定组距、组限后再加以计算。

2.2.4.3 频率分布

1. 频率分布的性质

按顺序列出各组的组别及相应的频率，就构成频率分布。频率分布可以比频数分布更好地体现出总体分布特征。频率分布有两个基本性质：一是各组频率都是一个介于0与1之间的分数，即大于0而小于1；二是各组频率之和等于1。

2. 累计频率分布

在频数分布的基础上，将各组频数依次累计，就形成累计频率分布。各组累计频数与总

频数之比，就形成累计频率分布。

累计分布有向上累计分布与向下累计分布两种。向上累计分布是将各组的频数或频率由变量值小的组向变量值大的组累计，累计结果分别说明各组上限以下的累计频数或累计频率的分布状况。当累计到最后一组时，其累计频数或累计频率等于总频数或100%。向下累计分布是将各组的频数或频率由变量值大的组向变量值小的组累计，累计结果分别说明各组下限以上的累计频数或累计频率的分布状况。当累计到最后一组时，其累计频数或累计频率等于总频数或100%。

【例2-1】根据表2-5做累计频率分布，结果如表2-6所示。

表2-6 某年年底某高校在职教师年龄累计分布数列

教师按年龄分组	人数（人）	比重（%）	向上累计		向下累计	
			频数（人）	频率（%）	频数（人）	频率（%）
20～30岁	201	19.14	201	19.14	1 050	100.00
30～40岁	317	30.19	518	49.33	849	80.86
40～50岁	366	34.86	884	84.19	532	50.67
50～60岁	151	14.38	1 035	98.57	166	15.81
60～70岁	15	1.43	1 050	100.00	15	1.43
合计	1 050	100.00	—	—	—	—

表中40～50岁这一组，向上累计说明该高校某年年底50岁以下的教师共有884名，占84.19%；向下累计说明该高校某年年底40岁以上的教师共有532名，占50.67%。其他各组向上累计或向下累计的含义，可做同样的说明。

反映居民收入分配状况的洛伦茨曲线就是在居民收入分组的基础上，根据向上累计频率分布数列绘制的。

2.3 统计数据的显示

2.3.1 统计表

2.3.1.1 统计表的概念

统计表是一种用以表现统计数据的重要形式。经过汇总整理的统计数据，按一定的顺序排列在相应的表格内，就形成统计表。广义的统计表还包括统计调查表和统计分析表。统计表具有简明扼要、一目了然的特点，可以清楚地显示统计数据，直观地反映统计分布特征和各部分之间的关系，便于进行对比、计算并开展统计分析，便于保存统计数据。

2.3.1.2 统计表的结构

统计表的结构可以从表式和内容两个方面来认识。

从表式上看，统计表是由纵横交错的线条所构成的一种表格，包括总标题、横行标题、纵栏标题和指标数值四个部分。总标题是统计表的名称，概括地说明统计表的内容（包括时间和空间），写在统计表的正上面。横行标题是表示横行内容的名称，是所要说明的对象，可以是总体、个体，也可以是组，或者是时间，一般写在表的左方。纵栏标题是纵栏的名称，即用以说明横行标题的指标名称，一般写在表的右上方。指标数值列在横行标题与纵栏标题的交叉处，是用以表明横行标题数量特征的具体数值，列在表的右下方，是统计表的核心部分。具体样式如表2-7所示。

表2-7　2017年我国三次产业增加值及增长情况表

产业	增加值（亿元）	占国内生产总值的比重（%）	比2016年增长（%）
第一产业	65 468	7.90	3.90
第二产业	334 623	40.50	6.10
第三产业	427 032	51.60	8.00
合计	827 123	100.00	6.90

资料来源：国家统计局，中华人民共和国2017年国民经济和社会发展统计公报，www.stats.gov.cn。

从内容上看，统计表由两部分组成：主词和宾词。主词是统计表所要说明的总体、个体或者组的名称，一般列于表的左方，即横行位置。宾词是用以说明总体及其组成部分数量特征的各种统计指标，一般列于表的右方，即纵栏标题和指标数值的位置。有时，主词与宾词的位置可以互换。

此外，有些统计表还有补充资料、资料来源、注释、填表单位、填表人和填表日期等内容。

2.3.1.3　统计表的种类

统计表按照主词是否分组，以及分组标志多少，可以分为未分组表、简单分组表和复合分组表三种。

未分组表是指主词未进行任何分组的统计表，即主词只按一定顺序罗列总体中每个个体的名称，或者将主词按时间顺序简单排列。

简单分组表是指主词按一个标志分组的统计表，表2-4、表2-5和表2-7都是简单分组表。

复合分组表是指主词按两个或两个以上标志分组的统计表，可以通过多个标志的结合来对总体有更深入细致的了解。

2.3.1.4　统计表的设计

统计表的设计必须目的明确，内容具体，美观简洁，清晰明了，科学实用。

- 要合理设计宾词。宾词的设计主要是关于统计表指标体系的设计，一般有两种：平行排列和层叠排列。平行排列是将宾词的各指标做平行设置，不重叠，如表2-7所示。层叠排列是宾词的各个指标按复合分组形成的多层次重叠设置，如表2-8所示。
- 标题设计要简明扼要，能准确反映所要表达的内容，包括统计数据所属的时间和空间。
- 各纵栏横行的排列，要注意它们之间内在的逻辑关系和排列顺序。各栏各行需要合计时，一般将合计列在最后一栏或最后一列。
- 应清楚表明计量单位。当表中只有一种计量单位时，可在表的右上方注明。如果有几个不同的计量单位，横行的计量单位可专设"计量单位"一栏，也可与纵栏各指标标注在一起。
- 如果表的栏数较多，通常要加编号。主词栏和计量单位栏可用甲、乙、丙等文字表示，宾词栏可用（1）（2）（3）等数码表示。必要时，应表明各栏之间的关系，例如（6）=（1）+（3）等。
- 表中数字应填写整齐，上下位数要对齐。数字为零时要写上，无数字或不用填写数字的要在格内填上"—"，缺数据的格内要填上"……"。
- 统计表的表式为开口式，即表的左右两端不画纵线，上下边线画粗线或双线。
- 必要时，要给统计表加注说明或注释，以便考查。

表 2-8 我国支出法国内生产总值结构表

年份	最终消费						资本形成			
	绝对数（亿元）			构成（%）			绝对数（亿元）		构成（%）	
				最终消费		居民消费				
	居民消费		政府消费	居民消费	政府消费	农村居民	城镇居民	固定资本形成	存货增加	固定资本形成	存货增加
	农村居民	城镇居民									

2.3.2 统计图

统计图是直观、形象、生动地表现统计数据的方式，种类很多，Excel 提供了 14 种标准的统计图形，例如直方图（柱形图）、折线图、散点图、圆饼图、圆环图、雷达图等。此外，有时还使用茎叶图、箱形图等。下面分别简单介绍直方图、折线图、曲线图、茎叶图和箱形图。

2.3.2.1 直方图

直方图是用直方形的宽度和高度来表示频数分布的图形，即在直角坐标系上，以横轴表示变量，以纵轴表示频数或频率，以各个宽度为组距、高度为频数或频率的直方块矩形所构成的图形。

【例 2-2】 根据表 2-5 做直方图，结果如图 2-2 所示。

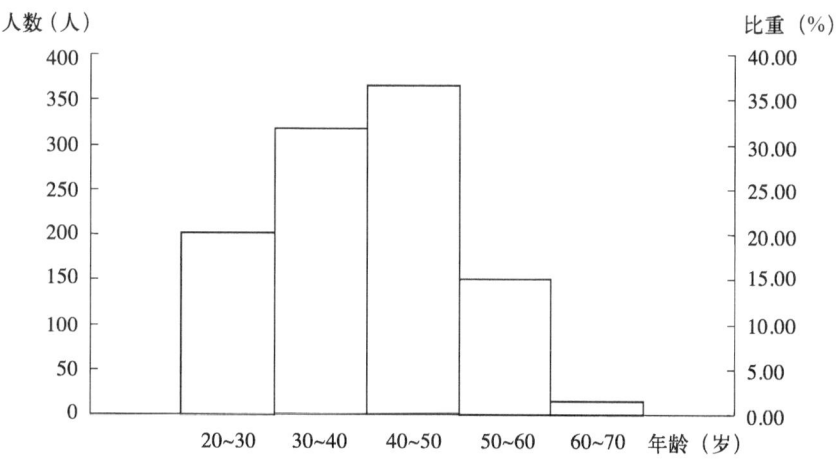

图 2-2 某高校教师年龄分布直方图

2.3.2.2 折线图

在直方图的基础上,将各组直方形顶边线的中点(由组中值与频数或频率确定的坐标点)用直线连接起来,就形成折线图。

【例 2-3】 根据表 2-5 作折线图,结果如图 2-3 所示。

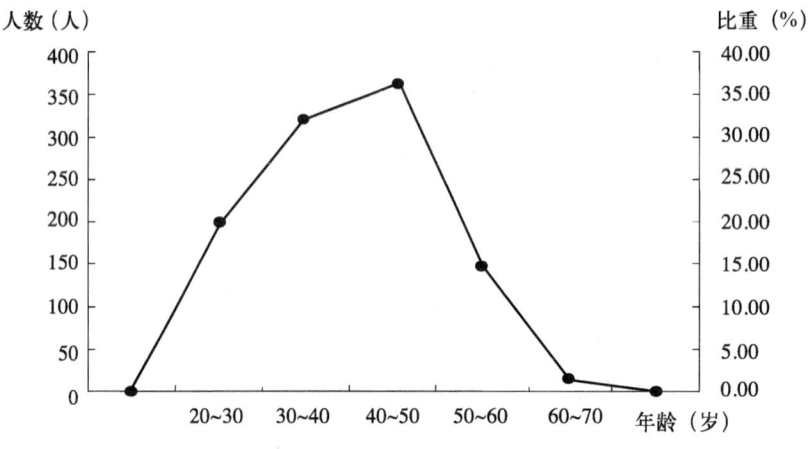

图 2-3 某高校教师年龄分布折线图

2.3.2.3 曲线图

当变量数列的分组数较多、组距较小时,折线图就变成了平滑的曲线图。

【例 2-4】 根据表 2-5 作曲线图,结果如图 2-4 所示。

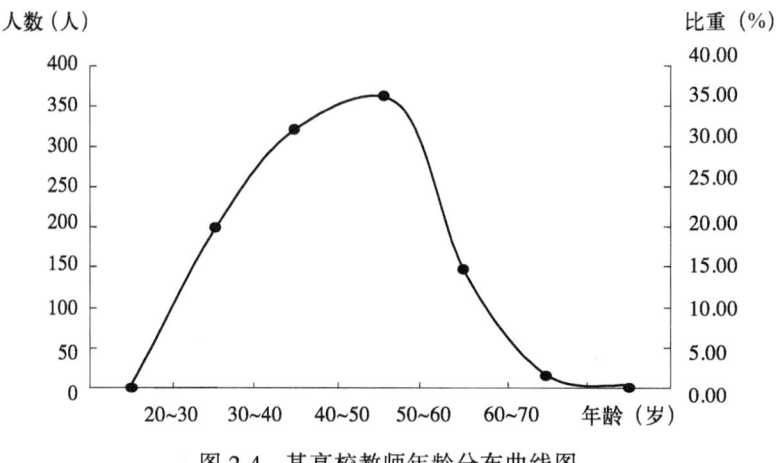

图 2-4 某高校教师年龄分布曲线图

变量分布曲线图种类很多,常见的有 J 形分布、U 形分布和钟形分布三种。

J 形分布有两种类型:一种是变量分布的频数或频率随变量值的增大而变大,称为正 J 形分布,例如商品供应量随着价格的上升而增加。另一种是变量分布的频数或频率随变量值的增大而变小,称为反 J 形分布,例如商品需求量随着价格的上升而下降。J 形分布曲线如图 2-5 所示。

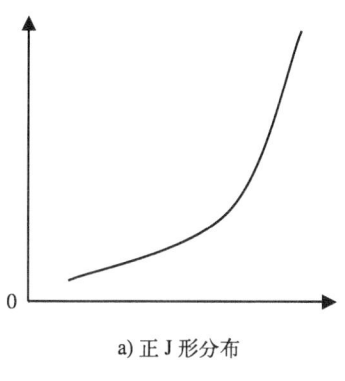 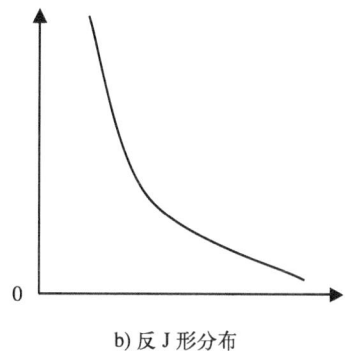

图 2-5　J 形分布

U 形分布是一种"两头大，中间小"的分布，即靠近中间变量值的分布频数小、频率低，靠近两端变量值的分布频数大、频率高，曲线形式犹如英文字母"U"。例如，人口死亡率的年龄分布就是幼儿和老年人死亡率高，青少年和中年的死亡率低，如图 2-6 所示。

钟形分布与 U 形分布正好相反，是一种"中间大，两头小"的分布，即靠近中间变量值的分布频数大、频率高，靠近两端变量

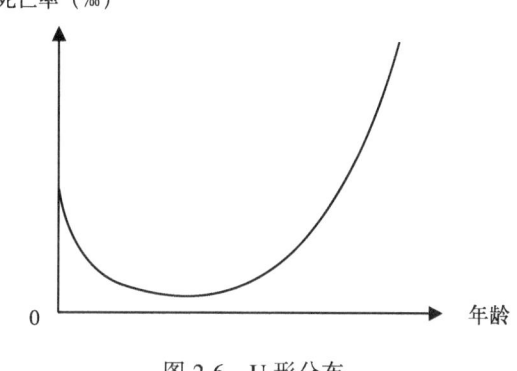

图 2-6　U 形分布

值的分布频数小、频率低，形如古钟。在钟形分布中，有一种以变量的平均数为中心，左右两侧完全对称的分布，称为正态分布，其特点是变量平均数两侧的频数或频率随着与平均数距离的增大而完全相等地依次减少，如图 2-7a 所示。如果变量平均数两侧的频数或频率分布不完全对称，则称为偏态分布，分为左（负）偏分布和右（正）偏分布两种，分别如图 2-7b、图 2-7c 所示。

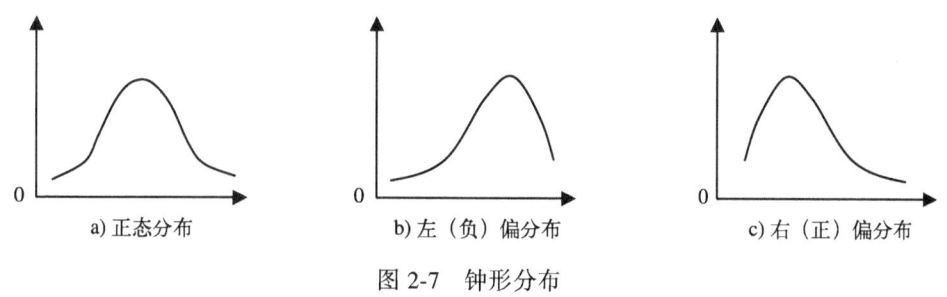

图 2-7　钟形分布

在现实生活中，很多社会经济现象都属于钟形分布，例如人的身高、居民收入、某些商品的价格水平等，但它们都不是完全正态分布的。正态分布是钟形分布的极限形式。

2.3.2.4　累计曲线图

根据累计频数或累计频率分布数列，可以绘制累计分布图。它以分组变量为横轴，以累

计频数或累计频率为纵轴，以各组的上限（下限）与累计频数或累计频率为坐标点，平滑连接各点即成向上（向下）累计曲线。

【例2-5】 根据表2-6绘制向上、向下累计曲线图，如图2-8所示。

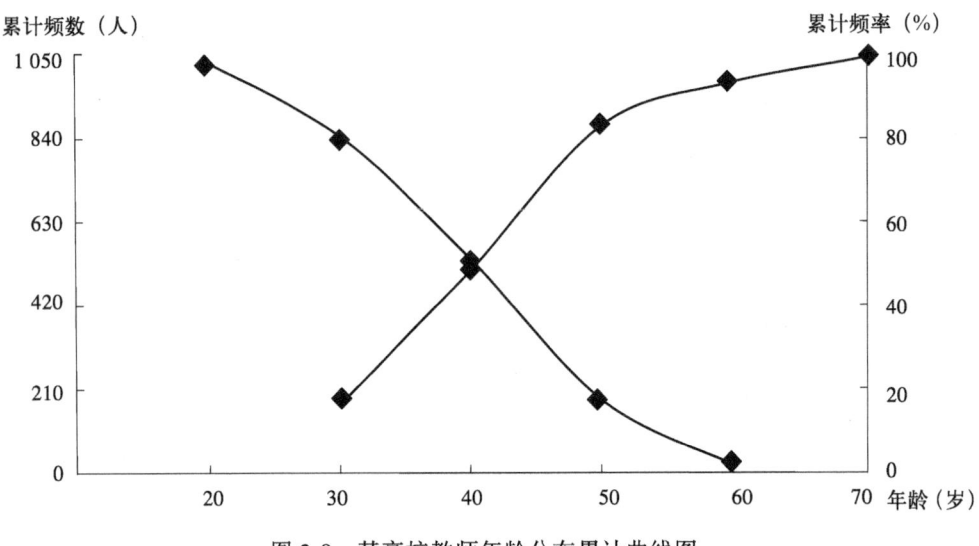

图2-8 某高校教师年龄分布累计曲线图

在向上累计曲线中，一条很有名的曲线是用以反映居民收入分配平等程度的洛伦茨曲线。将一定区域的人口按照收入水平（财富水平）由小到大排序，并等分为5等份（或10等份），依次计算累计人口比重和累计收入（财富）比重，以累计人口比重与累计收入（财富）比重为坐标点即可绘制居民收入分配向上累计曲线，如图2-9所示。根据洛伦茨曲线，可以进一步计算基尼系数。

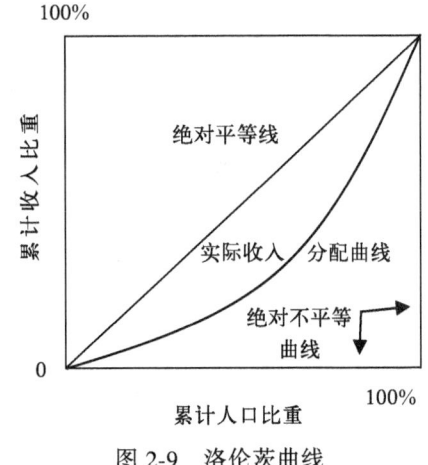

图2-9 洛伦茨曲线

2.3.2.5 茎叶图

茎叶图是一种用以表现原始数据分布状况的图形，由"树茎"与"树叶"两部分构成，并且都以数字来表示。通常以高位数字作为茎，以个位数字作为叶，借以表现数据分布的形状和离散状况。

【例2-6】 某生产车间55名工人日加工零件数（单位：个）如下，试编制茎叶图。
117 122 124 129 139 107 117 130 122 125 108 131 125 117 122 133 126 122 140 108 150
118 123 126 133 134 127 123 118 141 112 112 134 127 123 119 113 120 123 127 143
135 137 114 120 128 124 115 139 128 124 121 110 140 118

根据上述55个数据，可编制茎叶图如表2-9所示。

表 2-9 工人日加工零件数茎叶表

树 茎	树 叶	数据个数
10	788	3
11	0223457778889	13
12	001222233334445566777889	24
13	0133445799	10
14	0013	4
15	0	1

2.3.2.6 箱形图

箱形图是由变量的 5 个特征值绘制而成的图形，由一个箱子和两条线段组成。5 个特征值是变量的最大值、最小值、中位数、第一四分位数和第三四位数（中位数和分位数在下一章介绍）。连接两个分位数画出一个箱子，箱子用中位数分割，把两个极点值与箱子用线条连接，即成箱形图。

【例 2-7】 某工厂为了提高工作效率，准备在某车间实行一种新的作业方式，为了保险起见，在推行这种新的工作方法之前，首先进行了对照试验。现随机挑出两组工人，一组用新的工作方式进行试验，简称试验组，另一组则用原来的工作方式进行对照，简称对照组。现测得两组工人的工作效率（每小时产量）如表 2-10 所示。

表 2-10 两组工人每小时加工的产品数量

	工作效率（个/小时）							
试验组	35	41	40	37	43	32	39	46
对照组	32	39	34	36	32	38	34	31

根据表 2-10 数据绘制出的箱形图如图 2-10 所示。

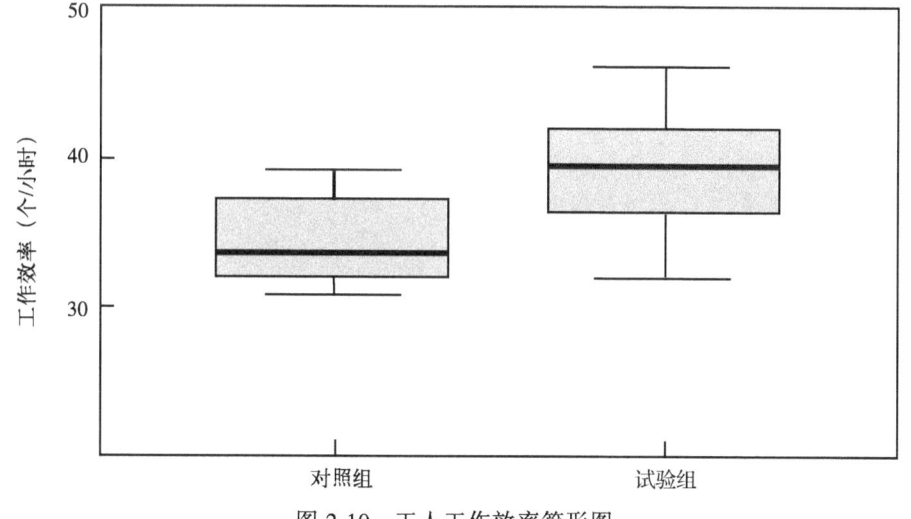

图 2-10 工人工作效率箱形图

本章小结

1. 统计数据收集，就是按照统计研究的目的和任务，运用各种科学有效的方式和方法，有针对地收集反映客观现实的统计数据的活动过程，通常也称为统计调查。准确性、及时性和完整性是统计数据收集的基本要求。

2. 统计数据收集需要事先设计方案，方案内容包括数据收集目的、数据及其类型、数据收集对象与观测单位、观测标志与调查表、数据收集方式与方法、数据所属时间和数据收集期限、数据收集地点、数据收集的组织等。要注意数据观测单位与提供单位的区别，数据所属时间与数据收集期限的区别。

3. 统计数据收集方式有三种：统计调查方式、实验方式和大数据方式。统计调查方式，就是通过对调查对象总体的全部或部分个体的有关标志特征进行调查或观测的方式来获取统计数据。常用的统计调查方式有普查、抽样调查、重点调查等几种，其中抽样调查最为常用。实验方式，就是运用自然科学的试验法，通过观测人为安排条件下试验产生的各种结果并加以记录的方式来获取数据，或通过人为安排条件下的试验来探求某个或某些因素对所研究事物的数量影响程度和作用方式，凭借实验结果来揭示所考察因素与所研究事物之间的数量因果关系。大数据方式就是利用各种大数据资源采集、选用所需数据的一种方式，例如在网络平台中采用搜索方式选取信息、利用爬虫技术收集数据等。可利用的大数据从其产生的途径或渠道来看，有社交网络数据、人机交换数据和感应数据（机器数据）；从其功能上看，有交易型数据、流程型数据和交互型数据。特别是网络大数据在大数据中占有特殊的分量。随着信息化程度的不断提高和数据储存能力的不断提升，大数据将越来越成为统计数据的主要来源，大数据方式也将逐步成为统计数据收集的主要方式。

4. 普查是根据特定的统计研究目的而专门组织的一次性的全面调查，用以收集所研究现象总体的全面资料（总体中的所有个体都是观测单位）。一般而言，普查所要收集的资料大多属于处于一定时点上的社会经济现象的总量及分类数。普查需要遵循若干必要的原则。

5. 抽样调查是一种从总体中抽取样本，以样本推断总体的非全面调查，具有经济节省、时效性强、准确度高、灵活方便等优点，在各个领域得到广泛的应用。根据抽取样本的方式不同，抽样调查可分为概率抽样和非概率抽样两类。概率抽样是按照随机原则抽取样本，即总体中的每个个体都有已知的、非零的概率被抽取到样本中，它具有五个特点：一是样本的对照组抽取遵循随机原则；二是以部分推断总体；三是运用概率估计的方法；四是以大数定律和中心极限定理为依据；五是抽样误差可以计算并加以控制。概率抽样常见的抽样组织形式有简单随机抽样、分层抽样、等距抽样、整群抽样和多阶段抽样五种。非概率抽样是凭人们的主观判断或根据便利性原则来抽取样本，总体中每个个体被抽取的可能性是难以用概率来表示和计算的。非随机抽样有任意抽样、典型抽样、定额抽样和流动总体抽样等几种。

6. 重点调查是一种对数据收集对象总体中的部分重点个体进行观测的非全面统计调查方式。所谓重点个体，是就调查标志而言，那些在总体标志总量中占有绝大比重的少数个体。重点调查有两个特点：一是以客观原则来确定观测单位；二是属于范围较小的全面调查，即对所有重点个体都要进行观测。重点调查的关键是确定好重点单位。

7. 运用实验方式需要遵循下列两个原则：均衡分散性原则和整齐可比性原则。实验方式常用的实验设计有以下几种：完全随机实验、随机区组实验、拉丁方实验和正交实验。

8. 在统计数据收集过程中，可能存在两种误差：观测性误差和代表性误差。观测性误差也叫登记性误差或调查性误差，它是在调查观测的各个环节因工作粗心或被观测者不愿很好配合而造成的所收集数据与实际情况不符的误差。这种误差，在全面调查和非全面调查中都会产生，并且一般地，调查范围越广越大，观测的个体越多，则产生的可能性越大。代表性误差是指在抽样调查中，因样本不能完全代表总体而产生的估计结果与总体真实数量特征不符的误差，又分为系统性误差和偶然性误差两种。系统性误差通常是难以计算和控制的，偶然性误差虽不可避免但可以计算和控制。抽样调查中的观测性误差与系统性误差合在一起，统称为非抽样误差。

9. 统计数据收集方法，是指获取被调查对象数据的渠道或途径，常用的方法有直接观察法、通讯法、采访法、登记法和网络法等几种。随着现代信息技术的不断发展，计算机、网络、光电技术、卫星遥感、地理信息系统等高新技术不断被引入到统计数据的收集中，网络法将越来越重要。

10. 问卷是依据统计研究目的和要求，按照一定的理论假设设计出来，由一系列问题、项目、备选答案及说明所组成的，向被调查者收集资料的一种工具，按是否由被调查者自己填写可分为自填式问卷和代填式问卷两种，它一般由引言、被调查者基本情况、问题和答案、结语四个部分组成。问卷设计的关键是问题及问题答案的设计，它们分别有不同的类型并需要遵循一些基本的原则。

11. 统计数据整理，简称统计整理，是指根据统计研究的目的，对统计收集到的数据进行科学的加工处理，使之系统化、条理化和综合化，成为能反映研究对象总体数量特征和满足统计分析需要的统计数据的过程，包括对原始数据和次级数据的再整理。统计数据整理包括以下几个步骤：整理方案的设计，数据预处理，统计分组和汇总，整理数据的显示和整理数据的保存与公布。

12. 统计分组就是根据统计研究的目的和事物本身的特点，选择一定的标志，将研究现象总体划分为若干性质不同的组或类的一种统计研究方法。统计分组在揭示现象所属类型，解剖总体内在结构，分析现象之间关系等方面具有重要的作用。统计分组是分与合的统一，必须遵循互斥与穷尽的原则，应最大限度地体现分组标志的组与组之间性质的差异，要正确选择分组标志和合理确定分组界限。

13. 统计分组有简单分组与复合分组，品质分组与数量分组之分。数量分组（变量）的难点是合理确定组间数量界限和分组数，在组距式分组中还要合理确定组距。数量标志分组的结果形成变量数列。

14. 在统计分组的基础上，将总体中的所有个体按组归类排列，并计算出各组的个体数，就形成频数分布。分配在各组的个体数，称为频数（次数），各组频数之和称为总频数（总次数），各组频数与总频数之比称为频率。将各组的频数或频率按分组的一定顺序加以排列，就形成分布数列，它有两个构成要素：统计分组所形成的各个组和各组的频数或频率。分布数列分为品质数列和变量数列两种。变量数列又分为单项式数列和组距式数列两种。编制组距式数列需要处理好组距与组数、组限与组中值等几个问题。

15. 按顺序列出各组的组别及相应的频率，就构成频率分布。频率分布有两个基本性质：一是各组频率都是一个介于 0 与 1 之间的分数，即大于0而小于1；二是各组频率之和等于 1。在频数分布的基础上，将各组频数依次累计，就形成累计频数分布。各组累计频数与总频数之比，就形成累计频率分布。累计分布有向上累计分布与向下累计分布两种。洛伦茨曲线是一条向上累计分布曲线。

16. 统计表是一种用以表现统计数据的重要形式。广义的统计表还包括统计调查表和统计分析表。统计表的结构从表式上看，由总标题、横行标题、纵栏标题和指标数值四个部分组成；从内容上看由主词和宾词两部分组成。统计表可以分为未分组表、简单分组表和复合分组表三种。统计表的设计必须目的明确，内容具体，美观简洁，清晰明了，科学实用。

17. 统计图是直观、形象、生动地表现统计数据的方式，种类很多，例如直方图（柱形图）、折线图、散点图、圆饼图、圆环图、雷达图等。此外，有时还使用茎叶图、箱形图等。Excel 能满足统计数据整理与显示的一般需要（参考附录 A）。

练习与思考

一、判断题

1. 观测单位就是统计数据的提供单位。（   ）
2. 普查是全面调查，抽样调查是非全面调查，所以普查比抽样调查准确。（   ）
3. 无论是概率抽样还是非概率抽样，误差都是可以计算的。（   ）
4. 偶然性误差只存在于抽样调查，观测性误差则可能存在于任何统计调查。（   ）
5. 为了尽可能多地收集统计数据信息，所以问卷应尽可能地长。（   ）
6. 统计分组应使组间差异尽量小。（   ）
7. 凡是离散型变量都适合编制单项式数列。（   ）
8. 各组的频数或频率都可以直接比较。（   ）
9. 统计数据收集方式包括统计调查方式和实验方式。（   ）

二、单项选择题

1. 最常用的统计调查方式是（   ）。
   A. 普查   B. 重点调查
   C. 抽样调查   D. 科学推算
2. 调查小学男生的身高，则身高是（   ）。
   A. 观测标志   B. 观测单位
   C. 调查对象   D. 变量值
3. 抽样调查中不可避免的误差是（   ）。
   A. 系统性误差   B. 偶然性误差
   C. 观测性误差   D. 登记性误差
4. 在组距式数列中，对组限值的处理原则是（   ）。
   A. 上组限不在内、下组限在内
   B. 下组限不在内、上组限在内
   C. 上下组限均不在内
   D. 上下组限均在内
5. 最常见的变量分布类型是（   ）。
   A. 正 J 形分布   B. U 形分布
   C. 钟形分布   D. 反 J 形分布

三、简答题

1. 如何设计统计数据收集方案？试举例说明。
2. 概率抽样与非概率抽样有什么本质区

别？试举例说明。
3. 分层抽样与整群抽样有什么区别？试举例说明。
4. 什么是重点调查？其有什么特点？
5. 什么是统计数据收集的实验方式？应遵循哪些原则？
6. 常用的实验设计有哪些？试分别举例说明。
7. 什么是统计数据收集的大数据方式？有哪些大数据来源？
8. 在统计数据收集过程中，可能存在哪些误差？试分别举例说明。
9. 什么是问卷？该如何设计问卷的问题和答案？
10. 统计数据整理有哪些基本步骤？
11. 如何理解统计分组的含义与性质？
12. 试举例说明 J 形分布、U 形分布和钟形分布。

四、计算题

根据书中例 2-6 关于 55 名工人日加工零件数资料，要求：

（1）编制频数分布数列和频率分布数列；
（2）编制向上、向下累计频数分布数列和累计频率分布数列；
（3）绘制直方图、折线图、曲线图、箱形图和累计分布曲线图（可利用 Excel）；
（4）说明工人日加工零件数的分布特征。

五、实践题

请同学们组成 5 人小组，自行确定调查主题，设计问卷，并进行实际调查（有效问卷 50 份以上），利用 Excel 进行问卷数据处理，编制必要的统计表并绘制必要的统计图，写出简单的调查报告。

◎ 人物介绍

罗纳尔德·艾尔默·费希尔（Ronald Aylmer Fisher，1890—1962）

英国著名统计学家、遗传学家，现代数理统计学的主要奠基人之一。费希尔出生在一个没落的拍卖商人家庭，1909 年靠一笔助学金进入剑桥大学附属的一个学院学习数学和物理，1913 年毕业后在一家投资公司工作，两年之后到中学教数学和物理，并开始致力于生物统计学研究。1919 年在罗萨姆斯泰德农业试验站做统计工作，这使他获得了丰富的实验数据和资料。费希尔在抽样分布理论、相关回归分析、多元统计分析、最大似然估计理论、实验设计、方差分析、假设检验等方面都有重要的建树。费希尔还是统计遗传学的创始人之一，是著名的遗传学家和优生学家。费希尔培养了一批优秀的学生，并形成了一个实力雄厚的学派，先后出版《研究工作者的统计方法》《实验设计》等专著 6 部，发表的近 300 篇论文收集在《费希尔文集》中。1929 年当选为英国皇家学会会员，1952 年被授予爵士称号。

第 3 章

变量分布特征的描述

> "统计学具有处理复杂问题的非凡能力,当科学的探索者在前进的过程中荆棘载途时,唯有统计学可以帮助他们打开一条通道。"
>
> "很难理解为什么统计学家通常限制自己的调查于平均数,而不着迷于更广泛的考虑。对于变化的魅力,他们的灵魂看来如同平坦的英格兰国家之一的当地人的一样迟钝,那些当地人关于瑞士的回顾是,如果可以将它的山脉扔进它的湖泊,那么两种讨厌的东西将立即去除。"
>
> ——弗朗西斯·高尔顿

本章介绍如何对变量分布的特征进行描述,内容包括集中趋势与平均指标、离中趋势与离散指标、分布形状与形状指标三大方面。本章内容对于以后各章的学习非常重要,具体要求:①理解变量分布三大特征,即集中趋势、离中趋势和分布形状的含义;②理解平均指标、离散指标和形状指标的意义与作用;③熟练掌握各种平均数的计算方法并加以正确的应用,科学理解加权平均数中权数的意义,正确认识算术平均数与调和平均数之间的应用关系,以及算术平均数、中位数和众数三者之间的数量关系;④熟练掌握各种离散指标的计算方法并加以正确的应用,尤其是要深刻理解方差、标准差和离散系数的内涵;⑤熟练掌握偏度系数和峰度系数的计算方法并加以正确的应用,尤其是要了解动差的含义。

3.1 集中趋势的描述

变量分布特征可以从以下三个方面加以描述:一是变量分布的集中趋势,反映变量分布中各变量值向中心值靠拢或聚集的程度;二是变量分布的离中趋势,反映变量分布中各变量值远离中心值的程度;三是变量分布的形状,反映变量分布的偏斜程度和尖陡程度。

3.1.1 集中趋势与平均指标

集中趋势亦称为趋中性，是指变量分布以某一数值为中心的倾向。作为中心的数值就称为中心值，它反映变量分布中心点的位置所在。对集中趋势的描述，就是要寻找变量分布的中心值或代表值，以反映某变量数值的一般水平。对于绝大多数统计变量来说，总是接近中心值的变量值居多，远离中心值的变量值较少，使变量分布呈现出向中心值靠拢或聚集的态势，这种态势就是变量分布的集中趋势。

变量分布的集中趋势要用平均指标来反映。平均指标是将变量的各变量值差异抽象化，以反映变量值一般水平或平均水平的指标，即反映变量分布中心值或代表值的指标。平均指标的具体表现称为平均数，平均数因计算方法不同可以分为数值平均数和位置平均数两类。数值平均数是指根据变量的所有数据计算而得的平均数，主要有算术平均数、调和平均数和几何平均数等几种。位置平均数是指根据变量分布特征直接观察，或根据变量数列部分处于特殊位置的变量值来确定的平均数，主要有中位数和众数等。

平均指标在统计研究中应用很广，其作用主要有以下几个方面。

（1）通过反映变量分布的一般水平，帮助人们对研究现象的一般数量特征有一个客观的认识。例如，要想了解某城市居民的收入水平，一一列出每家每户每人的收入显然是不可能，也是不必要的，只要计算平均指标就可以了解该城市居民收入高低的基本状况。

（2）利用平均指标可以对不同空间的发展水平进行比较，消除因总体规模不同而不能直接比较的因素，以反映它们之间总体水平上存在的差距，进而分析产生差距的原因。

（3）利用平均指标可以对某一现象总体在不同时间上的发展水平进行比较，以说明这种现象发展变化的趋势或规律性。

（4）利用平均指标可以分析现象之间的依存关系或进行数量上的推算。例如，将某城市样本居民按收入分组，计算出各组居民的平均收入与平均消费支出，就可以观察居民消费支出与收入之间的依存关系，还可以以样本居民的平均收入、平均消费支出去推算（估计）该城市居民的平均收入和平均消费支出。

（5）平均指标还可以作为研究和评价事物的一种数量标准或参考。在比较、评价不同总体的水平时，不能以各总体某一个体的水平为依据，而要看总体平均水平；在研究、评价个体事物在同类事物中的水平时，也必须以总体的平均水平为依据。在各项管理工作中，各种定额多是以实际平均数为基础来制定的。

3.1.2 数值平均数

3.1.2.1 算术平均数

算术平均数也称为均值，是变量的所有取值的总和除以变量值个数的结果。算术平均数是统计中最为常用的用以描述集中趋势的平均数，因为它的计算方法客观上符合许多现象个体与总体之间存在的数量关系，即总体中每个个体标志值的算术和（变量的各个变量值的算术和）等于总体标志总量（变量值总和），把总体标志总量除以总体个数（总体容量）就可以消除个体标志值之间的差异，体现出总体的一般水平。例如，某公司职工的工资总额是每个职工工资额的加总,职工的平均工资就等于职工工资总额除以公司职工人数。

由于掌握的资料不同,算术平均数可以分为简单算术平均数和加权算术平均数两种。

1. 简单算术平均数

简单算术平均数是根据未分组数据计算的,即直接将变量的每个变量值相加,除以变量值的个数。若以 x 表示变量,以 x_i 表示第 i 个变量值($i=1,2,\cdots,n$),以 $\bar{x}$ 表示算术平均数,以 n 表示变量值个数,则简单算术平均数的计算公式为

$$\bar{x} = \frac{x_1 + x_2 + \cdots + x_n}{n} = \frac{\sum_{i=1}^{n} x_i}{n} \quad \left(可简记为 \bar{x} = \frac{\sum x_i}{n}\right) \quad (3\text{-}1)$$

【例 3-1】某高校学生男子篮球队 10 名队员的身高(单位:厘米)分别为 185,181,188,182,182,186,183,183,186,189,则该校学生男子篮球队队员的平均身高为

$$\bar{x} = \frac{\sum x_i}{n} = \frac{185+181+188+182+182+186+183+183+186+189}{10} = 184.5(厘米)$$

2. 加权算术平均数

加权算术平均数是根据变量数列计算的,即以各组变量值(或组中值)乘以相应的频数求出各组标志总量,加总各组标志总量得出总体标志总量,再用总体标志总量除以总频数。若以 x_i 表示第 i 组的变量值(或组中值)($i=1,2,\cdots,k$),以 f_i 表示第 i 组的频数($i=1,2,\cdots,k$),以 k 表示分组数,则加权算术平均数的计算公式为

$$\bar{x} = \frac{x_1 f_1 + x_2 f_2 + \cdots + x_k f_k}{f_1 + f_2 + \cdots + f_k} = \frac{\sum_{i=1}^{k} x_i f_i}{\sum_{i=1}^{k} f_i} \quad \left(可简记为 \bar{x} = \frac{\sum x_i f_i}{\sum f_i}\right) \quad (3\text{-}2)$$

【例 3-2】某进出口公司 28 位业务员某年完成出口额的分组数据如表 3-1 所示,要求计算平均每人完成的年出口额。

根据表 3-1 数据可计算该进出口公司平均每人完成的年出口额为

$$\bar{x} = \frac{\sum x_i f_i}{\sum f_i}$$
$$= \frac{300 \times 2 + 310 \times 4 + 320 \times 6 + 330 \times 10 + 340 \times 5 + 350 \times 1}{28}$$
$$= 325.36(万元)$$

计算加权算术平均数时,有两个问题需要加以说明。

表 3-1 某进出口公司 28 位业务员完成出口额频数数列

年出口额(万元)	业务员人数(人)
300	2
310	4
320	6
330	10
340	5
350	1
合计	28

(1)关于权数问题。从公式可以看出,$\bar{x}$ 的大小不仅受变量值 x_i 大小的影响,而且受各组频数 f_i 大小的影响。不难发现,频数大的组,其变量值对平均数的影响大;频数小的组,其变量值对平均数的影响小。当较大变量值出现的频数较大时,平均数就接近于变量值大的一端,而当较小变量值出现的频数较大时,平均数就接近于变量值小的一

端。显然，各组频数对加权算术平均数的高低起着一种权衡轻重的作用，所以把 f_i 称为权数。可见，加权算术平均数是考虑了权数作用的算术平均数。权数的选择必须考虑其与变量值之间的联系关系，即必须使 $\sum x_i f_i$ 作为计算算术平均数的真实的总体标志总量，符合实际意义。

加权算术平均数的权数除了用绝对数形式的频数 f_i 表示外，直接体现权数实质的是相对数形式的频率 $f_i \Big/ \sum_{i=1}^{k} x_i f_i$，即权数系数，因为相对数形式的权数有一个重要性质，那就是各组权数之和等于 1。因此，如果已知各组的频率，我们可以直接利用权数系数来求加权算术平均数，即加权算术平均数等于各组变量值与其权数系数乘积的总和

$$\bar{x} = \frac{\sum_{i=1}^{k} x_i f_i}{\sum_{i=1}^{k} f_i} = \sum_{i=1}^{k} x_i \frac{f_i}{\sum_{i=1}^{k} f_i} \quad \left(\text{可简记为 } \bar{x} = \sum x_i \frac{f_i}{\sum f_i}\right) \quad (3\text{-}3)$$

表 3-2 某进出口公司 28 位业务员完成出口额频率数列

年出口额（万元）	业务员人数比重（%）
300	0.071 4
310	0.142 9
320	0.214 3
330	0.357 1
340	0.178 6
350	0.035 7
合计	1.000 0

【例 3-3】根据例 3-2 中表 3-1 数据，可计算各组的频率如表 3-2 所示。

根据表 3-2 数据可计算加权算术平均数为

$$\bar{x} = \sum x_i \frac{f_i}{\sum f_i}$$
$$= 300 \times 0.071\,4 + 310 \times 0.142\,9 + 320 \times 0.214\,3 + 330 \times 0.357\,1 + 340 \times 0.178\,6 + 350 \times 0.035\,7$$
$$= 325.36\,（万元）$$

计算结果完全相同。

（2）关于按组距式数列计算加权算术平均数的问题。在组距式数列中，需要先计算各组的组中值作为各组的变量值，再按加权算术平均数的公式进行计算。应当指出的是，由于组中值是以假定各组的变量值均匀分布为前提的，因此利用组中值计算的加权算术平均数只是平均数的近似值。一般地，组距越小，计算结果越接近实际的平均数。

【例 3-4】根据表 2-5 数据计算某年年底某高校在职教师平均年龄。

根据表 2-5 数据可得平均年龄的计算表如表 3-3 所示。

表 3-3 某年年底某高校在职教师平均年龄计算表

教师按年龄分组	组中值 x_i	人数 f_i（人）	$x_i f_i$	频率 $\dfrac{f_i}{\sum f_i}$	$x_i \dfrac{f_i}{\sum f_i}$
20~30 岁	25	201	5 025	0.191 4	4.785 0
30~40 岁	35	317	11 095	0.301 9	10.566 5
40~50 岁	45	366	16 470	0.348 6	15.687 0
50~60 岁	55	151	8 305	0.143 8	7.909 0
60~70 岁	65	15	975	0.014 3	0.929 5
合计	—	1 050	41 870	1	39.877 0

平均年龄为

$$\bar{x} = \frac{\sum x_i f_i}{\sum f_i} = \frac{41\,870}{1\,050} = 39.88\,(岁)$$

或

$$\bar{x} = \sum x_i \frac{f_i}{\sum f_i} = 39.88\,(岁)$$

这是一个近似结果。

3. 算术平均数的数学性质

为了更好地理解和运用平均数，有必要了解算术平均数以下两条重要性质。

（1）各变量值与算术平均数的离差之和等于零，即

$$\sum(x_i - \bar{x}) = 0 \quad (对于简单算术平均数) \tag{3-4}$$

或

$$\sum(x_i - \bar{x})f_i = 0 \quad (对于加权算术平均数) \tag{3-5}$$

（2）各变量值与算术平均数的离差平方和为最小值，即

$$\sum(x_i - \bar{x})^2 = 最小值 \tag{3-6}$$

或

$$\sum(x_i - \bar{x})^2 \leqslant \sum(x_i - x_0)^2 \tag{3-7}$$

只有当 $\bar{x} = x_0$ 时，等号成立。

4. 算术平均数的优缺点

算术平均数具有以下几个优点。一是可以利用算术平均数来推算总体标志总量，因为算术平均数与变量值个数之乘积等于总体标志总量（变量值总和）；二是由算术平均数的两个数学性质可知，算术平均数在数理上具有无偏性与有效性（方差最小性）的特点，这使算术平均数在统计推断中得到了极为广泛的应用。三是算术平均数具有良好的代数运算功能，即分组算术平均数的算术平均数等于总体算术平均数。例如，某大学某年级某专业有两个班级，分别有 38 人和 42 人，某学期期末数学考试的算术平均成绩分别为 82 分和 85 分，则可以计算该大学该年级该专业某学期期末数学考试的总算术平均成绩为（38×82 + 42×85）÷80 = 83.575 分。正因为如此，在实际中算术平均数比其他平均数得到了更为广泛的应用。

但算术平均数也有其局限性，主要表现在以下两个方面。一是算术平均数易受特殊值（特大或特小值）的影响，当变量存在少数几个甚至一个特别大或特别小的变量值时，就会导致算术平均数迅速增大或变小，从而影响对变量值一般水平的代表性。例如，某个体经营户户主的月收入为 30 000 元，四位帮工的月收入分别为 1 000 元、1 000 元、1 200 元和 1 400 元，计算四位帮工的平均月收入为 1 150 元，如果加上户主计算五位的平均月收入则为 6 920 元，增加了 5 770 元。很显然，6 920 元这个平均数对于帮工和户主都不具有代表性，因为他们的实际月收入与该平均数的距离都非常大，原因就在于户主与帮工不具有同质性。所以，在计算算术平均数时如果遇到极端值，应该分析其原因，必要时（对于

非同质的变量值）应该加以剔除。二是根据组距数列计算算术平均数时，由于组中值具有假定性而使得计算结果只是一个近似值，尤其是当组距数列存在开口组时，算术平均数的准确性会更差。

3.1.2.2 调和平均数

调和平均数是平均数的一种。从数学形式上看，调和平均数具有独立的形式，它是变量值的倒数的算术平均数的倒数，也称为倒数平均数。但在实际应用中，它则是更多地以算术平均数的变形存在。在计算平均数时，当我们不知道变量值个数（总体总频数），而只知道各组变量值与各组标志总量（各组变量总值）时，就要先以各组标志总量除以各组变量值求出各组频数；然后再以各组标志总量之和除以各组频数之和，这样所计算的平均数就叫作调和平均数。调和平均数也有简单调和平均数和加权调和平均数两种。

1. 简单调和平均数

当各组的标志总量相等时，所计算的调和平均数称为简单调和平均数。设总体分为 k 个组，每个组的标志总量都为 m，则总体标志总量为 km。现仍以 x 表示各组变量值，以 H 表示调和平均数，则简单调和平均数的计算公式为

$$H = \frac{km}{\frac{m}{x_1}+\frac{m}{x_2}+\cdots+\frac{m}{x_k}} = \frac{k}{\sum_{i=1}^{k}\frac{1}{x_i}} \quad 可简记为 H = \frac{k}{\sum \frac{1}{x_i}} \tag{3-8}$$

【例 3-5】 市场上某种蔬菜的价格是早市每千克 1.25 元，午市每千克 1.20 元，晚市每千克 1.10 元。若早、中、晚各买 10 元钱的蔬菜，问所购买蔬菜的平均价格是多少？

蔬菜的平均价格是总购买金额除以总购买数量。该例中有 3 个组，各组标志总量（购买金额）都为 10 元，各组变量值（蔬菜价值）分别为 1.25 元、1.20 元和 1.10 元，但不知道所购买蔬菜的数量，所以要先分别计算出各组的蔬菜购买数量，即 $\frac{10}{1.25}$、$\frac{10}{1.20}$ 和 $\frac{10}{1.10}$ 千克，最后可计算出所购买蔬菜的平均价格为

$$H = \frac{k}{\sum \frac{1}{x_i}} = \frac{30}{\frac{10}{1.25}+\frac{10}{1.20}+\frac{10}{1.10}} = \frac{30}{25.42} = 1.180(元/千克)$$

如果采用简单算术平均数计算，则所购买的蔬菜平均每千克价格为

$$\bar{x} = \frac{\sum x_i}{n} = \frac{1.25+1.20+1.10}{3} = 1.183(元/千克)$$

结果为什么不一样（虽然很接近）？因为本例实际上是花了 30 元钱购买了 25.42 千克蔬菜，而不是花了 3.55 元买了 3 千克蔬菜，所以简单算术平均数的结果 1.183 元/千克是错误的。

2. 加权调和平均数

当各组的标志总量不相等时，所计算的调和平均数要以各组的标志总量为权数，其结果即加权调和平均数。若以 m_i 表示各组标志总量，则加权调和平均数的计算公式为

$$H = \frac{m_1 + m_2 + \cdots + m_k}{\frac{m_1}{x_1} + \frac{m_2}{x_2} + \cdots + \frac{m_k}{x_k}} = \frac{\sum_{i=1}^{k} m_i}{\sum_{i=1}^{k} \frac{m_i}{x_i}} \quad \left(\text{可简记为} H = \frac{\sum m_i}{\sum \frac{m_i}{x_i}}\right) \quad (3\text{-}9)$$

【例3-6】市场上某种蔬菜的价格是早市每千克1.25元，午市每千克1.20元，晚市每千克1.10元。现若早、中、晚分别购买15元、12元和10元钱的蔬菜，问所购买蔬菜的平均价格是多少？

与例3-5相比，早、中、晚购买蔬菜的金额不一样了，不再都是10元，此时平均价格会发生什么变化呢？不难计算，此时所购买蔬菜的平均价格为

$$H = \frac{\sum m_i}{\sum \frac{m_i}{x_i}} = \frac{15 + 12 + 10}{\frac{15}{1.25} + \frac{12}{1.20} + \frac{10}{1.10}} = \frac{37}{31.09} = 1.19 \,(\text{元}/\text{千克})$$

计算结果显示，平均价格比例3-5上升了0.01元/千克。为什么蔬菜价格未变，平均价格却上升了？原因就在于早、中、晚购买的金额不同，早市的价格最高且购买的金额最多，午市的价格次高且购买金额次多，晚市的价格最低且购买金额最少，所以与例3-5的简单调和平均数相比，平均价格就偏向于高的一端了。显然，购买金额就起到了权数的作用。一般地说，加权调和平均数的权数作用是通过各组的标志总量 m 来体现的。

对于组距式数列，要先以各组的组中值作为各组的变量值 x，然后按照上述计算公式和步骤计算加权算术平均数。

加权调和平均数与加权算术平均数的区别就在于计算过程中应用数据条件的不同。前者以各组标志总量（$m_i = x_i f_i$）为权数，后者以各组频数（f_i）为权数。但它们都符合总体标志总量与总体总频数的对比关系。事实上，两者是可以相互变通的，即

$$\frac{\sum m_i}{\sum \frac{m_i}{x_i}} = \frac{\sum x_i f_i}{\sum \frac{x_i f_i}{x_i}} = \frac{\sum x_i f_i}{\sum f_i} \quad (3\text{-}10)$$

所以对于同一现象，计算加权调和平均数与计算加权算术平均数的结果是相等的，无非是因数据条件不同而采用了不同的计算形式。

3. 由相对数或平均数计算平均数

有时，我们需要根据相对数或平均数来计算平均数。例如，根据各零售分店的计划完成程度来计算全公司的计划完成程度；根据各企业的职工平均工资来计算全公司的职工平均工资等。这时总体平均数的计算要依所掌握的权数资料不同采取不同的方法。如果所掌握的权数资料是相对数或平均数的母项数值，要用加权算术平均数；如果所掌握的权数资料是相对数或平均数的子项数值，则要用加权调和平均数。需要强调的是，在以相对数或平均数计算平均数时，不论是用加权算术平均数公式还是用加权调和平均数公式，都要从相对数或平均数指标本身的经济含义出发来计算，这是一个很重要的原则。

（1）由相对数计算平均数。

我们通过具体例子来加以说明。

【例 3-7】 某市某商业零售公司所属的 20 家分店的销售计划完成情况及计划销售额如表 3-4 所示，要求计算全公司的平均计划完成程度。

计算计划完成程度的基本公式是

$$计划完成程度 = \frac{实际完成数}{计划数} \times 100\%$$

因此，在计算平均销售计划完成程度时不能以商店数为权数。由于我们所掌握的资料是相对数的母项数值即计划销售额，所以，应该以计划销售额为权数，采用加权算术平均数公式来计算销售计划平均完成程度。在计算出每组计划完成程度的组中值后，即可计算出全公司的平均计划完成程度。计算数据如表 3-5 所示。

表 3-4 某市某零售公司 20 家分店销售计划完成情况

计划完成程序（%）	商店数（个）	计划销售额（万元）
80～90	2	100
90～100	3	105
100～110	8	480
110～120	4	260
120～130	3	200
合计		1 145

$$全公司平均计划完成程度\ \bar{x} = \frac{\sum x_i f_i}{\sum f_i} = \frac{1\ 237.75}{1\ 145} \times 100\% = 108.10\%$$

如果只知道各组的实际销售额数据，而无计划销售额数据，那么我们所掌握的是计划完成程度相对数的子项数值，这时就应该以实际销售额为权数，采用加权调和平均数的公式来计算全公司的平均计划完成程度。原始数据及计算数据如表 3-6 所示。

表 3-5 某市某零售公司平均销售计划完成程度计算数据

计划完成程序（%）	组中值 x_i（%）	商店数（个）	实际销售额 f_i（万元）	计划销售额 $x_i f_i$（万元）
80～90	85	2	100	85.00
90～100	95	3	105	99.75
100～110	105	8	480	504.00
110～120	115	4	260	299.00
120～130	125	3	200	250.00
合计			1 145	1 237.75

表 3-6 某市某零售公司各分店销售计划完成情况及计算数据

计划完成程序（%）	组中值 x_i（%）	商店数（个）	实际销售额 m_i（万元）	计划销售额 $\frac{m_i}{x_i}$（万元）
80～90	85	2	85.00	100
90～100	95	3	99.75	105
100～110	105	8	504.00	480
110～120	115	4	299.00	260
120～130	125	3	250.00	200
合计			1 237.75	1 145

$$全公司平均计划完成程度\ H = \frac{\sum m_i}{\sum \frac{m_i}{x_i}} = \frac{1\ 237.75}{1\ 145} \times 100\% = 108.10\%$$

需要补充说明的是，全公司的平均计划完成程度实际上就是该公司总的计划完成程度，所以由相对数所计算的平均数实际上就是总的相对数。

（2）由平均数计算平均数。

我们仍然通过具体例子来加以说明。

【例 3-8】 某车间各班组工人的平均劳动生产率和实际工时数据如表 3-7 所示，要求计算车间平均劳动生产率。

平均劳动生产率的计算公式为

$$平均劳动生产率 = \frac{实际产品总量}{实际工时} \times 100\%$$

由于我们掌握的资料是平均数的母项数值即实际工时数，因而应该以实际工时数为权数，采用加权算术平均数的形式来计算平均劳动生产率。计算数据如表 3-8 所示。

表 3-7 某车间各班组平均劳动生产率数据

班组	平均劳动生产率（件/工时）	实际工时（小时）
1	12	200
2	16	320
3	20	300
4	28	190
合计		1 010

$$车间平均劳动生产率 \bar{x} = \frac{\sum x_i f_i}{\sum f_i} = \frac{18\,840}{1\,010} = 18.65（件/工时）$$

如果已知实际产品产量数据，而无实际工时数据，那么我们所掌握的是平均数的子项数值，这时就应该以实际产品产量为权数，采用加权调和平均数的形式来计算车间平均劳动生产率。原始数据和计算数据如表 3-9 所示。

表 3-8 某车间平均劳动生产率计算数据

班组	平均劳动生产率 x_i（件/工时）	实际工时 f_i（小时）	实际产品总量 $x_i f_i$（件）
1	12	200	2 400
2	16	320	5 120
3	20	300	6 000
4	28	190	5 320
合计		1 010	18 840

表 3-9 某车间各班组平均劳动生产率及计算数据

班组	平均劳动生产率 x_i（件/工时）	实际产品总量 m_i（件）	实际工时 $\frac{m_i}{x_i}$（小时）
1	12	2 400	200
2	16	5 120	320
3	20	6 000	300
4	28	5 320	190
合计		18 840	1 010

$$车间平均劳动生产率 H = \frac{\sum m_i}{\sum \frac{m_i}{x_i}} = \frac{18\,840}{1\,010} = 18.65（件/工时）$$

同样需要补充说明的是，车间的平均劳动生产率实际上就是该车间总的平均劳动生产率，所以由平均数所计算的平均数实际上就是总的平均数。

3.1.2.3 几何平均数

几何平均数是计算平均比率或平均速度常用的一种方法，例如用于计算水平法的平均发展速度、流水作业生产的产品平均合格率、复利法的平均利率等。根据所掌握的数据条件不同，几何平均数也可以分为简单几何平均数和加权几何平均数两种。

1. 简单几何平均数

简单几何平均数就是变量的 n 个变量值连乘积的 n 次方根。若以 x_i 表示变量的第 i 个变量

值（$i=1$，2，3，…，n），以 G 表示几何平均数，则简单几何平均数的计算公式为

$$G = \sqrt[n]{x_1 \cdot x_2 \cdot x_3 \cdots x_n} = \sqrt[n]{\prod_{i=1}^{n} x_i} \quad \left(可简记为 G = \sqrt[n]{\prod x_i}\right) \quad (3-11)$$

【例 3-9】 某机械厂五个流水作业车间的合格品率分别为 96%、94%、95%、95%和 96%，则五个车间合格品率的平均数（全厂的平均生产合格率）为

$$全厂平均合格率 G = \sqrt[5]{96\% \times 94\% \times 95\% \times 95\% \times 96\%} = 95.20\%$$

但要注意的是，该厂总的合格率为 96%×94%×95%×95%×96% = 78.18%，两者相差甚大。

2. 加权几何平均数

当计算几何平均数的各种变量值出现的次数不等，即数据经过了统计分组时，则应采用加权几何平均数。若以 x_i 表示第 i 组的变量值（$i=1$，2，…，k），以 f_i 表示第 i 组的频数（$i=1$，2，…，k），以 k 表示分组数，则加权几何平均数的计算公式为

$$G = \sqrt[\sum_{i=1}^{k} f_i]{x_1^{f_1} \cdot x_2^{f_2} \cdot x_3^{f_3} \cdots x_k^{f_k}} = \sqrt[\sum_{i=1}^{k} f_i]{\prod_{i=1}^{k} x_i^{f_i}} \quad \left(可简记为 G = \sqrt[\sum f_i]{\prod x_i^{f_i}}\right) \quad (3-12)$$

【例 3-10】 某企业最近 10 年销售收入的年发展速度如表 3-10 所示，求年平均发展速度。

表 3-10 某企业最近 10 年销售收入年发展速度数据

年发展速度（%）x_i	105	106	107	108	109
年数（频数）f_i	3	3	2	1	1

该企业最近 10 年销售收入的年平均发展速度为

$$G = \sqrt[\sum_{i=1}^{k} f_i]{\prod x_i^{f_i}} = \sqrt[10]{105\%^3 \times 106\%^3 \times 107\%^2 \times 108\% \times 109\%} = 106.39\%$$

3.1.2.4 算术平均数、调和平均数和几何平均数的数学关系

从数学上看，算术平均数、调和平均数和几何平均数都是幂平均数的一种。幂平均数的定义是

$$\overline{x^t} = \sqrt[t]{\frac{\sum x^t}{n}} \quad (3-13)$$

当 $t=1$ 时，幂平均数就是算术平均数；当 $t=-1$ 时，幂平均数就是调和平均数；当 t 趋向于零时，幂平均数的极限形式就是几何平均数。

由于幂平均函数是单调递增函数，所以 t 值越大幂平均数就越大，因此单从数学意义上看，算术平均数、调和平均数和几何平均数三者的大小关系是

$$H \leqslant G \leqslant \overline{x} \quad (3-14)$$

但在实际应用中这样的比较往往没有意义，因为对于任何一个计算对象一般都只适合采

用一种方法来计算平均数,也就是说不同的平均数计算方法适合于不同的计算条件,必须加以正确的选择。

3.1.3 位置平均数

3.1.3.1 中位数与分位数

1. 中位数

中位数是变量的所有变量值按定序尺度排序后,处于中间位置的变量值。由于它居于数列的中间位置,所以在某些情况下可以用来代表变量值的一般水平。中位数既可用以测定定量变量的集中趋势,也可用以测定定序变量的集中趋势,但不适用于定类变量。

中位数的确定,因所掌握的数据条件不同而分为两种情况:一是根据变量未经分组的原始数据来确定;二是根据变量分布数列来确定。

(1)根据未经分组的原始数据来确定。

在变量数据未经分组的情况下,先将变量的 n 个数据按大小、强弱等顺序排列,确定中位数的位置 $\frac{n+1}{2}$,然后确定中位数。

假设变量的 n 个数据按大小、强弱等顺序排列后的结果为:$x_{(1)}$,$x_{(2)}$,$x_{(3)}$,…,$x_{(n)}$,以 m_e 表示中位数,则

$$m_e = \begin{cases} x_{\left(\frac{n+1}{2}\right)} & , n\text{为奇数} \\ \frac{1}{2}\left\{x_{\left(\frac{n}{2}\right)} + x_{\left(\frac{n}{2}+1\right)}\right\} & , n\text{为偶数} \end{cases} \quad (3-15)$$

【例 3-11】 7 名体育竞技专家对某运动员协调性的评级依次为:B、A^-、A、A、A、A^+、A^+,问该运动员协调性评级的中位数是多少?

本例中,$n = 7$,中位数位置是 4,所以中位数是 $m_e = A$。

【例 3-12】 根据例 3-1 数据确定该校学生男子篮球队员身高的中位数。

本例中,$n = 10$,中位数位置为 5.5,所以中位数是身高排序后第 5、第 6 两名队员身高的平均数。

10 名队员的身高(单位:厘米)由低到高排序为:181、182、182、183、183、185、186、186、188、189。第 5、第 6 两名队员的身高分别为 183 和 185,所以该校学生男子篮球队员身高的中位数是:

$$m_e = \frac{183+185}{2} = 184 \text{(厘米)}$$

(2)根据变量分布数列确定中位数。

在单项式数列中,先按 $\frac{(\Sigma f_i + 1)}{2}$ 来确定中位数位置,然后对数列中的各组频数进行向上累计或向下累计,当某一组的累计频数大于或等于 $\frac{(\Sigma f_i + 1)}{2}$ 时,该组的变量值就是中位数。

【例 3-13】 某车间 150 名工人的日装配量如表 3-11 所示，要求确定工人日装配量的中位数。

根据所给数据可以计算中位数位置 $=\dfrac{\sum f_i+1}{2}=\dfrac{150+1}{2}=75.5$。在表 3-11 中对各组频数进行向上累计或向下累计，向上累计至第 4 组（累计频数 110）或向下累计至第 3 组（累计频数 90），累计频数大于 75.5，所以工人日装配量的中位数就是 $m_e=25$（件）。

表 3-11　某车间 150 名工人日装配量及累计频数

日装配量（件）	工人数（频数）	向上累计频数	向下累计频数
22	10	10	150
23	10	20	140
24	40	60	130
25	50	110	90
26	30	140	40
27	10	150	10
合计	150		

按组距数列计算中位数，首先要计算各组的累计频数，然后找出中位数所在的位置，即累计次数大于或等于 $\dfrac{\sum f}{2}$ 的组（严格上讲应该是 $\dfrac{\sum f+1}{2}$，简化起见取 $\dfrac{\sum f}{2}$）。最后，再用插值法按比例计算中位数的近似值。具体计算有下限和上限公式两种，结果是一样的。

中位数公式示意图如图 3-1 所示。

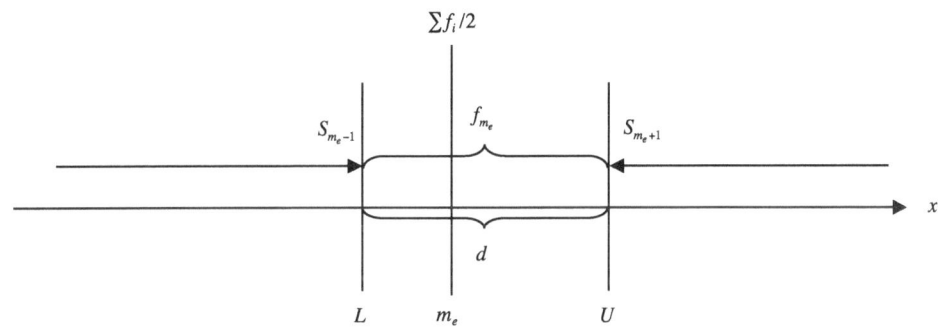

图 3-1　中位数公式示意图

下限公式为

$$m_e = L + \dfrac{\dfrac{\sum f_i}{2} - S_{m_e-1}}{f_{m_e}} \cdot d \quad (3-16)$$

式中，L 为中位数所在组的下限；f_{m_e} 为中位数所在组的频数；S_{m_e-1} 为向上累计至中位数所在组下一组止的累计频数；d 为中位数所在组的组距。

上限公式为

$$m_e = U - \dfrac{\dfrac{\sum f_i}{2} - S_{m_e+1}}{f_{m_e}} \cdot d \quad (3-17)$$

式中，U 为中位数所在组的上限；S_{m_e+1} 为向下累计至中位数所在组上一组的累计频数。

【例 3-14】 根据表 2-5 数据计算某年年底某高校在职教师年龄的中位数。

由表中数据可以计算中位数位置为 $\dfrac{\sum f_i}{2}=\dfrac{1\,050}{2}=525$。根据表 2-6 可知，向上

累计至第 3 组的累计频数（884）或向下累计至第 3 组的累计数（532）大于 525，因而中位数所在组为 40~50 岁这一组，$L = 40$，$U = 50$，$d = 10$。

由下限公式得

$$m_e = 40 + \frac{\frac{1\,050}{2} - 518}{366} \times 10 = 40.19 \text{（岁）}$$

由上限公式得

$$m_e = 50 - \frac{\frac{1\,050}{2} - 166}{366} \times 10 = 40.19 \text{（岁）}$$

（3）中位数的应用特点。

中位数将按顺序排列的变量值分为两部分，使得至少一半数值不比它大，至少一半数值不比它小。

中位数具有以下一些优点：一是中位数作为一种位置平均数，概念较为清晰，只要排列数据顺序，就可以比较容易地加以确定；二是中位数不受变量数列中特殊值的影响，遇有特大值或特小值时，用中位数来表示现象的一般水平更具有代表性；三是组距数列出现开口组时，对中位数无影响；四是当某些变量不能表现为数值但可以定序时，不能计算数值平均数而可以确定中位数。

当然中位数也有局限性，一是中位数不能像算术平均数那样可以进行代数运算；二是除了变量数列的中间部分数值外，其他数值的变化都不对中位数产生影响，因此中位数的灵敏度较低。

2. 分位数

分位数是将变量的数值按大小顺序排列并等分为若干部分后，处于分点位置的数值。常用的分位数有四分位数、十分位数和百分位数，它们分别是将数值序列分为 4 个部分、10 个部分和 100 个部分的 3 个点、9 个点和 99 个点上的数值。其中四分位数第 2 点的数值、十分位数第 5 个点的数值和百分位数第 50 个点的数值，就是中位数。所以，中位数就是一个特殊的分位数。

以四分位数为例，设 Q_L、Q_M 和 Q_U 分别表示第一个、第二个和第三个四分位数，则它们的位置分别为：$\frac{n+1}{4}$、$\frac{2(n+1)}{4}$ 和 $\frac{3(n+1)}{4}$，根据位置即可确定各个四分位数。

【例 3-15】 根据例 3-11 确定运动员协调性评级的第一个和第三个四分位数。

由于 $n = 7$，所以第一个和第三个四分位数的位置分别是 2 和 6，由此可以确定第一个和第三个四分位数分别为 $Q_L = A^-$ 和 $Q_U = A^+$。

【例 3-16】 根据例 3-1 数据确定该校学生男子篮球队员身高的第一个和第三个四分位数。

由于 $n = 10$，所以第一个和第三个四分位数的位置分别是 2.75 和 8.25，由此可以确定

第一个四分位数为 $Q_L = 182 \times 0.75 + 182 \times 0.25 = 182$（厘米）

第三个四分位数为 $Q_U = 186 \times 0.75 + 188 \times 0.25 = 186.5$（厘米）

同理，也可根据单项式数列和组距式数列确定第一个和第三个四分位数。例如，根据表 3-11 可以确定工人日装配量的第一个和第三个四分位数分别为 $Q_L = 24$（件）和 $Q_U = 26$（件）。根据表 2-5，参照中位数公式可以确定某年年底某高校在职教师年龄的第一个和第三个四分位数分别为 $Q_L = 31.94$（岁）和 $Q_U = 47.36$（岁）。请读者自己加以验证。

确定各个四分位数后可以绘制如第 2 章所介绍的箱形图，当 n 为偶数时可据以观察变量分布中间 $\frac{n}{2}$ 或 $\frac{n}{2}+2$ 个变量值（不含第一、第三分位数本身，下同）的分布范围、中心位置和对称程度，当 n 为奇数时可据以观察变量分布中间 $\frac{n-1}{2}$ 或 $\frac{n+1}{2}$ 个变量值的分布范围、中心位置和对称程度。例如，例 3-15 的结果表明处于 A^- 与 A^+ 之间的变量值有 3 个，例 3-16 的结果表明处于 182 厘米与 186.5 厘米之间的变量值有 6 个（注意：数值序列中第二、第三个数值都是 182，但前者处于第一个四分位数以下，后者处于第一个、第三个四分位数之间）。当 n 或 Σf 很大时，我们可以说数值序列或变量数列中间约 50%的变量值在 Q_L 与 Q_U 之间，例如工人日装配量的例子中，我们可以说日装配量居中约 50%的工人的日装配量为 24～26 件（同样要注意：日装配量 24 件有 40 人，其中 17 人在第一个四分位数以下，23 人在第一个四分位数以上；日装配量 26 件有 30 人，其中 3 人在第三个四分位数以下，27 人在第三个四分位数以上，日装配量处于第一个、第三个四分位数之间的工人有 76 人）；某高校在职教师年龄的例子中，我们可以说年龄居中的约 50%教师的年龄为 31.94～47.36 岁。

3.1.3.2 众数

众数是变量数列中出现次数最多、频率最高的变量值。在某些场合，众数可以用来反映现象的一般水平。例如城市居民家庭中，三口之家所占的比重明显高于其他家庭，因此 3 人就是城市居民家庭人数的众数，可以用它来表示城市居民家庭人数的一般水平。众数通常用 m_o 来表示。

众数可用以测定任何种类变量的集中趋势，包括定类变量和定序变量。例如，某班级要搞一次暑期社会实践活动，有 A、B、C、D、E 五种备选方案，经同学投票 B 方案得票明显高于其他方案，则 B 方案就是众数。再如，根据表 2-4 某年年底某高校在职教师职称分布数列可以看出，副教授职称的人数最多（382 人，占 36.38%），所以职称的众数就是副教授。

众数的确定方法因所掌握的数据条件不同而有所不同。根据单项式数列确定众数比较容易，只要找出出现频数最多或出现频率最高的变量值即可。例如，根据表 3-11 数据可以确定工人日装配量的众数是 25 件。

如果根据组距式数列来确定众数，则先要找出频数最多的一组作为众数组，然后运用公式来确定众数。

众数公式示意图如图 3-2 所示。

下限公式为

$$m_o = L + \frac{\Delta_1}{\Delta_1 + \Delta_2} \cdot d \qquad (3\text{-}18)$$

式中，Δ_1 为众数组频数与下一组频数之差；Δ_2 为众数组频数与上一组频数之差；L、d 的含义与中位数公式的相同。

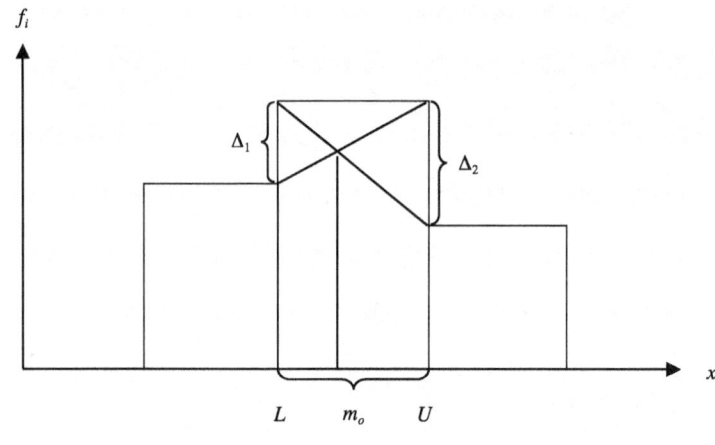

图 3-2　众数公式示意图

上限公式

$$m_o = U - \frac{\Delta_2}{\Delta_1 + \Delta_2} \cdot d \qquad (3\text{-}19)$$

式中，U 的含义与中位数公式的相同。

【例 3-17】 根据表 2-5 数据计算某年年底某高校在职教师年龄的众数。

根据表中数据可知：众数组为 40～50 岁这一组。$L=40$，$U=50$，$\Delta_1=49$，$\Delta_2=215$，$d=10$。

由下限公式得

$$m_o = L + \frac{\Delta_1}{\Delta_1 + \Delta_2} \cdot d = 40 + \frac{49}{49+215} \times 10 = 41.86\,(岁)$$

由上限公式得

$$m_o = U - \frac{\Delta_1}{\Delta_1 + \Delta_2} \cdot d = 50 - \frac{215}{49+215} \times 10 = 41.86\,(岁)$$

众数具有以下一些特点。一是众数也不受变量数列中特殊值的影响，用它来表示某些现象的一般水平会有较好的代表性。二是众数具有较广的应用面，可用于测定任何变量的集中趋势。三是众数只有在总频数充分多且某一组的频数明显高于其他组时才有意义，若各组的频数相差不多，则不能确定众数。四是有时一个变量数列会有两个组的频数明显最多，这就会有两个众数，该数列属于双众数数列。例如，英语专业与非英语专业的大学二年级学生参加同一英语水平测试，就可能出现双众数现象；再如现在一些高校招生，有的专业在第一批录取，有的专业在第二批次录取，那么全校新生的成绩分布也可能是双众数分布。五是众数也不能像算术平均数那样进行代数运算。

3.1.3.3　中位数、众数和算术平均数的关系

中位数、众数、算术平均数三者在不同条件下均可代表变量的平均水平，均可用以反映

变量分布的集中趋势。把三者结合起来，通过比较它们之间的数量关系，可以帮助我们更好地认识变量分布的特征。

（1）在变量分布完全对称（正态分布）时，中位数、众数和算术平均数三者完全相等，即 $\bar{x} = m_e = m_o$，如图 3-3 所示。

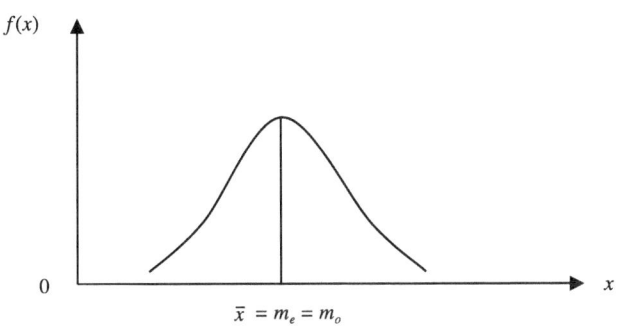

图 3-3　正态分布时中位数、众数和算术平均数的关系

（2）在变量分布不对称（偏态分布）时，中位数、众数和算术平均数三者之间存在着差异。当算术平均数受极大标志值一端的影响较大时，变量分布向右偏，三者之间的关系为：$m_o \leqslant m_e \leqslant \bar{x}$，如图 3-4 所示。当算术平均数受极小标志值一端的影响较大时，变量分布向左偏，三者之间的关系为：$\bar{x} < m_e < m_o$，如图 3-5 所示。

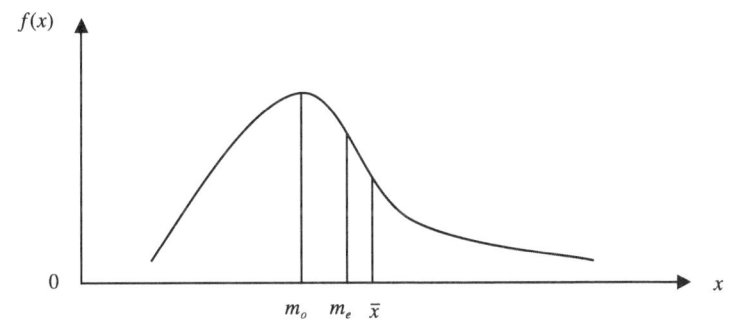

图 3-4　右偏分布时中位数、众数和算术平均数的关系

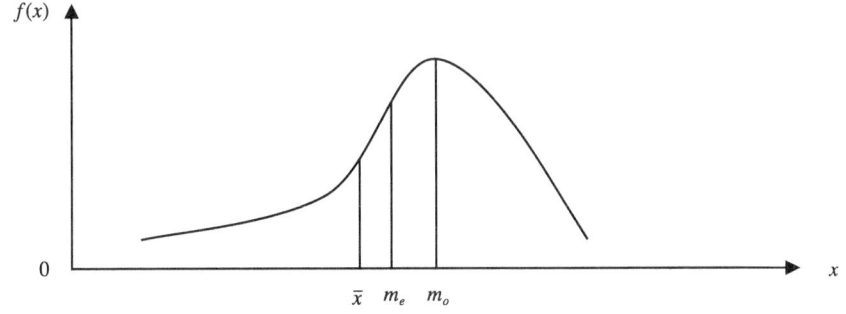

图 3-5　左偏分布时中位数、众数和算术平均数的关系

（3）根据经验，在轻微偏态时，不论是左偏还是右偏，众数与算术平均数的距离约等于中位数与算术平均数的 3 倍，即

$$m_o - \bar{x} = 3(m_e - \bar{x}) \qquad (3\text{-}20)$$

利用这个公式,我们可以从已知的两个平均数来推算另一个平均数。

3.2 离中趋势的描述

3.2.1 离中趋势和离散指标

变量分布既有集中趋势的一面,又有离中趋势的一面。所谓离中趋势,就是变量分布中各变量值背离中心值的倾向。如果说集中趋势是总体或变量分布同质性的体现,那么离中趋势就是总体或变量分布变异性的体现。对离中趋势的描述,就是要反映变量分布中各变量值远离中心值或代表值的状况,以更客观地反映变量分布的特征。

变量分布的离中趋势要用离散指标来反映。离散指标就是反映变量值变动范围和差异程度的指标,即反映变量分布中各变量值远离中心值或代表值程度的指标,也称为变异指标或标志变动度指标。常用的离散指标主要有:全距(亦称极差)、四分位差、异众比率、平均差、标准差、离散系数等。

利用离散指标,不仅可以看出变量分布的离中程度,而且与平均指标结合运用,可以更正确地认识总体现象或变量分布的数量特征,对于科学管理与决策具有重要的意义。具体来说,离散指标的作用主要有以下几点。

(1) 可以用来衡量和比较平均数的代表性。

平均数掩盖了各变量值之间的差异,具有抽象性与代表性。平均数代表性的高低不是取决于它自己本身,而是取决于它背后各变量值之间的差异程度。如果变量的变动幅度大或各变量值之间的差异程度大,那么平均数的代表性就小;如果变量的变动幅度小或各变量值之间的差异程度小,那么平均数的代表性就大。

(2) 可以用来反映各种现象活动过程的均衡性、节奏性或稳定性。

现象的活动过程通常都以平均数为中心而呈现出波动,波动的大小说明现象活动过程的均衡性、节奏性或稳定性的高低,而这种波动同样可以通过离散指标来反映。例如,国民经济发展过程中增长速度是否大起大落,股票价格的变化是否暴涨暴跌,计划执行过程是否忽松忽紧,产品生产质量是否稳定均匀,等等,都可利用离散指标来加以反映。

(3) 为统计推断提供依据。

在统计推断中,无论是抽样估计还是假设检验,离散指标都是必不可少的要素,也是得出统计推断结论或判断推断效果(例如估计效果、预测效果)的重要依据。

3.2.2 离散指标的测度

3.2.2.1 全距

全距就是变量的最大值($x_{\max}$)与最小值($x_{\min}$)之差,也叫极差,表明变量的最大变

动范围或绝对幅度。全距通常用 R 表示，即

$$R = x_{\max} - x_{\min} \tag{3-21}$$

全距一般只根据未分组数据或单项式数列计算。例如，根据例 3-1 可计算该高校学生男子篮球队员身高的全距为 8 厘米，根据例 3-13 可计算工人日装配量的全距为 5 件。对于组距式数列，全距只能根据最高组的上限减去最低组的下限来近似计算。

全距是测定变量分布离中趋势最简单的方法，在实际中也有众多的应用，例如每天天气预报中最高温与最低温之间的温差，股票市场中各种股票每天最高成交价与最低成交价之间的价差，人体血压中收缩压与舒张压之间的压差等，都是全距的表现。但由于全距只考虑了两个极端变量值之间的差距，没有利用全部变量值的信息，没有考虑变量中间分布的情况，所以不能充分反映全部变量值之间的实际差异程度，因而在应用上有一定的局限性。

由于全距只随两个极端值的变化而变化，缺乏稳定性，所以有时我们可以把变量的最高 5%（或 10%）数值的平均数与最低 5%（或 10%）数值的平均数之差作为全距。

3.2.2.2 四分位差

四分位差是四分位数中第一个四分位数与第三个四分位数之差，也称为内距或四分间距，通常用 Q_d 表示，即

$$Q_d = Q_U - Q_L \tag{3-22}$$

例如，根据例 3-15 的结果可以计算运动员协调性评级的四分位差为 $Q_d = A^+ - A^- = 2$ 个等级；根据例 3-16 可计算该高校学生男子篮球队员身高的四分位差为 $Q_d = 186.5 - 182 = 4.5$（厘米），根据上述某年年底某高校在职教师年龄分布的有关例子，可计算教师年龄的四分位差为 $Q_d = 47.36 - 31.94 = 15.42$（岁）。

四分位差通常与中位数相结合，用以表明变量分布中间 50%数值的离散程度，其值越小（越大），表明变量中间数值的分布越集中（越离散），中位数的代表性越好（越差）。

3.2.2.3 异众比率

异众比率是分布数列中非众数组的频数与总频数之比，通常用 V_r 来表示，即

$$V_r = \frac{\sum f_i - f_{m_o}}{\sum f_i} = 1 - \frac{f_{m_o}}{\sum f_i} \tag{3-23}$$

式中，f_{m_o} 为众数组的频数。

例如，根据例 3-13 中表 3-11 数据可以计算工人日装配量的异众比率为 $V_r = 0.67$，根据表 2-5 数据可计算某年年底某高校在职教师年龄的异众比率为 $V_r = 0.65$。

异众比率通常与众数相结合，用以表明众数代表性的高低。异众比率越大（越小），说明数列的分布越分散（越集中），众数的代表性就越差（越好）。

3.2.2.4 平均差

平均差是变量的各变量值与算术平均数离差绝对值的算术平均数，表明各变量值与算术平均数的平均差距，通常用 $A.D$ 来表示，即

$$A.D = \frac{\sum_{i=1}^{n}|x_i - \overline{x}|}{n} \quad \left(根据未分组数据，可简记为 A.D = \frac{\sum|x_i - \overline{x}|}{n}\right) \quad (3\text{-}24)$$

或

$$A.D = \frac{\sum_{i=1}^{k}|x_i - \overline{x}|f_i}{\sum_{i=1}^{k}f_i} \quad \left(根据变量数列，可简记为 A.D = \frac{\sum|x_i - \overline{x}|f_i}{\sum f_i}\right) \quad (3\text{-}25)$$

平均差由于利用了全部数据信息，因而比全距、四分位差等更能比较客观反映变量分布的离散程度。平均差越大，表示变量分布离散程度越高；平均差越小，则变量分布离散程度越低。但由于对每一个离差都取了绝对值，因而数学处理不是很方便，数学性质也不是最优，应用上受到了一些限制。

【例 3-18】 某企业工人日产量分组数据如表 3-12 所示，要求计算平均差。

根据表 3-12 可得到平均差计算表如表 3-13 所示。

表 3-12 某企业工人日产量分组数据

工人日产量分组（件）	工人数（人）
40 以下	10
40～50	20
50～60	15
60 以上	5
合计	50

表 3-13 工人日产量平均差计算表

工人日产量分组（件）	组中值 x_i	工人数 f_i（人）	$x_i f_i$	$|x_i - \overline{x}|$	$|x_i - \overline{x}|f_i$
40 以下	35	10	350	13	130
40～50	45	20	900	3	60
50～60	55	15	825	7	105
60 以上	65	5	325	17	85
合计		50	2 400		380

根据表 3-13 可得

$$\overline{x} = \frac{\sum x_i f_i}{\sum f_i} = \frac{2\,400}{50} = 48（件）$$

$$A.D = \frac{\sum|x_i - \overline{x}|f_i}{\sum f_i} = \frac{380}{50} = 7.6（件）$$

这说明平均每名工人的日产量与平均产量的差额为 7.6 件。

3.2.2.5 方差和标准差

方差是变量的各变量值与其均值的离差平方的算术平均数，标准差则是方差的平方根。方差和标准差是测度变量分布离散程度最重要的指标，在统计学中具有非常重要的作用。由于方差一般都是根据样本资料计算，因此方差通常用 s_2 来表示，标准差则用 s 来表示。

方差的计算公式为

$$s^2 = \frac{\sum_{i=1}^{n}(x_i - \overline{x})^2}{n-1} \quad \left(根据未分组数据，可简记为 s^2 = \frac{\sum(x_i - \overline{x})^2}{n-1}\right) \quad (3\text{-}26)$$

或

$$s^2 = \frac{\sum_{i=1}^{k}(x_i - \overline{x})^2}{\sum_{i=1}^{k} f_i - 1} \quad \left(根据变量数列，可简记为 s^2 = \frac{\sum(x_i - \overline{x})^2 f_i}{\sum f_i - 1}\right) \quad (3\text{-}27)$$

标准差的计算公式为

$$s = \sqrt{\frac{\sum_{i=1}^{n}(x_i - \overline{x})^2}{n-1}} \quad \left(根据未分组数据，可简记为 s = \sqrt{\frac{\sum(x_i - \overline{x})^2}{n-1}}\right) \quad (3\text{-}28)$$

或

$$s = \sqrt{\frac{\sum_{i=1}^{k}(x_i - \overline{x})^2 f_i}{\sum_{i=1}^{k} f_i - 1}} \quad \left(根据变量数列，可简记为 s = \sqrt{\frac{\sum(x_i - \overline{x})^2 f_i}{\sum f_i - 1}}\right) \quad (3\text{-}29)$$

方差和标准差利用了全部数据信息，因而能准确反映变量分布的离散程度。方差或标准差越高，表示变量分布离散程度越高；方差或标准差越小，则变量分布离散程度越低。尤其是标准差与平均差相比，不仅具有平均差的优点，而且弥补了平均差的不足，再加上标准差的计量单位与变量相同，意义比方差明确，所以标准差在实践中得到了广泛的应用。

【例 3-19】 根据例 3-18 的数据计算某企业工人日产量的方差和标准差。

根据表 3-12、表 3-13 和例 3-18 的计算结果，可得到方差和标准差的计算表如表 3-14 所示。

表 3-14 工人日产量方差和标准差计算表

工人日产量分组（件）	组中值 x_i	工人数 f_i（人）	离差（$x_i - \overline{x}$）	离差平方（$x_i - \overline{x}$）^{2}	离差平方×次数（$x_i - \overline{x}$）$^2 f_i$
40 以下	35	10	-13	169	1 690
40~50	45	20	-3	9	180
50~60	55	15	7	49	735
60 以上	65	5	17	289	85
合计		50			2 690

根据表 3-14 可得

$$s^2 = \frac{\sum_{i=1}^{k}(x_i - \overline{x})^2 f_i}{\sum_{i=1}^{k} f_i - 1} = \frac{2\,690}{49} = 54.90$$

$$s = \sqrt{\frac{\sum_{i=1}^{k}(x_i - \overline{x})^2 f_i}{\sum_{i=1}^{k} f_i - 1}} = \sqrt{54.90} = 7.41（件）$$

计算结果表明，工人日产量的标准差为 7.41 件。

关于方差和标准差还有以下两点需要说明：一是根据组距式数列计算的方差和标准差只是一个近似值，因为组中值成了组内所有变量值的代表值，并没有把组内各变量值的差异反映出来；二是在根据样本数据（甚至是有限总体数据）计算方差和标准差时，分母是 $n-1$（$n=\sum f_i$），即样本方差和标准差的自由度为 $n-1$。但当 n 很大时，可以忽略 n 与 $n-1$ 之间的区别。

方差和标准差具有以下一些性质：

（1）常数的方差为零。假设常数为 a，常数的方差为 s_a^2，则

$$s_a^2 = 0 \tag{3-30}$$

（2）若 $y = a + bx$，a,b 为常数，则 y 的方差 s_y^2 与 x 的方差 s_x^2 之间的关系为

$$s_y^2 = b^2 s_x^2 \tag{3-31}$$

（3）标准差 s 是计算标准化值的依据。假设变量的标准化统计量用 Z 表示，标准化值用 Z_i 表示，则

$$Z_i = \frac{x_i - \bar{x}}{s} \tag{3-32}$$

Z 服从均值为零、标准差为 1 的标准正态分布，是无量纲。Z_i 也叫标准得分或标准统计值。通过计算标准化值可以使处于不同均值水平、不同计量单位的变量值之间的比较成为可能，使比较的对象找到同一标准的相对位置。例如，某班级某次期末数学考试的均值和标准差分别为 85 分和 7 分，英语考试的均值和标准差分别为 80 分和 6 分。周同学数学与英语的考试成绩分别为 92 分和 87 分，问周同学哪一门课程的成绩在班级中更好一些？可以计算周同学数学的标准化成绩为 1，英语的标准化成绩为 1.17，两个标准化成绩都大于 0，说明周同学两门课程的成绩都高于全班平均水平，并且英语成绩相对更好一些。

一般地，若变量分布呈对称的钟形分布，则分别有约 68%、95% 和 99% 的变量值处于以均值为中心加减 1 个标准差、2 个标准差和 3 个标准差的范围内，这是一个经验法则。如果某个变量值处于以均值为中心加减 3 个标准差的范围之外，即标准化值小于 -3 或大于 3，那么这个变量值就称为离群值，属于测量、记录、输入有误，或来自非同类总体，或代表稀有事件。

3.2.2.6 离散系数

全距、四分位差、平均差和标准差等都是反映变量分布离散程度的绝对指标，其数值大小取决于变量值本身水平即均值水平的高低，并且都有明确的计量单位。因此，不同均值水平和不同计量单位的绝对离散指标是不能直接比较的。为了实现不同变量分布之间离散程度的可比性，必须消除不同均值水平和计量单位的影响，应该计算相对离散指标。

相对离散指标也叫离散系数变异系数或标准差系数，是变量的标准差与均值之比，通常用 V_s 来表示，即

$$V_s = \frac{s}{\bar{x}} \tag{3-33}$$

离散系数越大，说明变量分布的离散程度越强，平均数的代表性越差；离散系数越小，说明变量分布的离散程度越弱，平均数的代表性越好。

【例 3-20】 根据例 3-18、例 3-19 的有关结果计算某企业工人日产量的离散系数。

根据例 3-18、例 3-19 的有关结果可计算离散系数为

$$V_s = \frac{s}{\bar{x}} = \frac{7.41}{48} = 15.44\%$$

【例 3-21】 如果又已知另一企业工人日产量的均值为 60 件，标准差为 8.6 件，问哪一个企业工人日产量的均值更具有代表性（或工人日产量更均匀）？

可以计算另一企业工人日产量的离散系数为 $V_s = \frac{s}{\bar{x}} = \frac{8.6}{60} = 14.33\%$。不难发现，虽然另一企业的标准差（8.6 件）大于某企业（7.41 件），但离散系数却是另一企业（14.33%）小于某企业（15.44%），因此另一个企业工人日产量的均值更具有代表性（工人日产量更均匀）。

3.3 分布形状的描述

3.3.1 分布形状和形状指标

如前所述，变量分布的形状是各种各样的，有 J 形的、U 形的和钟形的等。仅就钟形分布而言，有的左右两侧完全对称，有的左偏，有的右偏；有的比较偏平，有的比较适中，有的则比较尖陡。分布形状不同，表明变量分布的内在结构也不同。为了全面了解变量分布的特征，我们不仅要观察其集中趋势和离中趋势，也要观察其形状。

变量分布的形状要用形状指标来反映。形状指标就是反映变量分布具体形状，即左右是否对称、偏斜程度与陡峭程度如何的指标。具体来说，变量分布的形状一般从对称性和陡峭性两方面来反映，因此形状指标也有两个方面：一是反映变量分布偏斜程度的指标，称为偏度系数；二是反映变量分布陡峭程度的指标，称为峰度系数。

偏度系数可以告诉我们变量分布是左偏还是右偏，即受低端变量值的影响大还是受高端变量值的影响大。而峰度系数则可以告诉我们分布是尖陡还是扁平，即频数（频率）分布绝大部分集中于众数附近还是各变量值的频数（频率）相差不大（如果各变量值的频数或频率相等，则分布呈一条直线，无峰顶可言）。由此可见，形状指标与平均指标、离散指标一样，都是变量分布特征的重要体现。

3.3.2 偏度系数

偏度的概念首先由统计学家皮尔逊于 1895 年提出，是对变量分布对称性的测度，是指变量分布偏斜的方向及其程度。在本章 3.1 节论述算术平均数、中位数和众数三者的关系时，曾经涉及这个问题。图 3-3 表示变量分布对称无偏，图 3-4 表示变量分布向右偏斜（右偏或正偏），图 3-5 表示变量分布向左偏斜（左偏或负偏）。

偏度的测定是通过计算偏度系数来实现的，偏度系数通常用 S_k 来表示。偏度系数的计算主要有三种方法。

3.3.2.1 利用算术平均数与众数或中位数的离差求偏度系数

前面已提到，如果算术平均数、众数与中位数三者相等，则变量分布无偏；如果三者不相等，则变量分布有偏，而且三者之间的差距越大变量分布的偏度也越大。因此，我们可以利用算术平均数与众数或中位数的离差求偏度系数并标记为 $S_k^{(1)}$，计算公式为

$$S_k^{(1)} = \frac{\bar{x} - m_o}{s} \quad (3\text{-}34)$$

将 $\bar{x} - m_o$ 除以标准差 s，一是为了消除不同计量单位的影响，二是为了把不可直接比较的绝对数转化为可相互比较的相对数。

一般情况下，偏度系数 $S_k^{(1)}$ 的变动范围为 $(-3, 3)$。当 $\bar{x} \geq m_o$ 时，$S_k^{(1)}$ 为正值，变量分布属于正偏；当 $\bar{x} \leq m_o$ 时，$S_k^{(1)}$ 为负值，变量分布属于负偏；当 $\bar{x} = m_o$ 时，$S_k^{(1)}$ 为零，变量分布属于无偏（对称分布）。$S_k^{(1)}$ 的绝对值越接近于 3，表明变量分布的偏斜程度越严重；$S_k^{(1)}$ 的绝对值越接近零，表明变量分布的偏斜程度越轻微。

3.3.2.2 利用四分位数求偏度系数

根据四分位数的特点可知，如果变量分布对称、无偏斜，那么第一个四分位数 Q_L 与第三个四分位数 Q_U 是关于中位数对称分布的，即 $Q_U - m_e = m_e - Q_L$，因此我们可以通过 $Q_U - m_e = m_e - Q_L$ 这个等式是否成立来判断变量分布是否对称，并且可以根据第一个、第三个四分位数与中位数距离的关系来求偏度系数并标记为 $S_k^{(2)}$，计算公式为

$$S_k^{(2)} = \frac{Q_L + Q_U - 2m_e}{Q_U - Q_L} \quad (3\text{-}35)$$

偏度系数 $S_k^{(2)}$ 的取值范围为 $(-1, 1)$。$S_k^{(2)}$ 的绝对值越接近于 1，表明变量分布的偏斜程度越严重；$S_k^{(2)}$ 的绝对值越接近零，表明变量分布的偏斜程度越轻微。

同理，我们也可以根据十分位数、百分位数来求偏度系数。

3.3.2.3 利用动差法求偏度系数

计算偏度系数最重要的方法是动差法。动差法偏度系数是以变量数列的三阶中心动差（m_3）作为度量偏度的基本依据。动差又称为矩，原是物理学的概念，用以表示力与力臂对重心的关系。这个关系与加权算术平均数中变量值与权数对算术平均数的关系很相似，所以统计学上也用动差概念来说明变量分布的特征。

令常数 a 为变量分布的中心，则所有变量值与 a 值之差的 t 次方的算术平均数就称为变量 x 关于 a 的 t 阶动差，即

$$t \text{阶动差} = \frac{\sum_{i=1}^{n}(x_i - a)^t}{n} \quad \left(\text{根据未分组数据，可简记为} t \text{ 阶动差} = \frac{\sum(x_i - a)^t}{n} \right) \quad (3\text{-}36)$$

或

$$t\text{阶动差} = \frac{\sum_{i=1}^{k}(x_i-a)^t f_i}{\sum_{i=1}^{k} f_i} \quad \left(\text{根据变量数列，可简记为} t\text{阶动差} = \frac{\sum(x_i-a)^t f_i}{\sum f_i}\right) \quad (3\text{-}37)$$

当 $a = 0$ 时，t 阶动差称为 t 阶原点动差，若以 M_i 表示，则

一阶原点动差为：$M_1 = \frac{\sum x_i}{n}$ 或 $M_1 = \frac{\sum x_i f_i}{\sum f_i}$，即算术平均数；

二阶原点动差为：$M_2 = \frac{\sum x_i^2}{n}$ 或 $M_2 = \frac{\sum x_i^2 f_i}{\sum f_i}$，即平方的平均数；

三阶原点动差为：$M_3 = \frac{\sum x_i^3}{n}$ 或 $M_3 = \frac{\sum x_i^3 f_i}{\sum f_i}$，即三次方的平均数；

⋮

当 $a = \bar{x}$ 时，t 阶动差称为 t 阶中心动差，若以 m_i 表示，则

一阶中心动差为：$m_1 = \frac{\sum(x_i-\bar{x})}{n}$ 或 $m_1 = \frac{\sum(x_i-\bar{x})f_i}{\sum f_i}$；

二阶中心动差为：$m_2 = \frac{\sum(x_i-\bar{x})^2}{n}$ 或 $m_2 = \frac{\sum(x_i-\bar{x})^2 f_i}{\sum f_i}$；

三阶中心动差为：$m_3 = \frac{\sum(x_i-\bar{x})^3}{n}$ 或 $m_3 = \frac{\sum(x_i-\bar{x})^3 f_i}{\sum f_i}$；

⋮

很显然，一阶中心动差 $m_1 = 0$，偶数阶中心动差恒为正（其中二阶中心动差就是方差，即 $m_2 = s^2$），而三阶及以上的奇数阶中心动差可正可负。由于变量分布的偏斜方向要通过偏度指标的正、负情况来反映，因此要用三阶及以上的奇数阶中心动差来衡量变量分布的偏斜方向。为了计算方便，选择使用三阶中心动差 m_3 最为合适。

当 $m_3 = 0$ 时，表示变量分布无偏；当 $m_3 > 0$ 时，表示变量分布是正偏；当 $m_3 < 0$ 时，表示变量分布为负偏。

由于 m_3 只是绝对数，因而不能直接比较。为了使不同变量分布的偏度比较具有相同的标准，就需要用相对数来衡量。我们把 m_3 与标准差的立方 m^3 对比，就得到了动差法的偏度系数，即

$$S_k^{(3)} = \frac{m_3}{s^3} \quad (3\text{-}38)$$

若 $S_k^{(3)} > 0$，表示变量分布正偏；若 $S_k^{(3)} < 0$，表示变量分布负偏；若 $S_k^{(3)} = 0$，表示变量分布两边对称，无偏。$S_k^{(3)}$ 的绝对值越接近零，表示变量分布的偏度越轻微；$S_k^{(3)}$ 的绝对值越大于零，表示变量分布的偏度越严重。

【例 3-22】 某企业职工月收入情况如表 3-15 所示，求职工月收入分布的动差法偏度系数。

根据表 3-15 数据可得到动差法偏度系数计

表 3-15 某企业职工月收入情况表

职工月收入（元）	职工人数（人）
900 以下	24
900～1 000	48
1 000～1 100	60
1 100～1 200	105
1 200～1 300	27
1 300～1 400	21
1 400～1 500	12
1 500 以上	3
合计	300

算表，如表 3-16 所示。

表 3-16 某企业职工月收入动差法偏度系数计算表

职工月收入（元）	x_i	f_i	$x_i f_i$	$x_i - \bar{x}$	$(x_i - \bar{x})^2$	$(x_i - \bar{x})^2 f_i$	$(x_i - \bar{x})^3 f_i$
900 以下	850	24	20 400	−263	69 169	1 660 056	−436 594 728
900~1 000	950	48	45 600	−163	26 569	1 275 312	−207 875 856
1 000~1 100	1 050	60	63 000	−63	3 969	238 140	−15 002 820
1 100~1 200	1 150	105	120 750	+37	1 369	143 745	5 318 565
1 200~1 300	1 250	27	33 750	+137	18 769	506 763	69 426 531
1 300~1 400	1 350	21	28 350	+237	56 169	1 179 549	279 553 113
1 400~1 500	1 450	12	17 400	+337	113 569	1 362 828	459 273 036
1 500 以上	1 550	3	4 650	+437	190 969	572 907	250 360 359
合计		300	333 900			6 939 300	404 458 200

根据表 3-16 数据可得

$$\bar{x} = \frac{\sum x_i f_i}{\sum f_i} = \frac{333\ 900}{300} = 1\ 113 \text{（元）}$$

$$s = \sqrt{\frac{\sum (x_i - \bar{x})^2 f_i}{\sum f_i - 1}} = \sqrt{\frac{6\ 939\ 300}{300 - 1}} = 152.34 \text{（元）}$$

$$m_3 = \frac{\sum (x_i - \bar{x})^3 f_i}{\sum f_i} = \frac{404\ 458\ 200}{300} = 1\ 348\ 194 \text{（元）}$$

$$S_k^{(3)} = \frac{m_3}{s^3} = \frac{1\ 348\ 194}{(152.34)^3} = 0.38$$

结果表明，该企业职工月收入的分布为正偏分布，但偏度不大。

3.3.3 峰度系数

峰度的概念首先由统计学家皮尔逊于 1905 年提出，是对变量分布扁平性或尖陡性的测度，通常是指钟形分布的顶峰与标准正态分布相比偏扁平或偏尖陡的程度。它通常分为三种情况：标准正态峰度、尖顶峰度和平顶峰度，如图 3-6 所示。

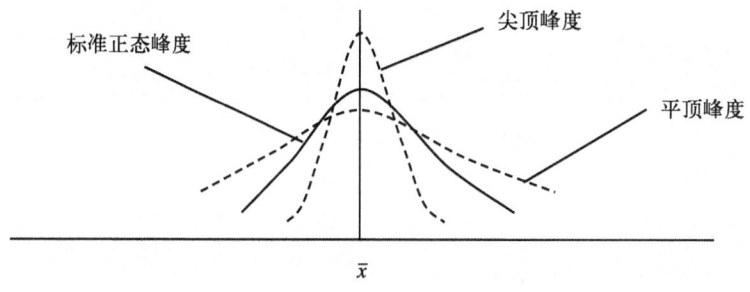

图 3-6 变量分布不同峰度示意图

如果变量分布的频数比较集中于众数附近，分布曲线比较尖陡，使分布曲线的顶部较标准正态曲线更为突起，则变量分布的峰度属于尖顶峰度；如果变量分布各组的频数比较接近，分布曲线比较扁平，使分布曲线的顶部低于标准正态曲线，则变量分布的峰度属于平顶峰度。

峰度的测定是通过计算峰度系数来实现的，通常用 K 来表示。峰度系数的计算主要采用动差法，是四阶中心动差 m_4 与标准差四次方 s^4 相比的结果，即

$$K = \frac{m_4}{s^4} \tag{3-39}$$

峰度系数的标准值为 3。当 $K = 3$ 时，变量分布的峰度为标准正态峰度；当 $K < 3$ 时，变量分布的峰度为平顶峰度；当 $K > 3$ 时，变量分布的峰度为尖顶峰度。更进一步，当 K 值接近于 1.8 时，变量分布曲线就趋向于一条水平线，表示各组分配的频数接近于相同。当 K 值小于 1.8 时，则变量分布曲线为 "U" 形曲线，表示变量分布的频数分配是"中间少，两头多"。

【例 3-23】 根据例 3-22 中表 3-15 数据计算职工月收入的峰度系数。

根据例 3-22 的有关计算结果可得

$$m_4 = \frac{\sum (x_i - \bar{x})^4 f_i}{\sum f_i} = 1\,632\,660\,517\,(元)$$

$$s^4 = 538\,628\,030\,(元)$$

$$K = \frac{m_4}{s^4} = 3.03$$

结果表明，该企业职工月收入分布的峰度为轻微的尖顶峰度。

本章小结

1. 变量分布特征的描述有以下三个方面：一是变量分布的集中趋势，反映变量分布中各变量值向中心值靠拢或聚集的程度；二是变量分布的离中趋势，反映变量分布中各变量值远离中心值的程度；三是变量分布的形状，反映变量分布的偏斜程度和尖陡程度。

2. 集中趋势亦称为趋中性，是指变量分布以某一数值为中心的倾向。作为中心的数值就称为中心值，它反映变量分布中心点的位置所在。变量分布的集中趋势要用平均指标来反映。平均指标是将变量的各变量值差异抽象化，以反映变量值一般水平或平均水平的指标，即反映变量分布中心值或代表值的指标。平均指标的具体表现称为平均数，平均数因计算方法不同可分为数值平均数和位置平均数两类。数值平均数主要包括算术平均数、调和平均数和几何平均数，位置平均数主要包括中位数和众数。在实际中，平均指标具有重要的作用。

3. 算术平均数也称为均值，是变量所有取值的总和除以变量值个数的结果。根据数据的条件不同，有简单算术平均数与加权算术平均数之分。权数既表现为各组的频数，更表现为各组的频率。根据组距式数列计算的加权算术平均数是一个近似值。算术平均数具有两个重要的数学性质：各变量值与算术平均数的离差之和等于零，各变量值与算术平均数的离差平方和为最小值。算术平均数易受极端值的影响。

4. 调和平均数从数学形式上看具有独立的形式，它是变量值的倒数的算术平均数

的倒数，也称为倒数平均数。但在实际应用中，它更多地以算术平均数的变形存在。调和平均数也有简单与加权之分，加权调和平均数的权数是各组的标志总量或各组标志总量占总体标志总量的比重。在以相对数或平均数计算平均数时，要能正确选择该使用加权算术平均数还是该使用加权调和平均数。

5. 几何平均数是变量值的连乘积的相应次方根，是计算平均比率或平均速度的常用方法，例如用于计算水平法的平均发展速度、流水作业生产的产品平均合格率、复利法的平均利率等。它也有简单几何平均数和加权几何平均数两种。

6. 从数学上看，算术平均数、调和平均数和几何平均数都是幂平均数的一种。

7. 中位数是变量的所有变量值按定序尺度排序后，处于中间位置的变量值，是一种位置平均数。中位数既可用以测定定量变量的集中趋势，也可用以测定定序变量的集中趋势，但不适用于定类变量。分位数是将变量的数值按大小顺序排列并等分为若干部分后，处于等分点位置的数值。常用的分位数有四分位数、十分位数和百分位数。中位数就是一个特殊的分位数。

8. 众数是变量数列中出现次数最多、频率最高的变量值，也是一种位置平均数。众数可用以测定任何种类变量的集中趋势。众数与中位数一样，都不受变量数列中极端值的影响。

9. 利用算术平均数、众数、中位数三者之间的数量大小关系，可以判断变量分布是否对称以及偏斜的方向。在轻微偏斜时，可以根据已知的两个平均数去近似地估计第三个平均数。

10. 所谓离中趋势，就是变量分布中各变量值背离中心值的倾向。变量分布的离中趋势要用离散指标来反映。离散指标就是反映变量值变动范围和差异程度的指标，即反映变量分布中各变量值远离中心值或代表值程度的指标，也称为变异指标或标志变动度指标。离散指标具有重要的作用。常用的离散指标主要有：全距（亦称极差）、四分位差、异众比率、平均差、标准差、离散系数等，它们分别具有不同的特点与用途。方差和标准差具有若干重要的性质。

11. 分布形状不同，表明变量分布的内在结构也不同。变量分布的形状要用形状指标来反映。形状指标就是反映变量分布具体形状，即左右是否对称、偏斜程度与陡峭程度如何的指标。形状指标有两个方面：一是反映变量分布偏斜程度的指标，称为偏度系数；二是反映变量分布陡峭程度的指标，称为峰度系数。计算偏度系数与峰度系数的主要方法是动差法。

练习与思考

一、判断题

1. 对于定性变量，不能确定平均数。（   ）
2. 根据组距式数列计算的平均数、标准差等，都是近似值。（   ）
3. 任何平均数都受变量数列中的极端值的影响。（   ）
4. 中位数把变量数列分成了两半，一半数值比它大，另一半数值比它小。（   ）
5. 任何变量数列都存在众数。（   ）
6. 如果 $\bar{x} < m_e < m_o$，则变量分布为右偏。（   ）
7. 若比较两个变量分布平均数代表性的高低，则方差或标准差大者平均数的代表性差。（   ）
8. 只要变量分布具有相同的标准差，就会

有相同的分布形状。（　　）
9. 变量分布的集中趋势就是众数组的频数占总频数的比重，离中趋势则是非众数组的频数占总频数的比重。（　　）
10. 在实际应用中，调和平均数与算术平均数的计算形式虽然不同，但计算结果及其意义是一样的。（　　）

二、单项选择题

1. 由相对数计算平均数时，如果已知该相对数的子项数值，则应该采用（　　）。
   A. 算术平均数　　B. 调和平均数
   C. 几何平均数　　D. 位置平均数
2. 如果计算算术平均数的所有变量值都增加 100，则方差（　　）。
   A. 增加 100　　　B. 增加 10 000
   C. 不变　　　　　D. 不能确定如何变化
3. 如果计算加权算术平均数的各组频数都减少为原来的 4/5，则算术平均数（　　）。
   A. 减少 4/5　　　B. 减少为原来的 4/5
   C. 不变　　　　　D. 不能确定如何变化
4. 某企业有 A、B 两个车间，去年 A 车间人均产量 3.6 万件，B 车间人均产量 3.5 万件。今年 A 车间生产人数增加 6%，B 车间生产人数增加 8%。如果两个车间的人均产量都保持不变，则该企业今年总的人均产量与去年相比（　　）。
   A. 上升　　　　　B. 下降
   C. 不变　　　　　D. 不能确定如何变化
5. 已知某变量分布属于钟形分布且 m_o = 900，m_e = 930，则（　　）。
   A. $\bar{x} < 900$　　　B. $900 < \bar{x} < 930$
   C. $\bar{x} > 930$　　　D. $\bar{x} = 915$
6. 对某一变量数列计算数学意义上的数值平均数，得 $\bar{x} = 390$，则（　　）。
   A. $H \geq 390$，$G \geq 390$
   B. $G \geq 390$，$H \leq 390$
   C. $G \leq 390$，$H \geq 390$
   D. $G \leq 390$，$H \leq G$
7. 若两个变量数列的标准差相等且计量单位相同，但平均数不相等，则（　　）。
   A. 平均数大者代表性强
   B. 平均数小者代表性强
   C. 两个平均数的代表性一样
   D. 无法判断哪个平均数的代表性强
8. 离散指标中受极端值影响最大的是（　　）。
   A. 平均差　　　　B. 标准差
   C. 全距　　　　　D. 方差
9. 统计学中最重要的离散指标是（　　）。
   A. 平均差　　　　B. 全距
   C. 标准差　　　　D. 变异系数
10. 假如学生的考试成绩用优秀、良好、中等、及格和不及格来表示，那么全班考试成绩的水平高低应该用什么平均数来说明？（　　）
    A. 可以用算术平均数
    B. 只能用众数
    C. 可以用众数或中位数
    D. 只能用中位数
11. 根据动差的定义，方差属于（　　）。
    A. 一阶原点动差
    B. 二阶原点动差
    C. 一阶中心动差
    D. 二阶中心动差
12. 动差法峰度系数关于尖顶还是平顶的判断值是（　　）。
    A. 0　　　　　　B. 1
    C. 1.8　　　　　D. 3

三、简答题

1. 什么是变量分布的集中趋势、离中趋势和分布形状？
2. 什么是平均指标？有什么作用？常用的平均数有哪些？
3. 如何理解加权平均数中权数的意义？试举例说明。
4. 在实际应用中，调和平均数与算术平均数有什么联系？

5. 从数学上看，算术平均数、几何平均数和调和平均数三者有什么关系？
6. 什么是中位数？有什么特点？试举例说明其应用。
7. 什么是众数？有什么特点？试举例说明其应用。
8. 算术平均数、中位数和众数三者的数量关系说明什么样的变量分布特征？
9. 什么是离散指标？有什么作用？常用的离散指标有哪些？
10. 什么是方差和标准差？有哪些性质？
11. 如何反映变量分布的形状？

四、计算题

1. 某司机开车从 A 地到 B 地的时速是 100 公里，从 B 地返回 A 地的时速是 120 公里，问平均时速是多少？
2. 菜场上某鱼摊大鲫鱼每条约重 0.4 千克，售价为每千克 20 元，小鲫鱼每条约重 0.25 千克，售价为每千克 12 元。某顾客向摊主提出大、小鲫鱼各买一条，一起称重，价格为每千克 16 元。摊主应允，问这次买卖谁占了便宜？为什么？
3. 某公司下属 27 家企业的资金利润率分组数据和各组年利润额数据如下表所示：

按资金利润率分组（%）	企业数	年利润额（万元）
8 以下	2	300
8～12	6	1 000
12～16	12	2 600
16～20	5	1 200
20 以上	2	400
合计	27	5 500

请计算：
（1）平均每个企业的利润额。
（2）全公司的平均资金利润率（分别用绝对数权数和相对数权数）。

4. 某年某企业 3 个车间的产品生产情况如下表所示：

车间	合格率（%）	合格品产量（辆）	年生产工时数（小时）
A	98	19 600	6 800
B	95	18 620	7 200
C	99	18 434	8 000
合计		56 654	22 000

问：
（1）若 3 个车间依次完成整个产品某一工序的加工装配任务，全厂总的合格率、平均合格率和平均废品率分别是多少？
（2）若 3 个车间分别独自完成整个产品的生产加工过程，则全厂总的合格率、平均合格率和平均废品率分别是多少？
（3）若 3 个车间生产的产品不同（使用价值不同），则全厂总的合格率、平均合格率和平均废品率又分别是多少？

5. 甲班某次数学考试成绩如下表所示：

考试成绩（分）	学生人数
60 以下	2
60～70	8
70～80	22
80～90	10
90 以上	4
合计	46

要求：
（1）计算算术平均数、四分位数和众数。
（2）计算全距、平均差、四分位差、异众比率、方差和标准差。
（3）计算偏度系数：$S_k^{(1)}$、$S_k^{(2)}$、$S_k^{(3)}$。
（4）计算峰度系数。
（5）如果乙班的算术平均成绩为 80 分，标准差为 10 分，问哪个班级的平均成绩更有代表性？

6. 某中学欲为初一 800 名新男生每人定制校服一套，小号、中号和大号三款分别适合身高 162 厘米以下，162～168 厘米和 168 厘米以上的同学。根据以往数据可知，初一男生的平均身高为 165 厘米，标准差为 3 厘米，问各款校服大概应分别准备多少套？

7. 在定类变量中有一种叫两分类变量或是非变量，它只有两种结果，例如性别变量只有男或女两种结果。如果是非变量的两种结果分别用 1 和 0 来表示，那么该如何计算是非变量的平均数、方差、标准差和离散系数？请给出相关公式。

8. 某班级 A、B、C 三门课程期末考试的平均成绩分别为 80 分、85 分和 88 分，标准差分别为 8 分、4 分和 7 分。甲、乙、丙三位同学该三门课程的考试成绩如下表所示：

同学＼课程	A	B	C
甲	77	91	89
乙	89	86	82
丙	69	93	95

问：这三位同学的总分虽然都是 257 分，但实际上谁更具有竞争优势？

◎ 人物介绍

弗朗西斯·高尔顿（Francis Galton，1822—1911）

英国著名生物学家、统计学家，达尔文的近亲表弟。早年在剑桥大学学医，但医生职业对他并无吸引力。22 岁那年他获得一笔可观的遗产，决定弃医。1850～1852 年，他与友人远赴非洲进行科学考察，1853 年被选为英国皇家地理学会会员，1856 年又被选为英国皇家学会会员。高尔顿研究涉猎范围包括地理、天文、气象、物理、机械、人类学、民族学、社会学、统计学、教育学、医学、生理学、心理学、遗传学、优生学、指纹学、照相术、登山术、音乐、美术、宗教等，是一位百科全书式的学者。主要著作有《气象测量》《遗传的天才》《自然的遗传》《指纹》等 15 部，撰写各种学术论文 220 篇。高尔顿主张"无论何时，能算就算"，对统计学的最大贡献是相关性概念的提出和回归分析方法的建立。高尔顿的生物统计学思想经过他的学生皮尔逊、韦尔登的参与和发扬，在英国形成了一个颇有影响的生物统计学派。1901 年，高尔顿、皮尔逊、韦尔登创办《生物统计》杂志，成为生物统计学派的一面旗帜。1909 年，弗朗西斯·高尔顿被英国王室授予勋爵称号。

抽 样 估 计

> "科学法则并不是由权威的原理所引导的,也不是由信仰或中世纪哲学来辨明的;统计学是诉诸新知识的唯一法庭。"
> "抽样样本比判断样本更好。"
>
> ——普拉桑塔·钱德拉·马哈拉诺比斯

本章介绍抽样估计的基本理论和方法,具体要求:①理解抽样分布的含义及总体分布、样本分布和抽样分布三者的关系,掌握常用的抽样分布定理;②通过对抽样中误差构成的了解,正确理解抽样误差的含义及三种表现形式之间的关系,深刻领会抽样极限误差、抽样概率度与抽样标准误三者之间的关系;③了解优良估计量的评价标准,熟练掌握区间估计的基本原理;④掌握各种抽样组织形式下总体均值、总体成数的区间估计,尤其是掌握各自不同的抽样标准误公式及相应的估计方法;⑤掌握确定样本容量的一般方法。

4.1 抽样分布

4.1.1 抽样分布的基本问题

抽样估计是以样本观测结果去估计未知的总体数量特征。关于总体、样本的概念及其相互关系已在第1章中介绍,关于抽样的概念、种类、特点和常用的组织形式则已在第2章介绍。本章要介绍的是如何根据概率抽样的样本去估计总体的理论与方法,因此首先要明确总体分布、样本分布与抽样分布三者的关系。

4.1.1.1 总体分布及其特征

总体分布就是总体中所有个体关于某个变量(标志)的取值所形成的分布。假设 X 为总体随机变量，那么总体分布就是指 X 的分布。很显然，同一变量不同的总体或同一总体不同的变量，其分布是不同的。第 3 章已经谈到，变量分布的形态很多，例如 J 形分布、U 形分布和钟形分布等，不同的分布会有不同的特征，认识总体分布特征是统计研究的任务之一。

反映总体分布特征的指标叫作总体参数，一般用 θ 来表示。在抽样实践中，常用的总体参数有两个：一是总体均值（包括是非变量的均值）；二是总体方差或标准差（包括是非变量的方差或标准差）。

假设有限总体的容量为 N，第 i 个个体的变量值为 X_i（$i = 1, 2, 3, \cdots, N$），均值为 $\overline{X}$，方差为 S^2，那么就有

$$\overline{X} = \frac{\sum_{i=1}^{N} X_i}{N} \tag{4-1}$$

$$S^2 = \frac{\sum_{i=1}^{N}(X_i - \overline{X})^2}{N-1} \tag{4-2}$$

特殊地，对于是非变量来说，如果两类变量值个数分别为 N_1 和 N_0（$N_1 + N_0 = N$），N_1 个变量值为 1，N_0 个变量值为 0，并且令 $P = \frac{N_1}{N}$，$Q = \frac{N_0}{N}$，那么如果以 $\overline{X}_P$ 表示总体均值，以 S^2 表示总体方差，就有

$$\overline{X}_P = P \tag{4-3}$$

$$S_P^2 = \frac{N}{N-1} PQ \tag{4-4}$$

显然，$P + Q = 1$。这时，$\overline{X}_P$ 也称为总体比例或总体成数。

从理论上看，总体参数 θ 的值是唯一确定的，是根据总体中所有个体的变量值计算而得的。然而，我们不可能经常对总体进行全面观测调查，以获取所有个体的变量值数据，所以总体参数 θ 的值通常都是未知的，正因为如此才需要通过样本观测结果来加以估计。

4.1.1.2 样本分布及其特征

样本分布就是样本中所有个体关于某个变量（标志）的取值所形成的分布。假设 x 为总体随机变量 X 在样本中的体现，那么样本分布就是指 x 的分布，或者说是关于 n 个观测值的分布。同样，同一变量不同的样本或同一样本不同的变量，其分布是不同的。由于样本来自于总体，包含了一部分关于总体的信息，所以样本分布是一种经验分布。当样本容量 n 很大，或是当 n 逐渐增大时，样本分布会接近总体分布。如果样本容量很小，那么样本分布就有可能与总体分布相差很大，抽样估计的结果就会很差。所以，如何抽样、应该有多大的样本容量才能使样本分布充分接近总体分布，这是抽样中很重要的问题。

反映样本分布特征的指标叫样本统计量，通常用 T 来表示。与总体参数相对应，常见的样本统计量也有两个：样本均值和样本方差，即

$$\overline{x} = \frac{\sum_{i=1}^{n} x}{n} \tag{4-5}$$

$$s^2 = \frac{\sum_{i=1}^{n}(x_i - \overline{x})^2}{n-1} \qquad (4\text{-}6)$$

同样对于是非变量,如果两类变量值个数分别为 n_1 和 n_0 ($n_1 + n_0 = n$),n_1 个变量值为 1,n_0 个变量值为 0,并且令 $p = \frac{n_1}{n}$,$q = \frac{n_0}{n}$,那么如果以 $\overline{x}_p$ 表示样本均值,以 s_p^2 表示样本方差,就有

$$\overline{x}_p = p \qquad (4\text{-}7)$$

$$s_p^2 = \frac{n}{n-1} pq \qquad (4\text{-}8)$$

同样,$p + q = 1$,$\overline{x}_p$ 也可以称为样本比例或样本成数。

样本分布是可以通过 n 个观测值来描述的,例如形成分布数列、绘制分布图和计算均值与方差等,因此反映样本分布特征的样本统计量 T 的值(样本统计值)是可知的。但要注意的是,由于抽样的随机性,样本统计值不是唯一确定的。对于任何一次抽样,所抽取的样本都只是所有可能的样本中的一个而已,而哪一个样本被抽中事先是未知的、完全随机的,因此样本统计量 T 是随机变量,其值随样本不同而不同。正因为如此,以 T 或以 T 为依据构造的其他量来反映 θ 只是一种估计,会存在误差。抽样估计,就是要以可知但非唯一的样本统计值去估计唯一却未知的总体参数的值。

4.1.1.3 抽样分布及其特征

1. 抽样分布的概念及影响因素

我们知道,不同样本给出的估计值是不同的,每一次抽样都是从所有可能的样本中获取一个估计值。那么不同估计值之间的差异有多大?不同估计值出现的概率有多大?这就要通过抽样分布来说明。

一般意义上说,抽样分布就是样本统计量的概率分布,它由样本统计量的所有可能取值和与之对应的概率组成。如果说样本分布是关于样本观测值的分布,那么抽样分布则是关于样本统计值的分布,而样本统计值是由样本观测值计算得来的。具体地说,抽样分布就是从容量为 N 的总体中抽取容量为 n 的样本时,所有可能的样本统计值所形成的分布。假设从容量为 N 的有限总体中最多可以抽取 m 个容量为 n 的不同样本,那么把所有 m 个样本统计值形成频率分布,就是抽样分布。可以说,抽样分布是研究样本分布与总体分布之间关系的桥梁。

那么,实际的抽样分布是如何形成的呢?它取决于以下五个因素。

一是总体分布。在其他因素不变时,总体分布不同则抽样分布也不一样,一般总体分布越集中抽样分布也越集中,总体分布越分散抽样分布也越分散。

二是样本容量。样本容量是决定抽样分布最有效、最关键的因素。在其他因素不变时,样本容量越大则抽样分布越集中,样本容量越小则抽样分布越分散。关于这一点,本章后面的有关内容还会从其他角度加以说明。

三是抽样方法。以简单随机抽样为例,重复抽样与不重复抽样的抽样分布不同,考虑样本单位抽取顺序与不考虑样本单位抽取顺序的抽样分布有别。关于重复抽样与不重复抽样的

区别已在第 2 章 2.1 节中介绍,而考虑样本单位抽取顺序与不考虑样本单位抽取顺序的区别则在于,是否认为构成单位(元素)相同但抽取顺序不同的样本为同一个样本,例如对于样本 ABC、ACB、BAC、BCA、CAB、CBA,在考虑顺序时被认为是 6 个不同的样本,在不考虑顺序时被认为是同一个样本。这样,在简单随机抽样下,从总体 N 个个体中抽取容量为 n 的样本,其样本个数 m 有以下四种情况:①考虑顺序的重复抽样,$m=N^n$;②不考虑顺序的重复抽样,$m=C_{N+n-1}^n$;③考虑顺序的不重复抽样,$m=P_N^n$;④不考虑顺序的不重复抽样,$m=C_N^n$。样本个数不同,抽样分布也就自然有别。在一般情况下,抽样方法只指上述①和④这两种情况,抽样实践中④最为常用。

四是抽样组织形式。在第 2 章 2.1 节曾介绍抽样组织形式有简单随机抽样、分层抽样、等距抽样、整群抽样和多阶段抽样五种。对于同一总体、相同的样本容量和抽样方法,不同的抽样组织形式就会有不同的样本结构和样本个数,因而有不同的抽样分布。正因为如此,在抽样实践中如何选择最合适的抽样组织形式是一个非常重要而又十分灵活的问题。

五是估计量构造。以样本估计总体必须借助一定的估计量,通常用 $\hat{\theta}$ 表示。从估计量的构造是否利用调查变量本身以外的信息上看,估计量有直接估计量与间接估计量之分。直接估计量仅利用样本提供的关于调查变量本身的信息,此时估计量就是样本统计量 T。而间接估计量除了利用样本提供的关于调查变量本身的信息外,还利用与调查变量相关的辅助变量的信息(总体的和样本的),例如比率估计量和回归估计量等,此时估计量就是样本统计量 T 的改造形式,样本统计量分布就变成了估计量分布。在其他因素不变时,估计量构造不同,估计值就不一样,因而抽样分布也就不同。限于篇幅,本章只介绍直接估计量。

2. 抽样分布形式

在抽样估计中,最基本的抽样分布是样本均值的抽样分布和样本成数的抽样分布,我们以此来说明抽样分布的形式。假设 m 个样本统计值形成单项式数列(分为 k 组),则样本均值和样本成数的抽样分布形式分别如表 4-1 和表 4-2 所示。

表 4-1 样本均值抽样分布形式

$\bar{x}_i$	$\bar{x}_1$	$\bar{x}_2$	$\bar{x}_3$	...	$\bar{x}_k$
π_i	π_1	π_2	π_3	...	π_k

表 4-2 样本成数抽样分布形式

p_i	p_1	p_2	p_3	...	p_k
π_i	π_1	π_2	π_3	...	π_k

上述表中 π_i 为某一样本统计值出现的频率,即概率,$\sum_{i=1}^{k}\pi_i=1$,$k \leqslant m$。

【例 4-1】设某总体由 2、4、6、8、10 五个数字组成,现要从总体中随机抽取容量为 3 的样本,那么在考虑样本单位抽取顺序时,重复抽样和不重复抽样的样本均值的抽样分布如何?

容易计算,总体均值为 $\bar{X}=6$。重复抽样的样本个数为 $m=5^3=125$,在不重复抽样下的样本个数为 $m=P_5^3=60$。经过计算整理,它们的样本均值的概率分布分别如表 4-3

和表 4-4 所示。

表 4-3　重复抽样的样本均值抽样分布

$\bar{x}_i$	2	2.67	3.33	4	4.67	5.33	6	6.67	7.33	8	8.67	9.33	10
π_i	$\frac{1}{125}$	$\frac{3}{125}$	$\frac{6}{125}$	$\frac{10}{125}$	$\frac{15}{125}$	$\frac{18}{125}$	$\frac{19}{125}$	$\frac{18}{125}$	$\frac{15}{125}$	$\frac{10}{125}$	$\frac{6}{125}$	$\frac{3}{125}$	$\frac{1}{125}$

表 4-4　不重复抽样的样本均值抽样分布

$\bar{x}_i$	2	2.67	3.33	4	4.67	5.33	6	6.67	7.33	8	8.67	9.33	10
π_i	0	0	0	$\frac{6}{60}$	$\frac{6}{60}$	$\frac{12}{60}$	$\frac{12}{60}$	$\frac{12}{60}$	$\frac{6}{60}$	$\frac{6}{60}$	0	0	0

如果不考虑样本单位抽取的顺序，那么重复抽样和不重复抽样下的样本个数分别为 $m = C_{N+n-1}^{n} = C_{7}^{3} = 35$ 和 $m = C_{N}^{n} = C_{5}^{3} = 10$，具体的样本均值分布也会简单一些，请读者自己给出。

由表 4-3 和表 4-4 可以看出，样本均值的分布是钟形对称的，尤其是表 4-3 的钟形特征更为明显。

【例 4-2】设某总体由 10 个球组成，其中红球 6 个，现从总体中随机抽取 4 个球，那么在重复抽样和不重复抽样下红球比重（样本成数）的抽样分布分别如何？

容易计算，总体成数为 $P = 0.6$，总体方差为 $\frac{N}{N-1}P(1-P) = 0.2667$。在重复抽样下，样本中红球的比重服从二项分布；在不重复抽样下，样本中红球的比重服从超几何分布（关于这两种分布在 4.1.2.2 节中介绍）。经过计算整理，重复抽样和不重复抽样下红球比重（样本成数）的抽样分布分别如表 4-5 和表 4-6 所示。

表 4-5　重复抽样下红球比重的抽样分布

p_i	0	0.25	0.5	0.75	1
π_i	0.025 6	0.153 6	0.345 6	0.345 6	0.129 6

表 4-6　不重复抽样下红球比重的抽样分布

p_i	0	0.25	0.5	0.75	1
π_i	$\frac{1}{210}$	$\frac{24}{210}$	$\frac{90}{210}$	$\frac{80}{210}$	$\frac{15}{210}$

3. 抽样分布特征

任一抽样分布都有自己的特征，这个特征就是样本统计量的数学期望和方差。其中，样本统计量的数学期望就是所有样本统计值的平均数，样本统计量的方差就是所有样本统计值关于数学期望的方差。当估计量就是样本统计量时，数学期望与方差分别表示为 $E(\hat{\theta}) = \Sigma \hat{\theta}_i \pi_i$ 和 $V(\hat{\theta}) = \Sigma \left[\hat{\theta}_i - E(\hat{\theta})\right]^2 \pi_i$。

在简单随机抽样下，样本均值的数学期望为总体均值即 $E(\bar{x}) = \Sigma \bar{x}_i \pi_i = \overline{X}$，样本均值的方差为 $V(\bar{x}) = \Sigma (\bar{x}_i - \overline{X})^2 \pi_i$。在例 4-1 中，不论是重复抽样还是不重复抽样，样本均值都

等于6，但重复抽样与不重复抽样的方差则有不同的结果，重复抽样下的方差为$V(\bar{x})=\frac{8}{3}$，不重复抽样下的方差为$V(\bar{x})=\frac{4}{3}$。同理，在简单随机抽样下，样本成数的数学期望为总体成数，即$E(p)=\Sigma p_i \pi_i = P$，样本成数的方差为$V(p)=\Sigma(p_i-P)^2\pi_i$。在例4-2中，不论是重复抽样还是不重复抽样，样本成数的均值都是0.6，但重复抽样与不重复抽样的方差也有不同的结果，重复抽样下的方差为$V(p)=0.06$，不重复抽样下的方差为$V(p)=0.04$。

根据第3章关于离散指标的含义可知，在均值相同的情况下，方差不同就代表分布的离散程度不同，即方差越小（大）抽样分布的离散程度越弱（强）或抽样分布的集中趋势越强（弱）。由于在各种抽样方法和抽样组织形式下，样本统计量的数学期望等于总体参数（例如样本均值的数学期望等于总体均值、样本成数的数学期望等于总体成数）这个性质基本都能得到满足（无偏性），因而抽样分布的特征主要是通过抽样分布的方差来体现的。很显然，由于抽样估计是以所抽取样本所提供的特征（样本统计值）为依据，因而抽样分布越集中、样本统计量分布的方差越小，所抽取样本的统计值就越可能接近总体参数，抽样估计的误差就越小，抽样估计的结果就越精确。因此，如何在遵循随机原则和节省费用的前提下，设计出抽样分布方差最小的抽样方案，始终是我们追求的目标。当然，样本统计量无偏并不等于抽样分布无偏，抽样分布的偏差性需要用偏度系数，例如样本均值分布的偏差要用$\sum_{i=1}^{m}[\bar{x}_i-E(\bar{x})]^3 / \left[\sqrt{V(\bar{x})}\right]^3$来反映。

需要说明的是，我们每次抽样一般只能抽取一个样本，所得到的样本统计值只是m个可能值中的一个，不可能按上述形式列出样本均值或样本成数的实际抽样分布，因此也不可能按前述的公式来计算抽样分布的期望和方差。但是，我们对样本统计量抽样分布的理解，能帮助我们掌握样本统计量分布的规律和样本统计量与总体参数之间的内在联系，从而使我们由样本去估计总体有据可循。

4.1.2 常用的抽样分布定理

4.1.2.1 样本均值的抽样分布定理

1. 正态分布的再生定理

如果某样本的n个个体完全随机地来自数学期望为$\overline{X}$、方差为S^2的正态总体，则不论样本容量n多大，样本均值$\bar{x}$服从数学期望为$\overline{X}$、方差为$V(\bar{x})=\frac{S^2}{n}$（重复抽样时）或$V(\bar{x})=\frac{(N-n)S^2}{Nn}$（有限总体且不重复抽样时）的正态分布。标准统计量$z=\frac{\bar{x}-\overline{X}}{\sqrt{V(\bar{x})}}$则服从数学期望为0、方差为1的标准正态分布。这就是正态分布的再生定理。

2. 中心极限定理

对于任一具有平均数$\overline{X}$和方差S^2的有限总体，当样本容量n足够大时（例如$n>30$或

$n > 50$），样本均值 $\bar{x}$ 的分布也趋于服从正态分布，其数学期望和方差与再生定理的相同。这就是中心极限定理。

3. t 分布定理

当正态总体的方差未知且 n 较小，或任一方差为 S^2 的总体但 n 较小，则样本均值 $\bar{x}$ 的分布服从自由度为 $n-1$ 的 t 分布。t 分布曲线与正态分布相近，其中数学期望相同。

4.1.2.2 样本成数的抽样分布定理

1. 二项分布定理

从一个数学期望为 P、方差为 $\dfrac{N}{N-1}PQ$ 的是非变量（0-1 分布）总体中随机重复地抽取容量为 n 的样本，那么样本中含有 n_1 个某类变量值的概率为

$$\pi(n_1) = C_n^{n_1} P^{n_1} Q^{n-n_1} \tag{4-9}$$

式中，$n_1 = 0, 1, 2, 3, \cdots, n$；$\Sigma\pi(n_1) = 1$。

对于特定的 n 和 P，可以求出 $n_1 = 0$ 至 $n_1 = n$ 的所有概率，也就是可以求出 $p = 0$ 至 $p = 1$ 的所有概率，从而形成一个分布，这个分布就是二项分布。当 $P = 0.5$ 时，二项分布是对称的；当 $P \neq 0.5$ 时，二项分布是不对称的。

2. 超几何分布定理

从一个数学期望为 P、方差为 $\dfrac{N}{N-1}PQ$ 的是非变量（0-1 分布）总体中随机不重复地抽取容量为 n 的样本，那么当 $N_1 \geq n$ 同时 $N_0 \geq n$ 时，样本中含有 n_1 个某类变量值的概率为

$$\pi(n_1, n_0 \mid N_1, N_0) = \dfrac{C_{N_1}^{n_1} C_{N_0}^{n_0}}{C_N^n} \tag{4-10}$$

式中，$n_1 = 0, 1, 2, 3, \cdots, n$；$\pi(n_1, n_0 \mid N_1, N_0) = 1$。

对于给定的 n 和 P，可以求出 $n_1 = 0$ 至 $n_1 = n$ 的所有概率，也就是可以求出 $p = 0$ 至 $p = 1$ 的所有概率，从而形成一个分布，这个分布就是超几何分布。当 N 无限增大时，超几何分布趋向于二项分布。

3. 中心极限定理

从任一数学期望为 P、方差为 $\dfrac{N}{N-1}PQ$ 的是非变量（0-1 分布）总体中随机抽取容量足够大的样本（一般要求同时 $nP > 5$，$nQ > 5$），则样本成数 p 的分布趋于服从数学期望为 P、方差为 $V(p) = \dfrac{NPQ}{(N-1)n}$（重复抽样时）或数学期望为 P、方差 $V(p) = \dfrac{(N-n)PQ}{(N-1)n}$（不重复抽样时）的正态分布。标准统计量 $z = \dfrac{p - P}{\sqrt{V(p)}}$ 则服从数学期望为 0、方差为 1 的标准正态分布。也就是说，正态分布是二项分布与超几何分布的极限形式。

正态分布是最重要、最常用的抽样分布。由于实践中的抽样一般都符合大样本的要求，因此我们可以根据正态分布理论，在一定的概率保证下，以所抽样本给出的估计值为依据对总体参数做出区间估计。

4.2 抽样误差

4.2.1 抽样中的误差构成

要讨论抽样误差问题，首先要弄清楚抽样中的误差构成情况。对于这个问题，应该说目前国内外的有关文献尚没有一个统一的分类。一般地，抽样中的总误差可以简单地分为两类（暂不考虑估计量偏差时），一类是抽样误差，一类是非抽样误差，它们之间的关系可以如图 4-1 所示。

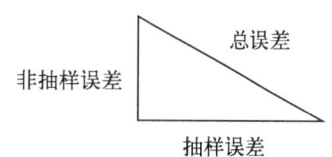

图 4-1 抽样中的误差构成

所谓抽样误差是由于抽样的非全面性和随机性所引起的偶然性误差，即因抽样估计值随样本不同所造成的误差。我们本章的讨论就是以只存在抽样误差为前提的。偶然性误差的特点是，它随着样本容量的增大而趋向于零，或者说各样本统计值的平均数与总体参数值之差为零。

所谓非抽样误差是由随机抽样的偶然性因素以外的原因所引起的误差，是非抽样调查所特有的。它主要是由于抽样框不够准确（与目标总体不一致）、有些观测单位的数据无法取得，已取得的一些数据不真实等原因引起的样本观察数据非同质，或残缺，或不真实而产生的误差，其中的一个重要部分就是所有统计调查都可能产生的调查性误差。这种误差与抽样的随机性无关，往往具有系统偏向性。当非抽样误差超过一定程度时，抽样估计结果就会与实际情况严重不符，就会失去意义。因此，减少和控制非抽样误差具有很重要的意义。

综合上述分类，可以把抽样调查中的总误差表示为如下关系式

$$（总误差）^2 = （抽样误差）^2 + （非抽样误差）^2$$

4.2.2 抽样误差的表现形式

抽样误差的表现形式一般有三种：抽样实际误差、抽样标准误和抽样极限误差。

4.2.2.1 抽样实际误差

抽样实际误差是指样本估计值与总体参数值之间的离差，表示为 $\hat{\theta} - \theta$。当估计值比总体参数值大时，实际误差为正；当估计值比总体参数值小时，实际误差为负。若估计量无偏，则所有可能的估计值的实际误差总和为零。当然，从估计精度的角度来看，我们并不关心误差的正与负，而是关心误差绝对值的大小。例 4-1 中，估计值 4 和 8 的实际误差是相同的，都是 2。还需要说明的是，每一次抽样的实际误差是不可知的，因为 θ 是未知的，我们讨论它是为了更好地理解衡量抽样误差大小的核心指标——抽样标准误。同时，抽样实际误差是随机变量，因为依据不同样本得到的估计值与总体参数值之间的离差是不同的。

4.2.2.2 抽样标准误

抽样标准误是衡量抽样误差大小的核心指标，是对总体参数做出区间估计的一个重要因素，狭义上所指的抽样误差就是抽样标准误。那么什么是抽样标准误呢？

抽样标准误就是抽样分布方差的平方根，即抽样分布的标准差或样本统计量的标准差，表示为 $SE(\hat{\theta}) = \sqrt{V(\hat{\theta})}$。抽样标准误与实际抽样误差的关系是：若各个估计值的实际误差越大，则抽样标准误也越大，若各个估计值的实际误差越小，则抽样标准误也越小。通过抽样标准误可以衡量抽样分布的离散程度，反映样本统计量代表性的高低。抽样标准误越大（小），表明抽样分布越离散（集中），从总体中抽取样本的代表性平均来讲就越差（好），抽取样本估计总体的误差平均来讲就越大（小）。在例4-1中，重复抽样下的抽样标准误为 $\sqrt{\frac{8}{3}}$，不重复抽样下的抽样标准误为 $\sqrt{\frac{4}{3}}$，表明重复抽样的抽样分布比不重复抽样的抽样分布分散。事实上，在重复抽样下，所抽取样本的均值处于4～8的概率为84%，而在不重复抽样下所抽取样本的均值处于4～8的概率为100%。因此，抽样标准误能衡量抽样误差大小的一般水平。

从理论上看，对于确定的总体和样本容量，在相同的抽样方法和抽样组织形式下，抽样标准误是个唯一确定的值，即不论抽到哪一个样本，不论各实际抽样误差（样本统计值与总体参数真值之差）是多少，抽样标准误都是相同的。所谓抽样误差可以计算和加以控制，就是从这个意义上而言的。但实际上，由于不可能知道所有的样本统计值，也未知总体参数本身的值，因而要按前述方法准确算出抽样标准误是不可能的，通常只能根据其他途径由某一具体样本的观测数据来加以估计，表示为 $se(\hat{\theta})$。由于不同样本所得的抽样标准误的估计值 $se(\hat{\theta})$ 互不相同，因而从这个意义上来说，抽样标准误又是随机变量。具体如何估计抽样标准误，将在4.3节结合各种抽样组织形式加以介绍。

影响抽样标准误的因素，就是影响抽样分布的因素，因此抽样分布与抽样标准误这两个概念始终是联系在一起的。

4.2.2.3 抽样极限误差

抽样极限误差是指以样本估计总体所允许的最大误差范围，也就是在一次抽样估计时，估计量所允许取的最高值或最低值与总体参数值之间的绝对离差，通常用Δ来表示，即 $|\hat{\theta} - \theta| \leq \Delta$。Δ与θ之比被称为抽样估计相对允许误差，一般表示为γ，1减去抽样估计相对误差被称为抽样估计精度。

抽样极限误差实际上就是对估计量可允许取的最高值或最低值进行了限制，因为每一次抽样都有一定的精度要求。如果抽样极限误差过大，即所允许的估计值过高或过低，那么抽样估计的结果就可能毫无意义。例如，某些社会经济指标平均每年能递增5%就算不错了，如果抽样极限误差比5%都要大，则抽样估计的价值就难以体现了。

那么抽样极限误差Δ该如何确定呢？它取决于两个因素。一是抽样标准误，即抽样分布本身具有多大的标准差。如果说抽样标准误是一把衡量抽样误差大小的尺子，那么抽样极限误差就是以该尺子来衡量的一个长度。在其他条件既定时，抽样标准误越大（小），抽样极限误差也就越大（小）。二是抽样估计概率保证程度，也称为置信水平，通常表示为 $1-\alpha$，其中α就是显著性水平。以样本估计总体，除有精度要求外，还有可靠度要求，即以多大的概率来保证估计是准确的。根据抽样分布曲线可知（见图4-2），抽样分布曲线与估计量坐标轴之间的极限面积为1，或者说抽样分布曲线涵盖所有可能估计值的概率为100%。在抽样分布标准差（抽样标准误）既定时，所要求的概率保证程度越高（低），被曲线覆盖的可能最高估计值或最低估计值就越远离抽样分布的中心位置（估计量的期望值），抽样极限误差也就越大（小）。

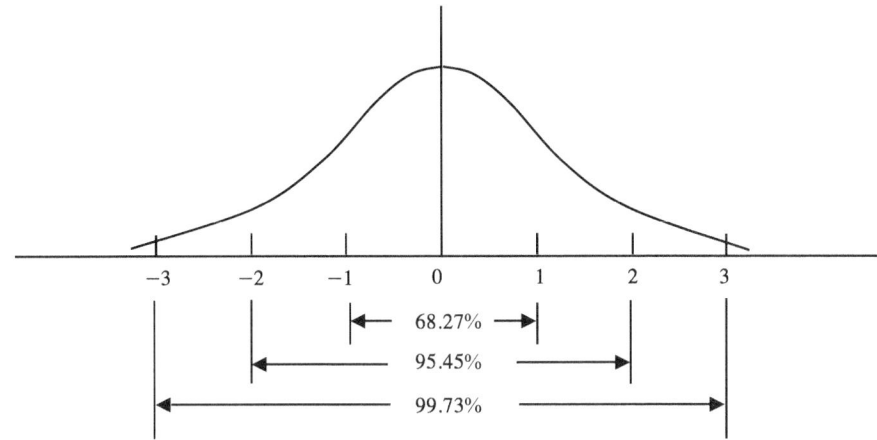

图 4-2　标准正态分布临界值与置信水平

为了把抽样极限误差、抽样标准误和抽样概率保证程度三者关系更清楚地表达出来，我们把抽样极限误差与抽样标准误之比的系数称为抽样概率度。在正态分布下，抽样概率度用 $z_{\alpha/2}$ 来表示，即

$$\Delta = z_{\alpha/2} SE(\hat{\theta}) \tag{4-11}$$

$$z_{\alpha/2} = \frac{\Delta}{SE(\hat{\theta})} \tag{4-12}$$

不难发现，Δ 分别与 $z_{\alpha/2}$、$SE(\hat{\theta})$ 成正比，而 $z_{\alpha/2}$ 与 $SE(\hat{\theta})$ 成反比。因此，在一定的概率保证下，要想提高抽样估计精度，就必须缩小抽样极限误差，就必须通过抽样设计来降低抽样标准误。

$z_{\alpha/2}$ 正是当显著性水平为 α 时的标准正态分布的双侧临界值，概率保证程度 $1-\alpha$ 的高低变化正好可以通过 $z_{\alpha/2}$ 的大小变化来反映。例如，当分别为 1、1.64、1.96、2、2.58 和 3 时，$1-\alpha$ 分别为 68.27%、90%、95%、95.45%、99% 和 99.73%，如图 4-2 所示。

4.3　参数估计方法

4.3.1　估计量的评价标准

在估计总体参数时，一个很重要的问题是估计量的选择。所谓估计量，就是用以估计总体参数的量，或者说是根据样本结果来估计总体参数的规则或形式。如前所述，估计量一般情况下就是样本统计量。估计量的某一具体的值，就称为估计值，它是以所抽样本的观测数据为依据而计算得到的。

在参数估计时，人们可以构造很多个估计量，但不是所有的估计量都一样优良。例如，要估计总体平均数,估计量有算术平均数、中位数、众数等,到底用哪一个估计量更合适,就需要有评价的标准。通常,评价估计量好坏的标准有四个:无偏性、一致性、有效性和充分性。这是就抽样分布的性质而言的。

4.3.1.1 无偏性

以样本估计总体,虽然某一估计值可能会存在正的或负的估计误差,但不应该存在系统性偏差,即所有可能的估计值与总体参数值离差的均值应该为零。对于总体参数 θ,若其估计量 $\hat{\theta}$ 的数学期望等于 θ,即 $E(\hat{\theta}) = \theta$,或离差 $(\theta - \hat{\theta})$ 的数学期望为零,即 $E(\hat{\theta} - \theta) = 0$,则称 $\hat{\theta}$ 为总体参数 θ 的无偏估计量。否则,估计量就是有偏的,即估计值平均来讲会偏高或偏低。容易证明,样本均值 $\bar{x}$ 是总体均值 $\bar{X}$ 的无偏估计量,样本成数 p 是总体成数 P 的无偏估计量,样本方差 s^2 是总体方差 S^2 的无偏估计量。

4.3.1.2 一致性

以样本估计总体,虽然会存在估计误差,但是作为一个优良的估计量,其估计误差会随着样本容量的增大而减小,也就是说,随着样本容量的增大,估计量的值会越来越靠近总体参数的真值,或者说,随着样本容量的增大,估计量与总体参数之差的绝对值小于任意小的正数的可能性越来越大,甚至达到 100%。符合这一要求的估计量就叫作一致性估计量。同样可以证明,样本均值 $\bar{x}$,样本成数 p 和样本方差 s^2 分别是总体均值 $\bar{X}$、总体成数 P 和总体方差 S^2 的一致性估计量。

4.3.1.3 有效性

以样本估计总体,要求优良估计量的抽样分布方差(或标准差,即抽样标准误)小于其他估计量的抽样分布方差(或标准差,即抽样标准误),即从平均的角度来看,优良估计量的估计误差应小于其他估计量的估计误差。若以 $\hat{\theta}_0$ 表示某一无偏估计量,$\hat{\theta}_i$ 表示其他无偏估计量,则 $\hat{\theta}_0$ 比 $\hat{\theta}_i$ 有效的前提是 $V(\hat{\theta}_0) < V(\hat{\theta}_i)$。例如,对于正态分布总体来说,样本均值 $\bar{x}$ 和样本中位数 m_e 都是总体均值 $\bar{X}$ 的无偏估计量,但两者的方差不同,样本中位数的方差 $V(m_e)$ 是样本均值的方差 $V(\bar{x})$ 的 1.57 倍,因此,样本均值比样本中位数有效。容易证明,样本均值 $\bar{x}$、样本成数 p 和样本方差 s^2 分别是总体均值 $\bar{X}$、总体成数 P 和总体方差 S^2 的有效估计量。

4.3.1.4 充分性

以样本估计总体,根据样本观测数据计算出估计值时往往要损失一些有用的信息,因此,估计量的构造应尽量减少这种信息损失。从直观意义上看,若估计量 $\hat{\theta}$ 提取了样本中包含的有关总体参数 θ 的全部信息,则估计量 $\hat{\theta}$ 就是充分估计量。样本均值 $\bar{x}$、样本成数 p 和样本方差 s^2 分别是总体均值 $\bar{X}$、总体成数 P 和总体方差 S^2 的充分估计量。

同时满足上述四个标准的估计量,就是优良的估计量。样本均值 $\bar{x}$、样本成数 p 和样本方差 s^2 都是优良估计量。当然,估计量的选择有时会在无偏性要求与有效性要求之间产生矛盾,即某估计量无偏但方差较大,另一估计量有偏但方差(均方误差)较小,这时的基本原则是如果有偏估计量的偏差不是很大(可以忽略),应该优先选择有偏但更有效的估计量。

4.3.2 参数估计方法

参数估计的方法有两种：点估计与区间估计。

4.3.2.1 点估计

所谓点估计也称定值估计，就是以样本观测数据为依据，对总体参数做出确定值的估计，也就是用一个样本的具体统计值去估计总体的未知参数。例如，以某一样本的均值 $\bar{x}$ 去估计总体均值，即 $\hat{\bar{X}} = \bar{x}$；以某一样本的成数 p 去估计总体成数，即 $\hat{P} = p$；以某一样本的方差 s^2 去估计总体方差，即 $\hat{S}^2 = s^2$ 等，就是点估计的一般形式。例如，根据样本观测数据，估计某市居民人均年收入 20 000 元，估计某批产品合格率 98% 等，就属于点估计的具体形式。

确定一个好的点估计是很重要的。点估计的优点是能给出一个明确的值，缺点是没有指出这种估计的允许波动范围和把握程度有多大。因此，在实际中，点估计往往是与区间估计同时进行的。

4.3.2.2 区间估计

所谓区间估计，就是指用一个具有一定可靠程度的区间范围来估计总体参数，即对于未知的总体参数 θ，想办法找出两个数值 θ_1 和 θ_2（$\theta_1 < \theta_2$），使 θ 处于区间（θ_1，θ_2）内的概率为 $1-\alpha$，即

$$\pi(\theta_1 < \theta < \theta_2) = 1 - \alpha \tag{4-13}$$

区间（θ_1，θ_2）为总体参数的估计区间或置信区间，θ_1 为估计下限或置信下限，θ_2 为估计上限或置信上限。

区间估计的特点是，它不指出被估计参数的确定数值，而是在一定的概率保证下指出被估计参数的可能范围。区间估计的两个基本要求（评价标准）是置信度和精确度。一方面，我们希望估计区间（θ_1，θ_2）包含 θ 的概率 $1-\alpha$ 越大越好；另一方面，我们希望估计区间（θ_1，θ_2）的长度越短越好。因为，概率 $1-\alpha$ 越大，表示参数估计的可靠性越好，而估计区间越短，则表示参数估计的精度越高。然而在样本容量 n 一定的条件下，这两个基本要求往往是相互矛盾的，即如果概率 $1-\alpha$ 增大，则估计区间也会拉长，估计精度下降；相反，若是提高估计精度，则概率 $1-\alpha$ 必然会下降。因此，我们一般在给定的概率保证下，尽可能提高估计的精度。

估计区间有一个频率解释，即 θ_1 和 θ_2 都是不依赖于未知参数的随机变量，其具体数值要依被抽取样本的观测结果而定。因此，每一个可能的样本都可以有一个估计区间，这个估计区间可能包含 θ 在内，也可能不包含 θ 在内。但对于所有可能的样本而言，会有 $100(1-\alpha)\%$ 的估计区间包含 θ 在内。因此，概率 $1-\alpha$ 就是所有可能样本所给出的估计区间中包含总体参数 θ 在内的估计区间出现的频率。

有些实际问题，人们关心的只是总体参数在一定概率保证下的下限或上限。例如，产品的平均使用寿命越长越好，人们关心的只是估计的下限，即（θ_1，∞）；产品的不合格率越低越好，人们关心的只是估计的上限，即（0，θ_2）。这种只给出下限 θ_1 或上限 θ_2 的区间估计称为单侧区间估计。由于双侧区间估计用得较多，因此本书只讨论双侧区间估计。

对于双侧区间估计，在正态分布情况下，样本统计量关于总体参数对称分布。因此我们要求 θ_1 与 θ 的距离等同于 θ_2 与 θ 的距离，即 $|\theta_1 - \theta_2| = |\theta_2 - \theta|$。这一距离规定了所允许的最高估计值或最低估计值与总体参数真值离差的大小，即上述的抽样极限误差Δ，因此 $\Delta = \theta_2 - \theta = \theta - \theta_1$。由于 θ 未知，要以估计量 $\hat{\theta}$ 来估计，因此就有 $\theta_1 = \hat{\theta} - \Delta$，$\theta_2 = \hat{\theta} + \Delta$，这样，我们就有

$$\pi(\hat{\theta} - \Delta < \theta < \hat{\theta} + \Delta) = 1 - \alpha \tag{4-14}$$

即总体参数 θ 被 $(\hat{\theta} - \Delta, \hat{\theta} + \Delta)$ 所包含的概率为 $1 - \alpha$。

这样，只要我们根据样本观测数据计算出估计值 $\hat{\theta}$，根据相应公式估计出抽样标准误 $se(\hat{\theta})$，根据给定的概率 $1 - \alpha$ 查出临界值 $z_{\alpha/2}$，就可以计算出抽样极限误差Δ，从而给出总体参数 θ 的估计区间。

具体到总体均值和总体成数的区间估计，当样本容量充分大时，在 $1 - \alpha$ 的概率保证下，我们可得到总体均值的估计区间为 $[\bar{x} - z_{\alpha/2}se(\bar{x}), \bar{x} + z_{\alpha/2}se(\bar{x})]$，总体成数的估计区间为 $[p - z_{\alpha/2}se(p), p + z_{\alpha/2}se(p)]$。

4.4 各种抽样组织形式的参数估计

不同的抽样组织形式，估计量的具体形式和抽样标准误的计算方法都是有所差别的，因此，在相同的样本容量 n 和相同的概率保证 $1 - \alpha$ 下，不同抽样组织形式的估计结果也是不同的。当然，区间估计的原理是一样的。本节将分别介绍各种抽样组织形式下的总体均值 $\bar{X}$ 和总体成数 P 的估计量及抽样标准误。

4.4.1 简单随机抽样

4.4.1.1 总体均值 $\bar{X}$ 的估计

设 x_i 为样本中第 i 个个体的变量值，则当样本容量为 n 时，总体均值 $\bar{X}$ 的估计量为

$$\hat{\bar{X}} = \bar{x} = \sum_{i=1}^{n} x_i / n \tag{4-15}$$

与该估计量相对应的抽样标准误为：

$$SE(\bar{x}) = \sqrt{\frac{S^2}{n}} \quad \text{（重复抽样时）} \tag{4-16}$$

或

$$SE(\bar{x}) = \sqrt{\frac{(1-f)S^2}{n}} \quad \text{（不重复抽样时）} \tag{4-17}$$

式中，$f = n/N$，称为抽样比。

$1 - f$ 称为有限总体校正系数，当 $f < 5\%$ 时，$\sqrt{1-f} \approx 1$，重复抽样与不重复抽样的抽样标准误相差甚微，可以忽略有限总体校正系数。

在一般情况下，总体方差 S^2 是未知的，要以样本方差 s^2 来估计，$SE(\bar{x})$ 就变成了 $se(\bar{x})$。

【例 4-3】 从某高校的 14 500 名学生中随机不重复抽取 100 名学生进行月生活费支出

调查，经计算样本均值为 $\bar{x} = 546$ 元，样本方差为 $s^2 = 45\,568$ 元，要求以 95%的概率保证估计该校全体学生的人均月生活费支出额。

由题意知，$N = 14\,500$，$n = 100$，$f = 0.69\% < 5\%$；由 $1 - \alpha = 95\%$可知 $z_{\alpha/2} = 1.96$。

根据式（4-16）（因为 $f < 5\%$，可用重复抽样公式），并以 s^2 代替 S^2，可估计抽样标准误为

$$se(\bar{x}) = \sqrt{\frac{s^2}{n}} = \sqrt{\frac{45\,568}{100}} = 21.35（元）$$

抽样极限误差为 $\Delta = z_{\alpha/2} se(\bar{x}) = 1.96 \times 21.35 = 41.85$ 元。

由此可得，全校学生人均月生活费支出额的点估计为 $\hat{\bar{X}} = \bar{x} = 546$ 元，95%概率保证的区间估计为（$546 - 41.85$，$546 + 41.85$）=（504.15，587.85）元。

4.4.1.2 总体成数 P 的估计

根据前面关于总体成数与样本成数的定义，总体成数 P 的估计量为

$$\hat{P} = p = \frac{n_1}{n} \tag{4-18}$$

与该估计量相对应的抽样标准误为

$$SE(p) = \sqrt{\frac{NPQ}{(N-1)n}} \quad \text{（重复抽样时）} \tag{4-19}$$

或

$$SE(p) = \sqrt{\frac{(N-n)PQ}{(N-1)n}} = \sqrt{\frac{1-f}{n} \cdot \frac{N}{N-1} PQ} \quad \text{（不重复抽样时）} \tag{4-20}$$

当总体方差 $\frac{N}{N-1} P(1-P)$ 未知时，要以样本方差 $\frac{n}{n-1} p(1-p)$ 来估计。

【例 4-4】 某批产品 5 000 件，从中随机不重复抽取 500 件进行检查，发现有 60 件不合格，要求以 90%的概率保证估计该批产品的不合格率。

由题意知，$N = 5\,000$，$n = 500$，$f = 0.1$，$n_1 = 60$；由 $1 - \alpha = 90\%$可得 $z_{\alpha/2} = 1.64$。

容易计算得样本成数为：$p = \frac{n_1}{n} = \frac{60}{500} = 12\%$。

根据式（4-20）并以样本方差 $\frac{n}{n-1} p(1-p)$ 代替总体方差 $\frac{N}{N-1} P(1-P)$，可估计抽样标准误为

$$se(p) = \sqrt{\frac{1-f}{n} \cdot \frac{n}{n-1} pq} = \sqrt{\frac{1-0.1}{500} \times \frac{500}{500-1} \times 0.12 \times 0.88} = 1.38\%$$

抽样极限误差为 $\Delta = z_{\alpha/2} se(p) = 1.64 \times 1.38\% = 2.26\%$。

因此可得，该批产品不合格率的点估计为 $\hat{P} = p = 12\%$，90%概率保证的区间估计为（$12\% - 2.26\%$，$12\% + 2.26\%$）=（9.74%，14.26%）。

4.4.1.3 样本容量 n 的确定

在抽样调查之前必须先确定样本容量，这是抽样方案设计的重要内容。样本容量的大小

要受总体分布（内在差异程度）、对抽样精度和可靠程度的要求、抽样方法及调查经费等因素的影响，在不考虑调查经费时，简单随机抽样的样本容量可由以下公式确定

$$n_{重}=\frac{z_{\alpha/2}^2 S^2}{\Delta^2} \text{ 或 } n_{重}=\frac{N z_{\alpha/2}^2 PQ}{(N-1)\Delta^2} \tag{4-21}$$

$$n_{不重}=\frac{n_{重}}{1+\dfrac{n_{重}}{N}} \tag{4-22}$$

式中，$n_{重}$ 和 $n_{不重}$ 分别为重复抽样和不重复抽样下所需的样本容量。显然，在抽样要求相同情况下，$n_{重} > n_{不重}$。

由于总体方差 S^2 或 $\dfrac{N}{N-1}PQ$ 通常未知，因此要用近期的过去数据来代替或由经验判断确定，也可由试抽样的样本方差来代替。

若某次抽样既要估计总体均值，又要估计总体成数，而它们所需的样本容量不一样，那么在条件（如费用等）允许时应取最大者。否则可取最重要指标所需的样本容量，或取所有所需样本容量的平均数，但这时必有部分指标的抽样估计要求（精度或可靠程度）得不到满足。

【例 4-5】 某企业生产某种产品，优级的标准是耐用时间 5 000 小时以上。现有该产品 10 000 件，拟进行一次抽样调查。根据历史数据知，这种产品耐用时间的方差为 1 562 500 小时，是否优级的方差为 0.073 6。若要求估计平均耐用时间的抽样极限误差不超过 130 小时，估计优级率的抽样极限误差不超过 3.2%，问在 95% 的概率保证下，应分别抽取多少件产品进行调查才满足要求？

由题意知，$N = 10\,000$，$S^2 = 1\,562\,500$ 小时，$\dfrac{N}{N-1}PQ = 0.073\,6$，$\Delta_{\bar{x}} = 130$ 小时，$\Delta_p = 3.2\%$，$z_{\alpha/2} = 1.96$。

估计总体平均耐用时间所需的样本容量为

$$n_{重}=\frac{z_{\alpha/2}^2 S^2}{\Delta^2}=\frac{1.96^2 \times 1\,562\,500}{130^2}=356（件）$$

$$n_{不重}=\frac{n_{不重}}{1+\dfrac{n_{重}}{N}}=\frac{356}{1+\dfrac{356}{10\,000}}=344（件）$$

估计总体优级率所需的样本容量为

$$n_{重}=\frac{N z_{\alpha/2}^2 PQ}{(N-1)\Delta^2}=\frac{1.96^2 \times 0.073\,6}{(3.2\%)^2}=277（件）$$

$$n_{不重}=\frac{n_{不重}}{1+\dfrac{n_{重}}{N}}=\frac{277}{1+\dfrac{277}{10\,000}}=270（件）$$

若要同时满足平均耐用时间和优级率抽样估计的需要，那么在重复抽样时应抽取 356 件，在不重复抽样时应抽取 344 件。

按无关标志排序（随机排序）的等距抽样，可采用与简单随机抽样相同的抽样标准误估计公式。按有关标志排序的等距抽样，抽样标准误的估计就比较复杂，实践中需要采用一

些变通的方法，读者可参阅抽样方面的专业书籍。

4.4.2 分层抽样

4.4.2.1 总体均值 $\overline{X}$ 的估计

设总体的 N 个个体分为 H 层，N_i 为第 i 层个体数，$W_i = N_i/N$ 为第 i 层的层权，n_i 为第 i 层抽取的个体数，$f_i = n_i/N_i$ 为第 i 层的抽样比，x_{ij} 为第 i 层第 j 个个体的变量值，那么第 i 层的层均值 $\overline{X}_i$ 的估计量为

$$\overline{X}_i = \overline{x}_i = \frac{\sum_{i=1}^{H} x_{ij}}{n_i} \tag{4-23}$$

总体均值 $\overline{X}$ 的估计量为

$$\hat{\overline{X}} = \overline{x}_{st} = \sum_{i=1}^{H} W_i \overline{x}_i \tag{4-24}$$

这一估计量是无偏的，即 $E(\overline{x}_{st}) = \sum_{i=1}^{H} W_i \overline{X} = \overline{X}$。

与该估计量相对应的抽样标准误为

$$SE(\overline{x}_{st}) = \sqrt{\sum_{i=1}^{H} \frac{W_i^2 S_i^2}{n_i}} \quad \text{（重复抽样时）} \tag{4-25}$$

或

$$SE(\overline{x}_{st}) = \sqrt{\sum_{i=1}^{H} \frac{1-f_i}{n_i} W_i^2 S_i^2} \quad \text{（不重复抽样时）} \tag{4-26}$$

式中，$S_i^2 = \dfrac{\sum_{j=1}^{N_i} (x_{ij} - \overline{X}_i)^2}{N_i - 1}$ 为第 i 层的方差，未知时要用层内样本方差 s_i^2 来估计。

求出抽样标准误后，即可根据给定的概率保证程度对总体均值 $\overline{X}$ 做出区间估计。

【例 4-6】某市有 250 家百货商店，按以往销售额多少分为大、中、小三层，从中按分层抽样方式不重复抽取 50 家进行本季度销售额的调查。现将各层的层权、各层抽取的商店数、各层样本均值和样本方差等数据列于表 4-7 中，要求以 95.45% 的概率保证程度估计该市平均每家百货商店的季销售额。

表 4-7 该市百货商店分层情况及样本数据

商店分层	各层商店数 （家）N_i	层权 W_i	各层抽取数 （家）n_i	各层销售额的样本均值（万元）$\overline{x}_i$	各层销售额的样本方差（万元）s_i^2
大型商店	25	0.1	5	1 700	2 800
中型商店	75	0.3	15	800	6 985
小型商店	150	0.6	30	120	10 850
合计	250	1.0	50		

由题意知：$N=250$，$H=3$，$f_1=f_2=f_3=0.2$；由 $1-\alpha=95.45\%$ 可得 $z_{\alpha/2}=2$。根据表中数据容易计算，全市平均每家商店季销售额的点估计为

$$\hat{\bar{X}}=\bar{x}_{st}=\Sigma W_i\bar{x}_i=0.1\times1\,700+0.3\times800+0.6\times120=482(万元)$$

根据式（4-26），并以各层的样本方差代替层方差，可估计抽样标准误为

$$se(\bar{x}_{st})=\sqrt{\Sigma\frac{1-f_i}{n_i}W_i^2S_i^2}$$

$$=\sqrt{0.8\times\left(\frac{0.1^2\times2\,800}{5}+\frac{0.3^2\times6\,985}{15}+\frac{0.6^2\times10\,850}{30}\right)}$$

$$=11.92(万元)$$

抽样极限误差为：$\Delta=z_{\alpha/2}se(\bar{x}_{st})=2\times11.92=23.84$（万元）

由此可得，95.45%概率保证的全市平均每家百货商店季销售额的区间估计为：（482 − 23.84，482 + 23.84）=（458.16，505.84）（万元）。

4.4.2.2 总体成数 P 的估计

设 N_{i1} 为第 i 层的某类变量值的个数，n_{i1} 为第 i 层样本中某类变量值的个数，那么第 i 层成数 P_i 的估计量为

$$\hat{P}_i=p_i=\frac{n_{i1}}{n_i} \tag{4-27}$$

总体成数 P 的估计量为

$$\hat{P}=p_{st}=\sum_{i=1}^H W_i p_i \tag{4-28}$$

与该估计量相对应的抽样标准误为

$$SE(p_{st})=\sqrt{\sum_{i=1}^H \frac{W_i^2}{n_i}\cdot\frac{N_i}{N_i-1}P_iQ_i} \quad （重复抽样时） \tag{4-29}$$

或

$$SE(p_{st})=\sqrt{\sum_{i=1}^H \frac{(1-f_i)W_i^2}{n_i}\cdot\frac{N_i}{N_i-1}P_iQ_i} \quad （不重复抽样时） \tag{4-30}$$

层方差 $\frac{N_i}{N_i-1}P_iQ_i$ 未知时要以层内样本方差 $\frac{n_i}{n_i-1}p_iq_i$ 来估计。

求出抽样标准误后，即可根据给定的概率保证程度对总体成数 P 做出区间估计。

【例 4-7】某总体的 1 000 个个体分为两层，$N_1=700$，$N_2=300$；用不重复抽样方法各层分别抽取容量为 $n_1=85$，$n_2=45$ 的样本；各层样本中某类变量值的个数分别为 $n_{i1}=60$，$n_{i2}=18$。要求以 95% 的概率保证程度对总体成数 P 做出估计。

由题意可知：$W_1=0.7$，$W_2=0.3$，$f_1=0.12$，$f_2=0.15$；$p_1=70.59\%$，$p_2=40\%$；由 $1-\alpha=95\%$ 可得 $z_{\alpha/2}=1.96$。

总体成数 P 的点估计为

$$\hat{P}=p_{st}=\Sigma W_ip_i=0.7\times70.59\%+0.3\times40\%=61.41\%$$

根据式（4-30）并以各层样本方差 $\frac{n_i}{n_i-1}p_iq_i$ 代替各层方差 $\frac{N_i}{N_i-1}P_iQ_i$，可估计抽样标准误为

$$se(p_{st}) = \sqrt{\sum_{i=1}^{H}\frac{(1-f_i)W_i^2}{n_i} \cdot \frac{n_i}{n_i-1}p_iq_i}$$

$$= \sqrt{\frac{(1-0.12)\times 0.7^2}{85}\times \frac{85}{85-1}\times 0.705\times 0.2941 + \frac{(1-0.15)\times 0.3^2}{45}\times \frac{45}{45-1}\times 0.4\times 0.6}$$

$$= 3.85\%$$

抽样极限误差为：$\Delta = z_{\alpha/2}se(p_{st}) = 1.96\times 3.85\% = 7.55\%$。

由此可得，95%概率保证的总体成数的估计区间为：（61.41% − 7.55%，61.41% + 7.55%）=（53.86%，68.96%）。

4.4.2.3 各层样本容量 n_i 的确定

当总的样本容量 n 确定时，各层样本容量 n_i 的确定，通常有以下三种方法。

1. 比例分配法

这是分层抽样最常用的分配法，即根据 $\frac{n_i}{n} = \frac{N_i}{N}$ 的关系来确定 n_i，也就是

$$n_i = W_i n \tag{4-31}$$

这时，分层抽样的抽样标准误公式可简化为（以总体均值估计为例）

$$SE(\bar{x}_{st}) = \sqrt{\frac{1-f}{n}\sum W_iS_i^2}$$

$$= \sqrt{\frac{\sum W_iS_i^2}{n} - \frac{\sum W_iS_i^2}{N}} \tag{4-32}$$

式中，$f_i = \frac{n_i}{N_i} = \frac{n}{N} = f$。

2. 最优分配法

最优分配法也叫 Neyman 分配法。该方法除了考虑各层容量 N_i 大小这一因素外，还考虑各层内在差异程度 S_i 不同这一因素，即

$$n_i = n\frac{N_iS_i}{\sum N_iS_i} \tag{4-33}$$

这时，分层抽样的抽样标准误公式可改为

$$SE(\bar{x}_{st}) = \sqrt{\frac{(\sum W_iS_i)^2}{n} - \frac{\sum W_iS_i^2}{N}} \tag{4-34}$$

3. 经济分配法

该方法除了考虑 N_i 和 S_i 这两个因素外，还考虑各层个体调查费用 C_i 高低这一因素，即

$$n_i = n\frac{\dfrac{W_iS_i}{\sqrt{C_i}}}{\sum \dfrac{W_iS_i}{\sqrt{C_i}}} \tag{4-35}$$

这时，分层抽样的抽样标准误公式可改为

$$SE(\overline{x}_{st}) = \sqrt{\frac{\sum \frac{W_i S_i}{\sqrt{C_i}} \sum W_i S_i \sqrt{C_i}}{n} - \frac{\sum W_i S_i^2}{N}} \quad (4\text{-}36)$$

至于总样本容量 n 的确定，只要对抽样极限误差 Δ 和概率保证程度 $1-\alpha$ 做出要求，即可分别由上述三个抽样标准误公式推导出 n 的计算公式。根据相应的 W_i 数据、C_i 数据和 S_i 的估计数据即可求出 n。

4.4.3 整群抽样

这里仅讨论各群大小相等时的情况。

4.4.3.1 总体均值 $\overline{X}$ 的估计

设总体的 N 个个体形成 R 群，每群 M 个个体。从 R 群中随机抽取 r 群（一般采用不重复抽样方法），共 $rM=n$ 个个体构成样本。若以 x_{ij} 表示第 i 群第 j 个个体的变量值，那么群均值 $\overline{X}$ 为

$$\overline{X}_i = \frac{\sum_{j=1}^{M} x_{ij}}{M} \quad (4\text{-}37)$$

总体均值 $\overline{X}$ 的估计量为

$$\overline{X} = \overline{x}_{cs} = \frac{\sum_{i=1}^{r} \overline{X}_i}{r} \quad (4\text{-}38)$$

与该估计量相对应的抽样标准误为

$$SE(\overline{x}_{cs}) = \sqrt{\frac{1-f}{r} S_B^2} \quad (4\text{-}39)$$

式中，$f = \frac{r}{R}$ 为群抽样比；$S_B^2 = \dfrac{\sum_{i=1}^{R}(\overline{X}_i - \overline{X})^2}{B-1}$ 为总体群间方差。S_B^2 未知时要以样本群间方差 $s_b^2 = \dfrac{\sum_{i=1}^{r}(\overline{X}_i - \overline{x}_{cs})^2}{r-1}$ 来估计。

【例 4-8】某总体有 5 000 个个体，形成 100 个群，每群 50 个个体。用不重复抽样方法抽取 10 个群进行调查，计算得出各样本群的群均值如表 4-8 所示。要求以 95% 的概率保证估计总体均值。

表 4-8　各样本群的群均值

样本编号 i	1	2	3	4	5	6	7	8	9	10
群均值 $\overline{X}_i$	0.5	0.7	0.6	0.65	0.65	0.7	0.8	0.9	1.0	0.72

由题意知：$R = 100$，$r = 10$，$f = 0.1$；由 $1 - \alpha = 95\%$ 可得 $z_{\alpha/2} = 1.96$。

容易计算，总体均值的点估计为

$$\hat{\bar{X}} = \bar{x}_{cs} = \frac{\sum \overline{X}_i}{r} = 0.722$$

样本群间方差为

$$s_b^2 = \frac{\sum_{i=1}^{r}(\overline{X}_i - \bar{x}_{cs})^2}{r-1} = \frac{0.1906}{9} = 0.0212$$

根据式（4-39）并且以样本群间方差代替总体群间方差，可估计抽样标准误为

$$se(\bar{x}_{cs}) = \sqrt{\frac{1-f}{r}s_b^2} = \sqrt{\frac{(1-0.1) \times 0.0212}{10}} = 0.0437$$

抽样极限误差为：$\Delta = z_{\alpha/2} se(\bar{x}_{cs}) = 1.96 \times 0.0437 = 0.0856$。

由此可得，95%概率保证的总体均值的估计区间为：$(0.722 - 0.0856, 0.722 + 0.0856) = (0.6363, 0.8077)$。

4.4.3.2 总体成数 P 的估计

设 M_{i1} 为第 i 群某类变量值的个数，那么群成数 P_i 为

$$P_i = \frac{M_{i1}}{M} \tag{4-40}$$

总体成数 P 的估计量为

$$\hat{P} = p_{cs} = \frac{\sum_{i=1}^{r} P_i}{r} \tag{4-41}$$

与该估计量相对应的抽样标准误为

$$SE(p_{cs}) = \sqrt{\frac{(1-f)S_{PB}^2}{r}} \tag{4-42}$$

式中，$f = \frac{r}{R}$ 为群抽样比；$S_{PB}^2 = \frac{\sum_{i=1}^{R}(P_i - P)^2}{B-1}$ 为总体群间方差。S_{PB}^2 未知时要以样本群间方差 $s_{PB}^2 = \frac{\sum_{i=1}^{r}(P_i - p_{cs})^2}{r-1}$ 来估计。

【例4-9】某高校 4 000 名新生，形成 100 个班，每班 40 名同学。用不重复抽样方法抽取 6 个班进行眼睛视力调查，各样本班视力不佳同学的比重分别为 30%、30%、50%、56%、60%和 70%。要求以 95%的概率保证估计全体新生中视力不佳同学的比重。

由题意知：$R = 100$，$r = 6$，$f = 0.06$；由 $1 - \alpha = 95\%$ 可得 $z_{\alpha/2} = 1.96$。

容易计算，全体新生视力不佳同学比重的点估计为

$$\hat{P} = p_{cs} = \frac{\sum_{i=1}^{r} P_i}{r} = 49.33\%$$

样本群间方差为

$$s_{pb}^2 = \frac{\sum_{i=1}^{r}(P_i - p_{cs})^2}{r-1} = \frac{0.1333}{5} = 2.67\%$$

根据式（4-42）并以样本群间方差代替总体群间方差，可估计抽样标准误为

$$se(p_{cs}) = \sqrt{\frac{(1-f)s_{pb}^2}{r}} = \sqrt{\frac{(1-0.06) \times 0.0267}{6}} = 6.47\%$$

抽样极限误差为：$\Delta = z_{\alpha/2} se(p_{cs}) = 1.96 \times 0.0647 = 12.68\%$。

由此可得，95%概率保证的全体新生视力不佳同学比重的估计区间为：（49.33% − 12.68%, 49.33% + 12.68%）=（36.65%, 62.01%）。

关于样本成数 r 的确定，只要把 r 看成 n，把 R 看成 N，把 S_B^2 看成 S^2，那么就完全等同于简单随机抽样的确定方法。

4.4.4 多阶段抽样

这里只讨论等群的两阶段抽样的情况。

4.4.4.1 总体均值 $\overline{X}$ 的估计

设总体的 N 个个体形成 R 个群，每群 M 个个体。从 R 群中随机不重复抽取 r 群，抽中的群再从 M 个个体中随机不重复抽取 m 个个体。若以 x_{ij} 表示第 i 群第 j 个个体的变量值，那么群均值 $\overline{X}_i$ 的估计量为

$$\hat{\overline{X}}_i = \overline{x}_i = \frac{\sum_{j=1}^{m} x_{ij}}{m} \qquad (4\text{-}43)$$

总体均值 $\hat{\overline{X}}$ 的估计量为

$$\hat{\overline{X}} = \overline{x}_{ts} = \frac{\sum_{i=1}^{r} \overline{x}_i}{r} \qquad (4\text{-}44)$$

与该估计量相对应的抽样标准误为

$$SE(\overline{x}_{ts}) = \sqrt{\frac{(1-f_1)S_B^2}{r} + \frac{(1-f_2)S_2^2}{rm}} \qquad (4\text{-}45)$$

式中，$f_1 = \frac{r}{R}$ 为第一阶段抽样比；$f_2 = \frac{m}{M}$ 为第二阶段抽样比；S_B^2 的含义与整群抽样相同；

$S_2^2 = \dfrac{\sum_{i=1}^{R}\sum_{j=1}^{M}(x_{ij} - \overline{X_i})^2}{R(M-1)}$ 为各群方差的平均数，未知时要以各样本群的样本方差的平均数

$s_2^2 = \dfrac{\sum_{i=1}^{r}\sum_{j=1}^{m}(x_{ij} - \overline{x_i})^2}{r(m-1)}$ 来估计。

考虑到无偏性，当以 s_2^2 估计 S_2^2 时，抽样标准误的估计公式变为

$$se(\bar{x}_{ts}) = \sqrt{\frac{(1-f_1)s_b^2}{r} + \frac{f_1(1-f_2)s_2^2}{rm}} \qquad (4\text{-}46)$$

【例 4-10】 某高校有 25 个新生班，每班 45 人。现随机抽取 5 个班，每班随机抽取 9 人进行英语高考成绩的调查，结果如表 4-9 所示。要求以 95% 的概率保证估计该校全体新生平均英语高考成绩。

表 4-9 45 位同学的英语高考成绩

班级＼同学	1	2	3	4	5	6	7	8	9
1	80	90	82	72	83	93	75	82	87
2	81	88	92	89	71	79	83	83	97
3	87	83	69	79	82	82	95	95	90
4	76	86	78	93	95	95	88	88	80
5	92	83	83	83	88	88	86	86	85

由题意知：$R = 25$，$r = 5$，$M = 45$，$m = 9$，$f_1 = 0.2$，$f_2 = 0.2$，由 $1 - \alpha = 95\%$ 可得 $z_{\alpha/2} = 1.96$。

由表中数据计算得：$\bar{x}_1 = 82.67$，$\bar{x}_2 = 84.78$，$\bar{x}_3 = 83.78$，$\bar{x}_4 = 83.44$，$\bar{x}_5 = 87$，由此可得该校全体新生平均英语高考成绩的点估计为

$$\hat{\bar{X}}_i = \bar{x}_{ts} = \frac{\sum \bar{x}_i}{5} = 84.33 \,(\text{分})$$

样本群间方差为

$$s_b^2 = \frac{\sum(\bar{x}_i - \bar{x}_{st})^2}{r-1} = \frac{11.1815}{4} = 2.7954$$

各样本群的样本方差的平均数为

$$s_2^2 = \frac{\sum\sum(x_{ij} - \bar{x}_i)^2}{r(m-1)} = \frac{1915.28}{5\times 8} = 47.882$$

根据式（4-46），可估计抽样标准误为

$$se(\bar{x}_{ts}) = \sqrt{\frac{(1-f_1)s_b^2}{r} + \frac{f_1(1-f_2)s_2^2}{rm}}$$
$$= \sqrt{\frac{(1-0.2)\times 2.7954}{5} + \frac{0.2\times(1-0.2)\times 47.882}{45}}$$
$$= 0.62 \,(\text{分})$$

抽样极限误差为：$\Delta = z_{\alpha/2} se(\bar{x}_{ts}) = 1.96 \times 0.62 = 1.22$（分）。

由此可得，95% 概率保证的全校新生平均英语高考成绩的估计区间为：$(84.33 - 1.22, 84.33 + 1.22) = (83.11, 85.55)$（分）。

4.4.4.2 总体成数 P 的估计

设 M_{i1} 为第 i 群某类变量值的个数，m_{i1} 为第 i 群样本中某类变量值的个数，那么群成数 P_i 的估计量为

$$\hat{P}_i = p_i = \frac{m_{i1}}{r} \tag{4-47}$$

总体成数 P 的估计量为

$$\hat{P} = p_{ts} = \frac{\sum_{i=1}^{r} P_i}{r} \tag{4-48}$$

与该估计量相对应的抽样标准误为

$$SE(p_{ts}) \sqrt{\frac{(1-f_1)S_{PB}^2}{r} + \frac{(1-f_2)S_{p2}^2}{rm}} \tag{4-49}$$

式中，$S_{p2}^2 = \frac{M\sum_{i=1}^{r} P_i Q_i}{R(M-1)}$ 为各群方差的平均数，未知时要以各样本群的样本方差的平均数

$s_{p2}^2 = \frac{m\sum_{i=1}^{r} p_i q_i}{r(m-1)}$ 来估计；其他符号的含义与前面相同。

同样，考虑到无偏性，当以 s_{p2}^2 估计 s_{p2}^2 时，抽样标准误的估计公式变为

$$se(p_{ts}) \sqrt{\frac{(1-f_1)s_{pb}^2}{r} + \frac{f_1(1-f_2)s_{p2}^2}{rm}} \tag{4-50}$$

【例 4-11】 某总体 8 000 个个体分为 80 群，每群 100 个个体。现从中随机抽取 8 群，每群随机抽取 20 个个体。经观测，各群样本中某类变量值的个数分别为 9，9，10，12，13，15，15 和 16，试以 95% 的概率保证估计总体成数。

由题意知：$R = 80$，$r = 8$，$M = 100$，$m = 20$，$f_1 = 0.1$，$f_2 = 0.2$；由 $1 - \alpha = 95\%$ 可得 $z_{\alpha/2} = 1.96$。

容易计算得：各样本群的样本成数 p_i 分别为 0.45、0.45、0.5、0.6、0.65、0.75、0.75 和 0.8，由此可得总体成数的点估计为

$$\hat{P} = p_{ts} = \frac{\sum p_i}{8} = 0.618\,75$$

样本群间方差为

$$s_b^2 = \frac{\sum (p_i - p_{ts})^2}{r - 1} = 0.193\,7/7 = 0.019\,96$$

各样本群的样本方差的平均数为

$$s_{p2}^2 = \frac{m\sum_{i=1}^{r} p_i q_i}{r(m-1)} = \frac{20}{8 \times 19} \times (0.247\,5 \times 0.25 + 0.24 + 0.227\,5 + 0.187\,5 \times 2 + 0.16) = 0.229\,9$$

根据式（4-50），可估计抽样标准误为

$$\begin{aligned} se(p_{ts}) &= \sqrt{\frac{(1-f_1)s_{pb}^2}{r} + \frac{f_1(1-f_2)s_{p2}^2}{rm}} \\ &= \sqrt{\frac{(1-0.1) \times 0.019\,96}{8} + \frac{0.1 \times (1-0.2) \times 0.229\,9}{152}} \\ &= 0.048\,6 \end{aligned}$$

抽样极限误差为：$\Delta = z_{\alpha/2}\, se(p_{ts}) = 1.96 \times 0.048\,6 = 0.095\,3$

由此可得，95%概率保证的总体成数的估计区间为：（0.618 75 − 0.095 3，0.618 75 + 0.095 3）=（0.523 5，0.714 1）。

4.4.5 简要总结

对于同一总体，当样本容量相同时，上述各种抽样组织形式的估计效果（抽样标准误）是不一样的。一般地，分层抽样（只要分层标志选择得当并能合理分层）的估计效果最好，其次为等距抽样（有关标志对称等距抽样又优于其他等距抽样），接着是简单随机抽样，然后是多阶段抽样，最后是整群抽样。当然，这一顺序不是绝对的。在实践中，有时需要将几种抽样组织形式结合起来应用。

在对总体参数做出估计后，要进行准确性检查，即检查实际的抽样极限误差是否小于事先所要求的估计精度。若实际的抽样极限误差低于事先规定的要求，那么估计效果令人满意。否则，要修改抽样方案设计，如增大样本容量、改进抽样组织方式等，以便降低抽样标准误。

本章小结

1. 总体分布是指总体中所有个体关于某个变量（标志）的取值所形成的分布。反映总体分布特征的指标称为总体参数，常用的有总体均值、总体成数和总体方差；样本分布是指样本中所有个体关于某个变量（标志）的取值所形成的分布。反映样本分布特征的指标称为样本统计量，常用的有样本均值、样本成数和样本方差。抽样分布是指样本统计量的概率分布，它由样本统计量的所有可能取值和与之对应的概率所组成。如果说样本分布是关于样本观测值的分布，那么抽样分布则是关于样本统计值的分布，而样本统计值是由样本观测值计算而来的。反映抽样分布特征的是样本统计量的数学期望与方差，具体特征取决于总体分布、样本容量、抽样方法、抽样组织形式和估计量构造等因素。

2. 在抽样中，总体参数的值是唯一但未知的，需要通过可知但非唯一的样本统计值来估计。

3. 根据样本均值、样本成数抽样分布定理可知，正态分布是最常用、最重要的抽样分布，是进行区间估计的重要依据。

4. 抽样中的误差可以分为随机性的抽样误差和随机性因素以外的非抽样误差两种。由于抽样的非全面性和随机性所引起的偶然性的代表性误差，我们称之为抽样误差。由于抽样框不够准确（与目标总体不一致）、有些观测单位的数据无法取得、已取得的一些数据不真实等原因引起的样本观测数据非同质，或残缺，或不真实而产生的误差，称为非抽样误差。

5. 抽样误差的表现形式有三种：抽样实际误差、抽样标准误和抽样极限误差。抽样实际误差是指抽样估计值与总体指标值之间的离差，是随机变量；抽样标准误是抽样分布的标准差；抽样极限误差是以样本估计总体所允许的最大误差范围，是在一次抽样估计时抽样估计量所允许取的最高值或最低值与总体指标之间的绝对离差，取决于抽样标准误和概率保证程度两个因素。

6. 抽样标准误是衡量抽样误差大小的核心指标，可以反映抽样分布的离散程度，反映样本统计量代表性的高低。抽样标准误越大(小)，表明抽样分布越离散(集中)，从总体中抽取样本的代表性平均来讲就越差(好)，抽取样本估计总体的误差平均来讲就越大(小)。从理论上说，抽样标准误的值是唯一确定的，但由于实际上要依据样本数据来估计，所以又是可变的。

7. 抽样极限误差取决于两个因素：一是抽样标准误，即抽样分布本身具有多大的标准差；二是抽样估计概率保证程度，也称为置信水平。与概率保证程度相应的抽样分布的临界值称为抽样概率度。抽样极限误差是抽样标准误和抽样概率的乘积。

8. 估计量就是以样本统计量为基础构造的，用以估计总体参数的规则或形式。从估计量的构造是否利用调查变量本身以外的信息上看，估计量有直接估计量与间接估计量之分。直接估计量仅利用样本提供的关于调查变量本身的信息，此时估计量就是样本统计量。而间接估计量除了利用样本提供的关于调查变量本身的信息外，还利用与调查变量相关的辅助变量的信息(总体的和样本的)，例如比率估计量和回归估计量等，此时估计量就是样本统计量的改造形式。优良估计量有四个标准：无偏性、一致性、有效性和充分性。

9. 所谓区间估计就是以点估计为依据，用一个具有一定可靠程度的区间范围来估计总体参数，也就是要在一定的概率保证下，想办法找出两个数值 θ_1 和 θ_2（$\theta_1 \leq \theta_2$），使 θ 处于这两个数值之间。区间 (θ_1, θ_2) 就被称为置信区间或估计区间，θ_1 被称为置信区间的下限，θ_2 被称为置信区间的上限。

10. 各种抽样组织形式的抽样标准误的公式是不同的，结果也不一样，但区间估计的原理相同。在样本容量相同时，抽样标准误较小的组织形式较优。

练习与思考

一、判断题

1. 抽样估计的目的是用以说明总体特征。（　　）
2. 抽样分布就是样本分布。（　　）
3. 对于既定总体，当抽样方法、抽样组织形式和样本容量确定时，样本均值的分布就唯一确定。（　　）
4. 样本容量就是样本个数。（　　）
5. 在抽样中，样本容量越大越好。（　　）
6. 抽样的目的是判断样本估计值是否处于以总体指标为中心的某规定区域范围内。（　　）
7. 当估计量有偏时，我们应该弃之不用。（　　）
8. 对于一个确定的抽样分布，其方差是确定的，因而抽样标准误也是确定的。（　　）
9. 抽样极限误差越大，用以包含总体参数的区间就越大，估计的把握程度也就越大，因此极限误差越大越好。（　　）
10. 非抽样误差会随着样本容量的扩大而下降。（　　）

二、单项选择题

1. 我们想了解学生的眼睛视力状况，准备抽取若干学校、若干班级的学生进行测试，则（　　）。
   A. 观测单位是学校
   B. 观测单位是班级

C. 观测单位是学生

D. 观测单位可以是学校，也可以是班级或学生

2. 下列误差中属于非一致性的有（　　）。

　　A. 估计量偏差　　B. 偶然性误差

　　C. 抽样标准误　　D. 非抽样误差

3. 抽样估计中最常用的分布理论是（　　）。

　　A. t 分布理论　　B. 二项分布理论

　　C. 正态分布理论　　D. 超几何分布理论

4. 抽样标准误大小与下列哪个因素无关？（　　）

　　A. 样本容量　　B. 抽样方式、方法

　　C. 概率保证程度　　D. 估计量

5. 下列关于抽样标准误的叙述哪个是错误的？（　　）

　　A. 抽样标准误是抽样分布的标准差

　　B. 抽样标准误的理论值是唯一的，与所抽样本无关

　　C. 抽样标准误比抽样极限误差小

　　D. 抽样标准误只能衡量抽样中的偶然性误差的大小

三、简答题

1. 什么是总体分布和样本分布？两者有什么联系？
2. 什么是抽样分布？它受哪些因素影响？
3. 什么是中心极限定理？
4. 什么是二项分布和超几何分布？
5. 抽样误差与非抽样误差有什么区别？试举例说明。
6. 试举例说明抽样实际误差、抽样标准误和抽样极限误差三者之间有什么区别与联系。
7. 请举例说明什么是区间估计。

四、计算题

1. 设总体由 1、3、5、7、9 五个数字组成，现从中用简单随机抽样形式（不重复抽样）抽取三个数字构成样本。

   要求：

   （1）列出样本均值的抽样分布。

   （2）计算样本均值抽样分布的期望与方差。

   （3）计算抽样标准误。

   （4）计算概率保证程度为 95% 时的抽样极限误差。

   （5）若抽中的三个数字是 1、7、9，求 95% 概率保证的总体均值的置信区间。

2. 设总体中有 12 张卡片，其中红色卡片 7 张。现从总体中随机抽取 4 张卡片构成样本，分别求重复抽样和不重复抽样时样本中红色卡片比例的抽样分布。

3. 为调查某中学学生的每月购书支出水平，在全校 1 750 名学生中，用不重复简单随机抽样形式抽取一个容量为 30 的样本。经调查，每个抽中学生上个月的购书支出金额如下表所示：

30 名学生某月购书支出金额的样本数据

样本序号	支出额（元）	样本序号	支出额（元）	样本序号	支出额（元）
1	85	11	20	21	49
2	62	12	75	22	45
3	42	13	34	23	95
4	15	14	41	24	36
5	50	15	58	25	25
6	39	16	63	26	45
7	83	17	95	27	128
8	65	18	120	28	45
9	32	19	19	29	29
10	46	20	57	30	84

要求：

(1) 以 95%的概率保证程度估计该校学生该月平均购书支出额。

(2) 以同样的概率保证程度估计该校学生该月购书支出额超出 70 元的人数。

(3) 以 95%的概率保证程度估计该校学生该月购书支出超出 70 元的人数比例，要求抽样极限误差不超过 10%时，计算所需的样本量。

4. 某保险公司欲对某地区家庭拥有私人汽车的情况进行调查，该地区拥有 20 万户家庭，在全体居民中按简单随机抽样方法抽出 70 户家庭，调查后发现其中 8 户家庭拥有私人汽车。

要求：

(1) 试估计该地区拥有私人汽车的家庭比例并给出抽样标准误。

(2) 在以 95%的概率保证程度要求估计的极限误差不超过 5%时，计算所需的样本量。

5. 某地要调查甲、乙两种疾病的发病率。从历史资料得知，甲种疾病的发病率为 8%，乙种疾病的发病率为 5%。

问：

(1) 如果两种疾病发病率的估计具有相同的抽样标准误 0.05，那么在采用简单随机抽样时各需要多大的样本量？

(2) 如果一个样本同时满足两种疾病发病率估计的需要，最终样本量为多少？

6. 某学院 4 个专业的新生举行元旦晚会，组织者为了活跃气氛，欲在 200 名学生中抽出 10 名作为"幸运星"，为了以示公平，要求每名学生被抽中的概率相同。组织者知道利用简单随机抽样的方法可以满足要求，你能否帮助组织者再设计几种方案？

7. 某居委会管辖有三个居民新村，居委会欲对居民购买彩票的情况进行调查。调查者考虑以新村分层，在每个新村中随机抽取了 10 个居民户并调查每户最近一个月购买彩票花费的金额（元），结果如下表所示：

（金额单位：元）

新村	居民户数	1	2	3	4	5	6	7	8	9	10
1	256	10	10	2	0	20	10	0	10	30	20
2	420	20	35	10	50	0	40	50	10	20	20
3	168	0	20	0	30	90	50	40	0	30	0

要求：

(1) 估计该小区居民户购买彩票的平均支出，并给出抽样标准误。

(2) 当概率保证程度为 95%，要求极限误差不超过 6 元时，计算按比例分配和 Neyman 分配的样本量及各层的样本量。

8. 随着经济发展，某市居民正在悄悄改变过年的习惯，虽然仍有大多数居民除夕夜在家吃年夜饭、看电视节目，但也有些家庭到饭店吃年夜饭，或逛夜市，或利用过年的假期到外地旅游。为研究这种现象，某研究机构以市中心 165 万居民户作为研究对象，将居民户按6 个行政区分层，在每个行政区随机抽出 30 户居民户进行了调查（各层抽样比可以忽略），每个行政区的情况以及在家吃年夜饭、看电视节目的居民户比例如下表所示：

行政区(h)	居民户比例(W_h)	在家居民户(n_h)	行政区(h)	居民户比例(W_h)	在家居民户(n_h)
1	0.18	27	4	0.09	26
2	0.21	28	5	0.16	28
3	0.14	27	6	0.22	29

要求：

(1) 估计该市居民在家吃年夜饭的比例，并给出抽样标准误。

(2) 当概率保证程度为 95% 时，要求极限误差不超过 1% 时，计算按比例分配和 Neyman 分配的总样本量及各层的样本量。

9. 某单位欲估计职工的离职意愿，聘请了专业公司来进行调研，公司人员按高级职称、中级职称和初级职称分为三层，已知层权分别为 0.2、0.3、0.5，预先猜测各层的总体比例为 0.1、0.2、0.4，如果采用按比例分配的分层抽样，要求抽样标准误与样本量为 100 的简单随机样本相当，则样本量应为多少（不考虑有限总体校正系数）？

10. 某灯泡厂每天生产灯泡 2 000 盒，每盒 10 只，现随机抽取 8 盒，测试耐用时数，结果如下表所示：

样本	耐用时数									
1	1 036	1 075	1 125	995	1 088	1 065	1 023	988	1 002	994
2	1 047	1 126	1 183	1 058	1 142	1 098	945	968	1 036	987
3	1 046	1 153	1 087	984	1 224	998	1 032	976	1 103	958
4	1 153	1 078	1 039	1 006	1 214	1 076	986	994	1 048	1 126
5	1 216	1 094	1 096	1 035	1 004	1 053	1 004	1 122	1 080	1 152
6	964	1 136	1 185	1 021	1 007	948	1 024	975	1 083	994
7	1 113	1 093	1 005	1 088	997	1 034	985	997	1 005	1 120
8	1 047	1 097	1 136	989	1 073	1 102	976	984	1 004	1 082

要求：

(1) 以每盒灯泡为群实施整群抽样，估计灯泡平均耐用时数及抽样标准误。

(2) 如果将以上数据视为从 20 000 只灯泡中按简单随机抽样直接抽取的，估计平均耐用时数及其抽样标准误，并与整群抽样结果进行比较。

11. 某高校学生会欲对全校女生拍摄过个人艺术照的比例进行调查。全校共有女生宿舍 1 000 间，每间住 6 位同学。学生会的同学运用两阶段抽样设计了抽样方案，从 1 000 间宿舍中随机抽取了 10 间样本宿舍，在每间样本宿舍中随机抽取了 3 位同学分别进行单独访问，调查的结果如下表所示：

样本宿舍	拍照人数	样本宿舍	拍照人数
1	2	6	1
2	0	7	0
3	1	8	1
4	2	9	1
5	1	10	0

试估计拍摄过个人艺术照的女生的比例，并给出具有 95% 概率保证程度的置

信区间。

12. 在一项植物病害的研究中，植物生长在 160 个小地块上，每个小地块有 9 株植物。随机抽取 40 个小地块，再从每个被抽中的小地块中抽取 3 株植物，考察它们是否有病害。结果发现 22 个小地块上没有病害植物（从被抽取的 3 株植物来看），11 个小地块上各有 1 株有病害的植物，4 个小地块上各有 2 株有病害的植物，3 个小地块上各有 3 株有病害的植物。试以 90%的可靠程度估计有病害的植物的比例。

◎ 人物介绍

普拉桑塔·钱德拉·马哈拉诺比斯（Prasanta Chandra Mahalanobis，1893—1972）

印度著名统计学家。马哈拉诺比斯出生在印度的加尔各答，起初在加尔各答研究物理学，1915 年到剑桥大学担任资深研究学者，后来回到印度加尔各答总统学院任教。他从人体测量学中导出 D^2 统计量，在实验设计、抽样理论等方面取得了突出的研究成果，在农产量抽样调查方面做出了重要贡献。他于 1931 年创办了印度统计学会，担任了印度统计研究院院长，1945 年成为英国皇家学会会员，曾获得印度最高荣誉 Padma Vibhushan 奖。1957 年，他访问中国，受到了周恩来总理的接见。

第 5 章

假 设 检 验

"用什么标准来判断一项显著性检验的应用是正确的还是不正确的呢?"

——耶日·尼曼

本章介绍假设检验的基本原理和一些常见的假设检验。具体要求:①正确理解假设检验的含义与种类;②熟知如何建立原假设和备择假设,以及两者的意义;③掌握假设检验的判断规则和基本步骤;④掌握一些常见的假设检验;⑤正确理解假设检验的两类错误及其关系,能够计算犯 β 类错误的概率并且理解假设检验功效的含义。

5.1 假设检验的基本问题

5.1.1 假设检验的概念与种类

假设检验也叫显著性检验,是统计推断的基本内容之一。在实践中,我们往往会遇到这样的问题:我们根据样本观测得到的一些结论,根据经验积累得到的一些认识,以及由此得到的一些判断是否成立?例如,居民的收入水平是否提高,作物的产量是否增加,产品的质量是否上升,经济发展的地区差别是否存在,现象之间的数量关系是否成立,事物的发展是否具有某种规律,等等,都是我们经常面对的问题。为了尽可能科学、客观地回答这些问题,使我们的判断、选择和决策避免失误,我们需要借助一定的方法,这就是统计学的假设检验方法。因此,假设检验是一种非常有用的统计方法,在统计学中具有重要地位。

为了理解什么是假设检验,我们先看一个例子。

【例 5-1】 某飞机制造厂经理拟购一批共计 10 000 张的铝板,规定厚度为 0.04 寸[⊖](厚

⊖ 1 寸 = 0.033 米。

度过大将增加机身重量,过薄则影响应有的强度)。经检测 100 张铝板,其平均厚度为 0.040 8 寸。这样,经理就面临着是否相信该批铝板的平均厚度与 0.04 寸无异的问题,从而面临接收或拒收这批铝板的两种对立行动的抉择。很显然,单从样本数据看,铝板的平均厚度已经超过了规定,似乎不符合规定。但实际情况是否真的如此?样本铝板平均厚度与规定之间的差异是必然存在的还是由偶然因素产生的?这就需要我们通过假设检验来判断。这时,样本均值即总体均值的估计值为 0.040 8 寸,而总体均值的假设值为 0.04 寸。如果该批铝板符合要求而拒收,将丧失购货机会;如果该批铝板不合格而接收下来,将会给产品带来质量问题。因此,在决定行动以前,经理要对该批铝板的平均厚度是否为 0.04 寸进行判断。

可见,所谓假设检验,就是事先对总体参数或总体分布形态做出一个规定或假设,然后利用样本提供的信息,以一定的概率来检验假设是否成立(或是否合理),或者说判断总体的真实情况是否与原假设存在显著的系统性差异。因此,统计假设就是关于统计总体分布特征的某种论断。在统计中,常见的统计假设有:总体均值(或总体成数、总体方差等)等于(或大于、小于)某一数值,总体相关系数等于零,两总体均值(或两总体成数、两总体方差)相等,总体分布服从正态分布等。而这些统计假设是否正确,就是假设检验所要解决的问题。本书只讨论关于总体参数的假设检验。

根据检验的目的不同,假设检验可以分为双侧检验和单侧检验两类。双侧检验是指同时注意总体参数估计值与其假设值相比的偏高和偏低倾向的检验(或同时注意某一总体的参数估计值与另一总体的参数估计值相比的偏高和偏低倾向的检验)。这时,总体参数估计值与其假设值之间的差异不分正负,检验目的只是判断总体参数值是否与某一假设值有显著差异而不管这种差异是正差还是负差。在例 5-1 中,若经理只关心该批铝板的平均厚度是否与 0.04 寸有显著差异,而不区分是大于或小于 0.04 寸,就要用双侧检验。单侧检验是指只注意总体参数估计值比其假设值偏高或偏低倾向的检验(或只注意某一总体的参数估计值与另一总体的参数估计值相比的偏高或偏低倾向的检验),它是单方向的。这时,总体参数估计值与其假设值之间的差异就要分正负,检验目的是判断总体参数值是否大于或小于某一假设的值。单侧检验又分为左单侧检验和右单侧检验。若所要检验的是总体参数值是否小于某假设值,就要关心其负差,要采用左单侧检验;若所检验的是总体参数值是否大于某假设值,就要关心其正差,要采用右单侧检验。在例 5-1 中,若经理关心的是该批铝板的平均厚度是否会超过 0.04 寸,那么就属于右单侧检验的问题。

5.1.2 原假设和备择假设

要进行假设检验,必须设立原假设和备择假设。原假设也称零假设或虚无假设,是研究者对总体参数值事先提出的假设,是被检验的假设。备择假设也称对立假设,是研究者通过检验希望能够成立的假设,是当原假设不成立时供选择的假设。设总体参数 θ 的假设值为 θ_0,那么原假设记为

$$H_0: \theta = \theta_0$$

它表示总体参数值与其假设值之间没有显著差异。

备择假设记为

$$H_1: \theta \neq \theta_0 \quad (双侧检验时)$$

或

$$H_1: \theta > \theta_0 \quad (右单侧检验时)$$

或

$$H_1: \theta < \theta_0 \quad (左单侧检验时)$$

它们分别表示总体参数值与其假设值之间没有显著差异,或总体参数值大于其假设值,或总体参数值小于其假设值。

把原假设与备择假设合在一起就表示为

$$H_0: \theta = \theta_0$$
$$H_1: \theta \neq \theta_0 \quad (或 H_1: \theta > \theta_0 \text{ 或 } H_1: \theta < \theta_0) \tag{5-1}$$

原假设与备择假设是互相排斥的,两者中有且只有一个正确。通常,总希望原假设 H_0 能被推翻而备择假设 H_1 能被接收,但倘若没有足够充分的依据证明原假设是错误的,就不能轻易推翻原假设。这就要求我们在一定的概率保证下,根据样本得到的信息(统计值)和样本统计量的分布规律(第 4 章介绍的抽样分布规律)来考虑接受原假设是否会导致不合理的结果。如果结果合理,就接收原假设;如果不合理,就要否定原假设。

样本统计值(总体参数估计值)与原假设值(或某一总体的样本统计值与另一总体的样本统计值)往往会有差异。在例 5-1 中,原假设为:$H_0: \overline{X} = 0.04$,而样本均值则为 $\bar{x} = 0.0408$。现在问题的关键是,这个差异是否可以仅凭偶然性这个因素来解释,或者说,是否有充分的理由(而非绝对的证明,因为数据有随机性)来否定这种解释。如果这种差异由系统性因素引起,那么这种差异是显著的,就要否定原假设,即 $\overline{X} \neq 0.04$;如果这种差异由随机抽样的偶然性引起,那么这种差异就是不显著的,就不能否定原假设,即应认为 $\overline{X} = 0.04$。因此,假设检验的实质就是样本信息是否有充分的理由来否定原假设。必须指出的是,我们不是根据样本的结果去判断原假设与备择假设哪一个更有可能正确,这两个假设不能同等看待。做出接受原假设 H_0 这个判断的含义,只是认为否定的根据还不充分,而不是认为它必然正确。因此,一方面原假设 H_0 受到保护而不被轻易否定,使它处于有利地位;另一方面当原假设 H_0 被接收时,又认为它不一定正确。

还须指出,备择假设的表达式中是不含有等号的,即等号一定存在于原假设中。

5.1.3 显著性水平和拒绝域

进行假设检验,概率论中关于小概率事件在一次试验中是不可能事件的原则,是其所要遵循的基本原则。由抽样分布理论可知,若原假设 H_0 成立,则样本统计值与总体参数假设值偏差很大的事件是一个小概率事件。倘若在一次抽样中,样本统计值与总体参数假设值相差很大,那么在原假设成立的条件下,就是出现了一个小概率事件。一旦出现小概率事件,就要怀疑原假设的正确性,从而否定原假设。若一次抽样的样本统计值与总体参数假设值相差不大,那么就没有理由拒绝原假设,也就只好接受原假设。

现在的问题是，概率小到多少的事件为小概率事件？这个概率是在假设检验之前由人们事先主观选定的，用 α 表示。α 究竟取多大为宜，应视具体情况而定，通常取 0.05 或 0.01，有时也取 0.10，而把概率小于上述值的事件称为小概率事件。α 越大，样本统计值与总体参数假设值之间的差异成为显著性差异的可能性越大；α 越小，这种差异成为显著性差异的可能性越小。因此 α 的大小就成为判定这种差异是否显著的一个标准，故称为显著性水平。$1-\alpha$，则是样本统计值与总体参数假设值之差不超过一定范围的概率。

接受或拒绝原假设，最终要以显著性水平为依据确定评判的规则。评判规则有两种：临界值规则和 P-值规则。这也就是样本统计量抽样分布曲线图中接受域与拒绝域的划分规则。

所谓临界值规则，就是先把 α 值转化为一定分布下的临界值，然后计算检验统计值，最后把检验统计值与临界值相比较来判断是否拒绝原假设。在双侧检验时，α 平分在两侧，其临界值表示为 $\pm Z_{\alpha/2}$（正态分布）或 $\pm t_{(\alpha/2, n-1)}$（t 分布）。例如，在正态分布下，$\alpha = 0.05$ 时，$Z_{\alpha/2} = 1.96$。在单侧检验时，α 处于分布的某一侧，左单侧检验时处于左侧，其临界值表示为 $-Z_\alpha$ 或 $-t_{(\alpha, n-1)}$；右单侧检验时处于右侧，其临界值表示为 Z_α 或 $t_{(\alpha, n-1)}$。例如，在正态分布下，$\alpha = 0.05$ 时，$Z_\alpha = 1.64$。然后，把检验统计量的值与临界值进行比较。检验统计量是样本统计量的标准化形式，其构造公式为 $Z = \dfrac{\hat{\theta} - \theta}{SE(\hat{\theta})}$ 或 $t = \dfrac{\hat{\theta} - \theta}{SE(\hat{\theta})}$。凡是检验统计量之值的绝对值小于临界值的绝对值，那么就接受原假设；若检验统计量之值的绝对值大于或等于临界值的绝对值，那么就拒绝原假设。这样，临界值就把样本统计量的概率分布区域分成了两部分（把检验统计量的取值分成了两个区域）：不超过临界值的区域和超过临界值的区域。我们把不超过临界值的区域称为接受域，把超过临界值的区域（含临界值点）称为拒绝域。标准正态分布的拒绝域如图 5-1 和图 5-2 所示。

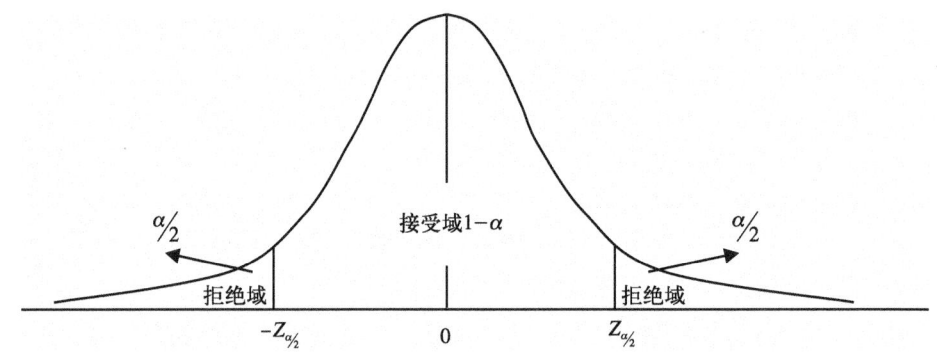

图 5-1 正态分布双侧检验接受域与拒绝域示意图

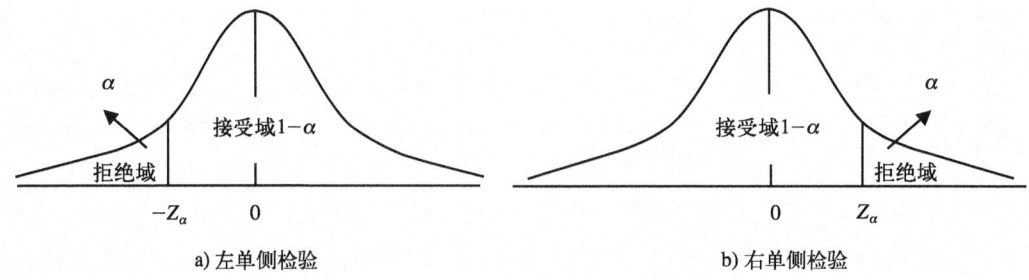

a) 左单侧检验　　　　　　　　　　b) 右单侧检验

图 5-2 正态分布单侧检验接受域与拒绝域示意图

所谓 P-值规则,就是先计算检验统计值 Z,然后求出统计量分布曲线图中与检验统计值相对应的,称之为观测到的显著性水平 P-值,最后把 P-值与事先给定的显著性水平 α 值相比较来判断是否拒绝原假设。在双侧检验时,P-值为检验统计值大于 Z 值(为正时)或小于 Z 值(为负时)的概率,若 $P \geqslant \frac{\alpha}{2}$(或 $2P \geqslant \alpha$),说明一次抽样的样本观测值出现极端值的情况在规定的显著性水平(认定的小概率)下不太可能发生,因而要接受原假设;若 $P < \frac{\alpha}{2}$(或 $2P < \alpha$),说明一次抽样的样本观测值出现极端值的情况在规定的显著性水平(认定的小概率)下发生了,因而要拒绝原假设。在单侧检验时,若 $P \geqslant \alpha$,要接受原假设;若 $P < \alpha$,则要拒绝原假设。概括起来,P-值越小,越要拒绝原假设。例如,在例 5-1 中,P-值就是所检测的 100 张铝板平均厚度超过 0.040 8 寸的概率。如果事先规定的显著性水平为 0.05,那么在双侧检验中,P-值大于等于 0.025 时不能拒绝原假设,即认为该批铝板的平均厚度与 0.04 寸没有显著差异;P-值小于 0.025 时要拒绝原假设,即认为该批铝板的平均厚度与 0.04 寸有显著差异。在单侧检验中,P-值大于等于 0.05 时不能拒绝原假设,即认为该批铝板的平均厚度没有明显超过 0.04 寸;P-值小于 0.05 时要拒绝原假设,即认为该批铝板的平均厚度明显地超过 0.04 寸。当然,在得到结论以前,除了需要知道样本铝板平均厚度、显著性水平这两个因素外,还必须知道该批铝板厚度的标准差(未知时以样本标准差估计),进而计算出抽样标准误。抽样标准误越大,P-值越大;抽样标准误越小,P-值越小。

临界值规则与 P-值规则是等价的,它们都取决于四个因素:样本数据与原假设值之间的差距、样本容量、总体分布标准差(未知时以样本分布标准差估计)和给定的显著性水平。在实际的假设检验中选用一个即可。当然,P-值规则使得对后面所要讨论的犯第一类错误概率的表述更为精确。限于篇幅,本书介绍的各种检验采用临界值规则。

5.1.4 假设检验的基本步骤

假设检验的基本步骤可归纳为:
(1)提出原假设 H_0 和备择假设 H_1;
(2)确定检验的显著性水平 α;
(3)根据样本统计量的概率分布确定出与 α 相对应的临界值,即确定接受域和拒绝域;
(4)构造检验统计量,并根据样本观测数据计算出检验统计值;
(5)比较检验统计值与临界值,做出接受或拒绝原假设的判断。

5.2 几种常见的假设检验

5.2.1 总体均值的检验

检验目的是总体均值 $\overline{X}$ 是否等于(或大于,或小于)$\overline{X}_0$。我们可以建立如下假设

$$H_0: \overline{X} = \overline{X}_0 \quad (双侧检验)$$
$$H_1: \overline{X} \neq \overline{X}_0$$

(5-2)

或

$$H_0: \overline{X} = \overline{X}_0 \quad (左单侧检验) \qquad (5-3)$$
$$H_1: \overline{X} < \overline{X}_0$$

或

$$H_0: \overline{X} = \overline{X}_0 \quad (右单侧检验) \qquad (5-4)$$
$$H_1: \overline{X} > \overline{X}_0$$

下面我们分几种情况加以介绍。

5.2.1.1 总体服从正态分布且方差已知

根据抽样分布原理，当总体服从正态分布 $N(\overline{X}, S^2)$ 时，那么从中抽取容量为 n 的样本，其样本均值 $\bar{x}$ 服从正态分布 $N\left(\overline{X}, \dfrac{S^2}{n}\right)$（为了简便，只讨论重复抽样情况），而统计量 $Z = \dfrac{\bar{x} - \overline{X}_0}{\dfrac{S}{\sqrt{n}}}$ 服从标准正态分布。

所以，当原假设为真时，我们可以构造检验统计量为

$$Z = \dfrac{\bar{x} - \overline{X}_0}{\dfrac{S}{\sqrt{n}}} \qquad (5-5)$$

对于双侧检验，针对给定的显著性水平 α，当 $|Z| < Z_{\alpha/2}$（$-Z_{\alpha/2} < Z < Z_{\alpha/2}$）时，要接受 H_0；当 $|Z| \geq Z_{\alpha/2}$（$Z \geq Z_{\alpha/2}$ 或 $Z \leq -Z_{\alpha/2}$）时，则要拒绝 H_0 而接受 H_1。

【例 5-2】 某机床厂加工一种零件。根据历史数据可知，该厂职工加工零件所需的操作时间渐近服从正态分布，其总体均值为 16 分钟，标准差为 3.2 分钟。现采用新机床进行加工，随机抽取 10 名职工进行操作，结果平均所需时间为 13.5 分钟。试问在 $\alpha = 0.05$ 的前提下，采用新机床前后，职工的平均操作时间有无明显差异。

由题意知，这是双侧检验问题，可建立假设如下

$$H_0: \overline{X} = 16$$
$$H_1: \overline{X} \neq 16$$

由样本均值 $\bar{x} = 13.5$ 和总体标准差 $S = 3.2$，可计算得检验统计量 Z 值为

$$Z = \dfrac{\bar{x} - \overline{X}_0}{\dfrac{S}{\sqrt{n}}} = \dfrac{13.5 - 16}{\dfrac{3.2}{\sqrt{10}}} = -2.47$$

在显著性水平 $\alpha = 0.05$ 下，$Z_{\alpha/2} = 1.96$。由于 $|Z| \geq Z_{\alpha/2}$，落入拒绝域，因此要拒绝 $H_0: \overline{X} = 16$ 而接受 $H_1: \overline{X} \neq 16$。表明采用新机床前后，职工的平均操作时间有了显著差异。（如果采用 P-值规则，则查标准正态分布表可知 Z 值小于 -2.47 的概率为 $P = 0.00675$，而 $\dfrac{\alpha}{2} = 0.025$，$P < \dfrac{\alpha}{2}$，所以要拒绝原假设，结论相同。）

对于左单侧检验，针对给定的显著性水平 α，当 $Z < -Z_\alpha$ 时，要拒绝 H_0 而接受 H_1；当 $Z \geq -Z_\alpha$，则要接受 H_0。对于右单侧检验，则当 $Z \geq Z_\alpha$ 时，要拒绝 H_0 而接受 H_1；当 $Z < Z_\alpha$

时，则要接受 H_0。

【例 5-3】 在例 5-2 中，试问在 $\alpha = 0.05$ 的前提下，采用新机床后职工的平均操作时间是否有显著缩短？

由题意，这是左单侧检验问题，可建立假设如下

$$H_0 : \overline{X} = 16$$
$$H_1 : \overline{X} < 16$$

检验统计量 Z 值仍为-2.47。由于$-Z_\alpha = -1.64$，$Z < -Z_\alpha$，落入了拒绝域，因此要拒绝 $H_0 : \overline{X} = 16$ 而要接受 $H_1 : \overline{X} < 16$，表明采用新机床加工后职工的平均操作时间有显著缩短。（如果采用 P-值规则，则查标准正态分布表可知 Z 值小于-2.47 的概率仍然为 $P = 0.00675$，而 $\alpha = 0.05$，$P < \alpha$，所以要拒绝原假设，结论相同。）

【例 5-4】 某地区小麦的亩产量服从正态分布，平均亩产为 400 千克，标准差为 30 千克。现用一种新化肥进行试验，25 个地块的取样结果为平均亩产 420 千克，试问当 $\alpha = 0.05$ 时，这种新化肥是否使小麦增产？

由题意，这是右单侧检验问题，可建立假设如下

$$H_0 : \overline{X} = 400$$
$$H_1 : \overline{X} > 400$$

由样本均值 $\overline{x} = 420$ 和总体标准差 $S = 30$，可计算的检验统计量 Z 值为

$$Z = \frac{\overline{x} - \overline{X}_0}{\frac{S}{\sqrt{n}}} = \frac{420 - 400}{\frac{30}{\sqrt{25}}} = 3.33$$

在 $\alpha = 0.05$ 时，$Z_\alpha = 1.64$。由于 $Z > Z_\alpha$，落入了拒绝域，因此要拒绝 $H_0 : \overline{X} = 400$ 而接受 $H_1 : \overline{X} > 400$，表明新化肥能使小麦增产。

5.2.1.2 总体分布及其方差均未知但为大样本

根据中心极限定理，当样本容量足够大时（$n > 30$），样本均值 $\overline{x}$ 也趋于服从数学期望为 $\overline{X}$，方差为 $\frac{S^2}{n}$ 的正态分布。但由于 S^2 未知，要以样本方差 $s^2 = \frac{\Sigma(x_i - \overline{x})^2}{n-1}$ 来估计，这时统计量 $Z = \frac{\overline{x} - \overline{X}_0}{\frac{s}{\sqrt{n}}}$ 趋于服从标准正态分布。

所以，如果原假设 $H_0 : \overline{X} = \overline{X}_0$ 成立，我们也可以构造检验统计量为

$$Z = \frac{\overline{x} - \overline{X}_0}{\frac{s}{\sqrt{n}}} \tag{5-6}$$

根据与 5.2.1.1 节相同的规则，通过比较 Z 值与临界值 Z_α 或 $Z_{\alpha/2}$，可以做出接受 H_0 或拒绝 H_0 的判断，唯一不同之处，就是以 s 代替了 S。

【例 5-5】 某城市 2010 年人口普查资料显示平均家庭人口数为 3.8 人。2017 年从该市

随机抽取 400 户进行调查,结果为平均每户 3.7 人,标准差为 1.01 人,试问在 0.01 的显著水平下,该市平均家庭人口数是否有所下降?

由题意,这是左单侧检验的问题,可建立假设如下

$$H_0: \overline{X} = 3.8$$
$$H_1: \overline{X} < 3.8$$

由样本均值 $\bar{x} = 3.7$ 和样本标准差 $s = 1.01$,可计算检验统计量的 Z 值为

$$Z = \frac{\bar{x} - \overline{X}_0}{\frac{s}{\sqrt{n}}} = \frac{3.7 - 3.8}{\frac{1.01}{\sqrt{400}}} - 1.98$$

在 $\alpha = 0.01$ 时,$-Z_\alpha = -2.33$。由于 $Z > -Z_\alpha$,落入了接受域,因此要接受 $H_0: \overline{X} = 3.8$ 而拒绝 $H_1: \overline{X} < 3.8$,即没有充分的证据认为平均家庭人口数有了明显下降。

但要注意,若取 $\alpha = 0.05$,那么 $-Z_\alpha = -1.64$,这时,$Z < -Z_\alpha$,落入了拒绝域,从而要拒绝 $H_0: \overline{X} = 3.8$ 而接受 $H_1: \overline{X} < 3.8$,即认为平均家庭人口数存在明显下降。这说明假设检验的结果与 α 的大小密切相关。

5.2.1.3　总体为正态分布,但方差未知且为小样本

若总体服从正态分布 $N(\overline{X}, S^2)$,但 S^2 未知而要用样本方差 s^2 估计,那么当 $n<30$ 时,统计量 $t = \frac{\bar{x} - \overline{X}}{\frac{s}{\sqrt{n}}}$ 服从自由度为 $n-1$ 的 t 分布。

如果原假设 $H_0: \overline{X} = \overline{X}_0$ 成立,则检验统计量为

$$t = \frac{\bar{x} - \overline{X}_0}{\frac{s}{\sqrt{n}}} \quad (5\text{-}7)$$

根据规定的显著性水平 α 来确定临界值 $t_{(\alpha/2, n-1)}$ 或 $t_{(\alpha, n-1)}$,通过比较 t 和 $t_{\alpha/2}$(或 t_α),来做出接受或拒绝原假设的判断。这种检验称为小样本 t 检验。

对于双侧检验,当 $-t_{\alpha/2} < t < t_{\alpha/2}$($|t| < t_{\alpha/2}$),接受原假设 $H_0: \overline{X} = \overline{X}_0$ 而拒绝备择假设 $H_1: \overline{X} \neq \overline{X}_0$;若 $t < t_{\alpha/2}$ 或 $t < -t_{\alpha/2}$($|t| < t_{\alpha/2}$),则要拒绝 H_0 而接受 H_1。同理,对于左单侧检验,当 $t \leq t_\alpha$ 时,拒绝 $H_0: \overline{X} = \overline{X}_0$ 而接受 $H_1: \overline{X} < \overline{X}_0$;若 $t > -t_\alpha$,则接受 H_0。对于右单侧检验,当 $t \geq t_\alpha$ 时,拒绝 $H_0: \overline{X} = \overline{X}_0$ 而接受 $H_1: \overline{X} > \overline{X}_0$;若 $t < t_\alpha$,则接受 H_0。

【例 5-6】 某机器制造的肥皂厚度规定为 5 厘米。今欲了解机器性能是否良好,取 16 块肥皂为样本,测得平均厚度为 5.2 厘米,标准差为 0.4 厘米。问在 0.05 的显著性水平下,机器的性能是否良好?

由题意知,这是双侧检验的问题,可建立假设如下

$$H_0: \overline{X} = 5$$
$$H_1: \overline{X} \neq 5$$

由样本均值 $\bar{x} = 5.2$ 和样本标准差 $s = 0.4$，可计算检验统计量 t 的值为

$$t = \frac{\bar{x} - \bar{X}_0}{\frac{s}{\sqrt{n}}} = \frac{5.2 - 5}{\frac{0.4}{\sqrt{16}}} = 2$$

在 $\alpha = 0.05$ 时，自由度为 $n - 1 = 15$ 的双侧临界值为 $t_{(\alpha/2,15)} = 2.13$。由于 $|t| < t_{\alpha/2}$，落入了接受域，因此要接受 $H_0 : \bar{X} = 5$，即认为该机器性能良好。

【例 5-7】 在例 5-6 中，问在相同的显著性水平下，该机器生产的肥皂平均厚度是否偏高？

由题意知，这是右单侧检验的问题，可建立假设如下

$$H_0 : \bar{X} = 5$$
$$H_1 : \bar{X} > 5$$

检验统计量 t 值仍为 2。查 t 分布表，在 $\alpha = 0.05$，自由度为 15 时，右单侧临界值 $t_{(\alpha/2,15)} = 1.75$。由于 $t > t_\alpha$，落入了拒绝域，因此要拒绝 H_0，而接受 $H_1 : \bar{X} > 5$，即认为该机器所生产肥皂的平均厚度比规定的厚度偏高。

这里需要说明的是，同在 0.05 的显著性水平下，例 5-6 接受 H_0，表明该机器的生产性能良好（所生产肥皂的平均厚度与规定的厚度无显著差异），而例 5-7 则拒绝 H_0，认为该机器所生产肥皂的平均厚度偏高。这两个结论之所以不同，是由检验的目的不同所造成的。在双侧检验时，差异被平分在两侧；而在单侧检验时，差异被集中在一侧。因此，当检验统计量的值不是远大于或远小于临界值时，就可能正好处于单侧临界值与双侧临界值之间，结果造成一个要拒绝原假设而另一个则要接受原假设的现象。

5.2.2 两个总体均值之差的检验

设两个总体的均值分别为 $\bar{X}_1$ 和 $\bar{X}_2$，两个总体的方差分别为 S_1^2 和 S_2^2，来自两个总体的样本容量分别为 n_1 和 n_2，样本均值分别为 $\bar{x}_1$ 和 $\bar{x}_2$。检验的目的是验证两个总体的均值是否相等，或两个总体的均值之差是否为零。我们可以建立如下假设

$$H_0 : \bar{X}_1 = \bar{X}_2$$
$$H_1 : \bar{X}_1 \neq \bar{X}_2 \quad \text{（双侧检验）} \tag{5-8}$$

或

$$H_0 : \bar{X}_1 = \bar{X}_2$$
$$H_1 : \bar{X}_1 < \bar{X}_2 \quad \text{（左单侧检验）} \tag{5-9}$$

或

$$H_0 : \bar{X}_1 = \bar{X}_2$$
$$H_1 : \bar{X}_1 > \bar{X}_2 \quad \text{（右单侧检验）} \tag{5-10}$$

下面分几种情况加以介绍。

5.2.2.1 两个总体服从正态分布且方差已知

根据抽样分布原理，统计量 $Z = \dfrac{(\bar{x}_1 - \bar{x}_2) - (\overline{X}_1 - \overline{X}_2)}{\sqrt{\dfrac{S_1^2}{n_1} + \dfrac{S_2^2}{n_2}}}$ 服从标准正态分布。

如果原假设 $H_0 : \overline{X}_1 = \overline{X}_2$ 成立，我们可构造检验统计量为

$$Z = \dfrac{\bar{x}_1 - \bar{x}_2}{\sqrt{\dfrac{S_1^2}{n_1} + \dfrac{S_2^2}{n_2}}} \tag{5-11}$$

对于双侧检验，当 $|Z| \geq Z_{\alpha/2}$ 时拒绝 H_0，当 $|Z| < Z_{\alpha/2}$ 时接受 H_0。对于左单侧检验，当 $Z \leq -Z_\alpha$ 时拒绝 H_0，当 $Z > -Z_\alpha$ 时拒绝 H_0。对于右单侧检验，当 $Z \geq Z_\alpha$ 时拒绝 H_0。当 $Z < Z_\alpha$ 时接受 H_0。

【例 5-8】有甲乙两种方法用于制造某种产品。经验表明，这两种方法生产的产品其抗拉强度（千克）都近似服从正态分布，且已知标准差分别为 3 千克和 4 千克。从甲、乙两种方法生产的产品中分别随机抽取 10 件和 14 件产品，所得样本均值分别为 20 千克和 17 千克。问在 0.05 的显著性水平下，甲方法生产的产品，其抗拉强度是否优于乙方法？

由题意知，这是右单侧检验问题，可建立假设如下

$$H_0 : \overline{X}_1 = \overline{X}_2$$
$$H_1 : \overline{X}_1 > \overline{X}_2$$

根据已知的总体标准差 $S_1 = 3$，$S_2 = 4$ 和样本均值 $\bar{x}_1 = 20$，$\bar{x}_2 = 17$，我们可计算出检验统计量 Z 的值为

$$Z = \dfrac{(\bar{x}_1 - \bar{x}_2)}{\sqrt{\dfrac{S_1^2}{n_1} + \dfrac{S_2^2}{n_2}}} = \dfrac{20 - 17}{\sqrt{\dfrac{9}{10} + \dfrac{16}{14}}} = 2.099$$

在 $\alpha = 0.05$ 时，$Z_\alpha = 1.64$。由于 $Z \geq Z_\alpha$，落入拒绝域，因此要拒绝原假设 H_0 而接受备择假设 H_1，表明甲方法生产的产品，其抗拉强度优于乙方法。

若两个总体非正态，但方差 S_1^2 和 S_2^2 已知，那么当 n_1 和 n_2 都足够大时（均为大样本），关于两个总体均值是否相等的检验与此相同。

5.2.2.2 两个总体方差未知但为大样本

若两个总体方差 S_1^2 和 S_2^2 未知且不相等，要分别以样本方差 s_1^2 和 s_2^2 来估计，那么当 n_1 和 n_2 都足够大时，统计量 $Z = \dfrac{(\bar{x}_1 - \bar{x}_2) - (\overline{X}_1 - \overline{X}_2)}{\sqrt{\dfrac{s_1^2}{n_1} + \dfrac{s_2^2}{n_2}}}$ 趋于服从标准正态分布。

当原假设 $H_0 : \overline{X}_1 = \overline{X}_2$ 成立时，我们可构造检验统计量为

$$Z = \dfrac{\bar{x}_1 - \bar{x}_2}{\sqrt{\dfrac{s_1^2}{n_1} + \dfrac{s_2^2}{n_2}}} \tag{5-12}$$

【例 5-9】 要比较甲乙两城市居民某类消费的支出水平。甲城市随机调查 100 人，平均年消费支出 1 300 元，标准差 80 元；乙城市随机调查 120 人，平均年消费支出 1 320 元，标准差 100 元。问在 0.05 的显著性水平下，甲乙两城市居民的某类消费支出水平是否有显著差异？

由题意知，这是双侧检验问题，可建立假设如下

$$H_0: \overline{X}_1 = \overline{X}_2$$
$$H_1: \overline{X}_1 \neq \overline{X}_2$$

根据样本均值 $\overline{x}_1 = 1\,300$，$\overline{x}_2 = 1\,320$ 和样本标准差 $s_1 = 80$，$s_2 = 100$，可计算出检验统计量 Z 的值为

$$Z = \frac{(\overline{x}_1 - \overline{x}_2)}{\sqrt{\frac{s_1^2}{n_1} + \frac{s_2^2}{n_2}}} = \frac{1\,300 - 1\,320}{\sqrt{\frac{80^2}{100} + \frac{100^2}{120}}} = -1.65$$

在 $\alpha = 0.05$ 时，$Z_{\alpha/2} = 1.96$。由于 $|Z| < Z_{\alpha/2}$，落入接受域，因此要接受 H_0，即认为两城市居民的消费支出水平并无显著差异。

若两个总体方差相等但未知，则要以两个样本的合并方差作为两个总体共同方差的估计量，即 $\hat{S}^2 = \dfrac{n_1 s_1^2 + n_2 s_2^2}{n_1 + n_2}$。这时，下列统计量仍然趋于服从正态分布，即

$$\begin{aligned}Z &= \frac{(\overline{x}_1 - \overline{x}_2) - (\overline{X}_1 - \overline{X}_2)}{\hat{S}\sqrt{\frac{1}{n_1} + \frac{1}{n_2}}} \\ &= \frac{(\overline{x}_1 - \overline{x}_2) - (\overline{X}_1 - \overline{X}_2)}{\sqrt{\frac{s_1^2}{n_2} + \frac{s_2^2}{n_1}}}\end{aligned} \quad (5\text{-}13)$$

当原假设成立时，检验统计量为

$$\begin{aligned}Z &= \frac{(\overline{x}_1 - \overline{x}_2)}{\hat{S}\sqrt{\frac{1}{n_1} + \frac{1}{n_2}}} \\ &= \frac{(\overline{x}_1 - \overline{x}_2)}{\sqrt{\frac{s_1^2}{n_2} + \frac{s_2^2}{n_1}}}\end{aligned} \quad (5\text{-}14)$$

5.2.2.3 两个总体服从正态分布，但方差未知且为小样本

若两个总体服从正态分布，方差未知且相等，那么当 n_1 和 n_2 都不够大时，下列统计量服从自由度为 $n_1 + n_2 - 2$ 的 t 分布，即

$$t = \frac{(\overline{x}_1 - \overline{x}_2) - (\overline{X}_1 - \overline{X}_2)}{s\sqrt{\frac{1}{n_1} + \frac{1}{n_2}}} \quad (5\text{-}15)$$

式中，$s = \sqrt{\dfrac{(n_1 - 1)s_1^2 + (n_2 - 1)s_2^2}{n_1 + n_2 - 2}}$ 为合并标准差。

当原假设成立时，检验统计量为

$$t = \frac{(\bar{x}_1 - \bar{x}_2)}{s\sqrt{\frac{1}{n_1} + \frac{1}{n_2}}} \tag{5-16}$$

对于双侧检验，当$|t| > t_{(\alpha/2, n_1+n_2-2)}$时要拒绝$H_0$，当$|t| < t_{(\alpha/2, n_1+n_2-2)}$时要接受$H_0$。对于左单侧检验，当$t \geqslant t_{(\alpha/2, n_1+n_2-2)}$时要拒绝$H_0$，当$t \leqslant -t_{(\alpha/2, n_1+n_2-2)}$时要接受$H_0$。对于右单侧检验，当$t \geqslant -t_{(\alpha/2, n_1+n_2-2)}$时要拒绝$H_0$，当$t < t_{(\alpha/2, n_1+n_2-2)}$时要接受$H_0$。

【例5-10】用两种不同的方法对金属做热处理。甲方法试验了9次，平均抗压强度为31千克，标准差为10.2千克；乙方法试验了11次，平均抗压强度为28千克，标准差为7.8千克。假设两种处理方法的抗压强度均服从正态分布且方差相等，问在0.05的显著性水平下，两种方法的抗压强度有无显著差异？

由题意知，这是双侧检验问题，可建立假设如下

$$H_0: \overline{X}_1 = \overline{X}_2$$
$$H_1: \overline{X}_1 \neq \overline{X}_2$$

根据已知的样本均值$\bar{x}_1 = 31$，$\bar{x}_2 = 28$和样本方差$s_1^2 = 10.2$，$s_2^2 = 7.8$，可计算出检验统计量t的值为

$$t = \frac{(\bar{x}_1 - \bar{x}_2)}{\sqrt{\frac{(n_1-1)s_1^2 + (n_2-1)s_2^2}{n_1+n_2-2} + \left(\frac{1}{n_1} + \frac{1}{n_2}\right)}}$$

$$= \frac{(31-28)}{\sqrt{\frac{8 \times 10.2 + 10 \times 7.8}{9+11-2}\left(\frac{1}{9} + \frac{1}{11}\right)}}$$

$$= 1.67$$

在$\alpha = 0.05$时，在自由度$9+11-2=18$时，$t_{(\alpha/2,18)} = 2.10$。由于$t < t_{\alpha/2}$，落入接受域，因此要接受H_0，即认为两种热处理方法金属的抗压强度没有造成显著差异。

如果两个正态总体方差未知且不相等，那么在小样本下，统计量

$$t = \frac{(\bar{x}_1 - \bar{x}_2) - (\overline{X}_1 - \overline{X}_2)}{\sqrt{\frac{s_1^2}{n_1} + \frac{s_2^2}{n_2}}} \tag{5-17}$$

并不服从自由度为$n_1 + n_2 - 2$的t分布，而是近似服从修正自由度为df'的t分布。

df'由式（5-18）计算

$$df' = \frac{\left(\frac{s_1^2}{n_1} + \frac{s_2^2}{n_2}\right)^2}{\frac{\left(\frac{s_1^2}{n_1}\right)^2}{n_1-1} + \frac{\left(\frac{s_2^2}{n_2}\right)^2}{n_2-1}} \tag{5-18}$$

这样，就可利用式（5-18）求得 t 分布的自由度，通过查 t 分布表找到临界值并对 H_0 进行检验。

5.2.3 总体成数的检验

检验的目的是判断总体成数 P 是否等于 P_0，我们可以建立如下假设

$$H_0: P = P_0$$
$$H_1: P < P_0 \quad （双侧检验） \quad (5\text{-}19)$$

或

$$H_0: P = P_0$$
$$H_1: P < P_0 \quad （左单侧检验） \quad (5\text{-}20)$$

或

$$H_0: P = P_0$$
$$H_1: P > P_0 \quad （右单侧检验） \quad (5\text{-}21)$$

根据抽样分布定理可知，当样本容量足够大，即 nP 和 $n(1-P)$ 都大于 5 时，样本成数 p 的抽样分布近似服从正态分布，而统计量 $Z = \dfrac{p - P}{\sqrt{\dfrac{P(1-P)}{n}}}$ 服从标准正态分布。其中，由于 N 一般都很大，因此总体方差 $\dfrac{NP(1-P)}{N-1}$ 简化为 $P(1-P)$。

因此，当原假设为真时，我们可以构造检验统计量为

$$Z = \dfrac{p - P_0}{\sqrt{\dfrac{P_0(1-P_0)}{n}}} \quad (5\text{-}22)$$

对于给定的显著性水平 α，可查得临界值 $Z_{\alpha/2}$ 或 Z_α。通过比较 Z 与 $Z_{\alpha/2}$ 或 Z_α，可做出拒绝原假设 H_0 或接受原假设 H_0 的判断。判断规则与总体均值检验相同。

【例 5-11】某公司收到某企业运来的一批产品，合同规定产品合格率不低于 95%，该公司随机抽取 11 件进行检验，结果合格率为 91%。问在 0.05 的显著性水平下，该公司是否应该接收这批产品？

由题意知，这是左单侧检验问题，可建立假设如下

$$H_0: P = 95\%$$
$$H_1: P < 95\%$$

根据已知的样本成数 $p = 91\%$ 和 $P_0 = 95\%$，可计算出检验统计量 Z 值为

$$Z = \dfrac{p - P_0}{\sqrt{\dfrac{P_0(1-P_0)}{n}}} = \dfrac{(0.91 - 0.95)}{\sqrt{\dfrac{0.95 \times 0.05}{110}}} = -1.925$$

在 $\alpha = 0.05$ 时，$-Z_\alpha = -1.64$。由于 $Z < -Z_\alpha$，落入拒绝域，因此要拒绝 H_0 而接受 H_1，认为该批产品的合格率未达到合同规定的标准，该公司应予以拒收。

5.2.4 两总体成数之差的检验

设两个总体成数分别为 P_1 和 P_2，来自两个总体的样本容量分别为 n_1 和 n_2，样本成数分别为 p_1 和 p_2。检验两个总体成数是否相等，或两个总体成数之差是否为零，我们可以建立假设如下

$$H_0 : P_1 = P_2$$
$$H_1 : P_1 \neq P_2 \quad （双侧检验） \tag{5-23}$$

或

$$H_0 : P_1 = P_2$$
$$H_1 : P_1 < P_2 \quad （左单侧检验） \tag{5-24}$$

或

$$H_0 : P_1 = P_2$$
$$H_1 : P_1 > P_2 \quad （右单侧检验） \tag{5-25}$$

当 n_1 和 n_2 都足够大时（n_1P_1、$n_1P_1(1-P_1)$、n_2P_2、$n_2P_2(1-P_2)$ 均大于 5），两个样本成数之差的抽样分布渐近服从正态分布，即

$$Z = \frac{(p_1 - p_2) - (P_1 - P_2)}{\sqrt{\frac{P_1(1-P_1)}{n_1} + \frac{P_2(1-P_2)}{n_2}}} \tag{5-26}$$

由于 P_1、P_2 未知，要以 p_1 和 p_2 来估计，因此在原假设 H_0 为真时，我们要以两个样本的合并成数作为两个总体成数的共同估计值，即

$$\hat{P} = \frac{n_1 p_1 + n_2 p_2}{n_1 + n_2} \tag{5-27}$$

这样，当原假设成立时，检验统计量为

$$Z = \frac{(p_1 - p_2)}{\sqrt{\hat{P}(1-\hat{P})\left(\frac{1}{n_1} + \frac{1}{n_2}\right)}} \tag{5-28}$$

【例 5-12】某城市分为新区和老区，有人认为新区居民的电话普及率高于老区。在新区随机调查 150 户居民家庭，100 户有电话；在老区随机调查 120 户，70 户有电话。问在 0.05 的显著性水平下能否支持上述说法？

由题意知，这是右单侧检验问题，可建立假设如下

$$H_0 : P_1 = P_2$$
$$H_1 : P_1 > P_2$$

根据题中调查数据，可以计算出新区的电话普及率为 $p_1 = 0.667$，老区的电话普及率为 $p_2 = 0.583$。合并估计值为 $\hat{P} = \frac{100 + 70}{150 + 120} = 0.63$。依此可计算检验统计量 Z 值为：

$$Z = \frac{(p_1 - p_2)}{\sqrt{\hat{P}(1-\hat{P})\left(\frac{1}{n_1} + \frac{1}{n_2}\right)}} = \frac{0.667 - 0.583}{\sqrt{0.63 \times 0.37 \times \left(\frac{1}{150} + \frac{1}{120}\right)}} = 1.42$$

在 $\alpha = 0.05$ 时，$Z_\alpha = 1.64$。由于 $Z < Z_\alpha$，落入了接受域，因此要接受原假设 H_0，即不能认为新区的电话普及率高于老区。

有时，我们还可以检验两个总体成数之差为某一非零的常数的假设（对于两个总体均值

之差也是如此），这时可建立假设为

$$H_0: P_1 - P_2 = d_0$$
$$H_1: P_1 - P_2 \neq d_0 \text{ (或} < d_0 \text{或} > d_0\text{)}$$
（5-29）

检验统计量为

$$Z = \frac{(p_1 - p_2) - d_0}{\sqrt{\frac{p_1(1-p_1)}{n_1} + \frac{p_2(1-p_2)}{n_2}}}$$
（5-30）

在计算出 Z 值后，通过与一定显著性水平下的临界值比较，可做出拒绝 H_0 还是接受 H_0 的判断，判断规则与前面相同。

5.2.5 总体方差的检验

检验目的是判断正态总体方差 S_2 是否等于 S_0^2，我们可建立假设为

$$H_0: S^2 = S_0^2$$
$$H_1: S^2 \neq S_0^2 \quad \text{（双侧检验）}$$
（5-31）

或

$$H_0: S^2 = S_0^2$$
$$H_1: S^2 < S_0^2 \quad \text{（左单侧检验）}$$
（5-32）

或

$$H_0: S^2 = S_0^2$$
$$H_1: S^2 > S_0^2 \quad \text{（右单侧检验）}$$
（5-33）

当原假设为真时，我们可构造服从自由度为 $n-1$ 的 χ^2 分布的检验统计量：

$$\chi^2 = \frac{(n-1)s^2}{S_0^2}$$
（5-34）

对于给定的显著性水平 α，在双侧检验时，χ^2 分布的左临界值为 $\chi^2_{(1-\alpha/2, n-1)}$，右临界值为 $\chi^2_{(\alpha/2, n-1)}$。当 $\chi^2_{1-\alpha/2} < \chi^2 < \chi^2_{\alpha/2}$ 时，就接受原假设 H_0；若 $\chi^2 \leq \chi^2_{1-\alpha/2}$ 或 $\chi^2 \geq \chi^2_{1-\alpha/2}$，就要拒绝原假设 H_0。在左单侧检验时，临界值为 $\chi^2_{(1-\alpha, n-1)}$，当 $\chi^2 > \chi^2_{1-\alpha}$ 时，就接受原假设 H_0；若 $\chi^2 \leq \chi^2_{1-\alpha}$，就拒绝原假设 H_0。在右单侧检验时，临界值为 $\chi^2_{(\alpha, n-1)}$，当 $\chi^2 > \chi^2_\alpha$ 时，就拒绝原假设 H_0；若 $\chi^2 < \chi^2_\alpha$，就接受原假设 H_0。χ^2 分布检验的拒绝域如图 5-3 和图 5-4 所示。

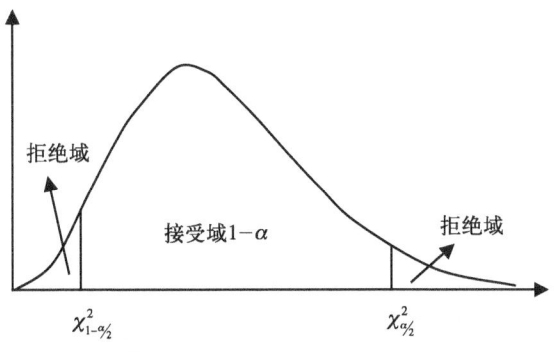

图 5-3 χ^2 分布双侧检验接受域与拒绝域示意图

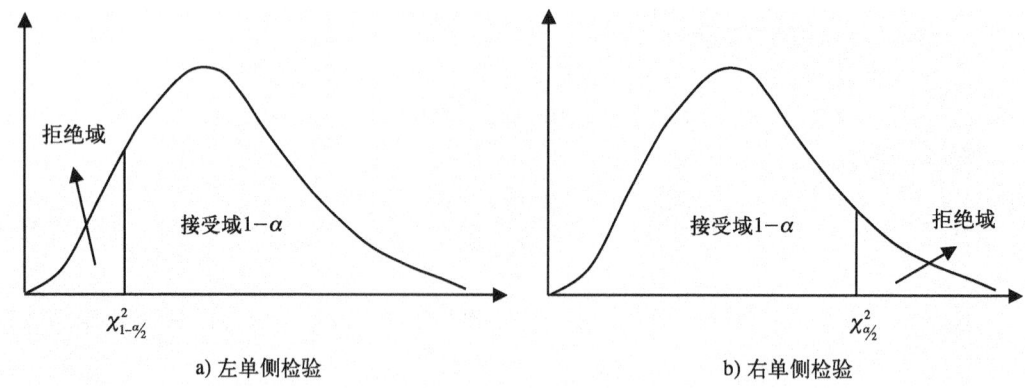

a) 左单侧检验　　　　　　　　　　b) 右单侧检验

图 5-4　χ^2 分布单侧检验接受域与拒绝域示意图

【例 5-13】某企业原来职工工资的方差为 6 000 元，工资调整后，各职工的工资都有了变化。现随机抽取 30 名职工进行工资调查，结果方差为 10 000 元。试问在 0.05 的显著性水平下，该企业职工工资的差异性（方差）是否有变化？是否变大了？

由题意知，第一个问题是双侧检验，可建立假设为

$$H_0: S^2 = 5\ 000$$

$$H_1: S^2 \neq 5\ 000$$

根据已知的总体方差 $S^2 = 6\ 000$ 元和样本方差 $s^2 = 10\ 000$ 元，可计算检验统计量 χ^2 值为

$$\chi^2 = \frac{(n-1)s^2}{S_0^2} = 29 \times \frac{10\ 000}{6\ 000} = 48.43$$

当 $\alpha = 0.05$，自由度为 29 时，$\chi^2_{(1-\alpha/2, 29)} = 16.05$，$\chi^2_{(\alpha/2, 9)} = 45.27$。由于 $\chi^2 > \chi^2_\alpha$，落入了拒绝域，因此要拒绝原假设 H_0 而接受备择假设 H_1，即认为职工工资的差异性有变化。

第二个问题是右单侧检验，可建立假设为

$$H_0: S^2 = 6\ 000$$

$$H_1: S^2 > 6\ 000$$

χ^2 的值仍为 48.33。当 $\alpha = 0.05$，自由度为 29 时，$\chi^2_{(\alpha/2, 9)} = 42.557$。由于 $\chi^2 > \chi^2_\alpha$。落入拒绝域，因此要拒绝 H_0 而接受 H_1，即应该认为该企业职工工资的差异性变大了。

5.2.6　两总体方差之比的检验

设两个总体方差分别为 S_1^2 和 S_2^2，相应的样本方差分别为 s_1^2 和 s_2^2，检验目的是判断两个总体方差是否相等，我们可建立假设为

$$\begin{aligned} H_0: S_1^2 &= S_2^2 \\ H_1: S_1^2 &\neq S_2^2 \end{aligned} \quad \text{（双侧检验）} \tag{5-35}$$

或

$$\begin{aligned} H_0: S_1^2 &= S_2^2 \\ H_1: S_1^2 &< S_2^2 \end{aligned} \quad \text{（左单侧检验）} \tag{5-36}$$

或

$$H_0 : S_1^2 = S_2^2$$
$$H_1 : S_1^2 > S_2^2$$
（右单侧检验）　　　　　　　（5-37）

如果原假设成立，那么来自两个总体的两个样本方差之比应接近于1。因此当两个总体为正态总体时，我们可构造检验统计量为

$$F = \frac{s_1^2}{s_2^2} \quad (5\text{-}38)$$

它服从分子自由度为 $n_1 - 1$，分母自由度为 $n_2 - 1$ 的 F 分布。

对于给定的显著性水平 α，在双侧检验时，F 分布的左临界值为 $F_{(1-\alpha/2, n_1-1, n_2-1)}$，右临界值为 $F_{(\alpha/2, n_1-1, n_2-1)}$。$F_{(1-\alpha/2, n_1-1, n_2-2)} = \frac{1}{F(\alpha/2, n_1-1, n_2-1)}$。

当 $F_{1-\alpha/2} < F < F_{\alpha/2}$ 时，接受原假设 H_0；若 $F \leqslant F_{1-\alpha/2}$ 或 $F \leqslant F_{\alpha/2}$，则要拒绝原假设 H_0 而接受 H_1。在左单侧检验时，临界值为 $F_{(1-\alpha, n_1-1, n_2-1)}$，若 $F > F_{1-\alpha}$，要接受原假设 H_0；若 $F \leqslant F_{1-\alpha}$，则拒绝原假设 H_0 而接受 H_1。在右单侧检验时，临界值为 $F_{(\alpha, n_1-1, n_2-1)}$，若 $F < F_\alpha$，要接受 H_0；若 $F \geqslant F_\alpha$，要拒绝 H_0 而接受 H_1。F 分布检验的拒绝域与图 5-3 和图 5-4 相似。

【例 5-14】 某产品有进口和国产两种，现各抽取 16 只检测其抗压强度，结果进口品抗压强度的标准差为 25 千克，国内产品抗压强度的标准差为 28 千克。产品抗压强度服从正态分布。问在 0.05 的显著性水平下，进口品与国内产品抗压强度的方差是否相同？

由题意知，这是双侧检验问题，可建立假设如下

$$H_0 : S_1^2 = S_2^2$$
$$H_1 : S_1^2 \neq S_2^2$$

根据已知的样本标准差 $S_1 = 25$ 和 $S_2 = 28$，可计算检验统计量 F 值为

$$F = \frac{s_1^2}{s_2^2} = \frac{25^2}{28^2} = 0.797$$

当 $\alpha = 0.05$，$n_1 - 1 = 15$，$n_2 - 1 = 15$ 时，可得 $F_{(1-\alpha/2, 15, 15)} = 0.35$，$F_{(\alpha/2, 15, 15)} = 2.86$。由于 $F_{1-\alpha/2} < F < F_{\alpha/2}$，落入接受域，因此要接受原假设 H_0，即不能认为两种产品抗压强度的方差有显著差别。

顺便指出，双侧检验的左右临界值之间有以下关系

$$F_{1-\alpha/2} = \frac{1}{F_{\alpha/2}}$$

5.3 假设检验的两类错误与功效

5.3.1 假设检验的两类错误

假设检验的结论是建立在样本信息基础上的，并且始终与显著性水平的高低有关。由于

抽样的随机性，所抽样本的统计值有可能正好是所有可能值中偏高或偏低的一个，因此，检验统计值落入拒绝域，并不意味着原假设就一定不正确，而检验统计值落入接受域，也并不意味着原假设就一定正确。所以在进行假设检验时，必须考虑有可能犯的两类错误。

第一类错误是"以真为假"的错误，即原假设正确但却被拒绝的错误，也称为"弃真"错误。产生第一类错误的概率是由假设检验的显著性水平给出的，即 α，因此它又称为 α 错误。α 错误的来源是小概率事件在一次试验中基本上不会发生，而事实上即使概率很小的事件也可能在一次试验（抽样）中发生，这种概率的大小就由 α 决定。所以在原假设正确时，检验统计值落入拒绝域的概率就是 α。第二类错误是"以假为真"的错误，即原假设不正确却被接受的错误，也称为"纳伪"错误。犯第二类错误的概率是当备择假设成立时，检验统计值落入接受域的概率，一般用 β 表示，因此它又被称为 β 错误。由于在假设检验中，必须做出接受 H_0 或拒绝 H_0 的抉择，因此，有时难免要犯 α 错误或者 β 错误。这两类错误的关系可以用表 5-1 来说明。

表 5-1　假设检验的两类错误

	原假设 H_0 为真	原假设 H_0 为假
接受原假设 H_0	正确决策 $1-\alpha$	β 错误
拒绝原假设 H_0	α 错误	正确抉择 $1-\alpha$

以总体均值 $\overline{X}$ 检验为例，若原假设为 $H_0: \overline{X} = \overline{X}_0$，备择假设为 $H_1: \overline{X} = \overline{X}_1$，那么假设检验犯两类错误的概率就可如图 5-5 和图 5-6 所示。

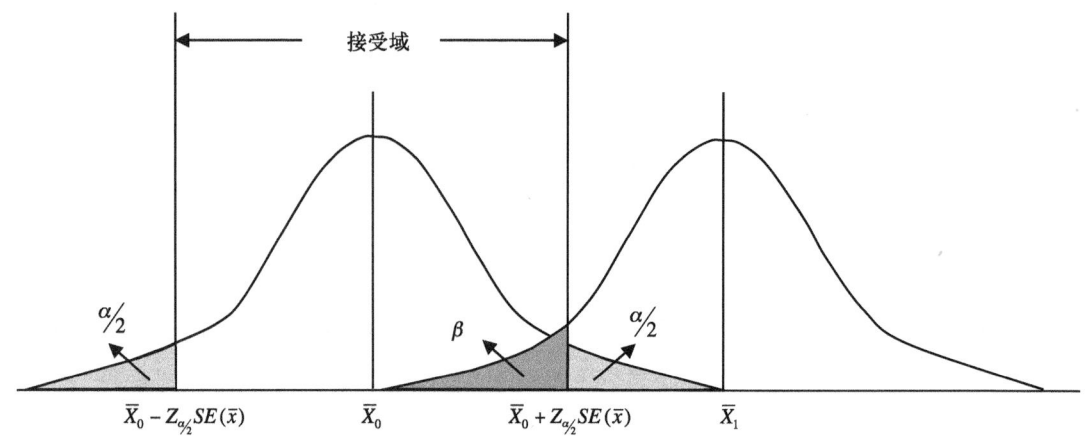

图 5-5　双侧检验两类错误的关系

图 5-5 和图 5-6 表示，对于原假设 H_0 而言，若总体均值实际上是 $\overline{X}_0$，而样本均值 $\bar{x}$ 落入拒绝域，那么我们就拒绝了一个正确的原假设，犯了"弃真"错误，其概率为 α。若总体均值实际上是 $\overline{X}_1$ 而样本均值 $\bar{x}$ 落入接受域，那么我们就接受了一个错误的原假设，犯了"纳伪"错误，其概率为 β。

很显然，α 变小，β 就增大；而要使 β 变小，就必然使 α 增大。因此在样本容量 n 固定时，要同时使 α 与 β 都达到最小是不可能的。为此，尼曼与皮尔逊曾提出一个原则：在控制犯第一类错误的概率 α 的条件下，使犯第二类错误的概率 β 尽量小。一般地，将关系重大的错误（主要应避免的错误）列为 α，并尽量取较小的值，目的是保护原假设，使它不会轻易被否定。

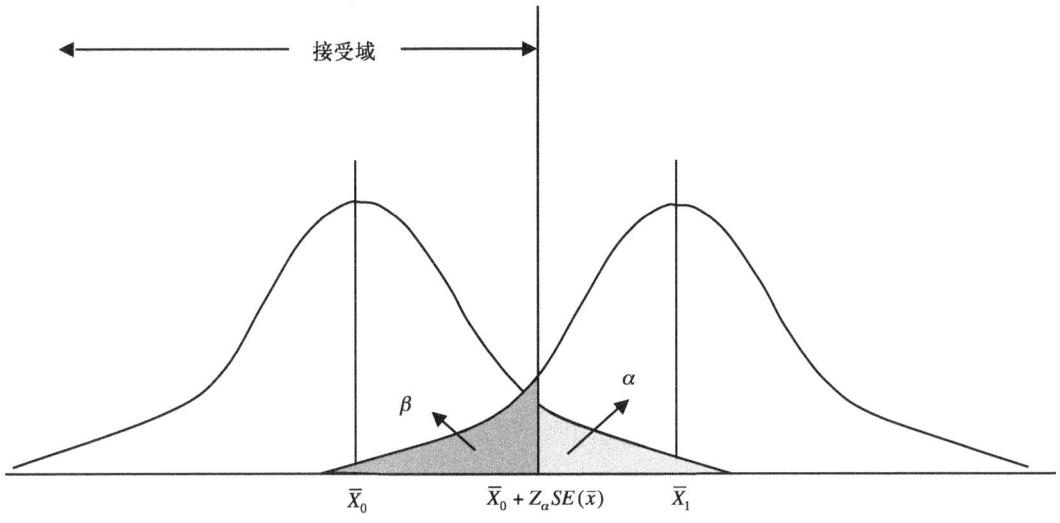

图 5-6 单侧检验两类错误的关系

5.3.2 犯第二类错误的概率 β 的计算

由于 β 是当原假设不正确时接受它的概率,因此它的大小要取决于假设值与实际值的差距。下面通过例子来说明 β 的计算。

5.3.2.1 在双侧检验中 β 的计算

先求出当原假设 $H_0: \overline{X} = \overline{X}_0$ 为真时的两个临界值

$$C_1 = \overline{X}_0 - Z_{\alpha/2} SE(\overline{x})$$

和

$$C_2 = \overline{X}_0 + Z_{\alpha/2} SE(\overline{x})$$

式中,抽样标准误 $SE(\overline{x})$ 通常要以 $se(\overline{x})$ 来估计。

然后求出当备择假设 $H_1: \overline{X} = \overline{X}_1$ 为真时,样本均值 x 落入区间 (C_1, C_2) 内的概率,此即为 β,计算公式为

$$\Pr(C_1 < \overline{x} < C_2) = P\left(\frac{C_1 - \overline{X}_1}{\sigma(\overline{x})} < \frac{\overline{x} - \overline{X}_1}{\sigma(\overline{x})} < \frac{C_2 - \overline{X}_1}{\sigma(\overline{x})}\right) = \beta \quad (5-39)$$

【例 5-15】 某企业生产一种缆绳,规定平均拉力强度为 60 千克。据以往经验可知,缆绳的拉力强度服从正态分布,标准差为 14 千克。现采用新工艺方法加工,从中抽取 49 条缆绳做拉力试验,试问当 $\alpha = 0.05$ 时,缆绳平均拉力强度分别为 62(或 58)千克、64(或 56)千克、66(或 54)千克、68(或 52)千克时犯第二类错误的概率 β 分别是多少?

由题意知,这是双侧检验问题。已知 $S = 14$,$n = 49$,$\alpha = 0.05$ 即 $Z_{\alpha/2} = 1.96$,$\overline{X}_0 = 60$,$\overline{X}_1 = 62$(或 58)、64(或 56)、66(或 54)和 68(或 52)。

可以建立假设为

$$H_0: \overline{X} = 60$$
$$H_1: \overline{X} \neq 60$$

由于 $SE(\bar{x}) = \dfrac{S}{\sqrt{n}} = \dfrac{14}{7} = 2$，因此可得当 H_0 为真时的置信区间为：$(60 \pm 1.96 \times 2) = (56.08, 63.92)$千克。

当 $H_1 : \overline{X} = 62$（或 58）为真时，我们可求得 β 值为

$$\beta = \Pr\left(\dfrac{56.08 - 62}{2} < \dfrac{\bar{x} - 62}{2} < \dfrac{63.92 - 62}{2}\right)$$

$$= \Pr\left(-2.96 < \dfrac{\bar{x} - 62}{2} < 0.96\right)$$

$$= 0.4985 + 0.3315 = 0.83$$

当 $H_1 : \overline{X} = 64$（或 56）为真时，我们可求得 β 值为：

$$\beta = \Pr\left(\dfrac{56.08 - 64}{2} < \dfrac{\bar{x} - 62}{2} < \dfrac{63.92 - 64}{2}\right)$$

$$= \Pr\left(-3.96 < \dfrac{\bar{x} - 62}{2} < -0.04\right)$$

$$= 0.4999 + 0.016 = 0.4839$$

同理，我们可以求出当 $H_1 : \overline{X} = 66$（或 54）为真时，$\beta = 0.1492$；当 $H_1 : \overline{X} = 68$（或 52）为真时，$\beta = 0.0207$。

不难发现，假设值 $\overline{X}_0$ 与实际值 $\overline{X}_1$ 之间的差距越大，β 值越小，而 $\overline{X}_0$ 与 $\overline{X}_1$ 的差距越小，β 越大。这是因为，两者差距越大，被鉴别出来的可能性就越大，从而犯第二类错误的概率就越小。而两者的差距越小，被鉴别出来的可能性也越小，从而犯 β 类错误的可能性将越大。β 值的计算结果如图 5-7 所示。

5.3.2.2 在单侧检验中 β 的计算

对于左单侧检验，先求出原假设 $H_0 : \overline{X} = \overline{X}_0$ 为真时的临界值 $C = \overline{X}_0 - Z_\alpha SE(\bar{x})$，然后求出当备择假设 $H_1 : \overline{X} = \overline{X}_1$ 为真时，样本均值 $\bar{x}$ 落入区间 (C, ∞) 内的概率，即 β，计算公式为

$$\Pr(\bar{x} < C) = P\left[\dfrac{\bar{x} - \overline{X}_1}{SE(\bar{x})} > \dfrac{C - \overline{X}_1}{SE(\bar{x})}\right] = \beta \tag{5-40}$$

对于右单侧检验，先求出当原假设 $H_0 : \overline{X} = \overline{X}_0$ 为真时的临界值 $C = \overline{X}_0 - Z_\alpha SE(\bar{x})$，然后求出当备择假设 $H_1 : \overline{X} = \overline{X}_1$ 为真时，样本均值 $\bar{x}$ 落入区间 $(-\infty, C)$ 内的概率，即 β，计算公式为

$$\Pr(\bar{x} < C) = P\left[\dfrac{\bar{x} - \overline{X}_1}{SE(\bar{x})} < \dfrac{C - \overline{X}_1}{SE(\bar{x})}\right] = \beta \tag{5-41}$$

【例 5-16】在例 5-15 中，求 $\alpha = 0.05$ 时，缆绳平均拉力强度大于 60 千克的概率 β。这属于右单侧检验 β 的计算。此时，所建立的假设为

$$H_0 : \overline{X} = 60$$
$$H_1 : \overline{X} < 60$$

当 $\alpha = 0.05$ 时，$Z_\alpha = 1.64$。当原假设 H_0 为真时，临界值 $C = 60 + 1.64 \times 2 = 63.28$。

若备择假设 H_1 为真，那么当 $\overline{X} = 62$ 时，我们可求得 β 值为

$$\beta = \Pr\left(\frac{\overline{x}-62}{2} < \frac{63.28-62}{2}\right) = \Pr\left(\frac{\overline{x}-62}{2}\right) < 0.64 = 0.738\ 9$$

同理可求得当 $\overline{X}$ = 64，66，68 时，β 值分别为 0.5 - 0.140 6 = 0.359 4、0.5 - 0.386 9 = 0.113 1、0.5 - 0.490 9 = 0.009 1。

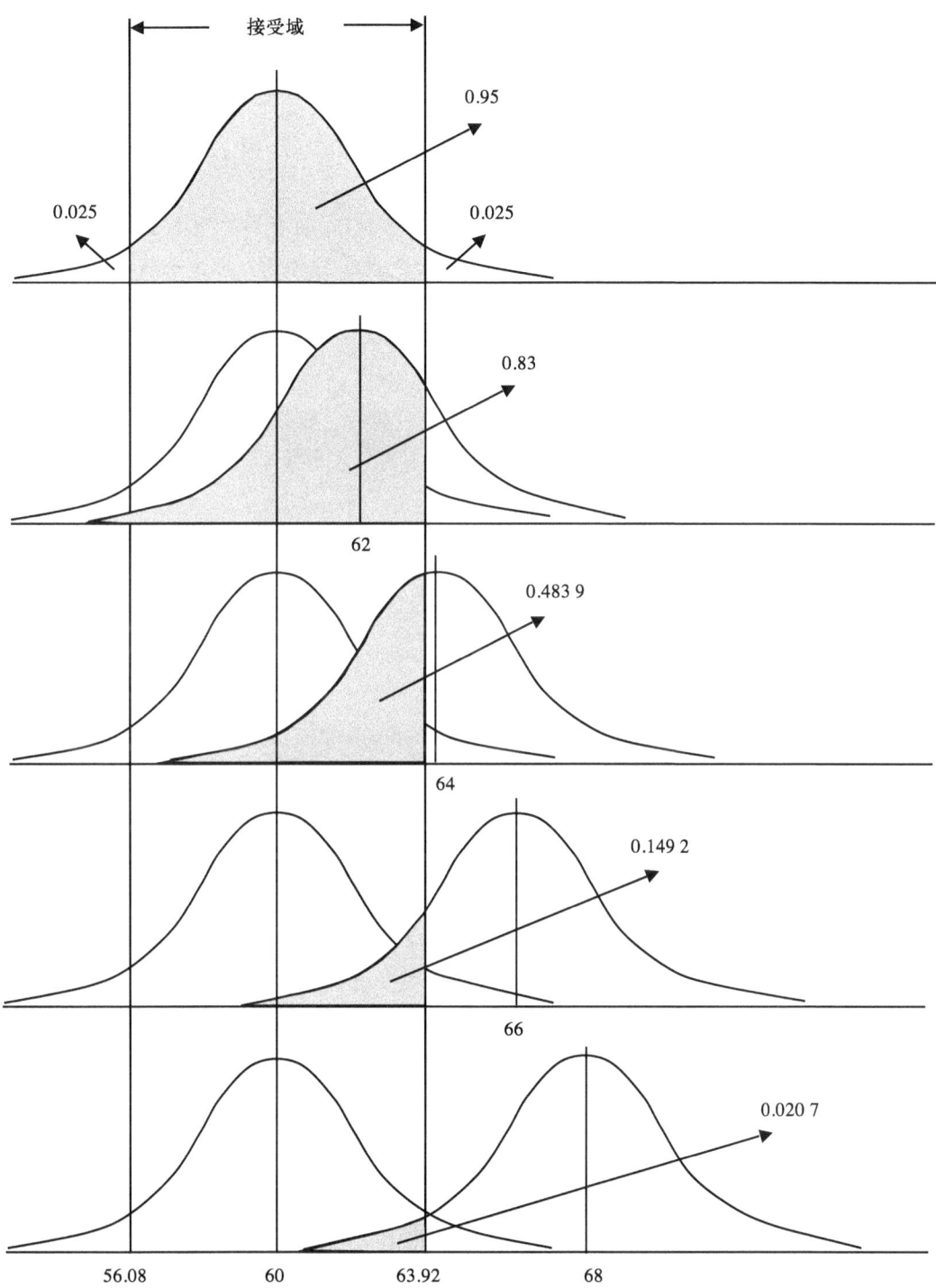

图 5-7　第二类错误的概率 β 值示意图

现若改问当 $\alpha = 0.05$ 时，缆绳平均拉力强度小于 60 千克的概率 β，就属于左单侧检验 β 的计算，它与右单侧检验方向相反，对称分布。容易计算得出，当 $\overline{X} = 58、56、54、52$ 时，β 值也分别为 0.738 9、0.359 4、0.113 1、0.009 1。

双侧检验与单侧检验相比，在相同的显著性水平 α 下，对于相同的原假设 H_0，当备择假设 $\overline{X} = \overline{X}_1$ 为真时，单侧检验犯第二类错误的概率要小于双侧检验。例 5-16 和例 5-15 的计算结果说明了这一点。因此，能采用单侧检验就尽量采用。

5.3.3 假设检验的功效

从理论上说，统计假设检验应把一切不真的 H_0 都舍弃，而把一切真的 H_1 都接受。由于 β 是拒绝真的 H_1（接受不真的 H_0）的概率，因此接受真的 H_1（拒绝不真的 H_0）的概率便是 $1-\beta$。我们希望 β 尽可能小，也就意味着 $1-\beta$ 尽可能大。概率 $1-\beta$ 就称为假设检验的功效。$1-\beta$ 越接近 1，说明检验功效越好，$1-\beta$ 越接近零，说明检验功效越差。

由于 β 值随着实际值 $\overline{X}_1$ 与假设值 $\overline{X}_0$ 之间的差距变化而变化，因此对于不同的 $\overline{X}_1$ 值，$1-\beta$ 也是变化的。在给定的 α 下，把 $1-\beta$ 的值绘成曲线，就称为检验功效曲线，如图 5-8 所示。

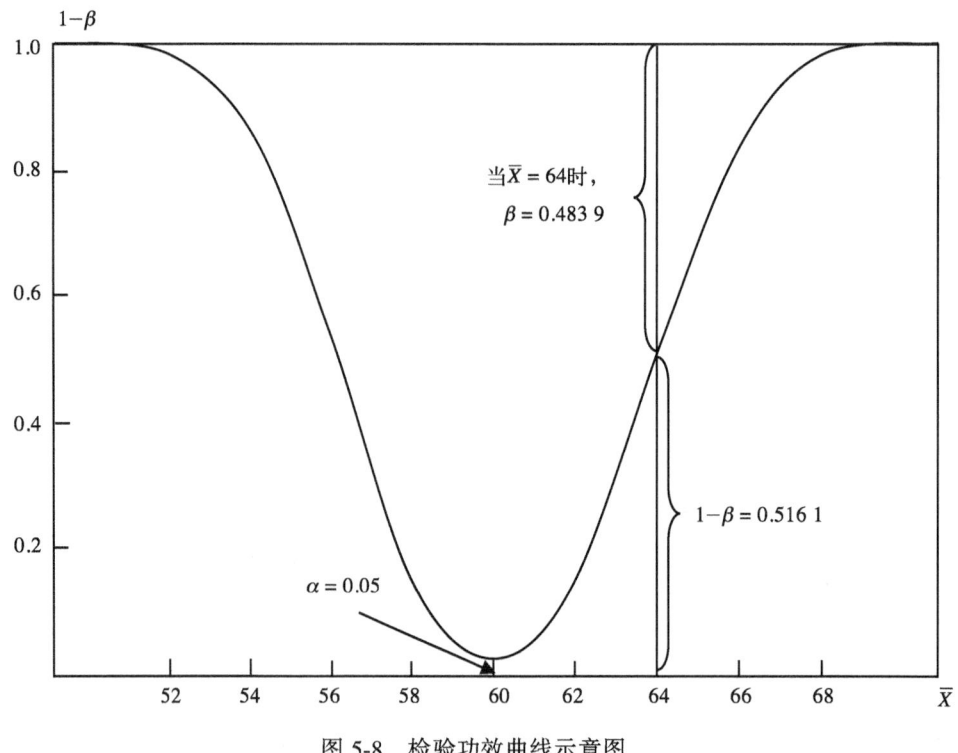

图 5-8 检验功效曲线示意图

图 5-8 是双侧检验时的功效曲线。如果是单侧检验，其功效曲线仅是双侧检验功效曲线的一半（左半：左侧检验，右半：右侧检验）且要向内收缩一些（因为单侧检验的 $1-\beta$ 大于双侧检验）。

影响检验功效的因素很多，如样本容量、显著性水平、H_0 和 H_1 的方向性、实验技术和测定工具的可靠性等。就 α 与 β 的关系而言，当样本容量 n 固定时，增大 α，检验功效 $1-\beta$ 就会增强。例如，当 H_0 不真时，$\alpha=0.2$ 比 $\alpha=0.05$（更比 $\alpha=0.01$）能提供更具功效的检验。但前面已指出，α 是应主要避免的错误，因此 α 必须被控制在一个较小的水平。这样，在假设检验中需要对犯两类错误的概率进行适当的平衡。如果犯第一类错误所造成的损失比犯第二类错误所造成的损失更严重，那么 α 要小一些；反之，β 要小一些。如果要同时使 α 和 β 都尽量小，或者说既要提高假设检验的功效又不想使犯第一类错误的风险增大，那么只能是增加样本容量。（这是针对一种抽样组织形式而言。不同的抽样组织形式，对于相同的 α 和 n，会有不同的检验功效。）

那么当 α 和 β 被确定时，如何求所需的样本容量 n 呢？这就需要依据当 $H_0:\overline{X}=\overline{X}_0$ 为真时的置信限与当 $H_1:\overline{X}=\overline{X}_1$ 为真时的置信限的关系来求解。

对于双侧检验（见图 5-5），应该有：当 H_0 为真时的上置信限等于当 H_1 为真时的下置信限（$\overline{X}_1>\overline{X}_0$），或当 H_0 为真时的下置信限等于当 H_1 为真时的上置信限（$\overline{X}_1<\overline{X}_0$），即

$$\overline{X}_0+Z_{\alpha/2}\frac{S}{\sqrt{n}}=\overline{X}_1-Z_\beta\frac{S}{\sqrt{n}}$$

或

$$\overline{X}_0-Z_{\alpha/2}\frac{S}{\sqrt{n}}=\overline{X}_1+Z_\beta\frac{S}{\sqrt{n}} \qquad (5-42)$$

对于右单侧检验（见图 5-6），应该有：当 H_0 为真时的上置信限等于当 H_1 为真时的下置信限，即

$$\overline{X}_0+Z_\alpha\frac{S}{\sqrt{n}}=\overline{X}_1-Z_\beta\frac{S}{\sqrt{n}} \qquad (5-43)$$

对于左单侧检验，则应该有：当 H_0 为真时的下置信限等于当 H_1 为真时的上置信限，即

$$\overline{X}_0-Z_\alpha\frac{S}{\sqrt{n}}=\overline{X}_1+Z_\beta\frac{S}{\sqrt{n}} \qquad (5-44)$$

在以上等式中，根据给定的 α 和 β 查出临界值 $Z_{\alpha/2}$（或 Z_α）和 Z_β，代入 $\overline{X}_0$、$\overline{X}_1$ 和 S 的值，即可求出 n。

【例 5-17】某工厂加工一种产品，抗压强度为 70 千克，标准差为 15 千克。为了提高抗压强度，该厂进行了一次工艺改革。工程师说，改革后的抗压强度将达到 75 千克。为了证实工程师的说法，该厂拟进行一次抽样调查。建立假设为：$H_0:\overline{X}=70$，$H_1:\overline{X}=75$。规定：如果接受假设 H_0，可靠程度要达到 95%，如果接受假设 H_1（工程师的说法），犯错误的概率应不超过 10%（检验功效不低于 90%）。问应抽取多少件产品进行检测？

由题意知，这是右单侧检验求 n 的问题，并且 $\alpha=0.05$，$\beta=0.1$，$S=15$。查正态分布表得，$Z_\alpha=1.64$，$Z_\beta=1.28$。

根据式（5-43）有

$$70+1.64\times\frac{15}{\sqrt{n}}=75-1.28\times\frac{15}{\sqrt{n}}$$

解得 $n = 76.74 \approx 77$，即应抽取 77 件产品进行检测。

本章小结

1. 假设检验，也叫显著性检验，就是事先对总体参数或总体分布形态做出一个规定或假设，然后利用样本提供的信息，以一定的概率来检验假设是否成立（或是否合理），或者说判断总体的真实情况是否与原假设存在显著的系统性差异。

2. 根据检验的目的不同，假设检验可以分为双侧检验和单侧检验两类。双侧检验是指同时注意总体参数估计值与其假设值相比的偏高和偏低倾向的检验（或同时注意某一总体的参数估计值与另一总体的参数估计值相比的偏高和偏低倾向的检验），检验目的只是判断总体参数值是否与某一假设值有显著差异而不管这种差异是正差还是负差。单侧检验是指只注意总体参数估计值比其假设值偏高或偏低倾向的检验（或只注意某一总体的参数估计值与另一总体的参数估计值相比的偏高或偏低倾向的检验），它是单方向的，检验目的是判断总体参数值是否大于或小于某一假设的值。单侧检验又分为左单侧检验和右单侧检验。

3. 要进行假设检验，必须设立原假设和备择假设。原假设也称零假设或虚无假设，是研究者对总体参数值事先提出的假设，是被检验的假设。备择假设也称对立假设，是研究者通过检验希望能够成立的假设，是当原假设不成立时供选择的假设。

4. 原假设与备择假设是互相排斥的，两者中有且只有一个正确。通常，总希望原假设能被推翻而备择假设能被接受，但倘若没有足够充分的依据证明原假设是错误的，就不能轻易推翻原假设。

5. 我们不是根据样本的结果去判断原假设与备择假设哪一个更有可能正确，这两个假设不能同等看待。做出接受原假设这个判断的含义，只是认为否定的根据还不充分，而不是认为它必然正确。因此，一方面原假设受到保护而不被轻易否定，使它处于有利地位；另一方面当原假设被接受时，又认为它不一定正确。

6. 进行假设检验，概率论中关于小概率事件在一次试验中是不可能事件的原则，是其所要遵循的基本原则。所谓的小概率也称为显著性水平，用 α 表示，通常取 0.05 或 0.01，有时也取 0.10，把概率小于上述值的事件称为小概率事件。α 越大，样本统计值与总体参数假设值之间的差异成为显著性差异的可能性越大；α 越小，这种差异成为显著性差异的可能性越小。

7. 接受或拒绝原假设，最终要以显著性水平为依据确定评判的规则。评判规则有两种：临界值规则和 P-值规则。所谓临界值规则，就是先把 α 值转化为一定分布下的临界值，然后计算检验统计值，最后把检验统计值与临界值相比较来判断是否拒绝原假设。所谓 P-值规则，就是先计算检验统计值 Z，然后求出统计量分布曲线图中与检验统计值相对应的，称之为观测到的显著性水平 P-值，最后把 P-值与事先给定的显著性水平 α 值相比较来判断是否拒绝原假设。临界值规则与 P-值规则是等价的，它们都取决于四个因素：样本数据与原假设值之间的差距，样本容量，总体分布标准差和给定的显著性水平。

8. 常见的假设检验有：关于总体均值（或总体成数、总体方差等）等于（或大于、小于）某一数值，两总体均值（或两总体成数、两总体方差）相等的检验。

9. 在假设检验中可能犯两类错误：第一类错误是"以真为假"的错误，即原假设正确但却被拒绝的错误，也称为"弃真"错误，又称为 α 错误；第二类错误是"以假为真"的错误，即原假设不正确却被接受的错误，也称为"纳伪"错误，又称为 β 错误。α 变小，β 就增大；而要使 β 变小，就必然使 α 增大。因此在样本容量 n 固定时，要同时使 α 与 β 都达到最小是不可能的。基本原则是：在控制犯第一类错误的概率 α 的条件下，使犯第二类错误的概率 β 尽量地小。一般地，将关系重大的错误（主要应避免的错误）列为 α，并尽量取较小的值，目的是保护原假设，使它不轻易被否定。

10. 概率 $1-\beta$ 就称为假设检验的功效。$1-\beta$ 越接近 1，说明检验功效越好，$1-\beta$ 越接近零，说明检验功效越差。

练习与思考

一、判断题

1. 假设检验的目的就是希望有充分的依据去推翻原假设。（ ）
2. 假设检验的目的是判断原假设与备择假设哪一个更准确。（ ）
3. 假设检验的实质就是保护原假设，不轻易否定原假设。（ ）
4. 备择假设是希望能够成立的假设。（ ）
5. 所谓的小概率事件是相对的，与事先规定的显著性水平有直接的关系。（ ）
6. 如果检验统计值的绝对值小于临界值的绝对值，就接受原假设，也就是说当 P-值小于 α（或 $\alpha/2$）时，要接受原假设。（ ）
7. 如果我们不能拒绝原假设，也不能说明原假设一定正确。（ ）
8. 如果在双侧检验中原假设成立，那么在单侧检验中原假设也一定成立。（ ）
9. 假设检验的第一类错误是"以假为真"的错误，而第二类错误是"以真为假"的错误。（ ）
10. 假设值与实际值之间的差距越大，犯第二类错误的概率也越大。（ ）
11. 在样本容量既定时，β 越大，α 就越小，假设检验的功效就越大。（ ）
12. 如果样本值与假设值之间的差异是由随机性因素引起的，那么在一次抽样中样本值与假设值之间的显著差异就不会产生。（ ）

二、选择题

某种产品的使用者要求厂商提供的产品，其平均使用寿命不得低于 1 000 小时，否则拒收。

1. 使用者在决定是否接受某批产品而进行抽样检验时，应建立的原假设是（ ）。
   A. $H_0: \overline{X} \geq 1000$ B. $H_0: \overline{X} = 1000$
   C. $H_0: \overline{X} \leq 1000$ D. $H_0: \overline{X} < 1000$

2. 在检验中，标准正态分布（或 t 分布）区域被分为接受与拒绝原假设的两个区域，本检验问题的拒绝区域处于接受域的（ ）。
   A. 左侧   B. 右侧
   C. 两侧   D. 内侧

3. 在本检验问题中，如果规定显著性水平为 0.05，那么作为判断标准的临界值是（ ）。
   A. 1.96   B. 1.64
   C. −1.64   D. ±1.64

4. 如果某批次产品的实际平均使用寿命为 1 115 小时，但检验统计值为 1.5，那么就（ ）。
   A. 接受了正确的原假设
   B. 拒绝了正确的原假设
   C. 犯了纳伪的错误

D. 犯了弃真的错误
5. 如果使用者偏重于担心出现纳伪错误而造成的损失，那么应把显著性水平定得（　　）。
   A. 大一些　　　　B. 小一些
   C. 大小无所谓　　D. 无法决定

三、简答题

1. 什么是假设检验？为什么要进行假设检验？试举例说明。
2. 什么是原假设和备择假设？如何看待两者在假设检验中的地位？试举例说明。
3. 假设检验有哪两种判断规则？如何进行两种规则的转换？
4. 假设检验的一般步骤如何？
5. 双侧检验与单侧检验有什么不同？如何确定单侧检验的方向？试举例说明。
6. 拒绝原假设说明了什么问题？试联系显著性水平加以说明。
7. 什么是假设检验的两类错误？两者之间有什么样的数量关系？
8. $\alpha+\beta=1$ 是否正确？为什么？
9. 假设检验与参数估计有什么异同点？

四、计算题

1. 某厂生产某种元件，规定厚度为 5mm。已知元件的厚度服从正态分布。现从某批产品中随机抽取 50 件，测得平均厚度为 4.91mm，标准差为 0.2mm，问在 0.05 的显著性水平下，该批元件的厚度是否符合规定的要求？（分别用临界值规则和 P-值规则进行检验。）
2. 已知某品牌保健品中某维生素含量服从正态分布 $N(5.2, 0.11^2)$。某天从生产的产品中随机抽查了 10 瓶，某维生素的平均含量为 5.02，问在 0.05 的显著性水平下，该天生产的保健品的某维生素含量是否处于产品质量控制状态？
3. 某鞋厂与外商签订的合同规定，皮鞋的优质率不得低于 95%。现从某批 20 000 双皮鞋中随机抽查 45 双，发现有 3 双没有达到优质的标准，问在 0.05 的显著性水平下，外商是否应该接受该批皮鞋？
4. 某体育学院男生 100m 跑的平均成绩为 12 秒，标准差为 0.3 秒。在采用一种新的教学训练方法 3 个月后，随机抽查 25 名男生进行测试，结果 100m 跑的平均成绩为 11.89 秒，问在 0.05 的显著性水平下，是否可以认为新的教学训练方法已使男生 100m 跑的成绩明显加快了？（分别用临界值规则和 P-值规则进行检验。）
5. 某研究机构猜测，至少 80% 的行人在过马路时曾有闯红灯、不走斑马线等违章行为。为了证实这一说法，随机询问了 200 名行人，结果有 146 人如实承认有过交通违章行为。问分别在 0.05、0.01 的显著性水平下，该研究机构的猜测是否成立？
6. 某品牌手机广告宣称某款手机的电池充足电后可连续待机 150 小时。电池待机时间服从正态分布。现检测 10 个该款手机，足电电池的待机时间分别为（小时）：143，145，148，151，155，156，156，158，160 和 161，问在 0.05 的显著性水平下，该广告是否真实可信？
7. A、B 两厂生产同种材料，抗压强度服从正态分布，并且已知 $S_A=63$，$S_B=57$。从 A 厂生产的材料中随机抽取 81 件，测得平均抗压强度为每平方厘米 1 070 千克；从 B 厂生产的材料中随机抽取 64 件，测得平均抗压强度为每平方厘米 1 020 千克。问在 0.05 的显著性水平下，是否可以认为两厂生产的材料平均抗压强度没有显著差异？
8. 随机调查 339 名 50 岁以上的人，其中 205 名吸烟者中有 43 人患慢性支气管炎，134 名不吸烟者中有 13 人患慢性支气管炎。问在 0.05 的显著性水平下，调查数据能否支持"吸烟容易患慢性支气管炎"的观点？（分别用临界值规则和 P-值规则进行检验。）

9. 有人说大学女生外语学习能力比男生强。现随机抽取 27 名男生和 23 名女生，经过 1 小时若干种外语的统一强化训练，进行了简单的百分制测试，结果女生平均成绩为 66 分，男生平均成绩为 63 分，全部测试学生成绩的标准差为 6 分。问在 0.05 的显著性水平下，你能得到什么结论？

10. 从某高校一年级男生中随机调查 10 名同学，他们的体重分别为（千克）：55，61，62，65，66，68，68，70，75 和 83。
问：（1）在 0.05 的显著性水平下，该校一年级男生体重的方差是否大于 55 千克？
（2）若随机调查 12 名二年级男生的体重方差为 65 千克，问在同样的显著性水平下，两个年级的男生体重方差是否有差异？

11. 某产品设计使用寿命为 300 小时。已知产品使用寿命服从正态分布，标准差为 50 小时。现随机抽取 64 件产品进行检测，发现平均使用寿命为 290 小时。问在 0.05 的显著性水平下，双侧检验和单侧检验犯 β 类错误的概率分别为多少？检验功效分别为多少？

12. 在 11 题中，该厂后来进行了工艺改造，希望产品的使用寿命达到 315 小时。为了验证工艺改造效果，该厂拟进行一次抽样调查。建立假设为：$H_0: \overline{X} = 300$，$H_1: \overline{X} = 315$。规定：如果接受 H_0，可靠程度要达到 95%；如果接受 H_1，犯错误的概率应不超过 12%，问应抽取多少件产品进行检测？

五、综合分析题

某市要了解小学六年级学生语文理解程度是否达到及格水平（60 分）。从全市所有六年级学生中随机抽取 400 名学生进行测试，平均成绩为 61.6 分，标准差为 14.4 分。现拟根据样本数据对"该市小学六年级学生语文理解程度达到及格水平"这一论断进行显著性检验，显著性水平先后按 0.05 和 0.01 考虑。

要求：
（1）指出由样本数据观测到何种差异。
（2）指出出现这种差异的两种可能原因。
（3）针对这两种可能的原因提出相应的两种假设（原假设和备择假设），指出是单侧检验还是双侧检验，并说明为什么要采用单侧检验或者双侧检验。
（4）构造检验统计量。
（5）计算检验统计值。
（6）确定临界值和观测到的显著性水平。
（7）分别用两种规则判断"该市小学六年级学生语文理解程度达到及格水平"这一论断是否成立；回答是否得到了足以反对"观测到的差异纯属偶然性差异"这一论断的证据。为什么？
（8）根据以上所做的工作，给出结论性的表述。

◎ 人物介绍

耶日·尼曼（Jerzy Neyman，1894—1981）

波兰著名统计学家。1894 年出生在俄国莫达维亚的本德雷。他的祖父是波兰的贵族，同时也是革命家，在对抗俄国的波兰起义中，被烧死于屋内。尼曼在波兰大学的博士论文是探讨在农业实验上的概率问题。在 1938 年移民到美国之前，他在波兰从事教职，也曾到法国和英国做学术访问。1928～1933 年，他与皮尔逊共同研究，奠定了假设检验理论稳固的基础，提出了尼曼—皮尔逊引理，提供了早期方法论所缺乏的逻辑基础和数学的严密性。他还创立了区间估计的理论。1934 年尼曼创造了抽样调查理论并提出现代品管程序的理论，1938 年移居柏克莱。他是现代统计学的创始人之一，曾荣获英国皇家统计协会盖伊金质奖章，并在 1968 年获得美国科学奖。

第6章

方差分析

"我不记得那时是几岁,但是我记得是坐在高椅上吮吸着大拇指,有人告诉我最好停止吮吸它,不然被吮吸的大拇指会变小。我把两手的大拇指并排看了很久,它们似乎是一样的,我对自己说:我看不出被吮吸的那个大拇指比另一个小,我怀疑她在骗我。"

——卡尔·皮尔逊

本章对方差分析的含义、单因素方差分析、多因素方差分析的原理进行介绍,具体要求:①了解方差分析的含义与内容体系;②掌握单因素方差分析的原理与方法及应用条件;③掌握多因素方差分析的原理与方法及应用。特别应该注意方差分析法在社会经济调查数据分析中的应用。

6.1 方差分析的一般问题

6.1.1 方差分析的含义

许多实际问题中,某一指标的取值往往取决于其他一些因素。例如,一个化工产品的质量或性能指标取决于原材料的质地、成分、剂量、催化剂、温度、压力、溶剂浓度、反应、设备、人员水平、操作程序等因素;一种疾病的手术效果取决于疾患年龄、健康水平、疾病严重程度、手术条件、医生水平、综合治疗手段等;一门课程的教学效果受教学方法、教师素质、学生基础等因素影响;商店中一个产品的销售情况取决于产品的品牌、款式(包装形式或外形设计等)、材料、价格水平、商品陈列状况、顾客收入水平、顾客消费心理等多个因素;某个网站的访问量取决于网站主题类型、网页界面、网页内容丰富程度、响应速度、网民类型等众多因素。由于现象之间的联系是普遍的,因此这种影响因素关系是十分常见的。这就需要从统计上回答:这些因素对指标的取值影响是否都是显著的? 这种影响是简单的叠加还是有交互影响效果在内？回答这些问题的统计技术就是方差分析。

方差分析（analysis of variance，ANOVA）是著名统计学家费希尔在 20 世纪 20 年代前后提出并系统阐述的，早期在农业、生物领域获得应用，后来逐渐推广到医学、教育学、心理学、社会学等众多学科领域，目前它已经成为数理统计中应用最广泛的几个研究方向之一，也是人文社科与自然科学研究及实践中分析调查或实验数据的重要工具之一。

一般来说，待分析的指标（对于调查类数据，即为我们所关心的现象数量表现，对于实验类数据，即为试验结果，也称试验指标）称为"因变量"或"响应变量"（dependent variable，通常用 x 或 y 表示），如上述诸例中化工产品的质量或性能指标、疾病的手术效果、课程的教学效果（譬如成绩）、商店中一种商品的销售额、网站的访问量等。调查或试验中需要考察的、可以控制的条件或影响因素称为因素或因子（factor，也称"自变量"，independent variable，通常用 A、B、C 等大写字母表示），因素所处的不同状态（自变量的不同取值）称为水平（level，通常记为 A_i（$i=1, 2, \cdots, k$）、B_i（$i=1, 2, \cdots, l$））。每个因素每一水平之下的调查结果或实验观察结果可以称为一个"组"，可以计算各组内部因变量的均值与方差，还可以计算因素之下全部观察结果的总平均以及组与组之间的方差。方差分析的基本思想就是从不同角度计算出有关的均值与方差，然后通过组内方差与组间方差的对比，在一定统计理论指导之下分析条件误差与随机误差，进而分解或判断出调查或实验观察数据中必然因素（因子）和偶然因素（随机）的影响大小（统计意义上的显著性）。

6.1.2 方差分析的类型

方差分析按影响分析指标的因素个数多少的不同，可分为单因素方差分析、双因素方差分析和多因素方差分析。

方差分析按分析指标（观察结果）中变量个数多少的不同，可分为一元方差分析（通常所说的 ANOVA）和多元方差分析（multivariate analysis of variance，MANOVA）。

从更加宽泛的角度看，方差分析还包括"协方差分析"（analysis of covariance）以及基于自由分布理论的非参数方差分析。

6.1.3 方差分析的基本思想

下面我们通过一个实例来说明方差分析的基本思想。

【例 6-1】阳光食品责任有限公司（简称"阳光食品"）开发了一种新型儿童运动饮料（"酷酷爽"），设想了三种不同类型的包装形式：纸质真空包装、易拉罐、塑料瓶。九州市场研究事务所受"阳光食品"的委托，采用市场试验的方式取得了有关数据：生产了三种包装方式的样品，在较有代表性的八个商店（分散在全市各主要区域，这些商店周边的顾客源即该目标产品的潜在需求者）实行试销。为避免商品陈列位置差异对销售结果的影响，各商店在样品陈列高度要求一致、排列顺序随机变化。销售人员不做诱导性推销。试销一个月之后，各商店三种包装款式产品的销售量数据如表 6-1 所示。

表 6-1　儿童运动饮品"酷酷爽"的试销量统计　　（单位：件）

产品包装类型	商店（试销店）							
	I	II	III	IV	V	VI	VII	VIII
纸质真空（A_1）	152	188	238	192	180	115	125	100
铁质易拉罐（A_2）	208	256	300	280	270	210	185	165
塑料瓶（A_3）	182	198	268	220	200	128	110	105

研究人员需要回答的问题是：三种不同包装方式的销售量之间有没有显著差异？应该如何安排生产？

此例属于单因素方差分析问题。包装方式为因素（因子）A，相应的三种包装类型作为因子的三种不同状态即"水平"，记为 A_i（$i = 1, 2, 3$）。在同一种状态 A_i 下，调查了八个商店的销售量。销售量即为"试验指标"或"因变量"。显然，表 6-1 中 24 个数据的差异可以从两个角度解释：包装方式不同导致的销售量差异（如果存在，这需要统计上的检验）、商店之间条件的差异（这对于每个包装方式而言是公平的，它可以看作随机因素引起的误差）。接下来需要回答的问题是：导致差异的主要因素是哪一个？

假设三种不同包装方式为三个不同的总体，即三组数据，假定销售量（试验指标）服从正态分布，则表 6-1 中三组数据分别来自于正态总体的三组观测值。

要辨别随机误差和包装方式这两个因素中哪一个是造成销售量有显著差异的主要因素，这一问题可归结于判断三个总体是否具有相同分布的问题，从而有以下三种情况。

假设 1：三组数据来自具有相同均值的正态总体（假设方差相等）。

假设 2：三组数据来自具有相同均值与方差的正态总体。

假设 3：三组数据来自具有相同方差的总体。

实践中，人们通常只对假设 1、假设 2 进行统计检验，特别是假设 1 的检验，即人们通常所说的"单因子方差分析"。

6.2　单因素方差分析

6.2.1　单因素方差分析的统计模型

单因素方差分析只考虑一个因素 A 对观察（试验）指标的影响，设因素 A 的 r 个水平记为 $A_1, A_2, \cdots, A_r$，在水平 A_i 下进行 n_i 次重复试验（或观察 n_i 个样本单位），可获得观察（试验）指标的 n_i 个数据：$x_{i1}, x_{i2}, x_{i3}, \cdots, x_{in_i}$（$i = 1, 2, \cdots, r$）。第 A_i（$i = 1, 2, \cdots, r$）水平之下各观察值可视为来自总体 X_i（$i = 1, 2, \cdots, r$），且 X_i 服从正态分布，X_i 与 X_j（$i \neq j$）相互独立（等方差），即 $X_i \sim N(\overline{X_i}, S^2)$。$X_{i1}, X_{i2}, \cdots, X_{in_i}$ 表示从总体 X_i 中抽取的样本，$x_{i1}, x_{i2}, x_{i3}, \cdots, x_{in_i}$ 是相应的观察值，于是就有如表 6-2 所示的数据结构。

表 6-2 单因素方差分析数据结构表

水平号	观察指标值				算术均值	方差
A_1	x_{11}	x_{12}	$\cdots$	x_{1n_1}	$\overline{x}_1$	s_1^2
A_2	x_{21}	x_{22}	$\cdots$	x_{1n_2}	$\overline{x}_2$	s_2^2
$\cdots$	$\cdots$	$\cdots$	$\cdots$	$\cdots$	$\cdots$	$\cdots$
A_r	x_{r1}	x_{r2}	$\cdots$	x_{rn_r}	$\overline{x}_r$	s_r^2

其中，

$$\begin{aligned}\overline{x}_i &= \sum_{j=1}^{n_i} x_{ij} \quad (i=1,2,\cdots,r) \\ s_i^2 &= \frac{1}{n_i - 1}\sum_{j=1}^{n_i}(x_{ij}-\overline{x}_i)^2 \quad (i=1,2,\cdots,r)\end{aligned} \quad (6\text{-}1)$$

我们可以提出两个基本假设。

假设1：总体 X_1, X_2, $\cdots$, X_r 是相互独立的且服从具有相同方差的正态分布，即有 $X_i \sim N(\overline{X}_i, S^2)$ ($i=1,2,\cdots,r$)，其中总体均值 $\overline{X}_i$ ($i=1,\cdots,r$) 和总体方差 S^2 是未知的。

假设2：在各总体 X_i 下，各 X_{ij} ($j=1,2,\cdots,n_i$) 也是独立同分布的（正态分布），且有 $X_{ij} \sim N(\overline{X}_i, S^2)$ ($i=1,\cdots,r$; $j=1,\cdots,n_i$)。

显然，对于表6-1中每一个实际观察值（试验结果）而言，其变化可以分解为三部分内容。第一部分是"一般水平"，即 $\overline{X} = \frac{1}{n}\sum_{n}^{1} n_i X_i$ $\left(n = \sum_{i=1}^{r} n_i\right)$，它是指每种包装方式下在各商店销售的一般水平（不考虑商店条件的差异，也不考虑包装方式的差异，是"基本销售量"）。第二部分为包装方式不同导致的销售量的差异（如果存在差异的话），即 $\alpha_i = \overline{X}_i - \overline{X}$ ($i=1,2,\cdots,r$)。此外，剩余的部分差异可解释为随机误差，表现为不同商店之间销售量的偶然性差异，用 $e_{ij} = X_{ij} - \overline{X}_i$ 表示，通常假设其服从于均值为零方差为 S^2 的正态分布。

于是，单因素方差分析的基本统计模型就是把 X_{ij} 分解为这三项内容之和，即为下面的线性模型。

$$\begin{cases} X_{ij} = \overline{X} + \alpha_i + e_{ij}, (i=1,2,\cdots,r; j=1,2,\cdots,n_i) \\ e_{ij} \sim N(0, S^2), \text{且诸} e_{ij} \text{相互独立} \\ \sum_{i=1}^{r} n_i \alpha_i = 0 \end{cases} \quad (6\text{-}2)$$

显然，要说明不同因子水平之下的观察（实验）指标值存在显著的差异，就意味着要证明式（6-2）中的 α_i 不全为零。

6.2.2 单因子方差分析的偏差平方和分解式

由式（6-2）可知，$X_{ij} = \overline{X} + \alpha_i + e_{ij}$ ($i=1,2,\cdots,r$; $j=1,2,\cdots,n_i$)，变换后即有

$$X_{ij} - \overline{X} = \alpha_i + e_{ij} \quad (6\text{-}3)$$

这是每一个观察数据对"基本水平"（总平均数）的偏差，对之求平方和，就有

$$\sum_{i=1}^{r}\sum_{j=1}^{n_j}(X_{ij}-\overline{X})^2 = \sum_{i=1}^{r}\sum_{j=1}^{n_i}(\alpha_i+e_{ij})^2$$

$$= \sum_{i=1}^{r}\sum_{j=1}^{n_i}(\alpha_i^2+2\alpha_i e_{ij}+e_{ij}^2) = \sum_{i=1}^{r}n_i\alpha_i^2 + 2\sum_{i=1}^{r}\sum_{j=1}^{n_i}\alpha_i e_{ij} + \sum_{i=1}^{r}\sum_{j=1}^{n_i}e_{ij}^2$$

$$= \sum_{i=1}^{r}n_i\alpha_i^2 + \sum_{i=1}^{r}\left(\alpha_i\sum_{j=1}^{n_i}e_{ij}\right) + \sum_{i=1}^{r}\sum_{j=1}^{n_i}e_{ij}^2 \qquad (6-4)$$

因 $e_{ij} = \overline{X}_{ij} - \overline{X}_i$，$\sum_{j=1}^{n_i}e_{ij}=0 \,(i=1,2,\cdots,r)$，故式（6-4）为

$$\sum_{i=1}^{r}\sum_{j=1}^{n_i}(X_{ij}-\overline{X})^2 = \sum_{i=1}^{r}n_i\alpha_i^2 + \sum_{i=1}^{r}\sum_{j=1}^{n_i}e_{ij}^2 \qquad (6-5)$$

对于调查（实验观察）的样本数据而言，式（6-3）～式（6-5）中的 $\overline{X}$，$\overline{X}_i$，α_i，e_{ij} 均可由样本观察数据 $\overline{x}$，$\overline{x}_i$，α_i，e_{ij} 来表示，即

$$\overline{x} = \sum_{i=1}^{r}\sum_{j=1}^{n_i}x_{ij} \Big/ \sum_{i=1}^{r}n_i,\ \overline{x}_i = \frac{1}{n_i}\sum_{j=1}^{r}x_{ij},\ \alpha_i = \overline{x}_i - \overline{x},\ e_{ij} = x_{ij} - \overline{x}_i$$

于是，就有方差分析中最基本的"平方和分解公式"（decomposition formula of sum square）：

$$\sum_{i=1}^{r}\sum_{j=1}^{n_i}(x_{ij}-\overline{x})^2 = \sum_{i=1}^{r}n_i(\overline{x}_i-\overline{x})^2 + \sum_{i=1}^{r}\sum_{j=1}^{n_i}(x_{ij}-\overline{x}_i)^2 \qquad (6-6)$$

通常，记 $SS_T = \sum_{i=1}^{r}\sum_{j=1}^{n_i}(x_{ij}-\overline{x})^2$ （总离差平方和）

$$SS_A = \sum_{i=1}^{r}n_i(\overline{x}_i-\overline{x})^2 \qquad \text{（组间离差平方和）}$$

$$SS_E = \sum_{i=1}^{r}\sum_{j=1}^{n_i}(x_{ij}-\overline{x}_i)^2 \qquad \text{（组间离差平方和，或误差平方和）}$$

则式（6-6）简化为

$$SS_T = SS_A + SS_E \qquad \text{（总离差平方和＝组间离差平方和＋组内离差平方和）} \qquad (6-7)$$

6.2.3 显著性统计检验

单因子方差分析实质上是多个正态总体差异性统计检验，其原假设的内容应该包括以下几种情况：

$H_0: \overline{X}_1 = \overline{X}_2 = \cdots = \overline{X}_r$（前提：方差相等）

（或写成：$\alpha_1 = \alpha_2 \cdots = \alpha_r = 0$，前提：方差相等）

$H_0: \overline{X}_1 = \overline{X}_2 = \cdots = \overline{X}_r$，且 $S_1^2 = S_2^2 = \cdots = S_r^2$

$H_0: S_1^2 = S_2^2 = \cdots = S_r^2$

本章只讨论第一种情况下的检验问题。

仔细考察式（6-6）、式（6-7）中各离差平方和的具体含义，SS_T 是所有数据到总样本均值的距离平方和，它是试验（调查观察）指标对中心位置的变化的总度量；SS_E 是每个观测数据与其组内平均值的离差平方和，是所有随机误差造成试验（调查观察）指标变化的总度量，称为误差平方和。SS_A 是组内样本均值 $\overline{x}_i$ 与总平均值 $\overline{x}$ 的离差加权平方和，它是反映因子的不同水平造成试验指标变化的总度量，因此也称 SS_A 为系统误差。

显然，如果不同因素水平之下观察指标差异越大，也就意味着 SS_A 越大，在总变差不变的情况下，SS_E 越小。因此，若 SS_A 显著大于 SS_E，说明各总体 $\overline{X}_i$ 之间的差异显著，那么 H_0 可能不成立。用比值 SS_A/SS_E 用来刻画原假设 H_0 能否成立是非常合适的：比值 SS_A/SS_E 越大，对原假设 H_0 越不利，当比值 SS_A/SS_E 大到超过一定标准时，就应该拒绝 H_0（推翻原假设）。于是，需要讨论 SS_A/SS_E 的统计分布。

由于 $x_{ij} \sim N(\overline{X}_i, S^2)$，$x_i \sim N(\overline{X}_i, S^2)$，当 H_0 成立时，有

$$\frac{SS_T}{S^2} = \sum_{i=1}^{r}\sum_{j=1}^{n_i}\left(\frac{x_{ij}-\overline{x}}{S}\right)^2 \sim \chi^2(n-1) \tag{6-8}$$

式中，$n = \sum_{i=1}^{r} n_i$。

又由于

$$\frac{SS_A}{S^2} = \sum_{i=1}^{r} n_i \left(\frac{\overline{x}_i - \overline{x}}{S^2}\right) \sim \chi^2(r-1) \tag{6-9}$$

并且 $\dfrac{\sum_{j=1}^{n_i}(x_{ij}-\overline{x}_i)}{S^2} \sim \chi^2(n_i-1)$，鉴于各样本之间相互独立，则由卡方分布的可加性可知

$$\frac{SS_E}{S^2} = \frac{\sum_{i=1}^{r}\sum_{j=1}^{n_i}(x_{ij}-\overline{x}_i)^2}{S^2} \sim \chi^2(n-r) \tag{6-10}$$

式中，n 的含义同上。

两个卡方分布分别除以各自的自由度之后的比值将服从 F 分布，即

$$F = \frac{SS_A/(r-1)}{SS_E/(n-r)} \sim F(r-1, n-r) \tag{6-11}$$

有时，也记 $\overline{S}_A^2 = SS_A/(r-1)$，$\overline{S}_E^2 = SS_E/(n-r)$，统称为均方误差。于是式（6-11）可以简化为

$$F = \frac{\overline{S}_A^2}{\overline{S}_E^2} \sim F(r-1, n-r) \tag{6-12}$$

在给定显著性水平 α 的情况之下，查 F 分布表值有 $F_{1-\alpha}(r-1, n-r)$，若统计量值 F 超过这一临界点，则拒绝原假设，认为样本均值之间不完全相同（存在显著差异），否则不能够拒绝原假设 H_0。

在实际进行单因素方差分析时，人们习惯把有关统计量及分析结果列在一张表中，此表称为"方差分析表"，如表 6-3 所示，分析结果一目了然。

表 6-3 单因素方差分析表

方差来源	df（自由度）	S^2（离差平方和）	S^2（均方差）	F 值	P-值（显著性水平）
因素 A	$r-1$	SS_A	$\overline{S}_A^2 = SS_A/(r-1)$	$F = \dfrac{\overline{S}_A^2}{\overline{S}_E^2}$	P
随机误差	$n-r$	SS_E	$\overline{S}_E^2 = SS_E/(n-r)$		
总和	$n-1$	SS_T			

表中三个平方和除采用式（6-6）中的分解式计算外，也可按偏差平方和的展开式进行计算，公式如下

$$SS_A = \sum_{i=1}^{r} n_i \overline{x}_i^2 - n\overline{x}^2, \quad SS_E = \sum_{i=1}^{r}\sum_{j=1}^{n_i} x_{ij}^2 - \sum_{i=1}^{r} n_i \overline{x}_i^2, \quad SS_T = SS_A + SS_E = \sum_{i=1}^{r}\sum_{j=1}^{n_i} x_{ij}^2 - n\overline{x}^2 \quad (6-13)$$

【例 6-2】 试对例 6-1 数据进行单因子方差分析，回答三种不同包装方式"酷酷爽"销售量的差异是否显著。

根据表 6-1 资料可计算出有关中间结果如下

$\overline{x} = \sum_{i=1}^{3}\sum_{j=1}^{8} x_{ij} = 190.625$，$r=3$，$n=3\times 8 = 24$，$\overline{x}_1 = \sum_{j=1}^{8} x_{1j} = 161.25$，$\overline{x}_2 = \sum_{j=1}^{8} x_{2j} = 234.25$，$\overline{x}_3 = \sum_{j=1}^{8} x_{3j} = 176.375$，$\sum_{i=1}^{3} n_i \overline{x}_i^2 = 8 \times 111\,982.7656 = 895\,862.125$，$n\overline{x}^2 = 24 \times 190.625^2 = 872\,109.375$，$\sum_{i=1}^{r}\sum_{j=1}^{n_i} x_{ij}^2 = 950\,917$；于是

$$SS_A = \sum_{i=1}^{r} n_i \overline{x}_i^2 - n\overline{x}^2 = 895\,862.125 - 872\,109.375 = 23\,752.75$$

$$SS_E = \sum_{i=1}^{r}\sum_{j=1}^{n_i} x_{ij}^2 - \sum_{i=1}^{r} n_i \overline{x}_i^2 = 950\,917 - 895\,862.125 = 55\,054.875$$

$$SS_T = SS_A + SS_E = 23\,752.75 + 55\,054.875 = 78\,807.625$$

$$F = \frac{SS_A/(r-1)}{SS_E/(n-r)} = \frac{23\,752.75/2}{55\,054.875/21} = 4.53$$

相应的方差分析见表 6-4。

表 6-4 反映了各个平方和的数值特征，当显著性水平取 $\alpha = 0.05$ 时，由 F 分布表可查得分位数值（临界点）是 $F_{0.95}(2, 21) = 3.505$，因 $F = 4.53 > F_{0.95}(2, 21) = 3.505$，或 $Sig = 0.023 < 0.05$，所以拒绝 H_0，即认为包装方式的不同对"酷酷爽"销售量的影响是显著的。

表 6-4 包装方式对销售量影响的单因素方差分析

方差来源	偏差平方和（SS）	df	均方差（$\overline{s}^2$）	F 统计量值	显著性水平（Sig）
因素 A（组间）	23 752.750	2	11 876.375	4.530	0.023
随机误差 E（组内）	55 054.875	21	2 621.661		
总和	78 807.625	23			

当然，上述单因素方差分析过程只揭示了三个总体均值上存在的显著差异，却不能指出哪些总体之间的均值存在差异，且是假定总体服从等方差的正态分布，如果这一假定不成立，则检验统计量将不同。

要进一步分析不同处理水平之间的差异效果，需要进行多重比较。"多重比较"的方法有很多（且总体方差相等与总体方差不等的情况各有相应的多重比较方法），比较简单的做法是计算因素 A 在各种水平之下的水平效应值。

因素 A 的第 i 个水平效应 $\alpha_i(\alpha_i = \overline{X}_i - \overline{X})$ 实际上反映了因素 A 的第 i 个水平对试验指标的特殊影响。当假设检验结果判断因素 A 的各水平对试验指标的影响存在显著差异时，表明因素各水平效应不完全相同，可以从中选出效应值最优的水平作为实施方案。

$\alpha_i(i=1,2,\cdots,r)$ 的点估计和各参数 $\overline{X}_i$ 的置信区间的确定构成了这一分析的主要内容。显然，$\overline{x}_i = \frac{1}{n_i}\sum_{j=1}^{n_i} x_{ij}$ 是 $\overline{X}_i$ 的无偏估计，即 $E(\overline{x}_i) = \overline{X}_i$。又因为

$$E(\overline{x}) = E\left(\frac{1}{n}\sum_{i=1}^{r} n_i \overline{x}_i\right) = \frac{1}{n}\sum_{i=1}^{r} n_i \overline{X}_i = \overline{X}$$

记 $\hat{a}_i = \overline{x}_i - \overline{x}(i=1,2,\cdots,r)$，所以 $E\hat{a}_i = a_i$，即 $\hat{a}_i = \overline{x}_i - \overline{x}$ 是 $a_i = \overline{X}_i - \overline{X}$ 的无偏估计量。构造统计量为

$$T = \frac{\overline{x}_i - \overline{X}_i}{S/\sqrt{n_i}} \sqrt{\frac{(n-r)S^2}{SS_E}} = \frac{\overline{x}_i - \overline{X}_i}{\sqrt{\frac{SS_E}{n_i(n-r)}}} = \frac{\overline{x} - \overline{X}_i}{\sqrt{\frac{\overline{S}_E^2}{n_i}}} \sim t(n-r) \quad (6\text{-}14)$$

各正态总体均值 $\overline{X}_i$ 的置信度为 $1-\alpha$ 的置信区间

$$\left[\overline{x}_i - t_{1-\alpha/2}(n-r)\sqrt{\frac{\overline{S}_E^2}{n_i}}, \ \overline{x}_i + t_{1-\alpha/2}(n-r)\sqrt{\frac{\overline{S}_E^2}{n_i}}\right](i=1,2,\cdots,r) \quad (6\text{-}15)$$

6.3 双因素方差分析

6.3.1 问题的提出

由于现象的复杂性，影响试验（调查）观察指标的因素往往不是一种，而是多种。例如，销售量固然与包装形式有关，但价格水平也有影响，特别是当包装方式的差异对价格本身又有影响时，情况就变得更加复杂，而且，消费者的年龄、性别、收入等方面的差异同样也是影响因素；又如，实验经济学中著名的"最后通牒"例子，双方"奖金分割"点协议的达成与文化背景、收入水平都有关系。双（多）因素方差分析方法就是研究两种（或多种）因素对试验（调查）观察指标影响程度的统计分析方法。本节只讨论两个因素的情形。

由于存在两个因素对试验（调查）观察指标的影响，各个因素的不同水平的搭配可能对试验（调查）观察指标产生新的影响，这种现象称为交互效应（interaction effect）。例如，

上市公司绩效（观察指标）受企业所属行业类型、所在地区社会经济总体类型的影响。而由于不同地区产业布局、产业效益与社会经济水平所处阶段有关，因此行业类型与区域经济类型的交互状态也会影响到上市公司的绩效。

【例 6-3】 为了认识客户消费时段的特征，新开业的环山市旋门湾咖啡厅对开业 8 周的消费额按消费时段进行了复合分类统计，结果如表 6-5 所示。我们假设没有季节性的差异，也假设消费群体结构不会产生较大的变动，假设其他因素可忽视。现在的问题归结为：消费额是否存在星期上的差异？这种差异主要表现为哪几天之间的差异？一天之内三个不同时段之间是否存在显著性差异？天时段与周时段之间是否存在交互影响？由于本例从两个角度对"时段"进行了划分，因此属于"双因素方差分析"。

由于是否考虑交互作用对方差分析结果的解释会存在较大差异，故下面对不同情况分别加以讨论。

表 6-5　旋门湾咖啡厅 8 周分时段营业收入统计　　　　　（单位：元）

时间段	周次	日期						
		周一	周二	周三	周四	周五	周六	周日
上午	1	4 152	4 852	3 546	5 456	3 426	6 124	5 846
	2	3 968	4 568	5 541	4 879	3 895	6 123	5 680
	3	4 944	4 795	5 687	4 598	3 678	6 856	5 982
	4	4 852	4 132	4 752	5 123	4 894	7 102	6 892
	5	4 454	5 423	5 124	6 811	3 987	8 951	8 123
	6	5 914	5 684	6 412	5 132	4 102	9 102	8 741
	7	4 745	3 654	5 612	5 456	4 243	9 581	8 210
	8	5 981	3 986	5 781	4 925	4 410	9 451	8 652
下午	1	6 852	5 112	5 786	6 105	3 998	10 124	9 789
	2	7 167	5 418	8 841	5 912	4 213	12 563	11 752
	3	5 144	5 958	7 682	5 109	4 318	10 986	11 012
	4	4 888	5 702	5 556	6 200	5 209	12 107	13 785
	5	5 784	6 582	5 879	6 941	4 125	13 958	14 843
	6	6 584	6 511	6 987	6 100	4 942	14 129	12 874
	7	6 475	6 845	6 555	7 812	5 109	13 891	13 290
	8	7 581	6 124	7 001	5 261	5 097	14 121	14 589
晚上	1	9 852	8 912	9 978	9 105	15 918	16 124	10 100
	2	10 165	9 741	11 049	11 591	15 983	17 569	10 222
	3	9 142	9 898	10 054	9 751	15 719	14 902	9 055
	4	9 888	10 095	9 941	8 912	15 303	16 139	11 019
	5	9 912	11 081	9 875	8 754	14 789	13 988	11 980
	6	10 109	10 055	9 002	8 288	14 105	14 373	11 274
	7	11 075	11 286	9 915	10 112	15 666	14 590	12 290
	8	12 781	11 029	9 989	9 123	16 444	16 879	11 589

6.3.2　无交互作用的双因素方差分析

设有 A、B 两个因素影响试验（观察）结果指标。因素 A 有 r 个水平，因素 B 有 s 个水平，因素 A、B 的不同水平的每种组织都只做一次试验（观察），在这种情况下，因素 A、

B 之间没有交互作用。数据结构如表 6-6 所示。

表 6-6 无交互作用的双因素方差分析数据结构

		因素 B				A 因素各水平之下的均值
		B_1	B_2	$\cdots$	B_S	
因素 A	A_1	x_{11}	x_{12}	$\cdots$	x_{1s}	$\overline{x}_{1\cdot}$
	A_2	x_{21}	x_{22}	$\cdots$	x_{2s}	$\overline{x}_{2\cdot}$
	$\vdots$	$\vdots$	$\vdots$		$\vdots$	$\vdots$
	A_r	x_{r1}	x_{r2}	$\cdots$	x_{rs}	$\overline{x}_{r\cdot}$
B 因素各水平之下的均值		$\overline{x}_{\cdot 1}$	$\overline{x}_{\cdot 2}$	$\cdots$	$\overline{x}_{\cdot s}$	$\overline{x}$

假设 $x_{ij}(i=1,2,\cdots,r; j=1,2,\cdots,s)$ 之间相互独立，且 $x_{ij} \sim N(\overline{X}_{ij}, S^2)$，则 $x_{ij} = \overline{X}_{ij} + e_{ij}$，$(i=1,2,\cdots,r; j=1,2,\cdots,s)$，其中 e_{ij} 独立同分布，且 $e_{ij} \sim N(0, S^2)$。

$$\overline{X} = \frac{1}{rs}\sum_{i=1}^{r}\sum_{j=1}^{s}\overline{X}_{ij}, \quad \overline{X}_{i\cdot} = \frac{1}{s}\sum_{j=1}^{s}\overline{X}_{ij}, \quad \alpha_i = \overline{X}_{i\cdot} - \overline{X}, \quad \sum_{i=1}^{r}\alpha_i = 0$$

$$\overline{X}_{\cdot j} = \frac{1}{r}\sum_{i=1}^{r}\overline{X}_{ij}, \quad \beta_j = \overline{X}_{\cdot j} - \overline{X}, \quad \sum_{j=1}^{s}\beta_i = 0$$

称 $\overline{X}$ 为总平均值，称 α_i 为因素 A 在水平 i 下对试验指标的效应值，β_i 为因素 B 在水平 j 下对试验指标的效应值，则有基本模型如下

$$X_{ij} = \overline{X} + \alpha_i + \beta_j + e_{ij} \tag{6-16}$$

或

$$X_{ij} - \overline{X} = +(\overline{X}_{i\cdot} - \overline{X}) + (\overline{X}_{\cdot j} - \overline{X}) + e_{ij} \tag{6-17}$$

表现在样本上，就有

$$x_{ij} - \overline{x} = (\overline{x}_{i\cdot} - \overline{x}) + (\overline{x}_{\cdot j} - \overline{x}) + (x_{ij} + \overline{x} - \overline{x}_{i\cdot} - \overline{x}_{\cdot j}) \tag{6-18}$$

式中，$\overline{x} = \frac{1}{rs}\sum_{i=1}^{r}\sum_{j=1}^{s}x_{ij}$，$\overline{x}_{i\cdot} = \frac{1}{s}\sum_{j=1}^{s}x_{ij}$，$\overline{x}_{\cdot j} = \frac{1}{r}\sum_{i=1}^{r}x_{ij}$。

对式（6-18）计算平方和，有

$$\sum_{i=1}^{r}\sum_{j=1}^{s}(x_{ij} - \overline{x})^2 = \sum_{i=1}^{r}\sum_{j=1}^{s}(\overline{x}_{i\cdot} - \overline{x})^2 + \sum_{i=1}^{r}\sum_{j=1}^{s}(\overline{x}_{\cdot j} - \overline{x})^2 + \sum_{i=1}^{r}\sum_{j=1}^{s}(x_{ij} + \overline{x} - \overline{x}_{i\cdot} - \overline{x}_{\cdot j})^2 +$$

$$2\sum_{i=1}^{r}\sum_{j=1}^{s}(\overline{x}_{i\cdot} - \overline{x})(\overline{x}_{\cdot j} - \overline{x}) + 2\sum_{i=1}^{r}\sum_{j=1}^{s}(\overline{x}_{i\cdot} - \overline{x})(x_{ij} + \overline{x} - \overline{x}_{i\cdot} - \overline{x}_{\cdot j}) +$$

$$2\sum_{i=1}^{r}\sum_{j=1}^{s}(\overline{x}_{\cdot j} - \overline{x})(x_{ij} + \overline{x} - \overline{x}_{i\cdot} - \overline{x}_{\cdot j})$$

由于后三项为零，从而有

$$\sum_{i=1}^{r}\sum_{j=1}^{s}(x_{ij} - \overline{x})^2 = \sum_{i=1}^{r}\sum_{j=1}^{s}(\overline{x}_{i\cdot} - \overline{x})^2 + \sum_{i=1}^{r}\sum_{j=1}^{s}(\overline{x}_{\cdot j} - \overline{x})^2 + \sum_{i=1}^{r}\sum_{j=1}^{s}(x_{ij} + \overline{x} - \overline{x}_{i\cdot} - \overline{x}_{\cdot j})^2 \tag{6-19}$$

采用与前面类似的记号，定义

$$SS_T = \sum_{i=1}^{r}\sum_{j=1}^{s}(x_{ij} - \overline{x})^2 = \sum_{i=1}^{r}\sum_{j=1}^{s}x_{ij}^2 + rs\overline{x}^2 \tag{6-20}$$

$$SS_A = \sum_{i=1}^{r}\sum_{j=1}^{s}(\overline{x_{i\cdot}}-\overline{x})^2 = s\sum_{i=1}^{r}(\overline{x_{i\cdot}}-\overline{x})^2 = \frac{1}{s}\sum_{i=1}^{r}\left(\sum_{j=1}^{s}x_{ij}\right)^2 - \frac{1}{rs}\left(\sum_{i=1}^{r}\sum_{j=1}^{s}x_{ij}\right)^2 \quad (6\text{-}21)$$

$$SS_B = \sum_{i=1}^{r}\sum_{j=1}^{s}(\overline{x_{\cdot j}}-\overline{x})^2 = r\sum_{j=1}^{s}(\overline{x_{\cdot j}}-\overline{x})^2 = \frac{1}{r}\sum_{j=1}^{s}\left(\sum_{i=1}^{r}x_{ij}\right)^2 - \frac{1}{rs}\left(\sum_{i=1}^{r}\sum_{j=1}^{s}x_{ij}\right)^2 \quad (6\text{-}22)$$

$$SS_E = \sum_{i=1}^{r}\sum_{j=1}^{s}(x_{ij}+\overline{x}-\overline{x_{i\cdot}}-\overline{x_{\cdot j}})^2 \quad (6\text{-}23)$$

分别称为"总偏差平方和""因素 A 的偏差平方和""因素 B 的偏差平方和""误差的偏差平方和"。式（6-19）简化为

$$SS_T = SS_A + SS_B + SS_E \quad (6\text{-}24)$$

基于这一线性分解模型，方差分析的主要任务是：分析因素 A 和因素 B 对试验（调查）观察指标的影响大小。这一问题等价于以下两种假设。

"因素 A 对试验指标影响不显著"等价于

$$H_{01}: \overline{X_{1\cdot}} = \overline{X_{2\cdot}} = \cdots = \overline{X_{r\cdot}}$$

"因素 B 对试验指标影响不显著"等价于

$$H_{02}: \overline{X_{\cdot 1}} = \overline{X_{\cdot 2}} = \cdots = \overline{X_{\cdot s}}$$

在总体分布的正态等方差性条件满足时，有

$$\frac{SS_T}{S^2} \sim \chi^2(rs-1),\ \frac{SS_A}{S^2} \sim \chi^2(r-1),\ \frac{SS_B}{S^2} \sim \chi^2(s-1),\ \frac{SS_E}{S^2} \sim \chi^2(r-1)(s-1)$$

于是，就有相应的 F 统计量。

对于 H_{01}，有：
$$F_A = \overline{S_A^2}/\overline{S_E^2} \quad (6\text{-}25)$$

对于 H_{02}，有：
$$F_B = \overline{S_B^2}/\overline{S_E^2} \quad (6\text{-}26)$$

式中，$\overline{S_A^2} = SS_A/(r-1)$，$\overline{S_B^2} = SS_B/(s-1)$，$\overline{S_E^2} = SS_E/(rs-s-r+1)$。

与单因素方差分析类似，通常也需要列出如表 6-7 所示的分析过程。

表 6-7　无交互效应的双因素方差分析表

影响因素	偏差平方和	自由度	均方差	F 值	拒绝原假设的判断
因素 A	SS_A	$r-1$	$\overline{S_A^2}$	$F_A = \overline{S_A^2}/\overline{S_E^2}$	$F_A > F_\alpha(r-1,\ rs-r-s+1)$
因素 B	SS_B	$s-1$	$\overline{S_B^2}$	$F_B = \overline{S_B^2}/\overline{S_E^2}$	$F_A > F_\alpha(s-1,\ rs-r-s+1)$
误差	SS_E	$rs-r-s+1$	$\overline{S_E^2}$		
总和	SS_T	$rs-1$			

【例 6-4】 取例 6-3 中第一周的数据进行无交互效应方差分析，分析时段对消费量的影响。分时段的平均消费额如表 6-8 所示，根据式（6-20）～式（6-24），可计算有关偏差平方和指标及 F 统计量，结果见表 6-9。周时间为"B 因素"（分为周一至周日七天），天时间为"A 因素"（分为上午、下午、晚上）。

表 6-8 旋门湾咖啡厅营业第一周销售情况统计 （单位：元）

时段		周一	周二	周三	周四	周五	周六	周日	平均
					B 因素				
A因素	上午	4 152	4 852	3 546	5 456	3 426	6 124	5 846	4 771.714
	下午	6 852	5 112	5 786	6 105	3 998	10 124	9 789	6 823.714
	晚上	9 852	8 912	9 978	9 105	15 918	16 124	10 100	11 427.000
平均		6 952	6 292	6 436.67	6 888.67	7 780.67	10 790.67	8 578.33	7 674.143

$$\overline{S_A^2} = SS_A/(r-1) = s\sum_{i=1}^{r}(\overline{x_{i\cdot}} - \overline{x})^2/(r-1) = 7\sum_{i=1}^{r}(\overline{x_{i\cdot}} - \overline{x})^2/2$$

$$= 7\times[(4\ 771.714 - 7\ 674.143)^2 + (6\ 823.714 - 7\ 674.143)^2 + (11\ 427 - 7\ 674.143)^2]/2$$

$$= 161\ 168\ 407.12/2 = 80\ 584\ 204$$

$$\overline{S_B^2} = SS_B/(s-1) = r\sum_{j=1}^{s}(\overline{x_{\cdot j}} - \overline{x})^2/(s-1) = 3\sum_{j=1}^{s}(\overline{x_{\cdot j}} - \overline{x})^2/6$$

$$= 3\times[(6\ 952 - 7\ 674.143)^2 + (6\ 292 - 7\ 674.143)^2 + \cdots + (8\ 578.33 - 7\ 674.143)^2]/6$$

$$= 45\ 365\ 282.16/6 = 7\ 560\ 880$$

$\overline{S_E^2}$ 的计算留给读者练习。最后有关结果如表 6-9 所示。在显著性水平取 5%时，因素 A 是显著的，而因素 B 并不显著，即一天之内不同时段顾客的咖啡消费量存在显著的差异，但一周不同日子的咖啡消费量却无明显差异。

表 6-9 无交互效应的双因素方差分析表

影响因素	偏差平方和	自由度	均方差	F 值	$\alpha = 0.05$ 的显著性临界点
因素 A	161 168 407.12	2	80 584 203.56	17.354 0	3.89
因素 B	45 365 282.16	6	7 560 880	1.628 3	3.00
误差	55 722 525.29	12	4 643 544		
总和	262 256 214.571 4	20	13 112 811		

6.3.3 有交互作用的双因素方差分析

对于双因素方差分析，更加一般化的情况是因素 A 与因素 B 之间存在着"交互效应"，即两个因素对试验（调查）观察指标的效应不是简单的叠加，而是存在相互作用。此类现象即为"有交互作用的双因素方差分析"，其基本数据结构如表 6-10 所示。不难看出，表 6-10 的数据结构与表 6-5 不同。当存在或需要考察交互作用时，两个因素的不同水平之下的组合都应该有若干个样本观察值。

表 6-10 有交互作用的双因素方差分析数据结构

		因素 B											
		B_1				B_2				$\cdots$	B_s			
因素 A	A_1	x_{111}	x_{112}	$\cdots$	x_{11n}	x_{121}	x_{122}	$\cdots$	x_{12n}		x_{1s1}	x_{1s2}	$\cdots$	x_{1sn}
	A_2	x_{211}	x_{212}	$\cdots$	x_{21n}	x_{221}	x_{222}	$\cdots$	x_{22n}		x_{2s1}	x_{2s2}	$\cdots$	x_{2sn}
	$\vdots$	$\vdots$	$\vdots$		$\vdots$	$\vdots$	$\vdots$		$\vdots$	$\vdots$	$\vdots$	$\vdots$		$\vdots$
	A_r	x_{r11}	x_{r12}	$\cdots$	x_{r1n}	x_{r21}	x_{r22}	$\cdots$	x_{r2n}		x_{rs1}	x_{rs2}	$\cdots$	x_{rsn}

表中的数据 x_{ijk} 表示因素 A、B 在第 i ($i = 1, 2, 3, \cdots, r$), j ($j = 1, 2, 3, \cdots, s$) 个水平状态下第 k ($k = 1, 2, 3, \cdots, n$) 个样本观测值。

假设在每一对的因素水平组合 (A_i, B_j) 中，样本容量相同（均为 n）。与前面类似，也假设 x_{ijk} 分布的正态性、等方差性、组内独立性、组间独立性，即 $x_{ijk} \sim N(\overline{X}_{ij}, S^2)$ ($k = 1, 2, \cdots, n$)，则式（6-16）的模型中就包含了一个"交互项"，即"有交互作用的双因素方差基本模型"为

$$x_{ijk} = \overline{X}_{ij} + e_{ijk} = \overline{X} + \alpha_i + \beta_j + \gamma_{ij} + e_{ijk} \tag{6-27}$$

式中，$e_{ijk} \sim N(0, S^2)$，各 e_{ijk} 相互独立，$\sum_{i=1}^{r}\alpha_i = 0$，$\sum_{j=1}^{s}\beta_i = 0$，$\sum_{i=1}^{r}\gamma_{ij} = 0$，$\sum_{j=1}^{s}\gamma_{ij} = 0$。

表现在样本上，就有

$$x_{ijk} - \overline{x} = (\overline{x}_{i\cdot\cdot} - \overline{x}) + (\overline{x}_{\cdot j\cdot} - \overline{x}) + (\overline{x}_{ij\cdot} - \overline{x}_{i\cdot\cdot} - \overline{x}_{\cdot j\cdot} + \overline{x}) + (x_{ijk} - \overline{x}_{ij\cdot}) \tag{6-28}$$

公式中有关平均值的计算如下

全部数据的总平均：
$$\overline{x} = \frac{1}{rsn}\sum_{i=1}^{r}\sum_{j=1}^{s}\sum_{k=1}^{n}x_{ijk} \tag{6-29}$$

A 因素 i 水平之下的组平均：
$$\overline{x}_{i\cdot\cdot} = \frac{1}{ns}\sum_{j=1}^{s}\sum_{k=1}^{n}x_{ijk}\,(i=1,2,\cdots,r) \tag{6-30}$$

B 因素 j 水平之下的组平均：
$$\overline{x}_{\cdot j\cdot} = \frac{1}{rn}\sum_{i=1}^{r}\sum_{k=1}^{n}x_{ijk}\,(i=1,2,\cdots,s) \tag{6-31}$$

(A_i, B_j) 组合之下的组内平均：
$$\overline{x}_{ij\cdot} = \frac{1}{n}\sum_{k=1}^{n}x_{ijk}\,(i=1,2,\cdots,r;\,j=1,2,\cdots,s) \tag{6-32}$$

计算式（6-28）平方和，即有以下的方差分解式

$$SS_T = SS_A + SS_B + SS_{A \times B} + SS_E \tag{6-33}$$

式中

$$SS_T = \sum_{i=1}^{r}\sum_{j=1}^{s}\sum_{k=1}^{n}(x_{ijk} - \overline{x})^2 \tag{6-34}$$

$$SS_A = \sum_{i=1}^{r}\sum_{j=1}^{s}\sum_{k=1}^{n}(x_{i\cdot\cdot} - \overline{x})^2 = ns\sum_{i=1}^{r}(\overline{x}_{i\cdot\cdot} - \overline{x})^2 \tag{6-35}$$

$$SS_B = \sum_{i=1}^{r}\sum_{j=1}^{s}\sum_{k=1}^{n}(x_{\cdot j\cdot} - \overline{x})^2 = nr\sum_{j=1}^{s}(\overline{x}_{\cdot j\cdot} - \overline{x})^2 \tag{6-36}$$

$$SS_{A \times B} = \sum_{i=1}^{r}\sum_{j=1}^{s}\sum_{k=1}^{n}(x_{ij\cdot} + \overline{x} - \overline{x}_{i\cdot\cdot} - \overline{x}_{\cdot j\cdot})^2 = n\sum_{i=1}^{r}\sum_{j=1}^{s}(x_{ij\cdot} + \overline{x} - \overline{x}_{i\cdot\cdot} - \overline{x}_{\cdot j\cdot})^2 \tag{6-37}$$

$$SS_E = \sum_{i=1}^{r}\sum_{j=1}^{s}\sum_{k=1}^{n}(x_{ijk} - \overline{x}_{ij\cdot})^2 \tag{6-38}$$

基于式（6-33）线性分解模型，方差分析的主要任务是：分析因素 A 和因素 B 对试验（调查）观察指标的影响大小，以及 A、B 因素交互作用对试验（调查）观察指标的影响大小。这等价于以下三种统计假设。

"因素 A 对试验指标影响不显著"等价于

$$H_{01}: \alpha_1 = \alpha_2 = \cdots = \alpha_r = 0$$

"因素 B 对试验指标影响不显著"等价于

$$H_{02}: \beta_1 = \beta_2 = \cdots = \beta_s = 0$$

"因素 A 与因素 B 交互作用对试验指标影响不显著"等价于

$$H_{03}: \gamma_{ij} = 0 (i=1,2,\cdots,r; j=1,2,\cdots,s)$$

在总体分布的正态等方差性条件满足时，有

$$\frac{SS_T}{S^2} \sim \chi^2(rsn-1), \frac{SS_A}{S^2} \sim \chi^2(r-1), \frac{SS_B}{S^2} \sim \chi^2(s-1) \tag{6-39}$$

$$\frac{SS_{A \times B}}{S^2} \sim \chi^2(r-1)(s-1), \frac{SS_E}{S^2} \sim \chi^2(rsn-rs)$$

于是，相应的 F 统计量分别为

对于 H_{01} 有： $\qquad F_A = \overline{S}_A^2 / \overline{S}_E^2 \sim F(r-1, rsn-rs) \tag{6-40}$

对于 H_{02} 有： $\qquad F_B = \overline{S}_B^2 / \overline{S}_E^2 \sim F(s-1, rsn-rs) \tag{6-41}$

对于 H_{03} 有： $\qquad F_{A \times B} = \overline{S}_{A \times B}^2 / \overline{S}_E^2 \sim F(rs-r-s+1, rsn-rs) \tag{6-42}$

其中有关"均方差"分别为

$$\overline{S}_A^2 = SS_A/(r-1), \overline{S}_B^2 = SS_B/(s-1), \overline{S}_{A \times B}^2 = SS_{A \times B}/(rs-s-r+1), \overline{S}_E^2 = SS_E/(rsn-rs)$$

与单因素方差分析类似，表 6-11 是分析的全过程。

表 6-11 有交互效应的双因素方差分析表

方差来源	平方和	自由度	均方差	F 值	拒绝原假设的判断
因素 A	SS_A	$r-1$	$\overline{S}_A^2$	$F_A = \overline{S}_A^2 / \overline{S}_E^2$	$F_A > F_\alpha(r-1, rsn-rs)$
因素 B	SS_B	$s-1$	$\overline{S}_B^2$	$F_B = \overline{S}_B^2 / \overline{S}_E^2$	$F_B > F_\alpha(s-1, rsn-rs)$
交互效应 A×B	$SS_{A \times B}$	$(r-1)(s-1)$	$\overline{S}_{A \times B}^2$	$F_{A \times B} = \overline{S}_{A \times B}^2 / \overline{S}_E^2$	$F_{A \times B} > F_\alpha(rs-r-s+1, rsn-rs)$
误差	SS_E	$rs(n-1)$	$\overline{S}_E^2$		
总和	SS_T	$rsn-1$			

【例 6-5】下面根据例 6-2 资料进行双因素方差分析（原始数据见表 6-5）。

根据例 6-2 资料，可以计算相应的类平均与总平均，结果如表 6-12 所示。

表 6-12 门湾咖啡厅营业 8 周后按"天时段"与"周时段"分组计算的平均销售量

时段		因素 B $\overline{x}_{ij\cdot}$							时段总平均 $\overline{x}_{i\cdot\cdot}$
		周一 $\overline{x}_{i1\cdot}$	周二 $\overline{x}_{i2\cdot}$	周三 $\overline{x}_{i3\cdot}$	周四 $\overline{x}_{i4\cdot}$	周五 $\overline{x}_{i5\cdot}$	周六 $\overline{x}_{i6\cdot}$	周日 $\overline{x}_{i7\cdot}$	
因素 A	上午 $\overline{x}_{1j\cdot}$	4 876.25	5 306.88	4 079.38	4 636.75	5 297.50	7 911.25	7 265.75	5 624.82
	下午 $\overline{x}_{2j\cdot}$	6 309.38	6 785.88	4 626.38	6 031.50	6 180.00	12 734.88	12 741.75	7 915.68
	晚上 $\overline{x}_{3j\cdot}$	10 365.50	9 975.38	15 490.88	10 262.13	9 454.50	15 570.50	10 941.13	11 722.86
日总平均 $\overline{x}_{\cdot j\cdot}$		7 183.71	7 356.04	8 065.54	6 976.79	6 977.33	12 072.21	10 316.21	8 421.12

由式（6-34）～式（6-38）诸式，可计算出相应的偏差平方和、均方差等，结果如表6-13所示。

表 6-13　咖啡消费量分时段的方差分析

方差来源	平方和	自由度	均方差	F 值	F 检验的5%显著性水平的临界点
因素 A（日时段）	1 062 668 594.333	2	531 334 297.167	503.787	$F_{0.05}(2,147) = 19.5$
因素 B（周时段）	573 226 212.536	6	95 537 702.089	90.585	$F_{0.05}(6,147) = 3.67$
交互效应 A×B	399 549 054.500	12	33 295 754.542	31.570	$F_{0.05}(12,147) = 2.3$
误差	155 037 898.250	147	1 054 679.580		
总和	2 190 481 759.619	167			

经检验，因素 A、因素 B 及两者的交互作用 A×B 对试验（观察）指标都有显著影响。即一天之内的不同时段（上午、下午、晚上）咖啡消费量存在显著差异；周一至周日各天消费也不完全相同，存在显著差异，且一周七天不同时段咖啡消费量差异规律也不完全相同。

本例还可做进一步的多重比较分析。经过分析，发现上午、下午、晚上的消费量两两之间均不相同；周一、周二、周三、周四的日消费量无显著差异，但这四天与（周末）周五、周六、周日之间差异显著，且周末三天之间两两差异显著。有关多重比较的具体方法，读者可参阅有关数理统计学教材或统计软件如 SPSS。

本章小结

1. 方差分析是基于对观察数据的方差分解构造的一种线性因素分析模型。主要分析有关因素对观察指标的影响是否存在。无论是实验数据还是调查数据，都可以采用方差分析法进行研究。方差分析的原理也被应用于回归分析、实验设计等统计分支领域。

2. 单因素方差分析是把总变差平方和分解成为组间变差平方和与剩余变差平方和两部分。组间变差平方和反映了因素变化对观察指标的影响，其值越大，表示因素不同水平之下的观察结果差异越大，剩余变差平方和则反映了随机因素影响。因此，组间变差平方和与剩余变差平方和之间的比值大小是衡量研究因素各水平对观察指标影响程度大小的重要统计量。通过方差分析表，当统计量值 $F = \overline{S}_A^2 / \overline{S}_E^2$ 超过给定显著性水平之下的临界点，则认为因素 A 对观察指标的影响是显著的，如果把 A 因素每一个处理（水平）看作一个总体，则认为各总体在观察指标的平均水平上是存在显著差异的（不完全相同）。但必须注意的是，此时是假设各总体服从于具有相同的方差正态分布。如果总体方差齐性的假设不成立，则需要另外构造统计量。

3. 双因素（因素 A 与因素 B）方差分析根据是否考虑交互作用划分为两种情况。如果不考虑交互作用，则总偏差平方和可分解为因素 A 的偏差平方和、因素 B 的偏差平方和及随机误差平方和。在正态性、等方差性、独立性等条件之下，可通过两个 F 统计量做假设检验，即 $F_A = \overline{S}_A^2 / \overline{S}_E^2$、$F_B = \overline{S}_B^2 / \overline{S}_E^2$ 分别检验 A 因素、B 因素各水平对观察指标的影响。如果考虑交互作用，则总偏差平方和可分解为因素 A 的偏差平方和、因素 B 的偏差平方和、交互因素的偏差平方和及随机误差平方和。这时可通过三个 F 统计量做假设检验，即 $F_A = \overline{S}_A^2 / \overline{S}_E^2$、$F_B = \overline{S}_B^2 / \overline{S}_E^2$、$F_{A \times B} = \overline{S}_{A \times B}^2 / \overline{S}_E^2$ 分别检验 A 因素、B 因素、AB 交互因素对观察指标的影响。

4. 方差分析思路还可以推广到多元情况，称为复方差分析（MANOVA）。基本思路与 ANOVA 类似。

练习与思考

一、判断题

1. 方差分析的基本思想是把总方差分解成各个方差的和，然后分析各项方差的大小与占比。（ ）
2. 在单因素方差分析中，随机误差项的偏差平方和除以总体方差之后是服从正态分布的。（ ）
3. 在因子方差分析中，若拒绝原假设，则表明各总体的均值相互之间均不相同。（ ）
4. 双因素无重复观察的数据，通常是假设不存在交互影响，此时误差项平方和的自由度等于 A 因素平方和的自由度与 B 因素平方和自由度的乘积。（ ）
5. 当存在交互影响时，双因素方差分析的交互项偏差平方和检验统计量是 $F_{A\times B}=\overline{S}^2_{A\times B}/\overline{S}^2_E$。（ ）

二、单项选择题

1. 如果把一个样本按某一标志（因素）划分为 m 个不同的组（m 大于 2），然后考察某一随机变量在各组的取值情况，采用方差分析，意味着对以下原假设进行检验（μ_i 为相应的平均数）（ ）。

   A. $H_0: \mu_1=\mu_2=\cdots=\mu_k$ $H_1: \forall \mu_i=\mu_j(i\neq j)$
   B. $H_0: \mu_1=\mu_2=\cdots=\mu_k$ $H_1: \forall \mu_i=\mu_j(i\neq j)$
   C. $H_0: \mu_1=\mu_2=\cdots=\mu_k=0$ $H_1: \forall \mu_i=\mu_j(i\neq j)$
   D. $H_0: \mu_1=\mu_2=\cdots=\mu_k=0$ $H_1: \forall \mu_i=\mu_j(i\neq j)$

2. 在双因子有交互作用的方差分析中，反映交互效应的基本偏差是（ ）。

   A. $ns\sum_{i=1}^{r}(\overline{x}_{i\cdot\cdot}-\overline{x})^2$
   B. $nr\sum_{j=1}^{s}(\overline{x}_{\cdot j\cdot}-\overline{x})^2$
   C. $n\sum_{i=1}^{r}\sum_{j=1}^{s}(\overline{x}_{ij\cdot}+\overline{x}-\overline{x}_{i\cdot\cdot}-\overline{x}_{\cdot j\cdot})^2$
   D. $\sum_{i=1}^{r}\sum_{j=1}^{s}\sum_{k=1}^{n}(x_{ijk}-\overline{x}_{ij\cdot})^2$

三、简答题

1. 方差分析的含义是什么？有哪些类型？
2. 单因素方差分析的变差平方和分解式是如何推导出来的？各项的分布是什么？
3. 如何应用双因素方差分析？试举例说明。
4. 双因素分析中无交互影响与有交互影响分析有什么区别？试举例说明。

四、计算题

1. 某市场研究公司在调查某省民营企业职工商业保险投保状态时，取得如下表的数据（去年全年商业保险消费支出额单位：元）。

按年龄分组	1	2	3	4	5	6	7	8	9	10	11	12
30 岁以下	350	1 500	820	280	389	1 588	652	150	1 020	350	147	58
30～50 岁	458	2 350	1 522	890	868	2 897	1 872	280	2 100	751	860	821
50 岁以上	140	50	100	150	102	450	284	452	350	120	45	120

问：不同年龄段职工的商业保险费用支出水平是否存在显著差异？（取显著性水平 $\alpha=0.05$）

2. 为提高大学数学的教学效果，某研究员提出了四种不同的数学教学辅助手段。现欲证明这些辅助手段对教学效果的改进是否存在显著差异，从当年一年级学生中抽取四个班级进行试验，学期结束考试成绩（卷面）如下表所示（每个班级抽取 15 名学生）。

序号	方法1	方法2	方法3	方法4
1	89	85	89	68
2	95	86	98	69
3	82	78	95	67
4	65	89	96	69
5	45	90	94	89
6	68	87	93	99
7	95	88	85	95
8	90	65	86	87
9	88	60	87	82
10	78	98	86	65
11	65	95	82	48
12	68	48	81	49
13	78	65	80	78
14	79	77	78	86
15	81	89	75	88

问：（1）这四种辅助教学方法之下的教学效果是否存在差异？（显著性水平取 5%）

（2）为保证统计分析结论的可靠性，本例数据采集时有何要求？

3. 研究人员从某省"十五"期间结项的自然科学基金项目中随机抽取部分项目进行绩效评估。采用设计的综合评价体系，获得有关项目的"相对绩效分值"（满分为 100 分）。研究人员认为，学校类型、项目类型等都可能会影响到科研项目绩效，请你在 5% 的显著性水平下分析这两个因素对科研项目绩效的影响（见下表）。

学校	部属重点高校（211 学校）	省属普通高校	省属高职学院
基础研究	89, 90, 80, 88, 95, 86, 94, 95, 90, 85, 82, 84, 76, 75, 68, 80, 98, 70, 88, 96	88, 86, 78, 76, 65, 68, 78, 90, 88, 76, 74, 68, 88, 90, 68, 60, 80, 70, 68, 88	68, 78, 76, 60, 60, 80, 65, 70, 66, 50, 58, 80, 60, 70, 60, 64, 66, 68, 70, 74
应用研究	86, 88, 80, 86, 90, 67, 88, 85, 65, 77, 78, 89, 90, 86, 88, 90, 90, 78, 88, 90	90, 98, 90, 86, 88, 87, 80, 98, 97, 80, 88, 85, 90, 78, 80, 89, 98, 68, 80, 82	86, 88, 90, 86, 78, 70, 80, 80, 78, 60, 60, 70, 50, 60, 66, 80, 88, 56, 68, 70

4. 某会计师事务所承接了多个企业的会计记账工作，由于业务发展迅速。2006 年年初从某大学会计专业硕士毕业生中招收了 3 名新员工，并且每人独立担任三家企业（事业单位、工业企业、商业企业）的会计记账工作。半年后，事务所主管对这三位年轻人的记账情况进行检查，计算相关的差错率（%）。经过两周的检查，结果如下表所示。

员工	事业单位	工业企业	商业企业
A	1.3	2.5	1.6
B	3.5	6.8	2.8
C	5.8	10.2	4.5

请问：三位员工记账的差错率是否存在显著差异？不同类型单位的会计记账工作，其差错率是否存在区别？（取显著性水平为 5%）

◎ 人物介绍

卡尔·皮尔逊（Karl Pearson，1857—1936）

英国著名统计学家。卡尔·皮尔逊 1879 年毕业于剑桥大学数学系，1884 年进入伦敦大学教授数学与力学,从此在该校工作一直到1933年。他27岁便当上了大学教授,39岁被选入英国皇家学会。40多年间,他一直处在科学理智力量的最前沿。他的贡献和影响是多方面的:他的专业是应用数学、生物统计学和统计学,但他又是名副其实的历史学家、科学哲学家、民俗学和宗教问题的研究者、律师、社会主义者和人道主义者、优生学家、弹性和工程问题专家、教育改革家、伦理学家、受欢迎的教师、编辑和文学作品、人物传记的作者。卡尔·皮尔逊的最重要学术成就,是为现代统计学打下了坚实的基础,主要体现在以下几个方面:① 提出和研究了复相关、偏相关的问题;② 提出了似然函数、矩估计方法;③ 导出了重要的卡方分布;④ 研究了许多概率分布曲线等。主要作品有《科学的规范》《在进化论上的数学贡献》等。

第 7 章

相关回归分析

"在终极的分析中,一切知识都是历史;在抽象的意义下,一切科学都是数学;在理性的基础上,所有的判断都是统计学。"

"不确定性知识+所含不确定性量度的知识=可用的知识。"

——加利亚木普迪·拉达克利西纳·劳

本章对相关关系的概念、种类及相关分析、回归分析的原理进行了介绍,具体要求:①了解相关关系的概念及种类;②掌握相关分析的原理、几种常用相关系数的测定方法及相关系数的取值含义;③掌握回归分析的原理、方法及应用,重点掌握简单线性回归方程的拟合及应用,明确直线回归方程中待定参数的含义。

7.1 相关分析的基本问题

7.1.1 相关关系与函数关系

事物的联系是普遍的。因此,客观世界中的许多事物之间都存在着相互影响、相互制约、相互关联的关系。客观现象尤其是经济现象之间的这种互相联系,都可以通过一定的数量形式反映出来。例如,父母身高与儿女身高之间、家庭收入与消费支出之间、企业投入与企业产出之间、商品价格与商品需求量之间等,都存在着一定的依存关系。又如,一个圆的面积与其半径的关系、矩形面积与其边长的关系、一个三角形内角之间的关系、直角三角形三条边之间的关系,等等。

因此,现象之间的数量关系,大致可以区分为两种不同的类型:函数关系与统计相关关系。

7.1.1.1 函数关系

函数关系是指现象之间存在的确定性的数量依存关系。在这种关系中,当某一变量或某些变量取任意一个值时，另一变量都会有一个确定值与之严格相对应，并且这种对应关系可以用一个数学表达式来反映。例如，上例中，当圆的半径为 r 时，圆的面积 S 与半径 r 之间的数量关系为：$S = \pi \cdot r^2$，S 与 r 值之间存在着严格的一一对应关系，圆的面积随半径而变动，半径一旦确定，圆的面积也随之确定。现实世界中，这样的函数关系十分广泛地存在着。有些函数关系是现象之间内在的联系，而有些函数关系则是基于某种定义确定的，例如商品库存额与库存商品周转速度之间的关系，国内生产总值与总产出及中间投入之间的关系，等等。两个变量 x 与 y 之间的函数关系一般可以表示为

$$y = f(x) \tag{7-1}$$

7.1.1.2 相关关系

相关关系，也称统计相关，是指现象之间存在的非确定性的数量依存关系，即现象之间虽然存在着数量依存关系，一个现象发生数量上变化时，另一个现象数量水平也会相应地发生变化，但这种数量变化关系并不是严格一一对应的，当一个变量数值确定时，另一个变量可能存在许多个可能的取值与之相对应，这些数值围绕着它们的平均数上下波动。例如，商品价格与商品需求量之间存在着数量变动关系，价格升高，需求量一般会减少。但在价格相同的情况下未必有相同的商品需求量，而是会有多个不同的数值。这是因为商品价格不是决定商品需求量的唯一因素，商品需求量还受消费者收入状况、消费习惯、地区差异、替代品和互补品的价格变化、季节变化等众多因素的影响。因此，商品价格与商品需求量之间的关系是相关关系。一般认为，若变量 y 与变量 x 为相关关系，则 y 除受主要因素 x 的影响外，还受其他因素影响，由于这些因素对 y 的影响相比之下较小且具有随机性，因此把它们看作随机因素。相关关系的数学一般形式为

$$y = f(x) + \varepsilon \tag{7-2}$$

式（7-2）中的 ε 为随机误差项，用于反映随机因素对 y 的影响。

相关关系在现实世界中广泛存在。但值得注意的是，相关关系不能通过个别现象体现出其关系的规律性，必须在大量现象中才能得到体现。因此，大量观察法思想同样应该在相关关系分析中加以贯彻。

相关关系和函数关系有区别，但是它们之间也有联系。它们的联系主要体现在两个方面。一方面，对于具有函数关系的现象，在实际中由于观察或测量误差等原因，往往呈现出相关关系的特征；另一方面，现象间的相关关系通常要利用相应的函数关系式来表现。

在具有相互依存关系的两个变量中，作为根据的变量叫自变量，发生对应变化的变量叫因变量。当变量之间存在前因后果的关系时，自变量与因变量的确定较为容易。如前述的父母身高、家庭收入、企业投入是自变量，儿女身高、消费支出、企业产出是因变量。当变量之间互为因果时，则要根据研究目的来确定哪个是自变量，哪个是因变量，如商品需求量与商品价格水平就属于这种情况。在相关分析中，一般不需要确定自变量和因变量，在回归分析中，则必须确定自变量和因变量。

7.1.2 相关关系的种类

现象之间的相关关系错综复杂，可以表现为不同的类型和多种形态。通常从以下几个方

面来划分相关关系的类型。

7.1.2.1 按照相关关系涉及的因素（变量）多少，可分为单相关和复相关

两个因素之间的相关关系称作单相关，也称为一元相关。

三个或三个以上因素之间的相关关系称为复相关或多元相关。在复相关中，如果将其他自变量固定不变而只研究因变量与其中某一个自变量之间的相关关系，这种相关关系称为偏相关。

此外，统计学中还研究两组变量（每一组变量都由两个或两个以上变量构成）之间的关系，称为"典型相关"。

7.1.2.2 按照相关关系的表现形式不同，可分为线性相关与非线性相关，对于一元相关来说，即为直线相关和曲线相关

线性相关是指变量之间呈线性关系，如果记自变量为 $x_1, x_2, \cdots, x_p$，因变量为 y，则下面相关形式即为"线性"

$$y = a_0 + a_1 x_1 + a_2 x_2 + \cdots + a_p x_p + \varepsilon$$

直线相关，意味着两个相关现象的数据在坐标上描点后近似表现为一条直线。

非线性相关则是指变量之间呈非线性关系，其形式多种多样，下面两式均属于非线性相关

$$y = a_0 + a_1 \ln x_1 + a_2 \ln x_2 + \cdots + a_p \ln x_p + \varepsilon$$
$$y = a_0 + a_1 x_1^2 + a_2 x_2 x_3 + \cdots + a_p x_p^2 + \varepsilon$$

曲线相关，意味着两个相关现象的数据在坐标上描点后近似地表现为一条曲线，如抛物线、双曲线、指数曲线等。

7.1.2.3 对于单相关，按照现象数量变化的方向不同，可分为正相关和负相关

若自变量 x 数值增加时，因变量 y 的数值也随之相应增加，这就叫正相关。例如，家庭的消费支出随收入的增加而增加，企业产出水平随企业资金、技术投入的增加而增加等。若自变量 x 数值增加时，因变量 y 的数值随之减少，这就叫负相关。例如，商品流通费用率随着商品流转规模的扩大而降低，市场商品销售量随价格的降低而增加等。

7.1.2.4 按照相关程度不同，可以分为完全相关、不完全相关和无相关

若一个现象的数量变化完全由另一个现象的数量变化所决定，这种依存关系，就称为完全相关。如 $S = \pi \cdot r^2$，圆的面积 S 完全取决于它的半径 r，在这种情况下，相关关系即成为函数关系，也可以说函数关系是相关关系的一个特例。若两个现象的数量变化各自独立，互不影响，则称为无相关。例如，学生的统计学成绩与学生的身高之间，一般是无相关的。若现象之间的关系介于完全相关与无相关之间，则称为不完全相关。通常所说的相关关系即指这种不完全相关。社会经济现象之间的关系大多是这种不完全相关关系。

各种相关关系可用图 7-1 来表示。

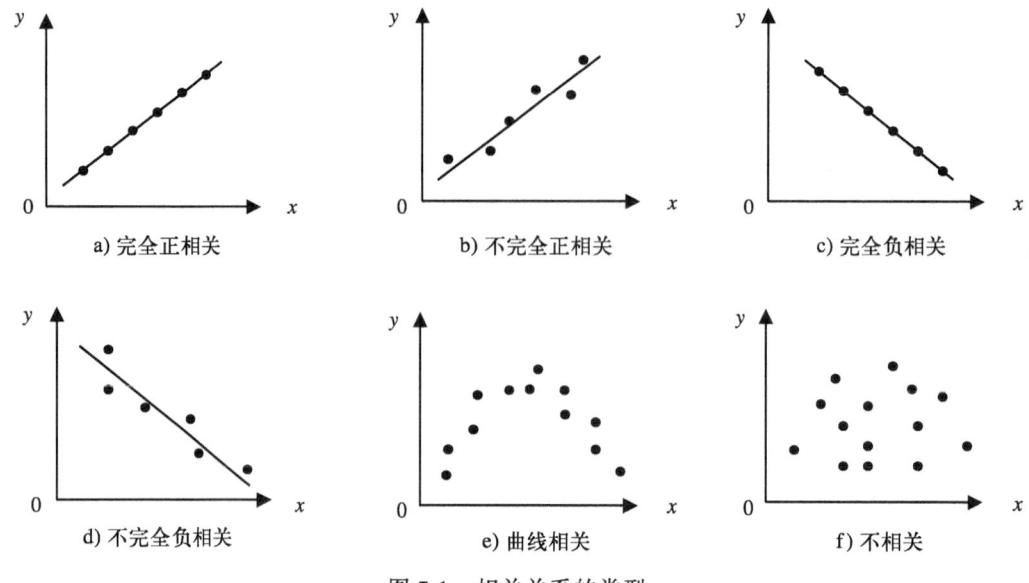

图 7-1　相关关系的类型

7.1.3　相关分析的主要内容

广义上讲，对两个或两个以上现象之间数量上的不确定性依存关系进行的统计分析，即为相关分析。其目的或任务在于探求现象之间是否存在着相关关系，以及相关关系的密切程度，进而消除偶然因素的影响，分析因素之间的具体数量变动关系或规律，并加以模型化，求出较佳的回归方程，用于估计与推算。这对于加强社会经济管理和进行经济预测等工作都具有重要的意义。

具体来说，相关分析的内容有以下四点。

（1）判断确定现象之间有无关系以及相关关系的具体表现形式。在进行相关分析时，首先通过理论定性的方法或利用图表观察的方法，判断现象之间是否有关系，现象之间有关系，进行相关分析才有意义。其次判断现象之间相关关系的形态，以便在之后的分析中选择相应的分析方法。

（2）确定相关关系的密切程度。根据变量数据的类型，选择适当的方法，计算出相关系数，确定现象之间相关关系的密切程度，为进一步的分析提供依据。

（3）检验现象统计相关的显著性，包括检验相关关系的存在性、检验相关关系强度是否达到一定水平，检验两对现象相关程度的差异性，估计相关系数的取值。

（4）广义地说，相关关系分析还包括对相关关系的数学形式加以描述，即拟合回归方程，检验回归方程的合理性，并且应用回归模型进行统计分析与预测和控制。

7.2　相关关系的测度

7.2.1　相关关系的一般判断

判断现象之间有没有相关关系，是进行相关分析的前提和出发点。其次要判断现象之间是怎样的相关关系。判断方法如下所示。

7.2.1.1 定性分析

在研究相关关系时，应根据一定的经济理论和实践经验的总结，对社会经济现象进行科学的定性分析，以判断它们之间是否具有相关关系以及相关关系的类型。只有在定性分析的基础上，才能进一步从数量上来测定现象之间的相关关系及相关的密切程度。这是判断相关关系的一种重要方法，也是相关分析的重要前提。

7.2.1.2 相关表和相关图

若经过调查已获得现象的数据资料，可通过编制相关表和绘制相关图来分析数据变动的规律，判断现象之间的相关性。

1. 简单相关表

利用未分组的原始资料，将两个现象的变量值一一对应地填列在同一张表格上，这种表就叫简单相关表，简单相关表适用于资料的项数较少的情况。例如，已知某企业各年的销售额和流通费用资料，将其编制成简单相关表如表 7-1 所示。

从表 7-1 可以直观地看出，随着企业销售额的增加，流通费用呈现增长的趋势。显然，该企业销售额与流通费用之间存在着相关关系。

将表 7-1 中的数据绘制成相关图如图 7-2 所示。

表 7-1 销售额与流通费用相关表

年份	销售额（万元）	流通费用（万元）
2002	10	1.8
2003	16	3.1
2004	32	5.2
2005	40	7.7
2006	74	10.4
2007	120	13.3
2008	197	18.8
2009	246	21.2
2010	345	28.3

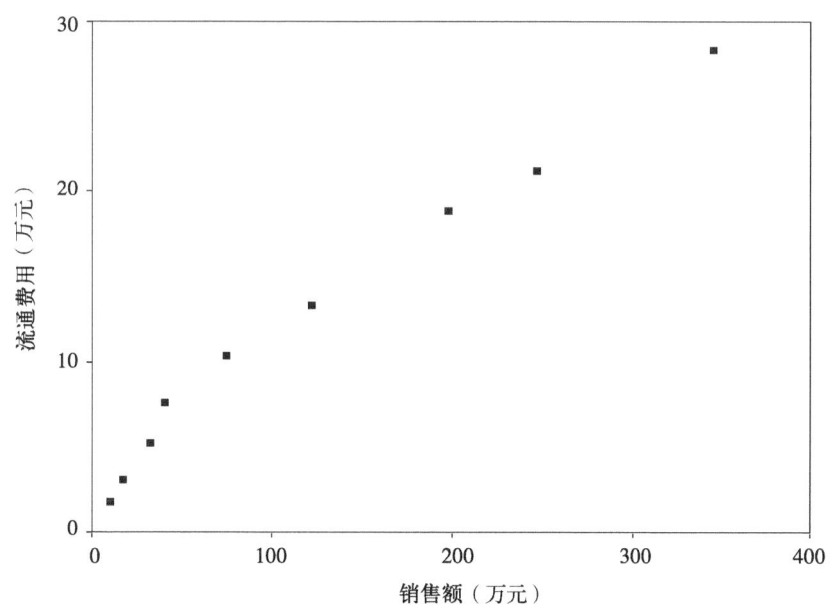

图 7-2 某企业销售额与流通费用的散点图

从图 7-2 可以看到，图中各个点虽不完全在一条直线上，但可以认为，该企业的销售额和流通费用之间有较强的直线相关关系。

2. 分组相关表

当原始资料较多，不再适合采用简单相关表时，可以编制分组相关表。分组相关表就是将原始资料进行分组而编制的相关表。它又可分为单变量分组相关表和双变量分组相关表两种。

（1）单变量分组表。只对自变量进行分组，因变量不分组，只是计算出其次数和平均数，这种表称为单变量分组表。例如，从某市所有家庭中抽取 100 户家庭，调查其家庭收入与消费支出情况，将调查得到的原始资料按家庭月收入分组，形成单变量分组表，如表 7-2 所示。

单变量分组表可以使原始资料大大简化，在原始数据较多的情况下，使用单变量分组表能更清晰地反映现象间的相互依存关系，找出变量间数据变动的规律性。根据单变量分组表，也可以绘制相关图，如图 7-3 所示。

表 7-2　某市家庭收入与消费支出相关表

家庭月收入（元）	家庭户数（户）	家庭月平均支出（元）
8 000 以上	3	3 025
7 000～8 000	3	2 820
6 000～7 000	6	2 652
5 000～6 000	9	2 486
4 000～5 000	8	2 255
3 000～4 000	34	1 960
2 000～3 000	20	1 536
1 000～2 000	11	976
1 000 以下	6	662

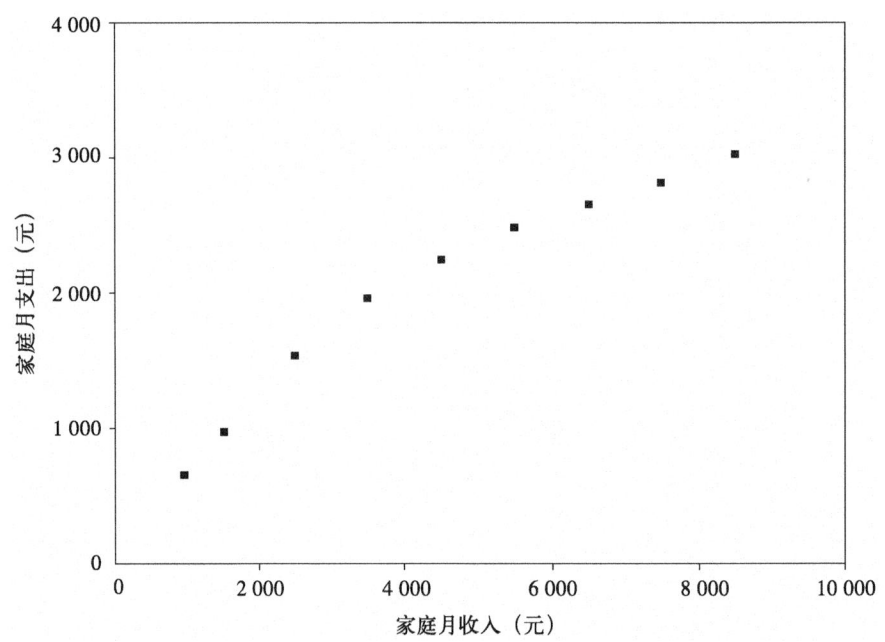

图 7-3　家庭收入与家庭消费支出的相关图

从表 7-2 和图 7-3 可以清楚地看到，家庭收入与家庭消费支出之间存在相关关系，家庭消费支出随着家庭收入的增加而增加，并且基本呈现出直线相关的形态。

（2）双变量分组表。将自变量和因变量都进行分组制成的表称为双变量分组表。双变量分组表适用于对大量复杂数据的处理和分析。举例如表 7-3 所示。

表 7-3 家庭收入与消费支出相关表

家庭月收入（元）	家庭月支出（元）							合计
	500 以下	500~1 000	1 000~1 500	1 500~2 000	2 000~2 500	2 500~3 000	3 000 以上	
8 000 以上						2	1	3
7 000~8 000				1	1		1	3
6 000~7 000					3	2	1	6
5 000~6 000				2	5	2		9
4 000~5 000			1	1	5	1		8
3 000~4 000		1	6	14	13			34
2 000~3 000		4	9	7				20
1 000~2 000	2	5	4					11
1 000 以下	3	3						6
合 计	5	13	20	24	27	8	3	100

通过双变量分组表，可以将自变量和因变量的对应关系更细致地表现出来。从表 7-3 也可以看出，100 户家庭分布在不同的收入和支出区间内，在表中形成一个大致向右上方倾斜的数据分布带，可见家庭收入与消费支出之间有较强的正相关关系。

7.2.2 相关系数的测定

通过相关图表可以了解现象之间是否具有相关关系，但要想更具体地了解现象之间的相关密切程度，必须进一步测定相关系数。相关系数就是描述两个变量之间线性相关密切程度和相关方向的统计分析指标。

对于单相关情况，相关系数测定方法与相关指标量化级别有关。对于定距变量或定比变量，通常采用皮尔逊线性相关系数公式测量相关密切程度；对于定序变量，通常采用斯皮尔曼等级相关或肯特尔等级相关系数公式测量相关密切程度；对于定类变量，通常采用列联系数等来测量相关密切程度。

本节主要介绍常用的皮尔逊直线相关系数、斯皮尔曼等级相关系数和肯特尔等级相关系数的具体计算。

直线相关系数的计算

对于定距尺度的连续变量 x 和 y，测定它们之间的线性相关关系最常用的方法是采用皮尔逊相关系数。根据资料情况不同，有不同的计算形式。其中的积差法是最基本表达式。

1. 积差法

皮尔逊相关系数的基本公式可定义为

$$r = \frac{s_{xy}^2}{s_x s_y} \quad (7-3)$$

式中，r 为直线相关系数；s_x 为变量数列 x 的标准差；s_y 为变量数列 y 的标准差；s_{xy}^2 为

变量数列 x 与 y 的协方差。

式中，

$$s_x = \sqrt{\frac{\Sigma(x-\overline{x})^2}{n-1}} \qquad s_y = \sqrt{\frac{\Sigma(y-\overline{y})^2}{n-1}} \qquad s_{xy}^2 = \frac{\Sigma(x-\overline{x})(y-\overline{y})}{n-1}$$

据此，式（7-3）可写成下式

$$r = \frac{\Sigma(x-\overline{x})(y-\overline{y})}{\sqrt{\Sigma(x-\overline{x})^2}\sqrt{\Sigma(y-\overline{y})^2}} \tag{7-4}$$

现根据表 7-1 中的数据来说明相关系数的计算过程。

根据表 7-4 可得

$$\overline{x} = \frac{\Sigma x}{n} = \frac{1\,080}{9} = 120\,(万元) \qquad \overline{y} = \frac{\Sigma y}{n} = \frac{109.8}{9} = 12.2\,(万元)$$

$$r = \frac{\Sigma(x-\overline{x})(y-\overline{y})}{\sqrt{\Sigma(x-\overline{x})^2}\sqrt{\Sigma(y-\overline{y})^2}} = \frac{8\,413.9}{\sqrt{111\,606 \times 648.44}} = 0.989\,1$$

表 7-4　相关系数积差法计算过程表

序列	x	y	$(x-\overline{x})$	$(x-\overline{x})^2$	$(y-\overline{y})$	$(y-\overline{y})^2$	$(x-\overline{x})(y-\overline{y})$
1	10	1.8	−110	12 100	−10.4	108.16	1 144
2	16	3.1	−104	10 816	−9.1	82.81	946.4
3	32	5.2	−88	7 744	−7	49	616
4	40	7.7	−80	6 400	−4.5	20.25	360
5	74	10.4	−46	2 116	−1.8	3.24	82.8
6	120	13.3	0	0	1.1	1.21	0
7	197	18.8	77	5 929	6.6	43.56	508.2
8	246	21.2	126	15 876	9	81	1 134
9	345	28.3	225	50 625	16.1	259.21	3 622.5
合计	1 080	109.8	0	111 606	0	648.44	8 413.9

2. 相关系数 r 的简捷计算方法

积差法在计算过程中要使用两个数列的平均数，当平均数的小数位很多或除不尽时，计算会比较繁杂且影响最终结果的精确性。因此，计算相关系数常常采用其简捷公式

$$\begin{aligned} r &= \frac{n\Sigma xy - \Sigma x \Sigma y}{\sqrt{n\Sigma x^2 - (\Sigma x)^2}\sqrt{n\Sigma y^2 - (\Sigma y)^2}} \\ &= \frac{\overline{xy} - \overline{x} \cdot \overline{y}}{\sqrt{\overline{x^2} - \overline{x}^2}\sqrt{\overline{y^2} - \overline{y}^2}} \end{aligned} \tag{7-5}$$

式中，$\overline{x} = \frac{1}{n}\sum_{i=1}^{n} x_i$；$\overline{y} = \frac{1}{n}\sum_{i=1}^{n} y_i$；$\overline{x_i^2} = \frac{1}{n}\sum_{i=1}^{n} x_i^2$；$\overline{y^2} = \frac{1}{n}\sum_{i=1}^{n} y_i^2$；$\overline{xy} = \frac{1}{n}\sum_{i=1}^{n} x_i y_i$。

此公式可由积差公式推导得出，推导过程读者可以自行完成。仍以表 7-1 的数据为例，此公式的计算过程如表 7-5 所示。

表 7-5 相关系数简捷法计算过程表

序列	x	y	x^2	y^2	xy
1	10	1.8	100	3.24	18
2	16	3.1	256	9.61	49.6
3	32	5.2	1 024	27.04	166.4
4	40	7.7	1 600	59.29	308
5	74	10.4	5 476	108.16	769.6
6	120	13.3	14 400	176.89	1 596
7	197	18.8	38 809	353.44	3 703.6
8	246	21.2	60 516	449.44	5 215.2
9	345	28.3	119 025	800.89	9 763.5
合计	1 080	109.8	241 206	1 988	21 589.9

根据表 7-5 可得

$n = 9$, $\Sigma x = 1\,080$, $\Sigma y = 109.8$, $\Sigma xy = 21\,589.9$, $\Sigma x^2 = 241\,206$, $\Sigma y^2 = 1\,988$

$$r = \frac{9 \times 21\,589.9 - 1\,080 \times 109.8}{\sqrt{9 \times 241\,206 - 1\,080^2}\sqrt{9 \times 1\,988 - 109.8^2}}$$

$$= \frac{75\,725.1}{76\,563.39} = 0.989\,1$$

计算结果与用基本公式计算结果相同。

3. 利用分组资料计算相关系数

（1）根据单变量分组表计算相关系数，可以在简单相关的基本公式基础上，以每组的次数为权数进行加权计算，公式如下

$$r = \frac{\Sigma(x-\bar{x})(y-\bar{y})f}{\sqrt{\Sigma(x-\bar{x})^2 f}\sqrt{\Sigma(y-\bar{y})^2 f}} \tag{7-6}$$

（2）根据双变量分组表，也能计算相关系数，但一般很少采用。计算公式为

$$r = \frac{\Sigma(x-\bar{x})(y-\bar{y})f_{xy}}{\sqrt{\Sigma(x-\bar{x})^2 f_x}\sqrt{\Sigma(y-\bar{y})^2 f_y}} \tag{7-7}$$

式中，f_x 为 x 组的次数；f_y 为 y 组的次数；f_{xy} 为 x 与 y 交叉组的次数。

类似地，对于式（7-5）中的两个公式，可直接计算相应加权变量总和或加权变量平方和，或者加权平均值。

4. 直线相关系数 r 的统计检验

上述相关系数是基于样本计算的，是对总体相关系数的估计。因此需要对相关系数的显著性进行统计检验。检验的内容包括两部分：一是总体线性相关的存在性检验，即检验总体线性相关系数是否为零；二是总体线性相关差异性检验，检验某一总体线性相关程度是否等于（或者单侧检验大于或小于）某一指定值，以及检验两个相关系数是否来自同一相关总体。本节只讨论第一种情况。

设随机变量 (X, Y) 服从于正态分布。总体相关系数记为 ρ。则对于由样本资料 (x_i, y_i)（$i = 1, 2, \cdots, n$）计算的皮尔逊相关系数 r，需要检验以下原假设与备择假设：

$$H_0: \rho = 0$$
$$H_1: \rho \neq 0$$

在 H_0 成立情况之下，有以下 t 统计量

$$t = \frac{r\sqrt{n-2}}{\sqrt{1-r^2}} \sim t(n-2)$$

在给定显著性水平之下，当 $t > t_{\alpha/2}(n-2)$，即总体线性相关系数显著不等于零时，线性相关关系（在一定程度上）是存在的。

5. 皮尔逊直线相关系数 r 的取值含义

皮尔逊直线相关系数 r 具有以下特性：

（1）r 的取值有一定的范围，在 −1 和 +1 之间，即 $-1 \leq r \leq 1$。

（2）r 的正负号只表示相关的方向，不表示相关程度的大小，即 $r > 0$ 表示正相关，$r < 0$ 表示负相关。

（3）相关程度的大小要看相关系数绝对值的大小。$|r|$ 越接近于 1，表示相关密切程度越强，$|r|$ 越接近于 0，表示相关密切程度越弱，当 $r = \pm 1$ 时，就表示变量之间为完全相关。$r = 0$ 则表示完全不相关。

（4）为了使判断有一定的标准，一般将相关程度设为以下几个强弱不同的等级：相关系数在 0.3 以下为无相关，0.3~0.5 为低度相关，0.5~0.8 为中度相关，0.8 以上是高度相关。但这个标准并非是一成不变的，与样本量有很大的关系，只有当样本量较大时（如大样本情况），这一判断才成立，因此实践中需要根据具体情况来判断。同时，许多文献中把中度相关情况表述为"显著相关"，这很容易导致与相关系数假设检验中"显著相关"的提法相混淆。在相关系数假设检验时，原假设通常是"相关系数等于零"，因此拒绝原假设的含义是"相关系数显著地不等于零"，这一结论只表示线性相关的存在与否，不表示相关的强与弱。

（5）皮尔逊直线相关系数是一种线性（直线）相关程度的度量。因此，比较、判断现象的相关系数 r 时，务必要注意到这点：两个变量的皮尔逊相关系数低，只能表示它们之间线性相关程度很低，不表示它们之间其他形式的相关密切程度很低，因为现象之间的关系也许是非线性的。同样，(x, y) 之间的皮氏相关系数高于 (S, T) 之间的皮氏相关系数，只能说 (x, y) 更加像直线。

7.2.3 等级相关系数的测定方法

皮尔逊相关系数一般适用于连续变量，且要求总体分布服从或近似服从正态分布。但在统计实践中，数据资料可能不能满足上述条件，有些数据还是属性数据（如测定品质的优劣、爱好程度、信念、态度等）。对于这种以等级或次序进行衡量的定序尺度数据，或不满足正态分布假设的定距尺度数据，需要采用等级相关（rank correlation）的方法来研究变量之间的相关关系。

等级相关法，就是把有关联的定序变量按等级次序排列，形成 x 和 y 两个序数数列，再测定这两个序数数列之间的相关程度，用这种方法计算的相关指标叫作等级相关系数。以下

将介绍两种常用的等级相关系数。

7.2.3.1 斯皮尔曼相关系数

英国统计学家斯皮尔曼在皮尔逊积差法思想的基础上，推导出计算等级相关系数的方法，称为"等级差数法"。用这种方法计算出的相关指标，就命名为斯皮尔曼等级相关系数，以 r_s 表示，其计算步骤可以简述如下。

（1）定等级。将变量 x 和 y 的观测值从小到大（或从大到小）按顺序定出等级，形成两个序数数列。如遇有相等的数值时，则应按原有的等级求其平均数，作为这些观测值的等级。

例如，某公司 6 位员工按学历高低排列分别为：

硕士、本科、本科、本科、专科、专科。

其中有 3 个"本科"，原来应列为第 2、3、4 等级，其平均数为 3。另外还有两个"专科"，原有等级为 5、6，平均数为 5.5，因此这 6 个人的学历等级可定为：

1、3、3、3、5.5、5.5。

（2）计算 x 和 y 两个序数数列的每对观测值的等级之差，记作 D，$D = x - y$。

（3）按下述公式计算 r_s：

$$r_s = 1 - \frac{6\Sigma D^2}{n(n^2-1)} \qquad (7\text{-}8)$$

式中，n 为样本容量；D 为每对观测值的等级差。

例如，某公司 6 位员工的学历及其年终能力考核结论如表 7-6 所示，求学历与能力的相关系数。

表 7-6　斯皮尔曼相关系数计算过程表

员工序号	学历	等级 x	能力考核	等级 y	$D = x - y$	D^2
1	硕士	1	良好	2.5	−1.5	2.25
2	本科	3	良好	2.5	0.5	0.25
3	本科	3	优秀	1	2	4
4	本科	3	一般	4.5	−1.5	2.25
5	专科	5.5	一般	4.5	1	1
6	专科	5.5	较差	6	−0.5	0.25
合　计	—	21	—	21	0	10

根据表 7-6 可得，

$$r_s = 1 - \frac{6\Sigma D^2}{n(n^2-1)} = 1 - \frac{6 \times 10}{6 \times 35} = 0.714\,3$$

结果表明，在此例中，学历与能力之间有接近显著的相关性。

在一般情况下，斯皮尔曼相关系数 r_s 的取值范围亦为[−1，1]。完全正相关时，两数列等级一致，$r_s = 1$；完全负相关时，两数列等级相反，$r_s = -1$。这两种情况读者可自行证明。

值得注意的是，斯皮尔曼等级相关系数是根据皮尔逊相关系数直接导出的，当没有同分现象（等级并列）时，由式（7-4）、式（7-5）等也是可以计算的。在存在同分现象且比较严重时，需要做"同分调整"。此外，必须注意的是，等级相关系数不能解释为线性相关系数。

7.2.3.2 肯德尔等级相关系数

统计学家肯德尔曾提出多种等级相关系数，以下只介绍其中的交错系数，通常称之为肯德尔系数，记为 r_k。

肯德尔系数的计算也是以变量 x 和 y 的等级数据来进行，根据配对的等级顺序排列的位置是否颠倒或者换位，得出等级换位的次数，进而计算得到肯德尔系数。以图7-4来加以说明。

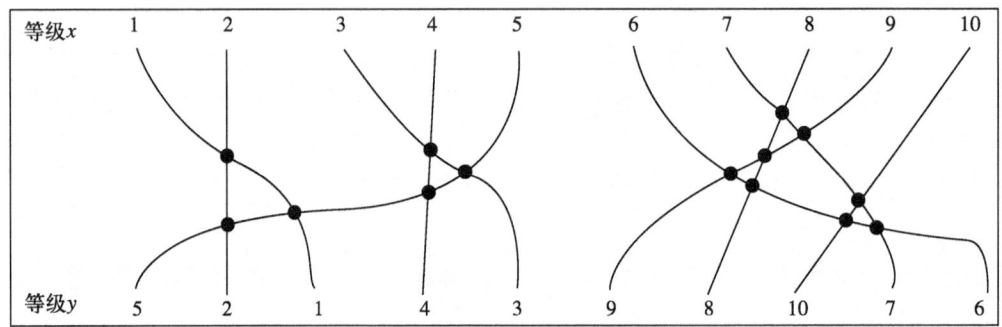

图7-4 肯德尔等级相关换位图

如图7-4所示，连接等级 x 和等级 y，即连接等级 x 的1与等级 y 的1，等级 x 的2与等级 y 的2，得出一个相交点，表示在等级1与2之间的第一次换位，依次连接3与3，4与4，…，10与10，总共得出14个交点，表示等级的位置变换了14次。

按照另一种方式计算，可以得出同样的结果。在本例中，第一行 x 的等级按次序1，2，3，…，10排列，对第二行 y 的等级从左向右依次计算换位的次数。y 的第一个等级为5，在其右边共有4个等级（2，1，4，3）小于5，这表示其等级的位置交换了4次，记作 $i=4$，第二个等级为2，在其右边只有1个等级（1）小于2，表示换位1次，记作 $i=1$。依此类推，可以计算出其余八个等级的换位情况，得到 y 的等级换位次数 i 分别为4，1，0，1，0，3，2，2，1，0，由此得出 $\sum i = 14$，与前面按相交点数计算的结果相同。

求出 $\sum i$ 以后，就可以按下述公式计算 r_k

$$r_k = 1 - \frac{4\sum i}{n(n-1)} \qquad (7-9)$$

式中，n 为样本容量；$\sum i$ 为换位总次数。

根据图7-4的资料，可计算肯德尔等级相关系数为

$$r_k = 1 - \frac{4 \times 14}{10 \times (10-1)} = 0.38$$

肯德尔相关系数 r_k 的取值范围也是[-1，1]。当等级数列 x 和 y 的等级完全一致，并按同一方向变动时，从图形上观察，相同等级的连线互不相交，从计算换位的次数来说，所有

的 i 都为零。则 $r_k = 1 - 0 = 1$，表示 X 和 Y 的等级之间为完全正相关。

反之，当 x 和 y 的等级数量一致，但方向完全相反时，即

等级 x：1，2，3，4，5，6，7，8，9，10；
等级 y：10，9，8，7，6，5，4，3，2，1；
交点 i：9，8，7，6，5，4，3，2，1，0；
得到 $\sum i = 45$，因而

$$r_k = 1 - \frac{4 \times 45}{10 \times 9} = -1$$

表示 x 与 y 之间为完全负相关。

最后应该指出，相关分析只能说明两个变量之间的相互依存关系，并不一定代表因果关系。因此，在计算相关系数之前，一般要先做定性分析，否则就有可能因为数据的偶然巧合，得到较高的相关系数，从而把虚假相关视为可信的相关。

7.3 回归分析的基本问题

7.3.1 回归分析的概念

如前所述，在社会经济现象中，各种经济变量相互联系，相互制约。通过相关分析，可以分析现象之间相关关系的方向和相关的密切程度。但相关分析不能判断现象之间具体的数量变动依存关系，也不能根据相关系数来估计或预测因变量 y 可能发生的数值。因此，为了探求经济变量之间的具体数量变动关系，一般在相关分析的基础上再进行回归分析。

回归分析就是，对具有相关关系的两个或两个以上变量之间数量变化的一般关系进行测定，确定因变量和自变量之间数量变动关系的数学表达式，以便对因变量进行估计或预测的统计分析方法。显然，相关分析的主要任务是研究变量间相关关系的表现形式和密切程度，而回归分析是在相关分析的基础上，进一步研究现象之间的数量变化规律。

如果设变量 $x_1, x_2, x_3, \cdots, x_p$ 与随机变量 y 之间存在较显著的相关关系，则就有以下的回归模型：

$$y = f(x_1, x_2, x_3, \cdots, x_p) + \varepsilon$$

式中，y 称为"因变量"或"被解释变量"（dependent variable，内生变量）；$x_1, x_2, X_3, \cdots, x_p$ 称为"解释变量"或"自变量"（independent variables，外生变量）；ε 为随机变量。常用的回归模型是以下的线性形式：

$$y = \beta_0 + \beta_1 x_1 + \beta_2 x_2 + \cdots + \beta_p x_p + \varepsilon$$

对于样本量为 n 的调查数据，即第 i 组数据（$y_i, x_{i1}, x_{i2}, \cdots, x_{ip}$）($i = 1, 2, \cdots, n$)，线性模型可表示为：

$$y_i = \beta_0 + \beta_1 x_{i1} + \beta_2 x_{i2} + \cdots + \beta_p x_{ip} + \varepsilon_i \quad (i = 1, 2, \cdots, n)$$

为了估计参数的需要，古典线性回归模型总是假设 ε_i 服从均值为零、方差是常数（等方差）、两两独立（不相关）的正态分布，即 $\varepsilon \sim N(0, \sigma^2 I_n)$。

7.3.2 回归分析的主要内容

（1）根据研究目的和现象之间的内在联系，确定自变量和因变量。

现象之间除了有相关关系，还存在着因果关系。作为原因的变量为自变量，作为结果的变量为因变量；或者说影响因素为自变量，被影响因素为因变量。做回归分析时，应该首先从理论出发进行定性分析，根据现象的内在联系确定变量之间的因果关系，从而确定哪个为自变量，哪个为因变量。必要时，需要对自变量进行筛选（如采用逐步回归分析）、合并（如主成分回归），甚至于选择定性变量、设置虚拟变量等。

（2）确定回归分析模型的类型及数学表达式。

根据现象之间的内在影响机制或通过对具体变量数据描点分析，找出最适合的回归分析模型，再通过计算求出模型的待估参数，得到回归方程。估计方法可以是普通最小平方法回归、岭回归、偏最小平方法回归、约束最小平方法回归、主成分回归等。

（3）对回归分析模型进行评价与诊断。

得到具体的回归方程以后，要对其进行统计检验。如对回归方程计算一些检验统计量，如 t 值、F 值、估计标准误、判决系数、时间数列 DW 检验等，来对回归方程的代表性及拟合程度进行评价。又如，要检验判断回归模型基本假设是否合理、是否满足，并做相应改进。

（4）根据给定的自变量数值确定因变量的数值。

回归方程可以用于统计估计或预测，即可根据给定的自变量数值估计因变量的数值或置信区间，以及利用回归模型进行回归控制。

7.3.3 回归分析的特点

（1）在两个或两个以上变量中，必须根据研究目的确定其中一个为因变量，其余为自变量。这一点和相关分析（狭义）不一样，相关分析可以不必区分自变量和因变量。

（2）在相关分析中，两个变量要求都是随机的；而在回归分析中，要求因变量是随机的，而自变量的值则是给定的。

（3）若变量之间互为因果，或是没有明显因果关系，则可以求出两个回归方程，即 y 倚 x 的回归方程（y 为因变量）和 x 倚 y 的回归方程（x 为因变量），两个方程的含义是不同的。对于相关分析来说，两个变量之间只能求出一个相关系数。

（4）回归方程有较强的应用性。根据回归方程的参数可以得出变量之间的具体数量变动关系，即自变量变动一个单位，因变量会变动多少。回归方程也可以用于估计推断，即根据给定的自变量的数值来估计因变量的可能值，或以限定的因变量取值范围来推断自变量取值应控制在什么范围内。

7.3.4 回归分析模型的种类

按照回归模型的形式不同，回归分析模型可进行如下划分。

7.3.4.1 简单回归与多元回归

回归分析模型按照具有相关关系的变量个数划分,可分为简单回归分析模型和多元回归分析模型。简单回归分析模型是指只有一个自变量和一个因变量的回归分析模型。多元回归分析模型也称复回归分析模型,是指由多个自变量和一个因变量组成的回归分析模型。它与简单回归分析模型相比,增加了自变量的个数,是对简单回归分析模型的拓展。

此外,还有多个自变量对多个因变量的回归分析。

7.3.4.2 线性回归与非线性回归

回归分析模型按照变量间相互关系的形态来分,可分为线性回归分析模型和非线性回归分析模型。当变量之间关系的形态表现为线性相关时,拟合的模型称为线性回归分析模型,其模型表达式为线性回归方程;当变量之间相互关系的形态表现为某种曲线趋势时,拟合的模型称为非线性回归分析模型,其模型表达式为某种曲线回归方程。

除上述分类外,根据简单回归和多元回归与直线回归和非直线回归的交叉结合,还可以进一步细分为简单线性回归和简单非线性回归,多元线性回归和多元非线性回归等不同类型。

7.4 回归分析的模型

7.4.1 简单线性回归分析

在社会经济现象中,许多相互关联的两个变量之间存在着线性关系。例如,家庭消费支出(y)与家庭收入(x)之间基本上是一种线性相关关系。虽然在很多情况下,影响因变量的因素不止一个,但在实际工作中,往往因客观条件的限制,或者出于研究的目的,需要突出其中某一个最重要因素,即只研究某一个自变量对因变量的影响。这是对经济过程的一种抽象,抓住主要矛盾,得到最有意义的结论。简单线性回归分析是所有回归分析的基础,多元回归分析和非线性回归分析都是从简单回归分析的基本理论上延伸发展起来的。

相关分析中,通过计算相关系数,可以判断两个变量之间直线相关的紧密程度,但不能说明它们之间因果的数量关系。简单线性回归就是对具有显著线性相关的两个变量间数量变化的一般关系进行测定,拟合一个直线回归方程,以便于估计或预测的统计方法。

7.4.1.1 简单线性回归模型

简单线性回归模型中只有一个因变量和一个自变量,是线性方程中变量最少、最简单的一种。它在平面坐标图上表现为一条直线,所以也称为简单直线回归方程。简单线性回归方程的理论模型与估计模型可分别写成

$$理论模型:y = \alpha + \beta x + \varepsilon$$
$$估计模型:y_c = \alpha + \beta x$$

(7-10)

在数学分析中，上式中的 α、β 为回归参数或待定系数；a、b 为相应的估计值；a、b 值确定后，估计的直线方程就确定了，式（7-10）称为 y 对 x 的直线回归方程。由该回归方程确定的直线称为回归直线，其中 a 是直线的截距，b 是直线的斜率。将给定的自变量 x 值代入上述方程中，可求出因变量 y 的估计值 y_c。但这个估计值不是一个实际的变量数值，而是 y 的许多可能取值的平均数，所以用 y_c 表示。

在 x 和 y 互为因果关系的资料中，还可以求出另一条回归直线，该回归方程为

$$x_c = c + \mathrm{d}y \tag{7-11}$$

即 x 对 y 的直线回归方程。

7.4.1.2 参数估计

拟合回归直线的主要任务是估计待定参数 a、b 的值，常用的方法就是最小二乘法，用这种方法求出的回归直线是原始数据的"最佳"拟合直线。最小二乘法的原理是使实际值 y 与估计值 y_c 的离差平方和最小。据此拟合直线方程的具体方法如下

$$Q = \Sigma (y - y_c)^2 = 最小值 \tag{7-12}$$

用直线方程 $y_c = a + bx$ 代入式（7-12）得

$$Q = \Sigma (y - a - bx)^2 = 最小值 \tag{7-13}$$

分别求 Q 关于 a 和 Q 关于 b 的偏导并令它们等于零

$$\begin{cases} \dfrac{\partial Q}{\partial a} = \Sigma 2(y - a - bx)(-1) = 0 \\ \dfrac{\partial Q}{\partial b} = \Sigma 2(y - a - bx)(-x) = 0 \end{cases} \tag{7-14}$$

整理可得出以下列两个方程式所组成的标准方程组为

$$\begin{cases} \Sigma y = na + b\Sigma x \\ \Sigma xy = a\Sigma x + b\Sigma x^2 \end{cases} \tag{7-15}$$

解得

$$b = \frac{n\Sigma xy - \Sigma x \Sigma y}{n\Sigma x^2 - (\Sigma x)^2} \tag{7-16}$$

$$a = \frac{\Sigma y - b\Sigma x}{n} = \overline{y} - b\overline{x} \tag{7-17}$$

回归系数 b 是回归直线的斜率，其含义为：自变量 x 每增加（或减少）一个单位，因变量 y 将平均增加（或减少）b 个单位。

如果 x 和 y 互为因果关系，还可以求出 x 对 y 回归方程中的参数

$$d = \frac{n\Sigma yx - \Sigma y \Sigma x}{n\Sigma y^2 - (\Sigma y)^2} \tag{7-18}$$

$$c = \overline{x} - d\overline{y} \tag{7-19}$$

例如，某企业对车间 9 名学徒工进行调查，得到学徒期限与每天产量情况如表 7-7 所示，要求建立以日产量为因变量的回归方程。

表 7-7　简单线性回归方程计算表

编号	学徒期（年）x	日产量（件）y	xy	x^2	y_c	$(y-y_c)^2$
1	0.5	50	25	0.25	44.58	29.376 4
2	1	80	80	1	88.33	69.388 9
3	1	100	100	1	88.33	136.188 9
4	1.5	130	195	2.25	132.08	4.326 4
5	2	150	300	4	175.84	667.705 6
6	2	170	340	4	175.84	34.105 6
7	2	180	360	4	175.84	17.305 6
8	2.5	220	550	6.25	219.58	0.176 4
9	2.5	240	600	6.25	219.58	416.976 4
合计	15	1 320	2 550	29	1 320	1 375.55

根据表 7-7 计算的数据，由式（7-16）得

$$b = \frac{n\Sigma xy - \Sigma x \Sigma y}{n\Sigma x^2 - (\Sigma x)^2} = \frac{9 \times 2\,550 - 15 \times 1\,320}{9 \times 29 - 15^2} = \frac{3\,150}{36} = 87.5$$

由式（7-17）得

$$a = \bar{y} - b\bar{x} = \frac{1\,320}{9} - 87.5 \times \frac{15}{9} = 0.83$$

最终可得估计的 y 对 x 的回归方程式为：$y_c = 0.83 + 87.5x$。

计算表明，该回归直线的斜率为 87.5，即学徒期每增加一年，日产量平均增加 87.5 件。根据这一方程，可以根据自变量 x 的值计算因变量 y 的估计值 y_c，如表 7-7 中所示。从表中可以看到，$\Sigma y_c = \Sigma y = 1\,320$，即 $\Sigma(y-y_c) = 0$；每个 y_c 与 y 之间都有误差，其误差平方和 $\Sigma(y-y_c)^2 = 1\,375.55$，但在所有可能拟合的直线中，这个值为最小值，也就是说这条回归线是最能代表所有观测点的直线。

根据得到的线性回归方程，可以绘制回归直线，如图 7-5 所示。

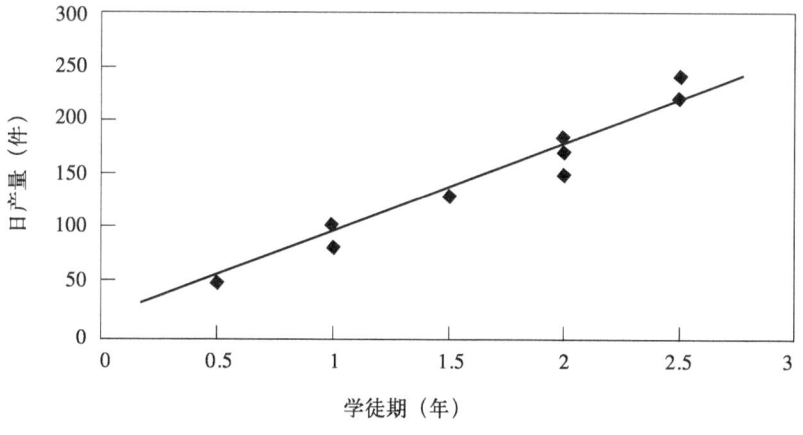

图 7-5　回归直线示意图

对斜率 b 的公式进行数学形式转换，可得到 b 的另一些表达形式

$$b = \frac{s_{xy}^2}{s_x^2} = \frac{\overline{xy} - \bar{x} \cdot \bar{y}}{\overline{x^2} - \bar{x}^2} = \frac{\Sigma(x-\bar{x})(y-\bar{y})}{\Sigma(x-\bar{x})^2} \tag{7-20}$$

而由前面的式（7-3）可知相关系数的积差法计算公式为

$$r = \frac{s_{xy}^2}{s_x s_y}$$

由式（7-3）和式（7-20），可得到回归系数 b 和相关系数 r 的关系式

$$b = r \cdot \frac{s_y}{s_x} \tag{7-21}$$

由式（7-21）可以看出回归系数 b 和相关系数 r 是有联系的。另外可知，由于 $s_y/s_x > 0$，所以 b 和 r 具有相同的正负符号，即 r 大于零时，b 也大于零。因为当相关系数 r 大于零时，说明 x 和 y 是正相关的，此时回归直线是向上倾斜的，因此直线的斜率 b 也大于零。反之，当 r 小于零时，b 也小于零。

7.4.1.3 回归估计标准误

如图 7-5 所示，在散点图上可以拟合一条与各观测点配合最佳的直线。但这些观测点所代表的若干对观测值，只是从总体中抽取的一个样本，所以由观测值求出的回归直线 $y_c = a + bx$ 又称为样本回归直线，它只是总体回归直线

$$y = \alpha + \beta x + \varepsilon \tag{7-22}$$

的估计线（ε 为随机误差）。由于总体的真值是未知的，只能以样本回归系数 a、b 作为总体回归系数 α、β 的估计量，以样本回归直线推断总体回归直线。而这种推断就存在样本对总体的代表问题，因此在做回归分析时需要对拟合的回归方程的代表性进行衡量。

在求得简单线性回归方程之后，可推算出各个估计值 y_c，然而这些估计值的准确性如何呢？在表 7-7 中，因变量估计值 y_c 与实际观测值 y 是不等的，其估计误差为 $y - y_c$。估计误差的大小能反映估计值的准确性。但我们要观察的不是某一个变量值与估计值的误差，而是所有数据整体的误差情况。由于实际值 y 与估计值 y_c 离差之和 $\Sigma(y - y_c)$ 为零，所以要真实反映整体的误差情况，必须用离差平方和的平均数来反映。我们把离差平方和的平均数称为剩余方差，记为 S_{yx}^2，即

$$S_{yx}^2 = \frac{\Sigma(y - y_c)^2}{n - 2} \tag{7-23}$$

式中，$n - 2$ 为自由度，这是因为按最小二乘法求解两个参数 a 和 b，受到两个正规方程的约束，失去了两个自由度。

对剩余方差开方即得到回归估计标准误，又称估计标准误差，它是衡量回归估计精确度高低或回归方程代表性大小的统计分析指标。

其计算公式为

$$S_{yx} = \sqrt{\frac{\Sigma(y - y_c)^2}{n - 2}} \tag{7-24}$$

S_{yx} 的下标 yx 表示这是以 y 为因变量的回归估计标准误。

根据表 7-7 中的资料，可计算回归估计标准误为

$$S_{yx} = \sqrt{\frac{\Sigma(y - y_c)^2}{n - 2}} = \sqrt{\frac{1\,375.55}{7}} \approx 14 \text{（件）}$$

结果表明，回归直线估计的日产量的标准误差为 14 件。

从式（7-24）S_{yx} 的定义以及上述算例可以看出，回归估计标准误是给定 x 值时，y 的实际观测值对其估计值 y_c 的平均离差。显然，S_{yx} 的数值越小，说明估计值的代表性越大，观测点越靠近回归直线，其离散程度就越小。特殊地，当 $S_{yx}=0$ 时，说明 y 和 y_c 完全一致，在散点图上表现为所有的观测点都落在回归直线上。反之，S_{yx} 越大，说明观测点的离散程度越大，回归直线方程的代表性越差，回归估计结果就越不精确。

式（7-24）的含义比较明确，但计算手续比较烦琐，如果已经求得直线回归方程的参数 a 和 b 的值，就可以利用以下简捷公式来计算回归估计标准误

$$S_{yx}=\sqrt{\frac{\Sigma y^2 - a\Sigma y - b\Sigma xy}{n-2}} \tag{7-25}$$

根据表 7-7 中的数据，已计算得到 $\Sigma y = 1\,320$，$\Sigma xy = 2\,550$，$a = 0.83$，$b = 87.5$，再计算 $\Sigma y^2 = 225\,600$，代入式（7-25）得

$$S_{yx}=\sqrt{\frac{225\,600 - 0.83 \times 1\,320 - 87.5 \times 2\,550}{9-2}} = \sqrt{\frac{1\,379.4}{7}} \approx 14(\text{件})$$

7.4.1.4 回归方程判定系数

在直线回归中，实际观察值 y 的大小是围绕其平均值 $\bar{y}$ 上下波动的，y 的这种波动现象称为变差。这种变差产生的原因有两方面：一是受自变量 x 的影响，x 取值不同会引起 y 取值不同；二是受其他因素（包括随机因素和观测误差）的影响。对每个观察值来说，变差的大小可以通过离差 $y - \bar{y}$ 来表示，而全部 n 个观察值的总变差则可由这些离差的平方和表示。

由于
$$y - \bar{y} = (y - y_c) + (y_c - \bar{y}) \tag{7-26}$$

两边同时平方

$$(y - \bar{y})^2 = (y - y_c)^2 + 2(y - y_c)(y_c - \bar{y}) + (y_c - \bar{y})^2$$

两边同时求和有

$$\Sigma(y - \bar{y})^2 = \Sigma(y - y_c)^2 + 2\Sigma(y - y_c)(y_c - \bar{y}) + \Sigma(y_c - \bar{y})^2$$

其中 $\Sigma(y - y_c)(y_c - \bar{y}) = 0$（证明略）

所以， $$\Sigma(y - \bar{y})^2 = \Sigma(y - y_c)^2 + \Sigma(y_c - \bar{y})^2 \tag{7-27}$$

我们把 $\Sigma(y - \bar{y})^2$ 称为总变差（通常记为 SST），其中 $\Sigma(y_c - \bar{y})^2$ 是由 x 变动造成的变差，称为回归变差（通常记为 SSR），$\Sigma(y - y_c)^2$ 是随机因素引起的变差，称为随机变差或剩余变差（通常记为 SSE）。

即：总变差 = 剩余变差 + 回归变差，$SST = SSR + SSE$，如图 7-6 所示。

若对式（7-27）等号两边同时除以 $\Sigma(y - \bar{y})^2$，则有

$$1 = \frac{\Sigma(y - y_c)^2}{\Sigma(y - \bar{y})^2} + \frac{\Sigma(y_c - \bar{y})^2}{\Sigma(y - \bar{y})^2} \tag{7-28}$$

显然，回归变差在总变差中所占的比重 $\dfrac{\Sigma(y_c - \bar{y})^2}{\Sigma s(y - \bar{y})^2}$ 越大，则剩余变差在总变差中所

占比重 $\dfrac{\Sigma(y-y_c)^2}{\Sigma(y-\overline{y})^2}$ 越小，所有观测点距离回归直线就越近，说明回归方程由自变量 x 估计因变量 y 的误差就越小，此时 x 与 y 之间的相关程度就越大。由此可见，回归变差占总变差的比值，可以作为衡量两个变量之间相关程度大小的统计指标，记作 r^2。

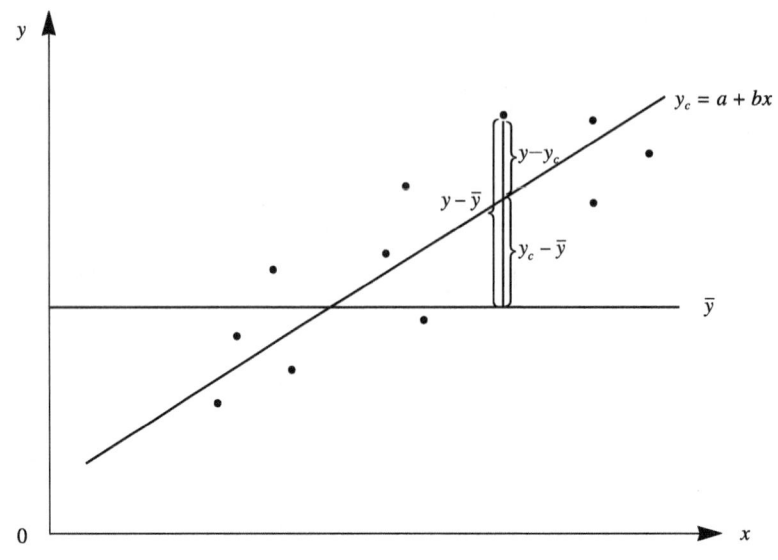

图 7-6 变差分解图

$$r^2 = \frac{\Sigma(y_c-\overline{y})^2}{\Sigma(y-\overline{y})^2} = 1 - \frac{\Sigma(y-y_c)^2}{\Sigma(y-\overline{y})^2} \qquad (7-29)$$

r^2 称为判定系数，又称可决系数，它是相关系数 r 的平方。它表明自变量 x 的方差对因变量 y 的方差的解释程度，换句话说，它表明 y 的方差中有多大程度是由 x 原因所引起的，判定系数一般用来反映回归方程的拟合程度。

在大样本条件下，

$$S_{yx} = \sqrt{\frac{\Sigma(y-y_c)^2}{n}}, \quad 即 \Sigma(y-y_c)^2 = nS_{yx}^2$$

$$s_y = \sqrt{\frac{\Sigma(y-\overline{y})^2}{n}}, \quad 即 \Sigma(y-\overline{y})^2 = ns_y^2$$

因此，式（7-29）又可以写成如下的形式：

$$r^2 = 1 - \frac{nS_{yx}^2}{ns_y^2} = 1 - \frac{S_{yx}^2}{s_y^2} \qquad (7-30)$$

对式（7-30）稍做转换，可得

$$S_{yx} = s_y\sqrt{1-r^2} \qquad (7-31)$$

由此可见估计标准误与相关系数在数值大小上表现为相反的关系。

r 值越大，说明相关程度越密切，这时 S_{yx} 值越小，也就是观测点离回归直线越近。当 r 值大到 $r = \pm 1$ 时，$S_{yx} = 0$，此时，所有的观测点都在回归直线上，也就是完全相关。反之，

r 值越小，则 S_{yx} 越大。

7.4.1.5 回归方程的统计检验

对于所拟合的回归模型，需要检验其合理性。检验的内容包括：模型的参数取值含义是否符合经济意义，模型的参数在统计意义上是否显著，模型整体的拟合效果是否理想，模型的假设条件是否满足。

1. 模型整体拟合效果的显著性检验

如果记实际观察值为 y_i，拟合的理论值（预测值）为 y_{ci}，观察值的平均值为 $\bar{y}$，则在最小平方法之下 $\bar{y}_c$ 与 $\bar{y}$ 是相等的。根据方差分析原理，即式（7-27）

$$\Sigma(y-\bar{y})^2 = \Sigma(y_c-\bar{y})^2 + \Sigma(y-y_c)^2$$

或

$$SST = SSR + SSE$$

在误差项为服从正态分布的情况之下，应该有

$$SSR \sim \chi^2(1), SSE \sim \chi^2(n-2)$$

所以，有 F 统计量

$$F = \frac{SSR/1}{SSE/(n-2)} \sim F(1, n-2)$$

从而有类似于第 6 章的方差分析表。

显然，回归方程拟合效果越好，表明方程解释部分所占比重越大，SSR 与 SSE 相比的值也越大，F 统计量也越大。因此，方程整体显著性检验的假设为

$$H_0: \alpha = \beta = 0 \quad (回归方程整体是不显著的)$$
$$H_1: \alpha \neq 0 或 \beta \neq 0 \quad (回归方程整体是显著的)$$

在给定显著性水平 α 之下，若：

$F > F_\alpha(1, n-2)$，则拒绝原假设，认为回归方程整体是显著的。

由于相关系数的平方是"判定系数"，它是误差平方和 SSR 占总离差平方和 SST 的比重，因此 F 检验也可通过"判定系数"的假设检验来实现，读者可参考有关计量经济学的教材。

2. 模型参数显著性的检验

模型参数显著性检验主要是判断每一个自变量对于回归模型是否必要。在一元线性回归模型中，主要是检验模型系数理论值 α 和 β 是否显著地等于零。若 α 等于零，则意味着模型的截距项可舍去，构造无截距回归模型，若 β 等于零，则意味着方程中的自变量对于回归模型是不显著或不重要的。

如果模型的误差项符合建模假设，则有

$$a \sim N\left(\alpha, \left(\frac{1}{n} + \frac{\bar{x}^2}{\Sigma(x-\bar{x})^2}\right)\sigma_{yx}^2\right)$$

$$b \sim N\left(\beta, \frac{\sigma_{yx}^2}{\Sigma(x-\bar{x})^2}\right)$$

因此，截距项 t 检验：

$$H_0: \alpha = 0 \quad H_1: \alpha \neq 0$$

在原假设成立时，t 统计量为

$$t = \frac{a}{\hat{\sigma}_{yx}\sqrt{\frac{1}{n} + \frac{\bar{x}^2}{\Sigma(x-\bar{x})^2}}} \sim (n-2)$$

式中，$\hat{\sigma}_{yx}$ 是 σ_{yx} 的无偏估计量，公式是

$$\hat{\sigma}_{yx} = \sqrt{\frac{1}{n-2}\Sigma(y-y_c)^2}$$

显然，$\hat{\sigma}_{yx}$ 即前述的 S_{yx}。在给定的显著性水平 α 之下，若该 t 统计量值大于 $t_{\alpha/2}(n-2)$，则拒绝原假设，认为截距项显著。否则，应该考虑拟合无截距项的直线回归模型。

同样的，回归系数的 T 检验

$$H_0: \beta = 0 \quad H_1: \beta \neq 0$$

在原假设成立时，t 统计量为

$$t = \frac{b}{\hat{\sigma}_{yx}\sqrt{\frac{1}{\Sigma(x-\bar{x})^2}}} \sim t(n-2)$$

式中，$\hat{\sigma}_{yx}$ 含义同上。若该 t 统计量值大于 $t_{\alpha/2}(n-2)$，则拒绝原假设，认为回归系数对方程的影响是显著的，或自变量是重要的；否则，说明该参数显著为零，该自变量对模型的影响不重要，应该考虑更换或变换该变量。

7.4.1.6 因变量的置信区间估计

根据回归方程和回归估计标准误，可以进一步用来对因变量 y 进行估计或预测，其中最常用的就是根据给定的 x 值来估计 y 的数值，称为置信区间估计。

按照误差为正态分布的原理，当样本容量 n 大于 30 时，我们可以做以下的假定：
（1）y 的实际观测值在对应的每个估计值 y_c 周围都是正态分布的；
（2）所有的正态分布都具有相同的标准差，即所谓的同方差性。

根据以上两条假设，如果观测值的点在回归直线两侧呈正态分布，则约有 68.27% 的点落在回归直线 ± S_{yx} 范围内；约有 95.45% 的点落在回归直线 ± $2S_{yx}$ 范围内；约有 99.73% 的点落在回归直线 ± $3S_{yx}$ 范围内，如图 7-7 所示。

置信区间估计的步骤为：由样本数据 x 求出估计值 y_c 及其标准差 S_{yx} 以后，再利用标准化正态分布曲线下的面积查对表，就可在一定的概率保证下对总体估计值做出置信区间估计。置信区间的公式为

$$y_c - tS_{yx} \leqslant y \leqslant y_c + tS_{yx} \tag{7-32}$$

以表 7-7 中的资料为例，在 95% 的概率保证下，求学徒工的学徒期为 3 年时的平均日产量的置信区间。

因为 $y_c = 0.83 + 87.5x$，当 $x = 3$ 时，$y_c = 0.83 + 87.5 \times 3 = 263.33$（件）；

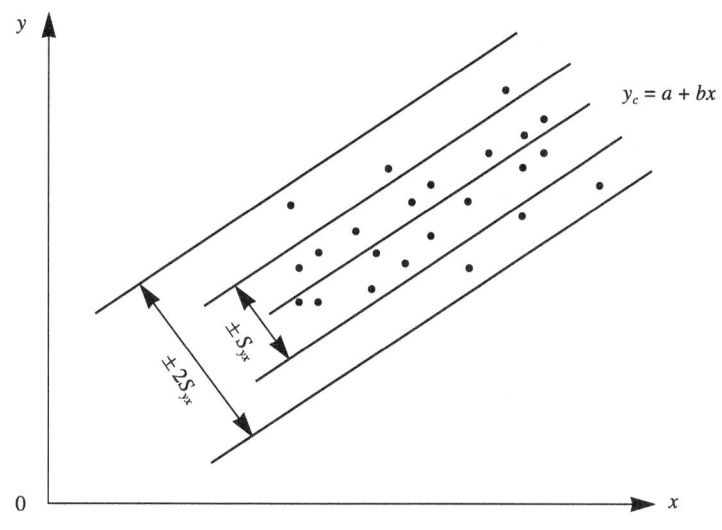

图 7-7　回归估计的置信区间图

已算得 $S_{yx} = 14$ 件，又知当 $f(t) = 95\%$ 时，$t = 1.96$，所以

$$263.33 - 1.96 \times 14 \leqslant y \leqslant 263.33 + 1.96 \times 14$$

得：$235.56 \leqslant y \leqslant 290.77$

即在 95%的概率保证下，学徒期为 3 年的学徒平均日产量的置信区间为 235.56～290.77 件（应该指出，这只是一个举例，结果并不很精确，因为所采用的是小样本，要涉及 t 分布问题）。

7.4.2　多元线性回归模型

前面介绍的简单线性回归，是指一个自变量 x 与一个因变量 y 之间的线性回归。实际上在复杂的经济现象中，对因变量产生影响的自变量往往不止一个，而是有多个。因此仅仅以一个自变量来解释因变量往往是不全面的，需要建立一个因变量与多个自变量的联系模型来进行分析，才能获得较全面、准确的分析结果。例如，企业的获利能力，不仅取决于生产技术水平，还取决于企业管理水平及市场需求总量；一国的国内生产总值水平，不仅受该国的投资总量影响，还受该国的消费总量、进出口差额等因素的影响。所以，在对一些复杂经济现象进行分析时，就涉及比简单线性回归更为复杂的多元回归问题。

研究在线性相关条件下，两个或两个以上自变量对一个因变量的数量变动关系，称为多元线性回归，表现这个数量关系的数学公式，称为多元线性回归模型。多元线性回归分析是对一元线性回归分析的拓展，其步骤、方法和一元线性回归分析基本上类似，只是在计算上相对比较复杂些。为了便于理解，我们先介绍二元线性回归模型，即两个自变量 x_1 和 x_2 对一个因变量 y 的线性回归，其方程表达式为

$$y_c = a + b_1 x_1 + b_2 x_2 \tag{7-33}$$

式中，y_c 为 y 的复回归估计值；b_1、b_2 为两个自变量各自的回归系数，也称偏回归系数。

三个参数 a、b_1、b_2 的确定，也可通过最小二乘法来求解，使 $\Sigma(y-y_c)^2$ 为最小值。通过对三个参数分别求偏导，并使偏导都为零，从而得到联立方程组

$$\begin{cases} \Sigma y = na + b_1\Sigma x_1 + b_2\Sigma x_2 \\ \Sigma x_1 y = a\Sigma x_1 + b_1\Sigma x_1^2 + b_2\Sigma x_1 x_2 \\ \Sigma x_2 y = a\Sigma x_2 + b_1\Sigma x_1 x_2 + b_2\Sigma x_2^2 \end{cases} \quad (7\text{-}34)$$

根据样本数据，由以上三个方程式就可以解出三个参数 a、b_1、b_2，最后得到具体的二元回归方程 $y_c = a + b_1 x_1 + b_2 x_2$。

例如，某市 1999~2010 年的国内生产总值、固定资产投资和消费品零售总额的同比价格数据（消除物价影响后的可比数据）如表 7-8 所示。

表 7-8　某市的国内生产总值、固定资产投资和消费年度数据　（单位：10 亿元）

年份	国内生产总值 y	固定资产投资 x_1	消费品零售总额 x_2
1999	39.70	10.99	13.92
2000	44.34	13.52	13.66
2001	47.75	13.75	14.36
2002	51.15	14.97	14.77
2003	55.02	17.63	15.89
2004	59.17	21.03	17.33
2005	66.24	24.70	19.35
2006	75.50	30.38	22.09
2007	86.84	37.51	25.51
2008	102.84	49.31	28.78
2009	120.18	57.45	33.66
2010	138.26	60.04	45.83
合计	886.99	351.28	265.15

根据经济学理论，国内生产总值会受到投资和消费的影响，即国内生产总值与投资和消费之间有相关关系。因此尝试构建以国内生产总值为因变量，以投资和消费分别为自变量的二元线性回归方程。应该说明的是，在此对动态经济数据的平稳性和自相关性问题不做过多考虑，仅以此例说明二元线性回归方程的计算过程和方法。

根据表 7-8 的资料计算得：

$$n=12,\ \Sigma y = 886.99,\ \Sigma x_1 = 351.28,\ \Sigma x_2 = 265.15$$
$$\Sigma x_1 y = 32\,135.72,\ \Sigma x_2 y = 23\,005.18,\ \Sigma x_1 x_2 = 9\,611.08$$
$$\Sigma x_1^2 = 13\,746.29,\ \Sigma x_2^2 = 6\,932.27$$

代入式（7-34），即

$$\begin{cases} 886.99 = 12a + 351.28 b_1 + 265.15 b_2 \\ 32\,135.72 = 351.28 a + 13\,746.29 b_1 + 9\,611.08 b_2 \\ 23\,005.18 = 265.15 a + 9\,611.08 b_1 + 6\,932.27 b_2 \end{cases}$$

解得：
$$\begin{cases} a = 13.4 \\ b_1 = 1.1 \\ b_2 = 1.3 \end{cases}$$

所以回归方程为：$y_c = 13.4 + 1.1 x_1 + 1.3 x_2$

假设该市2011年的固定资产投资为700亿元,消费品零售总额为460亿元,则该市2011年的国内生产总值预计为

$$y_c = 13.4 + 1.1 \times 70 + 1.3 \times 46 = 150.2 (10亿元)$$,即1 502亿元

由二元线性回归容易推广到有三个或三个以上自变量的多元线性回归。多元线性回归的方程式为

$$y_c = a + b_1 x_1 + b_2 x_2 + b_3 x_3 + \cdots + b_n x_n \tag{7-35}$$

式中,a,$b_i(i=1,2,3,\cdots,n)$为参数,同样根据最小二乘法原理,可得参数的求解方程组:

$$\begin{cases} \Sigma y = na + b_1 \Sigma x_1 + b_2 \Sigma x_2 + \cdots + b_n \Sigma x_n \\ \Sigma x_1 y = a\Sigma x_1 + b_1 \Sigma x_1^2 + b_2 \Sigma x_1 x_2 + \cdots + b_n \Sigma x_1 x_n \\ \Sigma x_2 y = a\Sigma x_2 + b_1 \Sigma x_1 x_2 + b_2 \Sigma x_2^2 + \cdots + b_n \Sigma x_2 x_n \\ \vdots \\ \Sigma x_n y = a\Sigma x_n + b_1 \Sigma x_1 x_n + b_2 \Sigma x_2 x_n + \cdots + b_n \Sigma x_n^2 \end{cases} \tag{7-36}$$

但一般对于这种多元线性回归分析,我们一般都要用统计软件来计算参数,得到最后的多元线性回归模型。

7.4.3 非线性回归分析

实践中,经常遇到的问题是经济变量之间的关系并非线性关系,而是呈现出某种曲线关系。此时就必须根据具体数据情况为两个变量配合一个恰当的曲线回归模型。

对于非线性回归,通常采用变量代换法将非线性模型线性化,从而将曲线回归问题转化为线性回归问题,再按照线性模型的方法来处理。

7.4.3.1 指数曲线模型

当自变量x做等差的增加或减少时,因变量y随之做等比的增加或减少,则x与y之间的关系为指数函数关系,可以拟合指数曲线模型,其回归方程为

$$y_c = ab^x \tag{7-37}$$

式中,a和b为待估参数。

对式(7-37)两边取对数,即 $\lg y_c = \lg a + x\lg b$

设 $\lg y_c = y_c'$,$\lg a = a'$,$\lg b = b'$,则可得到简单线性模型:$y_c' = a' + b'x$

再根据最小二乘法原理,得到

$$\begin{cases} \Sigma y' = na' + b'\Sigma x \\ \Sigma xy' = a'\Sigma x + b'\Sigma x^2 \end{cases} \tag{7-38}$$

式中,$y' = \lg y$,代入数据即可解出a'和b'的值。由于$\lg a = a'$,$\lg b = b'$,所以对a'和b'分别求反对数即可得到指数曲线模型的参数a和b。

例如,某地12个同类企业生产某种产品的月产量和单位成本的资料如表7-9所示。

表 7-9　12 个企业月产量与单位产品成本资料

企业编号	月产量 x（千件）	单位产品成本 y（元）	企业编号	月产量 x（千件）	单位产品成本 y（元）
1	8	32	7	25	14
2	10	30	8	28	15
3	11	25	9	30	13
4	14	20	10	33	13
5	18	22	11	36	9
6	20	16	12	38	9

根据表 7-9 资料，画出月产量与单位产品成本的散点图，如图 7-8 所示。

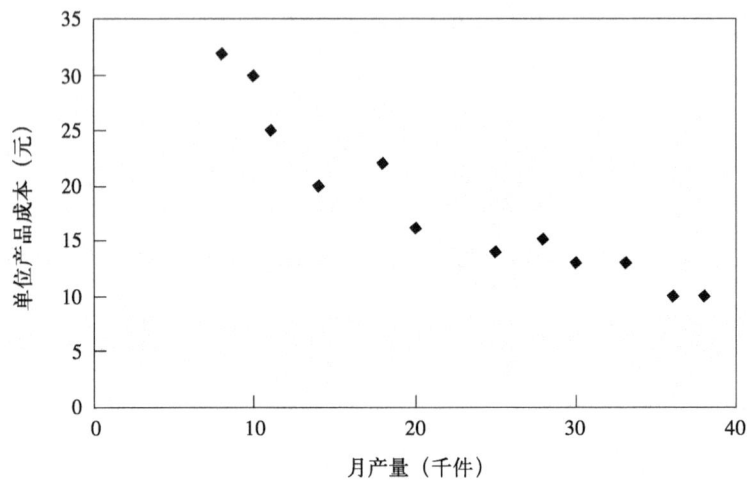

图 7-8　曲线散点图

从图 7-8 中可以看出，随着月产量的增加，单位产品成本不断降低，但降低的幅度越来越小。图中观测点的分布形态与指数曲线的形态接近，由此判断两个变量之间可以拟合一条指数曲线。计算过程如表 7-10 所示。

表 7-10　指数曲线回归方程计算表

编号	x	y	x^2	$y' = \lg y$	xy'	$y_c' = \lg y_c$	y_c
1	8	32	64	1.505 15	12.041 2	1.469 997	29.511 89
2	10	30	100	1.477 121	14.771 21	1.436 237	27.304 67
3	11	25	121	1.397 94	15.377 34	1.419 357	26.263 77
4	14	20	196	1.301 03	18.214 42	1.368 717	23.373 14
5	18	22	324	1.342 423	24.163 61	1.301 197	20.007 69
6	20	16	400	1.204 12	24.082 4	1.267 437	18.511 3
7	25	14	625	1.146 128	28.653 2	1.183 037	15.241 83
8	28	15	784	1.176 091	32.930 56	1.132 397	13.564 29
9	30	13	900	1.113 943	33.418 3	1.098 637	12.549 81
10	33	13	1 089	1.113 943	36.760 13	1.047 997	11.168 56
11	36	9	1 296	0.954 243	34.352 73	0.997 357	9.939 327
12	38	9	1 444	0.954 243	36.261 22	0.963 597	9.195 958
合计	271	218	7 343	14.686 37	311.026 3	14.685 96	216.632 2

计算得出：$n = 12$，$\sum x = 271$，$\sum x^2 = 7\,343$，$\sum y' = 14.686\,37$，$\sum xy' = 311.026\,3$

代入式（7-38）得

$$\begin{cases} 12a' + 271b' = 14.686\ 37 \\ 271a' + 7\ 343b' = 311.026\ 3 \end{cases}$$

解联立方程，得

$$a' = 1.605 \quad b' = -0.016\ 88$$

因此
$$y_c' = a' + b'x = 1.605 - 0.016\ 88x$$

最后，分别求 a' 和 b' 的反对数可得

$$a = 40.275,\ b = 0.962$$

从而，指数曲线回归方程为

$$y_c = 40.275 \times 0.962^x$$

分别将 x 值代入上式，即可得与 x 相对应的 y_c 值。从理论上来讲，应有 $\Sigma y_c = \Sigma y$，但由于有计算误差，所以计算出来的结果两者并不完全一致。

大部分常见的非线性回归模型，基本上都可以找到相应的变量转换的方法，使之转化为线性回归方程再对参数求解。其他几种曲线模型转化为线性方程后参数的求解方法可参照指数曲线，以下不再具体详述。

7.4.3.2 对数曲线模型

对数曲线回归方程为

$$y_c = a + b\lg x \tag{7-39}$$

令 $x' = \lg x$，则可得到线性回归方程为：$y_c = a + bx'$

7.4.3.3 双曲线模型

双曲线回归方程为

$$\frac{1}{y_c} = a + b\frac{1}{x} \tag{7-40}$$

令 $y_c' = \frac{1}{y_c}$，$x' = \frac{1}{x}$，则线性回归方程为：$y_c' = a' + bx'$

7.4.3.4 幂函数曲线模型

幂函数曲线回归方程为

$$y_c = ax^b \tag{7-41}$$

两边同时取对数：$\lg y_c = \lg a + b\lg x$

令 $y_c' = \lg y_c$，$x' = \lg x$，$a' = \lg a$，则得到：$y_c' = a' + bx'$

7.4.3.5 抛物线模型

抛物线回归方程为

$$yc = a + bx + cx^2 \tag{7-42}$$

设 $x_1 = x$，$x_2 = x_2$，则得到：$y_c = a + bx_1 + cx_2$

这是一个二元线性回归模型，按照前面所述二元线性回归模型的参数求解方法，即可得到拟合的抛物线回归方程。

本章小结

1. 相关关系是一种非确定性的数量依存关系，与函数关系既有联系又有区别，在社会经济现象中广泛存在。相关分析是分析现象之间相关关系的形式和密切程度的一种统计分析方法，其主要分析统计量是相关系数。常用的相关系数是皮尔逊相关系数，另外还有等级相关系数斯皮尔曼系数和肯德尔系数。

2. 回归分析是在相关分析的基础上，对具有相关关系的两个或两个以上变量之间数量变化的一般关系进行测定，确定因变量和自变量之间数量变动关系的数学表达式，以便对因变量进行估计或预测的统计分析方法。回归分析的主要内容是根据观测数据建立回归模型。最基础的回归模型是简单线性回归模型 $y_c = a + bx$，根据最小二乘法，可以求出回归参数 a 和 b，参数确定了，回归方程也就确定了。回归方程可以用于统计估计或预测，即可根据给定的自变量数值估计因变量的数值或置信区间。

3. 由简单线性回归模型可以推广到多元线性回归模型的情况，而非线性回归模型也可以通过各种变量代换的方法转化为线性回归模型来求解。

练习与思考

一、判断题

1. 正相关是指自变量和因变量的数量变动方向都是上升的。（　　）
2. 回归系数 b 和相关系数 r 都可以用来判断现象之间相关的密切程度。（　　）
3. 在相关分析中，要求两个变量都是随机的；在回归分析中，要求两个变量都不是随机的。（　　）
4. 判定系数越大，估计标准误就越大；判定系数越小，估计标准误就越小。（　　）
5. 利用最小二乘法拟合的直线回归方程，要求所有观测点和回归直线的距离平方和为零。（　　）

二、多项选择题

1. 直线回归分析中（　　）。
   A. 自变量是可控制量，因变量是随机的
   B. 两个变量不是对等的关系
   C. 利用一个回归方程，两个变量可以互相推算
   D. 根据回归系数可判定相关的方向
   E. 对于没有明显因果关系的两个变量可求得两个回归方程

2. 下列属于正相关的现象是（　　）。
   A. 家庭收入越多，其消费支出也越多
   B. 某产品产量随工人劳动生产率的提高而增加
   C. 流通费用率随商品销售额的增加而减少
   D. 生产单位产品所耗工时随劳动生产率的提高而减少
   E. 产品产量随生产用固定资产价值的减少而减少

3. 简单线性回归方程中的 b 称为回归系数，其作用是（　　）。
   A. 可确定两变量之间因果的数量关系
   B. 可确定两变量的相关方向
   C. 可确定两变量相关的密切程度
   D. 可确定因变量的实际值与估计值的变异程度
   E. 可确定当自变量增加一个单位时，因变量的平均增加值
4. 可用来判断现象之间相关方向的指标有（　　）。
   A. 估计标准误　　B. 相关系数
   C. 回归系数　　　D. 判定系数
   E. 两个变量的协方差

三、简答题

1. 什么是相关关系？它与函数关系有何不同？
2. 相关分析与回归分析有何区别与联系？
3. 回归分析模型有哪些种类？分别适用哪些场合？
4. 什么是估计标准误？这个指标有什么作用？

四、计算题

1. 某行业 8 个企业的产品销售额和销售利润资料如下表所示：

（单位：万元）

企业编号	销售额	销售利润
1	170	8.1
2	220	12.5
3	390	18.0
4	430	22.0
5	480	26.5
6	650	40.0
7	950	64.0
8	1 000	69.0

要求：（1）计算产品销售额与利润额的相关系数。
（2）建立以利润额为因变量的直线回归方程，说明斜率的经济意义。
（3）当企业产品销售额为 500 万元时，销售利润为多少？

2. 有 10 个同类企业的生产性固定资产年均价值和工业增加值资料如下表所示：

（单位：万元）

企业编号	生产性固定资产价值	工业增加值
1	318	524
2	910	1 019
3	200	638
4	409	815
5	415	913
6	502	928
7	314	605
8	1 210	1 516
9	1 022	1 219
10	1 225	1 624

要求：（1）计算相关系数，说明两变量相关的方向和程度。
（2）建立以工业增加值为因变量的直线回归方程，说明方程参数的经济意义。
（3）计算估计标准误。
（4）在 95% 的概率把握下，估计生产性固定资产为 1 100 万元时，工业增加值的可能置信区间。

3. 根据某地区历年人均年收入（万元）与商品销售额（千万元）资料计算的有关数据如下（x 代表人均收入，y 代表销售额）：

$n=9, \Sigma x=39, \Sigma y=2560, \Sigma x^2=182, \Sigma xy=11918$

要求：（1）建立以商品销售额为因变量的直线回归方程，说明斜率的经济意义。
（2）若 2018 年人均年收入为 6 万元，试推算 2018 年该地区的商品销售额。

◎ 人物介绍

加利亚木普迪·拉达克利西纳·劳（Calyampudi Radhakrishna Rao，1920—）

美国著名统计学家。1920年出生于印度卡那塔加省那达加里的一个贵族家庭，1940年获得印度安德拉大学数学硕士学位，1943年在加尔各答大学获得统计学硕士学位。后经印度著名统计学家马哈拉诺比斯推荐，师从数理统计学奠基人R.A.费希尔教授攻读博士学位，1948年获得英国剑桥大学的统计学博士学位。至今出版专著13部，发表学术论文400余篇，在估计理论、渐进推断、多元分析、概率分布刻画、矩阵代数、组合分析、统计学中的微分几何方法等研究方面做出了重要贡献。被14个国家授予25个荣誉学位，先后当选为美国科学院、第三世界科学院、英国皇家统计学会等31个国际著名研究机构的院士、名誉院士或理事，2002年获得美国总统科学奖。

第8章 时间数列分析

"如果非平稳变量之间存在协整关系,那么必然可以建立误差修正模型;而如果非平稳变量可以建立误差修正模型,那么该变量之间必然存在着协整关系。"

"希望建立一些有用的模式,来为政策制定人提供一种分析。有时候制定政策,我们不能够完全肯定未来它会产生什么样的结果。但是,我们要尽可能把这个具体结果分析出来。因为,经济政策是非常重要的,可以引申出很多政策解释方面的问题。"

——克莱夫·格兰杰

本章重点讨论动态变化的统计数据分析方法问题。具体来讲,要求通过本章的学习,①了解时间数列的含义、构成要素与编制原则,注意不同类型时间数列的区别与联系;②掌握水平指标的计算,特别是序时平均数的计算;③掌握各类速度指标的计算,特别是平均速度指标的计算;④了解时间数列变动要素的分解,掌握长期趋势的测定方法,重点是基于最小平方法的趋势方程拟合;⑤了解季节变动的含义及测定方法。

8.1 时间数列的基本问题

8.1.1 时间数列的含义及其类型

1. 时间数列的定义

事物总是发展的,统计研究的具体对象也是如此。从一段较长的时间上观察一个现象的发展变化,可以更好地把握其发展规律。例如,我们可以考察一个国家若干年来国内生产总值的变动情况,可以观察几个月来上证总指数的涨跌情况,可以考察一个企业数年来出口贸易成交额的变化。要做这些研究,需要有相应的统计数据,即时间数列。表8-1就是我国2002~2016年国内生产总值及其构成状况的时间数列。

不难看出,时间数列是某一指标数值按时间先后顺序加以排列而形成的统计序列。由于时间数列从动态上反映社会经济现象的数量发展变化,所以又称动态数列。

表 8-1　2002~2016 年国内生产总值统计表

年份	国民总收入(GNI) (亿元)	国内生产总值 (亿元)	人均国内生产总值 (元/人)
2002	120 480.4	121 717.4	9 506
2003	136 576.3	137 422.0	10 666
2004	161 415.4	161 840.2	12 487
2005	185 998.9	187 318.9	14 368
2006	219 028.5	219 438.5	16 738
2007	270 844.0	270 232.3	20 505
2008	321 500.5	319 515.5	24 121
2009	348 498.5	349 081.4	26 222
2010	411 265.2	413 030.3	30 876
2011	484 753.2	489 300.6	36 403
2012	539 116.5	540 367.4	40 007
2013	590 422.4	595 244.4	43 852
2014	644 791.1	643 974.0	47 203
2015	686 449.6	689 052.1	50 251
2016	741 140.4	744 127.2	53 980

资料来源:中华人民共和国国家统计局,编.中国统计年鉴 2017[M].北京:中国统计出版社,2017.

2. 时间数列的构成要素

由表 8-1 还可以看出构成时间数列有两个基本要素。一是现象所属的时间,即表中的第一列。实践中,构成时间数列的时间单位长短视研究目的与现象性质而定,社会经济现象时间数列中的时间单位通常是年份、季度、月份或天。但个别情况下可能是若干年(如 5 年或 10 年)为一个时间单位,或者以旬、周、小时等为时间单位。二是现象在相应时间所达到的水平(指标数值),即表中第二列至第七列指标数值。

3. 时间数列分析的意义

时间数列的统计研究具有重要的意义。主要有以下 3 个方面。

(1)通过观察时间数列,可以了解社会经济现象总体的动态变化全过程,便于人们客观、全面地认识事物的发展方向和速度。

(2)通过对时间数列的分析,可以研究哪些因素对时间数列的指标数值大小在起作用,可以进一步掌握事物发展变化的趋势和规律性。

(3)根据时间数列原有的发展变化规律,进行短期或长期预测,是生产、管理、决策过程中不可缺少的有利工具。

8.1.2　时间数列的种类

时间数列按指标性质的不同,可分为总量指标时间数列、相对指标时间数列、平均指标时间数列。其中总量指标时间数列是最基础的数列,后两种数列是由其派生出来的。

8.1.2.1 总量指标时间数列

总量指标时间数列也称绝对数时间数列,是由总量指标按时间先后顺序排列而形成的统计数列,它反映现象在不同时间上所达到的规模、水平或工作总量。表 8-1 中反映国民总收入(GNI)和国内生产总值绝对数量的时间数列就属于总量指标时间数列。

由于总量指标按其反映的时间状态不同有时期指标和时点指标之分,因此相应的绝对数时间数列也有时期数列和时点数列之分。

1. 时期数列

时期数列是指同类的时期指标按时间先后顺序形成的数列,数列中的各期指标值反映社会经济现象在一定时期内累计达到的总量。表 8-1 中的国内生产总值时间数列就是时期数列。时期数列的特点是:

(1)数列中不同时间的指标数值可以累计;
(2)指标值的大小和时期长短有直接关系,一般来说,时期越长,数值越大;
(3)指标值一般是通过连续登记获取的。

相应的由社会商品零售额、居民总收入、进出口贸易总额等指标构成的时间数列均为时期数列。

2. 时点数列

时点数列是指时点指标按时间先后顺序排列而形成的统计数列,其指标反映经济现象在某一时点或某一瞬间所达到的水平,表 8-2 中"年末人口总数""男性人口数""女性人口数"等指标均为时点数列。与时期数列相反,时点数列的特点是:

(1)数列中不同时点上数值不可以累计(或相加没有意义);
(2)指标数值的大小和时间长短无直接关系;
(3)时点指标的数值一般是通过不连续登记取得的。

相应的由商品库存数、企业数、存款余额等指标构成的时间数列均为时点数列。

表 8-2　2002～2016 年全国年末人口数及其构成

年份	年末人口总数(万人)	男性人口数(万人)	女性人口数(万人)	城镇人口数(万人)	城镇人口比重(%)	乡村人口数(万人)	乡村人口比重(%)
2002	128 453	66 115	62 338	50 212	39.09	78 241	60.91
2003	129 227	66 556	62 671	52 376	40.53	76 851	59.47
2004	129 988	66 976	63 012	54 283	41.76	75 705	58.24
2005	130 756	67 375	63 381	56 212	42.99	74 544	57.01
2006	131 448	67 728	63 720	58 288	44.34	73 160	55.66
2007	132 129	68 048	64 081	60 633	45.89	71 496	54.11
2008	132 802	68 357	64 445	62 403	46.99	70 399	53.01
2009	133 450	68 647	64 803	64 512	48.34	68 938	51.66
2010	134 091	68748	65 343	66 978	49.95	67 113	50.05
2011	134 735	69 068	65 667	69 079	51.27	65 656	48.73
2012	135 404	69 395	66 009	71 182	52.57	64 222	47.43
2013	136 072	69 728	66 344	73 111	53.73	62 961	46.27
2014	136 782	70 079	66 703	74 916	54.77	61 866	45.23
2015	137 462	70 414	67 048	77 116	56.10	60 346	43.90
2016	138 271	70 815	67 456	79 298	57.35	58 973	42.65

资料来源:中华人民共和国国家统计局,编.中国统计年鉴 2017[M].北京:中国统计出版社,2017.

8.1.2.2 相对数时间数列

相对指标按时间先后顺序排列形成的数列称为相对数时间数列，它反映社会经济现象之间数量对比关系的发展变化过程。相对指标有很多，但大多数是由两个总量指标对比派生出来的，因此可以分别研究绝对指标时间数列，再进行对比。两个对比的时间数列可以都是时期数列，如第三产业产值时间数列与社会总产值时间数列对比就构成第三产业增加值构成的相对数时间数列；也可以是两个时点数列之比，如第三产业从业人数与社会劳动者人数两个时点数列对比就构成第三产业从业人数结构的相对数时间数列；同样一个时期数列和一个时点数列之比也可以构成相对数时间数列，如商品流转次数数列就是由商品销售额时期数列与商品库存时点数列对比而成的。

表 8-1 中三类产业产值占国内生产总值的比重以及人均国内生产总值的时间数列均为相对指标时间数列。

由于相对指标计算时抽象了基数（或绝对数）的差异，因此相对指标不仅在空间上不具有直接可加性，而且在时间上也不具有直接可加性。也就是说，相对数时间数列是不可直接相加的。

8.1.2.3 平均数时间数列

平均指标按时间先后顺序排列形成的数列为平均数时间数列，它反映现象的一般水平在不同时间上的发展变化情况。与相对指标时间数列类似，它也是由两个总量指标时间数列对比形成的派生数列，例如反映居民人均支出、职工平均工资的时间数列就是平均数时间数列。只是与相对指标时间数列不同的是，平均指标时间数列的分子分母之间的关系是总体单位总数与总体标志总量之间的关系。与相对数时间数列类似，平均指标时间数列同样在时间上不具有可加性。

表 8-3 中"每百万人病床数"与"每百万人拥有医务人员数"即为平均数时间数列。

表 8-3　2008~2015 年台湾医院、病床和医务人员情况

年份	年末医疗机构数（个）	年末医院病床数（床）	年末医务人员数（人）	每万人病床数（床）	每万人拥有医务人员数（人）
2008	20 174	152 901	223 623	66.37	97.07
2009	20 306	156 740	233 533	67.79	101.02
2010	20 691	158 922	241 156	68.61	104.12
2011	21 135	160 472	250 258	69.09	107.75
2012	21 437	160 900	258 283	69.01	110.78
2013	21 713	159 422	265 759	68.21	113.70
2014	22 041	161 491	271 555	68.91	115.88
2015	22 177	162 163	280 508	69.03	119.41

资料来源：中华人民共和国国家统计局，编．中国统计年鉴 2017［M］．北京：中国统计出版社，2017.

8.1.3　时间数列的影响要素

进行时间数列分析，首先要弄清时间数列中的各指标数值的大小受哪些因素影响。在社会经济现象发展变化的过程中，往往有很多因素对它起着这样或那样的作用，影

响其数值的大小,有来自自然方面的因素,也有来自社会、习俗等方面的因素。这些因素大致可归为四种类型:长期趋势、季节变动、循环变动和不规则变动。下面分别加以说明。

1. 长期趋势

长期趋势(secular trend 或 long-term tend)是指时间数列中指标数值在较长一段时间内,由于受普遍的、持续的、决定性的基本因素的作用,使发展水平沿着一个方向持续向上或向下发展或持续不变的基本态势。例如,表8-1中我国国民总收入和国内生产总值及人均国内生产总值指标都表现出持续上升的态势(这是整个国民经济发展的基本状态),表8-2中随着城市化进程的推进,乡村人口比例呈逐年下降趋势。这些表现均属于"长期趋势"。

在经济学里,"长期"可以指10年或更长,即所谓"长期"必须足够长才能判断有否趋向,而相对较短的时间数列,即使观察值紧密地围绕在一条直线周围也不能判断其具有长期趋势。长期趋势在经济现象中出现的例子很多,如自然资源中煤、石油、贵金属等储量由于资源的有限性和使用呈逐渐减少的趋势。通过长期趋势分析,可以了解经济现象在一段相当长的时间内发展变化的方向、趋势和规律,进而进行预测和决策,此外如果时间数列中还有其他影响因素,消除长期趋势影响可以更好地研究其他各种变动。

2. 季节变动

季节变动(seasonal variation)是指数列中各期指标值随着季节交替而出现周期性的、有规则的重复变动,这里的时间通常指一年。例如,羽绒衣的销售在每年的冬季形成旺季,冷饮销售则集中在夏天;旅馆、餐饮业又总是节假日生意红火;杭州以春、秋的气候最宜人,因而每年5月前后、10月前后总呈现出游客高峰。

值得一提的是,季节变动的概念可以进一步扩展,只要呈现重复变动,不仅是年中的季节,每月、每周、每天而且每小时的周期性变动,均可称为季节变动。例如,人们日用水量的波动和日用电量的波动在24小时就会呈现季节变动,超市或购物商场营业额在一周之内也有明显的规律性变化。据研究,股票市场某些指标的波动有显著的"周一效应"与"周末效应",这也可归入"季节变动"。

测定季节变动,分析其规律,有利于有关部门科学计划、合理安排好生产、流通和消费,确保社会生产和人民生活正常、有序地进行。

3. 循环变动

与季节变动的情形相类似,循环变动(cyclical variation)也是时间数列中的各指标随着时间变动发生周期性的重复变化,但循环变动所需的时间更长,重复变动的规律性、变动周期和时间也不像季节变动来得稳定、可以预料。

图8-1是典型的商业周期过程。经济活动经历了从衰退、萧条到复苏、繁荣,接着又开始衰退、萧条,再复苏,再繁荣,如此周而复始的过程,这个过程短则需要若干年,长则需要数十年,而且很难判断每种变化情形要持续多久,下一个拐点何时出现等,这就是循环变动。产生循环变动的原因很多,如自然灾害、战争、人口的大量增加或减少、开发新的基建项目、经济的萧条和复苏等都会导致经济现象存在循环变动。

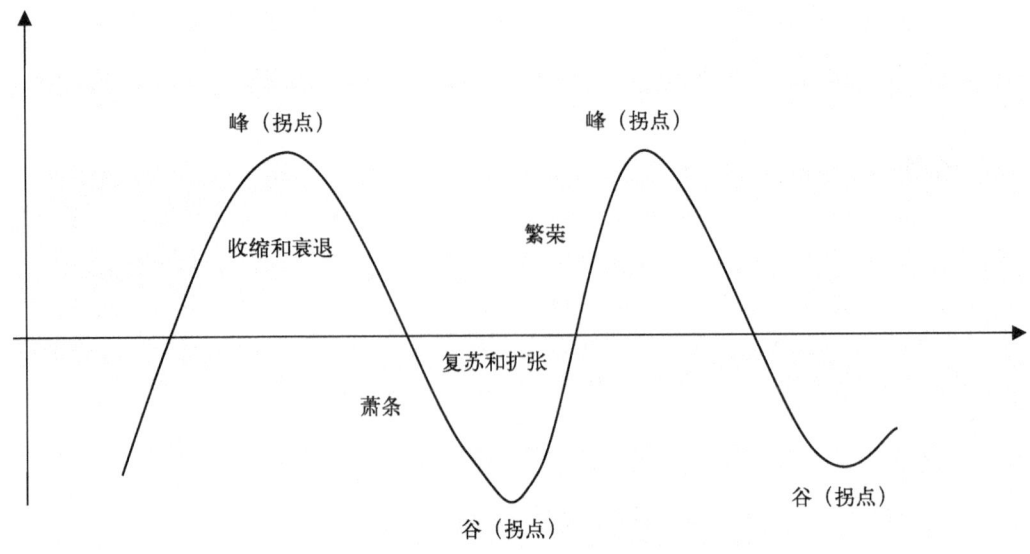

图 8-1 经济周期示意图

4. 不规则变动

不规则变动（irregular movements）是由未能得到解释的一些短期波动所组成的，常指时间数列由于受偶然因素或意外条件影响，在一段时间内（通常指短期内）呈现不规则的或自然不可预测的变动。例如，由于受随机气候变动的影响，商品销售量的时间数列会产生短期的不规则变动。如果一个时间数列变动不受长期趋势、季节变动或循环变动影响，那么通常就认为其受不规则变动的影响，不规则变动有时也称剩余变动。不规则变动是无法预知的。

将时间数列的变动分解成上述四种因素，为描述时间数列提供了方便。时间数列的波动可以解释为这四种变动的综合后果。这种综合的数学模型通常有两种，分别是"加法模型"和"乘法模型"。

加法模型：当时间数列的四种变动因素相互独立时，时间数列就是各因素的代数和，即

$$Y = T + S + C + I \tag{8-1}$$

式中，Y 为时间数列的观察值；T 为长期趋势值；S 为季节变动值；C 为循环变动值；I 为不规则变动值。在加法模式中，S、C、I 为关于 T 的数量变量，用绝对数表示。

乘法模型：当时间数列的四种变动因素相互影响时，时间数列就是各因素的乘积，即

$$Y = TSCI \tag{8-2}$$

乘法模型是最常用的一种形式，模式中只有长期趋势值 T 用其原始单位（绝对量）表示，而另三个因素用系数或百分数表示。

事实上，上述四个因素之间的关系远非模型（8-1）、模型（8-2）那么简单。还有如混合模型等形式，读者可参阅有关经济周期分析方面的著作。

8.1.4 时间数列的编制原则

编制时间数列是进行时间数列分析的前提。由于时间数列反映了现象在一段时期之内的发展变化情况，为了对比分析需要，必须要求保持数列中各指标具有高度的可比性或一致性。这一基本原则可称为"可比性"原则。具体来说，时间数列的可比性原则主要表现在以下四个方面。

1. 时间的一致性

对于时期数列，由于其指标数值大小与时期长短有直接关系，因此每个时期指标所含时间长短应该相等，以利于分析。如果时期数列的各指标在时间上还有间隔，那么其时间间隔也尽可能相等。

对于时点数列，虽然其值大小与时间长短没有直接关系，但每一数值所处时点应该统一，例如，都采用年末数据或都采用年初数据，出现年初、年中、年末数据混合的情况一般是不合适的，不利于统计分析。

2. 总体范围的一致性

总体范围包括空间范围与单位范围两个层面。对于那些基于区域的统计指标，应该注意区域范围上的一致性，如果行政区划有过变动，则前后指标值就不能直接对比，要做相应调整。同样，时间数列中各期指标值所包括的总体单位标准应该是相同的。例如，在编制某地区居民家庭消费支出时间数列时，家庭户籍人口是指常住人口还是户籍人口，显然需要做出统一规定；编制某地区商贸企业商品销售总额时间数列时，是"规模以上"还是"全行业"也应该统一，"规模以上"的数量标准最好也是统一的。

3. 经济内容的一致性

经济内容是指一个理论形态统计指标的内涵及与之相适应的外延。一个指标名称完全相同的指标由于所处的年代、统计制度、理论依据的不同，在含义与计算项目上常常会有很大的区别。例如，MPS 的国民收入和 SNA 的国民收入完全不同。如今我国政府统计中的"农业总产值"与 20 世纪 80 年代的"农业总产值"也有很大的差异。经济内容发生了变化的指标不能直接构成时间数列，需要进行技术处理。

广义上讲，对于价值量指标，计算内容的一致性还包括计算价格的可比性。

4. 计算方法的一致性

计算方法也是统计指标三要素之一。同一指标的不同计算方法有时是理论上的恒等关系或近似相等关系，但有时却不是。若理论上不具有恒等关系或不具有近似相等关系，那就意味着是两个性质不同的指标（计算内容的不同）。例如，工业总产值的计算一直有"产品法"与"工厂法"之分，二者大相径庭。即使理论上是恒等关系的经济指标，但由于计算基点或数据来源或假设条件的差异，不同方法的计算结果常常会有所出入（且有较大的出入）。例如，国内生产总值有按生产法计算的，也有按收入法和最终使用法计算的，理论上讲应该满足"三阶段相等原则"，但实际统计工作中由于资源渠道的不同，不同方法之间的结果会有误差，一个高质量的国内生产总值时间数列应尽量采用同一方法计算国内生产总值。

8.2 时间数列的水平分析

编制时间数列的目的是从中寻找现象数量发展变化的统计特征与统计规律。因此，时间数列的进一步统计分析非常关键。

一般来说，对一个时间数列进行统计分析的方法不外乎两类：综合指标法、统计模型法。前者就是通过计算各种统计指标来描述、刻画、测度现象总体的动态变化特征，包括"水平指标"与"速度指标"两类；后者则是借助数学模型来描述、拟合现象总体的动态趋势与规律，包括"趋势分析""季节变动分析""循环波动分析"等。本节主要讨论时间数列水平指标的计算原理。

时间数列的水平指标主要有：发展水平、平均发展水平、增长量（水平）、平均增长量（水平）。[⊖]

8.2.1 发展水平指标

发展水平是反映现象实际已经达到的规模和水平，是时间数列的最基本指标。时间数列中的各项指标数值，就是发展水平。通常用 $a_1, a_2, \cdots, a_n$ 表示。

为便于区别，习惯上常把时间数列中第一项的水平称为最初水平，用 a_0（时点数列）或 a_1（时期数列）来表示。最末一项的水平称为最末水平，用 a_n 表示，中间各项则称中间水平。同时，一般把被研究的时期称为"报告期"，相应的发展水平称为"报告期发展水平"，而把研究中作为比较基数的时期称为"基期"，相应的发展水平称为"基期发展水平"。

对于时间数列中各期发展水平的文字表述习惯用"增加（降低）到""增加（降低）为"表示。例如，我国 2002 年的人均国内生产总值为 9 506 元，2016 年增加到 53 980 元。

8.2.2 平均发展水平指标

一个现象在不同时间上有高低不等的水平值，因此反映这个现象在这一段时间之内的总体水平或"代表性水平"需要通过平均数来刻画，即计算"平均发展水平"。

平均发展水平又称"序时平均数"或"动态平均数"。

在动态分析中，计算平均发展水平可以把现象在不同时间上的数量差异抽象化，消除短期波动对它的影响，便于各段时间内的分析对比。

序时平均数和一般平均数既有联系又有区别：其共性是都反映现象的一般水平或代表性水平，都是平均数；但一般平均数是把同质总体某一数量标志在某一时间上的水平抽象化，从静态上反映现象的一般水平或代表性水平，而序时平均数则把同一现象在不同时间上的差异抽象化，从动态上反映现象的一般水平或代表性水平；一般平均数是根据变量数列计算的，

[⊖] 也有一些教材把后两项指标归入"速度指标"，并命名为"绝对速度"。如果把速度解释为一种增加，不论是绝对量的增加还是相对幅度的变化或提高，都称为"速度"，那么这种做法是有道理的。

而序时平均数则根据时间数列来计算。

时间数列中指标形式有"绝对数""相对数""平均数"之分,"绝对数时间数列"还有"时期数列"和"时点数列"的区别,不同形式的时间数列由于指标性质的差异,时间与空间上可加性的不同,导致了其序时平均数的计算方法也极不相同。下面分别就"时期数列""时点数列""相对数时间数列""平均数时间数列"四种情况介绍序时平均数的计算。

8.2.2.1 时期数列序时平均数的计算

对时期数列而言,由于其各期指标值可以累计,它的序时平均数可直接用简单算术平均法计算。记各期发展水平为 $a_1, a_2, \cdots, a_n$,则序时平均数 $\bar{a}$ 为

$$\bar{a} = \frac{a_1 + a_2 + a_3 + \cdots + a_n}{n} = \frac{\sum_{i=1}^{n} a_i}{n} \tag{8-3}$$

【例 8-1】 根据表 8-1,可分别计算 2000～2004 年国民总收入、国内生产总值的年平均值。

$$\text{年均国民总收入 } \bar{a} = \frac{88\,254.0 + 95\,727.9 + 103\,935.3 + 116\,741.2 + 136\,584.3}{5}$$

$$= \frac{541\,206.7}{5} = 108\,241.34\,(\text{亿元})$$

$$\text{年均国内生产总值 } \bar{a} = \frac{89\,468.1 + 97\,314.8 + 105\,172.3 + 117\,390.2 + 136\,875.9}{5}$$

$$= \frac{546\,221.3}{5} = 109\,244.26\,(\text{亿元})$$

8.2.2.2 时点数列序时平均数的计算

时点数列序时平均数的计算较时期数列要复杂得多。根据时点指标登记的连续性及时间间隔的不同,有四种情况:连续且等间隔、连续但不等间隔、不连续但等间隔、不连续且不等间隔。所谓连续,通常指的是"每天都登记"(但如果时间数列的时间单位以小时或分钟或秒来表示时,则连续便分别指"每小时都登记""每分钟都登记""每秒钟都登记")。

1. 逐日登记的时点数列

对于每天都登记或逐日排列的时点指标,其序时平均数就是时点登记值的简单算术平均数。若 n 个时点的登记值分别记为 $a_1, a_2, \cdots, a_n$,则序时平均数为

$$\bar{a} = \frac{a_1 + a_2 + \cdots + a_n}{n} = \frac{\sum_{i=1}^{n} a_i}{n} \tag{8-4}$$

【例 8-2】 某储蓄所某年从 1 月上旬(1 月 1～10 日)逐日中午登记的某类存款账面余额分别为 1 240 万元、1 245 万元、1 268 万元、1 400 万元、1 380 万元、1 460 万元、1 540 万元、1 340 万元、1 280 万元、1 366 万元,则平均余额为(这个数据是考察"可运

作"资金规模的基本依据之一）

$$\bar{a} = \frac{a_1 + a_2 + \cdots + a_n}{n}$$
$$= \frac{1\,240 + 1\,245 + 1\,268 + 1\,400 + 1\,380 + 1\,460 + 1\,540 + 1\,340 + 1\,280 + 1\,366}{10}$$
$$= \frac{13\,519}{10} = 1\,351.9\,(亿元)$$

2. 变动登记的时点数列

对于有些时点数列，如职工人数，并非每天都在发生变化。因此逐日登记就演变为"变化登记"。两次登记之间的时间间隔可能不完全相等，间隔的时间长度（通常是天数）代表了相应发展水平"稳定不变"的天数，因此其序时平均数的计算从形式上看是一个以间隔天数为权数的加权算术平均数。若记不同间隔点（发生变化的时点）登记值为 $a_1, a_2, \cdots, a_n$，相应每一登记值持续的时间长度（间隔）为 $f_1, f_2, \cdots, f_n$，则序时平均值为

$$\bar{a} = \frac{a_1 f_1 + a_2 f_2 + \cdots + a_n f_n}{f_1 + f_2 + \cdots + f_n} = \frac{\sum_{i=1}^{n} a_i f_i}{\sum_{i=1}^{n} f_i} \qquad (8\text{-}5)$$

【例 8-3】 某企业某年 1 月 1～15 日的职工人数为 100 人，16～25 日为 120 人，26～31 日为 108 人，则 1 月的职工平均人数就是

$$\bar{a} = \frac{100 \times 15 + 120 \times 10 + 108 \times 6}{31} = 108\,(人)$$

3. 不连续登记间隔相等的时点数列

不连续登记是指：资料非逐日登记取得，而往往是月（年）初（末）登记一次，或几个月（年）登记一次（一般情况下时点数列的资料多为不连续登记）。由于相邻两个时点的发展水平是在变化的，但又缺乏实际数值，通常假设两点之间的变化是均匀的，或者是"中点对称"的。例如，当知道某企业 9 月初的职工人数是 200 人，9 月末的职工人数是 230 人，月内增加了 30 人，计算月劳动效率（如人均产值）时，作为分母的"职工人数"显然既不能用月初的 200 人，也不能用月末的 230 人，只能取月内一般水平。但由于缺乏具体每一天的人数（否则可用前面"连续登记"情况之下的序时平均数公式计算），只能对 9 月的人数做出假定。显然，月中的数值（如 9 月 15 日）是最有代表性的，在现有的资料情况下，只能假定月内人数增加是均匀的，或上半月与下半月是对称的，进而只能采用月初与月末的平均值代替"月中"水平，虽然实际情况千差万别，但只有这个假定"最有道理"。因此，统计学中经常借助式（8-6）确定期内的平均水平，这一做法通常称为"首尾折半法"。

$$期内一般水平 = \frac{期初发展水平 + 期末发展水平}{2} \qquad (8\text{-}6)$$

根据这个思路，对于不连续但间隔相等的时点数列 $a_0, a_1, a_2, \cdots, a_n$，其序时平均值

就是各期"首尾折半法"结果的简单算术平均值，即[注]

$$\bar{a} = \frac{\bar{a}_1 + \bar{a}_2 + \bar{a}_3 + \cdots + \bar{a}_n}{n}$$

$$= \frac{\dfrac{a_0 + a_1}{2} + \dfrac{a_1 + a_2}{2} + \cdots + \dfrac{a_{n-1} + a_n}{2}}{n} \quad (8-7)$$

$$= \frac{\dfrac{a_0}{2} + a_1 + a_2 + \cdots + a_{n-1} + \dfrac{a_n}{2}}{n}$$

【例 8-4】 某企业 2017 年有关月的月初职工人数是：1 月 1 日为 240 人；4 月 1 日为 240 人；7 月 1 日为 260 人，10 月 1 日为 250 人；12 月 31 日为 260 人，要求确定 2010 年职工平均人数。

由于登记的时间间隔都为三个月，故用式（8-7）计算该企业年平均职工人数

$$\bar{a} = \frac{(240/2) + 240 + 260 + 250 + (260/2)}{4} = 250 (人)$$

4. 不连续登记间隔不等的时点数列

如果时点指标不连续登记，且间隔也不完全相同，则用间隔的时间长度作权数，在式（8-7）的基础上计算加权的序时平均数。仍然记不连续登记的指标值为 a_0, a_1, a_2, $\cdots$, a_n，记相邻两次登记的时间间隔为 f_1, f_2, $\cdots$, f_n，则序时平均值为

$$\bar{a} = \frac{\bar{a}_1 f_1 + \bar{a}_2 f_2 + \bar{a}_3 f_3 + \cdots + \bar{a}_n f_n}{f_1 + f_2 + \cdots + f_n}$$

$$= \frac{\dfrac{a_0 + a_1}{2} f_1 + \dfrac{a_1 + a_2}{2} f_2 + \cdots + \dfrac{a_{n-1} + a_n}{2} f_n}{f_1 + f_2 + \cdots + f_n} \quad (8-8)$$

【例 8-5】某银行第一分理处 2017 年若干个月份月初的企业存款余额如下：1 月初 360 亿元，4 月初 300 亿元，9 月初 420 亿元，12 月初 440 亿元，12 月末 480 亿元，则全年企业存款平均余额为

$$\bar{a} = \frac{\dfrac{(360+300)}{2} \times 3 + \dfrac{(300+420)}{2} \times 5 + \dfrac{(420+440)}{2} \times 3 + \dfrac{(440+480)}{2} \times 1}{3+5+3+1}$$

$$= 378.33 (亿元)$$

8.2.2.3 相对数和平均数序时平均数的计算

从形式上看，无论是相对数还是平均数，都是两个指标对比的结果，因此相对数时间数列与平均数时间数列的序时平均数的计算原理相同。

㊀ 注意此处时间数列符号下标的起点，它对式（8-7）的分母有影响。如果写成随意起点，如 a_k, a_{k+1}, a_{k+2}, $\cdots$, a_{n-1}, a_n ($n>k$)，则式（8-7）就成为

$$\bar{a} = \frac{\dfrac{a_k + a_{k+1}}{2} + \dfrac{a_{k+1} + a_{k+2}}{2} + \cdots + \dfrac{a_{n-1} + a_n}{2}}{n - k}$$

如果采用一般化的符号表示，一个相对指标或平均指标的分子指标记为 a，分母指标记为 b，该相对指标或平均指标记为 c，即有

$$c = \frac{a}{b}$$

对于一个动态数列 $c_1, c_2, \cdots, c_n$，其分子指标 a 的时间数列是 $a_1, a_2, \cdots, a_n$（也可能是由 a_0 作起点，即 $a_0, a_1, a_2, \cdots, a_n$），其分母指标 b 时间数列是 $b_1, b_2, \cdots, b_n$（同样可能是由 b_0 作起点，即 $b_0, b_1, b_2, \cdots, b_n$），则 $c_1, c_2, \cdots, c_n$ 的序时平均基本公式是

$$\bar{c} = \frac{\bar{a}}{\bar{b}} \tag{8-9}$$

也就是说，相对指标或平均指标 c 的时间数列，其序时平均计算时，应该先分别计算分子指标和分母指标时间数列的序时平均值 $\bar{a}$ 和 $\bar{b}$，然后再把两个序时平均值作对比，即为指标 c 的序时平均值 $\bar{c}$。而 $\bar{a}$ 和 $\bar{b}$ 的计算则需要分别根据 $a_1, a_2, \cdots, a_n$ 和 $b_1, b_2, \cdots, b_n$ 的指标性质决定采用式（8-3）～式（8-9）中的某一个公式。

一般来说，不外乎三种情况：$a_1, a_2, \cdots, a_n$ 和 $b_1, b_2, \cdots, b_n$ 均为时期数列；$a_1, a_2, \cdots, a_n$ 和 $b_1, b_2, \cdots, b_n$ 均为时点数列；一个是时期数列，另一个是时点数列。对于相对指标，分子或分母还可能又是"相对数"或"平均数"，此时同样考虑它们各自的分子分母指标性质选择相应的公式即可。

总之，相对数或平均数时间数列的序时平均数计算，其关键是搞清楚这一相对数或平均数的分子分母指标内容与性质。

【例 8-6】某商业企业 2017 年各季商品销售及季初库存资料如表 8-4 所示，计算全年平均每季的商品流转次数和平均每季的流通费用率。

表 8-4　某企业 2017 年商品流转的有关资料　　　　　（单位：万元）

	1 季度	2 季度	3 季度	4 季度
销售额	11	12	10	15
期初库存	4	5	6	3
流通费用	1.1	1.3	1	2

注：年末库存为 2 万元。

商品流转次数是商品销售额与平均库存额的对比，分子是时期指标，分母是时点指标。则按相应的方法可以计算序时平均数。

全年平均每季销售额：

$$\bar{a} = \frac{a_1 + a_2 + a_3 + a_4}{4} = \frac{11 + 12 + 10 + 15}{4} = 12（万元）$$

全年平均库存额：

$$\bar{b} = \frac{\frac{b_0}{2} + b_1 + b_2 + b_3 + \frac{b_4}{2}}{4} = \frac{\frac{4}{2} + 5 + 6 + 3 + \frac{2}{2}}{4} = 4.25（万元）$$

平均每季的商品流转次数为：

$$\bar{c} = \frac{\bar{a}}{\bar{b}} = \frac{12}{4.25} = 2.823\,5（次/季）$$

全年的商品流转次数为：

$$\frac{11+12+10+15}{\frac{4}{2}+5+6+3+\frac{2}{2}}=11.29（次/年）$$

类似地，流通费用率等于流通费用除以商品销售额，分子分母均为时期指标，则平均每季流通费用额：

$$\frac{1.1+1.3+1+2}{4}=1.35（万元）$$

平均每季的商品流通费用率为：

$$\frac{1.35}{12}=0.1125=11.25\%$$

由于分子分母均为时期指标，所以平均每季的商品流通费用率等于全年的商品流通费用率，均为 11.25%。

8.2.3 增长量指标

1. 增长量的含义

时间数列反映了一个现象的动态过程，因此通过数量对比便可以分析现象数量上变化的程度。增长量指标是反映现象数量变动的常用指标，它是指现象在一定时期内发展水平增加或减少的绝对数量，用公式表示，即

$$增长量 = 报告期发展水平 - 基期发展水平 \tag{8-10}$$

差额为正，说明报告期水平值较基期有所提高，差额为负则表示为减少。

2. 增长量的种类

由于对比的基期不同，增长量有逐期增长量（也称"环比增长量"）和累计增长量（也称"定基增长量"）两种，逐期增长量是两个相邻时期发展水平之差，即

$$逐期增长量 = 报告期发展水平 - 上一期发展水平 \tag{8-11}$$

累计增长量反映报告期发展水平比某一固定时期发展水平的增加量，即

$$累计增长量 = 报告期发展水平 - 某一固定时期发展水平 \tag{8-12}$$

若用 $a_0, a_1, a_2, \cdots, a_n$ 表示时间数列各期数值，则式（8-11）和式（8-12）可分别写为

$$第 i 期的逐期（环比）增长量 = a_i - a_{i-1}（i > 1） \tag{8-13}$$

$$第 i 期的累计（定基）增长量 = a_i - a_0（i \geq 1） \tag{8-14}$$

不难看出，增长量本身也是一个时间数列，称为"增长量序列"。分别是

逐期增长量序列： $\qquad a_1 - a_0, a_2 - a_1, a_3 - a_2, \cdots, a_n - a_{n-1} \tag{8-15}$

累计增长量序列： $\qquad a_1 - a_0, a_2 - a_0, a_3 - a_0, \cdots, a_n - a_0 \tag{8-16}$

容易证明，逐期增长量与累计增长量之间存在一定的数量关系。

第一，逐期增长量之和等于相应的累计增长量，即

$$(a_1 - a_0) + (a_2 - a_1) + (a_3 - a_2) + \cdots + (a_n - a_{n-1}) = a_n - a_0 \tag{8-17}$$

第二，两相邻累计增长量之差等于相应的逐期增长量，即

$$(a_i - a_0) - (a_{i-1} - a_0) = a_i - a_{i-1} \quad (8\text{-}18)$$

增长量指标在实际运用中，常用"增加了""减少了"或"提高了""降低了"表示。例如，我国 2002 年年末人口数为 128 453 万人，2016 年年末人口数增加到 138 271 万人，2016 年年末人口数比 2002 年增加了 9 818 万人。

3. 基于增长量的相关指标

（1）年距增长量指标。对于以月份、季度为时间单位的时间数列，其增长量的计算通常并不是与"上月"或"上季"相减，而是采用与"上年同月"或"上年同季"发展水平相减，以计算所谓的"年距增长量"，即

$$年距增长量 = 报告期某月（季）发展水平 - 上年同月（季）发展水平 \quad (8\text{-}19)$$

这一指标可以消除季节性变化对时间数列发展水平的影响，因此特别适宜于有季节性波动的现象增长量分析。从理论上讲，也可以有类似的"逐期"（上年）和"定基"（固定年）之分，但实践中通常只采取与上年的对比。据此计算的增长量，政府统计工作者通常称为"同比增长量"。

（2）边际倾向指标。当考察两项性质不同但有联系的经济指标其时间数列增量之间的关系时，人们通常可以计算边际倾向指标。设有 a、b 两项指标，在一定时间内，a 指标从 a_0 发展到 a_n，b 指标从 b_0 发展到 b_n。则边际倾向指标为

$$m = \frac{a_n - a_0}{b_n - b_0} = \frac{\Delta a}{\Delta b} \quad (8\text{-}20)$$

这一指标的含义是：指标 b 每增加一个单位引起指标 a 增加的绝对量。因此它常常用来测度指标 b 增长对指标 a 增长的贡献大小。

8.2.4 平均增长量指标

平均增长量的含义

由式（8-15）可知，逐期（环比）增长量构成了一个时间数列，由于每一期增量有多有少，很自然想到可以用"平均增长量"来刻画增量序列的一般水平。因此，平均增长量实际上是逐期增长量的序时平均数，用来说明现象在一定时期内平均每期增加的数量，等于各期逐期增长量相加除以其个数。用公式表示

$$平均增长量 = 逐期增长量之和 \div 逐期增长量个数 \quad (8\text{-}21)$$

根据式（8-13），逐期增长量之和即相应的累计增长量，故有

$$平均增长量 = 最末时间的累计增长量 \div （动态数列项数-1） \quad (8\text{-}22)$$

式（8-21）和式（8-22）可用符号表示

$$平均增长量 = \frac{\sum_{i=1}^{n}(a_i - a_{i-1})}{n} = \frac{a_n - a_0}{n} \quad (8\text{-}23)$$

事实上，按上述公式计算的平均增长只是一个理论值，它只保证基期水平按平均增长量

发展,达到最后一年的理论水平和实际水平一致,但不保证中间期的理论值一致,即在通常情况下会有

$a_n \equiv a_0 + n \times$ 平均增长量 （最末一年的推算水平等于实际水平）

$a_i \neq a_0 + i \times$ 平均增长量$(i<n)$ （中间某年的推算水平不等于实际水平）

因此,这种计算增长量的方法通常称为"水平法",此外也可以按累计法计算平均增长量。其思路是:

设基期的发展水平为 a_0,平均每期的增长量为 $\overline{\Delta}$,则第一期发展水平为 $a_0 + \overline{\Delta}$,第二期发展水平为 $a_0 + 2\overline{\Delta}$,…,第 n 期发展水平为 $a_0 + n\overline{\Delta}$。

按累计法要求有

$$(a_0 + \overline{\Delta}) + (a_0 + 2\overline{\Delta}) + \cdots + (a_0 + n\overline{\Delta}) = a_1 + a_2 + \cdots + a_n$$

$$na_0 + (1 + 2 + \cdots + n)\overline{\Delta} = \sum_{i=1}^{n} a_i$$

则 $\overline{\Delta} = 2\sum_{i=1}^{n}(a_i - a_0)/n(n+1)$

具体使用时,应根据经济现象的实际情况进行选择。

此外,平均增长速度还可以采用最小平方法进行估算,即采用最小平方法拟合直线趋势方程 $y = a + bt$,当时间变量 t 每增加一个单位代表 1 年时,方程中的斜率 b 即为年平均增长量。直线趋势方程确定参见本章 8.4 节。

8.3 时间数列的速度分析

根据时间数列反映现象发展变化的速度指标主要有:发展速度和增长速度,平均发展速度和平均增长速度等。

8.3.1 发展速度指标

1. 含义

发展速度是以相对数表现的动态分析指标,是报告期发展水平与基期发展水平的商,说明报告期发展水平是基期的多少倍或百分之几,也称动态系数,即

$$发展速度 = \frac{报告期发展水平}{基期发展水平} \tag{8-24}$$

当发展速度大于 1 时,说明报告期水平较基期上升;当发展速度小于 1 时,说明报告期水平较基期下降;当发展速度等于 1 时,则报告期水平和基期持平。

2. 种类

与增长量类似,发展速度也可以根据基期的不同分为环比发展速度和定基发展速度。环比发展速度是报告期发展水平和前一期水平之比,说明现象逐期变化的相对程度,即

$$\text{环比发展速度} = \text{报告期发展水平} \div \text{前一期发展水平} \quad (8\text{-}25)$$

定基发展速度是报告期发展水平与某个固定时期发展水平的对比，即

$$\text{定基发展速度} = \text{报告期发展水平} \div \text{某一固定时期发展水平} \quad (8\text{-}26)$$

不难发现，对于时间数列 $a_0, a_1, a_2, \cdots, a_n$，发展速度指标也构成了一个时间数列，即

环比发展速度序列：$\quad \dfrac{a_1}{a_0}, \dfrac{a_2}{a_1}, \dfrac{a_3}{a_2}, \cdots, \dfrac{a_n}{a_{n-1}} \quad (8\text{-}27)$

定基发展速度序列：$\quad \dfrac{a_1}{a_0}, \dfrac{a_2}{a_1}, \dfrac{a_3}{a_2}, \cdots, \dfrac{a_n}{a_0} \quad (8\text{-}28)$

不难看出，环比发展速度与定基发展速度之间存在以下两点数量关系。

第一，定期发展速度等于各期环比发展速度的连乘积，即

$$\frac{a_1}{a_0} = \frac{a_1}{a_0} \cdot \frac{a_2}{a_1} \cdot \frac{a_3}{a_2} \cdot \cdots \cdot \frac{a_n}{a_{n-1}} \quad (8\text{-}29)$$

第二，相邻两个定基发展速度的商等于相应的环比发展速度，即

$$\frac{a_i}{a_0} \div \frac{a_{i-1}}{a_0} = \frac{a_i}{a_{i-1}} \quad (8\text{-}30)$$

3. 其他相关指标

（1）年距发展速度。

与增长量指标一样，当时间数列的时间单位是月份或季度时，同样存在着季节变动的影响，为此，发展速度指标的计算就应该考虑采取"同比"的方式[⊖]，即计算"年距发展速度"。其公式为

$$\text{年距发展速度} = \frac{\text{报告年某月（季）发展水平}}{\text{上年同月（季）发展水平}} \quad (8\text{-}31)$$

年距发展速度指标消除了季节变动因素的影响。

（2）超过速度（速度比）。

当我们需要同时考察两个关联的时间数列发展速度的对比关系时，可以计算所谓的"超过速度"或"速度比"指标，以判定哪一个现象发展速度更快及其相对幅度。例如，人口再生产与物质资料再生产之间存在着一条基本规律：物质资料再生产的速度应该比人口再生产的速度快——至少不慢，这样才能够保证人均物质资料拥有水平不会降低。这时，采用式（8-32）的速度比指标进行分析是合适的。

设有 a、b 两项指标，在一定时间内，a 指标从 a_0 发展到 a_n，b 指标从 b_0 发展到 b_n。则速度比指标为

$$\text{速度比} = \frac{a \text{现象发展速度}}{b \text{现象发展速度}} = \frac{a_n / a_0}{b_n / b_0} = \frac{a_n / b_n}{a_0 / b_0} = \frac{(a/b)_n}{(a/b)_0} \quad (8\text{-}32)$$

从式（8-32）可以看出，速度比实质上就是相对指标（a/b）的发展速度。

[⊖] 对于月份或季度数据，一般统计学著作都认为采用"同比"方式进行分析是重要的，但都没有认识到简单的前后期对比的价值。其实，在某些更加关注短期波动的现象中，即便存在年度内的季节性波动，这种前后期对比也是很有意义的，它表示现象的瞬间动态变化速率，且通过这种前后期对比可以揭示季节性规律。

8.3.2 增长速度指标

1. 含义

增长速度是反映现象增长程度的相对指标，是报告期增长量与基期发展水平之比，写成公式是

$$增长速度 = \frac{报告期增长量}{基期发展水平} \tag{8-33}$$

$$= \frac{报告期发展水平 - 基期发展水平}{基期发展水平} \tag{8-34}$$

$$= 发展速度 - 100\% \tag{8-35}$$

增长速度为正，反映现象数量的增加程度，增长速度为负，反映现象数量的减少程度，即负增长。

2. 种类

与发展速度一样，增长速度也有定基增长速度和环比增长速度之分。

$$定基增长速度 = \frac{报告期累计（定基）增长量}{固定基期发展水平} \tag{8-36}$$

$$= \frac{报告期发展水平 - 固定基期发展水平}{固定基期发展水平} \tag{8-37}$$

$$= 定基发展速度 - 100\% \tag{8-38}$$

$$环比增长速度 = \frac{报告期逐期（环比）增长量}{上一期发展水平} \tag{8-39}$$

$$= \frac{报告期发展水平 - 上一期发展水平}{上一期发展水平} \tag{8-40}$$

$$= 环比发展速度 - 100\% \tag{8-41}$$

3. 其他相关指标

（1）年距增长速度。对于以月份或季度为时间单位的时间数列，为避免季节性波动的影响，可以计算年距增长速度。它可以根据年距增长量除以上年同月或上年同季发展水平求得，或者直接由年距发展速度减去100%得到。

（2）弹性系数。当把两个现象的增长速度直接对比，可以用来反映一个现象相对变动对另一个现象变动的相对影响程度，在经济学中称为"弹性系数"。设有 a、b 两项指标，在一定时间内，a 指标从 a_0 发展到 a_n，b 指标从 b_0 发展到 b_n。则弹性系数为

$$e = \frac{(a_n - a_0)/a_0}{(b_n - b_0)/b_0} = \frac{\Delta a / a_0}{\Delta b / b_0} \tag{8-42}$$

（3）增长1%的水平值。用增长速度进行分析时，应注意速度背后的绝对水平，因为基数不同，增长速度是不可比的，为此需要把增长速度和增长量结合起来，计算增长1%的绝对值。计算公式为

$$增长1\%水平值 = 基期发展水平 \times 1\%$$

$$= \frac{基期发展水平}{100} \tag{8-43}$$

$$= \frac{报告期增长量}{增长速度 \times 100}$$

8.3.3 平均发展速度指标

1. 含义

对于一个以发展速度构成的序列,同样也可以计算其"一般水平"即平均发展速度。由于定基发展速度的时间跨度不尽相同,据之计算"一般水平"没有意义,而环比发展速度的时间长度一致,因而可以计算其平均值。平均发展速度就是各期环比发展速度的序时平均数,用以说明现象在较长一段时间内的发展变化的平均速度。

2. 计算方法

平均发展速度的常用计算方法有水平法和累计法两种。

(1)水平法,也称几何平均法。对于一个时间数列 $a_0, a_1, a_2, \cdots, a_n$,设其平均速度为 $\bar{x}$,则意味着以 a_0 为起点,此后各年发展水平的理论值分别为

$$a_0\bar{x}, \ a_0\bar{x}^2, \ a_0\bar{x}^3, \cdots, a_0\bar{x}^n$$

如果从最后一年(终点)所达到的水平看,其实际值 a_n 应该等于按平均速度推算的理论值,即

$$a_0\bar{x}^n = a_n \tag{8-44}$$

即可推得平均发展速度为

$$\bar{x} = \sqrt[n]{\frac{a_n}{a_0}} \tag{8-45}$$

式(8-45)关注的是最后一年的发展水平,所以叫"水平法",它是定基发展速度的 n 次方根。

因为定基发展速度是各环比发展速度的连乘积,所以式(8-45)也可以写成下式

$$\bar{x} = \sqrt[n]{\frac{a_1}{a_0} \times \frac{a_2}{a_1} \times \frac{a_3}{a_2} \times \cdots \times \frac{a_n}{a_{n-1}}} = \sqrt[n]{\prod_{i=1}^{n} x_i} \tag{8-46}$$

式中,x_i 为各期环比发展速度。显然,式(8-46)表示,平均发展速度就是环比发展速度的几何平均数,这是"几何平均法"名称的由来。

(2)累计法,也称方程式法。其计算思路是:设最初水平为 a_0,以后每期以 $\bar{x}$ 的平均速度发展,则经过 n 期后达到的理论总水平应该等于其实际总水平,即

$$a_0\bar{x} + a_0\bar{x}^2 + a_0\bar{x}^3 + \cdots + a_0\bar{x}^n = a_1 + a_2 + \cdots + a_n \tag{8-47}$$

$$a_0(\bar{x} + \bar{x}^2 + \cdots + \bar{x}^n) = \sum_{i=1}^{n} a_i \tag{8-48}$$

$$\bar{x} + \bar{x}^2 + \cdots + \bar{x}^n = \sum_{i=1}^{n} \frac{a_i}{a_0} = 定基发展速度总和 \tag{8-49}$$

解此式,即求得平均发展速度。式(8-47)考察的是全期累计总量,故称为累计法,式(8-49)是一高次方程,故又称为"方程式法"。

累计法平均速度的计算比水平法复杂,通常是编制计算机程序进行迭代逼近计算,或者

查阅《平均增长速度查对表》确定。具体方法是先求出 $\sum_{i=1}^{n}\dfrac{a_i}{a_0}$（称为总速度 R），再将它除以时期数 n。如果结果>1，就在递增部分找；如果结果<1，就在递减部分找。然后在年份数 n 指定的列寻找总速度 R 所处的位置，对应的速度刻度值即为所求的平均速度。当 R 介于两个数值之间时，可采用插值法求出近似的平均发展速度的值。

（3）水平法与累计法的比较。计算平均发展速度的上述两种方法是存在差异的。

水平法平均速度侧重于考察最末一年的实际发展水平，因此按水平法平均发展速度推算最末一年发展水平，可以保证推算值与实际值相等。但从公式来看，水平法平均发展速度只取决于最初水平和最末水平，而与中间各期的水平无关，所以不能据此来推算中间各期的水平。在实际运用中，如果现象发展在计划期内是持续上升或下降，目的是考察计划期最后一年的水平，如社会商品零售额、人口增长等指标时，可用此法计算平均发展速度。

累计法平均速度侧重于考察全期实际累计总量，因此按累计法平均发展速度推算的最末一年水平通常不等于其实际水平，但推算的各期发展水平累计值等于实际各期发展水平的累计值，累计法平均速度受期内各期发展水平的影响。在实际运用中，如果关注的是全期总的发展情况而不仅仅是最后一年的水平高低，如考察基本建设投资完成额、植树造林面积数、累计安排再就业岗位数，或者期内各期水平大起大落时，采用累计法计算平均发展速度更加适宜。

顺便指出，与平均增长量计算相类似，如果把一个时间数列各期发展水平用一条指数曲线 $y = ab^t$ 来拟合（通常是采用最小平方法），则该曲线中指数的底 b 值便是单位时间（t）的平均发展速度，当 t 每增加一个单位代表 1 年时，b 即为"最小平方法"的平均发展速度。

8.3.4 平均增长速度

1. 含义与基本公式

平均增长速度是说明现象在较长时期内逐期平均增长的相对程度。显然，从含义上看，它是环比增长速度的统计平均，是在平均发展速度基础之上减100%，即

$$\text{平均增长速度} = \text{平均发展速度} - 100\% \tag{8-50}$$

式（8-50）称为平均增长速度的基本公式。

2. 计算平均增长速度应该注意的问题

由于平均发展速度有"水平法"与"累计法"之分，因此平均增长速度也有"水平法"与"累计法"之分。但必须注意的是，由于环比增长速度不具有连乘的关系，因此不能直接根据环比增长速度的几何平均值，必须且只能先水平计算平均环比发展速度，然后再采用式（8-50）计算平均增长速度。

【例 8-7】 表 8-5 第二列是某专业市场近期商品销售额的时间数列。根据本节及 8.2 节有关时间数列描述指标公式，可计算出相应的增长量序列、发展速度序列、增长速度序列及增长 1%水平值序列。结果如表 8-5 有关列所示。

表 8-5　某专业市场 2012~2017 年商品销售额及增长情况

年份	符号	商品销售总额（万元）	累计增长量（万元）	逐期增长量（万元）	定基发展速度（%）	环比发展速度（%）	定基增长速度（%）	环比增长速度（%）	增长 1% 绝对值（万元）
2012	a_0	400	—	—	—	—	—	—	—
2013	a_1	500	100	100	125.00	125.00	25.00	25.00	4.00
2014	a_2	615	215	115	153.75	123.00	53.75	23.00	5.00
2015	a_3	736	336	121	184.00	119.67	84.00	19.67	6.15
2016	a_4	852	452	116	213.00	115.76	113.00	15.76	7.36
2017	a_5	970	570	118	242.50	113.85	142.00	13.85	8.52

此外，还可以计算其他相关序时平均指标：

平均发展水平（2013~2017 年年均销售额）

$$\bar{a} = \frac{\sum_{i=1}^{n} a_i}{n} = \frac{500+615+736+852+970}{5} = 734.6 \text{（万元）}$$

年平均增长量（2013~2017 年年销售额年均增加量）

$$\bar{\Delta} = \frac{a_n - a_0}{n} = \frac{970-400}{5} = 114 \text{（万元）}$$

或

$$\bar{\Delta} = \frac{\sum_{i=1}^{n}a_i - a_{i-1}}{n} = \frac{100+115+121+116+118}{5} = \frac{570}{5} = 114 \text{（万元）}$$

年平均发展速度

$$\bar{x} = \sqrt[n]{\frac{a_n}{a_0}} = \sqrt[5]{\frac{970}{400}} = \sqrt[5]{2.425} = 119.38\%$$

或

$$\bar{x} = \sqrt[n]{\prod_{i=1}^{n}\frac{a_i}{a_{i-1}}} = \sqrt[5]{1.25 \times 1.23 \times 1.1967 \times 1.1576 \times 1.1385} = \sqrt[5]{2.425} = 119.38\%$$

年平均增长速度

$$\sqrt[n]{\frac{a_n}{a_0}} - 1 = 119.38\% - 100\% = 19.38\%$$

8.4　长期趋势的测定

长期趋势是时间数列变动影响因素中最基本、最常见的因素。测定长期的目的在于从序列过程中归纳总结出现象变化的基本走势。采用一定的方法对时间数列进行修匀，使修匀后的数列排除季节变动、循环变动、不规则变动等因素的影响，就可以凸显其基本趋势或长期趋势。

长期趋势的测定方法很多，最简捷、直观的方法是随手描绘法，即把时间数列中的时间和因变量值在直角坐标上描述出来，统计上称为历史图。据此观察现象变动的基本形状，拟合适当的趋势线。这一方法虽然简单易行，但据此描述的趋势线其准确性很有限，所以一般只适于对长期趋势进行初步判断。实践中更常用的长期趋势测定方法有"时距扩大法""移动平均法"和"函数拟合法（数学模型法）"三类。其中"时距扩大法"是通过时间合并的方式，把时间数列中各期水平所包括的时间长度扩大，这样虽然会使时间数列项数减少，但可以消除季节变动、循环变动和不规则变动等因素的影响。例如，把以月份或季度表现的数据通过合并变成以年份为时间单位的时间数列，把以年份为单位的时间数列又合并成为以"五年"为时间单位（这符合我国社会经济发展五年规划的制度）。下面仅就移动平均法与数学模型法进行介绍。

8.4.1 移动平均法

移动平均法是通过对时间数列计算移动平均的方式，消除数列中隐藏的季节变动、循环变动和不规则变动的影响，进而反映长期趋势的方法。它的操作思路是，对原有时间数列的数据逐项递推移动（如 k 项数据移动），计算一系列的序时平均数，并以这些移动平均数作为对应时期的趋势值。

【例 8-8】 表 8-6 是某商店 2001～2018 年的年销售收入时间数列。拟采用移动平均法进行修匀，估算相应年份的"长期趋势值"。

移动平均值计算时，移动项数 k 不同，结果也不完全相同。因此，任何方法计算的"趋势值"都只是对真实趋势值的一种估计。

如果采用三项移动平均，则意味着把 2001 年、2002 年、2003 年三年的销售收入相加，再除以 3（求简单算术平均），作为 2002 年（中间年份）的"趋势值"；然后又把 2002 年、2003 年、2004 年三年的销售收入数据相加，再除以 3，作为 2003 年（中间年份）的"趋势值"。依此类推，最后将 2016 年、2017 年、2018 年三年的销售收入数据相加再除以 3 得到 2017 年的趋势值。结果如表 8-6 第三列所示。

表 8-6 移动平均法计算实例　　　　　　　　　　（单位：万元）

年份	销售收入	三年移动平均	五年移动平均	四年移动平均	二次移动
2001	1	—	—	—	—
2002	14	9.67	—	13.25	—
2003	14	17.33	15.6	19.25	16.25
2004	24	21	19.2	20.5	19.875
2005	25	22.67	18	19	19.75
2006	19	17.33	18.6	17.25	18.125
2007	8	14.67	16.8	14.75	16
2008	17	13.33	20.6	21	17.875
2009	15	25.33	24.8	29	25
2010	44	33	28.2	31	30
2011	40	26.33	26.6	29.5	30.250
2012	25	24.67	30.6	27.25	28.375
2013	9	23	28.8	26	26.625
2014	35	26.33	31.8	33.5	29.75
2015	35	41.67	31.2	36.75	35.125
2016	55	37.33	39	40	38.375
2017	22	41.97	—	—	—
2018	48	—	—	—	—

如果采用五项移动平均，则需要把 2001 年、2002 年、2003 年、2004 年、2005 年五年的销售收入相加求简单算术平均，作为中间年份 2003 年的"趋势值"，把 2002 年、2003 年、2004 年、2005 年、2006 年这五年的销售收入相加求简单算术平均，作为 2004 年的"趋势值"。依此类推，结果如表 8-6 第四列所示。

移动平均法的关键是移动项数。应用时，还需要注意以下一些特点。

（1）移动平均的项数越多，对数列修匀的作用也越大。但当项数太多时，移动平均值（趋势值）在图形上会表现出平缓，与实际趋势反而不相吻合。因为相邻两个移动平均值之间有 $k-1$ 项数据是一样的，只有一项数据是不一样的。当 k 无限扩大，则相邻两个移动平均值会越来越接近，最后趋于相等。因此移动项数应该适中。

（2）移动平均的项数可以是奇数，也可以是偶数，如果为奇数项移动平均，则移动一次就可以得出趋势值，如果移动项数是偶数，如表 8-6 第五列采用了四项移动平均，此时的简单平均值落在两个相邻年份的中间，为此需要进行"校正"，即再做一次"两项移动平均"即可。表 8-6 中的第六列即为校正之后的移动平均值。

（3）如何确定移动平均的项数应视具体情形而定，一般当时间数列的数值存在自然周期时，移动项数应与其自然周期相一致。例如，对于以季度为时间单位的时间数列，通常要进行四项移动平均（因为相邻四项之和恰好为一个自然年度，避免了季节因素的影响），然后再做一次"两项移动平均"以"校正"时间位置；对于以月份为时间单位的时间数列，通常要进行十二项移动平均，然后再做一次"两项移动平均"。对于以天为时间单位的时间数列，如果存在星期规律（如所谓的"周一效应"或"周末效应"），则以星期内数据个数为移动项数，如股票价格指数一般是采取五项移动平均（因为一周有五个交易日）。当时间数列足够长时，以上述周期数的整数倍为移动项数也是可以考虑的。

如果时间数列中无自然周期，则以奇数项移动为好。

（4）由于移动平均值的计算采用了简单算术平均，因此各期指标值对趋势值的影响被等权处理了，实践中也可以采用"加权"方式计算移动平均值，以体现"厚今薄古"的原则。例如，以"中间年份"为中心，离"中间年份"近的年份指标值给相对大的权重，离"中间年份"远的年份指标值给相对小的权重，然后加权平均。例如，表 8-6 采用三项移动平均时，2002 年的趋势值采取 1∶2∶1 的权数（此权数比值可根据需要设定）对 2001 年、2002 年、2003 年三年销售收入进行加权。2003 年的趋势值也采取 1∶2∶1 的权数对 2002 年、2003 年、2004 年三年的销售收入进行加权；五项移动平均时，2003 年的趋势值可采用 1∶2∶3∶2∶1 的权数对 2001 年、2002 年、2003 年、2004 年、2005 年五年销售收入进行加权平均。这样做的目的是"扩大近期水平的影响，削弱远期水平的影响"。

（5）移动平均法的主要缺点是，会损失时间数列的项数，上例中，如果三项移动平均，则损失了 2001 年和 2018 年的趋势值。如果采用五项移动平均，则会损失 2001 年、2002 年、2017 年和 2018 年的趋势值，移动项数越多损失的趋势值也越多。为此，有人专门研究"首缺失趋势值"的填补技术。

（6）如果每次都直接计算移动平均值，则会让计算工作变得十分烦琐。其实，移动平均法也可以通过下面的方式加以简化。

设时间数列的观察值 $y_1, y_2, \cdots, y_n$，计算 k 项移动平均值时，先计算 k 项总量 T_i，即

$$T_1 = y_1 + y_2 + \cdots + y_k$$
$$T_2 = y_2 + y_3 + \cdots + y_{k+1} = T_1 + (y_{k+1} - y_1)$$
$$T_3 = y_2 + y_3 + \cdots + y_k + y_{k+1} + y_{k+2} = T_2 + (y_{k+2} - y_2)$$

一般化，有

$$T_i = y_i + y_{i+1} + \cdots + y_{i+k-1} = T_{i-1} + (y_{i+k-1} - y_{i-1}) \quad (i=1,2,\cdots,n-k+1) \tag{8-51}$$

T_i 可以分解成 T_{i-1} 加上一个观察值再减去一个观察值，这样可大大减少计算量。

最后一次性求相应的平均值（T_i/k），即为各期的趋势值。

（7）此外，由于移动平均法不能得到实际的方程式，因而无法作为预测的常用工具，但当现象发展较稳定时，也可用来进行外推预测。第 $t+1$ 期的预测公式为

$$\hat{y}_{t+1} = \frac{y_t + y_{t-1} + y_{t-2} + \cdots + y_{t-k+1}}{k} \quad (t > k) \tag{8-52}$$

8.4.2 数学模型法

这是测定长期趋势最广泛适用的方法，是采用适当的数学模型（函数）给动态数列拟合一个方程式，并据此计算各期的趋势值。模型可以有线性的，也可以有非线性模型，但前者是基础。模型参数可以是通过确定若干个"点"来求解，也可以基于某一最优化目标函数求解，前者通常根据方程待定参数多少把时间数列划分为相应"段"，求出每一段的"重心"位置坐标（"平均点"），要求所拟合的方程经过这些点，解相应的联立方程组即可确定参数值，这类方法在直线趋势方程参数求解过程中一般称为"半数平均法"，在二次曲线趋势方程确定时通常称为"三点法"或"分段求和法"。后者通常采用"误差平方和最小"这一目标函数，故称为"最小平方法"。

8.4.2.1 半数平均法

这是测定时间数列趋势方程最为简便的一种方法。对于直线趋势方程，即把时间数列分成相等的两段，计算每一段观测值的算术平均数，作为趋势线的两点，连接两点构成的直线就是它的趋势线。

设时间数列为 $y_1, y_2, \ldots, y_n$，相应的时间变量记为 t，写为 $t_1, t_2, \cdots, t_n$。

则其直线趋势方程为

$$y = a + bt \tag{8-53}$$

方程中的参数 a、b 待定。时间变量通常取自然数，即 $t=1, 2, \cdots, n$，实践中也可根据需要采用某一等差数列构造 t 值。

用半数平均法求解参数的步骤如下所示。

第一步，将时间数列分成相等的两部分（如时间数列的项数是奇数，则通常去掉第一项，但如果保留第一项，则一般第一段项数可多一项）。

第二步，分别计算两部分指标值和时间变量的简单算术平均数 $(\bar{t}_1, \bar{y}_1)$、$(\bar{t}_2, \bar{y}_2)$。这两个点就是两部分数据的"重心"。所求的直线趋势方程必须"经过"这两点。

$$\bar{t}_1 = \frac{1}{n/2} \sum_{i=1}^{n/2} t_i = \frac{t_1 + t_2 + \cdots + t_{n/2}}{n/2}, \quad \bar{t}_2 = \frac{1}{n/2} \sum_{i=1+n/2}^{n} t_i = \frac{t_{1+n/2} + t_{2+n/2} + \cdots + t_n}{n/2}$$

$$\bar{y}_1 = \frac{1}{n/2} \sum_{i=1}^{n/2} y_i = \frac{y_1 + y_2 + \cdots + y_{n/2}}{n/2}, \quad \bar{y}_2 = \frac{1}{n/2} \sum_{i=1+n/2}^{n} y_i = \frac{y_{1+n/2} + y_{2+n/2} + \cdots + y_n}{n/2}$$

第三步，由上述两点即可唯一确定一直线方程。即解下面的方程组

$$\begin{cases} \overline{y}_1 = a + b\overline{t}_1 \\ \overline{y}_2 = a + b\overline{t}_2 \end{cases} \quad (8\text{-}54)$$

很容易解得最后的方程将是

$$\frac{y - \overline{y}_1}{\overline{y}_2 - \overline{y}_1} = \frac{t - \overline{t}_1}{\overline{t}_2 - \overline{t}_1}$$

$$y = \left(\overline{y}_1 - \frac{\overline{y}_2 - \overline{y}_1}{\overline{t}_2 - \overline{t}_1}\overline{t}_1\right) + \left(\frac{\overline{y}_2 - \overline{y}_1}{\overline{t}_2 - \overline{t}_1}\right)t \quad (8\text{-}55)$$

第四步，趋势方程的应用。

利用趋势方程一方面可以导出各期趋势值的估计值 $\hat{y}_i$——只需把 t 值代入趋势方程即可

$$\hat{y}_i = a + bt_i$$

另一方面，可以对现象今后发展趋势做出粗略预测。此外，还可以对参数 a、b 的经济含义做出适当的解释。特别是 b 通常可解释为平均增长量。

【例 8-9】 现以某市居民收入资料为例说明半数平均法的求解过程（数据见表 8-7）。

表 8-7 某市 2011~2018 年居民人均收入资料

年份	t_i	人均年收入 y_i（元）	半数平均值	趋势值的估计 $\hat{y}_i$
2011	1	16 230		16 156.25
2012	2	17 120	$(\overline{t}_1, \overline{y}_1) = (2.5, 7\ 600)$	17 118.75
2013	3	18 070		18 081.25
2014	4	18 980		19 043.75
2015	5	19 960		20 006.25
2016	6	21 020	$(\overline{t}_2, \overline{y}_2) = (6.5, 21\ 450)$	20 968.75
2017	7	21 980		21 931.25
2018	8	22 840		22 893.75

原数列有 8 项，一分为二后每部分 4 项，则

$$\overline{y}_1 = \frac{6\ 230 + 7\ 120 + 8\ 070 + 8\ 980}{4} = \frac{70\ 400}{4} = 17\ 600$$

$$\overline{t}_1 = \frac{1 + 2 + 3 + 4}{4} = 2.5$$

$$\overline{y}_2 = \frac{9\ 960 + 21\ 020 + 21\ 980 + 22\ 840}{4} = \frac{85\ 800}{4} = 21\ 450$$

$$\overline{t}_2 = \frac{5 + 6 + 7 + 8}{4} = 6.5$$

由式（8-54），有

$$\begin{cases} 17\ 600 = a + 2.5b \\ 21\ 450 = a + 6.5b \end{cases}$$

$$b = \frac{\overline{y}_2 - \overline{y}_1}{\overline{t}_2 - \overline{t}_1} = \frac{21\ 450 - 17\ 600}{6.5 - 2.5} = \frac{3\ 850}{4} = 962.5$$

$$a = \overline{y}_1 - b\overline{t}_1 = 17\ 600 - 962.5 \times 2.5 = 15\ 193.75$$

即得到如下的趋势方程

$$\hat{y} = 15\ 193.75 + 962.5t$$

把 $t=1\sim 8$ 代入这一趋势方程，即可得到相应各期的趋势值（估计），如表 8-7 所示。同时，若假设该市居民收入今后仍然依此趋势发展（提高），则可预测 2011 年的人均收入（$t=9$）为

$$\hat{y}_{2018} = 15\,193.75 + 962.5 \times 9 = 23\,856.25（元/人）$$

由这一趋势方程，还可知道该地区居民人均收入平均每年增加 962.5 元。

上述确定直线趋势方程的"半数平均法"还可以推广到求解非线性趋势方程中的参数。例如，对变动趋势属于二次曲线的情形，设 $y = a + bt + ct^2$，求解参数的思路如下所示。

第一步，将时间数列分成相等的三部分（如有多余项，则通常舍弃）。

第二步，求出各部分的指标平均数和时间变量平均数，即三个点为 $(\bar{t}_1, \bar{y}_1)$、$(\bar{t}_2, \bar{y}_2)$、$(\bar{t}_3, \bar{y}_3)$。

第三步，代入二次曲线方程，解联立方程组，求出参数 a, b, c。联立方程组为

$$\begin{cases} \bar{y}_1 = a + b\bar{t}_1 + c\bar{t}_1^2 \\ \bar{y}_2 = a + b\bar{t}_2 + c\bar{t}_2^2 \\ \bar{y}_3 = a + b\bar{t}_3 + c\bar{t}_3^2 \end{cases} \tag{8-56}$$

一般方程中有几个未知参数，就将原始数列分成几等分，再求解方程组。

同样的，对于修正指数曲线、逻辑曲线、龚伯兹曲线的参数估计原理也与此类似。

8.4.2.2 最小平方法

最小平方法亦称最小二乘法，它是回归方程拟合时最常用的方法（我们在第 7 章已经做了详细的介绍），同样适用于趋势方程的拟合：时间数列中的时间变量可简单地视为回归分析中的"自变量"。

其基本思路是：拟合一条趋势线，使原数列各点到该趋势线的距离平方和最短，即满足：

（1）原数列的实际值 y_i 与趋势值 $\hat{y}_i$ 之间的平均离差或离差总和为零，即

$$\sum_{i=1}^{n}(y_i - \hat{y}_i) = 0 \tag{8-57}$$

（2）原数列的实际值 y_i 与趋势值 $\hat{y}_i$ 之间的离差平方总和最小，即

$$Q = \sum_{i=1}^{n}(y_i - \hat{y}_i)^2 \Rightarrow \min \tag{8-58}$$

据此可以建立直线或曲线趋势方程。

1. 直线趋势

如果时间数列的一级增长量（环比增长量）大致相等，则可拟合直线模型。

设拟合的直线方程为 $\hat{y} = a + bt$，则与第 7 章类似，由式（8-58）应该有

$$Q = \sum_{i=1}^{n}(y_i - \hat{y}_i)^2 = \sum_{i=1}^{n}(y_i - a - bt_i)^2 \Rightarrow \min \tag{8-59}$$

进而有以下联立方程组

$$\begin{cases} \sum y = na + b\sum t \\ \sum ty = a\sum t + b\sum t^2 \end{cases} \tag{8-60}$$

解得：

$$\begin{cases} b = \dfrac{n\sum ty - \sum t \sum y}{n\sum t^2 - (\sum t)^2} = \dfrac{\overline{ty} - \overline{t}\,\overline{y}}{\overline{t^2} - \overline{t}^2} \\ a = \overline{y} - b\overline{t} \end{cases} \quad (8\text{-}61)$$

从而有趋势方程：$\hat{y} = a + bt$。

与"半数平均法"的结果类似，参数 b 的含义是 t 每增加一个单位 y 的平均增加量，即平均增长量，当 t 增加一个单位代表 1 年时，b 即为年平均增长量，a 是 $t = 0$ 时的趋势值。

与第 7 章的回归分析不同，这里的时间变量 t 取值是人为设定的，只是观察点按时间顺序排列的一个序数值，甚至于直接就是时间值（如年份），只要符合时间变化规律即可。对于连续时间等隔的时间数列，t 值呈等差数列即可，最常用的取值方式是令 t 为一自然数（$1 \sim n$）。

必须注意的是，不同的 t 值规则，将会得到不完全相同的参数解 a、b，从而直线趋势方程的形式就会有区别。但是，这些"形式上不同"的趋势方程所求得的趋势值却是相同的。

实践中为计算方便，人们常常改变 t 的取值起点，把时间数列划分为两段，前半段的 t 值为负，后半段的 t 值为正，呈等差数列，且满足 $\sum t = 0$。这时式（8-61）可简化为

$$\begin{cases} b = \dfrac{\sum ty}{\sum t^2} \\ a = \overline{y} \end{cases} \quad (8\text{-}62)$$

这种确定参数的方法称为简捷法，与之对应的式（8-61）称为"普通法"。但是，运用简捷法确定趋势方程的参数时应注意 t 的正确取值规则：

当时间数列为奇数项时（n 为奇数），取中间一项（原点）为零，原点以前的年份设为 -1，-2，-3，$\cdots$，原点之后各年设为 1，2，3，$\cdots$，时间变量 t 呈公差为 1 的等差数列，此时 b 为年平均增长量；当时间数列为偶数项时（n 为偶数），原点落在中间两项的中点，此时可取中间两项分别为 -1，$+1$，往上下方向为 -3，-5，-7，-9，$\cdots$ 和 $+3$，$+5$，$+7$，$+9$，$\cdots$，时间变量 t 呈公差为 2 的等差数列，此时 $2b$ 为年平均增长量。

在简捷法中，a 也可视为"序时平均值"。

由于直线趋势分析的理论基础是回归分析，因此也可计算相关系数，做方差分析。

下面举例说明最小平方法在直线趋势方程中的应用。

【例 8-10】某工业企业 2010～2017 年的销售收入资料如表 8-8 所示，分别用最小二乘法的普通法和简捷法拟合直线趋势方程并预测 2020 年的可能销售收入。

从表 8-8 的销售收入资料可以看出，其环比（逐期）增长量大致在 200 万元左右，因此可判断为一直线趋势。令直线趋势方程为

$$\overline{y} = a + bt$$

由最小平方法，可得（有关中间结果见表 8-8）

表 8-8 某企业 2010~2017 年的销售收入资料

年份	t	t^2	销售收入 y（万元）	ty	趋势值 $\hat{y}$
2010	1	1	1 820	1 820	1 816.666 7
2012	2	4	2 010	4 020	2 015.833 3
2013	3	9	2 200	6 600	2 215.000 0
2014	4	16	2 420	9 680	2 414.166 7
2015	5	25	2 630	13 150	2 613.333 3
2016	6	36	2 820	16 920	2 812.500 0
2017	7	49	3 010	21 070	3 011.666 7
2018	8	64	3 200	25 600	3 210.833 3
合计	36	204	20 110	98 860	20 110

$$b = \frac{n\sum ty - \sum t \sum y}{n\sum t^2 - (\sum t)^2} = \frac{8 \times 98\,860 - 36 \times 20\,110}{8 \times 207 - 36^2} = 199.166\,7$$

$$a = \bar{y} - b\bar{t} = \frac{20\,110}{8} - 199.166\,7 \times 4.5 = 1\,617.5$$

则趋势方程为

$$\hat{y} = 1\,617.5 + 199.166\,7t$$

当预测 2013 年的销售收入时，$t = 11$，则

$$\hat{y}_{2013} = 1\,617.5 + 199.166\,7 \times 11 = 3\,808.333\,3（万元）$$

利用这一趋势方程，可估计出每一年的"趋势值"，如表 8-8 第 6 列所示。

如果用简捷法，则时间变量 t 的取值应该是 -7、-5、-3、-1、1、3、5、7，满足等差（公差为 2）数列，相应的中间结果就不同，如表 8-9 所示。

表 8-9 简捷法情况下的结果

年份	t	t^2	销售收入 y（万元）	ty	趋势值 $\hat{y}$
2010	−7	49	1 820	−12 740	1 816.666 7
2011	−5	25	2 010	−10 050	2 015.833 3
2012	−3	9	2 200	−6 600	2 215.000 0
2013	−1	1	2 420	−2 420	2 414.166 7
2014	1	1	2 630	2 630	2 613.333 3
2015	3	9	2 820	8 460	2 812.500 0
2016	5	25	3 010	15 050	3 011.666 7
2017	7	49	3 200	22 400	3 210.833 3
合计	0	168	20 110	16 730	98 860

由于 $\sum t = 0$，因而由式（8-62）有

$$a = \bar{y} = \frac{20\,110}{8} = 2\,513.75$$

$$b = \frac{\sum ty}{\sum t^2} = \frac{16\,730}{168} = 99.583\,3$$

趋势方程为

$$\hat{y} = 2\,513.75 + 99.583\,3t$$

预测 2020 年的销售收入时，根据公差为 2 推算，2020 年的 $t = 13$，

$$\hat{y}_{2020} = 2\,513.75 + 99.583\,3 \times 13 = 3\,808.333\,3\,(万元)$$

同样也可以根据简捷法的趋势方程推算出各年的趋势值,如表 8-9 所示。

对比表 8-8 与表 8-9,可以看出用两种方法计算的趋势方程形式不同。普通法中的 b 为年平均增长量,而简捷法中的 b 为半年的增长量,故不难发现两者的倍数关系。且由于时间变量的零点规定不同(普通法的零点时间是 2009 年,简捷法的零点时间是 2013 年下半年至 2014 年上半年),因而直线方程的截距项也不同。尽管如此,两种方法的预测值是完全一致的(不考虑计算误差)。正是基于这一关系,我们很容易从一种方法的结果导出另一种方法的结果,也很容易导出其他 t 值取法下的最小平方法直线趋势方程,这点留给读者做练习。

2. 指数曲线趋势方程

当现象发展水平每期按大体相等的增长速度变化时(各期的环比发展速度大致相等),则时间数列适宜于拟合指数曲线。

设拟合的指数曲线趋势方程为

$$\hat{y} = ab^t$$

式中,t 为时间变量;$\hat{y}$ 为实际观察指标 y 的估计值。通过对数化(对数底数不影响最终结果),就有以下线性模型

$$\ln \hat{y} = \ln a + t \ln b$$

令 $\hat{y}^* = \ln \hat{y}, A = \ln a, B = \ln b$,即可写成

$$\hat{y}^* = A + Bt$$

根据最小平方法原理,希望满足:$Q = \sum_{i=1}^{n}(\ln y_i - \ln \hat{y}_i)^2 \Rightarrow \min$。若记 $y^* = \ln y$,则满足 $Q = \sum_{i=1}^{n}(y_i^* - \hat{y}_i^*)^2 \Rightarrow \min$。所以有以下联立方程组

$$\begin{cases} \sum y^* = nA + B\sum t \\ \sum ty^* = A\sum t + B\sum t^2 \end{cases} \quad 或 \quad \begin{cases} \sum \ln y = n\ln a + \ln b \sum t \\ \sum t \ln y = \ln a \sum t + \ln b \sum t^2 \end{cases} \tag{8-63}$$

$$\begin{cases} B = \dfrac{n\sum ty^* - \sum t \sum y^*}{n\sum t^2 - (\sum t)^2} = \dfrac{\overline{ty^*} - \bar{t}\,\overline{y^*}}{\overline{t^2} - \bar{t}^2} \\ A = \overline{y^*} - B\bar{t} \end{cases} \tag{8-64}$$

$$a = e^A, \quad b = e^B \tag{8-65}$$

根据指数曲线的数学性质不难发现,当 t 每增加一个单位代表 1 年时,b 的经济含义即为"平均发展速度"。如果 $t = 1, 2, \cdots, n$ 取自然数,则 a 即相当于 8.2 节介绍的时间数列发展水平中的"最初水平"(a_0)。

与直线趋势方程拟合原理类似,指数曲线方程拟合时也可采用"简捷法",此时式(8-63)及式(8-64)简化为

$$\begin{cases} \sum y^* = nA \\ \sum ty^* = B\sum t^2 \end{cases} \quad 或 \quad \begin{cases} \sum \ln y = n\ln a \\ \sum t \ln y = \ln b \sum t^2 \end{cases} \tag{8-66}$$

$$\begin{cases} B = \dfrac{\sum ty^*}{\sum t^2} = \dfrac{\overline{ty^*}}{\overline{t^2}} \\ A = \overline{y^*} \end{cases} \quad 或 \quad \begin{cases} B = \dfrac{\sum t\ln y}{\sum t^2} = \dfrac{\overline{t\ln y}}{\overline{t^2}} \\ A = \overline{\ln y} \end{cases} \quad (8\text{-}67)$$

【例 8-11】 表 8-10 是某商业网站近几年来网上交易额（万元）统计资料，要求拟合适当的趋势方程。

表 8-10　某商业网站 2011~2017 年网上交易额动态趋势

年份	t	t^2	网上交易额 y（万元）	$y^* = \ln y$	$ty^* = t\ln y$	趋势值 $\hat{y}$
2011	1	1	12.0	2.484 907	2.484 907	12.024 16
2012	2	4	17.5	2.862 201	5.724 402	17.436 01
2013	3	9	25.3	3.230 804	9.692 412	25.283 64
2014	4	16	36.6	3.600 048	14.400 192	36.663 34
2015	5	25	53.1	3.972 177	18.860 885	53.164 83
2016	6	36	77.0	4.343 805	26.062 830	77.093 35
2017	7	49	112.0	4.718 499	33.029 493	111.791 67
合计	28	140	333.5	25.212 441	111.255 121	333.5

由于网上交易额大致每年递增 45%左右，因此适合用指数曲线方程来拟合这一长期趋势。

令趋势方程为 $y = ab^t$，在对数化之下，有 $\ln y = \ln a + t\ln b$，记 $A = \ln a$，$B = \ln b$，由式（8-63）可得到以下联立方程组

$$\begin{cases} 25.212\ 441 = 7A + 28B \\ 111.255\ 121 = 28A + 140B \end{cases}$$

可解得，$A = 2.115\ 297\ 7$，$B = 0.371\ 619\ 9$。于是

$$a = e^A = 8.292\ 05,\ b = e^B = 1.450\ 08$$

网上成交额的指数曲线趋势方程为

$$\hat{y} = 8.292\ 05 \times 1.450\ 08^t$$

由 b 值可知，近年来该网站网上成交额平均每年大致以 45.008%的速度增长。根据这一趋势方程，可推算各年的长期趋势值，如表 8-9 所示。同样可预测 2021 年的趋势值（$t = 10$），即

$$\hat{y}_{2020} = 8.292\ 05 \times 1.450\ 08^{10} = 340.868\ (万元)$$

本例也可以采用"简捷法"计算。计算过程留给读者完成，结果如表 8-11 所示。趋势方程为

$$\hat{y} = 36.663\ 34 \times 1.450\ 08^t$$

表 8-11　某商业网站网上交易额动态趋势拟合的简捷法

年份	t	t^2	网上交易额 y（万元）	$y^* = \ln y$	$ty^* = t\ln y$	趋势值 $\hat{y}$
2011	−3	9	12.0	2.484 907	−7.454 721	12.024 16
2012	−2	4	17.5	2.862 201	−5.724 402	17.436 01
2013	−1	1	25.3	3.230 804	−3.230 804	25.283 64
2014	0	0	36.6	3.600 048	0	36.663 34
2015	1	1	53.1	3.972 177	3.972 177	53.164 83
2016	2	4	77.0	4.343 805	8.687 610	77.093 35
2017	3	9	112.0	4.718 499	14.155 497	111.791 67
合计	0	28	333.5	25.212 441	10.405 358	333.5

3. 二次曲线方程

当一个时间数列的增长量以大致相同的增量变化（二级增长量大致相等）时，可拟合二次曲线趋势方程，其形式为（拟合后，不含误差项）

$$\hat{y} = a + bt + ct^2$$

式中，当 t 取自然数时，$2c$ 即二级增长量。该式中有三个待定参数 a、b、c。按最小二乘法可得出以下正规方程组

$$\begin{cases} \sum y = na + b\sum t + c\sum t^2 \\ \sum ty = a\sum t + b\sum t^2 + c\sum t^3 \\ \sum t^2 y = a\sum t^2 + b\sum t^3 + c\sum t^4 \end{cases} \quad (8\text{-}68)$$

通过消元法即可解得相应参数。

与上述趋势方程拟合相类似，也可以采用简捷法。当 $\sum t = \sum t^3 = 0$ 时，式（8-68）简化为下式

$$\begin{cases} \sum y = na + c\sum t^2 \\ \sum ty = b\sum t^2 \\ \sum t^2 y = a\sum t^2 + c\sum t^4 \end{cases} \quad (8\text{-}69)$$

二次趋势曲线可根据需要推广到更多次。例如，当时间数列各期发展水平的三级增长量大致相等时，就可以拟合如下形式的三次曲线方程

$$\hat{y} = a + bt + ct^2 + dt^3$$

由最小平方法，可得到如下标准方程组

$$\begin{cases} \sum y = na + b\sum t + c\sum t^2 + d\sum t^3 \\ \sum ty = a\sum t + b\sum t^2 + c\sum t^3 + d\sum t^4 \\ \sum t^2 y = a\sum t^2 + b\sum t^3 + c\sum t^4 + d\sum t^5 \\ \sum t^3 y = a\sum t^3 + b\sum t^4 + c\sum t^5 + d\sum t^6 \end{cases} \quad (8\text{-}70)$$

对应于式（8-70）的简捷法，有 $\sum t = \sum t^3 = \sum t^5 = 0$，从而联立方程组是

$$\begin{cases} \sum y = na + c\sum t^2 \\ \sum ty = b\sum t^2 + d\sum t^4 \\ \sum t^2 y = a\sum t^2 + c\sum t^4 \\ \sum t^3 y = b\sum t^4 + d\sum t^6 \end{cases} \quad (8\text{-}71)$$

求解参数 a、b、c、d，可得三次曲线的趋势方程。

顺便指出，对于二次或三次趋势曲线，如果把 t、t^2、t^3 分别视作三个不同的自变量 x_1、x_2、x_3，则参数求解实际上就是第 7 章的多元线性回归模型估计问题。因此，同样可以采用第 7 章的有关原理做方程拟合效果检验与分析，同样可以做趋势外推的区间估计。

8.5 季节变动的测定

在社会经济领域有很多现象的数量变化呈现出季节性规律，其最简单的表现方式是有

"淡季"与"旺季"之别。显然，认识并测定季节变动的规律对于正确指导生产、流通、消费都具有重要意义。

季节变动的测定需要计算季节指数或称季节比率。它是反映现象总体在某特定时期（月份或季度或星期）达到的数量水平（发展水平）与年内一般水平之间比例关系的统计指标，通常是以 100%为基数，当季节指数大于 100%，则说明该月（或季）的发展水平高于"一般水平"因而属于"旺季"，其值越大，旺季也越旺；反之，当季节指数小于100%，则说明该月（或季）的发展水平低于"一般水平"因而属于"淡季"，其值越小，淡季也越淡。当季节指数等于100%时，表明该期无季节波动。

显然，季节指数也呈一数列，其平均水平为100%。若一个现象受季节性因素影响很大，则表现在季节指数序列有剧烈的波动，图形显示为跌宕起伏明显，否则，图形将趋于平缓。

为避免偶然因素影响，测定季节变动时，掌握的资料年份数应该尽量多一些，一般需要3～5 年以上的分月（季）资料。当然，由于多种原因，特定现象的季节性规律也许会发生迁移，因此太长的年份数有时也未必是合适的，反而会淡化近期的季节规律。

测定季节变动的方法很多，大致可分为"简单按月（季）平均法"和"趋势剔除法"两种。后者还根据趋势值的计算方法不同又有"移动平均趋势剔除法""统计模型趋势剔除法"之别。

8.5.1 按月平均法

若把一年划分为若干个时间片断（通常是 4 个季度或 12 个月份，但实践中也可根据具体问题以其他时间单位分割，如以两个月为一个时间片断，以旬为时间片断，以半月为时间片断，甚至于以星期为时间片断——如果有意义），则考察若干个年份的数据，就可得到如表 8-12 所示的图表。$C = 12$ 即月份数据，$C = 4$ 即季度数据。

表 8-12　季节变动测度基本数据格式

年	1 期	2 期	3 期	…	C 期
第一年	y_{11}	y_{12}	y_{13}	…	y_{1C}
第二年	y_{21}	y_{22}	y_{23}	…	y_{2C}
…	…	…	…	…	…
第 R 年	y_{R1}	y_{R2}	y_{R3}	…	y_{RC}

对表 8-12 时间数列进行季节变动分析时，可以发现两种情况，一是各年原始资料中有明显的季节变动，但历年同期（同月或同季）的资料无明显趋势变动，这时时间数列仅受季节变动影响，而不存在长期趋势；二是时间数列中既存在明显的季节特征又有长期趋势，表现在"同比增长量"非零。对于前一种情形，可以用按月（季）平均法来测定季节变动。

按月（季）平均法的基本步骤如下。

第一步，计算时间数列中各年同期（同月或同季）的平均数 $\bar{y}_{\cdot j}$ ($j = 1, 2, \cdots, C$)。

$$\bar{y}_{\cdot j} = \frac{1}{R}\sum_{i=1}^{R} y_{ij} \quad (j=1,2,\cdots,C) \tag{8-72}$$

若有必要，也可以按"厚今薄古"原则对年度进行加权处理。

第二步，计算期内总平均 $\bar{y}$。

$$\bar{y} = \frac{1}{RC}\sum_{i=1}^{R}\sum_{j=1}^{C}y_{ij} = \frac{1}{C}\sum_{j=1}^{C}\bar{y}_{\cdot j} = \frac{1}{R}\sum_{i=1}^{R}\bar{y}_{i\cdot} \qquad (8\text{-}73)$$

若同期平均是加权的，则总平均计算时也应该按相应权重加权处理。

第三步，计算季节比率（季节指数）$S_j (j = 1, 2, \cdots, C)$。

$$S_j = \frac{\bar{y}_{\cdot j}}{\bar{y}} \times 100\% \quad (j = 1, 2, \cdots, C) \qquad (8\text{-}74)$$

第四步，对季节比率进行分析，绘制季节指数波动图（见图 8-2），利用季节指数进行时间数列的预测分析等。

上述各步骤可列在一个表格内完成，如表 8-13 所示。

表 8-13 季节变动测定的按月平均法

年	1期	2期	3期	…	C期	全年总量	平均每期水平
第一年	y_{11}	y_{12}	y_{13}	…	y_{1C}	$\sum y_{1j}$	$\bar{y}_{1\cdot}$
第二年	y_{21}	y_{22}	y_{23}	…	y_{2C}	$\sum y_{2j}$	$\bar{y}_{2\cdot}$
…	…	…	…	…	…	…	…
第 R 年	y_{R1}	y_{R2}	y_{R3}	…	y_{RC}	$\sum y_{1j}$	$\bar{y}_{R\cdot}$
同期总量	$\sum y_{i1}$	$\sum y_{i2}$	$\sum y_{i3}$	…	$\sum y_{iC}$	$\sum\sum y_{ij}$	$R\bar{y}$
同期平均	$\bar{y}_{\cdot 1}$	$\bar{y}_{\cdot 2}$	$\bar{y}_{\cdot 3}$	…	$\bar{y}_{\cdot C}$	$C\bar{y}$	$\bar{y}$
季节比率(%)	S_1	S_2	S_3	…	S_c	C	100

不难验证，当时间数列中不存在趋势变动，则意味着趋势值为一常数，同时由于年份不长，循环变动可以忽略（等于100%），或假设年份长度与周期长度相等，则经过求和或平均之后即可消除循环因素影响。在乘法模型之下，应该有

$$y_{ij} = T \cdot S_j \cdot I_{ij} \qquad (8\text{-}75)$$

式中，T 等于表 8-13 中的 $\bar{y}$。

于是，式（8-72）的同期（同月或同季）平均即

$$\bar{y}_{\cdot j} = \frac{1}{R}\sum_{i=1}^{R}(T \cdot S_j \cdot I_{ij}) = \bar{y}S_j \frac{1}{R}\sum_{i=1}^{R}I_{ij} \quad (j = 1, 2, \cdots, C)$$

当年份数足够多时，不规则变动的平均值（期望）为100%（相互抵消）即

$$\frac{1}{R}\sum_{i=1}^{R}I_{ij} = 1 \quad (j = 1, 2, \cdots, C)$$

所以，式（8-74）计算的同期平均与总平均的比率为

$$S_j = \frac{\bar{y}_{\cdot j}}{\bar{y}} \times 100\% = \frac{S_j \cdot \bar{y}}{\bar{y}} \frac{1}{R}\sum_{i=1}^{R}I_{ij} = S_j (j = 1, 2, \cdots, C)$$

【例 8-12】 表 8-14 是某企业最近五年来四个季度的产品产量资料。因趋势不明显，故可采用按季平均法计算季节指数。

表 8-14　某企业近五年各产品产量情况　　　　　　　　　　（单位：万件）

年份	春	夏	秋	冬	各季合计（全年）	平均每季（各季合计÷4）
2013	270	440	210	150	1 070	267.5
2014	245	450	230	160	1 085	271.25
2015	260	420	190	180	1 050	262.5
2016	250	460	200	160	1 070	267.5
2017	280	450	220	170	1 120	280
五年同季合计	1 305	2 220	1 050	820	5 395	1 348.75
同季平均（同季合计÷5）	261	444	210	164	1 079	269.75
季节指数（%）（同季平均÷总平均）	96.756	164.597	77.850	60.797	400	100

计算过程如表 8-14 所示。根据计算结果可知，该产品产量夏季是旺季，秋、冬为淡季，春季产量回升，接近平均水平，如图 8-2 所示。因此，实际生产管理过程中应该注意人力、财力、原材料等方面的准备工作与此生产季节性规律相吻合，同时还需要做好市场研究工作，通过适当的营销手段来调整季节规律，避免过于剧烈的季节性因素导致生产要素供给不足、生产能力分配的严重失衡等不利现象出现。

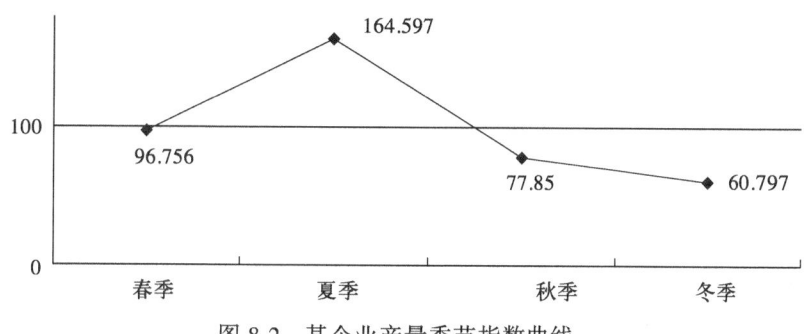

图 8-2　某企业产量季节指数曲线

根据计算的季节比率，还可进一步进行预测或制订分季度生产计划。

例如，若预计 2018 年的全年总产量可能达到 1 400 万件，则平均每季为 350 万件，各季产量初步计划可按下式进行估计：

$$各季初步产量计划 = 各季季节指数 \times 季平均产量$$

据此测算出各季的预测值，分别为

春季：　　　　　　$0.967\,56 \times 350 = 338.646 \approx 339$（万件）

夏季：　　　　　　$1.645\,97 \times 350 = 576.09 \approx 576$（万件）

秋季：　　　　　　$0.778\,5 \times 350 = 272.475 \approx 272$（万件）

冬季：　　　　　　$0.607\,97 \times 350 = 212.79 \approx 213$（万件）

当然，这只是一个参考数据。实际工作中还需要结合生产要素与生产能力进行权衡调整（如综合考虑库存成本等因素之下，春季适当多生产一些，以减轻夏季生产任务的压力）。

再如，亦可以根据下一年开始几月（季）的实际数值来推算以后各月（季）的数值，推算公式为

$$\text{某月(季)预测值} = \text{该月季节指数} \times \frac{\text{已知月份(季度)的实际值合计}}{\text{已知月份(季度)的季节比率合计}} \quad (8\text{-}76)$$

按月（季）平均法的优点是计算简便，容易理解。但它没有考虑长期趋势，如果时间数列的资料存在趋势上升或趋势下降时，用按月（季）平均法就不合适了，应先剔除长期趋势的影响，再计算季节比率。

8.5.2 趋势剔除法

该法是先对原时间数列中的长期趋势进行剔除，再计算季节比率。

对于如表 8-11 的季节变动数据，趋势剔除法的基本步骤如下所示。

第一步，根据原始数据序列 y_{ij} 计算时间数列的长期趋势值（T_{ij}）。

这一步可以用的方法很多，如果采用移动平均法，则先计算 12 个月的移动平均数（若是季度资料，则计算四个季度的移动平均数），可简单移动平均也可计算加权移动平均值。移动项数是偶数时（如 12 或 4），需进行两次移动修正平均，求得相应各期趋势值 T_{ij}（第 i 年第 j 期）。如果采用拟合趋势方程的形式，则先用半数平均法或最小二乘法对原时间数列拟合直线或曲线方程，并根据方程式求出各期的趋势值 T_{ij}（第 i 年第 j 期）。

第二步，消除原始数据中的趋势变动。即计算各年内每月（季）的实际值与相应的趋势值的比率，称为"修匀比率"或"暂定比率" r_{ij}。

$$r_{ij} = \frac{\text{实际值}}{\text{趋势值}} = \frac{y_{ij}}{T_{ij}} (i = 1, 2, \cdots, R; \ j = 1, 2, \cdots, C) \quad (8\text{-}77)$$

（注意：当移动趋势剔除时，首尾各缺失若干项。j 的起点终点应做适当调整。式（8-77）中，R 为年份数；C 为年内资料期数，取 4 或 12。）

假设时间数列中不存在循环变动，则时间数列原始数据分解式为

$$y_{ij} = T_{ij} \cdot S_j \cdot I_{ij}$$

经过式（8-77）处理，修匀比率或暂定比率的含义即

$$r_{ij} = \frac{y_{ij}}{T_{ij}} = \frac{T_{ij} \cdot S_j \cdot I_{ij}}{T_{ij}} = S_j I_{ij} \quad (8\text{-}78)$$

这是一个包含不规则变动在内的季节指数序列。因此，做进一步修匀，消除不规则因素影响，即可分离出季节指数。

第三步，把修匀比率按表 8-11 形式重新排列，计算同期平均，显然可以消除不规则变动的影响，即

$$S_j = \frac{1}{R^*} \sum_{i=1}^{R^*} r_{ij} = \frac{1}{R^*} \sum_{i=1}^{R^*} S_j I_{ij} = S_j \frac{1}{R^*} \sum_{i=1}^{R^*} I_{ij} = S_j \ (j = 1, 2, \cdots, C) \quad (8\text{-}79)$$

（移动平均趋势剔除法中，$R^* = R - 1$；模型趋势剔除法中，$R^* = R$）

第四步，从理论上讲，全期季节比率之和应该等于 C（对于月份资料，$C = 1\,200\%$，对于季度资料，$C = 400\%$）。但在趋势剔除过程中，常常会出现 $\sum_{j=1}^{C} S_j \neq C$。为此，需要进行调整。调整之后的季节指数记为 S_j^*

$$S_j^* = S_j \div \left(\frac{1}{C}\sum_{k=1}^{C} S_k\right) \qquad (8\text{-}80)$$

式中，$\frac{1}{C}\sum_{k=1}^{C} S_k$ 称为调整系数，可记为 λ。实际上是调整前季节指数总和与目标值 C 之间的比值。比值大于 1，表示调整前的季节指数偏大，需要缩小，此时 S_j 除以调整系数即达到缩小效果。反之，比值小于 1，表示调整前的季节指数偏小，需要放大，此时 S_j 除以调整系数即达到放大效果。

其实，调整系数也是调整前季节指数 S_j 的简单平均值。修正过程形式上看就是"同期平均除以总平均"。因此，如果把第三步和第四步放在表 8-13 中处理，则修正后的季节指数实际上就等于"对暂定比率 r_{ij} 采用按月（季）平均法"处理。第三、四两步的过程可列成表 8-15 所示的形式。

表 8-15　根据修匀比率计算季节指数的过程

年	1 期	2 期	3 期	…	C 期	平均
第一年	r_{11}	r_{12}	r_{13}	…	r_{1C}	$\bar{r}_{1\cdot}$
第二年	r_{21}	r_{22}	r_{23}	…	r_{2C}	$\bar{r}_{2\cdot}$
…	…	…	…	…	…	…
第 R 年	r_{R1}	r_{R2}	r_{R3}	…	r_{RC}	$\bar{r}_{R\cdot}$
同期平均（季节比率）	S_1	S_2	S_3	…	S_c	$\lambda = \frac{1}{C}\sum_{j=1}^{C} S_j$
修正季节比率 $S_j^* = S_j \div \lambda$	$S_1^* = \frac{S_1}{\lambda}$	$S_2^* = \frac{S_2}{\lambda}$	$S_2^* = \frac{S_3}{\lambda}$	…	$S_C^* = \frac{S_C}{\lambda}$	C

第五步，对季节比率进行分析，绘制季节指数波动图，利用季节指数进行时间数列的预测分析等。

【例 8-13】 表 8-16 第四列是某批发市场某类衬衫最近 5 年的销售量资料（万件）。不难看出，季节性波动中混合有长期趋势变动，因此我们可以设想本来应该"水平型"周而复始的季节规律被趋势推进为"螺旋式"上升，趋势波动如一条主轴贯穿于其中。所以应该先对趋势值做出估计。本例采用趋势方程来求解各期趋势值，假设长期趋势为直线方程。采用最小平方法，可得到如下趋势方程（详细计算过程由读者自己借助软件完成）

$$T = 169.494\ 7 + 3.805\ 3t$$

据之得到趋势值序列 T，实际销售量除以趋势值，即得到"修匀比率"序列。结果如表 8-16 所示。

表 8-16　某类衬衫销售量统计及季节变动测度

年份	季节	时间变量 t	销售量 Y（万件）	趋势值 T	修匀比率 Y/T
2013	春	1	182	173.300 00	1.050 202
	夏	2	253	177.105 26	1.428 529
	秋	3	122	180.910 53	0.674 367
	冬	4	85	184.715 79	0.460 166
2014	春	5	204	188.521 05	1.082 107
	夏	6	306	192.326 32	1.591 046

（续）

年份	季节	时间变量 t	销售量 Y（万件）	趋势值 T	修匀比率 Y/T
2014	秋	7	130	196.131 58	0.662 820
	冬	8	92	199.936 84	0.460 145
2015	春	9	244	203.742 11	1.197 592
	夏	10	328	207.547 37	1.580 362
	秋	11	141	211.352 63	0.667 132
	冬	12	102	215.157 89	0.474 070
2016	春	13	292	218.963 16	1.333 558
	夏	14	385	222.768 42	1.728 252
	秋	15	161	226.573 68	0.710 586
	冬	16	108	230.378 95	0.468 793
2017	春	17	329	234.184 21	1.404 877
	夏	18	441	237.989 47	1.853 023
	秋	19	172	241.794 74	0.711 347
	冬	20	112	245.600 00	0.456 026

把修匀比率（暂定比率）按照表 8-14 所示的形式整理，计算"同季平均"及"总平均"。同季平均除以总平均即为修正后的季节比率，最终结果如表 8-17 所示。

表 8-17 调整后季节比率计算表

年份	春	夏	秋	冬	年内各季平均
2013	1.050 202	1.428 529	0.674 367	0.460 166	0.903 316
2014	1.082 107	1.591 046	0.662 820	0.460 145	0.949 030
2015	1.197 592	1.580 362	0.667 132	0.474 070	0.979 789
2016	1.333 558	1.728 252	0.710 586	0.468 793	1.060 297
2017	1.404 877	1.853 023	0.711 347	0.456 026	1.106 318
平均比率（%）	121.366 7	163.624 2	68.525 0	46.384 0	99.975 0
季节比率（%）	121.397 0	163.665 0	68.542 0	46.396 0	100.000 0

由表 8-17 可以得到基本的季节规律：春夏为旺季，秋冬为淡季。同样根据季节指数可做相应的预测和决策。

本例若采用"移动平均"计算趋势值，则结果会有所不同，读者可尝试完成并比较。

8.6 循环变动的测定

循环变动通常用来描述自由经济现象中的一般循环，与季节变动类似，循环变动也是一种周期性的变化，但不同的是，循环变动的周期在若干年而不是一年之内的规律，且循环波动的周期缺乏规则和稳定性，循环周期长短不一，短则三五年，长则数十年，有时多种不同长度的周期会混杂在一起。所以我们很难像预测季节变动那样预测循环变动。但是利用时间数列几种变动因素间的相互关系（主要利用乘法模型），可以通过对原始数列的分解来大致测定循环变动状态，以下介绍两种测定循环变动的常用方法。

8.6.1 对年度资料的循环变动测定

如果时间数列是由按年统计的,则季节变动的影响已经消除,因为年度资料中包含了所有季节。此时,短期的不规则变动亦趋于消失,可以忽略不计。这样时间数列只受两种因素的影响,长期趋势和循环变动。根据乘法模型,就变成

$$Y = T \cdot C, \quad 即 C = Y/T$$

把原时间数列的实际值(Y)除以长期趋势值(T)后就得到了循环变动值C,这个值乘以100%,叫循环变动系数。

这种方法计算简便,容易理解,是常用的循环变动测定法,但是它有一定的假定性。当动态数列是按月或按季的资料表现时,就不能采用此方法。

8.6.2 对月度(季度)资料测定循环变动

在分月(季)资料中,存在季节变动的影响,同样还受不规则变动的影响,为了同时消除长期趋势和季节变动,我们可以先把原始数列实际值除以长期趋势值和季节变动指数,得到循环不规则系数CI。通过对CI计算加权移动平均值,即可消除不规则变动I,最后得出的平均数就是循环变动系数C。

具体的计算步骤如下。

第一步,测定原始数据序列中的长期趋势值T。

第二步,测定原始序列中的季节比率S。

第三步,计算时间数列中的"正同值"TS,即长期趋势值乘以相应的季节指数。

第四步,计算"循环不规则序列"CI,即

$$\frac{Y}{T \cdot S} = \frac{T \cdot S \cdot C \cdot I}{T \cdot S} = CI$$

第五步,对CI序列进行移动平均(可加权),则可消除不规则影响,得到循环变动序列C。

测定循环变动,掌握经济波动的一些规律,预测下一个循环变动可能产生的原因、影响和变动趋势对计划、决策者来说有很大的意义,但值得注意的是循环变动预测与长期趋势预测不同,其不确定因素太多,因此循环变动预测在很大程度上要依靠经济分析,把经济分析和统计分析相结合才能客观地把握现象发展的规律性。

本章小结

1. 统计指标按时间顺序排列形成的序列称为时间数列。指标值及其所属时间是其两个基本要素。通过时间数列分析,不仅可以看出一个现象过去的发展水平与速度,而且可以了解其现状,预计其发展趋势。时间数列有时期数列、时点数列、平均数数列、相对数数列等类型。可比性是编制时间数列的基本原则。

2. 时间数列中各期实际水平称为发展水平。发展水平的平均数即为序时平均数,它与静态平均数是有区别的。不同性质的时间数列,其序时平均数的计算

方法有很大区别。时间数列的水平指标还包括增长量与平均增长量及年距增长量。其中增长量因基期的不同可分为逐期增长量与累计增长量,二者之间有两条基本数量关系。两个现象增长量序列对比时,可计算"边际倾向"指标。

3. 时间数列的速度指标有发展速度、增长速度、平均发展速度、平均增长速度等。发展速度按基期不同可分为环比发展速度与定基发展速度。环比发展速度的连乘积等于相应的定基发展速度,相邻两个定基发展速度之比即为相应的环比发展速度。为了消除季节因素,通常需要计算"年距发展速度"。发展速度减1(基期相对水平)后就是发展增长速度。平均发展速度在含义上是环比发展速度的统计平均值,常用的计算方法有水平法(几何平均法)和累计法(方程式法)两种,二者侧重点与适用条件不同。平均增长速度计算时则必须注意,只能在平均发展速度的基础上减去100%之后确定。比较两个现象速度快慢时,可采用"超过系数",它是两个现象发展速度的比值。比较现象增长弹性时,可采用它们增长速度的比值。为了提示相对数背后的绝对数水平,可计算增长1%的水平值指标。

4. 测定长期趋势有许多方法,移动平均法与统计模型法是最常用的两种。移动平均法的重要因素是移动项数,实践中应该根据具体情况选择。采用统计模型拟合现象发展趋势的基本方法是最小平方法。一般应该根据时间数列变化特点选择适当的趋势模型。如果现象一级增长量大致相同,可选择直线趋势方程;如果现象二级增长量大致相同,可选择二次曲线趋势方程;如果现象环比增长速度大致相同,可选择指数曲线趋势方程。趋势方程中的参数有着特殊的经济含义。判断趋势方程优劣的基本指标是计算比较拟合的平均误差。

5. 测定季节变动的基本指标是季节比率或季节指数。若时间数列中没有明显增长或下降趋势,可采用按月(季)平均法计算季节比率,否则需要先计算趋势值(可采用移动平均或统计模型测算),再从实际值剔除趋势,凸显其中的季节性规律即"修匀比率"。通过对修匀比率做进一步的统计平均,即可测得相应的季节指数。

6. 循环变动的测定也是基于乘法时间数列模型进行的,即在测得趋势变动和季节变动的基础上,从实际观察值中消除这两项变动,剥离出循环与不规则变动,再通过统计平均来确定相应循环系数。

练习与思考

一、判断题

1. 两个总量指标时间数列相对比得到的时间数列一定是相对数时间数列。( )
2. 构成时间数列的两个基本要素是时间和指标数值。( )
3. 所谓序时平均数就是将同一总体的不同时期的平均数按时间先后顺序排列起来。( )
4. 间隔相等的时期数列计算平均发展水平时,应用首尾折半的方法。( )
5. 累计增长量除以时间数列的项数等于平均增长量。( )

二、单项选择题

1. 某企业2018年1~4月初的商品库存额如下所示(单位:万元):

月份（月）	1	2	3	4
月初库存额	20	24	18	22

则第一季度的平均库存额为（　　）。
A. (20 + 24 + 18 + 22)/4
B. (20 + 24 + 18)/3
C. (10 + 24 + 18 + 11)/3
D. (10 + 24 + 9)/3

2. 上题中如果把月初库存额指标换成企业利润额，则第一季度的平均利润额为（　　）。
A. (20 + 24 + 18 + 22)/4
B. (20 + 24 + 18)/3
C. (10 + 24 + 18 + 11)/3
D. (10 + 24 + 9)/3

3. 某企业 2010 年的产值比 2006 年增长了 200%，则年平均增长速度为（　　）。
A. 50.00%　　B. 13.89%
C. 31.61%　　D. 29.73%

4. 某市 2017 年年末人口为 120 万人，2018 年年末达到 153 万人，则年平均增长量为（　　）。
A. 3.3 万人　　B. 3 万人
C. 33 万人　　D. 30 万人

5. 上题中人口的平均发展速度是（　　）。
A. 2.46%　　B. 2.23%
C. 102.23%　　D. 102.46%

6. 当时期数列分析的目的侧重于研究某现象在各时期发展水平的累计总和时，应采用（　　）方法计算平均发展速度。
A. 算术平均法　　B. 调和平均法
C. 方程式法　　D. 几何平均法

7. 如果时间数列逐期增长量大体相等，则宜拟合（　　）。
A. 直线模型　　B. 抛物线模型
C. 曲线模型　　D. 指数曲线模型

8. 当时间数列的逐期增长速度基本不变时，宜拟合（　　）。
A. 直线模型　　B. 二次曲线模型
C. 逻辑曲线模型　　D. 指数曲线模型

9. 当一个时间数列是以年为时间单位排列时，则其中没有（　　）。
A. 长期趋势　　B. 季节变动
C. 循环变动　　D. 不规则变动

10. 若无季节变动，则季节指数应该是（　　）。
A. 等于零　　B. 等于 1
C. 大于 1　　D. 小于零

11. 某一时间数列，当时间变量 $t = 1, 2, 3, \cdots, n$ 时，得到趋势方程为 $y = 38 + 72t$，那么若取 $t = 0, 2, 4, 6, 8, \cdots, n$ 时，方程中的 b 将为（　　）。
A. 144　　B. 36
C. 110　　D. 34

12. 上题中，a 的取值应为多少（　　）。

三、简答题

1. 序时平均数与静态平均数有何异同？
2. 时期数列与时点数列有哪些区别？
3. 动态数列采用的分析指标主要有哪些？
4. 环比增长量和定基增长量有什么关系？
5. 环比发展速度和定基发展速度之间有什么关系？
6. 什么是平均发展速度？说说水平法和累计法计算平均发展速度的基本思路。各在什么样的情况下选用？
7. 为什么要注意速度指标和水平指标的结合运用？
8. 测定长期趋势有哪些常用的方法？测定的目的是什么？
9. 用移动平均法确定移动项数时应注意哪些问题？
10. 最小平方法的数学要求是什么？写出以最小平方法拟合直线趋势、二次曲线趋势时的标准方程式。

四、计算题

1. 某企业 2013~2018 年不变价工业总产值的资料如下所示：

年份	2013	2014	2015	2016	2017	2018
工业总产值（万元）	660	700	732	756	780	820

计算 2014～2018 年工业总产值的平均发展水平、年平均增长量及平均增长速度。

2. 某储蓄所某一年的居民储蓄余额资料如下所示：

月份	1	4	8	12
月末存款余额（万元）	3 000	3 200	2 400	2 800

又知上年年末的存款余额为 3 500 万元。

计算：该时间数列的序时平均数，说明其经济含义。

3. 某超市某年 1～4 月商品销售及人员资料如下所示：

月份	1	2	3	4
商品销售额（万元）	300	350	280	250
月初销售员人数（人）	40	45	40	42

计算：（1）第一季度该店平均每月商品销售额。
（2）第一季度平均销售员人数。
（3）第一季度平均每个销售员的销售额。
（4）第一季度平均每月每个销售员的销售额。

4. 根据下表资料

（单位：万元）

时间	1月	2月	3月	4月	5月	6月	7月
销售额	12	12.4	12.8	14	14.2	15	15.4
月初库存额	5.8	5.2	6	6.5	7.2	7	6.8
流通费用额	1	1.2	1.1	1.5	1.5	1.8	2

分别计算：（1）该企业一季度、二季度和上半年的商品流转次数。
（2）该企业一季度、二季度和上半年平均每月的商品流转次数。
（3）该企业一季度、二季度和上半年的商品流通费用率。
（4）该企业一季度、二季度和上半年平均每月的商品流通费用率。
（5）比较（1）与（2）；（3）与（4）的结果说明什么问题。
（6）编制该企业上半年"商品流转次数"和"商品流通费用率"的时间数列，说明它们属于哪一类的时间数列。

（提示：商品流转次数＝销售额/平均库存额；流通费用率＝流通费用额/商品销售额。）

5. 下表是我国某年 1～6 月工业增加值的时间数列，根据资料计算各种动态分析指标，填入表中相应空格内。

时间		1月	2月	3月	4月	5月	6月
工业总产值（亿元）		2 662	2 547	3 134	3 197	3 190	3 633
增长量（亿元）	逐期	—					
	累计	—					
发展速度（%）	环比	—					
	定基	—					
增长速度（%）	环比	—					
	定基	—					
增长1%的绝对值							

6. 某地 1980～1990 年（以 1979 年为基期）地区生产总值以平均每年 25%的速度增长，而 1991～2000 年地区生产总值以平均每年 30%的速度增长，2001～2012 年地区生产总值以平均每年 18%的速度增长，则 1980～2012 年，该地区的生产总值平均每年的增长速度是多少？

7. 某地 1980 年的人口是 120 万人，1981～2000 年间人口平均增长率为 1.2%，之后下降到 1%，按此增长率到 2008 年人口会达到多少？如果要求到 2012 年人口控制在 170 万以内，则 2008 年以后人口的增长速度应控制在什么范围内？

8. 某地区化肥产量历年的资料如下所示：

年份	2011	2012	2013	2014	2015	2016	2017	2018
化肥产量（万吨）	5.2	5.5	5.8	6.0	6.4	6.7	8.0	8.5

用最小平方法配合趋势直线方程，并预计到 2019 年该地区的化肥产量。

9. 某企业历年产值资料如下所示：

（单位：万元）

年份	2012	2013	2014	2015	2016	2017	2018
产值	10	12	15	18	20	24	28

要求：（1）分别用最小平方法的普通法和简捷法配合直线方程，并预测该地区 2020 年这种产品可能达到的产量。

（2）比较两种方法得出的结果有何异同。

10. 某企业四年的销售收入资料如下所示：

年份	一季度	二季度	三季度	四季度
2015	79	48	68	107
2016	97	66	85	134
2017	113	91	100	148
2018	130	105	125	174

分别用"按月平均法""移动趋势剔除法"测定季节变动。

比较两种方法的使用条件，你认为哪种方法更适用于本题？

◎ 人物介绍

克莱夫·格兰杰（Clive Granger，1934—）

美国著名经济学家、统计学家。1934 年出生于英国威尔士，早期就读于诺丁汉大学，接受当时英国第一个经济学数学双学位教育，1955 年留校任教，1957 年在天文学杂志上他发表了第一篇论文：关于太阳黑子活动的一个统计模型。1959 年，他在诺丁汉大学获得统计学博士学位。在 20 世纪 60 年代早期，格兰杰去普林斯顿大学做访问学者，在著名学者约翰·图基（John Tukey）和奥斯卡·摩根斯坦（Oscar Morgenstein）门下深造。1974 年移居美国，成为圣迭戈加州大学经济学院教授。随后，他开创了该学院的计量经济学研究工作，并使之成为全世界最出色的计量经济学研究基地之一。他的论文几乎涵盖了过去 40 年间该领域的主要进展，主要著作有：《经济时间数列的谱分析》（与 Hatanaka 合著）、《股价的可预测性》（与摩根斯坦合著）、《商品价格的投机、套利和预测》（与 Labys 合著）、《经济时间数列预测》（与 Newbold 合著）、《双线性时间数列模型导论》《经济序列建模型：经济计量方法阅读材料》《经济学的实证建模：设定和估计》等。高中时期，在所有学生公开表达自己理想的一次机会上，格兰杰因为一时口吃随口说出了统计学家，他说那一时的口吃决定了他将来的职业。他与美国经济学家罗伯特·恩格尔（Robert F. Engle）同获 2003 年诺贝尔经济学奖。

第9章

统计指数分析

> "对正确问题的近似答案,胜过对错误问题的精确答案。"
>
> ——约翰·图基

本章介绍统计指数的基本理论、方法与应用。具体要求:①全面理解统计指数的含义、作用、基本分类与性质;②熟练掌握综合指数的含义、特点、基本形式(公式)和编制的一般原则,能正确地加以应用;③熟练掌握平均指数的含义、特点、基本形式(公式)和编制的一般原则,熟知其与综合指数的关系,能正确地加以应用;④正确理解平均指标指数,尤其是固定构成指数与结构变动影响指数的意义,掌握它们的计算方法;⑤深刻理解统计指数体系的意义,熟练掌握如何利用统计指数体系进行因素分析;⑥了解现实中一些重要经济指数的意义与编制方法。

9.1 统计指数的基本问题

9.1.1 统计指数的含义

统计指数,简称指数,起源于对物价变动的研究。1675 年,英国经济学家伏亨(Rice Vaughan)将 1650 年的谷物、家畜、鱼类、布帛与皮革等商品的价格分别与 1652 年的价格相比较来考察商品价格的变动情况,这是个体价格指数和统计指数的萌芽。

在现实生活中,"指数"一词的使用频率非常高,在互联网上用 Google 以"指数"二字为关键词进行搜索,在"中国的网页"上就有 1 920 万条结果(而同时,"父亲"这个词在同期"中国的网页"上也不过是 1 270 万条结果)。例如,既有物价指数(如居民消费价格指数,商品零售价格指数,农业生产资料价格指数,农产品生产价格指数,工业品出厂价格指数,固定资产投资价格指数,房地产价格指数,原材料、燃料、动力购进价格指数),股票价格指数(如我国的上证指数、深证指数、香港恒生指数,美国的道·琼斯股票价格指数、标准普尔股票价格综合指数、纽约证券交易所股票综合指数,英国的伦敦金融时报股票价格指数,日本的经济新闻道式股票指数)等一些人们非常熟悉的指数,也有小康指数、和谐指数、平安指数、廉政指数、环境指数、景气指数等一些非常重要的社会管理类指数,还有气象指数(具体又分为高血压指数、晨练指数、舒适度指数、穿衣指数、体脂肪健康指数、中暑指数、防晒指数、紫外线指数等)、情感指数(如魅力指数、快乐指数、幸福指数、痛苦指数、无忧指数、单恋指数、成功指数)、诚信指数、信心指数、人气指数、产品质量指数、行人交通文明指数等一些有特殊意思的指数。

那么,到底什么是统计指数?从广义上说,统计指数就是一切用以表明所研究事物发展变化方向及其程度的相对数,例如上述各种指数虽然难易繁简程度有别,但都能在一定程度上反映所研究事物发展变化的方向和所达到的相对水平。在现实中,人们总希望能借助一定的统计指标来反映事物发展变化的方向及其所达到的程度,以便能对事物的发展变化进行客观的比较、定位和认识。例如,人们往往会关心"现在的物价水平比过去上升了还是降低了?居民收入水平增加了还是减少了?不同区域居民收入的差距扩大了还是缩小了?一元人民币相当于多少美元(或欧元、日元等)?空气质量变好了还是变差了?社会治安状况改善了还是恶化了?生活质量提高了还是下降了?全面小康建设进程如何?"等问题。要回答这些问题,就必须把事物在时间上、空间上的对比通过某一个尺度来反映,这就是统计指数。所以,广义的指数可以指一切用来说明同类事物或现象发展变化程度的相对数。

然而,狭义上的统计指数并不以研究个别事物或简单现象的数量变动为主要任务,而是以研究复杂现象总体某种数量的综合变化作为主要任务。所谓复杂现象总体,就是第1章中介绍的不可计数总体。也就是说,狭义上的统计指数是指反映复杂现象总体某一方面数量的综合变化方向和程度的相对数。例如,我们研究商品零售价格水平的变化,并不是只针对一种一款商品,而是针对所有范围内的商品,即商品零售价格指数是反映所有范围内商品的价格综合变化方向和程度的指标。例如,国家统计局发布的2005年统计公报中提到:全国居民消费价格总水平比上年上涨1.8%,其中服务价格上涨3.3%;商品零售价格上涨0.8%;工业品出厂价格上涨4.9%;原材料、燃料、动力购进价格上涨8.3%;固定资产投资价格上涨1.6%;农产品生产价格上涨1.4%;70个大中城市房屋销售价格上涨7.6%。这些数据加上100%就是各相应的价格指数,都是各种范围内有关商品或产品价格变动综合的结果。

9.1.2 统计指数的主要作用

我们研究和使用统计指数到底有什么用?归纳起来主要有以下三点。

一是利用统计指数能综合反映由多事物或多项目组成的复杂现象总体某一方面数量的总变动方向和程度。例如,要了解全国居民生活消费品价格水平的总变动,由于不同的消费品使用价值不同、计量单位和单位价格不同,就不能把所有消费品的单价直接进行加总并对比,而单件消费品价格的变化又不能反映整体消费品价格的变化,因此必须找到某种能综合反映整体消费品价格变化的统计方法,这就是统计指数法。例如,我国2016年全国居民消费价格总水平比上年上涨2.0%,就表明了居民消费品这个复杂总体价格数量的总变动方向和程度。

二是利用统计指数可以对所研究现象总体的某种数量总变动进行因素分析。在现实中，很多现象的某种数量变动都要受多种不同因素的影响。例如，企业生产总成本的变动受产品总产量和产品单位成本这两个基本因素变动的影响，采用统计指数法，不仅可以反映企业生产总成本的变动情况，而且还可以分别从产品总产量变动和产品单位成本变动这两个方面对总成本变动的影响做出分析，包括影响的方向、影响的程度和影响的绝对效果。

三是利用统计指数可以研究和反映事物的长期变动趋势。在由连续编制的动态指数形成的指数数列中，可以发现事物的发展变化过程、规律和趋势，从而为我们更深入了解和掌握事物发展的本质提供依据。例如，把历年的居民消费价格指数加以排列，就可以清楚地表明居民消费品价格的长期变化过程、所呈现的规律和可能的发展趋势。这种方法特别适用于对比分析有联系但性质不同的时间数列之间的变动关系，因为利用指数的变动进行比较，可以解决不同性质数列之间不能对比的问题。

9.1.3 统计指数的主要分类

要非常准确地概括出统计指数的分类是困难的，以下只是一些主要的分类。

9.1.3.1 统计指数按所考察的范围不同，可以分为个体指数与总指数

个体指数是仅考察总体中单个事物或单个项目某一数量对比关系的相对数，也就是一般的相对数或广义的指数，如电视机产量指数、大米价格指数、某种产品产量计划完成指数等。

总指数则是通过总体数量对比关系来反映总体某种数量综合变动情况的相对数，也就是狭义上的指数，如商品零售价格指数、居民消费价格指数等。根据计算的方式不同，总指数可分为未加权指数（简单指数）和加权指数两种。未加权指数是总体各事物或各项目指数化因素的报告期数值之和（或简单算术平均数）与基期数值之和（或简单算术平均数）之比，或者是总体各事物或各项目指数化因素的个体指数的简单平均数（可以是算术平均、调和平均或几何平均），而加权指数则是赋予总体各事物或各项目不同的权数，采用适当的加权方法计算出总指数。我们目前采用的主要是加权指数。

按照编制的方法不同（主要由于所掌握的数据资料条件不同），总指数（加权指数）又分为综合指数和平均指数两种。综合指数是应用综合法由两个总量指标对比而形成的指数，平均指数是应用加权平均法由个体指数（或类指数）的加权平均而形成的指数。综合指数与平均指数是统计指数的重点内容，我们将予以着重介绍。

当然，个体指数与总指数的区分是相对的，这是由个体与总体关系的相对性所决定的。事实上，介于个体指数与总指数之间的还有组指数、类指数等。例如在居民消费价格指数中，服务价格指数就是其中的一个类指数。类指数实际上亦是总指数，其编制方法与总指数相同。

9.1.3.2 统计指数按指数化指标的性质不同，可以分为数量指标指数与质量指标指数

所谓指数化指标，也称为指数化因素，就是在指数中要反映其数量变化或对比关系的指

标，例如在居民消费价格指数中，"价格"就是指数化指标，在股票成交量指数中，"成交量"就是指数化指标。由于指标的性质不外乎数量指标和质量指标两种，因此按指数化指标的性质不同，统计指数也可以分为数量指标指数与质量指标指数两种。

数量指标指数就是指数化指标为某一数量指标的指数，也就是反映总体某种数量指标变动的指数，如产品产量指数、商品销售量指数、能源消耗量指数等。

质量指标指数就是指数化指标为某一质量指标的指数，即反映总体某种质量指标变动的指数，如商品零售价格指数、产品单位成本指数、股票价格指数、劳动生产率指数等。

9.1.3.3 统计指数按对比的性质不同，可以分为动态指数与静态指数

动态指数也叫时间指数，是通过不同时间上的同类现象水平对比来计算的指数，考察的是同类现象的某种数量在不同时间上的发展变化情况。动态指数是最为常见的指数，商品零售价格指数、股票价格指数、居民消费价格指数、房地产价格指数等都是动态指数。动态指数按照所采用基期是否固定又可分为定基指数和环比指数两种，以某一固定时期作为对比基期的指数就是定基指数，以前一期作为对比基期的指数就是环比指数。

静态指数则包括空间指数与计划完成指数两种。空间指数是通过不同空间（例如不同国家、不同区域、不同企业）上的同类现象水平对比来计算的指数，考察的是同类现象的某种数量在不同空间上的发展变化情况或差异程度。例如，地区人均国内生产总值比较指数、地区价格比较指数等，都是空间指数。计划完成指数则是现象的实际水平与计划水平对比的结果，考察的是计划目标实现的程度。例如，能耗降低计划完成指数、全面小康建设进程指数等，就属于这一类。

此外，为了分析的需要，我们有时还编制计算平均指标指数（例如某企业、某行业的职工平均工资指数），即通过同类平均指标在不同时间上的水平对比来计算动态相对数，以便对其变动的原因进行因素分析。某些可进行因素分解的相对指标，也可以编制计算相对指标指数，原理与平均指标指数相同。

9.1.4 统计指数的性质

统计指数具有以下一些性质。

（1）综合性，即统计指数是综合反映由多事物或多项目组成的复杂现象总体某一方面数量的总变动方向和程度的相对数，是对多事物或多项目数量变动综合反映的结果。

（2）平均性，即统计指数所反映的综合变动实际上是多事物或多项目某一数量的平均变动，是各事物或各项目某一数量变动的平均结果。

（3）相对性。所谓相对性有两层含义：第一层含义是统计指数都用相对数或比率来表示，属于相对数的范畴；第二层含义是在编制总指数时要在假定其他指标或因素不变的情况下来反映指数化指标的变动情况，其结果具有相对准确性。

（4）代表性，即在编制总指数时，有时由于所涉及的事物或项目太多，难以一一加以考虑，只能选择部分有代表性的事物或项目作为编制指数的依据。

9.2 综合指数

9.2.1 综合指数的含义和特点

综合指数是通过两个具有经济意义并紧密联系的总量指标对比求得的指数。计算综合指数的分子和分母都是由两个或两个以上因素（或指标）所决定的总量指标（尤其是价值总量指标），其中一个因素（或指标）就是指数化因素或指数化指标，其他因素则是把不能直接相加的指数化因素转化为能直接相加的量的因素，称为同度量因素。由于综合指数反映的是复杂现象总体某一因素的数量总变动，因此要求分子、分母的研究对象（如商品）、资料范围等必须一致，并且具备完整的各因素不同时间或空间的数据。

编制综合指数的特点是：先综合，后对比。所谓先综合就是要先通过同度量因素，把总体中不能直接相加的各事物或各项目的指数化因素综合成为能直接相加的总量指标，解决复杂现象总体内各事物或各项目的数量不能直接相加或相加后不可比的问题。例如，要编制物价指数以反映商品价格的变化，由于不同商品（事物或项目）的价格（指数化因素）不能直接相加，因此无法进行对比，必须先借助商品销售量这个同度量因素把它转化为商品销售额这个能直接相加的量，进而综合为可比的商品销售总额。同样，如果要编制商品销售量指数以反映商品销售量的变化，也先要把不能直接相加的不同商品的销售量，通过商品价格这个同度量因素转化为销售额这个能相加的量，再综合为可比的商品销售总额。所谓后对比，就是在得到可比的总量指标的基础上，通过固定同度量因素的时间（或空间），选择两个合适的总量指标进行对比来得到所需要的指数。在对比时，处于分子的指数化因素属于报告期（或属于要考察的空间），处于分母的指数化因素则属于基期（或属于作为参照的空间）。

关于同度量因素还需要说明以下几点。一是在决定总量指标的各因素中，指数化因素与同度量因素的区分是相对的，实际上它们互为同度量因素。例如，在决定商品销售总额的因素中，商品的价格以销售量为同度量因素，商品销售量以价格为同度量因素；在决定生产总成本（生产多种不同产品）的因素中，产品单位成本以产量为同度量因素，产品产量以单位成本为同度量因素。二是在编制综合指数时，同度量因素的时间或空间必须加以固定，即分子、分母总量指标中的同度量因素的数量是相同的，只有这样才能反映指数化因素的变化情况。至于如何固定同度量因素的时间或空间，则有多种不同的方法，稍后将择要加以介绍。三是同度量因素在起到同度量的同时，也起到一定的加权的作用，即指数化因素与同度量因素乘积大（小）的事物或项目，其指数化因素变动对总指数的影响就大（小）。四是在两因素的问题中，确定同度量因素的性质（是数量化因素还是质量化因素）比较容易，而在超过两个因素的问题中，确定同度量因素的性质就困难一些，必须注重各因素的内在联系关系。例如，企业总能耗支出取决于产品产量、单位产品能耗量和能耗单价三个因素，从它们的内在联系关系出发，我们可以认为：相对于产品产量而言，后两者是质量化因素；相对于能耗单价而言，前两者是数量化因素；相对于单位产品能耗而言，前者是数量化因素、后者是质量化因素。

9.2.2 综合指数的种类

在两因素的综合指数中，习惯上以 q 表示数量化因素，以 p 表示质量化因素，以 1 表示报告期（或所要考察的空间），以 0 表示基期（或参照的空间），以 I 表示指数，以 I_q 表示数量指标指数，以 I_p 表示质量指标指数。

由于对如何固定同度量因素的时间有很多种不同的意见，使综合指数也有很多种不同的形式或编制方法，其中最主要的有拉氏指数、派氏指数、费希尔指数、马–艾指数和杨格指数这五种形式，尤其是拉氏指数和派氏指数最为常用。

9.2.2.1 拉氏指数

所谓拉氏指数就是把同度量因素的时间固定在基期的一种综合指数形式，由德国经济学家拉斯贝尔（E. Laspeyres）于 1864 年首先提出。其编制公式为

$$\text{数量指标指数} \quad I_q = \frac{\sum q_1 p_0}{\sum q_0 p_0} \quad (9\text{-}1)$$

$$\text{质量指标指数} \quad I_p = \frac{\sum p_1 q_0}{\sum p_0 q_0} \quad (9\text{-}2)$$

不难发现，在上述公式中，$\sum p_0 q_0$ 是基期真实的总量，而 $\sum q_1 p_0$ 和 $\sum p_1 q_0$ 都是假设的总量。可见，指数的计算具有一定的假定性。

【例 9-1】 某商场三种商品的有关销售资料如表 9-1 所示，要求用拉氏综合指数形式编制商品价格指数和商品销售量指数。

表 9-1 某商场三种商品有关销售资料

商品名称	计量单位	价格（元）		销售量	
		基期 p_0	报告期 p_1	基期 q_0	报告期 q_1
皮鞋	双	120	180	300	320
糖果	千克	18	20	400	400
毛料	米	86	74	250	350

根据表 9-1 资料可计算相关销售额数据如表 9-2 所示。

表 9-2 某商场三种商品销售额数据

	$p_0 q_0$	$p_0 q_1$	$p_1 q_0$	$p_1 q_1$
皮鞋	36 000	38 400	54 000	57 600
糖果	7 200	7 200	8 000	8 000
毛料	21 500	30 100	18 500	25 900
合计	64 700	75 700	80 500	91 500

根据表 9-2 可计算得

$$\text{拉氏商品价格指数} \quad I_p = \frac{\sum p_1 q_0}{\sum p_0 q_0} = \frac{80\ 500}{64\ 700} = 124.42\%$$

$$\text{拉氏商品销售量指数} \quad I_q = \frac{\sum q_1 p_0}{\sum q_0 p_0} = \frac{75\ 700}{64\ 700} = 117.0\%$$

结果表明，虽然该商场三种商品的销售价格有升有降，但按照拉氏指数形式，报告期三种商品的综合价格水平比基期上涨了 24.42%；同样，虽然三种商品的销售量有不同的变化，

但总的来讲报告期比基期增加了17%。可见，无论是商品价格指数124.42%还是商品销售量指数117%，都是三种不同商品的价格或销售量变动的综合结果，也是它们变动的平均结果。

拉氏指数的特点是，由于同度量因素的时间固定在基期，因而能单纯反映指数化因素的变动情况；尤其是用于编制定基指数时，可以确保各期指数的权数相同，能够比较客观反映指数化因素较长时期的变化过程。

一般而言，拉氏指数形式对于数量指标指数的编制意义更为明确。在例9-1中，在编制拉氏销售量指数时，所用的假定销售总额是$\sum q_1 p_0$，它表示如果按基期的价格销售了报告期数量的商品应该是多少销售额，而报告期的商品销售数量是已经发生的事实（商品销售以商品买卖成交为目的），所以现实意义明确。商品销售量指数117%，除了表示在假定价格不变的情况下销售量增加了17%外，更深层的含义是表示了由于商品销售量增加使销售额增加了17%。相比较之下，拉氏商品价格指数的现实意义不够明确，因为所用的假定销售总额是$\sum p_1 q_0$，它表示如果按报告期的价格销售了基期数量的商品应该是多少销售额，显然，在报告期销售基期数量的商品是不符合现实意义的。

9.2.2.2 派氏指数

所谓派氏指数就是把同度量因素的时间固定在报告期的一种综合指数形式，由德国经济学家派许（H. Paasche）于1874年首先提出。其编制公式为

$$数量指标指数 \quad I_q = \frac{\sum q_1 p_1}{\sum q_0 p_1} \quad (9\text{-}3)$$

$$质量指标指数 \quad I_p = \frac{\sum p_1 q_1}{\sum p_0 q_1} \quad (9\text{-}4)$$

同样不难发现，在上述公式中，$\sum p_1 q_1$是基期真实的总量，而$\sum p_0 q_1$和$\sum q_0 p_1$都是假设的总量，指数的计算同样具有一定的假定性。

【例9-2】根据表9-1、表9-2所示数据，要求用派氏综合指数形式编制商品价格指数和商品销售量指数。

$$派氏商品价格指数 \quad I_p = \frac{\sum p_1 q_1}{\sum p_0 q_1} = \frac{91\,500}{75\,700} = 120.87\%$$

$$派氏商品销售量指数 \quad I_q = \frac{\sum q_1 p_1}{\sum q_0 p_1} = \frac{91\,500}{80\,500} = 113.66\%$$

结果表明，按派氏指数形式，该商场三种商品的综合价格水平上涨了20.87%，销售量则综合上升了13.66%。

派氏指数的特点有两个。一是由于同度量因素的时间固定在报告期，而报告期总是在变，因而在编制指数数列时（无论是定基的还是环比的），不同期指数的权数结构以及分母总量都不同，不能直接对比。二是虽然表面上看分子与分母的同度量因素都一样，有差异的只是分子与分母的指数化因素，因而所计算的综合指数能反映指数化因素的总变动情况，但实际上由于同度量因素固定在报告期，已经隐含包括了由基期到报告期的实际变动，因而所计算的综合指数并不能单纯反映指数化因素的总变动。例如，对于数量指标指

数，我们可做如下分解分析

$$\sum q_1 p_1 = \sum q_1 (p_1 - p_0 + p_0)$$
$$= \sum q_1 p_0 + \sum q_1 (p_1 - p_0) \quad (9\text{-}5)$$

$$\sum q_0 p_1 = \sum q_0 (p_1 - p_0 + p_0)$$
$$= \sum q_0 p_0 + \sum q_0 (p_1 - p_0) \quad (9\text{-}6)$$

$$I_q = \frac{\sum q_1 p_1}{\sum q_0 p_1} = \frac{\sum q_1 p_0 + \sum q_1 (p_1 - p_0)}{\sum q_0 p_0 + \sum q_0 (p_1 - p_0)} \quad (9\text{-}7)$$

从式（9-7）可以看出，派氏指数与拉氏指数相比，在反映指数化因素 q 变动的同时，也包含了同度量因素 p 的实际变化（p_1-p_0），即派氏数量指标指数反映的不仅是 q 的变动，而且也包含了 p 的变动。以式（9-7）的分子减去分母可以更清楚看出这一点

$$\sum q_1 p_1 - \sum q_0 q_1$$
$$= \sum q_1 p_0 + \sum q_1 (p_1 - p_0) - \sum q_0 p_0 - \sum q_0 (p_1 - p_0) \quad (9\text{-}8)$$
$$= \sum q_1 p_0 - \sum q_0 p_0 + \sum (q_1 - q_0)(p_1 - p_0)$$

式（9-8）中除了单纯由于 q 的变化所引起的总量变化 $\sum q_1 p_0 - \sum q_0 p_0$ 这一项外，还包含了 q 与 p 同时变化所引起的总量的变化 $\sum (q_1 - q_0)(p_1 - p_0)$，称为"共变影响额"。

对于派氏质量指标指数，我们可做同样的分析，它也同样包含同度量因素的变动在内。

一般而言，派氏指数形式对于质量指标指数的编制意义更为明确。在例 9-2 中，派氏商品价格指数的分子是报告期实际的销售总额，分母是前述的现实意义比较明确的假定销售总额 $\sum p_0 q_1$，因而两者对比所计算的价格指数的现实意义也比较明确。相反，派氏商品销售量指数的分子虽然也是报告期真实的销售总额，但如前所述分母的假定销售总额 $\sum q_0 p_1$ 不符合现实意义，因而两者对比所计算的销售量指数也不太符合现实意义。

所以习惯上，我们采用拉氏指数形式来编制数量指标指数，采用派氏指数形式来编制质量指标指数。当然，这也不是一成不变的。

9.2.2.3 费希尔的理想指数

所谓费希尔理想指数就是以拉氏指数与派氏指数的几何平均数来编制综合指数的一种形式，由美国经济学家沃尔什（C.M.Walsh）和庇古（Pigou）先后于 1901 年和 1912 年提出，由美国统计学家费希尔于 1927 年进行了系统总结。其编制公式为

$$\text{数量指标指数} \quad I_q = \sqrt{\frac{\sum q_1 p_0}{\sum q_0 p_0} \cdot \frac{\sum q_1 p_1}{\sum q_0 p_1}} \quad (9\text{-}9)$$

$$\text{质量指标指数} \quad I_p = \sqrt{\frac{\sum p_1 q_0}{\sum p_0 q_0} \cdot \frac{\sum p_1 q_1}{\sum p_0 q_1}} \quad (9\text{-}10)$$

费希尔认为，评判指数优劣的检验方法有三种：时间互换检验、因子互换检验和循环检验。并且，费希尔证明了以拉氏指数与派氏指数的几何平均数来计算指数的优良性，因为他认为，对于同一个所要计算的指数，拉氏指数形式与派氏指数形式的结果不一样，一个偏高，另一个偏低，而它们的几何平均数可以正好纠正这种偏差，结果最为理想。所以，费希尔把拉氏指数与派氏指数的几何平均数称为理想指数。

【例 9-3】根据例 9-1 和例 9-2 的有关计算数据，编制该商场三种商品的销售价格和销售量的费希尔综合指数。

根据费希尔理想公式，我们容易得到该商场三种商品的销售价格和销售量的费希尔综合指数分别为

$$费希尔商品价格指数 \quad I_p = \sqrt{124.42\% \times 120.84\%} = 122.63\%$$

$$费希尔商品销售量指数 \quad I_q = \sqrt{117.0\% \times 113.66\%} = 115.32\%$$

结果表明，按照费希尔指数形式，该商场三种商品的销售价格综合上涨了 22.63%，销售量综合增加了 15.32%。

实际上，费希尔理想指数并不理想，在实际中也不常用。

9.2.2.4 马-艾指数

所谓马-艾指数就是以同度量因素的基期数值与报告期数值的简单算术平均数作为权数的一种综合指数形式。由英国经济学家马歇尔（A.Marshall）于 1887 年提出，由英国统计学家艾吉沃兹（F.Y.Edgeworth）加以推广。其编制公式为

$$数量指标指数 \quad I_q = \frac{\sum q_1 \left(\frac{p_0 + p_1}{2}\right)}{\sum q_0 \left(\frac{p_0 + p_1}{2}\right)} \quad (9\text{-}11)$$

$$质量指标指数 \quad I_p = \frac{\sum p_1 \left(\frac{q_0 + q_1}{2}\right)}{\sum p_0 \left(\frac{q_0 + q_1}{2}\right)} \quad (9\text{-}12)$$

马-艾指数由于同度量因素是拉氏同度量因素与派氏同度量因素的平均数，因而很难解释其明确的现实意义，所以实际上也很少应用。

9.2.2.5 杨格指数

所谓杨格指数就是把同度量因素固定在报告期与基期以外的某个常态时期（n），或以同度量因素的若干时期数值的平均数作为权数的一种综合指数形式，由英国学者杨格（A.Young）提出。其编制公式为

$$数量指标指数 \quad I_q = \frac{\sum q_1 p_n}{\sum q_0 p_n} \text{ 或 } I_q = \frac{\sum q_1 \bar{p}}{\sum q_0 \bar{p}} \quad (9\text{-}13)$$

$$质量指标指数 \quad I_p = \frac{\sum p_1 q_n}{\sum p_0 q_n} \text{ 或 } I_p = \frac{\sum p_1 \bar{q}}{\sum p_0 \bar{q}} \quad (9\text{-}14)$$

式中，$\bar{p}$、$\bar{q}$ 分别为 p、q 若干时期的简单算术平均数。

杨格指数形式对于编制可比的指数具有重要作用，也有利于观察较长时间内现象的发展变化态势。

完美的指数是不存在的。上述几种综合指数形式各有利弊，在实际中究竟该采用何种形

式，要视具体情况与条件而定。事实上，同度量因素问题是编制综合指数的首要问题，也是关于指数编制方法争论最多的问题。

9.2.3 综合指数的应用

下面仅介绍综合指数在编制工业生产指数和股票价格指数上的应用。

9.2.3.1 用于编制工业生产指数

工业生产指数是反映一个国家或地区工业产品产量综合变动程度的一种数量指标指数，是衡量经济增长水平和判断经济形势的重要依据。我国在 1995 年以前，采用综合指数中的杨格指数形式来编制工业生产指数。

用杨格指数形式编制工业生产指数，实际上就是采用不变价格为同度量因素来测定工业产品产量的变动程度。若以 p_n 表示不变价格，那么工业生产指数为

$$I_q = \frac{\sum q_1 p_n}{\sum q_0 p_n} \quad (9\text{-}15)$$

中华人民共和国成立后，我国先后采用过 1952、1957、1965、1970、1980 和 1990 年的不变价格。但由于工业产品繁多、更新换代速度加快，不变价与实际价之间的差距越来越大，不变价的工业生产指数逐步暴露出不能真实反映工业发展速度的缺点，因而 1995 年以后逐步被加权算术平均指数所替代。

9.2.3.2 用于编制股票价格指数

股票价格指数是反映某一股票市场上多种股票价格变动程度的指数，通常简称为股价指数，其单位一般用"点"表示，即将基期指数作为 100，每上升或下降一个单位（通常就是 1%）称为"1 点"。

虽然股票价格指数的编制方法很多，但常用的是以股票发行量为同度量的综合指数形式，编制公式为

$$I_q = \frac{\sum p_1 q}{\sum p_0 q} \quad (9\text{-}16)$$

公式中发行量 q 的时期有的固定在基期，有的固定在报告期。例如，美国标准普尔指数包括 500 只股票，采用拉氏综合指数公式（把发行量固定在基期）；香港恒生指数则包括 33 只股票，采用派氏综合指数公式（把发行量固定在报告期）；我国的上证综合指数和深证综合指数都包括全部上市股票，采用派氏综合指数公式。

9.3 平均指数

9.3.1 平均指数的概念及特点

平均指数是计算总指数的另一种形式，是个体指数的加权平均数。它具体又分为加权算

术平均指数和加权调和平均指数两种。需要指出的是，平均指数是与综合指数并列的，是由于编制总指数的资料条件不同而采用的一种方式，并不是对平均数求指数，那是平均指标指数所要讨论的内容。从某种意义上说，平均指数是综合指数的变形和发展。

编制平均指数的特点是：先对比，后综合。所谓先对比，就是先计算出所研究现象总体中各事物或各项目的指数化因素的个体指数，获得反映单个事物或单个项目指数化因素数量变动的相对数；所谓后综合，就是通过选择适当的权数，采用适当的加权方法，对指数化因素的个体指数进行加权平均，把单个的个体指数综合成为总指数。可见，在平均指数的编制过程中，加权平均只是获得总指数的一种方法，是把个体指数综合成为总指数的一种手段。综合的过程就是平均的过程。

实际上，针对同一现象总体和相同的指数编制范围，综合指数与平均指数的结果应该是一致的。如果能够具备编制范围内各事物或各项目的所有各因素的基期、报告期数据资料，那么可用综合指数公式计算。如果只能掌握各事物或各项目的个体指数数据以及相应的权数资料，则要通过平均指数的形式来编制。

平均指数与综合指数都是计算总指数的形式，它们之间既有联系又有区别。两者的联系是，在一定条件下两种指数公式存在变形关系，两者的区别是出发点不同。综合指数是从复杂现象总体总量出发，固定同度量因素，以观察指数化因素的变动情况。而平均指数则是从独立的个体事物出发，对个体数量的变化比率进行加权平均，以观察总体数量的平均变化。因此，平均指数有其自身的特点与应用价值。

9.3.2 平均指数的基本形式

在两因素的平均指数中，习惯上以 k_q 表示个体数量指标指数，以 k_p 表示个体质量指标指数，即 $k_q = \dfrac{q_1}{q_0}$，$k_p = \dfrac{p_1}{p_0}$。

由于常用的加权平均方法为加权算术平均与加权调和平均两种，因而，平均指数的基本形式也为加权算术平均指数与加权调和平均指数两种。

9.3.2.1 加权算术平均指数

所谓加权算术平均指数，就是个体指数的加权算术平均数，即采用加权算术平均的方法，对个体指数进行加权平均。如果以 B 表示绝对数形式的权数，那么加权算术平均指数的基本形式为

$$I_q = \frac{\sum k_q B}{\sum B} \qquad (9\text{-}17)$$

$$I_p = \frac{\sum k_p B}{\sum B} \qquad (9\text{-}18)$$

现在的问题是，B 该如何确定？这还需从相关因素的内在联系出发，根据指数编制的目的来确定。在前面介绍综合指数时已经提到，指数化因素与同度量因素是相互联系的，共同决定了可相加的量，因而在编制平均指数时，我们虽然不掌握同度量因素的任何资料，但在对指数化因素的个体指数进行平均时，只有以由指数化因素与同度量因素共同决定的可相加的量为权数，才符合指数编制的一般原则和意义。因此，$B = qp$。

新的问题是，qp 应该是基期的数据，还是报告期的数据，或是假设的数据？我们认为，一般情况下应该遵循以下两个原则：一是应该采用真实的数据，即 q_0p_0 或 q_1p_1，因为指数就是为了反映客观现象数量的真实变动的；二是应该与综合指数编制的一般规则相一致，以便保证计算结果的同一性。由于综合数量指标指数一般采用拉氏指数形式，综合质量指标指数一般采用派氏指数形式，因而从式（9-17）和式（9-18）出发，只有以下公式才能成立

$$I_q = \frac{\sum k_q q_0 p_0}{\sum q_0 p_0} \tag{9-19}$$

这是以基期数据 q_0p_0 为权数的算术平均指数，我们称之为数量指标基期加权平均指标指数。也就是说，我们一般采用基期加权算术平均指数来编制数量指标指数。

不难发现，式（9-19）与式（9-1）是相通的，即

$$I_q = \frac{\sum k_q q_0 p_0}{\sum q_0 p_0} = \frac{\sum \left(\frac{q_1}{q_0}\right) q_0 p_0}{\sum q_0 p_0} = \frac{\sum q_1 p_0}{\sum q_0 p_0} \tag{9-20}$$

正因为如此，有人把数量指标基期加权平均指数称为拉氏数量指标指数的变形。

【例 9-4】某商场三种商品销售量个体指数与基期销售额数据如表 9-3 所示，要求计算销售量总指数。

表 9-3 某商场三种商品的有关资料

产品名称	计量单位	销售量个体指数 k_q（%）	基期销售额 q_0p_0（元）
皮鞋	双	106.666 7	36 000
糖果	千克	100.00	7 200
毛料	米	140.00	21 500
合计	—		64 700

根据式（9-19）容易计算，该商场三种商品的销售量总指数为

$$I_q = \frac{\sum k_q q_0 p_0}{\sum q_0 p_0} = \frac{75\ 700}{64\ 700} = 117\%$$

计算结果与拉氏指数公式的结果相同。

9.3.2.2 加权调和平均指数

所谓加权调和平均指数，就是个体指数的加权调和平均数，即采用加权调和平均的方法，对个体指数进行加权平均。如果以 M 表示绝对数形式的权数，那么加权调和平均指数的基本形式为

$$I_q = \frac{\sum M}{\sum \frac{M}{k_q}} \tag{9-21}$$

$$I_p = \frac{\sum M}{\sum \frac{M}{k_p}} \tag{9-22}$$

同样的问题是如何确定 M。按照与 B 相一致的确定原则，我们可以得到如下指数公式

$$I_p = \frac{\sum p_1 q_1}{\sum \frac{p_1 q_1}{k_p}} \tag{9-23}$$

这是以报告期数据 $q_1 p_1$ 为权数的加权调和平均指数，我们称之为质量指标报告期加权调和平均指数。也就是说，我们一般采用报告期加权调和平均指数来编制质量指标指数。

同样不难发现，式（9-23）与式（9-4）是相通的，即

$$I_p = \frac{\sum p_1 q_1}{\sum \frac{p_1 q_1}{k_p}} = \frac{\sum p_1 q_1}{\sum \frac{p_1 q_1}{\left(\frac{p_1}{p_0}\right)}} = \frac{\sum p_1 q_1}{\sum p_0 q_1} \tag{9-24}$$

说明质量指标报告期加权调和平均指数是派氏质量指标指数的变形。

【例 9-5】 某商场三种商品销售价格个体指数与报告期销售额数据如表 9-4 所示，要求计算销售价格总指数。

表 9-4　某商场三种商品有关资料

产品名称	计量单位	个体价格指数 k_p（%）	报告期销售额 $p_1 q_1$（元）
皮鞋	双	150.00	57 600
糖果	千克	111.111 1	8 000
毛料	米	86.046 5	25 900
合计	—	—	91 500

根据式（9-23）容易计算，该商场三种商品的销售价格总指数为

$$I_p = \frac{\sum p_1 q_1}{\sum \frac{p_1 q_1}{k_p}} = \frac{91\,500}{75\,700} = 120.87\%$$

计算结果与派氏指数公式的结果一样。

当然，除了上述两种平均指数外，在实际工作中有时还采用固定权数来计算加权平均指数，并且也采用加权算术平均公式来计算质量指标指数或采用加权调和平均公式来计算数量指标指数。

9.3.3　平均指数的应用

9.3.3.1　用于编制工业生产指数

前面已经提到，我国 1995 年以后采用加权算术平均指数形式来编制工业生产指数。具体步骤是在产品分类的基础上逐层计算各相应指数，即先计算产品个体指数，再由个体指数计算类指数，最后由类指数或大类指数计算出反映整个工业发展速度的总指数。权数是各相应的基期增加值。

编制公式为

$$I_q = \frac{\sum k_q q_0 p_0}{\sum q_0 p_0} \tag{9-25}$$

式中，k_q 为工业产品的个体指数或类指数；q_0p_0 为各产品或各类产品的基期增加值。

为了可比性和简便性，实际中通常把权数相对加以固定（例如 5 年不变），即

$$I_q = \sum k_q W \qquad (9\text{-}26)$$

式中，W 为固定权数，$\sum W = 1$。

9.3.3.2 用于编制居民消费价格指数

居民消费价格指数是反映一个国家或地区一定时期内居民家庭所购买的生活消费品和服务项目的价格变动趋势与程度的一种指数，在国外也称其为居民消费者价格指数。由于居民消费价格指数不仅可以反映居民消费品与服务价格的变化，还可用于反映一个国家或地区通货膨胀状况、货币购买能力及其对居民实际收入的影响，因此它是研究人民生活水平，监测社会经济发展稳定性，进行宏观经济分析和政府制定有关财政、货币、消费、工资、社会保障等政策的重要依据，各国都非常重视居民消费价格指数的编制。除了编制总的居民消费价格指数外，还可分别编制城市居民消费价格指数与农村居民消费价格指数。

我国目前的居民消费价格指数，在分类的基础上，从代表品的个体指数开始，逐级计算基本分类指数、中类指数、大类指数和总指数。

代表品的个体价格指数是报告期平均价格与基期平均价格之比，即

$$G_p = \frac{\overline{p}_1}{\overline{p}_0} \qquad (9\text{-}27)$$

基本分类价格指数是各代表品个体指数的简单几何平均数，即

$$\overline{G}_p = \sqrt[n]{G_1 \cdot G_2 \cdot \cdots \cdot G_3} \qquad (9\text{-}28)$$

中类指数、大类指数和总指数，都采用基期加权算术平均的方法编制，权数为基期各层次各种消费支出所占的比重。总指数的编制公式为

$$I_p = \sum k_p W_0 \qquad (9\text{-}29)$$

式中，k_p 为各大类的指数；W_0 为基期各大类消费支出占总支出的比重。

指数编制所需的数据资料采用抽样调查和重点调查相结合的方法取得，即在全国选择不同经济区域和分布合理的地区，以及有代表性的商品作为样本，对其市场价格进行定期调查，以样本推断总体。具体方案如下所示。

（1）调查地区和调查点。按照经济区域和地区分布合理等原则，选出具有代表性的大、中、小城市和县作为国家的调查地区。目前，国家一级抽选出的调查市、县为 226 个，包括 146 个城市和 80 个县。在此基础上选定经营规模大、商品种类多的商场（包括集市和服务网点）作为调查点。

（2）代表商品和代表规格品。代表商品是选择那些消费量大、价格变动有代表性的商品；代表规格品的确定是根据商品零售资料和近 5 万户城市居民、6.7 万户农村居民的消费支出记账资料，按照有关规定筛选的。筛选原则：①与社会生产和人民生活关系密切；②消费（销售）数量（金额）大；③市场供应稳定；④价格变动趋势有代表性；⑤所选的代表规格品之间差异大。目前，居民消费价格调查按用途划分为 8 大类，251 个基本分类，各地每月调查 600~700 种规格产品价格。8 个大类分别是：食品、烟酒及用品、衣着、家庭设备用品及服务、医疗保健和个人用品、交通和通信、娱乐教育文化用品及服务、居住。

（3）价格调查方式。采用派员直接到调查点登记调查，同时全国聘请近万名辅助调查员协助登记调查。

（4）权数。根据近12万户城乡居民家庭消费支出构成确定。

从2001年开始，我国居民消费价格指数将对比的基准固定为2000年的平均价格水平，以后每隔5年或10年调整一次。除了编制环比居民消费价格指数外，还编制定基居民消费价格指数。我国零售商品价格指数的编制方法与居民消费价格指数类似。

表9-5是我国2016年全国以及部分城市、农村的居民消费价格总指数与大类指数。

表 9-5　居民消费价格分类指数（2016 年）（上年=100）

项目	全国	城市	农村
居民消费价格指数	102.0	102.1	101.9
食品烟酒	103.8	103.7	104.0
1. 食品	104.6	104.5	104.8
⋮	⋮	⋮	⋮
2. 茶及饮料	100.4	100.5	100.3
3. 烟酒	101.5	101.5	101.5
4. 在外餐饮	102.6	102.6	102.9
衣着	101.4	101.5	101.3
居住	101.6	101.9	100.6
生活用品及服务	100.5	100.5	100.2
交通和通信	98.7	98.6	98.9
教育文化和娱乐	101.6	101.5	101.9
医疗保健	103.8	104.4	102.5
其他用品和服务	102.8	102.9	102.2

资料来源：中华人民共和国国家统计局，编．中国统计年鉴2017［M］．北京：中国统计出版社，2017.

9.4　平均指标指数

9.4.1　平均指标指数的含义

我们知道，平均指标是反映变量分布特征的重要指标，也是衡量现象发展水平的重要依据之一，因此，我们经常要对一些重要现象的平均指标进行动态考察和研究，以便及时了解和掌握其变动方向和程度，这就需要计算平均指标的动态相对数，即平均指标指数。可见，平均指标指数就是平均指标两个不同时期的数值对比形成的指数。

但需要指出的是，我们计算平均指标指数并不是仅仅为了了解平均指标本身数值的变动程度，更是为了了解平均指标的数值为什么会发生这样或那样的变化。例如，算术平均数是表现平均指标最常见的形式。在分组的情况下，加权算术平均数的大小取决于各组变量值水平和各组权数大小（结构）这两个因素，因而加权算术平均数的变动也要受各组变量值水平变动与各组权数（结构）变动这两个因素的影响。观察两个因素的变动对总平均数变动的影响程度，正是我们研究平均指标指数的重要目的。因此，我们不仅要计算反映总平均数变动程度的指数，而且要计算反映两个因素变动程度的指数。

我们把反映总平均数变动程度的指数称为总平均指标指数,把反映各组变量值水平变动对总平均数变动影响程度的指数称为固定构成指数,把反映各组权数(结构)变动对总平均数变动影响程度的指数称为结构变动影响指数。下面,我们以加权算术平均数为例加以介绍。

9.4.2 总平均指标指数

我们已知,加权算术平均数的计算公式为

$$\bar{x} = \frac{\sum xf}{\sum f} \quad (9\text{-}30)$$

如果仍然以"1"表示报告期,以"0"表示基期,那么报告期的加权算术平均数为 $\bar{x}_1 = \frac{\sum x_1 f_1}{\sum f_1}$,基期的加权算术平均数为 $\bar{x}_0 = \frac{\sum x_0 f_0}{\sum f_0}$,因而总平均指标指数为

$$I_{\bar{x}} = \frac{\bar{x}_1}{\bar{x}_0} = \frac{\dfrac{\sum x_1 f_1}{\sum f_1}}{\dfrac{\sum x_0 f_0}{\sum f_0}} \quad (9\text{-}31)$$

若令 $W = \dfrac{f}{\sum f}$,则式(9-31)可改写为

$$I_{\bar{x}} = \frac{\bar{x}_1}{\bar{x}_0} = \frac{\sum x_1 W_1}{\sum x_0 W_0} \quad (9\text{-}32)$$

【例 9-6】 某企业按工资水平把职工分为甲、乙、丙三组,报告期与基期各组工资水平与职工人数如表 9-6 所示,要求计算该企业职工平均工资指数。

表 9-6 某企业报告期与基期各组职工工资水平与人数

职工类别	月工资水平(元)		职工人数(人)		工资总额(元)	
	基期 x_0	报告期 x_1	基期 f_0	报告期 f_1	基期 $x_0 f_0$	报告期 $x_1 f_1$
甲	1 480	1 720	180	180	266 400	309 600
乙	1 000	1 090	190	198	190 000	215 820
丙	700	830	15	18	10 500	14 940
合计	—	—	385	396	466 900	540 360

由表 9-6 容易计算

报告期平均工资:$\bar{x}_1 = \dfrac{\sum x_1 f_1}{\sum f_1} = \dfrac{540\ 360}{396} = 1\ 364.55\,(元)$

基期平均工资:$\bar{x}_0 = \dfrac{\sum x_0 f_0}{\sum f_0} = \dfrac{466\ 900}{385} = 1\ 212.73\,(元)$

该企业职工平均工资指数为

$$I_{\bar{x}} = \frac{\bar{x}_1}{\bar{x}_0} = \frac{\dfrac{\sum x_1 f_1}{\sum f_1}}{\dfrac{\sum x_0 f_0}{\sum f_0}} = \frac{1\ 364.55}{1\ 212.73} = 112.52\%$$

结果表明,该企业职工平均工资报告期比基期上升了 12.52%。

9.4.3 固定构成指数

计算固定构成指数，就是假定各组权数 $f\left(\text{或} W = \dfrac{f}{\sum f}\right)$ 固定的情况下，观察各组变量值水平 x 的变动对总平均数的影响，即 x 是指数化因素，f 或 W 是同度量因素。

根据指数计算的一般原则，x 属于质量化指标，$f\left(\text{或} W = \dfrac{f}{\sum f}\right)$ 属于数量化指标，因此固定构成指数属于质量指标指数，一般要把同度量因素的时间固定在报告期，即采用派氏指数形式。

固定构成指数公式为

$$I_x = \dfrac{\dfrac{\sum x_1 f_1}{\sum f_1}}{\dfrac{\sum x_0 f_1}{\sum f_1}} = \dfrac{\sum x_1 W_1}{\sum x_0 W_1} = \dfrac{\sum x_1 f_1}{\sum x_0 f_1} \tag{9-33}$$

【例 9-7】 根据例 9-6 有关数据，计算该企业职工平均工资的固定构成指数。

根据表 9-6 可以计算假设的工资总额为 $\sum x_0 f_1 = 477\,000$，因而该企业职工平均工资的固定构成指数为

$$I_x = \dfrac{\dfrac{\sum x_1 f_1}{\sum f_1}}{\dfrac{\sum x_0 f_1}{\sum f_1}} = \dfrac{\sum x_1 W_1}{\sum x_0 W_1} = \dfrac{\sum x_1 f_1}{\sum x_0 f_1} = \dfrac{\dfrac{540\,360}{396}}{\dfrac{477\,000}{396}} = \dfrac{1\,364.55}{1\,204.55} = 113.28\%$$

结果说明，该企业各组职工工资水平的变动使总平均工资提高了 13.28%。

9.4.4 结构变动影响指数

计算结构变动影响指数，就是假定从基期到报告期的各组变量值水平 x 保持不变，观察各组权数 $f\left(\text{或} W = \dfrac{f}{\sum f}\right)$ 的变动对总平均数的影响，即 f 或 W 是指数化因素，x 是同度量因素。

同样，根据指数计算的一般原则，结构变动影响指数属于数量指标指数，一般要把同度量因素的时间固定在基期，即采用拉氏指数形式。

结构变动影响指数公式为

$$I_f = \dfrac{\dfrac{\sum x_0 f_1}{\sum f_1}}{\dfrac{\sum x_0 f_0}{\sum f_0}} = \dfrac{\sum x_0 W_1}{\sum x_0 W_0} \tag{9-34}$$

【例 9-8】 根据例 9-6 有关数据，计算该企业职工平均工资的结构变动影响指数。

根据例 9-6、例 9-7 的有关数据，容易计算该企业职工平均工资的结构变动影响指数为

$$I_f = \frac{\frac{\sum x_0 f_1}{\sum f_1}}{\frac{\sum x_0 f_0}{\sum f_0}} = \frac{\sum x_0 W_1}{\sum x_0 W_0} = \frac{\frac{477\ 000}{396}}{\frac{466\ 900}{385}} = \frac{1\ 204.55}{1\ 212.73} = 99.33\%$$

结果说明，该企业职工人数（结构）的变动使总平均工资下降了 0.67%。由表 9-6 可以看出，虽然该企业报告期的职工人数比基期增加了 11 人，但工资水平最高的甲组人数没有变化，而工资水平相对较低的乙组和丙组人数分别增加了 8 人和 3 人，因而导致总平均工资水平向降低的方向变化。

9.5 统计指数体系与因素分析

9.5.1 统计指数体系

9.5.1.1 统计指数体系的含义

我们知道，现象之间是相互联系、彼此制约的。一种现象的变动，往往会受到两个或更多因素共同变动的影响，这种变动与影响可以通过数量表现出来。因此，反映现象总体总变动的指数和反映各因素变动的指数之间就具有一定的联系。这种联系常可表现为一定的统计指数体系，个体指数之间存在这种联系，总指数之间也存在这种联系。

例如，我们知道：

$$商品销售额 = 商品销售量 \times 商品价格$$

$$产品总成本 = 产品生产量 \times 单位成本$$

等式左边是受多因素影响的现象，等式右边则是它的两个因素。静态上这种数量联系，在动态上同样存在，即商品销售额的变动一定是由商品销售量和商品价格这两个因素的变动引起的，产品总成本的变动一定是由产品生产量和单位成本这两个因素的变动引起的。由于现象的总变动和因素的变动都可以通过前面介绍的统计指数的形式来反映，因此，现象与影响因素之间的动态数量关系也就可以通过统计指数的关系表现出来，即

$$商品销售额指数 = 商品销售量指数 \times 商品价格指数$$

$$产品总成本指数 = 产品生产量指数 \times 单位成本指数$$

不仅现象与影响因素之间具有这种相对数上的数量联系，而且也具有绝对数上的数量联系，即商品销售额的实际增减额是商品销售量变动影响额与商品价格变动影响额之和，产品总成本的实际增减额是产品生产量变动影响额与单位成本变动影响额之和。

由此可见，所谓统计指数体系就是由三个或三个以上具有内在本质联系的统计指数所组成的有机整体。

我们研究和利用统计指数体系，主要目的有两个：一是利用统计指数体系对复杂现象总体的数量变化，从相对数和绝对数两方面进行因素分析，说明现象总变动中各个影响因素的变动方向和影响程度；二是利用指数体系中各个指数之间的数量关系，由已知的统计指数去推算未知的指数。

9.5.1.2 构建统计指数体系的基本原则

统计指数体系是因素分析的基本依据，因此在构建统计指数体系时应遵循下列基本原则。

（1）统计指数体系中的各个指数之间必须保持等式关系，以便从相对数和绝对数两方面进行因素分析。一般地，相对数之间是乘除的关系，绝对数之间是加减的关系。

（2）在利用统计指数体系进行多因素分析时，必须分清各个因素（指标）的性质，即科学地区分数量指标和质量指标，以便选择合适的方法来编制各相关的指数。

（3）为了保持与统计指数一般编制原则的一致性，在一个统计指数体系中，质量指标指数采用派氏指数形式，数量指标指数采用拉氏指数形式。

同样，完美的统计指数体系是不存在的，因为统计指数的编制具有一定的假定性，所以统计指数体系的构建也就具有相应的假定性。

9.5.2 因素分析

9.5.2.1 因素分析的意义

所谓因素分析，就是利用统计指数体系中各个指数之间的数量联系关系，对现象总体总变动的各个影响因素进行分解，分析各因素变动对现象总体总变动的影响程度和绝对效果。

可见，因素分析是针对受多因素影响的复杂现象总体而言的，最基本的因素分析是两因素分析。在因素分析中，必须借助统计指数体系的等式关系，遵循统计指数编制的一般原则，理清各影响因素之间的联系关系（必要时要对各个影响因素按性质进行排序）。

当然，由于统计指数体系具有一定的假定性，因而因素分析的结果也具有一定的假定性，即在所利用的统计指数体系的前提下说明各因素的影响程度和效果。

因素分析的步骤可以简单地归纳为以下三步：首先是要明确分析研究的目的和要求，确定各影响因素之间的相互关系，构造合适的统计指数体系；其次是选用合适的指数形式计算出反映现象总体总变动和各影响因素变动的指数；最后是从相对数和绝对数两方面对各影响因素进行综合分析和验证。

9.5.2.2 综合指数因素分析

综合指数因素分析就是要利用综合指数体系，对现象总体某种总量指标的变动原因进行分析。由于综合指数是统计指数的基本形式，因此综合指数因素分析也是统计指数因素分析的基础。

前面已经指出，复杂现象总体是由不可相加的个体（个别事物或项目）所组成的，而复杂现象总体的总量则是由两个或两个以上因素所决定的。因此，根据影响因素多少的不同，综合指数因素分析可以分为两因素分析和多因素分析。

需要指出的是，影响因素多少的确定不是绝对的，因为影响因素本身还可以再分解或合并。例如，前面曾指出，企业总能耗支出取决于产品产量、单位产品能耗量和能耗单价三个因素，实际上"产品产量、单位产品能耗量"这两个因素可以合并为"企业总能耗量"这一个因素，而"单位产品能耗量、能耗单价"这两个因素可以合并为"单位产品能耗支出"这一个因素。

当然，确定的影响因素多一些，分析的工作量会增加一些，但分析也会更深入、透彻一些。

（1）两因素分析。

如果现象总体的某种总量指标的变动只受两个相关因素变动的影响，或只需要分解为两个影响因素，那么就可以进行两因素分析。我们仍以商品销售额为例加以说明。

如果以 $I_{qp}=\dfrac{\sum q_1 p_1}{\sum q_0 p_0}$ 来表示反映商品销售总额这个总量指标变动程度的指数，那么根据"商品销售额＝商品销售量×商品销售价格"这一关系，以及上述构建统计指数体系的基本原则，我们容易得到如下两个可用以进行因素分析的等式关系

$$I_{qp}=I_q \cdot I_p \quad 即 \quad \frac{\sum p_1 q_1}{\sum p_0 q_0}=\frac{\sum q_1 p_0}{\sum q_0 p_0} \cdot \frac{\sum p_1 q_1}{\sum p_0 q_1} \quad (9-35)$$

$$\sum q_1 p_1 - \sum q_0 p_0 = (\sum q_1 p_0 - \sum q_0 p_0) + (\sum p_1 q_1 - \sum p_0 q_1) \quad (9-36)$$

式（9-35）称为综合指数因素分析的相对数体系；式（9-36）称为综合指数因素分析的绝对数体系。

【例9-9】 根据表9-1资料和例9-1、例9-2的有关计算数据，对该商场三种商品销售额的变动进行因素分析。

根据表9-1资料，我们容易计算该商场三种商品的销售额总指数为

$$I_{qp}=\frac{\sum p_1 q_1}{\sum p_0 q_0}=\frac{91\,500}{64\,700}=141.42\%$$

报告期与基期销售总额之差为

$$\sum q_1 p_1 - \sum q_0 p_0 = 91\,500 - 64\,700 = 26\,800（元）$$

结果表明，该商场三种商品的销售总额报告期比基期上升了41.42%，增加了26 800元。这一结果是受销售量和销售价格两个因素变动的影响而形成的。

根据例9-1，我们已经计算得到商品销售量总指数为

$$I_q=\frac{\sum q_1 p_0}{\sum q_0 p_0}=\frac{75\,700}{64\,700}=117.0\%$$

分子与分母之差为

$$\sum q_1 p_0 - \sum q_0 p_0 = 75\,700 - 64\,700 = 11\,000（元）$$

结果表明，在价格不变（固定在基期）的情况下，由于商品销售量增加使商品销售总额上升了17%，增加了11 000元。

根据例9-2，我们已经计算得到商品销售价格总指数为

$$I_p=\frac{\sum p_1 q_1}{\sum p_0 q_1}=\frac{91\,500}{75\,700}=120.87\%$$

分子与分母之差为

$$\sum p_1 q_1 - \sum p_0 q_1 = 91\,500 - 75\,700 = 15\,800（元）$$

结果表明，在假定销售量不变（固定在报告期）的情况下，由于商品销售价格上涨使商品销售总额上升了20.87%，增加了15 800元。

容易验证
$$141.42\% = 117.0\% \times 120.87\%$$
$$26\,800\,(元) = 11\,000\,(元) + 15\,800\,(元)$$

综上所述,该商场三种商品的销售总额上升了 41.42%、增加了 26 800 元,是商品销售量上升了 17%,使销售总额增加了 11 000 元以及商品销售价格上升了 20.87%,使销售总额增加了 15 800 元的共同结果。

必须指出,上述指数体系中的数量指标指数(商品销售量总指数)是以基期的质量指标作为同度量因素,而质量指标指数(商品销售价格总指数)则是以报告期的数量指标作为同度量因素的。这一是为了使指数具有现实的经济意义,二是为了指数体系的等式关系能够成立。如前所述,商品销售价格总指数实际上已经包含了销售量从 q_0 到 q_1 变化的影响在内,不只是单纯反映销售价格本身的单一变动。为了单纯反映销售价格变化对商品销售总额变动的影响,我们可对式(9-35)做如下的进一步分解

$$\frac{\sum p_1 q_1}{\sum p_0 q_0} = \frac{\sum p_1 q_0}{\sum p_0 q_0} \cdot \frac{\sum q_1 p_0}{\sum q_0 p_0} \cdot \frac{\frac{\sum p_1 q_1}{\sum p_0 q_1}}{\frac{\sum p_1 q_0}{\sum p_0 q_0}} \tag{9-37}$$

式中,$\dfrac{\frac{\sum p_1 q_1}{\sum p_0 q_1}}{\frac{\sum p_1 q_0}{\sum p_0 q_0}} = \dfrac{\frac{\sum q_1 p_1}{\sum q_0 p_1}}{\frac{\sum q_1 p_0}{\sum q_0 p_0}}$ 就是通常所说的"共变影响指数",它在反映 p 的变化的同时也反映了 q 的变化,或者说在反映 q 的变化的同时也反映了 p 的变化。

相应地,绝对数体系可以变形为

$$\sum p_1 q_1 - \sum p_0 q_0 = (\sum p_1 q_0 - \sum p_0 q_0) + (\sum q_1 p_0 - \sum q_0 p_0) + \\ [(\sum p_1 q_1 - \sum p_0 q_1) + (\sum p_1 q_0 - \sum p_0 q_0)] \tag{9-38}$$

根据例 9-1、例 9-2 有关计算数据可得共变影响指数为

$$\frac{\frac{\sum p_1 q_1}{\sum p_0 q_1}}{\frac{\sum p_1 q_0}{\sum p_0 q_0}} = \frac{\frac{91\,500}{75\,700}}{\frac{80\,500}{64\,700}} = 97.15\%$$

共变影响的绝对额为

$$(\sum p_1 q_1 - \sum p_0 q_1) - (\sum p_1 q_0 - \sum p_0 q_0) = 15\,800 - 15\,800 = 0\,(元)$$

由于拉氏销售价格指数为 124.42%(见例 9-1),因此可以验证
$$141.42\% = 124.42\% \times 117.0\% \times 97.15\%$$
$$26\,800\,(元) = 15\,800\,(元) + 11\,000\,(元) + 0\,(元)$$

但是,为什么共变影响指数下降了 2.85%(商品销售总额下降了 2.85%),而绝对数却没有变化?这是由绝对数与相对数的不同性质所引起的。共变影响指数的分子、分母本身都是指数,分子是派氏价格指数,分母是拉氏价格指数,虽然计算价格指数的两个总量之

差正好相同,但由于对比的基数不同,所以作为相对数的指数结果也不同,从而造成上述结果。其背后的具体经济意义请读者思考。

(2)多因素分析。

如果现象总体的某种总量指标的变动受到三个或三个以上相关因素变动的影响,那么就需要进行多因素分析。在具体分析时应根据现象的内在联系关系对若干因素进行合理的排序,一般按数量指标在前,质量指标在后的顺序排列。在测定其中一个因素的影响时要把其他所有因素固定起来,并遵循综合指数编制的一般原则。我们以工业企业生产原材料费用总额为例来加以说明。

工业企业生产的原材料费用总额取决于产品的数量及单位产品原材料消耗额,而单位产品原材料消耗额又取决于单位产品原材料消耗量和单位原材料价格,即

$$原材料费用总额 = 产品数量 \times 单位产品原材料消耗量 \times 单位原材料价格$$

我们用 q 表示产品数量,m 表示单位产品原材料消耗量,p 表示单位原材料价格,则原材料费用总额就是 qmp,即

$$qmp = q \cdot m \cdot p \tag{9-39}$$

根据综合指数编制的一般原则和统计指数体系的要求,我们可以有:

原材料费用总额指数 = 产品数量指数 × 单位产品原材料消耗量指数 × 单位原材料价格指数,即

$$I_{qmp} = I_q \cdot I_m \cdot I_p \tag{9-40}$$

即

$$\frac{\sum q_1 m_1 p_1}{\sum q_0 m_0 p_0} = \frac{\sum q_1 m_0 p_0}{\sum q_0 m_0 p_0} \cdot \frac{\sum q_1 m_1 p_0}{\sum q_1 m_0 p_0} \cdot \frac{\sum q_1 m_1 p_1}{\sum q_1 m_1 p_0} \tag{9-41}$$

绝对数体系则为

$$\sum q_1 m_1 p_1 - \sum q_0 m_0 p_0 = (\sum q_1 m_0 p_0 - \sum q_0 m_0 p_0) + \\ (\sum q_1 m_1 p_0 - \sum q_1 m_0 p_0) + (\sum q_1 m_1 p_1 - \sum q_1 m_1 p_0) \tag{9-42}$$

【例 9-10】某工业企业报告期与基期的产品数量、单位产品原材料消耗量和单位原材料价格的资料如表 9-7 所示,要求对该企业原材料费用总额的变动进行因素分析。

表 9-7 某工业企业原材料消耗的有关资料

产品名称	产品数量 q(件)		单位产品原材料单耗量 m(千克/件)		单位原材料价格 p(元/千克)	
	基期 q_0	报告期 q_1	基期 m_0	报告期 m_1	基期 p_0	报告期 p_1
甲	100	900	20	25	50	55
乙	800	1 000	18	16	20	30
丙	450	500	8	10	18	20

根据表 9-7 可得到计算表 9-8。

表 9-8 某工业企业原材料费用计算表 (单位:元)

产品名称	$q_0 m_0 p_0$	$q_1 m_1 p_1$	$q_1 m_0 p_0$	$q_1 m_1 p_0$
甲	100 000	123 750	90 000	112 500
乙	288 000	480 000	360 000	320 000
丙	64 800	100 000	72 000	90 000
合计	452 800	703 750	522 000	522 500

由表 9-8 可计算得到

原材料费用额指数：$I_{qmp} = \dfrac{\sum q_1 m_1 p_1}{\sum q_0 m_0 p_0} = \dfrac{703\,750}{452\,800} = 155.42\%$

产量指数：$I_q = \dfrac{\sum q_1 m_0 p_0}{\sum q_0 m_0 p_0} = \dfrac{522\,000}{452\,000} = 115.28\%$

单位产品消耗量指数：$I_m = \dfrac{\sum q_1 m_1 p_0}{\sum q_1 m_1 p_0} = \dfrac{522\,500}{522\,000} = 100.10\%$

单耗价格指数：$I_p = \dfrac{\sum q_1 m_1 p_1}{\sum q_1 m_1 p_0} = \dfrac{703\,750}{522\,500} = 134.69\%$

可以验证：$155.42\% = 115.28\% \times 100.1\% \times 134.69\%$。

从绝对数上看，该企业报告期的原材料费用总额比基期增加了：703 750 − 452 800 = 250 950（元）。其中

由于产量增加而增加的费用为
$$\sum q_1 m_1 p_0 - \sum q_0 m_0 p_0 = 522\,000 - 452\,800 = 69\,200（元）$$

由于单位产品消耗量增加而增加的费用为
$$\sum q_1 m_1 p_0 - \sum q_1 m_0 p_0 = 522\,500 - 522\,000 = 500（元）$$

由于单耗价格上涨而增加的费用为
$$\sum q_1 m_1 p_1 - \sum q_1 m_1 p_0 = 703\,750 - 522\,500 = 181\,250（元）$$

同样可以验证：250 950（元）= 69 200（元）+ 500（元）+ 181 250（元）。

结果表明，该企业原材料费用总额报告期比基期增长了 55.42%、增加了 250 950 元。其中产量增长了 15.28%，使原材料费用总额增加了 69 200 元；单位产品消耗量增长了 0.10%，使原材料费用总额增加了 500 元；单耗价格增长了 34.69%，使原材料费用总额增加了 181 250 元。

关于平均指数的因素分析，原理与综合指数相同，唯一的区别就在于某些计算所需的总量指标的表现形式不同，例如在两因素分析中，只要明确"$\sum p_0 q_1 - \sum k_q p_0 q_0 = \sum \dfrac{1}{k_p} p_1 q_1$"这一关系，其他就一样了。

9.5.2.3 平均指标指数因素分析

前面已经指出，现象总体总平均数的变动要受各组变量值水平和各组权数（结构）这两个因素变动的影响，因此，平均指标指数因素分析就是要对总平均指标指数的结果从各组变量值水平变动和各组权数（结构）变动这两个方面进行分解分析。

不难发现，总平均指标指数、固定构成指数和结构变动影响指数三者之间具有如下关系

$$I_{\bar{x}} = I_x \cdot I_f \tag{9-43}$$

即

$$\dfrac{\dfrac{\sum x_1 f_1}{\sum f_1}}{\dfrac{\sum x_0 f_0}{\sum f_0}} = \dfrac{\dfrac{\sum x_1 f_1}{\sum f_1}}{\dfrac{\sum x_0 f_1}{\sum f_1}} \cdot \dfrac{\dfrac{\sum x_0 f_1}{\sum f_1}}{\dfrac{\sum x_0 f_0}{\sum f_0}} \tag{9-44}$$

从绝对数上看，则有如下关系式

$$\frac{\sum x_1 f_1}{\sum f_1} - \frac{\sum x_0 f_0}{\sum f_0} = \left(\frac{\sum x_1 f_1}{\sum f_1} - \frac{\sum x_0 f_1}{\sum f_1} \right) + \left(\frac{\sum x_0 f_1}{\sum f_1} - \frac{\sum x_0 f_0}{\sum f_0} \right) \quad (9\text{-}45)$$

【例 9-11】 根据例 9-6、例 9-7 和例 9-8 的有关数据，对该企业职工平均工资的变动进行因素分析。

前面计算结果表明，$I_{\bar{x}}=112.52\%$，$I_x=113.28\%$，$I_f=99.33\%$。容易验证：$112.52\% = 113.28\% \times 99.33\%$。这就表明，该企业职工总平均工资上升 12.52%，是由于各组职工工资水平变动使平均工资上升 13.28%和由于各组职工人数（结构）变动使平均工资下降 0.67%的共同结果。

进一步从绝对数上分析可以发现：该企业的职工总平均工资报告期比基期增加了 $\frac{\sum x_1 f_1}{\sum f_1} - \frac{\sum x_0 f_0}{\sum f_0} = 1\,364.55 - 1\,212.73 = 151.82$（元），其中

由于各组工资水平变动使该企业的职工总平均工资增加了

$$\frac{\sum x_1 f_1}{\sum f_1} - \frac{\sum x_0 f_1}{\sum f_1} = 1\,364.55 - 1\,204.55 = 160 \text{（元）}$$

由于各组职工人数（结构）变动则使该企业的职工总平均工资增加了

$$\frac{\sum x_0 f_1}{\sum f_1} - \frac{\sum x_0 f_0}{\sum f_0} = 1\,204.55 - 1\,212.73 = -8.18 \text{（元）} \quad \text{（减少了 8.18 元）}$$

显然：151.82（元）$= 160$（元）$+ (-8.18)$（元）。

需要说明的是，在对平均指标变动（例如企业职工平均工资变动）进行因素分析的同时，还可以进一步对总量指标变动（例如企业职工工资总额变动）进行因素分析。我们以工资总额与平均工资的关系为例来加以说明。

由于"工资总额 = 平均工资×职工人数"，即 $\sum xf = \bar{x} \cdot \sum f$，因而根据统计指数体系的一般原则可以得到：工资总额指数 = 平均工资指数×职工人数指数，用公式表示为

$$\frac{\sum x_1 f_1}{\sum x_0 f_0} = \frac{\bar{x}_1}{\bar{x}_0} \cdot \frac{\sum f_1}{\sum f_0} \quad (9\text{-}46)$$

通过变形可以得到

$$\frac{\sum x_1 f_1}{\sum x_0 f_0} = \frac{\bar{x}_1}{\bar{x}_0} \frac{\sum f_1}{\sum f_1} \cdot \frac{\bar{x}_0}{\bar{x}_0} \frac{\sum f_1}{\sum f_0} \quad (9\text{-}47)$$

由于平均工资指数又是固定构成指数与结构变动影响指数之乘积，即

$\dfrac{\bar{x}_1}{\bar{x}_0} = \dfrac{\frac{\sum x_1 f_1}{\sum f_1}}{\frac{\sum x_0 f_1}{\sum f_1}} \cdot \dfrac{\frac{\sum x_0 f_1}{\sum f_1}}{\frac{\sum x_0 f_0}{\sum f_0}}$，代入式（9-47）就有

$$\frac{\sum x_1 f_1}{\sum x_0 f_0} = \frac{\frac{\sum x_1 f_1}{\sum f_1}}{\frac{\sum x_0 f_1}{\sum f_1}} \cdot \frac{\frac{\sum x_0 f_1}{\sum f_1}}{\frac{\sum x_0 f_0}{\sum f_0}} \cdot \frac{\bar{x}_0 \sum f_1}{\bar{x}_0 \sum f_0} \quad (9\text{-}48)$$

整理后可得

$$\frac{\sum x_1 f_1}{\sum x_0 f_0} = \frac{\sum x_1 f_1}{\sum x_0 f_1} \cdot \frac{\sum x_0 f_1}{\bar{x}_0 \sum f_1} \cdot \frac{\bar{x}_0 \sum f_1}{\bar{x}_0 \sum f_0} \quad (9\text{-}49)$$

即"工资总额指数 = 固定构成指数 × 结构变动影响指数 × 职工人数指数"。如果以 $I_{\sum f}$ 表示职工人数指数，则式（9-49）可以表示为

$$I_{xf} = I_x \cdot I_f \cdot I_{\sum f} \quad (9\text{-}50)$$

从绝对数看，则有下式成立

$$\sum x_1 f_1 - \sum x_0 f_0 = (\sum x_1 f_1 - \sum x_0 f_1) + (\sum x_0 f_1 - \bar{x}_0 \sum f_1) + (\bar{x}_0 \sum f_1 - \bar{x}_0 \sum f_0) \quad (9\text{-}51)$$

【例 9-12】 根据例 9-6 的有关数据，对该企业职工工资总额的变动进行因素分析。

根据例 9-6 的有关数据，可以计算得到该企业工资总额指数为

$$I_{xf} \frac{\sum x_1 f_1}{\sum x_0 f_0} = \frac{540\,360}{466\,900} = 115.73\%$$

职工人数指数为

$$I_{\sum f} \frac{\sum f_1}{\sum f_0} = 102.86\%$$

又由于已知 $I_x = 113.28\%$，$I_f = 99.33\%$，因而可以验证：115.73% = 113.28% × 99.33% × 102.86%。

说明该企业职工工资总额上升 15.73% 是由于各组工资水平变动使工资总额上升 13.28%，由于各组职工人数（结构）变动使工资总额下降 0.67%，由于企业职工总人数增加使工资总额上升 2.86% 的共同结果。

同样，我们还可以进一步从绝对数上进行分析。通过计算不难发现，该企业工资总额的实际变动额为：$\sum x_1 f_1 - \sum x_0 f_0 = 540\,360 - 466\,900 = 73\,460$（元），即增加了 73 460 元。其中

由于各组工资水平变动所影响的工资总额的变动额为：

$$\sum x_1 f_1 - \sum x_0 f_1 = 540\,360 - 477\,000 = 63\,360\,(\text{元})$$

即增加了 63 360 元；

由于各组职工人数（结构）变动所影响的工资总额的变动额为（考虑小数点因素取整数）

$$\sum x_0 f_1 - \bar{x}_0 \sum f_1 = 477\,000 - 1\,212.73 \times 396 = -3\,240\,(\text{元})$$

即减少了 3 240 元；

由于企业职工总人数变动所影响的工资总额的变动额为

$$\bar{x}_0 \sum f_1 - \bar{x}_0 \sum f_0 = 1\,212.73 \times (396 - 385) = 13\,340\,(\text{元})$$

即增加了 13 340 元。

可以验证：73 460（元）= 63 360（元）+（-3 240）（元）+ 13 340（元）。

本章小结

1. 从广义上说，统计指数就是一切用以表明所研究事物发展变化方向和程度的相

对数。从狭义上说，统计指数是指反映复杂现象总体某一方面数量综合变化方向和程度的相对数，具有综合性、平均性、相对性和代表性的特点。

2. 利用统计指数不仅能综合反映由多事物或多项目组成的复杂现象总体某一方面数量的总变动方向和程度，而且还可以对所研究现象总体的某种数量总变动进行因素分析，可以研究和反映事物的长期变动趋势。

3. 统计指数按所考察的范围不同，可以分为个体指数和总指数，总指数按计算方式不同，可以分为未加权指数与加权指数，加权指数按照编制方法不同，又可分为综合指数和平均指数；统计指数按指数化指标的性质不同，可以分为数量指标指数和质量指标指数；统计指数按对比的性质不同，可以分为动态指数与静态指数。此外，为了分析的需要，我们有时还编制计算平均指标指数。

4. 所谓指数化指标，也称为指数化因素，就是在指数中要反映其数量变化或对比关系的指标；如果指数化指标为数量指标，则所编制的指数为数量指标指数；如果指数化指标为质量指标，则所编制的指数为质量指标指数。

5. 综合指数是通过两个具有经济意义并紧密联系的总量指标对比求得的指数。用以对比的两个总量指标都是由两个或两个以上因素（或指标）所决定的，其中一个因素（或指标）就是指数化因素或指数化指标，其他因素则是把不能直接相加的指数化因素转化为能直接相加的量的因素，称为同度量因素。

6. 综合指数的特点是：先综合，后对比。所谓先综合就是要先通过同度量因素，把总体中不能直接相加的各事物或各项目的指数化因素综合成为能直接相加的总量指标，解决复杂现象总体内各事物或各项目的数量不能直接相加或相加后不可比的问题。所谓后对比，就是在得到可比的总量指标的基础上，通过固定同度量因素的时间（或空间），选择两个合适的总量指标进行对比来得到所需要的指数。

7. 关于同度量因素需要明确这样几点：一是指数化因素与同度量因素的区分是相对的，实际上它们是互为同度量因素；二是同度量因素的时间或空间必须加以固定，只有这样才能反映指数化因素的变化情况；三是同度量因素在起到同度量的同时，也起到一定的加权作用；四是必须注重各因素的内在联系关系来确定同度量因素的性质（是数量化因素还是质量化因素）。

8. 由于对如何固定同度量因素的时间有很多种不同的意见，所以综合指数也有很多种不同的形式或编制方法，其中最主要的有拉氏指数、派氏指数、费希尔指数、马-艾指数和杨格指数这五种形式，尤其是拉氏指数和派氏指数最为常用。拉氏指数就是把同度量因素的时间固定在基期的一种综合指数形式，而派氏指数就是把同度量因素的时间固定在报告期的一种综合指数形式。我们一般用拉氏指数形式编制数量指标指数，用派氏指数形式编制质量指标指数。

9. 平均指数是计算总指数的另一种形式，是个体指数的加权平均数。它具体又分为加权算术平均指数和加权调和平均指数两种。从某种意义上说，平均指数是综合指数的变形和发展。如果说综合指数是从复杂现象总体总量出发，以观察指数化因素的变动情况，那么平均指数就是从独立的个体事物出发，对个体数量变化比率加权平均，以观察总体数量的平均变化。

10. 平均指数的特点是：先对比，后综合。所谓先对比，就是先计算出所研究现象总体中各事物或各项目的指数化因素的个体指数，获得反映单个事物或单个项目指数化因素数量变动的相对数；所谓后综合，就是通过选择适当的权数和加权方法，对指数化因素的个体指数进行加权平均，把单个的个体指数综合成为总指数，综合的过程就是平均的过程。我们一般采用基期加权算术平均指数来编制数量指标指数，采用报告期加权调和平均指数来编制质量指标指数。

11. 平均指标指数是平均指标的两个不同时期数值对比形成的指数，我们计算平均指标指数并不是仅仅为了了解平均指标本身数值的变动程度，更是为了了解平均指标数值发生变化的原因。例如，加权算术平均数的变动取决于各组变量值水平与各组权数（结构）这两个因素的变动，因此观察两个因素的变动对总平均数变动的影响程度，正是我们研究平均指标指数的重要目的。我们把反映总平均数变动程度的指数称为总平均指标指数，把反映各组变量值水平变动对总平均数变动影响程度的指数称为固定构成指数，把反映各组权数（结构）变动对总平均数变动影响程度的指数称为结构变动影响指数。

12. 所谓统计指数体系就是由三个或三个以上具有内在本质联系的统计指数所组成的有机整体。利用统计指数体系可以对复杂现象总体的数量变化从相对数和绝对数两方面进行因素分析，说明各个影响因素的变动方向和影响程度；可以利用指数体系中各个指数之间的数量关系，由已知的指数去推算未知的指数。

13. 所谓因素分析，就是利用统计指数体系中各个指数之间的数量联系关系，对现象总体总变动的各个影响因素进行分解，分析各因素变动对现象总体总变动的影响程度和绝对效果。最基本的因素分析是两因素分析。

练习与思考

一、判断题

1. 广义的指数可以指一切用来说明同类事物或现象发展变化程度的相对数，但狭义上的指数以研究复杂现象总体某种数量的综合变化作为主要任务。（ ）
2. 总体是由个体构成的，所以总指数就是个体指数之和。（ ）
3. 统计指数的结果都具有一定的假定性。（ ）
4. 同度量因素在起到同度量的同时，还具有一定的权数作用。（ ）
5. 加权算术平均数指数是一种平均指标指数。（ ）
6. 综合指数与平均指数具有不同的特点，两者之间不能相互转换。（ ）
7. 综合指数与平均指数的区别就在于是否进行了加权。（ ）
8. 在多因素综合指数中，数量化因素与质量化因素的确定是固定不变的。（ ）
9. 按对比的性质不同，统计指数分为数量指标指数与质量指标指数。（ ）
10. 利用平均指标指数体系只能对平均数的变动进行因素分析。（ ）

二、单项选择题

1. 数量指标综合指数一般采用（ ）形式。
   A. 派氏指数　　B. 费希尔指数
   C. 拉氏指数　　D. 杨格指数

2. 按照一般规则，如果加权算术平均指数要成为相应综合指数的变形，那么权数是(　　)。
   A. p_0q_0　　　　　B. p_1q_1
   C. p_1q_0　　　　　D. p_0q_1

3. 按照一般规则，如果加权调和平均指数要成为相应综合指数的变形，那么权数是(　　)。
   A. p_0q_0　　　　　B. p_1q_1
   C. p_1q_0　　　　　D. p_0q_1

4. 某公司为了全面反映所属各企业生产某种产品平均成本的总变动情况，需要进行(　　)因素分析。
   A. 综合指数　　　B. 算术平均指数
   C. 平均指标指数　D. 调和平均指数

5. 某企业生产多种不同产品，下列指数中属于狭义指数的是(　　)。
   A. 企业职工工资总额指数
   B. 企业用水量指数
   C. 企业用电价格指数
   D. 企业产品出厂价格指数

6. 为了单纯反映产品成本变化而不受产品产量结构变化的影响，计算产品成本总指数时应该选择的指数形式是(　　)。
   A. 派氏指数　　　B. 费希尔指数
   C. 拉氏指数　　　D. 马-艾指数

7. 为了比较不同区域居民消费水平之间的差异，指数的计算应该采用(　　)。
   A. 派氏指数　　　B. 费希尔指数
   C. 拉氏指数　　　D. 马-艾指数

8. 同样多的货币支出少购买5%的商品，那么商品价格指数是(　　)。
   A. 5.26%　　　　B. 105%
   C. 105.26%　　　D. 5%

9. 某公司报告期增加了很多新员工，为了准确反映全公司职工劳动效率的真实变化，需要编制劳动生产率的(　　)。
   A. 总平均指标指数
   B. 固定构成指数
   C. 结构变动影响指数
   D. 职工人数指数

10. 某地区报告年按可比价格计算的工业总产值是基年的110%，这个相对数属于(　　)。
    A. 工业产值指数
    B. 工业生产价格指数
    C. 工业生产指数
    D. 工业生产结构指数

11. 我国深圳100指数将基期价格水平定为1 000。若某周末收盘指数为1 122，此前一周末收盘指数为1 100，则表示股票价格水平上涨了(　　)。
    A. 2%　　　　　B. 22%
    C. 122点　　　　D. 12.2%

12. 某企业今年三种不同产品的出厂价格分别比去年上涨了5%、7%和12%，今年三种产品的销售额分别为2 000万元、2 600万元和400万元，则出厂价格总水平上涨了(　　)。
    A. 8%　　　　　B. 6.57%
    C. 7.96%　　　　D. 6.6%

13. 某商场报告期商品销售额9 000万元，比基期增加400万元，商品销售量指数为110%，那么由于价格变动所引起的商品销售额(　　)。
    A. 增加了400万元
    B. 减少了400万元
    C. 增加了0元
    D. 减少460万元

三、简答题

1. 什么是统计指数？它有什么作用，有哪些性质？
2. 什么是数量指标指数和质量指标指数？试举例说明。
3. 综合指数与平均指数有何不同特点？两者之间有什么联系？

4. 什么是同度量因素？它与指数化因素有什么关系？该如何选择同度量因素？试举例说明。
5. 为什么说同度量因素具有一定的权数作用？它与平均指数中的权数有什么区别？
6. 拉氏指数与派氏指数的根本区别是什么？试举例说明。
7. 什么是平均指标指数？一般可以从哪几个方面对其变动进行分解分析？试举例说明。
8. 结构变动影响指数的数值越小，是否意味着总体结构的变动也越小？在什么情况下结构变动影响指数的数值会大于1？
9. 平均指数与平均指标指数有什么区别？试举例说明。
10. 什么是统计指数体系？它有哪些构建的基本原则？有什么作用？
11. 如何利用统计指数体系进行因素分析？试举例说明。
12. 我国的居民消费价格指数是怎么编制的？用到了哪些统计方法？

四、计算分析题

1. 某商场三种商品报告期、基期的价格与销售量数据如下表所示：

商品名称	计量单位	价格（元）		销售量	
		基期	报告期	基期	报告期
皮鞋	双	220	200	390	420
茶叶	千克	250	300	80	90
棉布	米	50	65	700	600

要求：
（1）分别计算三种商品的价格和销售量的个体指数。
（2）编制该商场商品销售价格总指数，并说明其意义。
（3）编制该商场商品销售量总指数，并说明其意义。
（4）结合总指数编制过程，再说明综合指数的特点。
（5）结合总指数编制过程，说明同度量因素是如何起权数作用的。
（6）观察该商场的商品销售额报告期比基期发生了怎样的变化，试利用统计指数体系对这种变化的原因进行分析。

2. 某企业2017年、2018年三种产品的单位成本及产量数据如下表所示：

产品名称	计量单位	单位成本（元）			产量（万件）		
		2017年	2018年		2017年	2018年	
			计划	实际		计划	实际
甲	只	8	7	6	40	50	52
乙	件	10	8	8	10	12	15
丙	台	17	16	15	8	10	10

要求：
（1）分别编制该企业2018年产品的单位成本和产量的计划完成总指数。
（2）观察该企业2018年的产品实际总成本比计划总成本发生了什么变化，利用统计指数体系分析发生这种变化的原因。
（3）分别编制该企业2018年比2017年的单位成本和产量总指数。
（4）观察该企业2018年的产品实际总成本比2017年的总成本发生了什么变化，利用统计指数体系分析发生这种变化的原因。

3. 某商场报告期、基期三种商品的销售额，以及各种商品的销售量个体指数如下表所示：

商品名称	计量单位	基期销售额（万元）	报告期销售额（万元）	个体销售量指数（%）
甲	米	800	960	105
乙	千克	1 000	990	110
丙	只	400	500	98

要求：
（1）编制该商场商品销售价格总指数。

（2）编制该商场商品销售量总指数。
（3）计算该商场商品销售总额指数，分析商品销售总额变动的原因。

4. 某企业报告期、基期三种产品的销售产值，以及各种产品出厂价格变化情况如下表所示：

产品名称	计量单位	销售产值（万元）		报告期出厂价格比基期增减幅度（%）
		基期	报告期	
甲	米	200	250	+6
乙	千克	400	460	+12
丙	只	550	510	-8

要求：
（1）编制该企业产品出厂价格总指数。
（2）编制该企业产品产量总指数。
（3）分析由于产品价格变化对企业销售总额变化的影响。

5. 某企业报告期、基期的职工人数和劳动生产率数据如下表所示：

车间	职工人数		劳动生产率（万元/人·年）	
	基期	报告期	基期	报告期
甲	200	190	30	35
乙	180	200	40	42
丙	120	160	45	48

要求：
（1）计算该企业平均劳动生产率指数。
（2）编制该企业劳动生产率的固定构成指数和结构变动影响指数。
（3）利用统计指数体系分析该企业平均劳动生产率变动的原因。
（4）计算该企业总产值指数。
（5）利用统计指数体系分析该企业总产值变动的原因。

6. 某商场两个经营部门某年上半年的商品销售额及各月库存额数据如下表所示：

经营部门	销售额（万元）		月末库存额（万元）						
	一季度	二季度	上年12月	1月	2月	3月	4月	5月	6月
A	7 080	6 800	1 000	1 080	1 100	1 050	980	1 060	950
B	2 500	2 200	350	360	355	320	330	335	320

要求：
（1）分别计算该商场两个经营部门一、二季度的商品流转次数。
（2）计算该商场一、二季度的总商品流转次数。
（3）计算该商场二季度与一季度对比的总商品流转次数指数。
（4）利用统计指数体系分析该商场总商品流转次数变动的原因。

7. 某企业报告期、基期的产品产量、单位产品原材料消耗量与单位原材料价格数据如下表所示：

原材料名称	原材料计量单位	产品产量（万件）		单位产品原材料消耗量		单位原材料价格（元）	
		基期	报告期	基期	报告期	基期	报告期
甲	千克	85	90	21	19	8	9
乙	米	80	90	22	19	8	9

要求：
（1）分别编制该企业产品产量总指数、单位产品原材料消耗量总指数和单位原材料价格总指数。
（2）观察该企业原材料消耗总额的变化情况。
（3）利用统计指数体系分析该企业原材料消耗总额变动的原因。

8. A、B两个同类企业同一年的有关数据如下表所示：

指标名称	A企业	B企业
年平均职工人数/人	3 500	2 100
其中：专业技术人数/人	1 085	798
增加值/万元	36 500	24 500
产品销售收入/万元	115 200	72 000
其中：新产品销售收入/万元	19 600	18 000
能源消耗总量/吨标准煤	8 450	5 900

要求：从总量、结构、效益等方面对这两个企业的情况进行比较分析。

9. 某地区的全部工业企业分为四个部门，这四个部门的生产量报告期比基期分别增长了 8%、10%、12% 和 15%。已知这四个部门基期增加值的比重分别为 28%、32%、22% 和 18%，该地区的工业发展速度是多少？

◎ 人物介绍

约翰·怀尔德·图基（John Wilder Tukey，1915—2000）

美国著名统计学家。1915 年出生在美国的马萨诸塞州；自小做老师的父母就认为他很有潜力而在家亲自教育，直到他进入大学研读数学及化学才接受正式教育。1939 年仅 24 岁的他取得数学博士学位，之后受聘至普林斯顿大学担任讲师。1946 年他把二进位制与数字合起来，创造出比特（BIT）这个概念，开创了计算机的时代；1965 年，他介绍了重要的"快速的 Fourier 转变"算法；1966 年成立普林斯顿大学的统计系并担任系主任至 1969 年。图基在数学和统计学理论方面进行了深入的研究，在介绍评估时间数列的现代技术、统计资料分析法的改革、多重比较法等方面有重要贡献，在哲学、统计概率等方面也发表了很好的实用性文章，并为统计学在物理学、社会科学和工程学方面的应用做出了突出贡献。图基是 20 世纪中期统计学发展的关键人物，被称为统计界的毕加索。1973 年，他获得美国国家科学奖。

第 10 章

统计综合评价

"经济学工作者中的许多人是从数学领域转入的。这样,专业经济学杂志上就连篇累牍地充满了数学公式。这将读者从一套似乎有理而完全是任意的假说引到精确的但却是无关的理论结论。"

——瓦西里·列昂惕夫

统计综合评价是社会经济统计领域最近 20 年发展起来的统计方法分支。从方法类型的归属来看,它属于"综合指标法",因为综合评价结果的表现形式是一种统计指标值。本章对综合评价方法的基本原理与基本方法做了介绍,要求通过学习,能够独立运用简明的评价方法对特定现象进行多指标综合评价分析,完成指标体系设计、量化加权合成与统计分析等整个工作过程。具体要求:①理解统计综合评价的含义、本质与基本过程;②了解综合评价方法体系类型;③掌握综合评价指标体系设计的原则与思路;④重点掌握"当量平均法"的基本原理、主要当量化方法的原理、当量值的统计合成模型;⑤重点掌握统计评价权数的主要构造方法。

10.1 统计综合评价的基本问题

10.1.1 统计综合评价的概念与要素

10.1.1.1 评价与统计评价

在日常生活中,人们常常要参照一定的标准对某个(或某些)事物、某种行为或认识(统称为评价客体)进行评定、判别和估计其价值之高低或优劣,并通过评价而达到对事物的认识,进而指导决策行为。例如,判断一件作品的水平、评价一位学生的素质、鉴定一位员工的绩效、考核一个部门的业绩、评估一所学校的教学水平、评价一场音乐会的效果、预计一个投资项目的前景、估计一件突发事件的损失，等等，都属于广义的"评价"范畴。可见，评价活动无处不在，评价是人们参照一定标准对客体的价值或优劣进行比较和评判的一种认知过程，是人类认识事物的一种重要手段与方式，而评价结论又常常成为人们行动或决策的重要依据，从这个层面上看评价同时也是一个决策过程。

统计活动也是一个认知过程，在这个过程中，同样存在着对现象进行各种评价的问题。统计评价就是指对统计总体及其各个组成部分的数量规模大小、水平高低、速度快慢、质变程度、各种关系协调与否、稳定状态等问题做出定量描述评判的一种统计分析活动与统计分析方法。显然，统计评价只是众多评价手段中的一种，它是一种定量评价，它与其他评价手段的最大区别在于其数量性。

10.1.1.2 统计综合评价

统计评价的传统方法是"数量直接对比法"，如"计划执行情况评价"（将实际与计划相对比）、"动态比较评价"（报告期与基期对比）、"横向对比评价"等，被统计工作者形象地称为"迎头三对比"。这种统计评价的特点是通过单一指标的相对数分析，从某个侧面来判定分析对象的优劣，因此属于单项评价。但由于分析评价对象常常具有多个侧面的优劣表现，当这些表现相互矛盾时，单项评价就显得无能为力了。统计综合评价技术就是为适应这种统计处理需要而于最近 20 多年发展起来的一种统计分析方法。它是利用社会经济现象总体统计指标体系，采用特定的评价模型，对被评价对象多个方面的数量表现进行高度的抽象与综合，并将之转化为综合评价值，进而确定现象优劣水平、类型与次序（名次）的一种统计活动与方法。为了叙述的简明，在不至于引起歧义的情况下，我们把"多指标统计综合评价"简称为综合评价。

10.1.1.3 统计综合评价的要素

根据统计综合评价的定义，不难理解一项统计综合评价活动应该由三个要素构成：评价客体、评价标准和评价模型。

评价客体是特定时间、地点之下的一个或者多个可比单位、事物、行为、态度的集合。例如，对某一年份全国各省、自治区、直辖市的综合经济实力进行评价时，全部参评的省、自治区、直辖市构成了评价的客体；对某企业 2014～2018 年核心竞争力进行综合评价，则该企业这五个年份（相当于以年份为下标的五个企业）构成了评价的客体。评价客体又称评价对象。

评价标准则是判断评价客体价值高低或水平优劣的参照系。它可以是客观的标准，也可以是主观的标准；可以是比较明确的标准，也可以是相当模糊的标准；可以是定性的标准，也可以是定量的标准。

评价模型是指将评价客体实际价值水平显化为可直接理解或解释的"评价结论"的一种机制。这个机制应该包括变量（属性）的构成及参数、各变量值转化为评价值的方法系统等。显然，评价模型是综合评价的核心，不同的评价模型将会有不同的评价结论。

10.1.2 统计综合评价的作用

开展统计综合评价具有以下几方面的作用。

首先，对所分析的现象总体数量特征提供了一个综合的认识。从本质上看综合评价结果仍然是一种统计综合指标，但它所概括或综合的内容较一般统计综合指标广泛得多、全面得多。它将整个评价指标体系中的基本评价信息全部集中或浓缩为一个综合评价值，从而使我们能够很方便地获得对事物的整体性的认识。例如，曾经开展得十分广泛的经济效益综合评价，就是将活劳动效益、物化劳动效益、资金占用效益等方面的效益水平综合成一个数值，从而判断被评价单位经济效益整体水平的高低与优劣。又如，综合国力评价就是将一国经济、科技、政治、外交、军事、文教、资源等方面的实力进行高度的量化概括，从而展现该国综合国力的整体状况。

其次，对不同单位或不同地区的综合评价结果进行比较与排序，有助于反映各个单位或地区在同类现象总体中的层次位置，并且有利于鼓励先进、鞭策落后，唤起竞争意识。例如，通过经济效益的综合排序，就可以促使落后企业努力寻找原因，提高经济效益水平。如果总体中各单位的效益水平都努力朝良好的方向发展，则全社会的效益水平也就自然会更上一个台阶。

再次，对同一单位或地区的综合评价值进行动态分析，有助于了解自身整体实力的发展变化情况，是进步还是退步，并进一步寻找出进退的主要方面与主要原因，以便改进工作。

最后，综合评价的结果要么以"数值"的形式出现，要么以"排序"或"分类"的形式出现。无论是哪一种形式，都可以看作一种统计指标（或标志）的具体表现，因此，综合评价结果还可以继续分析。例如，在价值评价的基础上进一步做计量经济模型，在分类评价的基础上进一步做假设检验或因素分析。可见，综合评价过程也是统计指标的构造过程，只是这种统计指标具有更强的综合性与抽象性。

10.1.3 统计综合评价的类型

经过 20 多年的发展，统计综合评价方法日渐丰富与多样化。我们可以从不同角度对这些方法进行考察。

从评价客体的时空纬度来看，有纵向评价（动态评价）与横向评价（静态评价）之分。前者主要分析不同时间的综合水平，而后者则侧重于不同单位或地区之间的比较与排序。

从综合评价目标来看，有实绩评价与预期评价之分。前者是指统计指标体系中各指标的数值均为实际值，评价的是现象总体的现状或过去。而后者则指统计指标体系中各指标的数值均为预计或预测值，评价的是现象总体的未来。

从综合评价标准来看，有绝对评价与相对评价之分。前者是指评价的目标或标准比较固定，与评价对象集合内的单位个数无关，因此单位个数多少不影响评价名次的先后顺序，而后者则是相对于特定评价对象集合内的。评价对象集中单位变动会影响评价名次的先后顺序。图 10-1 揭示了相对评价与绝对评价的区别。

从评价最终结果的表现形式看，有单纯性排序评价、价值排序评价与价值分类评价之分。

综合评价的直接结果通常表现为一个量化的综合评价值。人们可以据之对若干个单位的综合水平或综合规模进行排序，也可以据之判断各个单位综合水平或综合规模的高低、好坏和类型。前者可称为广义排序评价，包括"单纯性排序评价"与"价值排序评价"两种，其中单纯性排序评价也称"狭义排序评价"；后者可称为价值评价，包括"价值排序评价"与"价值分类评价"两种。可见，广义排序评价与价值评价存在交叉部分。综合评价的最终结果也可分为"（狭义）排序评价"与"价值评价"，或分为"（广义）排序评价"与"分类评价"。

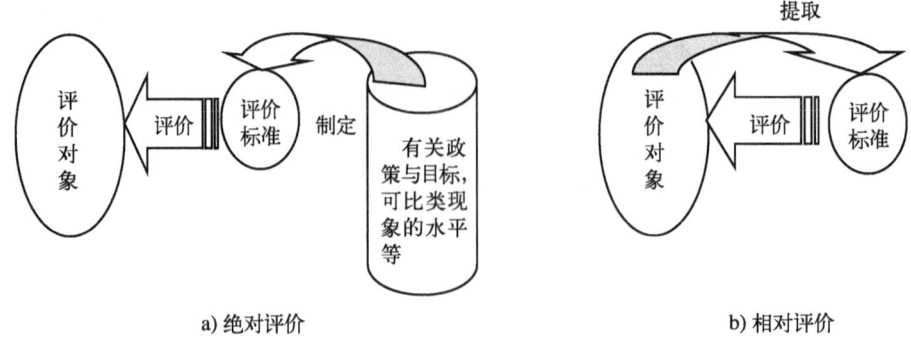

图 10-1　评价目标与评价对象的关系

单纯性排序评价相当于考试制度中的"选拔考试"，它只关心哪个单位是第一名，哪个单位是第二名，哪个单位是最后一名。从动态上看，排序评价只能告诉我们现象变动的方向（今年相比去年是提高了还是下降了），却不能告诉我们这两年的总体水平是"优"还是"良"。因此，从量化级别上看，排序评价中的综合评价值属于"定序尺度"。

价值评价则相当于考试制度中的"水平考试"，它更加关心参加评价的单位在综合水平或综合规模上是否达到了某一个级别，即是"优"还是"良"或"差"。

价值评价中的"价值分类评价"相当于考试制度中的等级制（如合格、不合格两级制，或优、良、中、及格、差五级制），所得评价结论是分等级或类型的，而类内则不加区分。

价值评价中的"价值排序评价"类似于考试制度中的"百分制"或体育评分中的"十分制"，其综合评价值具有明确的物理含义。除采用百分制或十分制外，还有千分制或系数制。每一种分制均设有一些"关键点"，如及格线、优秀线、良好线等。这类评价量化值属于"定距尺度"。

在单纯性排序评价、价值排序评价、价值分类评价之间，我们可以通过一定技术处理实现将某种综合评价结果向其他形式评价结果的转化。

图 10-2 给出了综合评价结果的几种不同分类形式之间的关系。

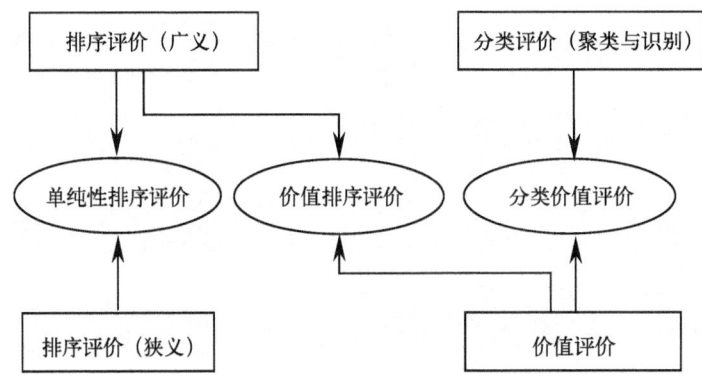

图 10-2　排序评价与分类评价

从综合评价方法来看，主要有组合指标法、当量平均法与系统评价法三大类。组合指标法是通过将若干正指标连乘再除以若干逆指标，以求得某种评价系数，如欧美发达国家评价社会发展状况的 ASHA 指数，就属于典型的组合指标法。当量平均法（也称初级平均法或效用函数平均法）则是通过某一当量函数将评价指标体系中的每一指标进行无量纲化处理，求出单项评价值，然后将单项评价值按统计平均方法进行加权合成，求得综合评价值。这种综合评价方法具有简明易懂的特点，同时也不失全面性，是很有实用价值的综合评价方法。系统评价则是将整个综合评价过程视作一个系统来对待，采用一些比较复杂的系统分析技术来计算综合评价值，虽然其本质含义大多仍然是一种平均方法，但更加侧重于整体性，如模糊综合评价法、主成分分析法、因子分析法、聚类分析法、层次分析法、灰色系统方法、DEA（数据包络分析）等。

本章只介绍当量平均法中的若干评价思路。

10.1.4 统计综合评价的基本原则

无论是开展哪一方面的统计综合评价，都应该注意以下几方面的基本原则或指导思想。

10.1.4.1 目的性原则

不同的评价，有不同的目的。只有明确了评价的目的，才能制定出科学的评价指标体系，才能正确选择评价模型与评价方法。例如，预期评价与实绩评价就有很大的不同，从指标体系到计算价格均有差距。价值评价与排序评价也有很大差异，前者注重量的区别，后者注重类的归属；前者要求评价模型的"精确量化"，后者只要求评价模型的"类间清晰"，而类内无须进行区分。

10.1.4.2 科学性原则

统计综合评价结论必须科学准确，这是毋庸置疑的。为此，整个评价方法从指标体系到评价模型、参数标准、指标权数等方面都要尽量做到科学合理。

10.1.4.3 简易性原则

统计综合评价结论的科学性、准确性的程度与评价方法的复杂程度之间并非正相关，可实践中总有人有意无意地选择复杂的评价方法。其实，易操作才是选择综合评价方法的重要标准。简易性不仅表现在评价模型的通俗易懂上，也表现为评价指标体系的简明扼要。

10.1.4.4 可比性原则

在开展综合评价时，无论是综合评价方法还是评价对象，均应注意可比性。由于综合评价方法很多，不同评价方法所得出的结论有时是不同的，所以也是不可比的。为了保证评价结论的可比性，评价方法的选择应注意前后的一贯性。

10.1.5 综合评价的基本过程与研究内容

10.1.5.1 基本过程

任何一项综合评价过程，都需要从明确评价目的与任务入手，确定评价指标体系并搜集相应的数据，确定评价方法与模型，实施综合评价并深入分析。详细过程如图 10-3 所示。

10.1.5.2 综合评价技术内容体系

综合评价作为统计学的一个分支，包括一系列的研究内容，归纳起来主要有以下内容。

（1）综合评价基本理论问题。主要研究综合评价的意义、作用、地位、过程、特点、评价方法分类、综合评价公理体系等基础理论。

（2）综合评价指标体系理论。主要研究综合评价指标体系的构建原则、构建方法、测验或优化方法、定性变量的数量化技术、综合评价指标表现形式及转化方法等理论。

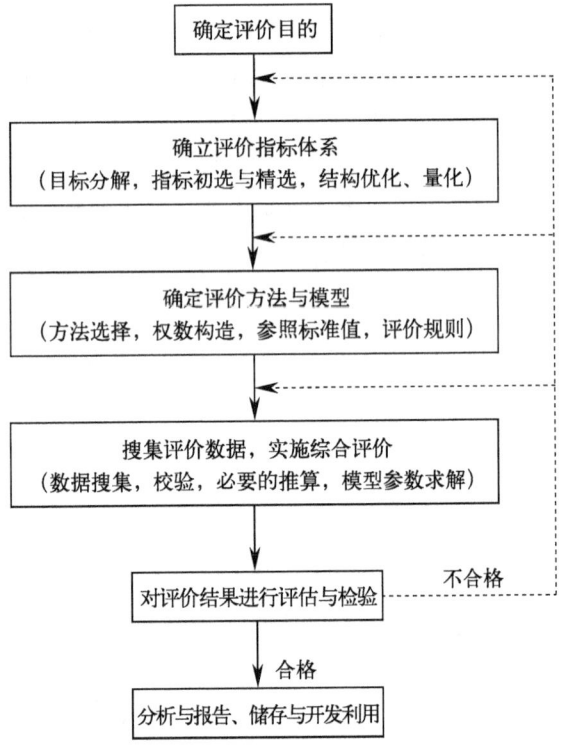

图 10-3 多指标综合评价的基本过程

（3）综合评价权数方法。主要研究综合评价指标值合成过程中的加权问题，包括权重对综合评价结论的影响、权数的构造方法、测验方法，并且根据不同类型的合成值的表现形式讨论特殊的权数方法与权数形式。

（4）综合评价效用函数法（又称当量平均法）原理。主要研究效用函数法的一般原理、无量纲化方法与原理、效用函数评价值的合成方法等问题。

（5）综合评价的多元统计分析法。主要讨论各种多元统计方法，在综合评价中的应用要求与适用条件，特别是主成分分析法、主坐标法、因子分析法、判断分析法、聚类分析法、典型相关分析法、数量化方法等，讨论适用于综合评价需要而不是一般的数据降维技术。

（6）综合评价的系统分析方法。主要讨论模糊数学综合评价法（FS）、灰色系统评价法（GS）、人工神经网络评价法（ANN）、数据包络分析法（DEA）、层次分析法（AHP）等的基本思路、特点及适用条件。特别是一些新兴学科思想在综合评价实践中的应用前景及改进思路。

（7）综合评价技术中的特殊技术问题。主要讨论综合评价中的逆序问题、心理因素对综合评价结果的影响问题、评价方法差异性与灵敏度分析、组合评价（包括方法组合评价、专家组合评价、层次混合评价）、综合评价结论的有效性、综合评价结果的再开发及软件使用。

以上研究内容结构如图 10-4 所示。

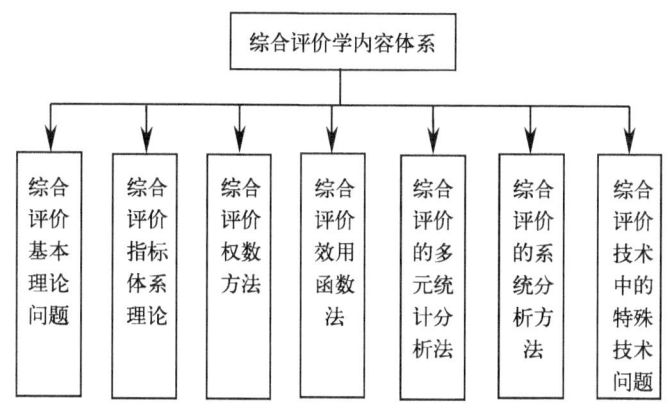

图 10-4 综合评价学的内容体系结构（简）

10.2 当量平均综合评价法

综合评价指标体系中的每一项指标都是对待评价对象水平的一个测度，每一个指标都可"计算"其"评价价值含量"，如果把每一项指标的评价价值含量计算出来，通过加权合成，显然得到的就是"总评价值"。这正是"当量平均综合评价法"的基本思路。

对于某一个由 p 个指标构成的评价体系，将之记为 $x_1, x_2, x_3, \cdots, x_p$，则可以通过某一函数计算每一项指标值中的"价值水平" $y_1, y_2, y_3, \cdots, y_p$，即

$$y_i = f_i(x_i) \quad (i = 1, 2, 3, \cdots, p)$$

由于这一函数 f_i 测量各指标中的"评价当量"，故称为"当量化函数"，它同时也起到了把具有不同度量单位（量纲）与数量级别的指标值变为具有相同度量单位（量纲）与数量级别的指标，所以又称"同度量化（无量纲化）函数"，它还表示单项指标的一种效用值，因而也称为"效用函数"。

对于给定的权数 w_i（$i = 1, 2, 3, \cdots, p$），就有以下评价合成模型

$$y = \xi(y_j, w_j)$$

这里 y 是总评价值，ξ 代表一种合成算法或规则。

可见，"当量化""加权""合成"是当量平均评价法的核心要素。目前这类评价方法通常是由当量化函数形式命名的，虽然从理论上讲，并非整个评价指标体系中的每一个指标都应该采用同一形式的当量化函数，但实践中人们为简明起见，常常采用"一刀切"的做法。

10.2.1 综合指数法

综合指数法，又称平均数指数法，简称指数法。在我国，它最早是由国家统计局工交司刘亮同志提出的。该法的计算过程如下所示。

第一步：根据具体现象特点与评价目标，构造评价指标体系。设有 p 项指标，记为 $x_1, x_2, x_3, \cdots, x_p$。

第二步：确定每个单项评价指标的标准值 x_{oi}，下标 o 表示"标准"，i 代表指标号（$i = 1$，

$2,\cdots,p$)。x_{oi}可以是本地区、本系统同行业中一定时期内(如过去的三年或五年等)相应指标的平均水平,也可以是历史最高水平或计划水平,也可以是某一理想水平。

第三步:采用一定方法构造各指标的重要性权数 w_i($i=1,2,\cdots,p$);具体方法可参阅本章 10.3 节。

第四步:计算单项指标的指数值 k_i。k_i 的计算公式如下

$$\text{正指标:} k_i = \frac{x_i}{x_{oi}} \qquad (10\text{-}1)$$

$$\text{逆指标:} k_i = \frac{x_{oi}}{x_i} \qquad (10\text{-}2)$$

式中,x_i 为第 i 个指标的实际值。$k_i > 1$ 表明该指标所反映的评价值高于标准水平;$k_i < 1$ 表明该指标所反映的评价值低于标准水平;$k_i = 1$ 表明该指标所反映的评价值等于平均水平。k_i 越大,说明该项指标评价水平越高。

值得注意的是,对于适度指标,应该先将之转化为单向的指标,然后再进行上述处理。单向化的技术有多种,最简明的思路是根据适度指标的适应区域情况,采用分段函数形式进行处理(因为适应指标总是由"正指标区域"与"逆指标区域"拼接而成的):对于"正指标区域"按式(10-1),对于"逆指标区域"按式(10-2)。

第五步:将单项评价指数进行加权合成,求得总指数 $\bar{k}$。由于 $\bar{k}$ 也是单项指数的加权平均,故又称为"平均数指数"。

$\bar{k}$ 的计算方法有很多,大致可分为两种类型:一类为"幂平均合成模型",这是最基本的合成模型,具体包括加法合成(算术平均合成)、乘法合成(几何平均合成),还包括人们经常应用却一直没有引起重视的平方平均合成,甚至于任何阶次的幂平均合成;另一类可称为"特殊合成模型",包括混合合成、代换合成、二次合成、规则合成等。不同合成方法有不同的含义与适用条件。实践中通常采用的合成模型是"幂平均合成"中的三种统计数值平均公式:算术平均数、几何平均数和平方平均数(调和平均的性质接近于几何平均)。对于以"正形式"(越大越好)表达的当量化值,几何平均适用于强调各方面均衡发展的情形,它鼓励齐头并进,重罚落后指标,当被平均的指标值中出现个别较差的指标时,几何平均值将会受之影响而偏低,因此属于"惩罚型平均数公式":严惩落后。平方平均值恰恰相反,适用于强调抓重点搞突出的情形,它鼓励抓大放小,重奖先进指标,当被平均的指标值中出现个别特别突出的指标时,平方平均值将会受之影响也较高,因此属于"激励型平均数公式":重奖先进。算术平均值则居于二者之间,完全允许"好坏弥补""以丰补歉",因此适用于大多数无法决定应该是"惩罚落后"还是"重奖先进"的情况。

这三种平均法的公式如下

几何平均综合指数:

$$\bar{k} = \sqrt[w_1+w_2+w_3+\cdots+w_n]{k_1^{w_1} \times k_2^{w_2} \times k_3^{w_3} + \cdots + k_n^{w_n}} = \sqrt[\sum w_i]{\prod_{i=1}^n k_i^{w_i}} \qquad (10\text{-}3)$$

算术平均综合指数:

$$\bar{k} = \frac{w_1 k_1 + w_2 k_2 + \cdots + w_n k_n}{w_1 + w_2 + \cdots + w_n} = \frac{\sum w_i k_i}{\sum w_i} \qquad (10\text{-}4)$$

平方平均综合指数：

$$\bar{k} = \sqrt{\frac{w_1 k_1^2 + w_2 k_2^2 + \cdots + w_n k_n^2}{w_1 + w_2 + \cdots + w_n}} = \sqrt{\frac{\sum w_i k_i^2}{\sum w_i}} \qquad (10\text{-}5)$$

第六步：最后根据 $\bar{k}$ 值大小对评价对象状态的高低优劣进行排序或分类。必要时，可做进一步的统计分析。

【例 10-1】 某商业集团公司下属三个商业企业主要经济效益指标如表 10-1 所示，要求采用综合指数法对甲、乙、丙三个企业的商业经济效益进行优劣比较。中间过程及权数与标准值如表 10-2 所示。

表 10-1 甲、乙、丙主要经济效益指标

评价企业	年人均增加值（万元/人）	流通费用率(%)	中间消耗率(%)	年资金利润率(%)	流通资金周转速度（次/年）
甲	11.2	13.6	28	12.5	4.0
乙	9.6	12.4	30	12	3.5
丙	10.4	14	32	11	3.0

表 10-2 甲、乙、丙主要经济效益指标

评价指标	权数 W_i	标准值 x_{i0}	甲企业		乙企业		丙企业	
			实际值	单项指数	实际值	单项指数	实际值	单项指数
年人均增加值（万元/人）	20	10.0	11.2	$\frac{11.2}{10}=1.12$	9.6	$\frac{9.6}{10}=0.96$	10.4	$\frac{10.4}{10}=1.04$
流通费用率（%）	10	14.0	13.6	$\frac{14.0}{13.60}=1.0294$	12.4	$\frac{14.0}{12.4}=1.1290$	14.0	$\frac{14.0}{14.0}=1.0$
中间消耗率（%）	15	35	28	$\frac{35}{28}=1.25$	30	$\frac{35}{30}=1.1667$	32	$\frac{35}{32}=1.0938$
资金利润率（%）	35	10.0	12.5	$\frac{12.5}{10}=1.25$	12.0	$\frac{12.0}{10}=1.20$	11	$\frac{11}{10}=1.10$
流通资金周转速度（次/年）	20	2.5	4	$\frac{4}{2.5}=1.6$	3.5	$\frac{3.5}{2.5}=1.4$	3.0	$\frac{3.0}{2.5}=1.2$

在计算单项指数时，必须注意各指标究竟是正指标形式还是逆指标形式。如果流通费用率和中间消耗率均为逆指标，那么其余指标为正指标。

就甲企业来看，三种平均法的综合指数值计算结果如下

加权算术平均法：

$$x_{甲} = 0.2 \times 1.12 + 0.1 \times 1.0294 + 0.15 \times 1.25 + 0.35 \times 1.25 + 0.2 \times 1.6$$
$$= 1.27194 \text{ 或 } 127.194\%$$

加权几何平均法：

$$x_{甲} = 1.12^{0.2} \times 1.0294^{0.1} \times 1.25^{0.15} \times 1.25^{0.35} \times 1.6^{0.2}$$
$$= 1.26003 \text{ 或 } 126.003\%$$

加权平方平均法：

$$x_{甲} = \sqrt{1.12^2 \times 0.2 + 1.0294^2 \times 0.1 + 1.25^2 \times 0.15 + 1.25^2 \times 0.35 + 1.6^2 \times 0.2}$$
$$= \sqrt{1.65009644} = 1.28456 \text{ 或 } 128.456\%$$

乙、丙两企业各种平均法的商业经济效益综合指数值的计算过程完全相同,这里不再赘述,结果详见表10-3。

表 10-3 甲、乙、丙企业综合指数结果 （%）

评价企业	几何平均综合指数	算术平均综合指数	平方平均综合指数
甲企业	126.003	127.194	128.450
乙企业	117.140	117.991	118.826
丙企业	109.540	109.707	109.876

从表 10-3 可以看到,本例中三种不同平均法的综合指数值虽然不同（几何平均值≤算术平均值≤平方平均值）,但三个企业的综合经济效益名次却是一样的：甲企业的经济效益水平最高,其次是乙企业,最后是丙企业,并且综合指数值还告诉我们,三个企业的商业经济效益整体水平高出"标准值"。甲企业的效益总水平高出标准水平的 27% 左右,乙企业高出标准水平的 18% 左右,丙企业高出标准水平的 10% 左右。

10.2.2 直线型功效系数法

这是人们借用多目标规划中功效系数法的思想而得出的一种综合评价技术,它最早是由西南财经大学的庞皓教授等提出的。这种方法的基本步骤如下所示。

第一步：给综合评价指标体系中的每一指标确定一个不容许值 $x_i^{(S)}$ 和满意值 $x_i^{(h)}$。这里下标 i 表示指标序号,上标 S 和 h 分别表示"不容许"和"满意"之意。$x_i^{(S)}$ 和 $x_i^{(h)}$ 通常是通过征询专家意见确定的,它们可以分别是一定时期内（五年或三年）本地区、本系统或全国同行业的实际最差值和实际最好值,也可以是人们主观认为的最不理想值和最理想值。对于正指标,有 $x_i^{(h)} > x_i^{(S)}$；对于逆指标,有 $x_i^{(h)} < x_i^{(S)}$。

第二步：计算各单位指标的功效系数 d 或功效分数 Fd_i。其计算公式分别为

$$d_i = \frac{x_i - x_i^{(S)}}{x_i^{(h)} - x_i^{(S)}} \tag{10-6}$$

$$F = \frac{x_i - x_i^{(S)}}{x_i^{(h)} - x_i^{(S)}} \times 40 + 60 = d_i \times 40 + 60 \tag{10-7}$$

式中,x_i 为第 i 指标的实际值；d_i（功效系数）为最初提出的计算单项指标效用值的公式（同度量化公式）。

当 $x_i = x_i^{(S)}$ 时（实际值等于不容许值时）,$d_i = 0$；当 $x_i = x_i^{(h)}$ 时（实际值等于满意值时）,$d_i = 1$。对于正指标,当 $x_i < x_i^{(S)}$ 时,$d_i < 0$；当 $x_i > x_i^{(h)}$ 时,$d_i > 1$；当 $x_i^{(S)} < x_i < x_i^{(h)}$ 时,$0 < d_i < 1$。对于逆指标,当 $x_i > x_i^{(S)}$ 时,$d_i < 0$；当 $x_i < x_i^{(h)}$ 时,$d_i > 1$；当 $x_i^{(h)} < x_i < x_i^{(S)}$,$0 < d_i < 1$。状态越好,$d_i$ 越大；反之,d_i 越小。

在实际应用时,人们发现"功效系数"的取值不够直观,且易出现负值,负值给最后的平均合成带来了很多困难,因此庞皓教授等又提出了 Fd_i 公式——功效分数,并称 d_i 为"改进前功效系数法",称 Fd_i 为"改进后功效系数法"。不难发现,"功效分数"或"改进后功效系数法"所得的单项评价值非常直观易理解,取值方式如同学习考试中的"百分制"。当 $x_i = x_i^{(S)}$ 时,$Fd_i = 60$,这是一个"临界点"；当 $x_i = x_i^{(h)}$ 时,$Fd_i = 100$,这也是一个"临

界点"。若一个单位某项指标比不容许值还差（对于正指标，是指 $x_i < x_i^{(S)}$；对于逆指标，是指 $x_i > x_i^{(S)}$），则该指标的功效分数将"不及格"，即 $Fd_i < 60$。若一个单位某项指标比满意值还要好（对于正指标，是指 $x_i > x_i^{(h)}$；对于逆指标，是指 $x_i < x_i^{(h)}$），则该指标的功效分数将超过 100 分，即 $Fd_i > 100$。状态越好，Fd_i 越高；反之，Fd_i 越低。

第三步：对各单项指标的功效系数 d_i 或功效分数 Fd_i 进行加权平均，求得综合功效系数或综合功效分数。

与综合指数法相似，当各单项指标的权数确定之后，就可以采用加权几何平均法或加权算术平均法或加权平方平均法来计算平均功效系数值 $\overline{D}$ 或平均功效分数值 $\overline{FD}$。它们的公式如下

$$\text{几何平均功效系数} \quad \overline{D} = \sqrt[\sum w_i]{\prod d_i^{w_i}} \qquad (10\text{-}8)$$

$$\text{几何平均功效分数} \quad \overline{FD} = \sqrt[\sum w_i]{\prod Fd_i^{w_i}} \qquad (10\text{-}9)$$

$$\text{算术平均功效系数} \quad \overline{D} = \frac{\sum d_i w_i}{\sum w_i} \qquad (10\text{-}10)$$

$$\text{算术平均功效分数} \quad \overline{FD} = \frac{\sum Fd_i w_i}{\sum w_i} \qquad (10\text{-}11)$$

$$\text{平方平均功效系数} \quad \overline{D} = \sqrt{\frac{\sum d_i^2 w_i}{\sum w_i}} \qquad (10\text{-}12)$$

$$\text{平方平均功效分数} \quad \overline{FD} = \sqrt{\frac{\sum F^2 d_i w_i}{\sum w_i}} \qquad (10\text{-}13)$$

在上述各式中，w_i 为指标 i 的权数；d_i 为指标 i 的功效系数；Fd_i 为指标 i 的功效分数。

在实践中，正是由于 Fd_i 的取值较 d_i 直观，故人们一般采用 Fd_i 进行综合评价，且多采用加权算术平均法求总评价值。

【例 10-2】 我们仍以表 10-1 资料为例，采用改进后的功效系数法对甲、乙、丙三个企业的商业经济效益进行综合评价。各指标的功效分数公式如下

$$\text{年人均增加值} x_1(万元/人) \quad Fd_1 = \frac{x_1 - 9.6}{11.6 - 9.6} \times 40 + 60 = (x_1 - 9.6) \times 20 + 60$$

$$\text{流通费用率} x_2(\%) \quad Fd_2 = \frac{x_2 - 14}{12 - 14} \times 40 + 60 = (14 - x_2) \times 20 + 60$$

$$\text{中间消耗率} x_3(\%) \quad Fd_3 = \frac{x_3 - 35}{25 - 35} \times 40 + 60 = (35 - x_3) \times 4 + 60$$

$$\text{资金利税率} x_4(\%) \quad Fd_4 = \frac{x_4 - 7.5}{17.5 - 7.5} \times 40 + 60 = (x_4 - 7.5) \times 4 + 60$$

$$\text{流动资金周转速度} x_5(次/年) \quad Fd_5 = \frac{x_5 - 2.5}{5 - 2.5} \times 40 + 60 = (x_5 - 2.5) \times 16 + 60$$

将各企业各指标代入上述各项，便可求得相应的功效分数值。结果如表 10-4 所示。例如，甲企业五个效益指标的得分计算过程如下

$$Fd_1 = (x_1 - 9.6) \times 20 + 60 = (11.2 - 9.6) \times 20 + 60 = 92$$
$$Fd_2 = (14 - x_2) \times 20 + 60 = (14 - 13.6) \times 20 + 60 = 68$$
$$Fd_3 = (35 - x_3) \times 4 + 60 = (35 - 28) \times 4 + 60 = 88$$
$$Fd_4 = (x_4 - 7.5) \times 4 + 60 = (12.5 - 7.5) \times 4 + 60 = 80$$
$$Fd_5 = (x_5 - 2.5) \times 16 + 60 = (4 - 2.5) \times 16 + 60 = 84$$

表 10-4　甲、乙、丙企业经济效益功效分数 Fd_i 计算表

评价指标	权数 W	不容许值 $i^{(S)}$	满意值 $i^{(h)}$	甲企业 实际值 X_i	甲企业 单项指数 Fd_i	乙企业 实际值 X_i	乙企业 单项指数 Fd_i	丙企业 实际值 X_i	丙企业 单项指数 Fd_i
	(1)	(2)	(3)	(4)	(5)	(6)	(7)	(8)	(9)
年人均增加值（万元/人）	20	9.6	11.6	11.2	92	9.6	60	10.4	76
流通费用率（%）	10	14	12	13.6	68	12.4	92	14	60
中间消耗率（%）	15	35	25	28	88	30	80	32	72
资金利润率（%）	35	7.5	17.5	12.5	80	12	78	11.0	74
流通资金周转速度（次/年）	20	2.5	5	4.0	84	3.5	76	3.0	68

表 10-4 的（5）、（7）、（9）各列数字分别是甲、乙、丙三个企业的功效分数。对各企业的功效分数值进行加权平均，即可得到各企业的平方平均功效分数值 $\overline{FD}$。最后的结果如表 10-5 所示。

值得注意的是，在采用算术平均合成时，$\overline{FD}$ 与 $\overline{D}$ 具有相同的排序结论，但采用平方平均合成与几何平均合成时，$\overline{FD}$ 与 $\overline{D}$ 的排序结论可能会不同。

表 10-5　甲、乙、丙企业不同平均方法所得的综合功效分数 $\overline{FD}$

平均方法	甲企业（$\overline{FD}_甲$）	乙企业（$\overline{FD}_乙$）	丙企业（$\overline{FD}_丙$）
几何平均法	82.912 2	75.139 5	71.336 3
算术平均法	83.2	75.7	71.5
平方平均法	83.474 5	76.229 90	71.653 3

由表 10-5 可见，甲、乙、丙三个企业商业综合经济效益排名次序为：甲最佳，其次为乙企业，丙企业相对最差。这一次序与"综合指数法"结论完全相同。此外，从整体水平看，甲企业效益"良好"，乙企业效益"中等"，丙企业效益"中等偏下"。这正是"改进后功效系数法"取值直观的表现。而"改进功效系数法"（d_i）的结果就没有这一特点。为了便于对比，我们将功效系数 $\overline{D}$ 的计算结果列出，如表 10-6 和表 10-7 所示。从中可以看出，由于乙企业的人均增加值和丙企业的流通费用率均恰好等于不满意值，相应的 d_i 值就为零，这样就不能应用几何平均法，这正是 d_i 的缺点之一。此外，虽然综合评价结论还是"甲优于乙""乙优于丙"，但 $\overline{D}_甲$、$\overline{D}_乙$、$\overline{D}_丙$ 的含义就没有 $\overline{FD}_甲$、$\overline{FD}_乙$、$\overline{FD}_丙$ 直观。

表 10-6　甲、乙、丙企业经济效益功效系数 d_i 计算表

评价指标	权数 W_i	不容许值 $X_i^{(S)}$	满意值 $X_j^{(h)}$	甲企业 实际值 X_i	甲企业 功效分数 Fd_i	乙企业 实际值 X_i	乙企业 功效分数 Fd_i	丙企业 实际值 X_i	丙企业 功效分数 Fd_i
甲	(1)	(2)	(3)	(4)	(5)	(6)	(7)	(8)	(9)
年人均增加值（万元/人）	20	9.6	11.6	11.2	0.8	9.6	0	10.4	0.4
流通费用率（%）	10	14	12	13.6	0.2	12.4	0.8	14.0	0
中间消耗率（%）	15	35	25	28	0.7	30	0.5	32	0.3
资金利润率（%）	35	7.5	17.5	12.5	0.5	12.0	0.45	11.0	0.35
流通资金周转速度（次/年）	20	2.5	5	4.0	0.6	3.5	0.4	3.0	0.2

表 10-7　甲、乙、丙企业不同平均方法所得的综合功效系数（$\overline{D}$）

平均方法	甲企业（$\overline{D}_\text{甲}$）	乙企业（$\overline{D}_\text{乙}$）	丙企业（$\overline{D}_\text{丙}$）
几何平均法	0.546 7	0	0
算术平均法	0.58	0.392 5	0.287 5
平方平均法	0.604 2	0.452 1	0.310 4

值得指出的是，如果要对多个单位的状态进行综合评价排序，也可用全部参评单位的每个指标最优值作为满意值，以最差值作为不容许值，这样，直线型功效系数法就称为"极差变换法"。

10.2.3　曲线型功效系数法

直线型功效系数法在计算单项指标的功效系数或功效分数时，d_i 和 Fd_i 实际上是关于 x_i 的一条线性函数，换言之，d_i 和 Fd_i 与 x_i 之间呈直线关系，不论 x_i 已达到什么水平，x_i 每增加一个单位，d_i 或 Fd_i 的提高（或下降）量是固定的，如上例中，资金利税率（x_4）的功效分数 $Fd_4 = (x_4 - 7.5) \times 4 + 60$，资金利润率每增加 1%（$x_4$ 增加 1），则功效分数值将增加 4 分，而不论企业实际资金利税率已达到什么程度。这显然与实际情况不相符合。在实践中，人们认为指标实际值 x_i 与评价值（效用值）之间未必呈直线关系，而可能呈曲线关系，从而提出了计算单项指标功效叙述（分数）的"曲线法"，如人们提出了"指数型功效系数法""对数型功效系数法"等同度量化方法。下面我们介绍比较容易计算的"对数型功效系数法"。这一方法的基本过程如下所示。

第一步：与直线型功效系数法相类似，根据专家意见或历史统计资料给每一个单项指标确定一个不容许值 $x_i^{(S)}$ 和满意值 $x_i^{(h)}$。但不同之处是 $x_i^{(S)}$ 和 $x_i^{(h)}$ 都应大于零。

第二步：计算各单项指标的效用值（评价值）p_i 和 FP_i。p_i 和 FP_i 也可分别称为功效系数和功效分数。其算式为

$$\text{系数：} p_i = \frac{\log x_i - \log x_i^{(S)}}{\log x_i^{(h)} - \log x_i^{(S)}} \tag{10-14}$$

或

$$\begin{aligned}\text{分数：} FP_i &= \frac{\log x_i - \log x_i^{(S)}}{\log x_i^{(h)} - \log x_i^{(S)}} \times 40 + 60 \\ &= p_i \times 40 + 60\end{aligned} \tag{10-15}$$

式中，各符号的含义同前；p_i 的取值含义与 d_i 相同；FP_i 的含义与 Fd_i 相同；log 为对数符号，其底数可以是任意的。通常可用常用对数或自然对数。

第三步：计算功效系数或功效分数的平均值 $\overline{P}$ 或 $\overline{FP}$。同样，$\overline{P}$ 或 $\overline{FP}$ 计算也可以是算术平均值、几何平均值和平方平均值。其公式在此就不再赘述。

【例 10-3】　下面仍以表 10-1 资料为例，采用对数型功效系数法对甲、乙、丙三个企业的商业经济效益水平进行综合评价排序。单项指标的 p_i 及 FP_i 如表 10-8 所示，各企业综合评价值 $\overline{P}$ 或 $\overline{FP}$ 如表 10-9 所示。

表 10-8 对数型功效系数法 p_i 及 FP_i 计算表

评价指标	权数 W_i	不容许值		满意值		甲企业			乙企业			丙企业	
		X_i^s	Lux_i^s	X_i^h	Lux_i^h	Lnx_i	p_i	FP_i	Lnx_i	p_i	FP_i	Lnx_i	FP_i
	(1)	(2)	(3)	(4)	(5)	(6)	(7)	(8)	(9)	(10)	(11)	(12)	(13)	(14)
甲													
年人均增加值（万元/人）	20	9.6	2.261 76	11.6	2.455 91	2.415 91	0.814 6	92.58	2.261 76	0	60	2.341 81	0.423 0 0	76.92
流通费用率（%）	10	14.0	2.639 06	12.0	2.484 91	2.610 01	0.188 1	67.52	2.517 70	0.787 3	91.49	2.639 06	0.266 3	60
中间消耗率（%）	15	3.5	3.555 35	25	3.218 88	3.332 20	0.663 2	86.53	3.401 20	0.458 1	78.32	3.465 74	0.452 0	70.65
资金利税率（%）	35	7.5	2.014 90	14.5	2.525 73	2.525 73	0.602 9	84.12	2.484 91	0.554 7	82.19	2.397 90	0.263 0	78.08
流通资金周转速度（次/年）	20	2.5	0.916 29	5.0	1.386 29	1.386 29	0.678 1	87.12	1.252 76	0.485 4	79.42	1.098 61		70.520

注：表中的 Ln 为自然对数。

表 10-9　对数型功效系数法 $\overline{P}$ 或 $\overline{FP}$

加权平均方法	甲企业		乙企业		丙企业	
	$\overline{P}$	$\overline{FP}$	$\overline{P}$	$\overline{FP}$	$\overline{P}$	$\overline{FP}$
几何平均法	0.591 86	84.83	0	76.92	0	73.19
算术平均法	0.627 85	85.11	0.438 67	77.55	0.335 35	73.41
平方平均法	0.649 16	85.37	0.498 27	78.12	0.362 99	73.62

从表 10-9 可以看出，综合评价的结论与直线型功效系数完全相同。但必须指出的是，这并不等于说这两种评价方法的作用完全相同。其实，在有些场合，直线型功效系数法与对数型功效系数法的综合评价结论是不一致的。

10.2.4　标准化系数方法

对于排序评价，也可采用标准化方法对数据进行同度量化处理。由此进行的综合评价技术可称为"标准化系数方法"。其基本过程如下所示。

第一步：计算每个指标的算术平均值与标准差。

设有 n 个参评单位，k 为评价指标个数，x_{ij} 为 i 单位第 j 项指标的实际值，则第 j 指标的算术平均值为

$$\overline{x}_j = \frac{1}{n}\sum_{i=1}^{N} x_{ij} \qquad (j=1,2,\cdots,k) \tag{10-16}$$

第 j 个指标的标准差为

$$S_j = \sqrt{\frac{1}{n}\sum_{i=1}^{N}(x_{ij}-\overline{x}_j)^2} \qquad (j=1,2,\cdots,k) \tag{10-17}$$

第二步：对原始数据做标准化处理，即可得第 i 单位第 j 指标的"标准化值" Z_{ij}。

对于正指标：

$$Z_{ij} = \frac{x_{ij}-\overline{x}_j}{S_j} \tag{10-18}$$

对于逆指标：

$$Z_{ij} = -\frac{x_{ij}-\overline{x}_j}{S_j} = \frac{\overline{x}_j-x_{ij}}{S_j} \tag{10-19}$$

显然，每一指标的标准化序列为零均值、单位方差的某种分布（不一定是正态的，但通常假定为正态分布）。Z_{ij} 取值有正有负。Z_{ij} 越大，说明 i 单位第 j 指标的单项评价价值越高。但正因为 Z_{ij} 有正有负，就不如前面所介绍的直线型或曲线型功效分数那么直观。因此，我们也可以对 Z_{ij} 进行线性变换，求得"标准化分数值" Fz_{ij}。

$$Fz_{ij} = Z_{ij} \cdot a + b \tag{10-20}$$

这里 a、b 值的确定非常关键。如果采用算术平均法计算总评价值，则 a、b 对评价结论没有丝毫影响。但若是另外一些平均法，则不同的 a、b 值将有可能导致不同的评价结论。根据正态分布理论，一个变量值介于 $\overline{x}-3\sigma$ 与 $\overline{x}+3\sigma$ 之间的概率达到 99.73%，而介于 $\overline{x}-5\sigma$

与 $\bar{x}+5\sigma$ 之间的概率几乎为 100%。因此我们可以采用百分制方式，以一个 σ 的离差为 10 分，则 $x=\bar{x}-5\sigma$ 当时，计 $Fz=0$，当 $x=\bar{x}-4\sigma$ 时，记 $Fz=100$。由 $Fz=100$。由 $Fz=\dfrac{x-\bar{x}}{\sigma}\times a+b$，即可得 $a=100$，$b=50$，于是：

$$Fz_{ij}=Z_{ij}\times 10+50 \qquad (10\text{-}21)$$

这一指标的取值为 50 分时，表示达到平均水平。在实践中，使用者也可以将起点分与平均水平分适当提高，如 60 分等。

第三步：计算综合评价值。同样是采用加权算术平均值法。对于 Fz_{ij}，当没有零值和负值时，还可以计算几何平均值与平方平均值，但 Z_{ij} 由于有负值而不能采用这两种平均合成计算总评价值。

【例 10-4】 设有 10 个地区的社会治安状况的两项指标如表 10-10 所示。

表 10-10 标准分数值计算表

地区	指标I（%）	指标II（%）	Z_{i1}	Z_{i2}	Z 平均	Fz_{i1}	Fz_{i2}	F_Z 平均	名次
A	0.52	11.8	1.125	−0.314	0.549 4	61.25	46.86	55.494	④
B	0.75	15.8	−0.820	1.650	0.168 0	41.8	66.65	51.68	⑤
C	0.64	16.2	0.110	1.846	0.804 4	51.1	68.46	58.044	②
D	0.72	10.4	−0.567	−1.002	−0.741 0	44.33	39.98	42.59	⑨
E	0.85	9.8	−1.666	−1.296	−1.518 0	33.34	37.04	34.82	⑩
F	0.44	13.4	1.801	0.471	1.269 0	68.01	54.71	62.69	①
G	0.52	12.6	1.125	0.007 9	0.706 6	61.25	50.79	57.066	③
H	0.70	10.9	−0.398	−0.756	−0.541 2	46.02	42.44	44.588	⑧
I	0.68	11.4	−0.228	−0.511	−0.341 2	47.72	44.89	46.588	⑥
J	0.71	12.1	−0.482	−0.167	−0.356	45.18	48.33	46.44	⑦

注：指标 I 为逆指标，指标 II 为正指标。

$$\bar{x}_1=0.653\% \quad s=1.182\ 4 \quad Z_{i1}=\dfrac{x_{i1}-0.653\%}{1.182\ 4}$$

$$\bar{x}_2=12.44\% \quad s=2.036\ 8 \quad Z_{i2}=\dfrac{x_{i2}-12.44\%}{2.036\ 8}$$

指标 I 与指标 II 的权重分配为 6∶4，Z 的加权算术平均值、Fz 的加权算术平均值及综合评价名次如表 10-10 所示。

值得指出的是，如果"标准化法"中的权数采用主成分分析法确定，且指标标准化系数值不区分正逆指标，则综合评价结果就成为系统综合评价技术的"主成分评价法"。并且，"标准化法"本质上与综合指数法、直线型功效系数法一样，均是线性无量纲化函数。所以，在一定条件之下，它们是相同的。例如，取 $x^{(S)}=\bar{x}$，$x^{(h)}=\bar{x}+\sigma$，则标准化系数等于功效系数。

10.3 评价权数的构造方法

在统计综合评价中，有非常丰富的构造评价权数的方法，但其中最常用的方法主要有德尔菲构权法、层次分析构权法、环比构权法与分层构权法等。前两者通常可称为基础构权法，而后两者则是一种高层次的构权方法，是多种构权方法的混合使用。下面对这些方法逐一进行介绍。

10.3.1 德尔菲构权法

该法又称专家法，它是通过多次的反馈与修改来实现专家意见逐步趋同，从而获得一组比较满意的反映各指标重要性程度的统计权数。其思路如下所示。

第一步：将待确定权数的各指标及有关要求（如确定权数的规则、返回期限、权数表现方式、回信内容等）发给事先选定的若干名专家，请他们独立地给出各指标的权数值。构权要求可以不做任何限制，也可作较宽松的限制，以允许专家们有"自由"的构权思路。专家的人数多少可根据需要和实际中的可能决定，一般不少于五六名，但也不一定要很多。专家的标准是，他们应该对评价对象有比较广泛的了解与经验，既有理论工作者，也有实际工作者。

第二步：收回各专家意见，计算每一个指标所得权数的均值和标准差。

设第一指标的 n 位专家评定权数（比重形式）为 $W_{11}, W_{12}, W_{13}, \cdots, W_{1n}$，则得到第一个指标权数的平均数和标准差为

$$\overline{W}_1 = \frac{1}{n}\sum_{j=1}^{n} W_{1j}, \sigma_1 = \frac{1}{n}\sum(W_{1j} - \overline{W}_1)^2 \tag{10-22}$$

【例 10-5】 若 5 名专家分别认为经济效益指标体系中的"资金利润率"指标权重为 30%，40%，50%，30%，35%，则得到

$$资金利润率平均权重 = (0.3+0.4+0.5+0.3+0.35)/5$$
$$= 0.37 = 37\%$$

$$资金利润率标准差$$
$$= \sqrt{[(0.3-0.37)^2+(0.4-0.37)^2+(0.5-0.37)^2+(0.3-0.37)^2+(0.35-0.37)^2]/5}$$
$$= 0.074\ 833 = 7.483\ 3\%$$

第三步：将计算结果及补充的背景材料和要求再寄给各位专家，要求那些所给权重与平均值偏离比较大的专家（如上例对资金利润指标赋权时，第三位专家给出 50%的权重，我们认为这属于"偏差较大"）说明所赋权值的根据，同时要求各位专家在新的基础之上重新确定各指标的权重。

第四步：重复第二、第三两个步骤，直至各项指标权重的标准差小于等于预先给定的标准值（如 5%或 4%等）后，或直至各专家"不再修改自己前一轮所赋权重"后，就停止向各专家征询意见，计算最后一轮专家意见的平均值，以此作为相应指标的统计权数。

德尔菲法是一种注重实效、应用广泛的构权方法，它具有集思广益、相互独立（各专家之间"背对背"，不受其他人及少数权威意见所影响）、逐步趋同（有一个"集中—反馈—集中"的系统过程）等优点。在实践中，为了使所得权重更加准确、科学，人们还对德尔菲法做出改进，运用"带有信任度的德尔菲法"。

【例 10-6】假设在对可持续发展状况进行综合评价时，评价者选了五个简明的评价指标组成评价体系，具体如表 10-11 所示。

表 10-11 德尔菲构权法第一轮返回结果权重 （%）

指标名称	专家 A	专家 B	专家 C	专家 D	专家 E	专家平均	专家标准差	标准差系数
经济增长率	15	18	10	20	20	16.6	3.773 6	22.732 5
社会稳定系数	15	18	10	15	15	14.6	2.576 8	17.649 3
国民教育程度	20	18	10	15	10	14.6	4.079 2	27.939 7
人均资源水平	30	28	50	40	35	36.6	7.889 2	21.555 2
环境污染指数	20	18	20	10	20	17.6	3.878 1	22.034 7

设共有五位专家，第一轮返回的对五个指标的权重如表 10-11 所示。至于每个专家是如何确定这一权重的，组织者可以不必了解。从第一轮的结果来看，每个专家的意见是不甚一致的，各指标权重的标准差系数均为比较大，低的变异数达 17.649 3%，高的变异系数达 27.939 7%。若事先设定的控制目标是：变异系数不超过 15%，则必须征询专家们的第二轮意见，从表中可以看到，各专家的意见已基本一致。各指标权重的标准差系数均已低于 15%。最高的也只有 10.126 6%，最低的只有 1.807 1%，且各指标权重的专家之间标准差最大的也只有 1.65，小的只有 0.4%，足见各专家意见的一致性。至此，德尔菲构权法就可以结束了，最后就可用表 10-12 的专家平均值作为各评价指标的相对权重。

表 10-12 德尔菲构权法第四轮返回结果 （%）

指标名称	专家 A	专家 B	专家 C	专家 D	专家 E	专家平均	专家标准差	标准差系数
经济增长率	16	18	15	20	18	17.4	1.743 6	10.007
社会稳定系数	15	16	15	15	15	15.2	0.4	2.631 6
国民教育程度	18	18	16	16	15	16.6	1.2	7.228 9
人均资源水平	35	34	36	35	35	35.0	0.632 5	1.807 1
环境污染指数	16	14	18	14	17	15.8	1.6	10.126 6

10.3.2 层次分析构权法

层次分析构权法（AHP）又称互反式两两比较构权法。它是根据美国运筹学家萨蒂教授所创立的多目标多准则决策方法原理提出的一种确定统计权数的方法。从理论上讲，AHP 中所有排序方法（如特征根法、最小平方方法、对数最小平方方法、广义特征向量法、非线性排序法、梯度向量法、最小偏差法等）以及所有标度方法（如比率标度法、指数标度法、差数标度法等）均可成为一种相对独立的构造统计权数的方法。为了便于计算，我们只介绍特征根法的三种近似解法——方根法、行和法及和积法，并只介绍比率标度法。

层次分析构权法的基本思路如下。

第一步：将全部评价（n 个）指标列成一个棋盘式平衡表（如表 10-13 所示，此表也称判断矩阵，记为 A），并对各指标的重要性进行两两比较。比较结果 a_{ij} 填入表内相应的 i 行 j 列内。A_{ij} 为 AHP 中的标度，其含义是"i 指标的重要性是 j 指标重要性的倍数"，即

$$a_{ij} = \frac{i \text{ 指标的重要性}}{j \text{ 指标的重要性}} = \frac{W_i}{W_j} \qquad (10\text{-}23)$$

a_{ij} 的确定规则有多种，详见表 10-13 与表 10-14。其中 1～9 比率标度是萨蒂教授较早提出的，也是目前应用最广的一种，但从统计权数的含义来看，这些标度只不过是一个"参考值"，构权者应该根据指标之间实际权重二元分配比例来确定 a_{ij} 的具体数值。显然有

$$a_{ij} \cdot a_{ij} = 1/a_{ij}$$

由 a_{ij} 组成的 n 行 n 列棋盘平衡表，又称"AHP 判断矩阵"，记为 $\boldsymbol{A} = (a_{ij})_{n \times n}$，如表 10-15 所示。

表 10-13　AHP 法中几种比率标度法的评价标准（一）

10/10～18/2 标度 a_{ij}	1～9 标度 a_{ij}	比较的含义
10/10 = 1	1	i 与 j 一样重要
12/8 = 1.5	3	i 与 j 略为重要
14/6 = 2.333	5	i 与 j 明显重要
16/4 = 4	7	i 与 j 强烈重要
18/2 = 9	9	i 与 j 绝对重要
11/9, 13/7, 15/5, 17/3	2, 4, 6, 8,	介于上述相邻重要性级别之间
上述各数的倒数	上述各数的例数	上述 j 与 i 的比较，即 a_{ij}

表 10-14　AHP 法中几种比率标度法的评价标准（二）

9/9 = 1	$9^{k/q}$ 标度 a_{ij}	比较的含义
9/9 = 1	1	i 与 j 一样重要
9/7 = 1.286	$9^{1/9} = 1.276$	i 与 j 稍微重要
9/5 = 1.8	$9^{3/9} = 1.276$	i 与 j 明显重要
9/3 = 3	$9^{6/9} = 1.276$	i 与 j 强烈重要
9/3 = 3	$9^{6/9} = 1.276$	i 与 j 强烈重要
9/8, 9/6, 9/4, 9/2	$9^{2/9}, 9^{4/9}, 9^{5/9}, 9^{7/9}, 9^{8/9}$	介于上述两个相邻等级之间
	上述各数的例数	j 与 i 的比较，即 a_{ji}

第二步：求解各指标的相对权重 $W_1, W_2, \cdots, W_n$。

对表 10-15 判断矩阵求权重的方法有很多，经典的解法是幂乘法。其思想是通过逐步迭代，求解下列方程

$$\boldsymbol{AW} = \lambda_{\max} \boldsymbol{W} \qquad (10\text{-}24)$$

式中，$\lambda_{\max}$ 为 $\boldsymbol{A}$ 是最大特征根；$\boldsymbol{W}$ 为相应特征向量，也就是所求的统计权数。幂乘法精度虽高，但迭代过程十分烦琐，实践中人们提出了许多近似解法。这里介绍三种解法。

表 10-15　AHP 判断矩阵表

	指标 1	指标 1	指标 1	$\cdots$	指标 n
指标 1	a_{11}	a_{12}	a_{13}	$\cdots$	a_{1n}
指标 2	a_{21}	a_{22}	a_{23}	$\cdots$	a_{2n}
指标 3	a_{31}	a_{32}	a_{33}	$\cdots$	a_{3n}
$\vdots$	$\vdots$	$\vdots$	$\vdots$	$\vdots$	$\vdots$
指标 n	a_{n1}	a_{n2}	a_{n3}	$\cdots$	a_{nn}

1. 算术平均法

算术平均法（RAM）计算过程如下所示。

（1）逐行计算 A 矩阵的行算术平均值 $\overline{R}_i$（i 为行号，$i = 1, 2, \cdots, n$）；

$$\overline{R}_i = \frac{1}{n}\sum_{j=1}^{n} a_{ij} \qquad (i = 1, 2, \cdots, n)$$

（2）对行算术平均值进行归一化，即为所计算的权重 w_i。公式为

$$w_i = \overline{R}_i \Big/ \sum_{j=1}^{n} \overline{R}_i$$

则得到

$$\boldsymbol{w} = (w_1, w_2, \cdots w_n)^{\mathrm{T}} \quad (i = 1, 2, \cdots, n)$$

（3）计算判断矩阵 A 的最大特征根 $\lambda_{\max}$（为后面的一致性检验服务）。

$$\lambda_{\max} = \frac{1}{n}\sum_{i=1}^{n}\frac{(Aw)_i}{w_i}$$

式中，$\boldsymbol{Aw} = \begin{pmatrix} a_{11} & a_{12} & \cdots & a_{1n} \\ a_{21} & a_{22} & \cdots & a_{2n} \\ \vdots & \vdots & & \vdots \\ a_{n1} & a_{n2} & \cdots & a_{nn} \end{pmatrix}\begin{pmatrix} w_1 \\ w_2 \\ \vdots \\ w_n \end{pmatrix}$；$(Aw)_i$ 为 $\boldsymbol{Aw}$ 的第 i 个元素。

上述计算行算术平均值并归一化的过程，等价于求行和并归一化，故此法又称为行和法。

2. 几何平均法

几何平均法（RGM）计算过程如下所示。

（1）逐行计算 A 矩阵的行几何平均值 G_i（i 为行号，$i = 1, 2, \cdots, n$），公式为

$$G_i = \sqrt[n]{a_{i1} \times a_{i2} \times a_{i3} \times \cdots \times a_{in}} = \sqrt[n]{\prod_{j=1}^{n} a_{ij}} \qquad (i = 1, 2, \cdots, n)$$

（2）对行几何平均值 G_i 进行归一化，即为所计算的权重 w_i。公式为

$$w_i = G_i \Big/ \sum_{j=1}^{n} G_i \qquad (i = 1, 2, \cdots, n)$$

则 $\boldsymbol{w} = (w_1, w_2, \cdots, w_n)^{\mathrm{T}}$ 即所计算的权向量。

（3）计算判断矩阵 A 的最大特征根 $\lambda_{\max}$，计算方法同行和法。

3. 规范列平均法

规范列平均法（CAM）计算过程如下所示。

（1）对判断矩阵 A 的每一列元素进行归一化处理，即按列计算比重，公式为：$b_{ij} = a_{ij} \Big/ \sum_{k=1}^{n} a_{kj}$，从而可得到矩阵：

$$\boldsymbol{B} = \begin{pmatrix} b_{11} & b_{12} & \cdots & b_{1n} \\ b_{21} & b_{22} & \cdots & b_{2n} \\ \vdots & \vdots & & \vdots \\ b_{n1} & b_{n2} & \cdots & b_{nn} \end{pmatrix}$$

对于所有的 i，均有：$\sum_{i=1}^{n} b_{ij} = 1$，故称之为规范列。

（2）对 B 矩阵逐行计算算术平均值，即为所要计算的比重权数 w_i。公式如下

$$w_i = \frac{1}{n}\sum_{j=1}^{n} b_{ij} \qquad (i = 1, 2, \cdots, n)$$

则 $w = (w_1, w_2, \cdots, w_n)^{\mathrm{T}}$ 即所计算的权向量。

（3）计算判断矩阵 A 的最大特征根 $\lambda_{\max}$，方法同上。

可以验证，当判断完全一致时，上述三种"近似解法"都能够导出正确的解，也是唯一的解。因为，此时应该有

$$A = \begin{pmatrix} \dfrac{w_1}{w_1} & \dfrac{w_2}{w_2} & \cdots & \dfrac{w_1}{w_n} \\ \dfrac{w_2}{w_1} & \dfrac{w_2}{w_2} & \cdots & \dfrac{w_2}{w_n} \\ \vdots & \vdots & & \vdots \\ \dfrac{w_n}{w_1} & \dfrac{w_n}{w_2} & \cdots & \dfrac{w_n}{w_n} \end{pmatrix} \qquad (10\text{-}25)$$

以行算术平均法为例，行算术平均值为

$$\overline{R}_i = \frac{1}{n}\sum_{j=1}^{n} a_{ij} = w_i \frac{1}{n}\sum_{j=1}^{n} \frac{1}{w_j}$$

$$\sum_{i=1}^{n} \overline{R}_i = \sum_{i=1}^{n}\left(w_i \frac{1}{n}\sum_{j=1}^{n} \frac{1}{w_j}\right) = \frac{1}{n}\sum_{j=1}^{n} \frac{1}{w_j}$$

$$\overline{R}_i \Big/ \sum_{i=1}^{n} \overline{R}_i = w_i \frac{1}{n}\sum_{j=1}^{n} \frac{1}{w_j} \Big/ \frac{1}{n}\sum_{j=1}^{n} \frac{1}{w_j} = w_i$$

其余解法的验证由读者自己完成。

第三步：计算一致性比率 CR，以检查所构判断矩阵 A 及由之导出的权向量的合理性。

根据判断矩阵元素的物理含义，我们不难发现，如果构权者在整个判断过程中是完全一致的（没有出现自相矛盾的判断），则应该有以下条件成立

① $a_{ii} = 1$

② $a_{ij} = 1/a_{ji}$

③ $a_{ik} \cdot a_{kj} = a_{ij}$

显然，条件①、②两条是容易满足的，最困难的是第③条。如果对于任何的 i、j、k，条件③总是成立，则我们称判断矩阵 A 是满足一致性的，否则，便称为不一致。例如，如果我们认为 i 指标的重要性是 j 指标重要性的 1.5 倍，而 j 指标的重要性是 k 指标重要性的 3 倍，则很自然地，应该得出 i 指标的重要性是 k 指标重要性 4.5 倍的结论。但由于受人类判断能力的限制，同时也由于重要性权重本来就是一个模糊数，因此我们在对比 i 指标与 k 指标的重要性时，可能会得出"i 指标的重要性是 k 指标重要性的 5 倍"或者"i 指标的重要性是 k 指标重要性的 4 倍"的结论，于是就出现了判断的"不一致"。据研究，人类判断的一致性能力将随判断矩阵阶数的增加而下降，且不一致现象往往是不

可避免的。因此只要这种不一致性程度是可以容忍的，那么所构的权重还是比较合理的，否则，如果出现了严重的不一致情况（如上例完全颠倒，认为 i 还不及 k 重要），则说明所构的判断矩阵 A 是不合格的，据之计算的权向量同样是不准确的，进而影响到综合评价结论的科学性。

对判断矩阵的检查方法有两类，一类是一致性比率法，另一类是统计假设检验法。实践中较常用的是第一类方法。

一致性比率 CR 的计算公式为

$$CR = \frac{CI}{RI}$$

式中，RI 为同阶平均随机一致性指标，它是通过数百甚至上千个随机构造的样本矩阵计算的平均 CI。CI 称为一致性指标，其计算公式为

$$CI = \frac{\lambda_{\max} - n}{n - 1}$$

$\lambda_{\max}$ 为 A 矩阵的最大特征根。据证明，对于任何的判断矩阵 A，均有 $\lambda_{\max} \geq n$，并且，判断矩阵的一致性程度越高，$\lambda_{\max}$ 越接近于 n。当判断完全一致时，A 的非零特征根是唯一的，且为 n。显然，CI 越小，判断矩阵 A 的一致性程度也越高。故 CI 是衡量判断矩阵一致性水平的重要指标。但由于人类比较判断的一致性能力随着矩阵阶数 n 的增加而下降，因此对于更加高阶的判断矩阵，人们应该抱更加宽容的态度。正是基于这一思想，萨蒂提出了随机一致性指标 RI 的概念，并通过对比计算 CR，CR 越小，对判断不一致程度的容忍程度也越高。目前实践中通常采用萨蒂提出的 $CR \leq 10\%$ 的标准，即如果一个判断矩阵的 $CR \leq 10\%$ 时，认为其不一致程度是可接受的，否则认为不一致性太严重，需要重新构造判断矩阵或做必要的调整。

应该指出的是，不同标度值之下 RI 是不同的。表 10-16 给出了 1/9 标度及 10/10—8/2 的 RI 值。

表 10-16 1-10 阶 RI 值

阶数	1/9 标度的 RI	10/10 18/2 标度的 RI
3	0.58	0.169 0
4	0.90	0.259 8
5	1.12	0.328 7
6	1.25	0.369 4
7	1.32	0.400 7
8	1.41	0.416 7
9	1.45	0.437 0
10	1.49	—

【例 10-7】设有 5 个效益指标构成了一个综合评价体系，这 5 个指标是：人均增加值、中间消耗率、流通费用率、资金利税率、流动资金周转速度。根据某人的判断，认为人均增加值的重要性大体为中间消耗率的两倍，大体为流通费用率的 5 倍，大体为资金利税率重要性的一半，与资金周转速度的重要性大致相同。这样我们就得到如表 10-17 所示的判断矩阵 A 的第一行数值。同理，还可将中间消耗率于各指标进行重要性的两两比较，等等。最后就得到了表 10-17 其余各行的数值。各指标自身对比的结

果在对角线上，全为 1，即 $a_{ij} = 1$，因为自身的对比显然是"等重要性"的。在表 10-17 中，有 $a_{ij} = 1/a_{ji}$。

表 10-17 AHP 判断矩阵

指标	1	2	3	4	5
人均增加值	1	2	1.5	1/2	1
中间消耗率	1/2	1	3/4	1/4	1/2
流通消费率	2/3	4/3	1	1/3	3/4
资金利税率	2	4	3	1	1.5
流通资金周转速	1	2	4/3	2/3	1

我们将方根法与行和法的计算过程及结果列到表 10-18 中。

表 10-18 方根法与行和法计算过程

指标序号（行号）	方根法		行和法	
	行几何均值 G_i	归一化权重 W_i	行和值	归一化权重 W_i
1	1.084 472	0.195 9	6.0	0.196 2
2	0.542 236	0.097 9	3.0	0.098 1
3	0.740 214	0.133 7	4.083 33	0.133 5
4	2.047 673	0.369 9	11.5	0.376 0
5	1.121 955	0.202 6	6.0	0.196 2
合计	5.536 55	1.000 0	30.583 33	1.000 0

按和积法，逐列求结构相对数，得新判断矩阵的一致性比较好。就统计评价实践看，权重通常取两位小数。因此最后我们可以认为上述五个指标的权重可依次定为 20%、10%、13%、37%、20%。

表 10-19 归一化后的判断矩阵表

指标	1	2	3	4	5	行平均值（权数 W_i）
人均增加值	0.193 55	0.193 55	0.197 80	0.181 82	0.210 53	0.195 5
中间消耗率	0.096 77	0.096 77	0.098 90	0.090 91	0.105 26	0.097 7
流通消费率	0.129 03	0.129 03	0.131 87	0.121 21	0.157 89	0.133 8
资金利税率	0.387 10	0.387 10	0.131 87	0.363 64	0.315 79	0.369 8
流动资金速度	0.193 55	0.193 55	0.175 82	0.242 42	0.210 53	0.203 2

为了检查判断矩阵的一致性，我们也可以计算最大特征根 λ_{max}。值得注意的是，上述三种方法的权向量结果不尽相同，因此 λ_{max} 也有所区别，所得 λ_{max} 也只是近似的。

下面以方根法的权向量为例，计算 λ_{max}。

$$AW = \begin{pmatrix} 1 & 2 & 3/2 & 1/2 & 1 \\ 1/2 & 1 & 3/4 & 1/4 & 1/2 \\ 2/3 & 4/3 & 1 & 1/3 & 3/4 \\ 2 & 4 & 3 & 1 & 3/2 \\ 1 & 2 & 4/3 & 2/3 & 1 \end{pmatrix} \begin{pmatrix} 19.59\% \\ 9.79\% \\ 13.37\% \\ 36.99\% \\ 20.26\% \end{pmatrix} = \begin{pmatrix} 0.979\ 8 \\ 0.489\ 9 \\ 0.670\ 1 \\ 1.858\ 3 \\ 1.019\ 2 \end{pmatrix}$$

$$\lambda_{\max} = \frac{1}{5}\left(\frac{0.979\,8}{0.195\,9} + \frac{0.489\,9}{0.097\,9} + \frac{0.670\,1}{0.133\,7} + \frac{1.858\,3}{0.369\,9} + \frac{1.019\,2}{0.202\,6}\right)$$
$$= (5.001\,53 + 5.004\,09 + 5.011\,97 + 5.023\,79 + 5.030\,60)/5$$
$$= 5.014\,396$$

因为 A 是采用 1-9 比例标度确定的，故查 RI 表，有 $n=5$ 时 $RI=1.12$。

$$CI = (\lambda_{\max} - n)/(n-1) = 0.003\,599$$
$$CR = CI/RI = 0.003\,599/1.12 = 0.321\,34\%$$

$CR = 0.321\,34\% < 10\%$，故认为 A 的一致性程度很高，令人满意，所构的评价权数是合理的。

10.3.3 环比构权法

环比构权法是一种通过对评价对象进行连环对比而求相对权重的构权方法，是对价值工程（VE）理论中功能评价的 DARE 法的直接借用。这一方法的构权思路如下所示。

第一步：将综合评价指标体系中各评价指标先按任意顺序排列，如表 10-20 所示。但为了避免不可比，最好在排列时保证各指标之间在重要性上具有较高的可比性。

第二步：将相邻两个指标 i 和 $i+1$ 的重要性进行对比，求得暂定重要性系数 R_i。R_i 实际上是，第 i 指标的重要性是第 $i+1$ 指标重要性的倍数，即

$$a_{ij} = \frac{\text{第} i \text{指标的重要性}(W_i)}{\text{第} i+1 \text{指标的重要性}(W_{i+1})} \quad (10\text{-}26)$$

显然，R_i 的确可参考 AHP 法的比率标度。如 R_1 为第 1 指标与第 2 指标的比较，R_2 为第 2 指标与第 3 指标的比较，等等。最后取 $R_n = 1$，因为已没有第 $n+1$ 个指标了。R_{n-1} 正是第 $n-1$ 指标为第 n 指标重要性的倍数，故 R_n 作为基数，取值应为 1。

第三步：对暂定重要系数 R_i 进行修订，使它们全部变成以第 n 指标重要性为基数的相对数——修正重要性系数，记为：$M_i (i=1, 2, \cdots, n)$，M_i 的计算公式为

$$M_i = R_i \cdot R_{i+1} \cdot \cdots \cdot R_{n-1} \cdot R_n = R_i \cdot M_{i+1} \quad (10\text{-}27)$$

如：$M_n = R_n$

$$M_{n-1} = R_{n-1} \cdot R_n = R_n \cdot M_n$$
$$M_{n-2} = R_{n-2} \cdot R_{n-1} \cdot R_n = R_{n-2} \cdot M_{n-1}$$
$$M_{n-3} = R_{n-3} \cdot R_{n-2} \cdot R_{n-1} \cdot R_n = R_{n-3} \cdot M_{n-2}$$
$$\vdots$$
$$M_2 = R_2 \cdot R_3 \cdot \cdots = R_{n-1} \cdot R_2 \cdot M_3$$
$$M_1 = R_1 \cdot R_2 \cdot \cdots = R_{n-1} \cdot R_n = R_1 \cdot M_2$$

不难发现，M_i 的实际含义是：w_i/w_n。

第四步：对 M_i 进行归一化处理，即可得指标的相对权重——最终重要性 w_i。w_i 的计算公式为

$$w_i = \frac{M_i}{\sum_{i=1}^{n} M_i}$$

环比构权法的上述四个过程，列成表格，如表 10-20 所示。

表 10-20　环比构权法计算过程表

加权对象（效益指标）	暂定重要性系数 R_i	修正重要性系数 M_i	最终重要性系数 W_i
指标 1	R_1	$M_1 = R_1, R_2, \cdots, R_n$	$w_1 = M_1 / \sum M$
指标 2	R_2	$M_2 = R_2, R_3, \cdots, R_n$	$w_2 = M_2 / \sum M$
指标 3	R_3	$M_3 = R_3, R_4, \cdots, R_n$	$w_3 = M_3 / \sum M$
⋮	⋮	⋮	⋮
指标 $n-1$	R_{n-1}	$M_{n-1} = R_{n-1}, R_n$	$w_n - 1 = M_{n-1} / \sum M$
指标 n	$R_n - 1$	$M_n = R_n = 1$	$w_n = M_n / \sum M$

【例 10-8】 设评价某行业服务质量的指标有四个方面：服务态度分数、错误率、及时率、完整率。采用环比构权构造评价权数。设某评权人员的环比结果如表 10-21 所示。

表 10-21　服务质量指标的环比构权的过程

服务质量指标	暂定重要性比例 R_i	修正重要性系数 M_i	归一化权数 w_i
服务态度分数	3/4	1	0.25
错误率	2	4/3	0.333 3
及时率	3/2	2/3	0.166 7
完整率	1	1	0.25
合计		4	1.000 0

可以发现，AHP 构权法中的任何一斜线上的几个元素均是环比构权法 R_i。相比而言，AHP 更加完善，但若存在两个元素之间重要性不可比时，AHP 易导致较高的不一致。实践中可以结合起来使用。

10.3.4　分层构权法

当一个综合评价指标体系中的指标个数比较多，涉及的面比较广时，直接采用上述 AHP 构权法或环比构权法，可能会遇到指标之间重要性不可比的现象，并且，若反映劳动效率或资金效率方面的指标个数较多，就会无形之中夸大劳动效率或资金方面的经济效益权数，从而使最终评价结论出现偏误。而分层构权法却可以让我们消除这种不合理现象。这种构造权数方法的基本思路如下所示。

第一步：将综合评价指标体系内的指标按照关于目标侧面的异同进行分组，将反映同一侧面的指标归为一类。若有必要，还可做进一步的归类，从而形成如图 10-5 所示的树形层次结构图。

第二步：采用任何构造权数的方法，确定每一层的相对权重。如图 10-5 所示，可先确定各侧

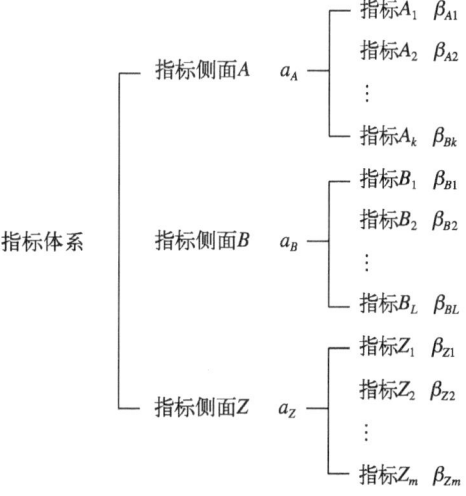

图 10-5　树形层次结构图

面之间的重要性权数（第一层 A，B，$\cdots$，Z 各侧面的相对权重）。设第一层的权重分配是 a_A、a_B、a_Z，且满足 $\Sigma a = 1$。

然后再确定每一侧面内部各指标之间的重要性权数，即 A 侧面内的 A_1，A_2，$\cdots$，A_k 中的指标的相对权重，B 侧面内 B_1，B_2，B_3，$\cdots$，B_L 各指标相对权重，分别记为 β_{A1}，β_{A2}，$\cdots$，β_{Ak}，β_{B1}，β_{B2}，β_{B3}，$\cdots$，β_{BL}，等等，且满足：$\beta_{A1}+\beta_{A2}+\cdots+\beta_{Ak}=1$，$\beta_{B1}+\beta_{B2}+\cdots+\beta_{BL}=1$，等等。

第三步：求各指标的最终权重。其计算方式是：将各指标从树根到树叶上各权重连乘。例如：

$$指标 A_1 的最终权重 = \alpha_A \cdot \beta_{A1}$$
$$指标 A_2 的最终权重 = \alpha_A \cdot \beta_{A2}$$
$$指标 A_k 的最终权重 = \alpha_A \cdot \beta_{Ak}$$
$$指标 B_1 的最终权重 = \alpha_B \cdot \beta_{B1}$$
$$指标 B_2 的最终权重 = \alpha_B \cdot \beta_{B2}$$
$$指标 B_L 的最终权重 = \alpha_B \cdot \beta_{BL}$$
$$指标 Z_1 的最终权重 = \alpha_Z \cdot \beta_{Z1}$$
$$指标 Z_2 的最终权重 = \alpha_Z \cdot \beta_{Z2}$$
$$指标 Z_m 的最终权重 = \chi_2 \cdot \beta_{Zm}$$

【例 10-9】设某一商业经济效益综合评价指标体系由七个指标构成，分别反映活动、物化劳动及资金营运与获利能力等三个方面的效益，结果如图 10-6 所示。

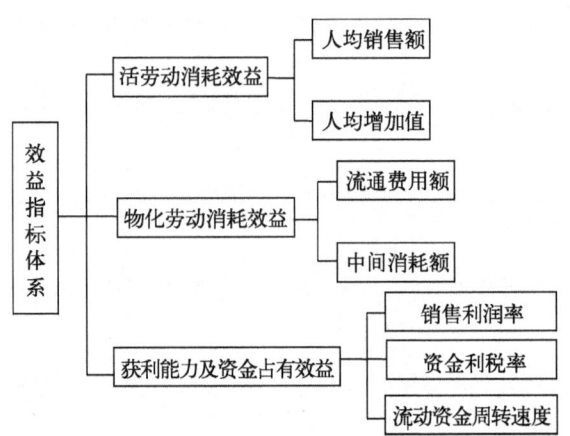

图 10-6　商业经济效益层次图示

首先确定"活劳动消耗效益""物化劳动消耗效益""获利能力及资金占用效益"这三个效益侧面的权重。确定的方法可任意选择。假如用 AHP，我们认为"获利能力及资金用效益"是重点、核心，其余两方面的效益侧重的重要性相同，最后确定"获利能力及资金占用效益"的权重为 60%，其余两方面效益的权重各为 20%。

其次，确定各侧面内部各指标的相对权重。构权方法也可任意选择。设人均销售额与人均增加值的权重分别为 40% 和 60%；设流通费用率与中间消耗之间权重也分别为 40%和 60%；设销售利润率、资金利润率、流动资金周转速度的权重分配为：30%、50%、20%。

最后，将上面所得的各环节权重标在相应位置（见图 10-3），并计算各指标的最终权数。计算过程如表 10-22 所示。

表 10-22 最终权数计算表

指标名称	计量过程算式	最终权数（%）
人均销售额	20%×40%	8
人均增加值	20%×60%	12
流通费用率	20%×40%	8
中间消耗率	20%×60%	12
销售利润率	60%×30%	18
资金利润率	60%×50%	30
流动资金周转速度	60%×20%	12
合计		100

本章小结

1. 综合评价是利用社会经济现象总体统计指标体系，采用特定的评价模型，对被评价对象多个方面数量表现进行高度的抽象与综合，转化为综合评价值，进而确定现象优劣水平、类型与次序（名次）的一种统计活动与统计方法。

2. 综合评价的类型多种多样。从评价客体的时空纬度来看，可分为纵向评价（动态评价）和横向评价（静态评价）；从综合评价目标来看，可分为实绩评价和预期评价；从综合评价标准来看，可分为绝对评价和相对评价；从评价最终结果的表现形式看，可分为单纯性排序评价、价值排序评价和价值分类评价。

3. 统计综合评价活动三个要素构成是评价客体、评价标准和评价模型。评价客体是特定时间、地点之下的一个或者多个可比单位、事物、行为、态度的集合，又称评价对象。评价标准则是判断评价客体价值高低或水平优劣的参照系。评价模型是指将评价客体实际价值水平显化为可直接理解或者解释的"评价结论"这个机制，是综合评价的核心。

4. 当量平均法，也称初级平均法或效用函数平均法，它是通过某一当量函数将评价指标体系中的每一指标进行无量纲化处理，求出单项评价值，然后将单项评价值按统计平均方法进行加权合成，求得综合评价值。用一公式可表示当量平均法的核心要件：$y = \xi(y_i, w_i)$。其中，$y_i = f_i(x_i)$ $(i = 1, 2, 3, \cdots, p)$，表示指标 x_i 的价值水平，当量化函数 f_i 把不同度量单位（量纲）与数量级别的指标变为具有相同度量单位（量纲）与数量级别的指标，所以又称"同度量化（无量纲化）函数"，它还表示单项指标的一种效用值，因而也称为"效用函数"；w_i 为指标权数，ξ 为合成函数。

5. 指标权数的构造方法有很多，较为常用的有德尔菲构权法和层次分析构权法（AHP）。德尔菲构权法又称专家构权法，它是通过多次的反馈与修改来实现专家意见逐步趋同，从而获得一组比较满意的反映各个指标重要性程度的统计权数。在评价中，基于互反式判断的层次分析构权法运用的较多，它通过构造 n 个指标的互反式两两判断矩阵，求解各指标的相对权重，并进行一致性检验，若通过检验，则认为所解得的指标权重是合理的。反之，则需要对判断矩阵进行调整。

练习与思考

一、判断题

1. 单项指标无量纲化处理的目的是消除指标之间的相关性。（　　）
2. 相对评价的评价结论是相对于特定的评价对象集的，评价对象集中单位的变动会影响到评价的最终结论。（　　）
3. 构造评价权数时，不同的方法是可以混合使用的。（　　）
4. 即使 A 矩阵的判断完全一致，由不同方法导出的权数也有可能不同。（　　）
5. 检验 AHP 判断矩阵的一致性时，一致性比率 CR 越大，说明判断一致程度越高。（　　）

二、单项选择题

1. 综合评价目标值独立于评价对象集时，称为（　　）。
   A. 相对评价　　B. 绝对评价
   C. 组合评价　　D. 系统评价
2. 对于综合指数法，当指标实际值大于标准值时，单项指标评价值将（　　）。
   A. 大于100%　　B. 小于100%
   C. 等于100%　　D. 以上全错
3. 对于直线型功效系数法，单项指标的取值区间是（　　）。
   A. [-1, +1]　　B. [0, 1]
   C. (-∞, +∞)　　D. [0, +∞]
4. 对于 AHP 构权方法，如果 $a_{ij} = 2$, $a_{jk} = 3$, $a_{kt} = 4/3$，则当判断一致时，a_{ti} 等于（　　）。
   A. 8　　B. 1/8
   C. 5　　D. 1/5
5. 根据 AHP 的习惯，只有当一致性比例 CR 取（　　）时，才能认为判断过程的一致性水平是可以接受的。
   A. ≥10%　　B. ≥100%
   C. ≤10%　　D. ≤5%

三、简答题

1. 什么是统计综合评价？它有什么作用？
2. 统计综合评价有哪些类型？
3. 效用函数综合评价方法的基本原理是什么？
4. 如何确定直线型功效分数的公式？取值含义是什么？
5. 德尔菲构权方法的基本思路是什么？
6. 什么是 AHP 判断矩阵一致性？有哪些检验方法？

四、计算题

1. 全国 2001 年部分地区城镇居民生活质量指标（主要部分）如下表所示：

地区	人均可支配收入（元/人）	人均居住面积（平方米/人）	人口文盲率（%）	人均公共绿地面积（平方米/人）	教育文化娱乐支出所占比重(%)	户均电视机拥有台数(台/户)
北京	11 577.7	21.03	4.93	9.9	16.017	1.49
天津	8 958.7	19.09	6.47	6.0	12.838	1.34
河北	5 984.82	22.29	8.59	6.9	11.118	1.16
上海	12 883.5	24.00	6.21	5.9	14.564	1.54
江西	5 506.02	22.81	6.98	6.3	12.537	1.08
四川	6 360.47	28.25	9.87	5.1	13.037	1.23
浙江	10 462.7	35.04	8.55	9.4	13.394	1.50
广东	10 451.2	20.36	5.17	12.1	11.875	1.40

要求：

(1) 若以样本资料中的"最优值"作为标准值，则计算各省市单项指标的指数值。

(2) 表中各指标的重要性权数分别取为：25%、15%、10%、15%、20%、15%，则采用加权算术平均合成法计算各省市城镇居民生活质量的综合指数值，并做出排序结论。

2. 设 A、B 两企业的经济效益指标如下表所示：

评价指标	权数	不容许值	满意值	A企业	B企业
人均增加值（万元/人）	30	35	55	40	50
增加值率（%）	25	70	80	80	82
资金利润率（%）	45	20	30	35	30

要求：

(1) 应用直线型功效系数法，列表计算每一个企业单项指标的功效系数 d_i、功效分数 F_{di}。

(2) 采用平方平均法、几何平均法、算术平均法平均功效系数 d 及平均功效分数 FD，并比较它们之间的差异。

3. 设有如下的 AHP 比例判断矩阵：

$$A = \begin{pmatrix} 1 & 2 & 5 & 8 \\ \frac{1}{2} & 1 & 2 & 4 \\ \frac{1}{2} & \frac{1}{2} & 1 & 3 \\ \frac{1}{8} & \frac{1}{4} & \frac{1}{3} & 1 \end{pmatrix}$$

要求：

(1) 采用行和法计算重要性权数。

(2) 采用方根法计算重要性权数。

(3) 根据(1)的结果计算该判断矩阵的一致性水平。

4. 设有如下的 AHP 判断矩阵：

	指标A	指标B	指标C
指标A			
指标B	2		
指标C	3	1.5	

要求：

(1) 完成表中空缺数据。

(2) 分别采用"行和法""方根法"和"和积法"求相对权重，并计算说明该判断矩阵。

◎ 人物介绍

瓦西里·列昂惕夫（Wassily Leontief，1906—1999）

美国著名经济学家、统计学家。列昂惕夫 1906 年出生于俄罗斯的圣彼得堡，他的父亲老列昂惕夫（Wassily Leontief）是一位经济学教授。列昂惕夫 15 岁进入列宁格勒大学（后改名为圣彼得堡大学）攻读哲学，19 岁时获学士学位，同年移居德国进入柏林大学专攻经济学，22 岁时获得经济学博士学位。1927～1928 年和 1930 年在德国基尔大学世界经济研究所任研究助理。1931 年年初移居美国纽约。1932 年起被聘为哈佛大学经济系助教，1946 年升为正教授，1975 年退休。1975 年起转至纽约大学任经济学教授、经济分析研究所所长。1941 年起参加了美国政府部门的许多实际工作，1948 年起主持"哈佛经济研究计划"（Harvard Economic Research Project）并出任主持人至 1973 年。发表各种论文 200 篇，主要著作有：《美国经济结构

（1919~1929）》《美国经济结构研究：投入产出分析中理论和经验的探索》《投入产出经济学》《经济学论文集：理论与推理》《经济学论文集：理论、事实与政策》等。列昂惕夫是投入分析方法的创始人，为研究社会生产各部门之间的相互依赖关系，特别是系统地分析经济内部各产业之间错综复杂的交易提供了一种实用的经济分析方法。他还是美国人文科学院院士（AAAS）、计量经济学会会员（1954年任会长）、美国经济学会协会（AEA）会员（1970年任会长）；1973年获诺贝尔经济学奖。

第 11 章

非参数统计方法

"统计学不只是一种方法或技术，还含有世界观的成分——它是看待世界上万事万物的一种方法……因此，统计思想（或观点）的养成，不单需要学习一些具体的知识，还要能够从发展的眼光，把这些知识连缀成一个有机的、清晰的图景，获得一种历史的厚重感。"

"收集和分析数据的目的是为解决特定的问题，因此必须要做出一定的结论，为采取某种行动提供依据和建议。"

——陈希孺

本章主要介绍在人文社科及行为科学领域有着广泛应用的自由分布（free-distribution）统计方法，根据样本多少及相关性情况，分别介绍有关统计检验思想。通过本章的学习，要求：①了解非参数统计的含义与内容；②掌握单样本、双样本情形之下的非参数检验理论；③了解多个样本情形之下的非参数统计检验思路；④重点掌握每一种非参数统计检验方法对数据类型的要求及操作原理，能够采用非参数统计方法解决问卷调查或统计实验观察数据的相应分析。

11.1 非参数统计的一般问题

11.1.1 参数统计与非参数统计

在统计学中，如果总体的精确率分布形式已知，而只是其中的某些参数未知时，通常是从总体中随机取样本，根据样本信息对总体参数进行估计或假设检验，这就是一般所说的参数统计方法。本书第 6 章的参数估计与假设检验，第 7 章的相关回归分析就是属于参数统计的内容。

但在许多实际问题中，我们对总体分布的具体形式是未知或知之甚少的，只知道总体为连续分布还是离散分布，也不能对总体的分布形式作进一步的假定（如假定总体为近似正态分布等），这时要对总体的某些性质进行统计估计或假设检验，就要采用非参数统计方法。

广义的非参数统计方法有以下一些特点。

首先，在利用样本资料对总体进行估计或检验时，不必依赖于总体的分布形式。因此，也称之为"自由分布统计"。而参数统计总是在对总体的分布做了严格假设之后进行的。例如，假定总体为正态分布，若该假定不满足，则由之得出的推断结论是不可靠的。

其次，它与总体分布所具有的参数无关，所以通常不必对总体所特有的参数（如均值、标准差）进行估计或检验，而参数统计则总是要对总体的参数进行估计或检验。

最后，它对变量的量化要求很低，不论是品质标志还是数量标志，均可以采用非参数统计方法进行估计或检验；而参数统计却要求是数量标志，对于品质标志是不适用的。例如，要检验学生的专业态度，若专业态度只用"喜欢、不喜欢"之类的"类别"来表示，就不能采用参数统计检验法（除非化成"成数"来检验）。

由于非参数统计方法具有简单、经济、适用广泛等优点，在社会经济领域有着广泛的应用，如市场研究、行为科学、心理学、社会学等学科研究中，都要经常用到非参数统计方法。

11.1.2 非参数统计方法的种类

非参数统计方法是 20 世纪 30 年代中期在国外发展起来的，目前已成为现代数理统计学中的一个独立分支。经过 70 多年的发展，其内容与方法也日益丰富，按照样本（变量）的多少及样本之间相关情况分，非参数统计方法有如下几种。

11.1.2.1 单样本非参数统计方法

如果要研究某一变量的分布或水平，通常从总体中随机抽取一个样本，研究其分布或水平是否与某一总体的分布或水平一致，即研究该变量（样本）是否来自该特定的总体。这时所用的非参数统计方法，称为单样本非参数方法，例如研究股价的随机性，研究某种现象分布的正态性等，都可采用这类非参数统计方法。常用的单样本非参数统计方法有：柯尔莫哥洛夫–斯米尔诺夫（Klmogorov-Smirnov，简记 K-S 检验）、单样本检验、卡方拟合优度检验、二项分布检验、偏度—峰度检验、单样本游程检验等。

11.1.2.2 两个相关样本非参数统计方法

如果研究某一现象在两种不同情况下的差异情况，通过对两个经过"配对"而设置的样本做出检验，则属于两个相关样本非参数统计方法。例如，研究对比两种不同药物的治疗效果，研究某种药物服用效果，研究两种不同教学方法的效果，等等，均属这类非参数统计方法。常用的两个相关样本非参数统计方法有：麦克勒玛检验、符号检验、威尔克逊配对符秩检验等。

11.1.2.3 两个独立样本非参数统计方法

如果两个样本是独立抽取的，以检验它们是否来自某同一分布总体（如同一中位数、均值或分布形式等），则为"两个独立样本非参数统计方法"。例如，研究不同性别或不同文化层次的消费者对某产品的评价，研究不同收入阶层（分两类）对某类产品的需求强度，等等。常用的有"中位数检验"、曼-惠特尼 U 检验（或威尔克逊 t 检验）、斯米尔诺夫检验（也记为 K-S 检验）、W-W 游程检验、费希尔精确概率检验、卡方检验（列联表）、Moses 极端反应检验、逆转数检验等。

11.1.2.4 多个相关样本非参数统计方法

当研究的变量（样本）在两个以上时，称为 K 个样本检验。若 K 个样本是经过"配对"之后而取得测量值的，则为"多个相关样本非参数检验"。例如，对比研究三种不同生猪饲料配方的增重长膘效果，对比研究三种及以上不同包装方式受欢迎程度的差异等，均可用这类统计方法。常用的检验方法有：柯克伦 Q 检验、弗里德曼双向评秩方差分析、肯德尔协和系数 W 检验等。

11.1.2.5 多个独立样本的非参数统计方法

当 K（$K \geq 3$）个样本是彼此独立抽取的，以研究它们是否来自同一总体时，即"多个独立样本非参数统计方法"。例如，在我们研究三类或三类以上不同身份的旅客对某旅游景点的态度（评价）是否有所不同时，就可采用这类非参数统计方法。它是双独立样本非参数方法的推广，即分类的类数多于两个。常用的方法有：推广中位数检验、克鲁斯卡-瓦里斯单向评秩方差分析（H 检验）、卡方列联表检验等。

上述五方面的非参数统计方法主要是从假设检验角度按样本多少进行分类的。其实，非参数统计中还包括等级相关（包括斯皮尔曼相关、肯德尔相关、列联参数等内容，有些已在本书第 1 章中介绍到了）、位置参数估计、列联表分析等。但由于"参数统计"与"非参数统计"之间并不能截然分清界限，因此有些方法介于两者之间。

我们将前面提到的主要非参数统计检验方法做一归类，如表 11-1 所示。

表 11-1 各种非参数统计检验方法

样本 对变 量要求	单样本	双样本		多样本	
		相关样本	独立样本	相关样本	独立样本
定类变量	二项分布检验、卡方拟合优度检验、K-S 拟合优度游程检验	麦克勒玛检验	费希尔精确概率、χ^2 检验、K-S 检验	柯克伦 Q 检验	χ^2 列联表检验
定序变量		符号检验、威尔克逊 t 检验	中位数检验、U 或 W 检验、W-W 游程检验	弗里德曼双向评秩方差分析、肯德尔协和系数检验	推广中位数检验、K-W 的 H 检验

注：表中"对变量要求"是指变量的量化最低要求。

11.2 单样本非参数统计检验方法

11.2.1 χ^2 适应性检验

11.2.1.1 基本原理

χ^2 分布在参数统计中可用于方差估计检验，但在非参数统计领域，它有更加广泛的应用。

在单样本情况之下,它主要用于检验客观现象是否服从于某种理论分布(称为吻合性或拟合优度检验),或者检验某种理论分布是否正确(称一致性检验或同质性检验)。我们将两者合称为"适应性检验"。原假设及备择假设为:

H_0:观察值的频数 O_i 与期望(理论)频数 E_i 相吻合;

H_1:观察值的频数 O_i 与期望(理论)频数 E_i 不相吻合。

11.2.1.2 检验步骤

(1)计算样本每一类的理论频数 E_i 与期望频数 O_i ($i = 1, 2, \cdots, k$)。

(2)计算 χ^2 统计量。根据皮尔逊定理,当样本容量 n 充分大时,若将样本分成互斥的 K 个类,则每类理论(期望)次数与实际次数之差的平方值与期望值之比服从卡方分布。按卡方分布可加性,可得如下的 χ^2 统计量

$$\chi^2 = \sum_{i=1}^{k} \frac{(O_i - E_i)^2}{E_i} \sim \chi^2(K-1) \tag{11-1}$$

(3)做出检验结论。若在给定显著性水平 α 之下,$\chi^2 > \chi_\alpha^2(K-1)$,则拒绝 H_0,认为实际观测到的频数与理论(期望)频数之间有显著差异。

【例 11-1】某企业开发了一种新型的食品,初步设想出五种不同的包装方式(每种包装方式的含量相同),现欲了解消费者对这些不同包装方式的偏好是否有差异,经过市场实验,得到如表 11-2 所示的销售数据。

表 11-2 各种包装方式的饮料销售量 (单位:瓶)

包装方式	甲	乙	丙	丁	戊	合计
销售量	325	384	320	326	345	1 700

显然,上表数据即为 O_i,待检验的假设为:

H_0:对不同包装方式的偏好无差异;

H_1:对不同包装方式的偏好有差异。

在 H_0 成立之下,应有

$$E_1 = E_2 = E_3 = E_4 = E_5 = 1\,700/5 = 340$$

故统计量值为

$$\begin{aligned}\chi^2 &= \sum_{i=1}^{5} \frac{(O_i - E_i)^2}{E_i} \\ &= \frac{(325-340)^2}{340} + \frac{(384-340)^2}{340} + \frac{(320-340)^2}{340} + \frac{(326-340)^2}{340} + \frac{(345-340)^2}{340} \\ &= 8.182\,4\end{aligned}$$

$\alpha = 0.05$ 时,有 $Y_{0.05}^2(5-1) = 9.488$,因为 $\chi^2 = 8.182\,4 < \chi_\alpha^2(4)$,故不拒绝 H_0,即不能认为五种不同包装方式之间销售有显著差异。

【例 11-2】孟德尔提出了一个著名的遗传定律:9:3:3:1。有人为了验证这一定律,进行了一次杂交试验,得到第二代植物 4 210 株,四种类型的植物分别有 2 390 株、800

株、780 株、240 株。若采用 χ^2 适应性检验，则假设为

H$_0$：符合 9∶3∶3∶1 的比例关系；

H$_1$：不符合 9∶3∶3∶1 的比例关系。

已知 $O_1 = 2\,390$，$O_2 = 800$，$O_3 = 780$，$O_4 = 240$。若 H$_0$ 成立，则期望植株数为

$$E_1 = \frac{9}{16} \times 4\,210 = 2\,368.125 \quad E_2 = \frac{3}{16} \times 4\,210 = 789.375$$

$$E_3 = \frac{3}{16} \times 4\,210 = 789.375 \quad E_4 = \frac{1}{16} \times 4\,210 = 263.125$$

故统计量值为

$$\chi^2 = \sum_{i=1}^{4} \frac{(O_i - E_i)^2}{E_i}$$

$$= \frac{(2\,390 - 2\,368.125)^2}{2\,368.125} + \frac{(800 - 789.375)^2}{789.375} + \frac{(780 - 789.375)^2}{789.375} + \frac{(240 - 263.125)^2}{263.125}$$

$$= 2.488\,8$$

由于 $\chi^2_{0.05}(3) = 7.815$，$\chi^2 = 2.488\,8 < \chi^2_{0.05} = 7.815$，故不能推翻 H$_0$，即认为试验结果符合孟德尔遗传定律。

11.2.2 柯尔莫哥洛夫检验

11.2.2.1 基本原理

柯尔莫哥洛夫-斯米尔诺夫检验（简记为 K-S 检验）也是一种拟合优度检验，且比 χ^2 检验更为精确。严格地讲，K-S 检验中两种检验，即检验单一样本是否服从某种理论分布的"柯尔莫哥洛夫检验"以及用于比较两个样本是否有相同总体分布的"斯米尔诺夫检验"。但由于两者都是借助于分布函数（累积频率）的比较，计算 D 统计量进行的，故实践中常将两者合称为 K-S 检验。

设样本的累积分布函数为 $S(x)$，总体的分布函数为 $F(x)$，则柯尔莫哥洛夫检验的原假设及备择假设为：

H$_0$：$S_n(x) = F(x)$，即样本是来自分布函数为 $F(x)$ 的总体；

H$_1$：$S_n(x) \neq F(x)$，即样本分布并不是 $F(x)$。

11.2.2.2 检验步骤

（1）计算样本累积分布函数（通常是离散化处理，若是连续变量，通常按分段处理）$S_n(x)$。计算公式为

$$S_n(x) = 累计频数/100$$

（2）计算 D 统计量：

$$D = \text{Sup}|S_n(x) - F(x)|$$
$$= \max\{|S_n(x_1) - F(x_1)|, \cdots, |S_n(x_k) - F(x_k)|\} \tag{11-2}$$

即取最大偏差作为统计量。因为如果 H$_0$ 为真，即 $S_n(x)$ 是从 $F(x)$ 中抽取的，则当 n 很大时，样本的经验分布函数 $S(x)$ 与总体分布函数 $F(x)$ 之间的最大差 D 就不应该很大。反之，若 H$_0$

不成立,则 D 值将会比较大。柯尔莫哥洛夫证明了 D 统计量的分布函数为

$$\lim_{n \to \infty} P(\sqrt{n}D \leqslant t) = 1 - 2\sum_{i=1}^{\infty}(-1)^{i-1}e^{-2i^2t^2}$$

这一分布并不受所研究的理论分布 $F(x)$ 影响。

(3) 查 D 的临界值表。若 $D > D_a(n)$,则拒绝 H_0,即认为样本的分布并非理论分布 $F(x)$。

【例 11-3】某茶叶公司的产品灌装生产线在灌装过程中,会出现重量(分量)的偏差。根据质量要求,一定范围之内的误差是允许的。质量标准是:平均盒重(净)500 克,允许极限误差(99.73%的可靠性)为 12 克。现随机抽取 1 000 盒产品进行检验,结果重量资料如表 11-3 所示(已分组)。现欲想证明该灌装生产线所包装的产品重量是否服从于均值 500 克,方差为 16 克的正态分布。

表 11-3 灌装产品重量的样本资料

按重量分组	盒数	累计盒数	累计频数 $S_n(x)$	按正态分布计算 Z 值	理论累计频数 $F_n(x)$	绝对差异 D_i
486 克以下	1	1	0.001	−3.5	0.000 2	0.000 8
486~488 克	1	2	0.002	−3.0	0.001 3	0.000 7
488~490 克	4	6	0.006	−2.5	0.006 2	0.000 2
490~492 克	16	22	0.022	−2.0	0.022 8	0.000 8
492~494 克	47	69	0.069	−1.5	0.066 8	0.002 2
494~496 克	86	155	0.155	−1.0	0.158 7	0.003 7
496~498 克	137	292	0.292	−0.5	0.308 5	0.016 5
498~500 克	205	497	0.497	0.0	0.500 0	0.000 3
500~502 克	210	707	0.707	0.5	0.691 5	0.015 5
502~504 克	141	848	0.848	1.0	0.841 3	0.006 7
504~506 克	82	930	0.930	1.5	0.933 2	0.003 2
506~508 克	46	976	0.976	2.0	0.977 2	0.001 2
508~510 克	18	994	0.994	2.5	0.993 8	0.000 2
510~512 克	4	998	0.998	3.0	0.998 7	0.000 7
512~514 克	1	999	0.999	3.5	0.999 8	0.000 8
514 克以上	1	1 000	1.000	4.0	1.000 0	0.000 0
合计	1 000					

此列原假设 H_0 为:产品包装净重服从均值为 500 克,标准差为 4 克的正态分布。有关中间过程列在表 11-3 中。

因本例理论分布的总体参数 μ 与 σ 均已知,故可计算出每一组上限为止的"理论频率"。其中 Z 值按下式计算

$$Z = \frac{某组上限值 - 理论分布均值(500克)}{理论分布标准差(4克)}$$

例如,第一组 Z 值为 $\frac{486-500}{4} = -3.5$

第二组 Z 值为 $\frac{488-500}{4} = -3.0$

其余类推。

理论频率 $F_n(x)$ 则根据 Z 值查正态分布表即可。

如第一组的理论频率为：$P(x < -3.5) = 0.000\ 2$

第二组的理论频率为：$P(x < -3.0) = 0.001\ 3$

其余类推。

D 统计量值为：$D = \max\{|S_n(x) - F_n(x)|\} = 0.016\ 5$

查 D 分布表。因本例 n 大大超过 40，我们采用近似的公式计算临界值，即

$$D_{0.05}(1\ 000) = \frac{1.36}{\sqrt{1\ 000}} = 0.043\ 01$$

由于 $D = 0.016\ 5 < D_{0.05}(1\ 000) = 0.043\ 01$ 故不能拒绝 H_0，即可认为该生产线产品的包装净重服从正态分布。

11.2.2.3 几点说明

（1）在大样本情况之下（$n > 40$），$4nD^2$ 服从于自由度为 2 的卡方分布，即 $4nD^2 \sim \chi^2(2)$，故可用 χ^2 分布进行检验。

如上例，$4nD^2 = 4 \times 1\ 000 \times 0.016\ 5^2 = 1.089$，而 $\chi^2_{0.05}(2) = 5.991$，$4nD^2 < \chi^2_{0.05}(2)$，故不拒绝 H_0，即认为总体是正态分布，这一结论与由上述方法得出的结论是相同的。

（2）K-S 检验效果优于卡方拟合优度检验。

上例也可用 χ^2 适应性检验来检验 H_0。此时必须计算理论频率（不是累计频率，而是每一组的频率），如第二组的理论频率为 $P(486 \leqslant \chi < 488)$，第三组的理论频率为 $P(488 \leqslant \chi < 490)$，等等，然后用 n ($n = 1\ 000$) 去乘理论频率，即可得理论（期望）次数 E_i，再用卡方统计量来检验。

（3）卡方适应性检验与 K-S 检验不仅适用于对连续型分布的检验，也适用于对离散型分布的检验。

（4）由于正态分布的重要性，人们提出了多种思路对总体分布的正态性进行检验，偏度–峰度检验法就是常用的方法。

设样本的偏度为 C_s，样本的峰度为 C_e，则 n 足够大时（一般 $n > 50$），若总体服从正态分布（H_0 成立），则样本偏度与样本峰度也近似从正态分布：

$$C_s \sim N\left(0, \frac{6}{n}\right), \qquad C_e \sim N\left(0, \frac{24}{n}\right)$$

标准化后，有

$$Z_s = \frac{C_s}{\sqrt{\frac{6}{n}}} \sim N(0, 1), \qquad Z_e = \frac{C_e}{\sqrt{\frac{24}{n}}} \sim N(0, 1)$$

对于给定的 α 有临界值 $Z_{\alpha/2}$，若 $|Z_s| \leqslant Z_{\alpha/2}$ 且 $|Z_e| \leqslant Z_{\alpha/2}$ 时，才不否定 H_0，即认为总体为正态分布，否则均要否定 H_0。

11.2.3 单样本游程检验

11.2.3.1 基本原理

随机性是抽样调查方案设计中的一条重要原则。但在现实生活中，我们经常会遇到一些

非随机的序列。游程检验（也称连贯检验）就是为了检验样本观察值出现次序的随机性而发展起来的一种非参数统计方法，有着十分广泛的应用。例如检验股票价格波动的随机性，检验样本的随机性，检验生产过程是否处于随机控制状态，等等。

如果一个变量的取值只有两种情况（如记为 M 与 F），即是非标志（若不是"是非标志"，我们可以将之转化成"是非标志"）。变量值按一定次序出现（有顺序的），则就可能有如下形式的序列

<u>MMM</u>　<u>FFF</u>　<u>M</u>　<u>FF</u>　<u>MM</u>　<u>FF</u>　<u>M</u>
<u>FFF</u>　<u>MMM</u>　<u>FFFF</u>

所谓游程，就是由同类事物（符号，如 M）连续构成的一个子序列，它的前面和后面有另外的事物（符号，如 F），或前后根本没有别的事物。显然，上面列出的变量值序列就有十个游程。第一个游程是由 3 个 M 构成，第二个游程是由 3 个 F 构成，第三个游程则由一个 M 构成，第四个游程由两个 F 构成等。

显然，若一个序列是随机的，则出现 M 或 F 就不会有规律，或者说，游程的个数不应太多，也不应该太少。如上例 24 个符号（10 个 M，14 个 F）构成的序列中，若只有两个游程，即

<u>MMMMMMMMMM</u>　<u>FFFFFFFFFFFFFF</u>
或　<u>FFFFFFFFFFFFFF</u>　<u>MMMMMMMMMM</u>

则就很难说 M 与 F 的次序是随机的。同样，若 M 与 F 交替出现，游程个数为 21，即

<u>FF</u> <u>M</u> <u>F</u> <u>M</u> <u>F</u> <u>M</u> <u>F</u> <u>M</u> <u>F</u> <u>M</u> <u>F</u> <u>M</u> <u>F</u> <u>M</u> <u>F</u> <u>M</u> <u>F</u> <u>M</u> <u>F</u> <u>M</u> <u>FFF</u>

则也很难说 M 与 F 出现的次序是随机的，因此游程检验中最常用的方法是游程个数检验。其原假设及备择假设为

H_0：现象（序列）是随机的。

H_1：序列是非随机的。

11.2.3.2 检验过程

（1）将样本观察值按抽样时出现的先后顺序排成序列。

（2）将序列转化成是"是非标志"。

如果原变量本身就是"是非标志"（如性别、合格与否等），则无须转换。若原序列是"多值标志"（如年龄、身高、价格等），则通常是将其分为小于某一分割值（这个分割值可以是算术平均数、中位数、众数，或指定的其他数值）和大于某一分割值两类（成为是非标志）。若观察值大于等于分割值，记符号为"+"，若观察值小于分割值，则记符号为"-"。这样就得到一个二值序列。

（3）计算序列中的"+"号个数 n_1、"-"号个数 n_2 及游程个数 R。

（4）对于给定的 α 及 n_1 和 n_2，查游程个数检验临界值表，得两个临界点值 $R_{1,\alpha/2}$ 和 $R_{2,\alpha/2}$。

若 $R \leq R_{1,\alpha/2}$ 或 $R \geq R_{2,\alpha/2}$ 时，拒绝 H_0，认为原序列是非随机的，也就是说，临界值表中给出的是 H_0 成立条件之下的 R "合理"个数区间。

【例 11-4】在证券价格理论中，有一种叫"随机漫步"理论，认为股市价格变化是随机的。人们经常采用游程检验来验证这一理论。设某种股票在过去的 35 个交易日中价格变

动情况如下（+ 表示价格上升，- 表示价格下降）

+++--+---++-+--++++---+++-++--++-+

则可计算得 $n_1 = 20$，$n_2 = 15$，$R = 17$。查游程总数临界值表，在 α= 0.05 情况下，$R_{1,\alpha/2} = 13$，$R_{2,\alpha/2} = 25$，显然 $R_{1,\alpha/2} < R < R_{2,\alpha}$，即实际序列中游程个数"不多也不少"，故不能拒绝 H_0，即认为该股票价格变化是随机的。

11.2.3.3 几点说明

（1）如果 $n_1 > 20$ 或者 $n_2 > 20$ 时，游程总数 R 的抽样分布将非常接近于正态分布，其均值及标准差分别为

$$U_R = \frac{2n_1 n_2}{n_1 + n_2} + 1 \tag{11-3}$$

$$\sigma_R = \sqrt{\frac{2n_1 n_2 (2n_1 n_2 - n_1 - n_2)}{(n_1 + n_2)^2 (n_1 + n_2 - 1)}} \tag{11-4}$$

$$Z = \frac{R - u_R}{\sigma_R} \sim N(0,1) \tag{11-5}$$

【例 11-5】 根据【例 11-4】资料，可得

$$U_R = \frac{2 \times 20 \times 18}{20 + 18} = 18.9474$$

$$\sigma_R = \sqrt{\frac{2 \times 20 \times 18 \times (2 \times 20 \times 18 - 20 - 18)}{(20 + 18)^2 (20 + 18 - 1)}}$$

$$= 9.1907$$

因此 $Z = \frac{18 - 18.9474}{9.1907} = -0.1031$

由于 $Z_{\frac{0.05}{2}} = 1.96$，$Z < Z_{\frac{0.05}{2}}$，故不拒绝 H_0，认为该种股票价格波动是随机的。

（2）游程长度的检验。

有些序列的游程总数虽然"适中"，但若个别游程特别长，如股票价格持续很长一段时间上升，又持续很长一段时间下跌，则这种序列恐怕也很难认为是随机的，因此游程理论中还包括游程长度的检验。若将游程总数检验与游程长度检验结合起来，则效果更佳。

游程长度检验主要有"最长游程检验""游程长度平方和检验""游程数分布检验""基于上、下游程的检验"四种。这里我们简单介绍两种检验方法。

最长游程检验的统计量就是序列所有游程中的最长游程长度（包含相同符号的个数）W_{max}，在给定的显著性水平之下，查游程长度临界值表，得 $W_\alpha(n_1, n_2)$，若 W_{max} 太大（某一游程太长），超过了临界点，即 $W_{max} \geq W_\alpha(n_1, n_2)$，则拒绝 H_0，认为序列不是随机的。如前例，可得最长游程 $W_{max} = 4$，而 $W_{0.05}(20, 18) = 10$，$W_{max} < W_{0.05}(20, 18)$ 故不拒绝 H_0，认为该种股票价格波动是随机的。

最长游程检验的缺点是忽略了其他游程长度的影响，易受极端值的影响，因此可以全部游程长度的总平方和作为统计量进行检验，这就是"游程长度平方和的检验"。设有 R 个游程，它们长度为 K_j（$j = 1, 2, \cdots, R$），则检验统计量为

$$W = \sum_{i=1}^{R} K_i^2 \qquad (11\text{-}6)$$

附表给出于 $n_1 = n_2 = n$ 情况下的临界值，在给定的显著性水平之下，若 $W > W_\alpha(n)$，则拒绝 H_0。

11.3 两个相关样本的非参数统计方法

11.3.1 麦克勒玛检验

11.3.1.1 基本原理

麦克勒玛检验是适用于研究现象"前后"情况有无显著变化的一种非参数统计方法。

设 n 个样本单位在某一条件下（变化前）的观察值为第一个样本（观察值为"是非标志"），在另一个条件下（变化后）的观察值为第二个样本，则可以得到如表 11-4 所示的频数统计表。

表 11-4 麦克勒玛检验频数表

变化前		变化后	
		0	1
	0	A	B
	1	C	D

这里，A 是前后均为"非"的次数，D 是前后均为"是"的次数，B 是从"非"变为"是"的次数，C 是从"是"变为"非"的次数。显然，前后情况有无变化，就是指 C、B 两格子内次数的变动情况。麦克勒玛检验关心的也正是这一点，故统计假设为：

H_0：事件在两个方向上的变化可能性相同；
H_1：事件在两个方向上的变化可能性不同。

11.3.1.2 检验步骤

（1）做如表 11-4 形式的四格频数表。
（2）计算 χ^2 统计量

$$\chi^2 = \frac{(|B-C|-1)^2}{B+C} \sim \chi^2(1) \qquad (11\text{-}7)$$

（3）查 χ^2 分布表，在给定的显著性水平之下，若 $\chi^2 > \chi_\alpha^2(1)$，拒绝 H_0，认为前后情况有显著不同。

【例 11-6】某高校欲研究某系学生专业态度的变化情况，以验证新生入学专业教育的效果。从整个专业的 100 名新生中随机抽取 80 名学生进行态度调查，在刚入校时，记载学生们对所学专业的态度（喜欢或不喜欢），经过一段时间的专业教育，在新生入学后第三个月对这 80 名学生的专业态度再次作访问调查，两次专业态度整理成表 11-5。

表 11-5 大学生专业态度变化频数统计表

入学初的专业态度		入学三个月后的专业态度		合计
		不喜欢	喜欢	
	不喜欢	20（A）	40（B）	60
	喜欢	6（C）	14（D）	20
合计		26	54	80

计算 χ^2 统计量值为

$$\chi^2 = \frac{(|B-C|-1)^2}{B+C} = \frac{(|40-6|-1)^2}{40+6} = 23.674$$

在显著性水平 $\alpha = 0.05$ 时，$\chi^2_{0.05}(1) = 3.841$。因为 $\chi^2 = 23.674 > \chi^2_{0.05}(1) = 3.841$，故拒绝 H_0，认为学生专业态度有明显变化（更多的学生培养起了专业兴趣）。

麦克勒玛检验对变量的量化层次要求最低，只要是定性的变量（能分别出"变化"）即可。若是定量的变量，可以将之转化成是非标志来进行检验。

11.3.2 符号检验

11.3.2.1 基本原理和步骤

在工商企业、公共管理及社会科学研究中，若我们要研究两个变量之间有无显著差异，但只能确信"有无差异"而不能确信"差异大小"时，可采用符号检验。

这种检验的步骤如下所示。

（1）确定配对的两个样本观察值（可以是数量标志值，也可以是能分辨大小方向的品质标志值）之间差异的"符号"。

设第一、第二样本观察值分别为 x_1 与 y_1，若 $x_1 > y_1$，则记为"+"号，若 $x_1 < y_1$，则记为"−"号（反过来记也一样），若 $x_1 = y_1$，则舍去该观察点（称为"结点"）。

（2）计算"+"号个数与"−"号个数，分别记为 n_+ 与 n_-，则有 $n = n_+ + n_-$。

（3）采用二项分布，对下列假设进行检验：

H_0："+"号个数与"−"号个数相等，即 $p = 0.5$；

H_1："+"号个数与"−"号个数不等，即 $p \neq 0.5$。

（也可以是单侧检验）

（4）计算二项分布概率（也可查二项累积概率分布表，$p = 0.5$）

$$P = \sum_{x=0}^{l} C_n^x p^x q^{n-x} \xrightarrow{p=q=0.5} \sum_{x=0}^{l} C_n^x 0.5^n \tag{11-8}$$

式中，$l = \min\{n_+, n_-\}$。

若 P 为一"小概率"（$P \leq \alpha$），则拒绝 H_0，认为两个变量之间有显著差异；若 $P > \alpha$，则不拒绝 H_0。

【例 11-7】某企业生产一种月饼，有 A、B 两种口味，为确定哪种口味更为消费者青睐，特做一次市场研究。经市场实验，被调查者对两种月饼的偏好如表 11-6 所示。

表 11-6　月饼口味偏爱情况调查表

被调查者（评价者）序号	更喜欢 A 口味（＋）	更喜欢 B 口味（－）	无所谓
1#	✓		
2#		✓	
3#	✓		
4#	✓		
5#		✓	
6#	✓		
7#			✓
8#	✓		
9#	✓		
10#	✓		
合计	7	2	1

显然，若评价者对两种口味无显著偏好，则＋号与－号个数应该是相近的。本例中 $n_+ = 7$，$n_- = 2$，$n = 9$，$l = \min(n_+, n_-) = 2$，结点舍去，则由二项分布，可计算出"－"号小于等于 2 的概率 P，即

$$P = \sum_{x=0}^{2} C_9^x 0.5^x \times 0.5^{9-x} = 0.0898$$

若取显著性水平为 0.1，则拒绝 H_0，认为消费者更喜欢 A 种月饼的口味。

11.3.2.2　几点说明

（1）符号检验有广泛的适用性。

符号检验对变量的量化级别要求比较低，只要能够比较出优劣次序即可，因此它在许多场合均可应用。它与参数统计中的配对检验相对比，有更广泛的适用性，可视做配对 t 检验的"代用品"。

（2）在大样本情况下，可用正态分布作为其逼近，即按比率（成数）的参数统计方法进行检验。

（3）符号检验一般是用于两个相关样本的检验，但若略作变通，也可用于单个样本的检验。

例如，将样本观察值与总体某一水平值（通常是算术平均数）相减，检验正者个数与负者个数之间的差异显著性。

11.3.3　威尔克逊配对符秩检验

11.3.3.1　基本原理和步骤

前面讲到的符号检验是用配对观察值（两个相关样本）之间差别的符号进行检验的，它只注重样本之间的差别方向而不在乎样本之间差别的大小，因此有人提出了另一种同时考虑样本之间差异方向与大小的非参数检验方法，即威尔克逊配对符秩检验。

威尔克逊配对符秩检验的基本步骤如下所示。

（1）计算配对的两个样本值之间的差异值 d_i。设第一样本值为 x_i，第二样本值为 y_i，则 $d_i = y_i - x_i$。若 d_i 为零，则去掉该观察点。

（2）对 $|d_i|$ 进行评秩，可以升序，也可以降序。但通常是取升序，得到每个观察点（配对点）的秩次 R_i。若多个观察点的数值相等，则应取其平均秩次。

（3）对秩次的符号进行还原，即若 d_i 为正，则 R_i 也为正，若 d_i 为负，则 R_i 也为负。

（4）计算正的秩次和与负的秩次和，即

$$T_+ = \Sigma R_i \text{（对于 } R_i > 0\text{）}, \quad T_- = |\Sigma R_j| \text{（对于 } R_j < 0\text{）} \tag{11-9}$$

（5）计算威尔克逊 T 统计量

$$T = \min\{T_+, T_-\} \tag{11-10}$$

（6）查威尔克逊表，在给定的显著性水平之下，得临界值 $T(n, \alpha)$。若 $T \geq T(n, \alpha)$，则不能拒绝 H_0，即认为两个样本来自同一总体。否则，接受 H_0，认为两个样本来自不同的总体。

【例 11-8】某房地产公司为了验证其新的设计方案是否有效，在新设计方案之前与新设计方案之后做了一次对比调查，从消费者中随机抽取 20 名进行了解，记录了他们在设计方案前后对该公司房产产品的评分，如表 11-7 所示。要求检验：H_0：新设计方案无效；H_1：新设计方案有效。

表 11-7 方案设计效果调查表达式

消费者	老方案评分 x_i	新方案评分 y_i	前后评分差 d_i	$|d_i|$的秩次	符号还原后	
					正秩	负秩
A	80	85	+5	6.5	6.5	
B	70	60	−10	14		−14
C	85	96	+11	15	15	
D	86	88	+2	1.5	1.5	
E	60	76	+16	16	16	
F	70	72	+2	1.5	1.5	
G	90	95	+5	6.5	6.5	
H	65	68	+3	3	3	
I	70	76	+6	10.5	10.5	
J	80	75	−5	6.5		−6.5
K	60	65	+5	6.5	6.5	
L	85	80	−5	6.5		−6.5
M	95	90	+5	6.5	6.5	
N	80	88	+8	13	13	
O	92	98	+6	10.5	10.5	
P	50	80	+30	20	20	
Q	70	77	+7	12	12	
R	55	80	+25	19	19	
S	40	60	+20	17.5	17.5	
T	90	70	−20	17.5		−17.5

有关中间过程的如表 11-7 所示。威尔克逊 t 统计量值为 $t = \min\{165.5, 44.5\} = 44.5$。查表（双侧）：$t\left(20, \dfrac{0.05}{2}\right) = 52 > 44.5$，拒绝 H_0，即认为设计方案是显著有效的。

11.3.3.2 几点说明

（1）威尔克逊配对符秩检验要求 x 与 y 均为定量变量（定距变量或定比变量），否则不能采用。威尔克逊检验效果比符号检验为好。

（2）它与符号检验一样，都可视为参数统计中的"配对 t 检验"的代用品。

（3）在大样本情况下，威尔克逊-t 统计量近似服从于正态分布，其均值与标准差分别为

$$u_t = \frac{n(n+1)}{4} \tag{11-11}$$

$$\sigma_t = \sqrt{\frac{n(n+1)(2n+1)}{24}} \tag{11-12}$$

【例 11-9】根据【例 11-8】资料可得：$u_t = 105$，$\sigma_t = 26.7862$，标准化正态统计量值为

$$Z = \frac{44.5 - 105}{26.7862} = -2.2586$$

$|Z| > Z_{\frac{0.05}{2}} = 1.96$ 故拒绝 H_0，认为新方案设计显著有效。

（4）威尔克逊配对符秩检验一般是用做双样本（相关）的检验，但略做"变通"后也可用来检验"单个样本"或"两个独立样本"的情况。

11.4 两个独立样本的非参数统计方法

11.4.1 曼-惠特尼 U 检验

11.4.1.1 基本原理和步骤

这是检验两个独立样本是否来自具有相同均值的总体的非参数检验方法，又称秩和检验法。它与配对威尔克逊检验相类似，要考虑到每一个样本中各观察值所处的次序（秩），故为一种功效较强的检验方法。设第一样本 n_1 个观察值为 x_i，$i = 1, 2, \cdots, n_1$，第二样本 n_2 个察值为 y_j，$j = 1, 2, \cdots, n_2$，则其基本步骤如下所示。

（1）将两个样本合并成一个样本再评秩。可以按升序评秩，也可按降序评秩。若多个观察点数值相同，则取其平均秩次。

（2）计算每个样本观察点所得的秩和，记为 TR_1 与 TR_2。

（3）计算 U 统计量。如果两个样本的确抽自同一个总体（H_0），则可以设想样本 1 所得到的平均秩次与样本 2 所得到的平均秩次大致相同。故定义 U 统计量为

$$U = \min\{U_1, U_2\} \tag{11-13}$$

式中

$$U_1 = n_1 n_2 + \frac{n_1(n_1+1)}{2} - TR_1 \tag{11-14}$$

$$U_2 = n_1 n_2 + \frac{n_2(n_2-1)}{2} - TR_2 \tag{11-15}$$

（4）查 U 统计量分布表。若 $U \leq U_{临}(\alpha\ n_1, n_2)$，则拒绝 H_0，认为两个样本的均值有显著差异，即抽自不同的总体。

【例 11-10】对两所大学入学新生的智能进行测验，结果如表 11-8 所示。现要检验这两所大学新生的智能水平是否有显著差异。

表 11-8 两所大学新生智能抽样测验分数

甲大学学生编号	智能分数	乙大学学生编号	智能分数
1	75	1	90
2	81	2	97
3	87	3	82
4	95	4	79
5	90	5	86
6	86	6	87
7	65	7	94
8	78	8	91
9	92	9	80
10	97	10	84
11	86	11	88
12	82		

取显著性水平 $\alpha = 0.05$。则统计假设为：

H_0：两校新生智能水平无显著差异。

H_1：两校新生智能水平有显著差异。

$n_1 = 12$，$n_2 = 11$。将这两个样本混合之后评秩，结果如表 11-9 所示。

表 11-9 两所大学新生智能分数抽样评秩

秩次	分数	学校	秩次	分数	学校
1	65	甲	12.5	87	乙
2	75	甲	14.5	88	甲
3	78	甲	14.5	88	乙
4	79	乙	16.5	90	甲
5	80	乙	16.5	90	乙
6	81	甲	18	91	乙
7.5	82	甲	19	92	甲
7.5	82	乙	20	94	乙
9	84	乙	21	95	甲
10.5	86	甲	22.5	97	甲
10.5	86	乙	22.5	97	乙
12.5	87	甲			

可计算知 $TR_1 = 136$，$TR_2 = 140$。U 统计量为

$$U_1 = n_1 n_2 + \frac{n_1(n_1+1)}{2} - TR_1 = 210 - 136 = 74$$

$$U_2 = n_1 n_2 + \frac{n_2(n_2-1)}{2} - TR_2 = 187 - 140 = 47$$

$$U = \min\{U_1, U_2\} = 47$$

查曼-惠特尼 U 检验表，临界值 $U_{临}(0.05/2, 12, 11) = 33$。$U = 47 > 33$，故不拒绝 H_0，即没有充分理由认为两所大学新生智能分数有显著差异。

11.4.1.2 几点说明

（1）曼-惠特尼 U 检验是检验两个独立样本差异性的非参数统计方法，它可以看作参数统计中两个均值之差的 t 检验或相应大样本正态曲线检验的代用品。它要求变量是数量标志。

（2）当 n_1 和 n_2 都超过 10 时，U 的抽样分布很快趋向于正态分布，故可用正态分布方式检验。U 的均值与标准差分别为

$$u_U = \frac{n_1 n_2}{2} \tag{11-16}$$

$$\sigma_U = \sqrt{\frac{n_1 n_2 (n_1 + n_2 + 1)}{12}} \tag{11-17}$$

【例 11-11】 根据【例 11-10】资料可得：

$u_U = \frac{11 \times 12}{2} = 66$，$\sigma_U = \sqrt{\frac{11 \times 12 \times 24}{12}} = 16.2481$，若按正态分布来检验，其标准化统计量的值为

$$Z = \frac{U - u_U}{\sigma_U} = \frac{47 - 66}{16.2481} = -1.1694$$

在显著性水平为 0.05 的情况之下，$Z_{\frac{0.05}{2}} = 1.96$。由于 $|Z| < Z_{\frac{0.05}{2}}$，故不拒绝 H_0，认为两校新生智能分数无显著差异。

（3）若采用正态分布方式做假设检验，U 可以取 U_1，也可以取 U_2，不会影响检验结论。因为 U_1 与 U_2 有相同的均值与标准差，又由于 TR_1 与 TR_2 之和有以下关系

$$TR_1 + TR_2 = \frac{(n_1 + n_2 + 1)}{2}(n_1 + n_2) \tag{11-18}$$

故可推知，U_1 与 U_2 有以下关系

$$U_1 + U_2 = n_1 n_2 \tag{11-19}$$

即 $$U_1 + U_2 = 2u_U$$

或 $$U_1 - u_U = -(U_2 - u_U) \tag{11-20}$$

故对 U_1 及 U_2 做标准正态处理时，有

$$Z_{u1} = \frac{U_1 - u_U}{\sigma_U} = -\frac{U_2 - u_U}{\sigma_U} = -Z_{U2} \tag{11-21}$$

显然，用 U_1 与 U_2 定义 U 均是可以的，只影响标准化统计量的符号（方向）而不影响统计量的绝对值，故不影响统计检验结论。

（4）与非参数统计中所有评秩方法一样，若出现"同分"现象（名次并列的现象，如上例中出现了多个同分现象），则以"平均秩"赋值。这时要对 σ_U 做同分修正，修正后

的 σ_U 为

$$\sigma_U = \sqrt{\frac{n_1 n_2}{n(n-1)} \frac{n^3-n}{12} - \sum_{i=1}^{l} T_i}$$
$$= \sqrt{\frac{n_1 n_2 (n_1+n_2+1)}{12} - \sum_{i=1}^{l} T_i} \quad (11\text{-}22)$$

式中，$n = n_1 + n_2$；$T_i = \frac{t_i^3 - t_i}{12}$；$t_i$ 为第 i 次的同分项数。

在【例 11-10】中共有六处同分（$l = 6$）。第一处是两个 7.5 分，故 $t_1 = 2$，第二处、第三处、第四处、第五处、第六处分别有两个 10.5 分、两个 12.5 分、两个 14.5 分、两个 16.5 分、两个 22.5 分，故 $t_2 = t_3 = t_4 = t_5 = t_6 = 2$。于是

$$T_1 = T_2 = T_3 = T_4 = T_5 = T_6 = \frac{2^3 - 2}{12} = 0.5$$
$$\Sigma T = 3$$
$$\sigma_U = \sqrt{\frac{12 \times 11}{23 \times 22} \times \frac{23^3 - 23}{12} - 3} = 16.1555$$

标准化正态统计量值为

$$Z = \frac{47 - 66}{16.1555} = -1.1761$$

检验结论未变。

（5）关于威尔克逊的 W 检验。前面我们提到威尔克逊配对符秩检验还可用于检验两个独立样本是否来自同一总体的假设，这正是 W 检验。由于它与 U 检验有相同作用，仅是统计量不同，故本节在此顺便介绍。U 检验就是在 W 检验基础之上发展而来的。

威尔克逊 W 检验的基本过程与 U 检验相同，但统计量为

$$W = TR_1 \quad (11\text{-}23)$$

这里 TR_1 为第一样本的秩次和，且 $n_1 < n_2$，即令第一样本为容量较小者。

在给定显著性水平之下，由 n_1 与 n_2 查 W 表，得到临界区间 $[T_1, T_2]$，若 $W > T_2$ 或 $W < T_1$，则拒绝 H_0，认为两个样本来自不同的总体。

同样，当 n_1 与 n_2 均大于 10 时，W 将趋于正态分布，其均值与标准差分别为

$$u_W = \frac{n_1(n_1 + n_2 + 1)}{2} \quad (11\text{-}24)$$

$$\sigma_W = \sqrt{\frac{n_1 n_2 (n_2 + n_2 + 1)}{12}} \quad (11\text{-}25)$$

可用标准正态分布来检验原假设。

【例 11-12】 在【例 11-10】中 $W = 136$，$u_W = 140$，$\sigma_W = 16.2481$，标准化后，

$$Z = \frac{140 - 136}{16.2481} = -0.2462$$

由于 $|Z| < Z_{\frac{0.05}{2}}$，故不拒绝 H_0。

其实可证明，W 与 U 的检验结论肯定相同。因为以 U_1 或 U_2 作为 U 均不影响检验结论，

故我们以 U_1 作为 U，显然有以下关系

$$U = n_1 n_2 + \frac{n_1(n_1+1)}{2} - W \tag{11-26}$$

在这一线性关系中，U 与 W 有相同方差，它们的均值还满足下列关系

$$E(u) = n_1 n_2 + \frac{n_1(n_1+1)}{2} - E(W) \tag{11-27}$$

所以从 U 得到的检验结论与从 W 得到的检验结论一定相同。

11.4.2 中位数检验

11.4.2.1 基本原理

这是检验两个彼此独立样本是否来自有相同中位数的总体。在社会经济统计中，我们遇到的变量可能是"定序变量"，若检验两个样本在该变量值上的"一般水平"（统计平均数）是否相同，采用参数统计中"两个均值差异性"的 t 检验可能行不通，这时可采用中位数检验法，因为中位数也是一种统计平均数。

中位数检验的原假设及备择假设为：

H_0：两个独立样本来自有相同中位数的总体；

H_1：两个独立样本来自有不同中位数的总体。

11.4.2.2 检验步骤

（1）将两个彼此独立的样本混合，计算出混合样本的中位数 M_e。显然，在 H_0 成立的情况之下，我们可以预期每个样本的数据有一半在中位数之下，有一半在中位数之上。设第一、第二样本容量分别为 n_1 和 n_2，则有 $\frac{n_1}{2}$ 个第一样本单位落在混合中位数 M_e 之上，也应有 $\frac{n_2}{2}$ 个第二样本单位落在混合中位数 M_e 之上。

（2）计算每个样本中的变量值实际落在混合中位数 M_e 之上的个数。设第一个样本中的 n_1 个单位中，有 x 个单位的变量值大于混合中位数，设第二个样本中的 n_2 个单位中，有 y 个单位的变量值大于混合中位数，则 $x + y = \text{int}\left(\frac{n_1+n_2}{2}\right)$。这里，int 为截尾（取整）函数。

（3）计算伴随概率（累积）。在原假设成立的条件之下，该抽样分布是超几何分布

$$p(x,y) = \frac{C_{n_1}^x \cdot C_{n_2}^y}{C_{n_1+n_2}^{x+y}} \tag{11-28}$$

不失一般性，$x \leqslant \frac{n_1}{2}$，则 $x \geqslant \frac{n_2}{2}$。于是第一样本中不超过 x 个变量值大于混合中位数（或第二样本中超过 y 个变量值大于混合中位数）的累积概率为

$$P\{x \leqslant c, y \geqslant \text{int}\left(\frac{n_1+n_2}{2}\right) - c\} = \sum_{i=0}^{C} \frac{C_{n_1}^{i} C_{n_2}^{x+y-i}}{C_{n_1+n_2}^{x+y}} \quad (11\text{-}29)$$

式中，C 为第一样本中超过混合中位数的单位个数。

（4）做出检验结论。若 $P < \alpha$，表明"第一样本中不超过 x 个变量值大于 M_e"事件为小概率事件，从而拒绝 H_0，接受 H_1，认为两个样本来自不同中位数的总体。

【例 11-13】 设有两批不同厂家的灯泡，经质量检验，它们的寿命如下（小时）：

甲厂家：1 208，1 406，1 250，1 622，1 326，1 414，1 500，1 480，1 251，1 262，1 365，1 462，1 518，1 610，1 285，1 382

乙厂家：1 428，1 579，1 325，1 328，1 685，1 476，1 490，1 588，1 442，1 578，1 369，1 479，1 465，1 672，1 587，1 592，1 581

要求检验两厂该灯泡寿命的中位数是否相同。

此例若假定该灯泡的寿命服从正态分布，就可用参数统计中的 t 检验法进行检验。我们现在采用中位数法进行检验。

由所给资料可计算知，$n_1 = 16$，$n_2 = 17$，混合中位数的中数为 $M_e = 1\ 465$ 小时。则 x（甲厂灯泡寿命超过混合中位数的个数）为 5，y（乙厂灯泡寿命超过混合中位数的个数）为 11。于是可计算出累积的一伴随概率为

$$P = \frac{C_{16}^{5}C_{17}^{11} + C_{16}^{4}C_{17}^{12} + C_{16}^{3}C_{17}^{13} + C_{16}^{2}C_{17}^{14} + C_{16}^{1}C_{17}^{15} + C_{16}^{0}C_{17}^{16}}{C_{37}^{16}}$$
$$= 0.518\ 32\%$$

显然，$P < \alpha = 0.01$。故我们认为两个厂的灯泡寿命中位数显著不同。

11.4.2.3 几点说明

（1）中位数检验对变量的要求至少是定序变量，只有这样才能计算混合样本的中位数。

（2）非参数统计方法主要是假设检验的方法，但也有参数估计的一些内容。中位数的置信区间就是其中的一项内容。一般来说，从总体中随机抽取 n 个单位，其值记为

$$y_1 < y_2 < \cdots < y_{n-1} < y_n$$

则中位数 M_e 的置信区间为 $[y_i, y_j]$（$j > i$），其置信系数为

$$\begin{aligned} P\{y_i < M_e < y_{n-i}\} &= \sum_{k=i}^{j-1} C_n^k \left(\frac{1}{2}\right)^k \left(\frac{1}{2}\right)^{n-k} \\ &= \sum_{k=i}^{j-1} C_n^k \left(\frac{1}{2}\right)^n \end{aligned} \quad (11\text{-}30)$$

【例 11-14】 我们可以【例 11-13】甲厂灯泡寿命中位数的区间进行估计，介于 1 285 小时（$i = 5$）与 1 480 小时（$j = 12$）的概率为 0.923 2。同样，乙厂灯泡寿命中位数介于 1 442 小时（$i = 5$）与 1 587 小时（$j = 13$）的概率为 0.951 0。

当 $n > 20$ 时可用正态分布来计算上述区间的概率。

11.4.3 斯米尔诺夫检验

11.4.3.1 基本原理

这是在柯尔莫哥洛夫检验（单样本，见 11.2 节）的基础之上推广到两个独立样本之间的比较，判断两个总体分布是否相等的方法，有时也称 K-S 双样本检验。设第一个样本有 n_1 个观察值，它随机抽自某一分布函数为 $F(x)$（但具体形式未知）的总体，设第二个样本有 n_2 个观察值，它随机抽自另一分布函数为 $G(y)$（也未知其具体形式）的总体。现要通过两个样本的比较，对以下假设进行检验：

H_0：$F(x) = G(y)$，即两总体分布相同（$-\infty < x, y < \infty$）；

H_1：$F(x) \neq G(y)$，即两总体分布不同（$-\infty < x, y < \infty$）。

11.4.3.2 检验步骤

（1）将两个样本的观察值（$x_1, x_2, \cdots, x_n$）与（$y_1, y_2, \cdots, y_n$）进行混合，按从小到大次序排列，编制单项式次数分布表。

（2）计算经验分布函数（累积频率）$F_{n_1}(x)$ 与 $G_{n_1}(y)$。

（3）计算统计量 $D_{\max}$，即

$$D_{\max} = \sup | F_{n_1}(x) - F_{n_1}(y) | \qquad -\infty < x, y < +\infty \tag{11-31}$$

$D_{\max}$ 其实就是两个经验分布的最大绝对偏离量。

（4）在给定的显著性水平 α 之下，查 K-S 双样本临界值表，若 $D_{\max} > D_\alpha(n_1, n_2)$，则拒绝 H_0，即认为两个样本来自不同分布的总体，或者说，两个总体的分布函数不等。本书附录给出的是 $n_1 = n_2 = n$ 的临界表。对于大样本情况（指 $n_1 n_2 / (n_1 + n_2) > 40$），可由下式计算 D 的临界值

$$D_\alpha(n_1, n_2) = K_\alpha \cdot \sqrt{\frac{(n_1 + n_2)}{n_1 n_2}} \tag{11-32}$$

式中，系数 K_α 值如表 11-10 所示。

表 11-10　斯米尔诺夫检验系数 K_α 值

双侧显著性水平 α	0.1	0.05	0.025	0.01	0.005	0.001
单侧检验显著性水平 α	0.05	0.025	0.012 5	0.005	0.002 5	0.000 5
系数 K_α 值	1.22	1.36	1.48	1.63	1.73	1.95

【例 11-15】 设男、女两类消费者对某餐厅风味的评分（10 分制）资料如表 11-11 所示。现欲知两类消费者的评分分布是否相同。

表 11-11　男、女两类消费者的评分

男消费者评分		女消费者评分	
序号	评分	序号	评分
1	8.0	1	7.5
2	10.0	2	6.5
3	9.0	3	6.0
4	9.0	4	6.0

（续）

男消费者评分		女消费者评分	
序号	评分	序号	评分
5	8.5	5	7.5
6	9.5	6	8.0
7	7.5	7	8.5
8	7.0	8	9.0
9	8.5	9	8.5
10	6.5	10	6.5
11	6.0	11	7.0
12	9.5	12	9.0
13	6.0	13	9.5

先将上述样本资料混合编制单项式分布数列，如表 11-12 所示。

表 11-12 斯米尔诺夫检验计算过程

按评分值分组	消费者人数		累计人数		累计频率（经验分布）		偏差 $D=\|F_{n_1}(x)-G_{n_2}(y)\|$
	男	女	男	女	男	女	
6	2	2	2	2	0.153 846	0.153 846	0.00
6.5	1	2	3	4	0.230 769	0.307 692	0.076 923
7.0	1	1	4	5	0.307 692	0.384 615	0.076 923
7.5	1	2	5	7	0.384 615	0.538 462	0.153 841
8.0	1	1	6	8	0.461 538	0.615 385	0.153 847
8.5	2	2	8	10	0.615 385	0.769 231	0.153 846
9.0	2	2	10	12	0.769 231	0.923 077	0.153 846
9.5	2	1	12	13	0.923 077	1.0	0.076 923
10.0	1	0	13	13	1.000 00	1.0	0.00
合计	13	13					

$$D_{\max} = \max\{D\} = 0.153\ 847$$

当 $\alpha = 0.05$, $n_1 = n_2 = n = 13$ 时，查斯米尔诺夫检验临界值表（K-S 双样本检验表）可得：$D_{0.05}(13, 13) = 6/13 = 0.461\ 538$, $D < D_{0.05}(13, 13)$, 故不拒绝 H_0, 即认为男女两类消费者对该餐厅风味的评分分布没有显著差异。

11.4.3.3 几点说明

（1）如果样本资料已经制成次数分布，只需将两者合并成如表 11-12 所示的表格即可。若是组距式分组，则设法重新调整组距（合并）。

（2）在小样本情况之下，作为一种近似，也可用柯尔莫哥洛夫的单样本方法来检验，此时 n 的计算可用下式

$$n = \frac{n_1 n_2}{n_1 + n_2} \quad (11\text{-}33)$$

查柯尔莫哥洛夫临界值表 $D_\alpha(n)$ 即可做出检验。

（3）在大样本情况下，与柯尔莫哥洛夫检验一样，采用卡方检验方法进行检验，即

$$4\left(\frac{n_1 n_2}{n_1 + n_2}\right) D_{\max}^2 \sim \chi^2(2) \quad (11\text{-}34)$$

11.4.4 双样本游程检验

11.4.4.1 基本原理和步骤

双样本游程检验是单样本游程检验的推广,用来检验两个独立样本是否有相同的总体分布,也称"瓦尔德-沃尔夫维茨"的检验(Wald-Wolflwitz 检验,简记 W-W 游程检验)。其基本步骤如下。

(1)将两个样本的观察值混合,并按大小顺序从小到大排列形成取值序列,并以符号 x 表示第一样本的元素,以符号 y 表示第二样本的元素,从而得到由 x,y 组成的序列。

(2)计算由 x,y 构成的序列中游程总数,方法与单样本游程检验完全相同。

(3)查游程总数检验临界值表。在单样本情况下,游程个数太多太少都表示 H_0 不成立。但在双样本情况之下,游程个数越多,表示两个样本值的混合越理想,H_0 越不能拒绝。故此时要查游程总数检验的下限临界值 $R_{1-\alpha}(n_1, n_2)$。若 $R \leqslant R_{1-\alpha}(n_1, n_2)$,则拒绝 H_0,认为游程个数太少,从而两个样本来自不同的总体。值得指出的是,当 n_1 或 n_2 超过 20 时,可用正态分布来检验。

【**例 11-16**】假设要比较两个医院满月新生儿重量是否有显著差异,从两个医院抽得的满月新生儿重量分别为(单位:千克):

医院 1:4.97 5.21 4.30 4.78 5.09 4.83 4.52 5.34 4.90 4.94
医院 2:4.88 4.55 5.36 4.43 4.93 4.70 5.28 4.53 5.46 4.95 4.98

要求检验这些新生儿的重量分布是否来自同一总体(或来自有相同分布函数的两个总体)。

先将上述两组数据混合排序,并在第二样本的数据之下画一横线:

4.30 <u>4.43</u> 4.52 <u>4.53</u> <u>4.55</u> <u>4.70</u> 4.78 4.83 <u>4.88</u> 4.90 <u>4.93</u> 4.94 <u>4.95</u> 4.97 <u>4.98</u> 5.09 5.21 <u>5.28</u> 5.34 <u>5.36</u> <u>5.46</u>

可见,游程总个数 $R = 14$。由所给 $\alpha = 0.05$,$n_1 = 10$,$n_2 = 11$,得游程总数临界值(下限)为 $R_{0.05}(10, 11) = 6$,因为 $R = 14 > 6$,故不否定 H_0,认为两个总体有相同的分布。

11.4.4.2 几点说明

(1)单样本游程检验中的"最长游程"与"游程平方和检验"同样可用于对两个独立样本是否来自同一分布总体的检验。方法完全相同,此处不再赘述。

(2)W-W 游程检验在混合两个样本时,是假定两样本之间的没有出现同值("结点")现象,但实际可能会有同值情况发生,此时游程总数将是不唯一的。如以下两个序列(样本):

甲样本:20 30 24 25 28 19 26 23 15
乙样本:21 22 20 18 17 18 16 14 18 27 27

这里,20 在两样本中同时出现,所以游程总数将不唯一。混合之后:

<u>14</u> 15 <u>16</u> <u>17</u> <u>18</u> <u>18</u> <u>18</u> 19 (20 20) <u>21</u> <u>22</u> 23
24 25 26 <u>27</u> <u>27</u> 28 30

在该序列中,若将第一个 20 算做甲样本,而第二个 20 算做乙样本,则游程总数为 8,但若将第一个 20 算做来自乙样本,则游程总数就为 10 个。从而对检验结论将可能产生影响。一般来说,出现结点情况,应该计算最大可能游程个数 R_{max} 与最小可能游程个数 R_{min},并分别对 R_{max} 与 R_{min} 进行检验。若 R_{max} 与 R_{min} 检验结论不矛盾,则可得出正常结论,但若

$R_{\max}$ 与 $R_{\min}$ 结论不一致（如由 $R_{\max}$，认为 H_0 为真，但由 $R_{\min}$，认为 H_0 为假），则可取 $R = (R_{\max} + R_{\min})/2$ 来检验。但若两个独立样本的结点多次出现，则不能使用 W-W 游程检验。

对于上述甲、乙两样本，有 $R_{\max} = 10$，$R_{\min} = 8$ 查临界值表，$D_{0.05}(9, 11) = 6$，故由 $R_{\max}$ 与 $R_{\min}$ 得到一致的检验结论：不能拒绝 H_0，即认为两样本来自有相同分布函数的两个总体。

11.4.5 独立双样本卡方检验

该法是单样本卡方检验的推广，也是列联表分析的应用。主要用于检验两个彼此独立的样本的频率分布是否有差异，或是行变量与列变量之间是否具有相关性。检验步骤如下。

（1）独立随机抽取两个样本，将全部可能观察值进行分组，得到如表 11-13 所示的频数资料（分布数列）。

表 11-13 样本频数分布

样本观察值	X_1	X_2	X_3	…	X_r	合计
样本 1 频率	O_{11}	O_{12}	O_{13}	…	O_{1r}	n_1
样本 2 频率	O_{21}	O_{22}	O_{23}	…	O_{2r}	n_2
合计	l_1	l_2	l_3	…	l_r	n

（2）计算期望频数。若两个样本对应于具体观察值的出现概率是相同的（H_0 为真，两个总体无差异），则在实际的调查中，全部 n 个样本单位中属于第 i 样品的估计概率为 $\frac{n_i}{n}(i=1,2)$，全部 n 个样本单位中，出现第 j 个观察结果的估计概率应为 $\frac{l_j}{n}$。按联合概率，即可推知在全部的 n 个单位中，出现上述表格每一格子中的期望次数 E_{ij} 为

$$E_{ij} = n \cdot \frac{n_i}{n} \cdot \frac{l_j}{n} = \frac{n_i \cdot l_j}{n} \quad (11\text{-}35)$$

（3）计算卡方统计量：

$$\chi^2 = \sum_{i=1}^{2} \sum_{j=1}^{r} \frac{(O_{ij} - E_{ij})^2}{E_{ij}}$$

（4）做检验。若 $\chi^2 > \chi_\alpha^2(r-1)$，则拒绝 H_0，认为两个总体有显著差异。

【例 11-17】 某市场研究公司对某国际体育产品公司生产的 A、B 两种品牌产品的消费群进行了一次体育节目收视情况调查，以了解他们喜欢收看哪些体育节目，从而为该企业提供选择广告时段的参考资料。调查结果如表 11-14 所示。

表 11-14 样本中 A、B 两品牌消费者观看不同电视节目的人数

电视节目	A 品牌	B 品牌	合计
足球	160(139.171 6)	120(140.828 4)	280
网球	120(149.112 4)	180(150.887 6)	300
乒乓球	100(84.497 0)	70(85.503 0)	170
篮球	150(124.260 4)	100(125.739 6)	250
羽毛球	80(114.319 5)	150(115.680 5)	230
排球	140(124.260 4)	110(125.739 6)	250
赛车	90(104.378 7)	120(105.621 3)	210
合计	840	850	1 690

表中括号内为期望频数（人数）。可计算得卡方位计量值为：$\chi^2 = 62.241$。由于 $\chi^2_{0.05}(7-1) = 12.592$，$\chi^2 > \chi^2_{0.05}(6)$，故拒绝 H_0，认为这两种品牌消费者在电视节目收视方面有差异。

11.5 多个相关样本的非参数检验方法

11.5.1 柯克伦 Q 检验

11.5.1.1 基本原理

将麦克勒玛检验推广到两个以上样本，就得到 K 个相关样本的柯克伦（Cochran）Q 检验，它是用来检验配对的三组或三组以上的频率彼此之间有无显著差异的一种方法。例如，我们研究 K 种不同优惠策略的效果时，请 N 个消费者对 K 种策略做出态度回答（赞同、不赞同），然后就可研究消费者对 K 种优惠策略的反应是否有差异。

柯克伦 Q 检验的原假设及备择假设一般为：

H_0：k 个样本的频率没有显著差异；

H_1：k 个样本的频率有显著差异。

11.5.1.2 检验步骤

（1）取得如表 11-15 所示的原始资料。

表 11-15 柯克伦 Q 检验调查表

样本＼观察点	样本 1	样本 2	…	样本 k	合计
1					L_1
2					L_2
3					L_3
…					…
n					L_n
合计	G_1	G_2	…	G_k	

注：表中取值为"0"或"1"。

每个观察点可以是一个单位，也可以是包含 k 个小组的匹配值。例如，在比较研究 n 种不同教学方法的效果时，同一个受试者（学生）显然不能同时接受 k 种方法进行教学。这时，某个观察点内就应该有 k 个各方面条件完全相同（如智力水平、年龄、性别等）的学生组成一个"匹配组"，对这 k 个"基础"相同的学生实施不同教学方法，如该组 1 号学生实施第一种教学方法，2 号学生实施第二种教学方法，…，第 k 号学生实施第 k 种教学方法。每个观察点都是由 k 个学生组成的"匹配组"。

完成教学任务之后，进行测试，如通过考核者为 1，未通过考核者为零，填入表中。例如，样本 1 登记的就是各观察点所有 1 号学生的考核结果，样本 2 登记的就是各观察点所有 2 号学生的考核结果，其余以此类推。

（2）计算 Q 统计量：

$$Q = \frac{k(k-1)\sum_{i=1}^{k}(G_1-\overline{G})^2}{k\sum_{i=1}^{n}l_i - \sum_{i=1}^{n}l_i^2} \qquad (11\text{-}36)$$

式中，$\overline{G} = \sum_{j=1}^{k}G_j/k$，$G_j$ 及 L_i 的含义见表 11-15。可以证明，$Q \sim \chi^2(k-1)$。

（3）查 χ^2 分布表，做出检验。若 $Q > \chi^2(k-1)$，则拒绝 H_0。认为 k 个样本的反应有显著差异。

【例 11-18】某公司为了提高生产工人的技能，尝试了四种不同的培训方法。经过一段时间的培训，参加行业技能考试的通过情况如表 11-16 所示(配对点有 20 个，每个点内由 4 名技工组成)。

显然，$k=4, n=20, \sum L_I = \sum G_j = 46$，$\overline{G}=11.5$，$\sum(G-\overline{G})^2 = 13$，$\sum L_i^2 = 116$ 统计量值为

$$Q = \frac{4\times 3\times 13}{4\times 46 - 116} = \frac{156}{68} = 2.2941$$

由于 $\chi^2_{0.05}(4-1) = 7.815$，$Q < \chi^2_{0.05}$ 故不能拒绝 H_0，即不能认为这四种培训方法的行业技能考试通过率之间有显著差异。

表 11-16 不同培训方法之下行业技能考试通过情况

配对组	方法 1	方法 2	方法 3	方法 4	合计 L_i	l_i^2
1	1	0	1	0	2	4
2	1	1	0	1	3	9
3	0	1	1	1	3	9
4	1	0	1	1	3	9
5	0	1	0	1	2	4
6	1	0	0	1	2	4
7	1	0	1	0	2	4
8	0	1	0	1	2	4
9	1	1	1	1	4	16
10	1	1	0	1	3	9
11	1	1	1	0	3	9
12	1	0	0	0	1	1
13	0	1	0	1	2	4
14	1	0	0	1	2	4
15	0	1	1	0	2	4
16	1	0	0	1	2	4
17	1	0	0	1	2	4
18	1	1	1	0	3	9
19	1	0	0	0	1	1
20	0	1	1	0	2	4
合计 G_j	14	11	9	12	46	116

11.5.2 弗里德曼双向评秩方差分析

11.5.2.1 基本原理

这也是检验 K 个相关样本之间差异性的一种非参数统计方法。但它与 Q 检验不同，它要求变量值至少是有顺序的。如上面行业技能考试通过率的例子，Q 检验只在乎"有没有通过"而不在乎分数的高低。弗里德曼双向评秩方差分析则不同，它更关心分数的高低。其待检假设为：

H_0：k 个样本之间的水平没有显著差异；

H_1：k 个样本之间的水平有显著差异。

11.5.2.2 检验步骤

（1）与 Q 检验相类似，取得如表 11-17 所示的调查表。但此时表中的数值不是 0~1 变量值，而是秩次或具体数值。若是具体数值，则根据具体情况升序或降序评秩。

表 11-17 弗里德曼检验调查表

观察点	样本 1	样本 2	...	样本 k
1				
2				
...				
n				
合计	R_1	R_2	...	R_k

注：表中数值为"秩次"。

由于这一表格是按横向（样本之间）评秩，又按纵向求秩次总和，故称为"双向评秩"。

（2）计算统计量 χ_r^2：

$$\chi_r^2 = \frac{12}{Nk(k+1)} \sum_{j=1}^{k} R_j^2 - 3n(k+1) = \frac{12}{nk(k+1)} S_\beta \quad (11\text{-}37)$$

式中，$S_\beta = \sum_{j=1}^{k} \left[R_j - \frac{n(k+1)}{2} \right]^2$，可以证明 $\chi_r^2 \sim \chi^2(k-1)$。

上式中，R_j 为第 j 样本得到的秩次和，显然，若不同样本之间没有差异，则它们所得到秩次和 R_j 之间应该很接近，若 R_j 之间差异越大，说明各样本得到的秩次差别越远，从而 χ_r^2 值越大，H_0 也越难成立。

（3）做出检验结论。在给定的显著性水平 α 之下，查 χ^2 分布表。若 $\chi_r^2 > \chi_\alpha^2(k-1)$ 则拒绝 H_0。

【例 11-19】根据【例 11-18】行业考试通过率的例子，若研究者关心的并不是"通过"与否，而是成绩的高低，则就等于检验下面的假设：

H_0：四种不同培训方法之下职工考分无差异；

H_1：四种不同培训方法之下职工考分有差异。

我们将原始资料列于表 11-18 中。

χ_r^2 统计量值为

$$\chi_r^2 = \frac{12}{20 \times 4 \times 5} \times (36^2 + 56^2 + 59.5^2 + 48.5^2) - 3 \times 20 \times 5 = 9.375$$

取 $\alpha = 0.05$ 时，$\chi_{0.05}^2(3) = 7.815$，因 $\chi_r^2 = 9.735 > \chi_{0.05}^2(3) = 7.815$，故拒绝 H_0，认为四种不同培训方法的效果是有显著差异的。

这个结论与前面的 Q 检验结论之间之所以不同，是因为它们所关心的问题不完全相同。在实践中，可以通加增加样本容量来做进一步的验证与研究。

表 11-18 四种不同技能培训方法的考分及名次

配对组	方法 1		方法 2		方法 3		方法 4	
	考分	评秩	考分	评秩	考分	评秩	考分	评秩
1	80	1	55	3	75	2	45	4
2	86	1	62	3	57	4	65	2
3	58	4	68	2	65	3	72	1
4	79	1	47	4	76	2	64	3
5	55	3	60	2	48	4	62	1
6	81	1	50	4	55	3	78	2
7	78	1	55	3	68	2	54	4
8	58	3	70	1.5	50	4	70	1.5
9	68	2	64	3	62	4	82	1
10	90	1	68	3	58	4	86	2
11	87	2	72	3	90	1	55	4
12	85	1	46	4	55	3	58	2
13	50	3	60	2	57	4	62	1
14	66	1	57	3	54	4	64	2
15	50	3	61	2	65	1	47	4
16	76	1	50	3.5	50	3.5	68	2
17	75	2	57	3	56	4	76	1
18	84	1	79	3	81	2	54	4
19	75	1	58	2	54	4	55	3
20	51	3	62	2	64	1	50	4
合计		36		56		59.5		48.5

11.6 多个独立样本的非参数检验方法

11.6.1 多个独立样本的卡方检验

11.6.1.1 基本原理和步骤

将独立双样本 χ^2 检验进一步推广，可得到多个总体的 χ^2 检验，或称"k 个总体齐一性检验"。它与独立双样本 χ^2 检验之下的做法基本相同，也是 χ^2 列联表分析技术的应用。它可用来检验 k 个总体的分布是否相等的原假设。

检验步骤如下。

（1）将调查数据按样本及观察点取值情况进行分组，得如表 11-19 所示的二维列联表，表内为实际观察频数 O_{ij}。

表 11-19 样本实际观察频数表

观察值	样本 1	样本 2	...	样本 k	合计
X_1	O_{11}	O_{12}	...	O_{1k}	n_1
X_1	O_{21}	O_{22}	...	O_{2k}	n_2 ⋮
X_R	O_{R1}	O_{R2}	...	O_{Rk}	n_R
合计	n_1	n_2		n_k	n

（2）计算期望频数 E_{ij}

$$E_{ij} = \frac{n_i \cdot n_j}{n} \qquad (11\text{-}38)$$

（3）计算卡方统计量。由皮尔逊定理，卡方统计量为

$$\chi^2 = \sum_{i=i}^{R}\sum_{j=i}^{k} \frac{(O_{ij}-E_{ij})^2}{E_{ij}} \qquad (11\text{-}39)$$

它服从自由度为 $(R-1)(k-1) = Rk - R - k + 1$ 的卡方分布。

（4）做出检验结论。若 $\chi^2 > \chi_\alpha^2 (Rk-R-k+1)$，则拒绝 H_0，认为这 k 个总体的分布不尽相同。

【例 11-20】某女士美容公司为了了解客户对旗下三个子公司服务质量的评价，从各家公司的全部固定客户中随机抽取部分（共 950 户），经调查，评价意见如表 11-20 所示。

本例采用 χ^2 检验，即

H_0：客户对三家子公司服务质量评价无差异；

H_1：客户对三家子公司服务质量评价有差异。

我们将期望次数及 $(O_{ij}-E_{ij})^2/E_{ij}$ 列入表 11-21 中。

表 11-20 客户对三家子公司服务质量的评价

评价等级	X公司	Y公司	Z公司	合计
优	60	20	10	90
良	160	100	70	330
中	100	120	160	380
差	40	50	20	110
极差	20	10	10	40
合计	380	300	270	950

表 11-21 期望次数及 $(O_{ij}-E_{ij})^2/E_{ij}$

评价等级	期望次数 E_{ij}			$(O_{ij}-E_{ij})^2/E_{ij}$		
	X公司	Y公司	Z公司	X公司	Y公司	Z公司
优	36	28.421 1	25.578 9	36.000 0	2.495 2	9.488 4
良	132	104.210 5	93.789 5	5.939 4	0.170 1	6.034 2
中	152	120	108	17.789 5	0.000 0	15.037 0
差	44	34.736 8	31.263 2	0.363 6	6.706 6	4.057 8
极差	16	12.631 6	11.368 4	1.000 0	0.548 3	0.164 7

由于 $\chi^2 = 115.7948 > \chi^2_{0.05}(8) = 15.507$，所以 H_0 被拒绝，即三家子公司的服务质量显著不同。

11.6.1.2 几点说明

（1）R 个独立样本的卡方检验，其实可看做二维列联表。二维列表就是统计中的按两个标志进行交叉复合分组的次数分布表。这种表格可用 χ^2 检验来分析两个分组标志之间是否独立或不相关。这种分析技术在社会经济统计领域有着十分广泛的运用。例如，我们研究不同文化层次消费者对某产品的评价，可属于"独立双样本情况"；若为多个等级，就属于"独立 R 个样本情况"。若再将评价也进行分组，就可得到复合分组下的次数分布表——列联表。卡方统计量的计算方法完全相同。

作为列联表技术的更深入的内容，我们可以编制出三个及三个以上标志的复合分组表，此时，检验统计量为 $(O_{ijk} - E_{ijk})^2/E_{ijk}$ 的总和，自由度 $df = mRC - m - R - C + 2$，其中 m、R、C 分别为第一、二、三分组标志的"组数"。

（2）将上述 χ^2 分布应用于检验 R 个独立样本是否来自有相同中位数的一些总体时，就得到"推广中位数检验"。其做法是：先将 K 个样本观察值按"大于混合中位数"和"不大于混合中位数"进行分组，分别统计出每个样本中超过或不足混合中位数的单位个数，得到 $2 \times k$ 列联表。后面的做法完全相同，计算出期望频数及 χ^2 统计量，按给定显著性水平进行检验。

11.6.2 克鲁斯卡尔-瓦利斯 H 检验

11.6.2.1 基本原理

这是一种非常有用的非参数统计方法。在参数统计中，方差分析是采用 F 检验进行的，以检验推断多个正态总体均值是否相等。但当总体并不服从正态分布时，F 检验就受到了限制。这时通常可用克鲁斯卡尔—瓦利斯的 H 检验法。它可以看作威尔克逊 W 检验或曼-惠特尼 U 检验的推广。待检验假设为：

H_0：k 个样本来自同一总体；
H_1：k 个样本不全来自同一总体。

11.6.2.2 检验步骤

（1）把 k 个样本的观察值混合评秩。如果若干个观察值相等，则用它们的平均秩赋值。
（2）计算每个样本所得到的秩次和 R_j 及平均秩 $\overline{R_j}$

$$\overline{R_j} = \frac{R_j}{n_j} \tag{11-40}$$

式中，n_j 为第 j 样本（$j = 1, 2, \cdots, k$）的容量。

记 $n = n_1 + n_2 + \cdots + n_k$，则 $\overline{R_j}$ 的平均值 $\overline{R}$（混合样本总的平均秩次）为

$$\begin{aligned}\overline{R} &= \frac{1}{\sum n_j} \sum n_j \overline{R_j} = \frac{1}{n} \sum R_j \\ &= \frac{1}{n} \times \frac{(1+n)n}{2} = \frac{1+n}{2}\end{aligned} \tag{11-41}$$

（3）计算 H 统计量。显然，如果 H_0 成立，则 $\overline{R_j}$ 之间的差异就很小，因此考虑用平均等级 $\overline{R_j}$ 的离差平方和作为测度 H_0 的核心。因为各样本容量不等，故需采用加权平均方式计算样本平均等级之间的离差，即

$$H = \frac{12}{n(n+1)}\sum n_j(\overline{R}_j - \overline{R})^2 \qquad (11\text{-}42)$$

为了便于计算，通常将此式展开成

$$\begin{aligned}H &= \frac{12}{n(n+1)}\left[\frac{R_1^2}{n_1} + \frac{R_2^2}{n_2} + \cdots + \frac{R_k^2}{n_k}\right] - 3(n+1) \\ &= \frac{1}{n(n+1)}\sum_{j=1}^{k}\frac{R_j^2}{n_j} - 3(n+1)\end{aligned} \qquad (11\text{-}43)$$

可以证明，H 的抽样分布近似服从于自由度为 $k-1$ 的卡方分布，即 $H \sim \chi^2(k-1)$。

（4）做出检验结论。在给定的显著性水平 α 之下，若 $H > \chi^2(k-1)$，则拒绝 H_0，认为 k 个样本来自不完全相同的总体。

【例 11-21】某教学研究者欲知道不同专业学生的统计学考试成绩有无显著差异，在一次统考之后，分别从会计、企管、信息、金融四个专业的学生中随机抽取部分学生统计其成绩，结果如表 11-22 所示，表中名次为学生在全部样本中的总名次。

我们将 40 名学生的成绩按低到高顺序评名次（秩），结果也列入表 11-22 中。

$$n = n_1 + n_2 + n_3 + n_4 = 40$$

$$\begin{aligned}\sum(R_j^2/n_j) &= 4\,256.333 + 2\,190.4 + 9\,120.4 + 2\,592 \\ &= 18\,159.133\,3\end{aligned}$$

$$H = \frac{12}{40+41} \times 18\,159.133\,3 - 3 \times 41 = 9.871\,7$$

$\chi_{0.05}^2(3) = 7.815$。因 $H = 9.871\,7 > \chi_{0.05}^2(3) = 7.815$，故拒绝 H_0，认为不同专业学生的统计学考试成绩有显著差异。对于研究者而言，下一步的工作就是寻找这种差异的真正原因。

表 11-22 四个专业统计学考试成绩及名次

样本单位序号	会计专业		企管专业		信息专业		金融专业	
	成绩	名次	成绩	名次	成绩	名次	成绩	名次
1	85	29.5	74	13	92	39	76	18.0
2	90	36.5	75	15.0	88	31.5	91	38
3	82	25.5	76	18.0	94	40	84	27.5
4	75	15.0	79	21.5	76	18.0	55	2
5	60	4	82	25.5	85	29.5	64	7.5
6	56	3	45	1	89	34.0	89	34.0
7	67	9	88	31.5	90	36.5	71	11
8	79	15.0	64	7.5	72	12	62	6
9	78	20	68	10	84	27.5		
10	79	21.5	61	5	89	34.0		

(续)

样本单位序号	会计专业		企管专业		信息专业		金融专业	
	成绩	名次	成绩	名次	成绩	名次	成绩	名次
11	80	23						
12	81	24						
名次和 R_i	$R_1 = 226$		$R_2 = 148$		$R_3 = 302$		$R_4 = 144$	
样本容量 n_j	$n_1 = 12$		$n_2 = 10$		$n_3 = 10$		$n_4 = 8$	
R_j^2	$R_1^2 = 51\,076$		$R_2^2 = 21\,904$		$R_3^2 = 91\,204$		$R_4^2 = 20\,726$	
R_j^2 / n_j	$R_1^2/n_1 = 4\,256.333\,3$		$R_2^2/n_2 = 2\,190.4$		$R_3^2/n_3 = 9\,120.4$		$R_4^2/n_4 = 2\,592$	

11.6.2.3 几点说明

(1) 评秩时,通常按升序进行。

但若按降序秩也是可以的,不影响检验结论,如表 11-22 的例子,我们可将 94 分定为秩为 1,而 45 分定秩为 40。显然,若将升序的秩记为 r_1,将降序的秩记为 r_2,则应有:$r_1 + r_2 = n + 1$,并将第 j 样本 r_1 的和与 r_2 的和分别记为 R_{j+} 与 R_{j-},即有

$$R_{j+} + R_{j-} = n_j(n+1) \tag{11-44}$$

R_{j+} 与 R_{j-} 显然有相同的方差。当 H 值不变。对式(11-44)求平均(两边同除以 n_j)

$$\overline{R_{j+}} + \overline{R_{j-}} = n+1 \tag{11-45}$$

这里的 $\overline{R_{j+}}$ 即式(11-41)中的 $\overline{R_j}$,且总平均也有如下关系

$$\overline{R_+} + \overline{R_-} = n+1$$
$$\overline{R_+} + \overline{R_-} = \frac{1+n}{2}$$

故按降序评秩时 H 的公式为

$$\begin{aligned} H &= \frac{12}{n(n+1)} \sum_{j=1}^{k} n_j (\overline{R_{j-}} - \overline{R_-})^2 \\ &= \frac{12}{n(n+1)} \sum_{j=1}^{k} n_j \left(n+1 - \overline{R_{j+}} - \frac{1+n}{2} \right)^2 \\ &= \frac{12}{n(n+1)} \sum_{j=1}^{k} n_j \left(\frac{n+1}{2} - \overline{R_{j+}} \right)^2 \\ &= \frac{12}{n(n+1)} \sum_{j=1}^{k} n_j \left(\overline{R_j} - \frac{n+1}{2} \right)^2 \\ &= \text{按升序评秩的 } H \end{aligned} \tag{11-46}$$

(2) 同分现象修订。

若同分不严重,则上述 H 值无须调整。但当同分现象比较严重时,H 值必须进行修订。修订后的统计量记为 H'。

$$H' = \frac{H}{C} \tag{11-47}$$

式中,C 为修订系数,即

$$C = 1 - \frac{\sum_{i=1}^{m}(t_i^3 + t_i)}{n^3 - n} \qquad (11\text{-}48)$$

t_i 的第 j 项"同分"的单位个数，m 为"同分"出现项数。

【例 11-22】在【例 11-21】中同分情况是比较多的，共有 10 次同分（$m = 10$，分别是 2 个 64 分，3 个 75 分，3 个 76 分，2 个 79 分，2 个 82 分，2 个 84 分，2 个 85 分，2 个 88 分，3 个 89 分，2 个 90 分）。相应的 t 值为：

$t_1 = 2, \ t_2 = 3, \ t_3 = 3, \ t_4 = 2, \ t_5 = 2$

$t_6 = 2, \ t_7 = 3, \ t_8 = 3, \ t_9 = 2, \ t_{10} = 2$

$\Sigma(t_i^3 - t_i) = 114, n^4 - n = 63\,960$

$C = 1 - \dfrac{114}{63\,960} = 0.998\,218$

$H' = K/C = 9.871\,7/0.998\,218 = 9.889\,3$

检验结论同修订前一样。

本章小结

1. 非参数统计方法，又称为自由分布的方法，它适用于总体分布形式未知或对总体分布形式知之甚少的情况，对总体的某些性质进行统计估计或假设检验。非参数统计方法的优点在于：可以广泛地利用各种尺度的变量，不需要参数统计那么严格的假定，不需要检验总体的参数，且在样本不大的情况下使用方便。
2. 按照样本（变量）的多少及样本之间相关情况，非参数统计方法可分为：单样本非参数统计方法、两个相关样本非参数统计方法、两个独立样本非参数统计方法、多个相关样本非参数统计方法、多个独立样本的非参数统计方法。单样本非参数统计方法主要研究某一变量的分布或水平是否与某一总体的分布或水平一致；两个相关样本非参数统计方法主要研究某一现象在两种不同情况下的差异情况，往往通过对两个经过"配对"而设置样本；两个独立样本非参数统计方法主要检验两个独立抽取的样本，是否来自某同一分布总体（如同一中位数、均值或分布形式等）；多个相关样本非参数统计方法主要研究经过"配对"的两个以上的变量（样本）的差异情况。多个独立样本的非参数统计方法主要检验两个以上的变量（样本）是否来自同一总体。

练习与思考

一、判断题

1. 在检验效果上，非参数检验一定比参数检验有效。（　　）
2. 具有相关关系的两个样本就是两个相关样本。（　　）
3. 威尔克逊配对符秩检验既考虑了配对内差异方向的信息，还考虑了差异的相对大小。（　　）
4. K-S 检验不仅适用于对连续型分布的检验，也适用于对离散型分布的检验；而卡方适应性检验仅适用于对离散型分布的检验。（　　）

5. 弗里德曼双向评秩方差分析对变量尺度的要求比 Q 检验要高。（   ）

二、简答题

1. 非参数统计检验有何特点？
2. 试述 χ^2 拟合优度检验的基本思路。
3. 试析符号检验和威尔克逊配对符秩检验的不同之处。
4. 试析柯克伦 Q 检验和弗里德曼双向评秩方差分析的异同点。

三、选择题

1. 下列哪种非参数统计检验方法适用于两个相关样本？（   ）
   A. K-S 双样本检验
   B. 曼-惠特尼 U 检验
   C. 威尔克逊配对符秩检验
   D. 游程检验

2. 在下列检验方法中，要求变量具备定距尺度性质的是（   ）。
   A. χ^2 拟合优度检验
   B. 符号检验
   C. 游程检验
   D. 威尔克逊配对符秩检验

3. 为检验某种药品的临床效果，下列哪种方法是不适用的？（   ）
   A. 麦克勒玛检验
   B. 符号检验
   C. 威尔克逊配对符秩检验
   D. 游程检验

四、计算题

1. 某食品生产企业为了解消费者对本企业生产的某一产品的包装设计的喜爱情况，调查了 15 位消费者，调查资料如下表所示：

包装类型	消费者															合计
	1	2	3	4	5	6	7	8	9	10	11	12	13	14	15	
纸盒包装	1	1	0	0	1	1	1	0	1	0	1	0	0	1	0	8
塑料袋装	0	0	0	1	1	1	0	0	1	1	1	1	1	0	1	9
玻璃瓶装	0	1	1	0	1	0	1	0	1	0	0	1	1	0	1	8
合计	1	2	1	1	3	2	2	0	3	1	2	2	2	1	2	25

注：表中 1 表示爱好，0 表示不爱好。

试采用柯克伦 Q 检验，说明消费者对集中包装的喜好有无显著差异。

2. 为了研究人们对互联网的好恶观点是否与性别相互独立，在某地区进行了抽样调查，共调查了 200 人，调查数据如下表所示：

性别 \ 对互联网的好恶	喜欢	不喜欢	合计
男性	56	41	97
女性	48	55	103
合计	104	96	200

试采用 χ^2 拟合优度检验方法，分析性别与对互联网的好恶是否相互独立。

3. 某大学为了验证其新的科研奖励方法是否有效，在新的科研奖励方法实施之前，进行了调查，抽取了 20 人；并且在新的科研奖励方法实施后，对这 20 个教师也进行了调查，得到如下数据：

被调查者	新测评办法	旧测评办法	被调查者	新测评办法	旧测评办法
1	80	75	11	92	98
2	85	90	12	88	80
3	82	80	13	82	78
4	75	75	14	80	80
5	80	76	15	75	78
6	68	71	16	76	75
7	83	80	17	83	80
8	90	80	18	76	72
9	87	85	19	77	75
10	75	85	20	65	80

注：表中分数表示被调查者的评分。

要求检验新的科研奖励方法是否有效。

◎ 人物介绍

陈希孺（1934—2005）

湖南望城人，著名数理统计学家，中国科学院院士。1956 年毕业于武汉大学数学系，1986~1988 年作为访问学者先后到加拿大、美国访问。主要从事大样本理论、线性模型、非参数统计、Bayes 统计学、回归分析和判别等研究，研究成果曾获国家自然科学奖。主要著作有《数理统计学简史》《数理统计引论》《线性模型参数估计理论》《非参数统计》《近代回归分析》等。曾先后担任中国现场统计研究会理事长、中国统计学会副理事长等学术职务。1997 年当选为中国科学院院士。

Excel 在统计学中的应用

统计分析常用的软件有 SAS、SPSS 和 Excel 等，其中 Excel 应用较为普遍。附录 A 主要介绍 Excel 在统计学中的应用，并用实例操作的形式进行介绍。

A.1 用 Excel 做数据的频率分布表和直方图

利用 Excel 处理数据，可以建立频率分布表和条形图。一般统计数据有两大类，即定性数据和定量数据。定性数据用代码转化为定量数据后再处理，这里就不涉及了，下面主要以定量数据为例来说明如何利用 Excel 进行分组，并做频率分布表和直方图。

［资料］

现有某管理局下属 40 个企业产值计划完成百分比资料如下：

97，123，119，112，113，117，105，107，120，107，125，142，103，115，119，88，115，158，146，126，108，110，137，136，108，127，118，87，114，105，117，124，129，138，100，103，92，95，127，104。

（1）据此编制分布数列（提示：产值计划完成百分比是连续变量）。

（2）计算向上累计频数（率）。

（3）画出次数分布直方图。

［步骤］

第一步：打开 Excel 界面，输入 40 个企业的数据，从上到下输入 A 列（也可分组排列）。

第二步：选择"工具"下拉菜单，如图 A-1 所示。

第三步：选择"数据分析"选项，如果没有该功能则要先行安装。"数据分析"的具体安装方法，选择"工具"下拉菜单中"加载宏"，在出现的选项中选择"分析工具库"，"确定"就可自动安装。

第四步：在分析工具中选择"直方图"，如图 A-2 所示。

第五步：当出现"直方图"对话框时，在"输入区域"方框内键入 A2：A41 或 $A$2：

$A$41（"$"符号起到固定单元格坐标的作用，表示的是绝对地址），40个数据已输入该区域内，如果是分组排列的，就应选择整个分组区域。在"接收区域"方框内键入C2：C9或$C$2：$C$9，所有数据分成8组（主要根据资料的特点，决定组数、组距和组限），把各组的上限输入该区域内。在"输出区域"方框内键入E2或$E$2，也可在其他位置重新建表。对话框中，还选择"累积百分率""图表输出"，如图A-3所示。

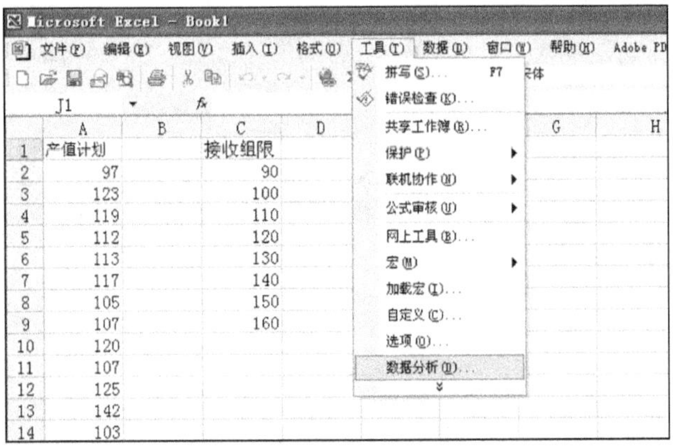

图 A-1

第六步：点击"确定"键，就可得到结果。
对话框内主要选项的含义如下。
输入区域：在此输入待分析数据区域的单元格范围。
接收区域（可选）：在此输入接收区域的单元格范围，该区域应包含一组可选的用来计算频数的边界值。

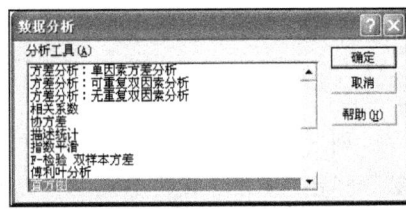

图 A-2

这些值应当按升序排列。只要存在，Excel将统计在各个相邻边界值之间的数据出现的次数。如果省略此处的接收区域，Excel将在数据组的最小值和最大值之间创建一组平滑分布的接收区间。

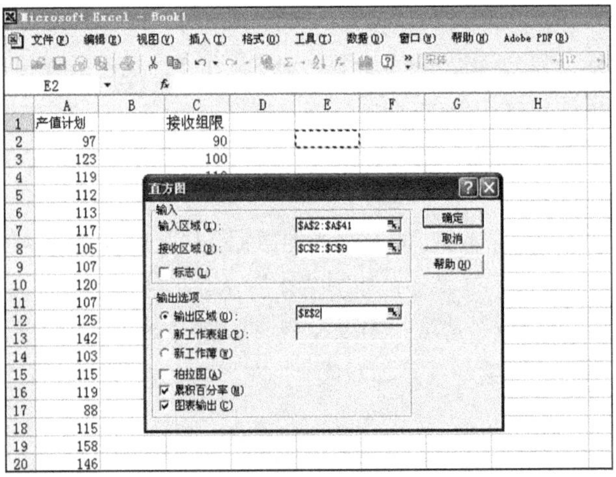

图 A-3

标志：如果输入区域的第一行或第一列中包含标志项，则选中此复选框；如果输入区域没有标志项，则清除此复选框，Excel 将在输出表中生成适宜的数据标志。

输出区域：在此输入计算结果显示的单元格地址。如果不输入具体位置将覆盖已有的数据，Excel 会自动确定输出区域的大小并显示信息。

柏拉图：选中此复选框，可以在输出表中同时显示按升序、降序排列频率数据。如果此复选框被清除，Excel 将只按升序来排列数据。

累积百分比：选中此复选框，可以在输出结果中添加一列累积百分比数值，并同时在直方图表中添加累积百分比折线。如果清除此选项，则会省略以上结果。

图表输出：选中此复选框，可以在输出表中同时生成一个嵌入式直方图表。

[结果]

有关结果如图 A-4 所示。完整的结果通常包括三列和一个频数分布图，第一列是数值的区间范围，第二列是数值分布的频数（不是频率），第三列是频数分布的累积百分比。

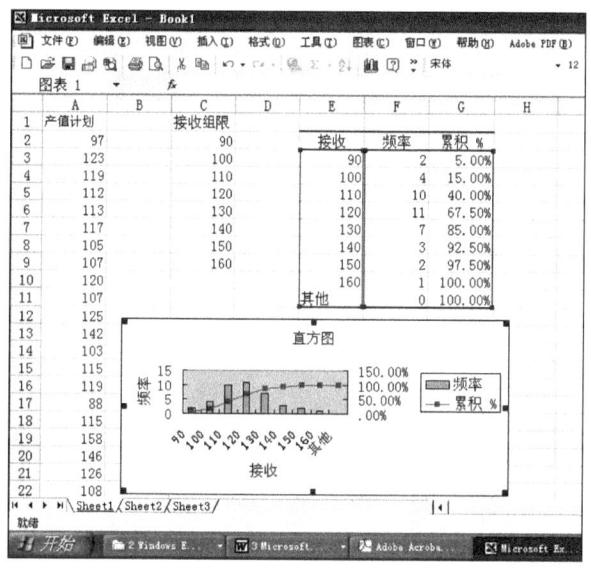

图 A-4

直方图是用矩形的宽度和高度来表示频数分布的图形。绘制直方图时，将所研究的变量放在横轴上，频数、频率放在纵轴上。每组的频数、频率在图上就是一个长方形，长方形的底在横轴上，宽度是组距，长方形的高就是对应的频数或频率。应当注意，图 A-4 中是一个条形图，而不是直方图，若要把它变成直方图，可进行如下操作。

用鼠标左键单击图中任一直条形，然后右键单击，在弹出的快捷菜单中选取"数据系列"格式，弹出数据系列格式对话框。在对话框中选择"选项"标签，把"分类间距"宽度改为零，按确定后即可得到直方图，如图 A-5 所示。

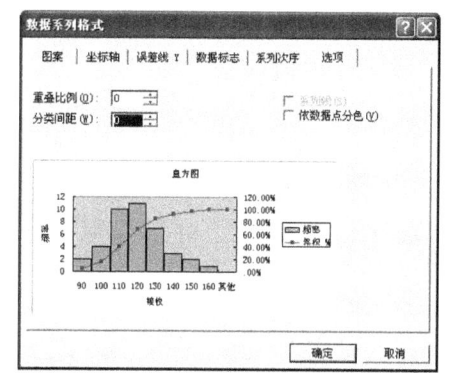

图 A-5

A.2 用 Excel 做常用统计图

Excel 有较强的作图功能，可根据需要选择各类型的图形。Excel 提供的统计图有多种，包括柱形图、条形图、折线图、饼图、散点图、面积图、环形图、雷达图、曲面图、气泡图、股价图、圆柱图、圆锥图等，作各种图的方法大同小异。

A.2.1 饼图的绘制

饼图也称圆形图，是用圆形及圆内扇形的面积来表示数值大小的图形。饼图主要用于表示总体中各组成部分所占的比例，对于研究结构性问题十分有用。

[资料]

据中国互联网络信息中心 2006 年 6 月底的统计，我国目前网民的年龄分布如表 A-1 所示，根据资料利用 Excel 绘制饼图。

表 A-1　我国目前网民的年龄分布结构表

年龄	比重%
18 岁以下	14.90
18～24 岁	38.90
25～30 岁	18.40
31～35 岁	10.10
36～40 岁	7.50
41～50 岁	7.00
51～60 岁	2.40
60 岁以上	0.80

[步骤]

先把数据输入到工作表中，如图 A-6 所示，然后按下面的步骤操作。

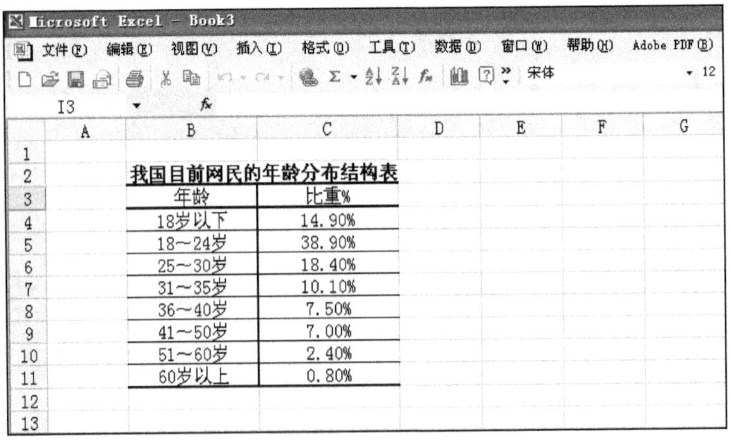

图　A-6

第一步：选择"插入"下拉菜单，再选择"图表"选项。

第二步：在图表类型中选择"饼图"，然后在子图表类型中选择一种类型，这里我们选用系统默认的方式。然后单击下一步按钮，打开源数据对话框，如图 A-7 所示。

第三步：在图表源数据对话框中填入数据所在区域，单击下一步，在图表选项中，对"标题""图例"和"数据标志"适当处理。如果要对图形修改，可用鼠标双击图表，然后用鼠标双击需要修改的部分，并进行修改。

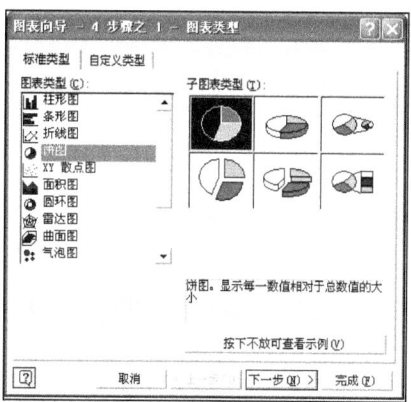

图 A-7

[结果]

即可得如图 A-8 所示的饼图。

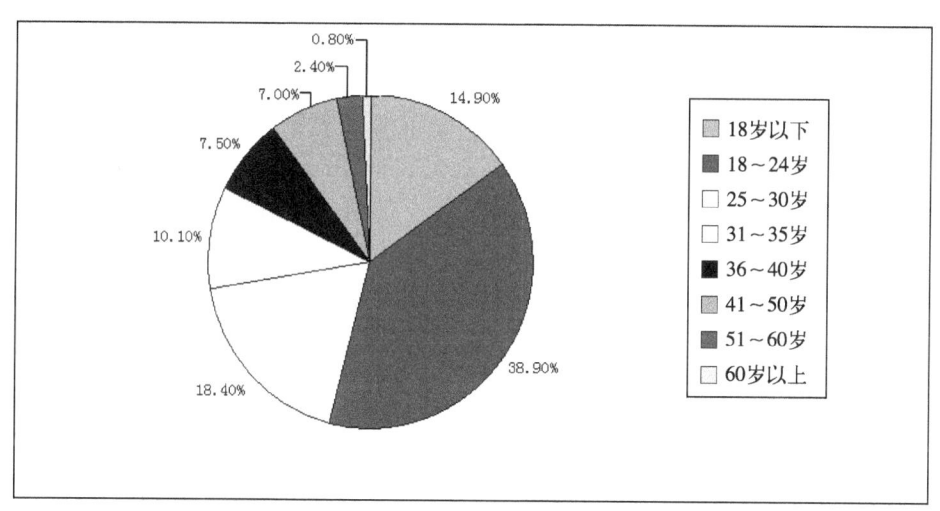

图 A-8

A.2.2 折线图的绘制

折线图主要用于比较几类数据变动的方向和趋势，表现数据在不同时期发展变化的不同趋势。

[资料]

根据我国 2001～2005 年外贸货物进出口总额资料（见表 A-2），绘制折线图，描述我国近年来货物进出口额的变化趋势。

表 A-2 （单位：亿元人民币）

年份	2001	2002	2003	2004	2005
货物进出口总额	42 183.6	51 378.2	70 483.5	95 539.1	116 921.8
出口总额	22 024.4	26 947.9	36 287.9	49 103.3	62 648.1
进口总额	20 159.2	24 430.3	34 195.6	46 435.8	54 273.7

[步骤]

第一步：资料输入工作表后，选择"插入"下拉菜单，再选择"图表"选项。

第二步：在图表类型中选择"折线图"，然后在子图表类型中选择一种类型，这里我们选用如图 A-9 所示的方式。然后单击"下一步"按钮，打开源数据对话框。

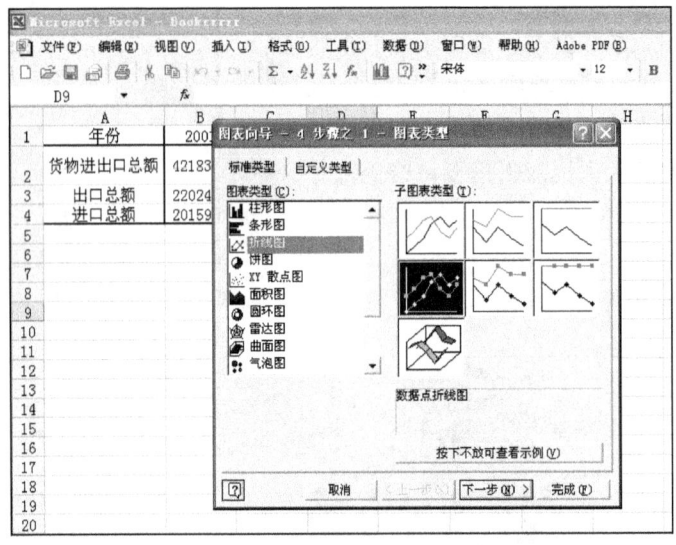

图 A-9

第三步：在源数据对话框中，"数据区域"中输入相关资料（可用鼠标点击并框定数据区域）。再在"系列"的"分类（x）轴标志"区域输入年份区域，如图 A-10 所示。

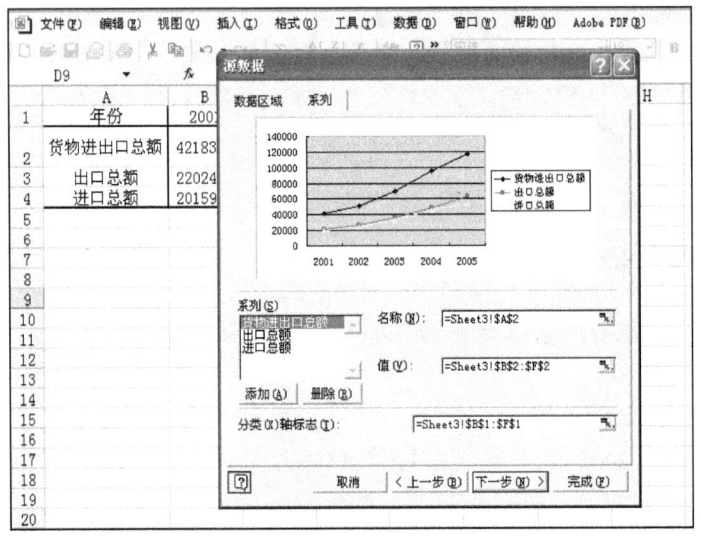

图 A-10

第四步：资料输入后的下一步，进入"图表选项"。分别对"标题""坐标轴""网格线""图例""数据标志"和"数据表"等选项进行设置，当然设置各选项时根据需要进行取舍。最后点击"完成"，就在工作表中得到折线图。

［结果］

经过上述各步骤，在工作表中得到折线图，如图 A-11 所示。

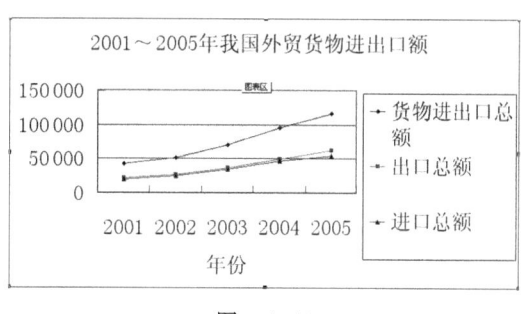

图　A-11

A.3　用 Excel 计算描述统计量

我们学习了平均指标，也掌握了测定数据的集中趋势和离散程度的常用统计量，下面将利用 Excel 来计算这些统计量。为了说明该方法，仍用实例操作。

A.3.1　利用"数据分析"功能计算

［资料］

设某班 40 名学生《统计学》考试成绩分别为：

66、89、88、84、86、87、75、73、72、68、75、82、97、58、81、54、79、76、95、76、71、60、90、65、76、72、76、85、89、92、64、57、83、81、78、77、72、61、70、81。

对该班学生的考试成绩进行描述统计分析。

［步骤］

第一步：在 Excel 的工作表界面中，输入 40 个学生的成绩数据，从上到下输入 A 列，放入区域"A1：A40"的单元格中。

第二步：选择"工具"下拉菜单，再选择"数据分析"选项。

第三步：在分析工具中选择"描述统计"，如图 A-12 所示。

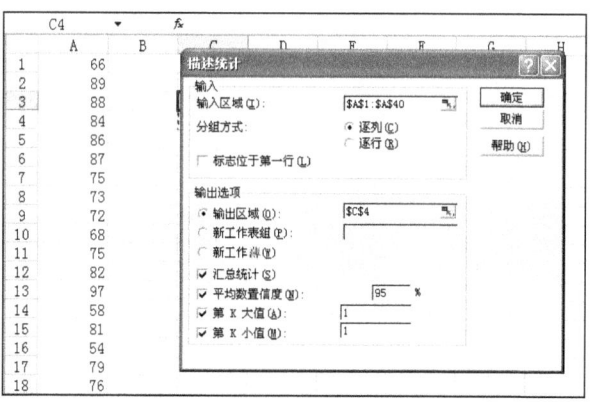

图　A-12

第四步：当出现对话框时，在"输入区域"方框内键入 A1：A40（或用鼠标选择这区域），在"输出选项"中选择输出区域(在此选择 C4)，再选择"汇总统计"（该选项给出全部描述统计量）。

第五步：点击"确定"键。

[结果]

其计算结果如图 A-13 所示，列于表 A-3 中。

[结果分析]

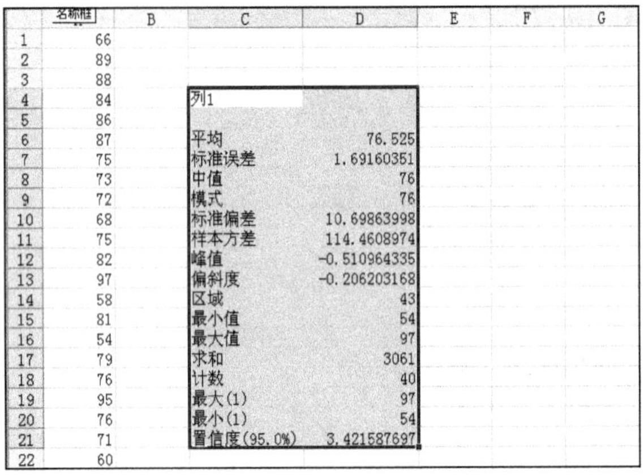

图 A-13

表 A-3

平均（算术平均值）	76.525
标准误差（抽样标准误差）	1.691 603 51
中值（中位数）	76
模式（众数）	76
标准偏差（样本标准差）	10.698 639 98
样本方差（方差）	114.460 897 4
峰值（峰度系数）	−0.510 964 335
偏斜度（偏度系数）	−0.206 203 168
区域（极差或全距）	43
最小值（第 K 个最小值）	54
最大值（第 K 个最大值）	97
求和（标志值总和）	3 061
计数（总频数）	40
置信度（95.0%）	3.421 587 697

A.3.2 利用"统计函数"工具计算

描述统计量除上述"数据分析"功能计算外，还可采用 Excel 的函数工具计算。仍以 40 名学生《统计学》考试成绩为例进行计算。

[步骤]

第一步：在 Excel 的工作表界面中，输入 40 个学生的成绩数据，从上到下输入 A 列，放入区域"A1：A40"的单元格中。

第二步：选择"插入"下拉菜单，再选择"函数"选项，如图 A-14 所示。

第三步：出现的"插入函数"界面中，在"或选择类别"选项中，选"统计"。再在"选择函数"中，选"AVERAGE"（算术平均数），点击"确定"如图 A-15 示。

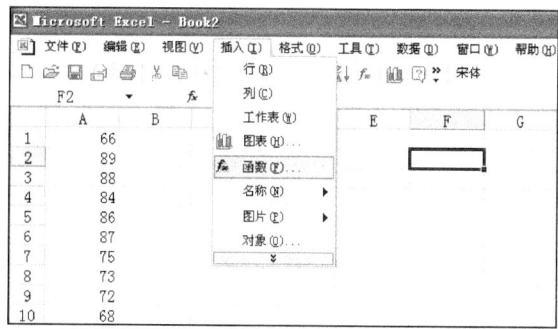

图 A-14

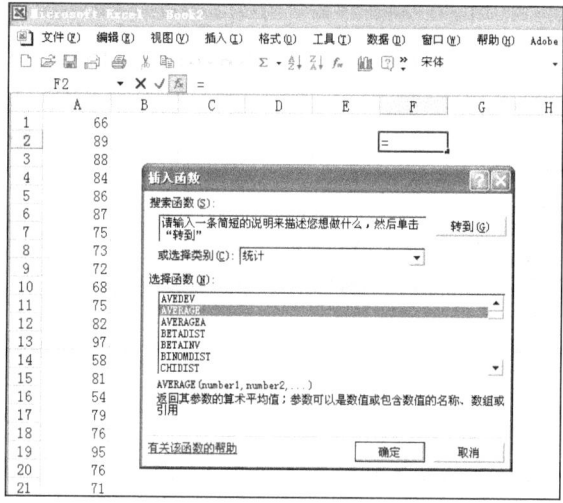

图 A-15

第四步：出现"AVERAGE 函数参数"界面中，在"Number1"中键入 A1：A40（或用鼠标选择这区域），然后点"确定"，就能得出"算术平均数=76.525"。

重复上述各步骤，还可计算"调和平均数""几何平均数""样本标准差"和"总体标准差"等统计量，只是要分别选择相应的函数。常用描述统计量函数如表 A-4 所示。

表 A-4　Excel 中常用描述统计量函数对照表

函数名称（英）	函数名称（中）	公式或符号
AVEDEV	平均差	$A.D.=\dfrac{1}{n}\sum\|x-\bar{x}\|$
AVERAGE	算术平均数	$\bar{x}=\dfrac{\sum x}{n}$
GEOMEAN	几何平均数	$G=\sqrt[n]{\prod x}$
HARMEAN	调和平均数	$H=\dfrac{n}{\sum\dfrac{1}{x}}$
MAX	最大值	
MEDIAN	中位数	M_e
MIN	最小值	

（续）

函数名称（英）	函数名称（中）	公式或符号
MODE	众数	M_o
STDEV	样本标准差（标准偏差）	$S = \sqrt{\dfrac{\sum(x-\bar{x})^2}{n-1}}$
STDEVP	总体标准差	$\sigma = \sqrt{\dfrac{\sum(x-\bar{x})^2}{n}}$
VAR	样本方差	s^2
VARP	总体方差	σ^2

A.4 用 Excel 进行随机抽样

使用 Excel 进行抽样，首先要对各个总体单位进行编号，编号可以按随机原则，也可以按有关标志或无关标志，编号后，将编号输入工作表。

［资料］

假定有 80 个总体单位，每个总体单位给一个编号，共有从 1 到 80 个编号，输入工作表后，如图 A-16 所示。

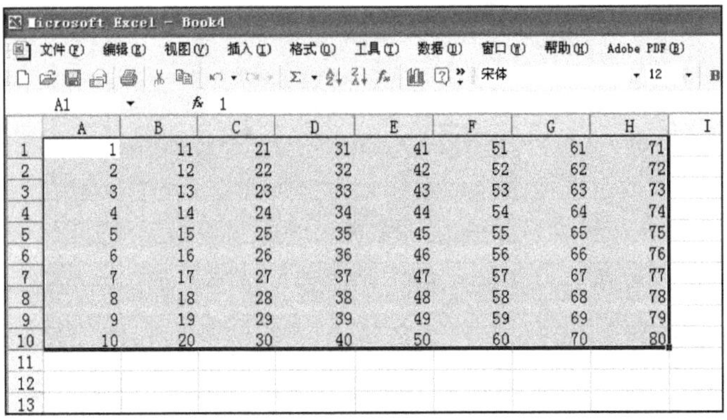

图 A-16

［步骤］

输入各总体单位的编号后，可按以下步骤操作。

第一步：单击"工具"菜单，再选择"数据分析"选项，打开"数据分析"对话框，从中选择"抽样"，如图 A-17 所示。

第二步：单击"抽样"选项，弹出"抽样"对话框，如图 A-18 所示。

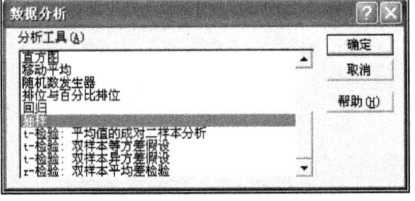

图 A-17

第三步：在输入区域框中输入总体单位编号所在的单元格区域，在本例是$A$1：$H$10，系统将从 A 列开始抽取样本，然后按顺序抽取 B 列至 H 列。如果输入区域的第一行或第一列为标志项（横行标题或纵列标题），可单击标志复选框。

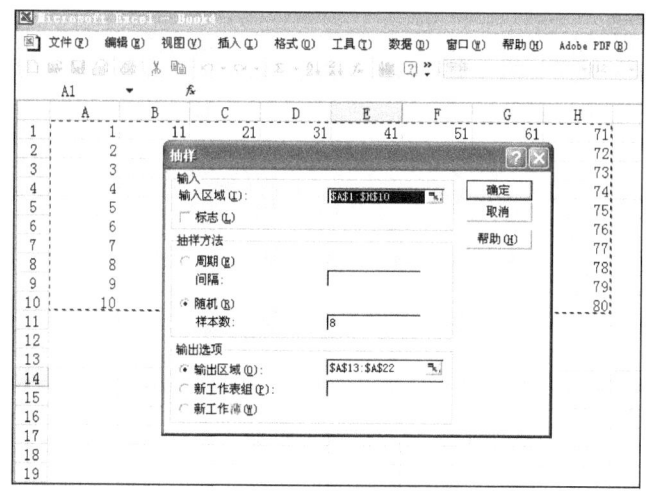

图 A-18

第四步：在抽样方法项下，有周期和随机两种抽样模式。

"周期"模式即所谓的等距抽样，采用这种抽样方法，需将总体单位数除以要抽取的样本单位数，求得取样的周期间隔。如我们要在 80 个总体单位中抽取 10 个，则在"间隔"框中输入 8。

"随机"模式适用于纯随机抽样、分类抽样、整群抽样和阶段抽样。采用纯随机抽样，只需在"样本数"框中输入要抽取的样本单位数即可；若采用分类抽样，必须先将总体单位按某一标志分类编号，然后在每一类中随机抽取若干单位，这种抽样方法实际是分组法与随机抽样的结合；整群抽样也要先将总体单位分类编号，然后按随机原则抽取若干类作为样本，对抽中类的所有单位全部进行调查。可以看出，此例的编号输入方法，只适用于等距抽样和纯随机抽样。

第五步：指定输出区域，在这里我们输入$A$12，单击"确定"后，即可得到抽样结果。
［结果］
8 个随机抽取的样本编号就显示在区域"A12：A19"单元格中。

A.5　用 Excel 求置信区间

用 Excel 的"统计函数"工具进行抽样推断中的区间估计测算。下面结合实例来说明具体的操作步骤。

［资料］

某商店随机抽查 10 名营业员，统计他们的日营业额（千元）填入图 A-19 中的"A2：A11"。假定该商店各营业员的日营业额是服从正态分布，试以 95%的置信水平估计该商店营业员的日营业额的置信区间。

为构造区间估计的工作表，在工作表中输入下列内容：A 列输入样本数据，B 列输入变量名称，C 列输入计算公式，其实 C 列中当计算公式输入后显现的是计算结果，为了说明计算过程，在 D 列中展示 C 列的计算公式。

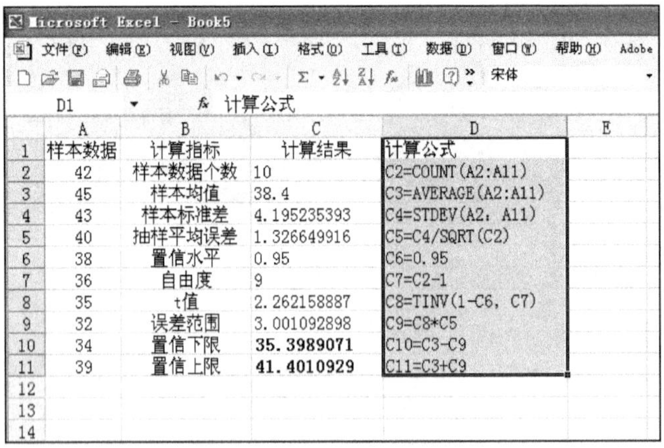

	A	B	C	D	E
1	样本数据	计算指标	计算结果	计算公式	
2	42	样本数据个数	10	C2=COUNT(A2:A11)	
3	45	样本均值	38.4	C3=AVERAGE(A2:A11)	
4	43	样本标准差	4.195235393	C4=STDEV(A2：A11)	
5	40	抽样平均误差	1.326649916	C5=C4/SQRT(C2)	
6	38	置信水平	0.95	C6=0.95	
7	36	自由度	9	C7=C2-1	
8	35	t值	2.262158887	C8=TINV(1-C6，C7)	
9	32	误差范围	3.001092898	C9=C8*C5	
10	34	置信下限	**35.3989071**	C10=C3-C9	
11	39	置信上限	**41.4010929**	C11=C3+C9	
12					
13					
14					

图 A-19

［步骤］

第一步：把样本数据输入到 A2：A11 单元格。

第二步：在 C2 中输入公式"= COUNT（A2：A11）"，得到计算结果"10"。"COUNT"是计数函数，得出样本容量(n = 10)。

第三步：在 C3 中输入"= AVERAGE（A2：A11）"，在 C4 中输入"= STDEV（A2：A11）"，在 C5 中输入"= C4/SQRT（C2）"，在 C6 中输入 0.95，在 C7 中输入"= C2−1"，在 C8 中输入"= TINV（1−C6，C7）"，在 C9 中输入"= C8*C5"，在 C10 中输入"=C3−C9"，在 C11 中输入"= C3+C9"。在输入每一个公式回车后，便可得到如表 A-5 所示的结果。

表 A-5

样本数据	计算指标	计算公式	计算结果
42	样本数据个数	C2 = COUNT(A2:A11)	10
45	样本均值	C3 = AVERAGE(A2:A11)	38.4
43	样本标准差	C4 = STDEV(A2:A11)	4.195 235 393
40	抽样平均误差	C5 = C4/SQRT(C2)	1.326 649 916
38	置信水平	C6 = 0.95	0.95
36	自由度	C7 = C2−1	9
35	*t* 值	C8 = TINV(1−C6，C7)	2.262 158 887
32	误差范围	C9 = C8*C5	3.001 092 898
34	置信下限	C10 = C3−C9	35.398 907 1
39	置信上限	C11 = C3+C9	41.401 092 9

［结果］

从上面的结果我们可以知道，该商店营业员的日营业额的置信下限为 35.398 907 1 千元，置信上限为 41.401 092 9 千元。计算结果可以得出，我们有 95%的把握认为该商店营业员的日营业额平均为 35.398 907 1～41.401 092 9 千元。

在表 A-5 中，对于不同的样本数据，依上表的格式，只要输入新的样本数据，再对 C 列公式略加修改，置信区间就会自动给出。

A.6 用 Excel 进行假设检验

假设检验包括一个正态总体的参数检验和两个正态总体的参数检验。对于一个正态总体参数的检验，可利用函数工具和自己输入公式的方法计算统计量，并进行检验。本例主要介绍如何使用 Excel 进行两个正态分布的均值方差的检验。

［资料］

为了评价两个学校的教学质量，分别在两个学校抽取样本。在 A 学校抽取 30 名学生，在 B 学校抽取 40 名学生，对两个学校的学生同时进行一次英语标准化考试，成绩如表 A-6 所示。假设学校 A 考试成绩的方差为 64，学校 B 考试成绩的方差为 100。检验两个学校的教学质量是否有显著差异（$\alpha = 0.05$）。

表 A-6

学校 A						学校 B						
70	97	85	87	64	73	76	91	57	62	89	82	93	64
86	90	82	83	92	74	80	78	99	59	79	82	70	85
72	94	76	89	73	88	83	87	78	84	84	70	79	72
91	79	84	76	87	88	91	93	75	85	65	74	79	64
85	78	83	84	91	74	84	66	66	85	78	83	75	74

假定我们将表 A-6 中学校 A 的数据输入到工作表中的 A2∶A31，学校 B 的数据输入到工作表的 B2∶B41。

［步骤］

第一步：选择"工具"下拉菜单，再选择"数据分析"选项。

第二步：在分析工具中选择"Z - 检验：双样本平均差检验"，如图 A-20 所示。

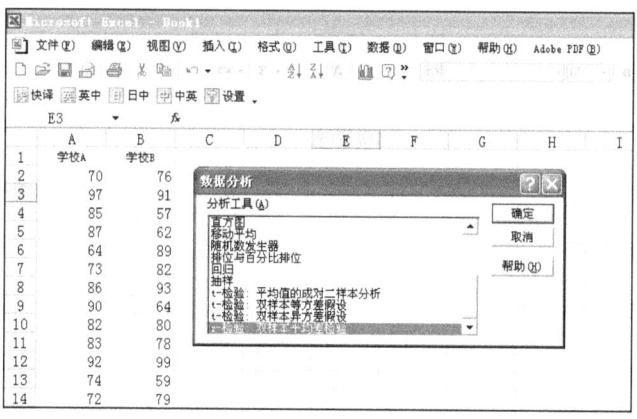

图 A-20

第三步：当出现对话框后，在"变量 1 的区域"方框内键入 A2∶A31；在"变量 2 的区域"方框内键入 B2∶B41；在"假设平均差"方框内键入 0；在"变量 1 的方差"方框内键入 64；在"变量 2 的方差"方框内键入 100；在"α"方框内键入 0.05；在"输出选项"中选择输出区域（在此选择"新工作表"），如图 A-21 所示。

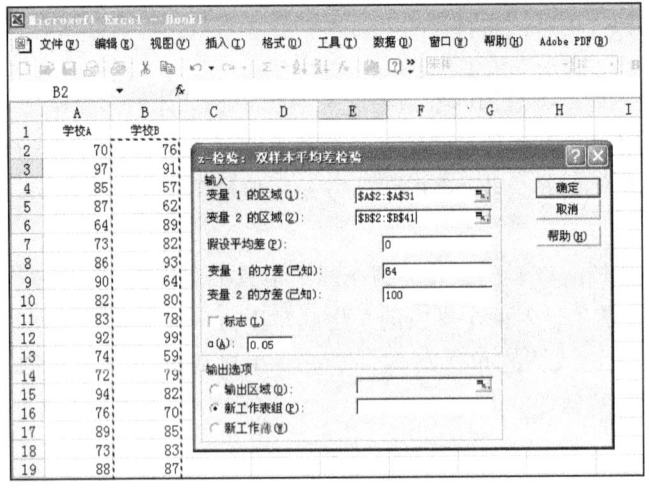

图 A-21

第四步：所有选项设置好后，选择"确定"。

[结果]

输出结果如表 A-7 所示。

表 A-7

	变量 1	变量 2
平均数	82.5	78
已知协方差	64	100
观测值个数	30	40
假设平均差	0	
z	2.090 574 9	
$P(Z \leq z)$ 单尾	0.018 283	
z 单尾临界	1.644 853 5	
$P(Z \leq z)$ 双尾	0.036 566 1	
z 双尾临界	1.959 962 8	

由于 $Z > Z_{\frac{\alpha}{2}}$，所以拒绝 H_0，即两个学校的教学质量有显著差异。

A.7 用 Excel 进行相关与回归分析

A.7.1 相关分析

相关分析可用于判断两组数据之间的关系。我们可以使用"相关分析"来确定两个区域中数据的变化是否相关。用 Excel 进行相关分析有两种方法，一是利用相关系数函数计算，如"CORREL 函数"和"PERSON 函数"；另一种是利用"数据分析"功能相关分析宏计算。这里主要介绍后者。

[资料]

有 10 个同类企业生产性固定资产年均价值和工业增加值资料如表 A-8 所示。

表 A-8

企业编号	生产性固定资产价值（万元）	工业增加值（万元）
1	318	524
2	910	1 019
3	200	638
4	409	815
5	415	913
6	502	928
7	314	605
8	1 210	1 516
9	1 022	1 219
10	1 225	1 624
合计	6 525	9 801

要求根据资料计算相关系数，并说明两变量相关的方向和程度。

［步骤］

将数据输入工作表后，按如下步骤操作。

第一步：选择"工具"下拉菜单，再选择"数据分析"选项。

第二步：在分析工具中选择"相关系数"。

第三步：当出现对话框时，在"输入区域"方框内键入 A2：B11，在"输出选项"中选择输出区域(在此我们选择"新工作表")。

第四步：单击"确定"，得出如图 A-22 所示结果。

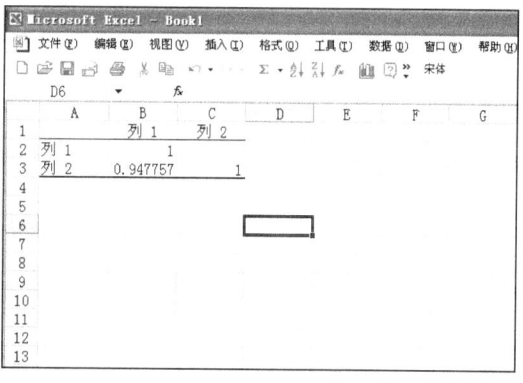

图 A-22

［结果］

根据上述步骤计算的相关系数矩阵如图 A-22 所示。图中的表列得出了两个变量之间的相关系数，如"生产性固定资产价值（万元）"与"工业增加值（万元）"的相关系数为 0.947 757，属于高度正相关。

A.7.2 回归分析

利用 Excel 可以很容易地进行回归分析，包括一元线性回归和多元线性回归。

［资料］

根据表 A-9 的资料，编制直线回归方程，计算估计标准误，并估计生产性固定资产（自变量）为 1 100 万元时，工业增加值（因变量）的可能值。

［步骤］

我们仍结合上面的例子说明其操作步骤。

第一步：选择"工具"下拉菜单。

第二步：选择"数据分析"选项。

第三步：在分析工具中选择"回归"。

第四步：当出现对话框时，在“输入 Y 的区域”方框内键入 B2∶B11，在“输入 X 的区域”方框内键入 A2∶A11，在“输出选项”中选择输出区域（这里我们选择“新工作表”）。

第五步：单击“确定”。

［结果］

得到如图 A-23 所示的结果。

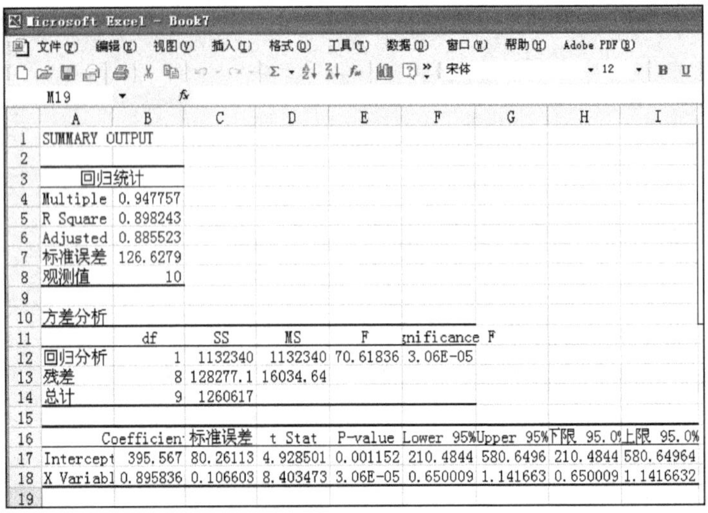

	A	B	C	D	E	F	G	H	I
1	SUMMARY OUTPUT								
2									
3	回归统计								
4	Multiple	0.947757							
5	R Square	0.898243							
6	Adjusted	0.885523							
7	标准误差	126.6279							
8	观测值	10							
9									
10	方差分析								
11		df	SS	MS	F	gnificance F			
12	回归分析	1	1132340	1132340	70.61836	3.06E-05			
13	残差	8	128277.1	16034.64					
14	总计	9	1260617						
15									
16		Coefficien	标准误差	t Stat	P-value	Lower 95%	Upper 95%	下限 95.0%	上限 95.0%
17	Intercept	395.567	80.26113	4.928501	0.001152	210.4844	580.6496	210.4844	580.64964
18	X Variabl	0.895836	0.106603	8.403473	3.06E-05	0.650009	1.141663	0.650009	1.1416632
19									

图 A-23

为了让大家看清楚，我们把有关的指标稍作解释。图 A-23 中回归统计部分给出了判定系数 R^2、调整后的 R^2、估计标准误差等；方差分析表部分给出的显著水平 F 值表明回归方程是显著的；最下面的一部分是 $a=395.567$，$b=0.895\ 836$，以及参数 a、b 的标准差、t 检验的统计量、p–值、下限 95%和上限 95%给出了参数 a、b 置信区间。比如，我们有 95%的把握确信，a 在 210.484 4 和 580.649 64 之间，b 在 0.650 009 和 1.141 663 2 之间。除表中输出的结果外，我们还可以根据需要给出残差图、线性拟合图等。所以，该例题中得到的回归方程为：$y_c=395.567+0.895\ 836x$，回归估计标准误为：$S_{yx}=126.627\ 9$。当生产性固定资产 $x=1\ 100$ 万元时，工业总产值为：$y_c=395.567+0.895\ 836\times 1\ 100=1\ 380.986\ 6$（万元）。

A.8 用 Excel 进行季节变动分析

为介绍 Excel 在季节变动分析中的应用，我们以实例操作，采用趋势剔除法计算季节指数。

［资料］

某小型企业销售收入如表 A-9 所示。

表 A-9 （单位：万元）

年份	春	夏	秋	冬
2002	79	48	68	107
2003	97	66	85	134
2004	113	91	100	148
2005	136	105	125	174

［步骤］

把数据输入到工作表中的 B2∶B17。用 Excel 构造一张季节变动分析表（见图 A-24），计算的步骤如下所示。

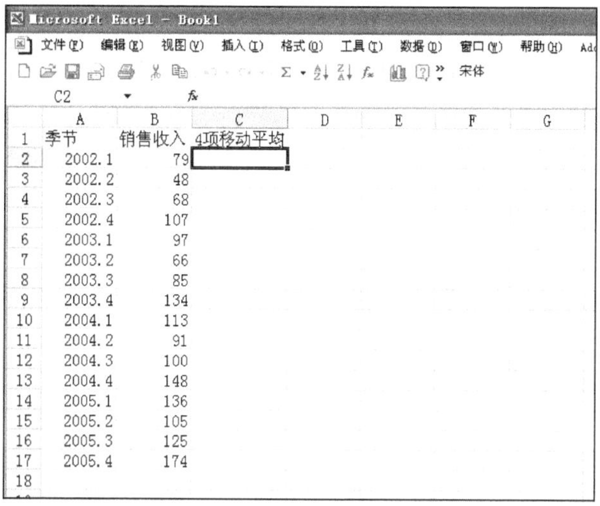

	A	B	C	D	E	F	G
1	季节	销售收入	4项移动平均				
2	2002.1	79					
3	2002.2	48					
4	2002.3	68					
5	2002.4	107					
6	2003.1	97					
7	2003.2	66					
8	2003.3	85					
9	2003.4	134					
10	2004.1	113					
11	2004.2	91					
12	2004.3	100					
13	2004.4	148					
14	2005.1	136					
15	2005.2	105					
16	2005.3	125					
17	2005.4	174					
18							

图　A-24

第一步：计算 4 项移动平均数。在 C3 单元格输入公式“= AVERAGE(B2∶B5)”，然后将公式复制到 C4∶C15 单元格。结果如图 A-25 中的 C 列。

第二步：计算移动平均趋势值（中心化移动平均数），也就是对 C 列的结果再进行一次二项移动平均。在 D4 单元格输入公式“AVERAGE(C3∶C4)”，然后将公式复制到 D5∶D15 单元格。结果如图 A-25 中的 D 列。

第三步：将实际值除以相应的趋势值。在 E4 单元格输入公式“= B4/D4”，然后将公式复制到 E5∶E15 单元格。结果如图 A-25 中的 E 列。

第四步：计算同季平均。在 F2 单元格输入公式“= (E6+E10+E14)/3”，在 F3 单元格输入公式“= (E7+E11+E15)/3”，在 F4 单元格输入公式“= (E4+E8+E12)/3”，在 F5 单元格输入公式“= (E5+E9+E13)/3”。结果如图 A-25 中的 F 列。

第五步：计算总平均值。在 G2 单元格输入公式“= AVERAGE(E4∶E15)”。

第六步：计算季节指数。将同季平均值除以总平均值。在 H2 单元格输入公式“=F2/G2”，在 H3 单元格输入公式“= F3/G2”，在 H4 单元格输入公式“= F4/G2”，在 H5 单元格输入公式“=F5/G2”。

［结果］

计算结果如图 A-25 中的 H 列所示。

A.9　用 Excel 进行时序预测

［资料］

某煤矿某年 1～11 月采煤量如表 A-10 所示。

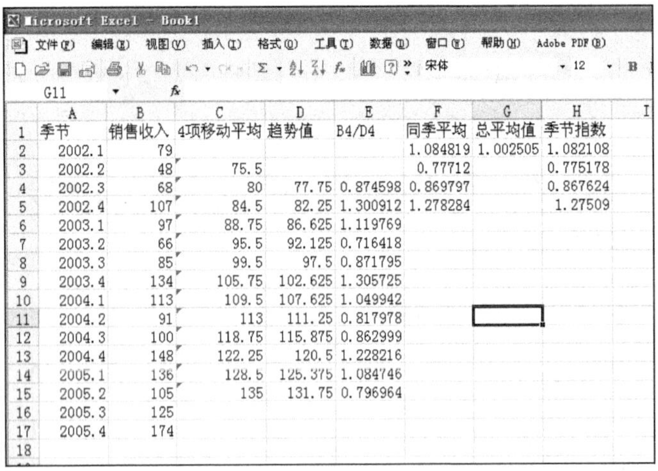

图 A-25

表 A-10 （单位：万吨）

月份	产量	月份	产量
1	9.03	7	9.15
2	9.06	8	9.36
3	9.12	9	9.45
4	8.73	10	9.30
5	8.94	11	9.24
6	9.30	12	—

A.9.1 用移动平均法进行预测

[步骤]

第一步：将原始数据录入到单元格区域 B2：B12，如图 A-26 所示。

第二步：选择菜单条上的"工具"→"数据分析"命令，弹出如图 A-27 所示的对话框。

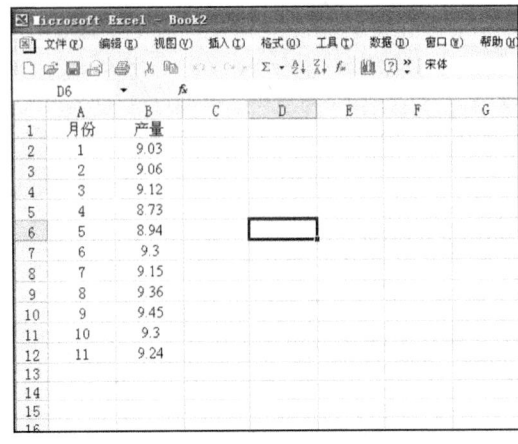

图 A-26

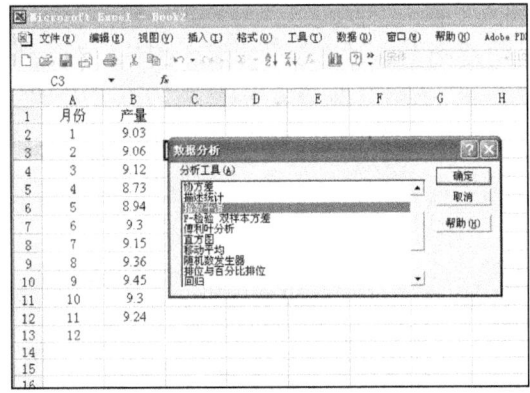

图 A-27

第三步：在"分析工具"框中选择"移动平均"，单击"确定"按钮，弹出移动平均对话框，相应做如下输入，即可得到如图 A-28 所示的对话框。

（1）在"输出区域"内输入"$B$2:$B$12"，即原始数据所在的单元格区域。
（2）在"间隔"内输入"3"，表示使用三步移动平均法。
（3）在"输出区域"内输入"C2"，即将输出区域的左上角单元格定义为 C2。
（4）选择"图表输出"复选框和"标准误差"复选框。

第四步：单击"确定"按钮。

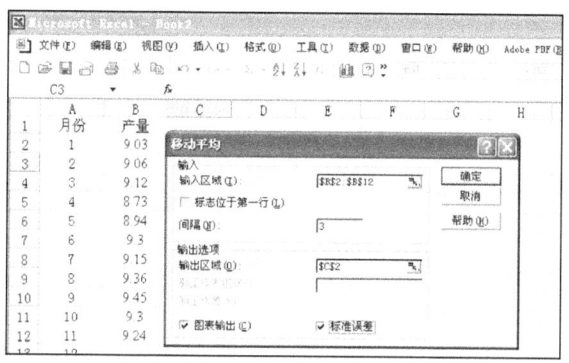

图 A-28

[结果]

可得到移动平均结果，如图 A-29 所示。

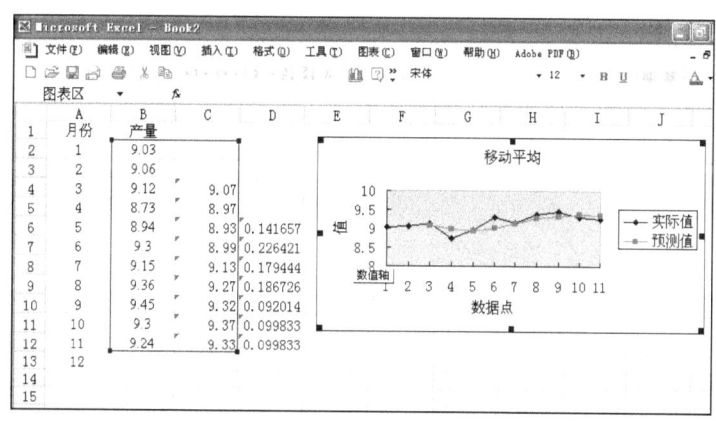

图 A-29

分析：在图 A-29 中，"C4：C12"对应的数据即为三步移动平均的预测值；单元格区域"D6：D12"即为标准误差。

A.9.2 用指数平滑法进行预测

[步骤]

第一步：将原始数据输入到单元格"B2：B12"。
第二步：选择菜单条上的"工具"→"数据分析"命令，弹出如图 A-30 所示的对话框。

第三步:在"分析工具"中选择"指数平滑",单击"确定"按钮,弹出一个对话框,做相应输入,即可得到如图 A-31 所示的对话框。

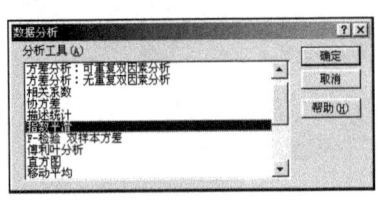

图　A-30

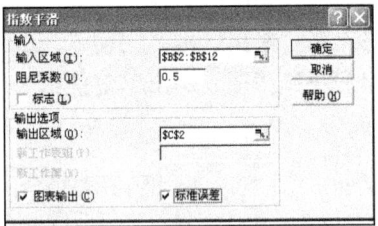

图　A-31

第四步:单击"确定"按钮。

[结果]

经过以上各步骤操作,即可得到指数平滑结果,如图 A-32 所示。"C3:C12"对应的数据即为指数平滑的预测值;单元格区域"D6:D12"即为标准误差。

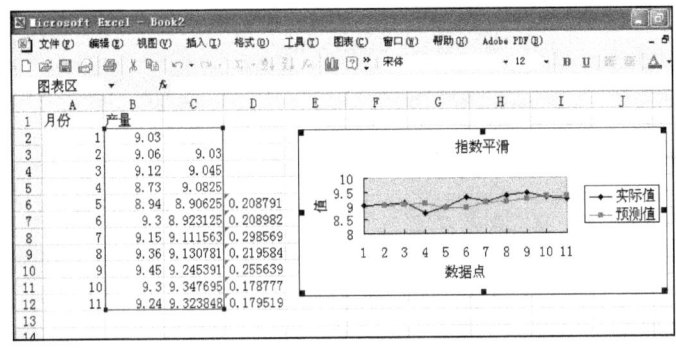

图　A-32

A.9.3　用趋势预测法进行预测

[步骤]

第一步:把相关数据输入到 Excel 中,其中月份输入"A2:A12"单元格,月产量输入"B2:B12"单元格。

第二步:在工作表中选择一个空的单元格。在这里我们选择 D2 单元格。

第三步:选择"插入"下拉菜单。

第四步:选择"函数"选项。

第五步:当插入"函数"对话框出现时:在函数类别框中选择统计,在函数名字中选择"FORECAST(预测)",如图 A-33 所示。

第六步:单击"确定"按钮,出现"函数参数"对话框。在"X"中输入"12"(预测的是 12 月),在"Know-y's"中输入"B2:B12"(因变量),在"Know-x's"中输入"A2:A12"(自变量),如图 A-34 所示。

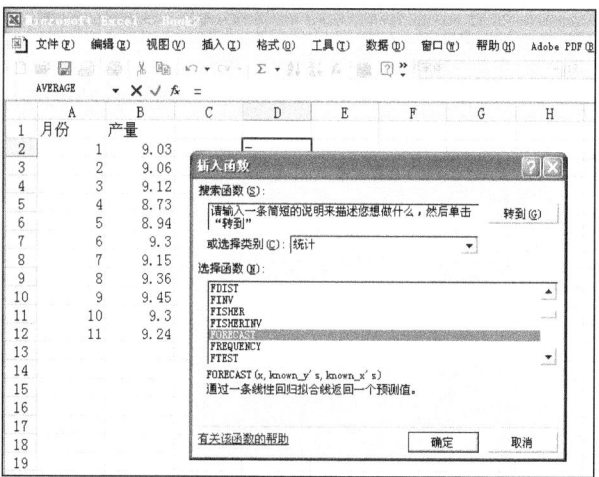

图 A-33

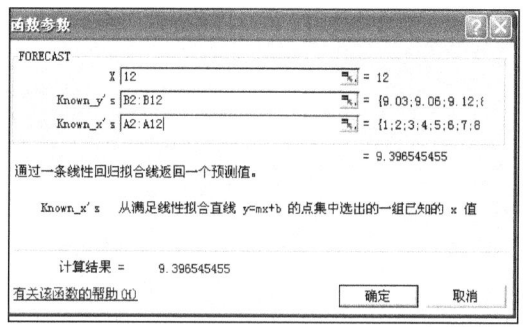

图 A-34

第七步：单击"确定"按钮。

［结果］

经过以上各步骤操作，即可得到趋势预测的结果"D2 = 9.396 545"，即该煤矿 12 月的采煤量约为 9.396 5 万吨。

统 计 表

表 B-1 随机数表

行\列	(1)	(2)	(3)	(4)	(5)	(6)	(7)	(8)	(9)	(10)	(11)	(12)
1	32 044	69 037	29 655	92 114	81 034	40 582	01 584	77 184	85 762	46 505	53 633	15 371
2	23 821	96 070	82 592	81 642	08 971	07 441	09 037	81 530	56 195	98 425	21 533	64 827
3	82 383	94 987	66 441	28 677	95 961	78 346	37 916	09 416	42 438	48 432	16 744	59 182
4	68 310	21 792	71 635	86 089	38 157	95 620	96 718	79 554	50 209	17 705	29 755	02 090
5	94 856	76 940	22 165	01 414	01 413	37 231	05 509	37 489	56 459	52 983	96 409	59 779
6	95 000	61 958	83 430	98 250	70 030	05 436	74 814	45 978	09 277	13 827	52 953	71 540
7	20 764	64 638	11 359	32 556	89 822	02 713	81 293	52 970	25 080	33 555	90 262	31 720
8	71 401	17 964	50 940	95 753	34 905	93 566	36 318	79 530	51 105	26 952	54 105	48 221
9	38 464	75 707	16 750	61 371	01 523	69 205	32 122	03 436	14 489	02 086	67 582	66 521
10	59 442	59 247	74 955	82 835	98 378	83 513	47 870	20 795	01 352	89 906	19 305	26 904
11	11 818	40 951	99 279	32 222	75 433	27 937	46 214	48 872	26 536	41 042	40 596	25 017
12	66 785	66 837	96 483	00 230	58 220	09 756	00 533	17 614	98 144	82 427	62 138	69 210
13	05 933	69 834	57 402	35 168	54 138	44 850	11 527	05 692	84 810	44 109	55 109	39 017
14	31 722	97 334	77 178	70 361	15 819	35 037	46 319	21 085	37 957	05 102	93 335	66 817
15	95 118	88 373	26 934	42 991	00 142	90 852	14 199	93 593	76 028	23 664	47 180	76 234
16	14 347	69 760	76 397	91 159	85 189	84 766	88 814	90 023	62 928	14 789	53 471	00 822
17	64 447	95 461	95 772	84 261	82 306	90 347	97 519	03 144	16 530	52 542	21 857	19 942
18	82 291	62 993	93 884	69 165	14 135	25 283	35 685	47 029	62 941	37 099	72 881	03 865
19	45 631	73 570	53 937	02 803	60 044	85 567	10 497	26 882	50 000	47 039	04 120	19 431
20	59 594	78 376	47 900	30 057	94 668	04 629	10 087	13 562	13 800	15 764	91 658	66 838
21	72 010	44 720	92 746	82 059	42 361	54 456	66 999	77 103	47 491	65 161	86 859	71 560
22	35 419	04 632	07 000	25 529	72 128	90 404	05 118	34 453	42 189	82 994	18 450	69 697
23	71 750	86 044	76 982	81 606	93 646	00 776	06 017	10 638	08 818	94 242	65 467	43 308
24	84 739	48 460	08 613	88 344	27 585	44 997	58 464	68 682	56 828	78 191	53 879	64 035
25	38 929	79 307	78 252	14 446	21 545	34 737	48 625	61 374	32 181	17 834	22 256	27 132
26	67 690	88 918	06 316	08 110	24 591	38 729	53 296	64 295	87 158	64 938	62 955	91 406
27	64 601	76 493	91 280	23 056	21 242	26 983	34 203	40 045	82 157	65 050	41 256	26 715
28	72 065	44 093	88 240	17 510	73 412	88 774	96 914	05 702	17 130	20 916	58 746	11 631
29	90 225	74 930	08 500	64 177	13 202	15 085	15 734	57 555	63 812	57 696	22 222	10 157
30	28 621	05 997	60 429	26 054	65 632	27 972	42 932	81 090	49 530	35 918	80 372	22 246

附录 B 统 计 表

表 B-2 正态双侧临界值表

$$\alpha = 1 - \frac{1}{\sqrt{2\pi}} \int_{-z_{\alpha/2}}^{z_{\alpha/2}} e^{-\frac{z^2}{2}} dz$$

a	0	1	2	3	4	5	6	7	8	9	a
0.0	∞	2.575 829	2.326 348	2.170 090	2.053 749	1.959 964	1.880 794	1.811 911	1.750 686	1.695 398	0.0
0.1	1.644 854	1.598 193	1.554 774	1.514 102	1.475 791	1.439 531	1.405 072	1.372 204	1.340 755	1.310 579	0.1
0.2	1.281 552	1.253 565	1.226 528	1.200 359	1.174 987	1.150 349	1.126 391	1.103 063	1.080 319	1.058 122	0.2
0.3	1.036 433	1.015 222	0.994 458	0.974 114	0.954 165	0.934 589	0.915 365	0.896 473	0.877 896	0.859 617	0.3
0.4	0.841 621	0.823 894	0.806 421	0.789 192	0.772 193	0.755 415	0.738 847	0.722 479	0.706 303	0.690 309	0.4
0.5	0.674 490	0.658 838	0.643 345	0.628 006	0.612 813	0.597 760	0.582 841	0.568 051	0.553 385	0.538 836	0.5
0.6	0.524 401	0.510 073	0.495 850	0.481 727	0.467 699	0.453 762	0.439 913	0.426 148	0.412 463	0.398 855	0.6
0.7	0.385 320	0.371 856	0.358 459	0.345 125	0.331 853	0.318 639	0.305 481	0.292 375	0.279 319	0.266 311	0.7
0.8	0.253 347	0.240 426	0.227 545	0.214 702	0.201 893	0.189 113	0.176 374	0.163 658	0.150 969	0.138 304	0.8
0.9	0.125 661	0.113 039	0.100 434	0.087 845	0.075 270	0.062 707	0.050 154	0.037 608	0.025 069	0.012 533	0.9
α	0.001	0.000 1		0.000 01		0.000 001		0.000 000 1		0.000 000 01	α
u_α	3.290 53	3.890 59		4.417 17		4.891 64		5.326 72		5.730 73	u_α

表 B-3 标准正态分布函数 $N(0,1)$ 的数值表

$$\varphi(z) = \frac{1}{\sqrt{2\pi}} \int_{-\infty}^{z} e^{-\frac{z^2}{2}} dz$$

z	0	0.01	0.02	0.03	0.04	0.05	0.06	0.07	0.08	0.09	z
0.0	0.500 0	0.504 0	0.508 0	0.512 9	0.516 0	0.519 9	0.523 9	0.527 9	0.531 9	0.535 9	0.0
0.1	0.539 8	0.543 8	0.547 8	0.551 7	0.555 7	0.559 6	0.563 6	0.567 5	0.571 4	0.575 3	0.1
0.2	0.579 3	0.583 2	0.587 1	0.591 0	0.594 8	0.598 7	0.602 6	0.606 4	0.610 3	0.614 1	0.2
0.3	0.617 9	0.621 7	0.625 5	0.629 3	0.633 1	0.636 8	0.640 6	0.644 3	0.648 0	0.651 7	0.3
0.4	0.655 4	0.659 1	0.662 8	0.666 4	0.670 0	0.673 6	0.677 2	0.680 8	0.684 4	0.687 9	0.4
0.5	0.691 5	0.695 0	0.698 5	0.701 9	0.705 4	0.708 8	0.712 3	0.715 7	0.719 0	0.722 4	0.5
0.6	0.725 7	0.729 1	0.732 4	0.735 7	0.738 9	0.742 2	0.745 4	0.748 6	0.751 7	0.754 9	0.6
0.7	0.758 0	0.761 1	0.764 2	0.767 3	0.770 3	0.773 4	0.776 4	0.779 4	0.782 3	0.785 2	0.7
0.8	0.788 1	0.791 0	0.793 9	0.796 7	0.799 5	0.802 3	0.805 1	0.807 8	0.810 6	0.813 3	0.8
0.9	0.815 9	0.818 6	0.821 2	0.823 8	0.826 4	0.828 9	0.831 5	0.834 0	0.836 5	0.838 9	0.9
1.0	0.841 3	0.843 8	0.846 1	0.848 5	0.850 8	0.853 1	0.855 4	0.857 7	0.859 9	0.862 1	1.0
1.1	0.864 3	0.866 5	0.868 6	0.870 8	0.872 9	0.874 9	0.877 0	0.879 0	0.881 0	0.883 0	1.1
1.2	0.884 9	0.886 9	0.888 8	0.890 7	0.892 5	0.894 4	0.896 2	0.898 0	0.899 7	0.901 47	1.2
1.3	0.903 20	0.904 90	0.906 58	0.908 24	0.909 88	0.911 49	0.913 09	0.913 09	0.916 21	0.917 74	1.3
1.4	0.919 24	0.920 73	0.922 20	0.923 64	0.925 07	0.926 47	0.927 85	0.929 22	0.930 56	0.931 89	1.4
1.5	0.933 19	0.934 48	0.935 74	0.936 99	0.938 22	0.939 43	0.940 62	0.941 79	0.942 95	0.944 08	1.5
1.6	0.945 20	0.946 30	0.947 38	0.948 45	0.949 50	0.950 53	0.951 54	0.952 54	0.953 52	0.954 49	1.6
1.7	0.955 43	0.956 37	0.957 28	0.958 18	0.959 07	0.959 94	0.960 80	0.961 64	0.962 46	0.963 27	1.7
1.8	0.964 07	0.964 85	0.965 62	0.966 38	0.967 12	0.967 84	0.968 56	0.969 26	0.969 95	0.970 62	1.8
1.9	0.971 28	0.971 93	0.972 57	0.973 20	0.973 81	0.974 41	0.975 00	0.975 58	0.976 15	0.976 70	1.9
2.0	0.977 25	0.977 78	0.978 31	0.978 82	0.979 32	0.979 82	0.980 30	0.980 77	0.971 24	0.981 69	2.0
2.1	0.982 14	0.982 57	0.983 00	0.983 41	0.983 82	0.984 22	0.984 61	0.985 00	0.985 37	0.985 74	2.1
2.2	0.986 10	0.986 45	0.986 79	0.987 13	0.987 45	0.987 78	0.988 09	0.988 40	0.988 70	0.988 99	2.2
2.3	0.989 28	0.989 56	0.989 83	$0.9^{2}0097$	$0.9^{2}0358$	$0.9^{2}0613$	$0.9^{2}0863$	$0.9^{2}1106$	$0.9^{2}1344$	$0.9^{2}1576$	2.3
2.4	$0.9^{2}1802$	$0.9^{2}2024$	$0.9^{2}2240$	$0.9^{2}2451$	$0.9^{2}2656$	$0.9^{2}2857$	$0.9^{2}3053$	$0.9^{2}3244$	$0.9^{2}3431$	$0.9^{2}3613$	2.4
2.5	$0.9^{2}3790$	$0.9^{2}3963$	$0.9^{2}4132$	$0.9^{2}4297$	$0.9^{2}4457$	$0.9^{2}4614$	$0.9^{2}4766$	$0.9^{2}4915$	$0.9^{2}5060$	$0.9^{2}5201$	2.5
2.6	$0.9^{2}5339$	$0.9^{2}5473$	$0.9^{2}5604$	$0.9^{2}5731$	$0.9^{2}5855$	$0.9^{2}5975$	$0.9^{2}6093$	$0.9^{2}6207$	$0.9^{2}6319$	$0.9^{2}6427$	2.6
2.7	$0.9^{2}6533$	$0.9^{2}6636$	$0.9^{2}6736$	$0.9^{2}6833$	$0.9^{2}6928$	$0.9^{2}7020$	$0.9^{2}7110$	$0.9^{2}7197$	$0.9^{2}7282$	$0.9^{2}7365$	2.7
2.8	$0.9^{2}7445$	$0.9^{2}7523$	$0.9^{2}7599$	$0.9^{2}7673$	$0.9^{2}7744$	$0.9^{2}7814$	$0.9^{2}7882$	$0.9^{2}7948$	$0.9^{2}8012$	$0.9^{2}8074$	2.8
2.9	$0.9^{2}8134$	$0.9^{2}8193$	$0.9^{2}8250$	$0.9^{2}8305$	$0.9^{2}8359$	$0.9^{2}5411$	$0.9^{2}8462$	$0.9^{2}8511$	$0.9^{2}8559$	$0.9^{2}8605$	2.9
3.0	$0.9^{2}8650$	$0.9^{2}8694$	$0.9^{2}8736$	$0.9^{2}8777$	$0.9^{2}8817$	$0.9^{2}8856$	$0.9^{2}8893$	$0.9^{2}8930$	$0.9^{2}8965$	$0.9^{2}8999$	3.0
3.1	$0.9^{3}0324$	$0.9^{3}0646$	$0.9^{3}0957$	$0.9^{3}1260$	$0.9^{3}1553$	$0.9^{3}1836$	$0.9^{3}2112$	$0.9^{3}2378$	$0.9^{3}2636$	$0.9^{3}2886$	3.1
3.2	$0.9^{3}3129$	$0.9^{3}3363$	$0.9^{3}3590$	$0.9^{3}3810$	$0.9^{3}4024$	$0.9^{3}4230$	$0.9^{3}4429$	$0.9^{3}4623$	$0.9^{3}4810$	$0.9^{3}4991$	3.2
3.3	$0.9^{3}5166$	$0.9^{3}5335$	$0.9^{3}5499$	$0.9^{3}5658$	$0.9^{3}5811$	$0.9^{3}5959$	$0.9^{3}6103$	$0.9^{3}6242$	$0.9^{3}6376$	$0.9^{3}6505$	3.3
3.4	$0.9^{3}6631$	$0.9^{3}6752$	$0.9^{3}6869$	$0.9^{3}6982$	$0.9^{3}7091$	$0.9^{3}7197$	$0.9^{3}7299$	$0.9^{3}7398$	$0.9^{3}7493$	$0.9^{3}7585$	3.4
3.5	$0.9^{3}7674$	$0.9^{3}7759$	$0.9^{3}7842$	$0.9^{3}7922$	$0.9^{3}7999$	$0.9^{3}8074$	$0.9^{3}8146$	$0.9^{3}8215$	$0.9^{3}8282$	$0.9^{3}8347$	3.5
3.6	$0.9^{3}8409$	$0.9^{3}8469$	$0.9^{3}8527$	$0.9^{3}8583$	$0.9^{3}8637$	$0.9^{3}8689$	$0.9^{3}8739$	$0.9^{3}8787$	$0.9^{3}8834$	$0.9^{3}8879$	3.6
3.7	$0.9^{3}8922$	$0.9^{3}8964$	$0.9^{4}0039$	$0.9^{4}0426$	$0.9^{4}0799$	$0.9^{4}1158$	$0.9^{4}1504$	$0.9^{4}1838$	$0.9^{4}2159$	$0.9^{4}2468$	3.7
3.8	$0.9^{4}2765$	$0.9^{4}3052$	$0.9^{4}3327$	$0.9^{4}3593$	$0.9^{4}3848$	$0.9^{4}4094$	$0.9^{4}4331$	$0.9^{4}4558$	$0.9^{4}4777$	$0.9^{4}4988$	3.8
3.9	$0.9^{4}5190$	$0.9^{4}5385$	$0.9^{4}5573$	$0.9^{4}5753$	$0.9^{4}5926$	$0.9^{4}6092$	$0.9^{4}6253$	$0.9^{4}6406$	$0.9^{4}6554$	$0.9^{4}6696$	3.9
4.0	$0.9^{4}6833$	$0.9^{4}6964$	$0.9^{4}7090$	$0.9^{4}7211$	$0.9^{4}7327$	$0.9^{4}7439$	$0.9^{4}7546$	$0.9^{4}7549$	$0.9^{4}7748$	$0.9^{4}7843$	4.0
4.1	$0.9^{4}7934$	$0.9^{4}8022$	$0.9^{4}8106$	$0.9^{4}8186$	$0.9^{4}8263$	$0.9^{4}8338$	$0.9^{4}8409$	$0.9^{4}8477$	$0.9^{4}8542$	$0.9^{4}8605$	4.1
4.2	$0.9^{4}8665$	$0.9^{4}8723$	$0.9^{4}8778$	$0.9^{4}8832$	$0.9^{4}8882$	$0.9^{4}8931$	$0.9^{4}8978$	$0.9^{5}0226$	$0.9^{5}0655$	$0.9^{5}1066$	4.2
4.3	$0.9^{5}1460$	$0.9^{5}1837$	$0.9^{5}2199$	$0.9^{5}2545$	$0.9^{5}2876$	$0.9^{5}3193$	$0.9^{5}3497$	$0.9^{5}3788$	$0.9^{5}4066$	$0.9^{5}4332$	4.3
4.4	$0.9^{5}4587$	$0.9^{5}4831$	$0.9^{5}5065$	$0.9^{5}5288$	$0.9^{5}5502$	$0.9^{5}5706$	$0.9^{5}5902$	$0.9^{5}6089$	$0.9^{5}6268$	$0.9^{5}6439$	4.4
4.5	$0.9^{5}6602$	$0.9^{5}6759$	$0.9^{5}6908$	$0.9^{5}7051$	$0.9^{5}7187$	$0.9^{5}7318$	$0.9^{5}7442$	$0.9^{5}7561$	$0.9^{5}7675$	$0.9^{5}7784$	4.5
4.6	$0.9^{5}7888$	$0.9^{5}7987$	$0.9^{5}8081$	$0.9^{5}8172$	$0.9^{5}8258$	$0.9^{5}8340$	$0.9^{5}8419$	$0.9^{5}8494$	$0.9^{5}8566$	$0.9^{5}8634$	4.6
4.7	$0.9^{5}8699$	$0.9^{5}8761$	$0.9^{5}8821$	$0.9^{5}8877$	$0.9^{5}8931$	$0.9^{5}8983$	$0.9^{6}0320$	$0.9^{6}0789$	$0.9^{6}1235$	$0.9^{6}1661$	4.7
4.8	$0.9^{6}2067$	$0.9^{6}2453$	$0.9^{6}2822$	$0.9^{6}3173$	$0.9^{6}3508$	$0.9^{6}3827$	$0.9^{6}4131$	$0.9^{6}4420$	$0.9^{6}4696$	$0.9^{6}4958$	4.8
4.9	$0.9^{6}5208$	$0.9^{6}5446$	$0.9^{6}5673$	$0.9^{6}5889$	$0.9^{6}6094$	$0.9^{6}6289$	$0.9^{6}6475$	$0.9^{6}6652$	$0.9^{6}6821$	$0.9^{6}6981$	4.9

表 B-4 二项分布临界值表

($\alpha = 0.05$ 和 0.01 下，$P = 1/2$，x 或 $n\text{-}x$（不论何者为大）的临界值）

n	单侧检验		双侧检验	
	0.05	0.01	0.05	0.01
5	5	—	—	—
6	6	—	6	—
7	7	7	7	—
8	7	8	8	—
9	8	9	8	9
10	9	10	9	10
11	9	10	10	11
12	10	11	10	11
13	10	12	11	12
14	11	12	12	13
15	12	13	12	13
16	12	14	13	14
17	13	14	13	15
18	13	15	14	15
19	14	15	15	16
20	15	16	15	17
21	15	17	16	17
22	16	17	17	18
23	16	18	17	19
24	17	19	18	19
25	18	19	18	20
26	18	20	19	20
27	19	20	20	21
28	19	21	20	22
29	20	22	21	22
30	20	22	21	23

表 B-5 χ^2 分布临界值表 $P\{\chi^2(n) > \chi_\alpha^2(n)\} = \alpha$

n \ α	0.995	0.99	0.975	0.95	0.90	0.10	0.05	0.025	0.01	0.005
1			0.001	0.100	0.016	2.706	3.841	5.024	6.635	7.879
2	0.010	0.020	0.051	0.103	0.211	4.605	5.991	7.378	9.210	10.597
3	0.072	0.115	0.216	0.352	0.584	6.251	7.815	9.348	11.354	12.838
4	0.207	0.297	0.484	0.711	1.064	7.779	9.488	11.143	13.277	14.860
5	0.412	0.554	0.831	1.145	1.610	9.236	11.071	12.833	15.086	16.750
6	0.676	0.872	1.237	1.635	2.204	10.645	12.592	14.449	16.812	18.548
7	0.989	1.239	1.690	2.167	2.833	12.017	14.067	16.013	18.475	20.278
8	1.344	1.646	2.180	2.733	3.490	13.362	15.507	17.535	20.090	21.955
9	1.735	2.088	2.700	3.325	4.168	14.684	16.911	19.023	24.666	23.589
10	2.156	2.558	3.247	3.940	4.865	15.987	18.307	20.483	23.209	25.188
11	2.603	3.053	3.816	4.575	5.578	17.275	19.675	21.920	24.725	26.757
12	3.074	3.571	4.404	5.226	6.304	18.549	21.026	23.337	26.217	28.299
13	3.565	4.107	5.009	5.892	7.042	19.812	22.362	24.736	27.688	29.819
14	4.075	4.660	5.629	6.571	7.790	21.064	23.685	26.119	29.141	31.819
15	4.601	5.229	6.262	7.261	8.547	22.307	24.996	27.488	30.578	32.801

（续）

α \ n	0.995	0.99	0.975	0.95	0.90	0.10	0.05	0.025	0.01	0.005
16	5.142	5.812	6.908	7.962	9.312	23.542	26.296	28.845	32.000	34.267
17	5.697	6.408	7.564	8.672	10.085	24.769	27.587	30.191	33.409	35.718
18	6.265	7.015	8.231	9.390	10.865	25.989	28.869	31.526	34.805	37.156
19	6.844	7.633	8.907	10.117	11.651	27.204	30.144	32.852	36.191	38.582
20	7.434	8.260	9.591	10.851	12.440	28.412	31.410	34.170	37.566	39.997
21	8.034	8.897	10.283	11.591	13.240	29.615	32.671	36.479	38.932	41.401
22	8.643	9.542	10.982	12.338	14.042	30.813	33.924	36.781	40.289	42.796
23	9.260	10.196	11.689	13.091	14.848	32.007	35.172	38.076	41.638	44.181
24	9.886	10.856	12.401	13.848	15.659	33.196	36.415	39.364	42.980	45.559
25	10.520	11.524	13.120	14.611	16.473	34.382	37.652	40.646	44.314	46.928
26	11.160	12.198	23.844	15.379	17.292	35.563	38.885	41.923	45.642	48.290
27	11.808	12.879	14.573	16.151	18.114	36.741	40.113	43.194	46.963	49.640
28	12.461	13.565	15.308	16.928	18.939	37.916	41.337	44.461	48.278	50.993
29	13.121	14.257	16.047	17.708	19.768	39.087	42.557	45.722	49.588	52.336
30	13.787	14.954	16.791	18.493	20.599	40.256	43.773	46.979	50.892	53.672
31	14.458	15.655	17.539	19.281	21.434	41.422	44.985	48.232	52.101	55.003
32	15.134	16.362	18.291	20.072	22.271	42.585	46.194	49.480	53.486	56.328
33	15.815	17.074	19.047	20.867	23.110	43.745	47.400	50.725	54.776	57.648
34	16.501	17.789	19.806	21.664	23.952	44.903	48.602	51.966	56.061	58.964
35	17.192	18.509	20.569	22.465	24.797	46.059	49.802	53.203	57.342	60.275
40	20.707	22.164	24.433	26.509	29.051	51.806	55.759	59.342	63.691	66.766
50	27.991	29.707	32.357	34.764	37.689	63.167	67.505	71.420	76.154	79.490
60	35.535	37.485	43.482	43.188	46.459	74.397	79.082	83.298	88.379	91.952
70	43.275	45.442	48.758	51.740	55.329	85.527	90.531	95.023	100.425	104.215
80	51.172	53.540	57.153	60.392	64.278	96.578	101.879	106.629	112.329	116.321
90	59.196	61.754	65.647	69.126	73.291	107.565	113.145	118.136	124.116	128.299
100	67.328	70.065	74.222	77.930	82.358	118.408	124.342	129.561	135.807	140.169
200	152.241	156.432	162.728	168.279	174.835	226.021	233.994	241.058	249.445	255.264
300	240.663	245.972	253.912	260.878	269.068	331.789	341.395	349.874	359.906	366.844

表 B-6 t 分布临界值表

自由度	单侧 双侧	$\alpha = 0.10$ $\alpha = 0.20$	$\alpha = 0.05$ $\alpha = 0.10$	$\alpha = 0.025$ $\alpha = 0.05$	$\alpha = 0.01$ $\alpha = 0.02$	$\alpha = 0.005$ $\alpha = 0.01$
1		3.078	6.314	12.706	31.821	63.657
2		1.886	2.920	4.303	6.965	9.925
3		1.638	2.353	3.182	4.541	5.841
4		1.533	2.132	2.776	3.747	4.604
5		1.476	2.015	2.571	3.365	4.032
6		1.440	1.943	2.447	3.143	3.707
7		1.415	1.895	2.365	2.998	3.499
8		1.397	1.860	2.306	2.896	3.355
9		1.383	1.833	2.262	2.821	3.250
10		1.372	1.812	2.228	2.764	3.169
11		1.363	1.796	2.201	2.718	3.106
12		1.356	1.782	2.179	2.681	3.055
13		1.350	1.771	2.160	2.650	3.012

（续）

自由度 双侧	单侧	$\alpha=0.10$ $\alpha=0.20$	$\alpha=0.05$ $\alpha=0.10$	$\alpha=0.025$ $\alpha=0.05$	$\alpha=0.01$ $\alpha=0.02$	$\alpha=0.005$ $\alpha=0.01$
14		1.345	1.761	2.145	2.624	2.977
15		1.341	1.753	2.131	2.602	2.947
16		1.337	1.846	2.120	2.583	2.921
17		1.333	1.740	2.110	2.567	2.898
18		1.330	1.734	2.101	2.552	2.878
19		1.328	1.729	2.093	2.539	2.861
20		1.325	1.725	2.086	2.528	2.845
21		1.323	1.721	2.080	2.218	2.831
22		1.321	1.717	2.074	2.508	2.819
23		1.319	1.714	2.069	2.500	2.807
24		1.318	1.711	2.064	2.492	2.797
25		1.316	1.708	2.060	2.485	2.787
26		1.315	1.706	2.056	2.479	2.779
27		1.314	1.703	2.052	2.473	2.771
28		1.313	1.701	2.048	2.467	2.763
29		1.311	1.699	2.045	2.462	2.756
30		1.310	1.697	2.042	2.457	2.750
40		1.303	1.684	2.021	2.423	2.704
50		1.299	1.676	2.009	2.403	2.678
60		1.296	1.671	2.000	2.390	2.660
70		1.294	1.667	1.994	2.381	2.648
80		1.292	1.664	1.990	2.374	2.639
90		1.291	1.662	1.987	2.368	2.632
100		1.290	1.660	1.984	2.364	2.626
125		1.288	1.657	1.979	2.357	2.616
150		1.287	1.655	1.976	2.351	2.609
200		1.286	1.653	1.972	2.345	2.601
∞		1.282	1.645	1.960	2.326	2.576

表 B-7　F 分布临界值表（$\alpha=0.05$）

$$P[F>F_\alpha(n,m)]=\alpha$$

m \ n	1	2	3	4	5	6	7	8	9	10	15	20	40	60	∞
1	161	200	216	225	230	234	237	239	241	242	246	248	251	252	254
2	18.5	19.0	19.2	19.3	19.3	19.3	19.4	19.4	19.4	19.4	19.4	19.4	19.5	19.5	19.5
3	10.13	9.55	9.28	9.12	3.01	8.94	8.89	8.85	8.81	8.79	8.70	8.66	8.59	8.87	8.53
4	7.71	6.94	6.59	6.39	6.26	6.16	6.09	6.04	6.00	5.96	5.68	5.80	5.72	5.69	5.63
5	6.61	5.79	5.41	5.19	5.05	4.95	4.88	4.82	4.77	4.74	4.62	4.56	4.46	4.43	4.37
6	5.99	5.14	4.76	4.53	4.39	4.28	4.21	4.15	4.10	4.06	3.94	3.87	3.77	3.74	3.67
7	5.59	4.74	4.35	4.12	3.97	3.87	3.79	3.73	3.68	3.64	3.51	3.44	3.34	3.30	3.23
8	5.32	4.46	4.07	3.84	3.69	3.58	3.50	3.44	3.39	3.35	3.22	3.15	3.04	3.01	2.93
9	5.12	4.26	3.86	3.63	3.48	3.37	3.29	3.23	3.18	3.14	3.01	2.94	2.83	2.79	2.71
10	4.96	4.10	3.71	3.48	3.33	3.22	3.14	3.07	3.02	2.98	2.85	2.77	2.66	2.62	2.54
11	4.84	3.98	3.59	3.36	3.20	3.09	3.01	2.95	2.90	2.85	2.72	2.65	2.53	2.49	2.40
12	4.75	3.89	3.49	3.26	3.11	3.00	2.91	2.85	2.80	2.75	2.62	2.54	2.43	2.38	2.30
13	4.67	3.81	3.41	3.18	3.03	2.92	2.83	2.77	2.71	2.67	2.53	2.46	2.34	2.30	2.21

（续）

m \ n	1	2	3	4	5	6	7	8	9	10	15	20	40	60	∞
14	4.60	3.74	3.34	3.11	2.96	2.85	2.76	2.70	2.65	2.60	2.46	2.39	2.27	2.22	2.13
15	4.54	3.68	3.39	3.06	2.90	2.79	2.71	2.64	2.59	2.54	2.40	2.33	2.20	2.16	2.17
16	4.49	3.63	3.24	3.01	2.85	2.74	2.66	2.59	2.54	2.49	2.35	2.28	2.15	2.11	2.01
17	4.45	3.59	3.20	2.96	2.81	2.70	2.61	2.55	2.49	2.45	2.31	2.23	2.10	2.06	1.96
18	4.41	3.55	3.16	2.93	2.77	2.66	2.58	2.51	2.46	2.41	2.27	2.19	2.06	2.02	1.92
19	4.38	3.52	3.13	2.90	2.74	2.63	2.54	2.48	2.82	2.38	2.23	2.16	2.03	1.98	1.88
20	4.35	3.49	3.10	2.87	2.71	2.60	2.51	2.45	2.39	2.35	2.20	2.12	1.99	1.95	1.84
21	4.32	3.47	3.07	2.84	2.68	2.57	2.49	2.42	2.37	2.32	2.18	2.10	1.96	1.92	1.81
22	4.30	3.44	3.05	2.82	2.66	2.55	2.46	2.40	2.34	2.30	2.15	2.07	1.94	1.89	1.78
23	4.28	3.42	3.03	2.80	2.64	2.53	2.44	2.37	2.32	2.27	2.13	2.05	1.91	1.86	1.76
24	4.26	3.40	3.01	2.78	2.62	2.51	2.42	2.36	2.30	2.25	2.11	2.03	1.89	1.84	1.73
25	4.24	3.39	2.99	2.76	2.60	2.49	2.40	2.34	2.28	2.24	2.09	2.01	1.87	1.82	1.71
30	4.17	3.32	2.92	2.69	2.53	2.42	2.33	2.27	2.21	2.16	2.01	1.93	1.79	1.74	1.62
40	4.08	3.23	2.84	2.61	2.45	2.34	2.25	2.18	2.12	2.08	1.92	1.84	1.69	1.64	1.51
60	4.00	3.15	2.76	2.53	2.37	2.25	2.17	2.10	2.04	1.99	1.84	1.75	1.59	1.53	1.39
120	3.92	3.07	2.68	2.45	2.29	2.18	2.09	2.02	1.96	1.91	1.75	1.66	1.50	1.43	1.25
∞	3.84	3.00	2.60	2.37	2.21	2.10	2.01	1.94	1.88	1.83	1.67	1.57	1.39	1.32	1.00
1	4 052	5 000	5 403	5 625	5 764	5 859	5 928	5 982	6 023	6 056	6 157	6 109	6 287	6 313	6 366
2	98.5	99.0	92.2	92.2	99.3	99.3	99.4	99.4	99.4	99.4	99.4	99.4	99.5	99.5	99.5
3	34.1	30.8	29.5	28.7	28.2	27.9	27.7	27.5	27.3	27.2	26.9	26.7	26.4	26.3	26.1
4	21.2	18.0	16.7	16.0	15.5	15.2	15.0	14.8	14.7	14.5	14.2	14.0	13.7	13.7	13.5
5	16.30	13.30	12.10	11.40	11.00	10.70	10.50	10.30	10.20	10.10	9.72	9.55	9.29	9.27	9.02
6	13.70	10.90	9.78	9.15	8.75	8.47	8.26	8.10	7.98	7.87	7.56	7.40	7.14	7.60	6.88
7	12.20	9.55	8.45	7.85	7.46	7.19	6.99	6.84	6.72	6.62	6.31	6.16	5.91	5.82	5.65
8	11.30	8.65	7.59	7.01	6.63	6.37	6.18	6.03	5.91	5.81	5.52	5.36	5.12	5.03	4.86
9	10.60	8.02	6.99	6.42	6.06	5.80	5.61	5.47	5.35	5.26	4.96	4.81	4.57	4.48	4.31
10	10.00	7.56	6.55	5.99	5.64	5.39	5.20	5.06	4.94	4.85	4.56	4.41	4.17	3.98	3.91
11	9.65	7.21	6.22	5.67	5.32	5.07	4.89	4.74	4.63	4.54	4.25	4.10	3.86	3.78	3.60
12	9.33	6.93	5.95	5.41	5.06	4.82	4.64	4.50	4.39	4.30	4.01	3.86	3.62	3.54	3.36
13	9.07	6.70	5.74	5.21	4.86	4.62	4.44	4.30	4.19	4.10	3.82	3.66	3.43	3.34	3.17
14	8.86	6.51	5.56	5.40	4.70	4.46	4.28	4.14	4.03	3.94	3.66	3.51	3.27	3.18	3.00
15	8.68	6.36	5.42	4.89	4.56	4.32	4.14	4.00	3.89	3.80	3.52	3.37	3.13	3.05	2.87
16	8.53	6.23	5.29	4.77	4.44	4.20	4.03	3.89	3.78	3.69	3.41	3.26	3.02	2.93	2.75
17	8.40	6.11	5.19	4.67	4.34	4.10	3.93	3.79	3.68	3.59	3.31	3.16	2.92	2.83	2.65
18	8.29	6.01	5.09	4.58	4.25	4.01	3.84	3.71	3.60	3.51	3.23	3.08	2.84	2.75	2.57
19	8.19	5.93	5.01	4.50	4.17	3.94	3.77	3.63	3.52	3.43	3.15	3.00	2.76	2.67	2.49
20	8.10	5.85	4.94	4.43	4.10	3.87	3.70	3.56	3.46	3.37	3.09	2.94	2.69	2.61	2.42
21	8.02	5.78	4.87	4.37	4.04	3.81	3.64	3.51	3.40	3.31	3.03	2.88	2.64	2.55	2.36
22	7.95	5.72	4.82	4.31	3.99	3.76	3.59	3.45	3.35	3.26	2.98	2.83	2.58	2.50	2.31
23	7.88	5.66	4.76	4.26	3.94	3.71	3.54	3.41	3.30	3.21	2.93	2.78	2.54	2.45	2.26
24	7.82	5.61	4.72	4.22	3.90	3.67	3.50	3.36	3.26	3.17	2.89	2.74	2.49	2.40	2.21
25	7.77	5.57	4.68	4.18	3.86	3.63	3.46	3.32	3.22	3.13	2.85	2.70	2.45	2.36	2.17
30	7.56	5.39	4.51	4.02	3.70	3.47	3.30	3.17	3.07	2.98	2.70	2.55	2.30	2.21	2.01
40	7.31	5.18	4.31	3.83	3.51	3.29	3.12	2.99	2.89	2.80	2.52	2.37	2.11	2.02	1.80
60	7.08	4.98	4.13	3.65	3.34	3.12	2.95	2.82	2.72	2.63	2.35	2.20	1.94	1.84	1.60
120	6.85	4.79	3.95	3.48	3.17	2.96	2.79	2.66	2.56	2.47	2.19	2.03	1.76	1.66	1.33
∞	6.63	4.61	3.78	3.32	3.02	2.80	2.64	2.51	2.41	2.32	2.04	1.88	1.59	1.47	1.00

表 B-8 累计泊松分布数值表

$$\sum_{c=0}^{x} \frac{e^{-\lambda}\lambda^c}{c!}$$

x	λ									
	0.1	0.2	0.3	0.4	0.5	0.6	0.7	0.8	0.9	1.0
0	0.904 8	0.818 7	0.740 8	0.670 3	0.606 5	0.548 8	0.496 6	0.449 3	0.406 6	0.367 9
1	0.995 3	0.982 5	0.963 1	0.938 4	0.909 8	0.878 1	0.844 2	0.808 8	0.772 5	0.735 8
2	0.999 8	0.998 9	0.996 4	0.992 1	0.985 6	0.976 9	0.965 9	0.952 6	0.937 1	0.919 7
3	1.000 0	0.999 9	0.999 7	0.999 2	0.998 2	0.996 6	0.994 2	0.990 9	0.986 5	0.981 0
4		1.000 0	1.000 0	0.999 9	0.999 8	0.999 6	0.999 2	0.998 6	0.997 7	0.996 3
5				1.000 0	1.000 0	1.000 0	0.999 9	0.999 8	0.999 7	0.999 4
6							1.000 0	1.000 0	1.000 0	0.999 9

x	λ									
	1.1	1.2	1.3	1.4	1.5	1.6	1.7	1.8	1.9	2.0
0	0.332 9	0.301 2	0.272 5	0.246 6	0.223 1	0.201 9	0.182 7	0.165 3	0.149 6	0.135 3
1	0.699 0	0.662 6	0.626 8	0.591 8	0.557 8	0.524 9	0.493 2	0.462 8	0.433 7	0.406 0
2	0.900 4	0.879 5	0.857 1	0.833 5	0.808 8	0.783 4	0.757 2	0.730 6	0.703 7	0.676 7
3	0.974 3	0.966 2	0.956 9	0.946 3	0.934 4	0.921 2	0.906 8	0.891 3	0.874 7	0.857 1
4	0.994 6	0.992 3	0.989 3	0.985 7	0.981 4	0.976 3	0.970 4	0.963 6	0.958 6	0.947 3
5	0.999 0	0.998 5	0.997 8	0.996 8	0.995 5	0.994 0	0.992 0	0.989 6	0.986 8	0.983 4
6	0.999 9	0.999 7	0.999 6	0.999 4	0.999 1	0.998 7	0.998 1	0.997 4	0.996 6	0.995 5
7	1.000 0	1.000 0	0.999 9	0.999 9	0.999 8	0.999 7	0.999 6	0.999 4	0.999 2	0.998 9
8			1.000 0	1.000 0	1.000 0	1.000 0	0.999 9	0.999 9	0.999 8	0.999 8

x	λ									
	2.1	2.2	2.3	2.4	2.5	2.6	2.7	2.8	2.9	3.0
0	0.122 5	0.110 8	0.100 3	0.090 7	0.082 1	0.074 3	0.067 2	0.060 8	0.055 0	0.049 8
1	0.379 6	0.354 6	0.330 9	0.308 4	0.287 3	0.267 4	0.248 7	0.231 1	0.214 6	0.199 1
2	0.649 6	0.622 7	0.596 0	0.569 4	0.543 8	0.543 8	0.493 6	0.469 5	0.446 0	0.423 2
3	0.838 6	0.819 4	0.799 3	0.778 7	0.757 6	0.757 6	0.714 1	0.691 9	0.669 6	0.647 2
4	0.937 9	0.927 5	0.916 2	0.904 1	0.891 2	0.877 4	0.862 9	0.847 7	0.831 3	0.815 3
5	0.979 6	0.975 1	0.970 0	0.964 3	0.958 0	0.951 0	0.943 3	0.934 9	0.925 8	0.916 1
6	0.994 1	0.992 5	0.990 6	0.988 4	0.985 8	0.982 8	0.979 4	0.975 6	0.971 3	0.966 5
7	0.998 5	0.998 0	0.997 4	0.996 7	0.995 8	0.994 7	0.993 4	0.991 9	0.990 1	0.988 1
8	0.999 7	0.999 5	0.999 4	0.999 1	0.998 9	0.998 5	0.998 1	0.997 6	0.996 9	0.996 2
9	0.999 9	0.999 9	0.999 9	0.999 8	0.999 7	0.999 6	0.999 5	0.999 3	0.999 1	0.998 9
10	1.000 0	1.000 0	1.000 0	1.000 0	0.999 9	0.999 9	0.999 9	0.999 8	0.999 8	0.999 7
11					1.000 0	1.000 0	1.000 0	1.000 0	0.999 9	0.999 9

x	λ									
	3.1	3.2	3.3	3.4	3.5	3.6	3.7	3.8	3.9	4.0
0	0.045 0	0.040 8	0.036 9	0.033 4	0.030 2	0.027 3	0.024 7	0.022 4	0.020 2	0.018 3
1	0.184 7	0.171 2	0.158 6	0.146 8	0.135 9	0.125 7	0.116 2	0.107 4	0.099 2	0.191 6
2	0.401 2	0.379 9	0.359 4	0.339 7	0.320 8	0.302 7	0.285 4	0.268 9	0.253 1	0.238 1
3	0.624 8	0.602 5	0.580 3	0.558 4	0.536 6	0.515 2	0.494 2	0.473 5	0.453 2	0.433 5
4	0.798 2	0.780 6	0.762 6	0.744 2	0.725 4	0.706 4	0.687 2	0.667 8	0.648 4	0.628 8
5	0.905 7	0.894 6	0.882 9	0.870 5	0.857 6	0.844 1	0.830 1	0.815 6	0.800 1	0.785 1

（续）

x	λ									
	3.1	3.2	3.3	3.4	3.5	3.6	3.7	3.8	3.9	4.0
6	0.9612	0.9554	0.9490	0.9421	0.9347	0.9267	0.9182	0.9091	0.8995	0.8893
7	0.9858	0.9832	0.9802	0.9769	0.9733	0.9692	0.9648	0.9599	0.9546	0.9489
8	0.9953	0.9943	0.9931	0.9917	0.9901	0.9883	0.9863	0.9840	0.9815	0.9786
9	0.9986	0.9982	0.9978	0.9973	0.9967	0.9960	0.9952	0.9942	0.9931	0.9919
10	0.9996	0.9995	0.9994	0.9992	0.9990	0.9987	0.9984	0.9981	0.9977	0.9972
11	0.9999	0.9999	0.9998	0.9998	0.9997	0.9996	0.9995	0.9994	0.9993	0.9991
12	1.0000	1.0000	1.0000	0.9999	0.9999	0.9999	0.9999	0.9998	0.9998	0.9997
13				1.0000	1.0000	1.0000	1.0000	1.0000	0.9999	0.9999

x	λ									
	4.1	4.2	4.3	4.4	4.5	4.6	4.7	4.8	4.9	5.0
0	0.0166	0.0150	0.0136	0.0112	0.0111	0.0101	0.0091	0.0082	0.0074	0.0067
1	0.0845	0.0780	0.0719	0.0063	0.0611	0.0563	0.0518	0.0477	0.0439	0.0404
2	0.2238	0.2102	0.1974	0.1851	0.1736	0.1626	0.1523	0.1425	0.1333	0.1247
3	0.4142	0.3954	0.3772	0.3594	0.3423	0.3257	0.3097	0.2942	0.2793	0.2650
4	0.6093	0.5898	0.5704	0.5512	0.5321	0.5132	0.4946	0.4763	0.4582	0.4405
5	0.7693	0.7531	0.7367	0.7199	0.7029	0.6858	0.6684	0.6510	0.6335	0.6160
6	0.8786	0.8675	0.8558	0.8436	0.8311	0.8180	0.8046	0.7908	0.7767	0.7622
7	0.9427	0.9361	0.9290	0.9214	0.9134	0.9049	0.8960	0.8867	0.8769	0.8666

x	λ									
	4.1	4.2	4.3	4.4	4.5	4.6	4.7	4.8	4.9	5.0
8	0.9755	0.9721	0.9683	0.9642	0.9597	0.9549	0.9497	0.9442	0.9382	0.9319
9	0.9905	0.9889	0.9871	0.9851	0.9829	0.9805	0.9778	0.9749	0.9717	0.9682
10	0.9966	0.9959	0.9952	0.9943	0.9933	0.9922	0.9910	0.9896	0.9880	0.9863
11	0.9989	0.9986	0.9983	0.9980	0.9976	0.9971	0.9966	0.9960	0.9953	0.9945
12	0.9997	0.9996	0.9995	0.9993	0.9992	0.9990	0.9988	0.9986	0.9983	0.9980
13	0.9999	0.9999	0.9998	0.9998	0.9997	0.9997	0.9996	0.9995	0.9994	0.9993
14	1.0000	1.0000	1.0000	0.9999	0.9999	0.9999	0.9999	0.9999	0.9998	0.9998
15				1.0000	1.0000	1.0000	1.0000	1.0000	0.9999	0.9999

表 B-9　符号秩检验表

n \ α	0.05（单边） 0.1（双边）	0.025（单边） 0.05（双边）	0.005（单边） 0.01（双边）
5	0		
6	2	0	
7	3	2	
8	5	3	0
9	8	5	1
10	10	8	3
11	13	10	5
12	17	13	7
13	21	17	9
14	25	21	12

（续）

n	α	0.05（单边） 0.1（双边）	0.025（单边） 0.05（双边）	0.005（单边） 0.01（双边）
15		30	25	15
16		35	29	19
17		41	34	23
18		47	40	27
19		53	46	32
20		60	52	37
21		67	58	42
22		75	65	48
23		83	73	54
24		91	81	61
25		100	89	68

表 B-10　符号检验临界值表

(本表列出了满足 $P(B \geq b) \leq \alpha$ 的临界值 b)

n	α	0.01	0.05	0.10	n	α	0.01	0.05	0.10	n	α	0.01	0.05	0.10
4				4	7		7	7	6	10		10	9	8
5			5	5	8		8	7	7	11		10	9	9
6			6	6	9		9	8	7	12		11	10	9
13		12	10	10	27		20	19	18	41		29	27	26
14		12	11	10	28		21	19	18	42		29	27	26
15		13	12	11	29		22	20	19	43		30	28	27
16		14	12	12	30		22	20	20	44		31	28	27
17		14	13	12	31		23	21	20	45		31	29	28
18		15	13	13	32		24	22	21	46		32	31	28
19		15	14	13	33		24	22	21	47		32	30	29
20		16	15	14	34		25	23	22	48		33	31	29
21		17	15	14	35		25	23	22	49		34	31	30
22		17	16	15	36		26	24	23	50		34	32	31
23		18	16	16	37		26	24	23					
24		19	17	16	38		27	25	24					
25		19	18	17	39		28	26	24					
26		20	18	17	40		28	26	25					

表 B-11　秩和检验表

（表中列出了秩和下限及秩和上限的值）

$\alpha = 0.05$				$\alpha = 0.025$			
n_1	n_2	$T_1(\alpha)$	$T_2(\alpha)$	n_1	n_2	$T_1(\alpha)$	$T_2(\alpha)$
2	4	3	11	2	6	3	15
2	5	3	13	2	7	3	17
2	6	4	14	2	8	3	19

（续）

$\alpha = 0.05$				$\alpha = 0.025$			
n_1	n_2	$T_1(\alpha)$	$T_2(\alpha)$	n_1	n_2	$T_1(\alpha)$	$T_2(\alpha)$
2	7	4	16	2	9	3	21
2	8	4	18	2	10	4	22
2	9	4	20	3	4	6	18
2	10	5	21	3	5	6	21
3	3	6	15	3	6	7	23
3	4	7	17	3	7	8	25
3	5	7	20	3	8	8	28
3	6	8	22	3	9	9	30
3	7	9	24	3	10	9	33
3	8	9	27	4	4	11	25
3	9	10	29	4	5	12	28
3	10	11	31	4	6	12	32
4	4	12	24	4	7	13	35
4	5	13	27	4	8	14	38
4	6	14	30	4	9	15	41
4	7	15	33	4	10	16	44
4	8	16	36	5	5	18	37
4	9	17	39	5	6	19	41
4	10	18	42	5	7	20	45
5	5	19	36	5	8	21	49
5	6	20	40	5	9	22	53
5	7	22	43	5	10	24	56
5	8	23	47	6	6	26	52
5	9	25	50	6	7	28	56
5	10	26	54	6	8	29	61
6	6	28	50	6	9	31	65
6	7	30	54	6	10	33	69
6	8	32	58	7	7	37	68
6	9	33	63	7	8	39	73
6	10	35	67	7	10	43	83
7	7	39	66	8	8	49	87
7	8	41	71	8	9	51	93
7	9	43	76	8	10	54	98
7	10	46	80	9	9	63	108
8	8	52	84	9	10	66	114
8	9	54	90	10	10	79	131
8	10	57	95				
9	9	66	105				
9	10	69	111				
10	10	93	127				

表 B-12 游程检验中 r 的临界值表

（表 a 和表 b 是对不同的 n_1 和 n_2 给出的各种不同的 r 的临界值。对于单样本游程检验，小于等于表 a 或大于等于表 b 中之值的任何 r 值，在 0.05 的水平上显著。）

a

n_2 \ n_1	2	3	4	5	6	7	8	9	10	11	12	13	14	15	16	17	18	19	20
2																			
3																			
4																			
5			2	2	3														
6		2	2	3	3														
7		2	2	3	3	3													
8		2	3	3	3	4	4												
9		2	3	3	4	4	5	5											
10		2	3	3	4	5	5	5	6										
11		2	3	4	4	5	5	6	6	7									
12	2	2	3	4	4	5	6	6	7	7	7								
13	2	2	3	4	5	5	6	6	7	7	8	8							
14	2	2	3	4	5	5	6	7	7	8	8	9	9						
15	2	3	3	4	5	6	6	7	7	8	8	9	9	10					
16	2	3	4	4	5	6	6	7	8	8	9	9	10	10	11				
17	2	3	4	4	5	6	7	7	8	9	9	10	10	11	11	11			
18	2	3	4	5	5	6	7	8	8	9	9	10	10	11	11	12	12		
19	2	3	4	5	6	6	7	8	8	9	10	10	11	11	12	12	13	13	
20	2	3	4	5	6	6	7	8	9	9	10	10	11	12	12	13	13	13	14

b

n_2 \ n_1	2	3	4	5	6	7	8	9	10	11	12	13	14	15	16	17	18	19	20
2																			
3																			
4																			
5			9	9															
6			9	10	11														
7				11	12	13													
8				11	12	13	14												
9					13	14	14	15											
10					13	14	15	16	16										
11					13	14	15	16	17	17									
12					13	14	16	16	17	18	19								
13						15	16	17	18	19	19	20							
14						15	16	17	18	19	20	20	21						
15						15	16	18	18	19	20	21	22	22					
16							17	18	19	20	21	21	22	23	23				
17							17	18	19	20	21	22	23	23	24	25			
18							17	18	19	20	21	22	23	24	25	25	26		
19							17	18	20	21	22	23	23	24	25	26	26	27	
20							17	18	20	21	22	23	24	25	25	26	27	28	28

表 B-13 威尔克逊符号秩检验临界值表

（本表列出满足 $P\{w^+ \leq c_1\} \leq \frac{\alpha}{2}$，$P\{w^+ \geq c_2\} \leq \frac{\alpha}{2}$ 的临界值 c_1、c_2）

n	$\alpha = 0.10$		$\alpha = 0.05$	
	c_1	c_2	c_1	c_2
5	0	15	—	—
6	2	19	0	21
7	3	25	2	26
8	5	31	3	33
9	8	37	5	40
10	10	45	8	47
11	13	53	10	56
12	17	61	13	65
13	21	70	17	74
14	25	80	21	84
15	30	90	25	95
16	35	101	29	107
17	41	112	34	119
18	47	124	40	131
19	53	137	46	144
20	60	150	52	158
21	67	164	58	173
22	75	178	66	187
23	83	193	73	203
24	91	209	81	219
25	100	225	89	236
26	110	241	98	253
27	119	259	107	271
28	130	276	116	290
29	140	295	126	309
30	151	314	137	328

表 B-14 斯皮尔曼秩相关系数检验表

（临界值 $P(r_s \geq C_\alpha) \leq \alpha$）

n	$\alpha = 0.05$	$\alpha = 0.025$	$\alpha = 0.01$	$\alpha = 0.005$
5	0.900	—	—	—
6	0.829	0.886	0.943	—
7	0.714	0.786	0.893	—
8	0.643	0.738	0.833	0.811
9	0.600	0.683	0.783	0.833
10	0.564	0.648	0.745	0.794
11	0.523	0.623	0.736	0.818
12	0.497	0.591	0.703	0.780
13	0.475	0.566	0.673	0.745
14	0.457	0.545	0.646	0.716
15	0.441	0.525	0.623	0.689

（续）

n	$\alpha = 0.05$	$\alpha = 0.025$	$\alpha = 0.01$	$\alpha = 0.005$
16	0.425	0.507	0.601	0.666
17	0.412	0.490	0.582	0.645
18	0.399	0.476	0.564	0.625
19	0.388	0.462	0.549	0.608
20	0.377	0.450	0.534	0.591
21	0.368	0.438	0.521	0.576
22	0.359	0.428	0.508	0.562
23	0.351	0.418	0.496	0.549
24	0.343	0.409	0.485	0.537
25	0.336	0.400	0.475	0.526
26	0.329	0.392	0.465	0.515
27	0.323	0.385	0.456	0.505
28	0.317	0.377	0.448	0.496
29	0.311	0.370	0.440	0.487
30	0.305	0.364	0.432	0.478

表 B-15　肯德尔相关性检验统计量 K 的临界值表

（本表列出满足 $P\{K \geq k_\alpha\} \leq \alpha$ 的临界值）

n	α		
	0.025	0.05	0.10
5	1.000	0.800	0.800
6	0.867	0.733	0.600
7	0.714	0.619	0.524
8	0.643	0.571	0.429
9	0.556	0.500	0.389
10	0.511	0.467	0.378
11	0.491	0.418	0.345
12	0.455	0.394	0.323
13	0.436	0.359	0.308
14	0.407	0.363	0.275
15	0.390	0.333	0.275
16	0.383	0.317	0.250
17	0.368	0.309	0.250
18	0.346	0.294	0.242
19	0.333	0.287	0.228
20	0.326	0.274	0.221
21	0.314	0.267	0.210
22	0.307	0.264	0.203
23	0.296	0.257	0.202
24	0.290	0.246	0.196
25	0.287	0.240	0.193
26	0.280	0.237	0.188
27	0.271	0.231	0.179
28	0.265	0.228	0.180

（续）

n	α		
	0.025	0.05	0.10
29	0.261	0.222	0.172
30	0.255	0.218	0.172
31	0.252	0.213	0.166
32	0.246	0.210	0.165
33	0.242	0.205	0.163
34	0.237	0.201	0.159
35	0.234	0.197	0.156
36	0.232	0.194	0.152
37	0.228	0.192	0.150
38	0.223	0.189	0.149
39	0.220	0.188	0.147
40	0.218	0.185	0.144

参 考 文 献

[1] David Freedman, 等. 统计学[M]. 魏宗舒, 等译. 北京: 中国统计出版社, 1997.
[2] 袁卫, 庞皓, 曾五一. 统计学[M]. 北京: 高等教育出版社, 2000.
[3] 曾五一, 肖红叶. 统计学导论[M]. 北京: 科学出版社, 2006.
[4] 贾俊平, 金勇进. 统计学[M]. 北京: 中国人民大学出版社, 2004.
[5] 雷钦礼, 赵文蔚, 刘建平. 管理统计学原理[M]. 北京: 中国商业出版社, 1995.
[6] 郭英, 高建国. 统计学[M]. 北京: 中国财政经济出版社, 2001.
[7] 李金昌. 新编统计学教程[M]. 杭州: 浙江大学出版社, 1999.
[8] 李金昌. 统计学[M]. 北京: 中国物价出版社, 2001.
[9] 何书元. 概率论与数理统计[M]. 北京: 高等教育出版社, 2006.
[10] 王式安. 数理统计[M]. 北京: 北京理工大学出版社, 1995.
[11] 杨虎, 刘琼荪, 钟波. 数理统计[M]. 北京: 高等教育出版社, 2004.
[12] 约翰逊, 威克瑞恩. 应用多元统计分析(影印版)[M]. 北京: 中国统计出版社, 2003.
[13] C R 劳. 统计与真理[M]. 北京: 科学出版社, 2004.
[14] 陈希孺. 数理统计学简史[M]. 长沙: 湖南教育出版社, 1998.
[15] 邱东. 多指标综合评价方法的系统分析[M]. 北京: 中国统计出版社, 1991.
[16] 徐国祥. 统计指数理论及应用[M]. 北京: 中国统计出版社, 2004.
[17] 茆诗松, 周纪乡, 陈颖. 试验设计[M]. 北京: 中国统计出版社, 2004.
[18] 苏均和. 试验设计[M]. 上海: 上海财经大学出版社, 2005.
[19] 何晓群, 刘文卿. 应用回归分析[M]. 北京: 中国人民大学出版社, 2001.
[20] 王星. 非参数统计[M]. 北京: 中国人民大学出版社, 2005.
[21] 李金昌. 应用抽样技术[M]. 北京: 科学出版社, 2006.
[22] 苏为华. 统计指标理论与方法研究[M]. 北京: 中国物价出版社, 1998.
[23] 苏为华. 综合评价学[M]. 北京: 中国市场出版社, 2005.
[24] 苏为华. 统计学学习指导[M]. 北京: 中国物价出版社, 2003.

华章教材经典译丛(清明上河图)系列

课程名称	书号	书名、作者及出版时间	定价
财务会计	即将出版	财务会计:概念、方法与应用(第14版)(威尔)(2015年)	95
财务会计	978-7-111-39244-6	财务会计教程(第10版)(亨格瑞)(2012年)	79
财务管理(公司理财)学习指导	978-7-111-32466-9	公司理财(第8版)习题集(汉森)(2010年)	42
财务管理(公司理财)	978-7-111-36751-2	公司理财(第9版)(罗斯)(2012年)	88
财务管理(公司理财)	978-7-111-47887-4	公司理财(精要版)(第10版)(罗斯)(2014年)	75
电子商务	978-7-111-45187-7	电子商务:管理与社会网络的视角(第7版)(特班)(2014年)	79
战略管理	978-7-111-39138-8	战略管理:概念与案例(第8版)(希尔)(2012年)	69
战略管理	978-7-111-43844-1	战略管理:获取持续的竞争优势(第4版)(巴尼)(2013年)	69
商业伦理学	978-7-111-37513-5	企业伦理学(第7版)(乔治)(2012年)	79
领导学	978-7-111-47356-5	领导学(全球版·第8版)(尤克尔)(2014年)	65
管理学	978-7-111-46255-2	管理学(诺里亚)(2014年)	69
管理学	978-7-111-41449-0	管理学:原理与实践(第8版)(罗宾斯)(2013年)	59
管理学	即将出版	管理学:原理与实践(第9版)(罗宾斯)(2015年)	59
管理技能	978-7-111-37591-3	管理技能开发(第8版)(惠顿)(2012年)	98
创业管理	即将出版	百森创业教学法:基于实践的视角(余克)(2015年)	49
创业管理	978-7-111-40258-9	公司创新与创业(第3版)(库拉特科)(2012年)	49
项目管理	978-7-111-39774-8	项目管理:基于团队的方法(布朗)(2012年)	49
数据、模型与决策	978-7-111-49612-0	数据、模型与决策:基于电子表格的建模和案例研究方法(第5版)(希利尔)(2015年)	89
管理会计	978-7-111-39512-6	管理会计教程(第15版)(亨格瑞)(2012年)	88
投资银行学	978-7-111-41476-6	投资银行、对冲基金和私募股权投资(斯托厄尔)(2013年)	99
金融中介学	978-7-111-43694-2	金融市场与金融机构(第7版)(米什金)(2013年)	99
金融学(货币银行学)指导或案例	978-7-111-44311-7	货币金融学(第2版)学习指导(米什金)(2013年)	45
金融学(货币银行学)	978-7-111-34261-8	货币金融学(第2版)(米什金)(2011年)	75
金融市场学	978-7-111-26674-7	金融市场学(第10版)(罗斯)(2009年)	79
金融工程学习指导	978-7-111-30014-4	期权、期货及其衍生产品习题集(第7版)(赫尔)(2010年)	42
金融工程	978-7-111-48437-0	期权、期货及其衍生产品(第9版)(赫尔)(2014年)	109
(证券)投资学学习指导	978-7-111-42662-2	投资学习题集(第9版)(博迪)(2013年)	49
(证券)投资学	978-7-111-39028-2	投资学(第9版)(博迪)(2012年)	98
(证券)投资学	978-7-111-44485-5	投资学(第9版)(专业版)(博迪)(2013年)	199
中级宏观经济学	978-7-111-43155-8	宏观经济学(第5版)(布兰查德)(2013年)	75
西方经济学学习指导	978-7-111-33099-8	哈伯德《经济学》学习指南(第3版)(斯卡希尔)(2011年)	45
西方经济学学习指导	978-7-111-31352-6	经济学精要(精要版)(第4版)学习指南(拉什)(2010年)	39
西方经济学(微观)	978-7-111-32767-7	经济学(微观)(第3版)(哈伯德)(2011年)	59
西方经济学(微观)	978-7-111-42810-7	经济学(微观部分)(第2版)(斯通)(2013年)	55
西方经济学(宏观)	978-7-111-32768-4	经济学(宏观)(第3版)(哈伯德)(2011年)	49
西方经济学(宏观)	978-7-111-42849-7	经济学(宏观部分)(第2版)(斯通)(2013年)	49
西方经济学	978-7-111-28088-0	经济学:私人与公共选择(第12版)(格瓦特尼)(2009年)	78
西方经济学	978-7-111-27481-0	经济学原理(精要版)(第4版)(帕金)(2009年)	62
商务与经济统计	978-7-111-37641-5	商务与经济统计(第11版)(安德森)(2012年)	108
商务与经济统计	即将出版	商务与经济统计(第12版)(安德森)(2015年)	109
财政学	即将出版	财政学(第4版)(格鲁伯)(2015年)	79
组织行为学	978-7-111-44814-3	组织行为学精要(第12版)(罗宾斯)(2014年)	45
人力资源管理	978-7-111-40189-6	人力资源管理(亚洲版·第2版)(德斯勒)(2012年)	65
消费者行为学	978-7-111-47509-5	消费者行为(第12版)(霍金斯)(2014年)	79
市场营销学(营销管理)	978-7-111-43017-9	市场营销学(第11版)(阿姆斯特朗、科特勒)(2013年)	75
市场营销学(营销管理)	978-7-111-43202-9	市场营销原理(亚洲版·第3版)(科特勒)(2013年)	79
服务营销学	978-7-111-48495-0	服务营销(第6版)(泽丝曼尔)(2014年)	75
供应链(物流)管理	978-7-111-45565-3	供应链物流管理(第4版)(鲍尔索克斯)(2014年)	59
管理信息系统	978-7-111-34151-2	管理信息系统(第11版)(劳顿)(2011年)	55